C++

in 21 Tagen

Jesse Liberty

Deutsche Übersetzung: Petra Alm

C++

in 21 Tagen

Der optimale Weg – Schritt für Schritt zum Programmierprofi

Einführung in die objektorientierte Programmierung

Alle Programme getestet mit Microsoft Visual C++ und Borland C++-Builder

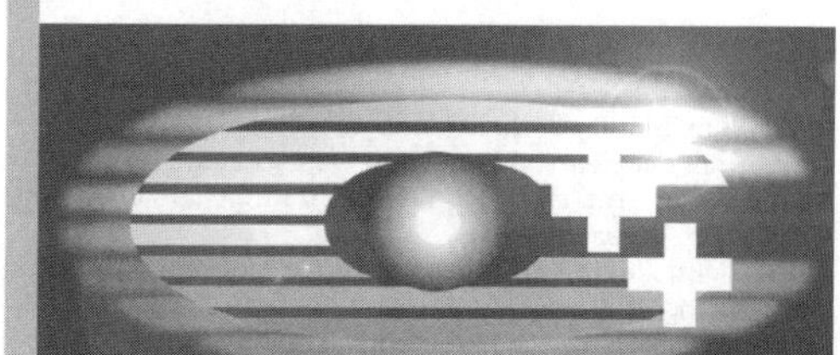

Markt&Technik Verlag

Die Deutsche Bibliothek – CIP-Einheitsaufnahme

Ein Titeldatensatz für diese Publikation ist bei
Der Deutschen Bibliothek erhältlich.

Autorisierte Übersetzung der amerikanischen Originalausgabe:
Teach Yourself C++ in 21 Days © 1999 by SAMS Publishing

Umwelthinweis:
Dieses Buch wurde auf chlorfrei gebleichtem Papier gedruckt.
Die Einschrumpffolie – zum Schutz vor Verschmutzung – ist aus umweltverträglichem und recyclingfähigem PE-Material.

10 9 8 7 6 5 4 3 2 1

04 03 02

ISBN 3-8272-6363-8

Einbandgestaltung: Grafikdesign Heinz H. Rauner, München
Übersetzung: Petra Alm
Lektorat: Erik Franz, efranz@pearson.de
Herstellung: Claudia Bäurle, cbaeurle@pearson.de
Satz: reemers publishing services gmbh, Krefeld (www.reemers.de)
Druck und Verarbeitung: Kösel, Kempten
Printed in Germany

Inhaltsverzeichnis

Was ist neu in der dritten Auflage?

Die dritte Auflage dieses Buches wurde komplett überarbeitet und aktualisiert. Im folgenden finden Sie einen kurzen Überblick über einige der Änderungen an diesem Buch.

- Die Aktualisierung des Buches berücksichtigt den neu verabschiedeten ANSI/ISO-Standard für C++.
- Die Quelltexte wurden auf den neuesten Microsoft- und Borland-Compilern getestet. Damit ist sichergestellt, daß der ANSI-Standard weitestgehend eingehalten wird.
- Zusätzliche Anmerkungen zum Programmdesign in C++.
- Ausführliche Beschreibung der Standard-Template-Bibliothek (STL) und der C++-Standardbibliothek.
- Ausführliche Beschreibung der Namensbereiche.
- Vollständig überarbeitete Diskussion der objektorientierten verketteten Listen.
- Komplett neu aufgesetzte Diskussion objektorientierter Analyse und Designs, inklusive einer Einführung in UML (Unified Modeling Language).
- Korrekturen an der vorigen Auflage.
- Neu: Auf der Basis der Fragen von Tausenden von Lesern wurden jetzt zu jedem Kapitel FAQ (Häufig gestellte Fragen) mit aufgenommen.

Über den Autor

Jesse Liberty

ist der Autor einer Reihe von Büchern zu C++, zu objektorientierter Analyse und objektorientiertem Design. Außerdem schreibt er regelmäßige Beiträge für die Zeitschrift *C++ Report*. Er ist Direktor der Liberty Associates, Inc. (`http://www.libertyassociates.com`), die in den Bereichen Vor-Ort-Schulung zu objektorientierter Software-Entwicklung sowie Beratung und Auftragsprogrammierung tätig ist.

Jesse war Software-Techniker bei AT&T und Direktor der Entwicklungsabteilung der Citibank. Er lebt mit seiner Frau Stacey und seinen Töchtern Robin und Rachel in einem Vorort von Cambridge, Massachusetts. Der Autor ist über das Internet unter `jliberty@libertyassociates.com` erreichbar. Er bietet Informationen zu seinen Büchern auf der Webseite `http://www.libertyassociates.com` – klicken Sie dazu auf *Books and Resources*.

Einführung

Dieses Buch soll Ihnen die Programmierung mit C++ näherbringen. In nur 21 Tagen lernen Sie alle wichtigen Grundlagen wie die Handhabung von Ein-/Ausgaben, Schleifen und Arrays, objektorientierte Programmierung, Templates und das Erstellen von C++-Anwendungen kennen – alles in gut strukturierten und leicht zu verfolgenden Lektionen. Die zu den Lektionen gehörenden Beispiellistings, zusammen mit dem Abdruck der Bildschirmausgaben und der Analyse des Codes, illustrieren die Themen jeden Tages. Syntaxbeispiele sind deutlich hervorgehoben, damit man sie schnell wiederfinden kann.

Zur Vertiefung Ihres Wissens finden Sie am Ende jeder Lektion eine Reihe häufiger Fragen und die entsprechenden Antworten sowie Übungen und einen Quizteil. Sie können Ihr neues Wissen kontrollieren, indem Sie die Antworten zu dem Quiz und den Übungen in Anhang D »Antworten und Lösungen« nachschlagen.

An wen sich dieses Buch wendet

Um mit diesem Buch C++ lernen zu können, müssen Sie über keinerlei Programmierkenntnisse verfügen. Das Buch beginnt mit den fundamentalen Grundlagen und führt Sie sowohl in die Sprache als auch die Konzepte ein, die mit der Programmierung in C++ verbunden sind. Zahlreiche Syntaxbeispiele und detaillierte Codeanalysen bereiten Ihnen den Weg. Ob Sie nun ganz am Anfang stehen oder bereits etwas Programmiererfahrung haben, der klare Aufbau des Buches erleichtert Ihnen das Erlernen von C++.

Konventionen

Hinweis

Diese Kästen heben Informationen hervor, die Ihre Programmierung in C++ effizienter und effektiver machen können.

Frage

Worin besteht der Vorteil von FAQs?

Antwort: Diese häufig gestellten Fragen erhöhen das Verständnis für die Verwendung der Sprache und helfen, potentielle Fehlerquellen zu vermeiden.

Warnung

Diese Kästen richten Ihre Aufmerksamkeit auf Probleme oder Nebeneffekte, die in bestimmten Situationen auftreten können.

Was Sie tun sollten	**... und was nicht**
Lesen Sie die kurzen Zusammenfassungen in diesen Kästen.	Übersehen Sie nicht die in den Kästen gebotenen nützlichen Informationen.

In diesem Buch werden verschiedene Schriftarten verwendet, um den C++-Code von dem Haupttext abzuheben. Der C++-Code selbst steht in `Schreibmaschinenschrift`. Neue oder wichtige Begriffe werden *kursiv* gedruckt.

In den Listings sind alle Codezeilen numeriert. Sollte in einem Listing eine nicht numerierte Zeile auftauchen, handelt es sich um die Fortsetzung der vorhergehenden Zeile, da manche Zeilen für den Satzspiegel zu lang sind. In diesen Fällen geben Sie die Zeilen als eine einzige Zeile, ohne sie zu teilen.

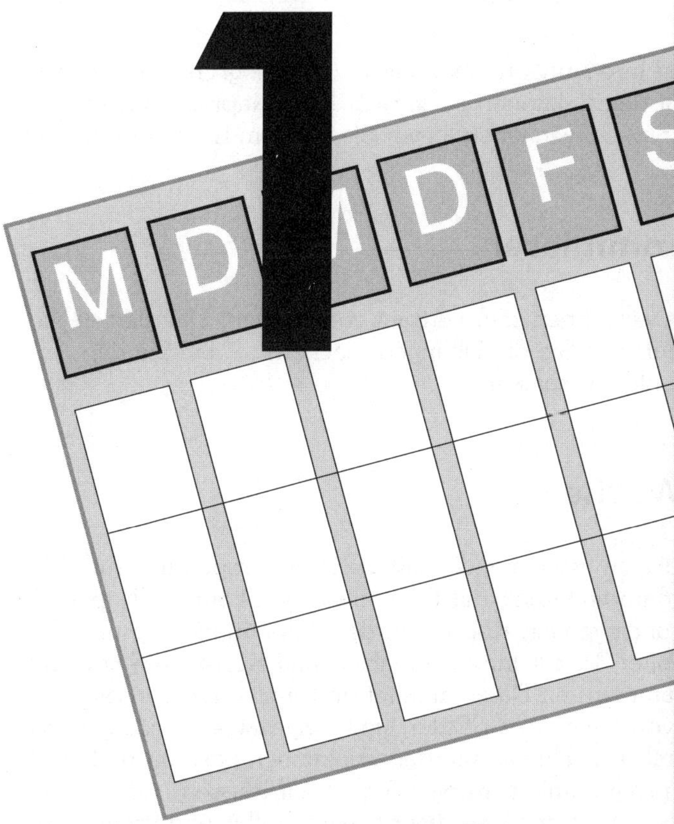

Woche

Überblick

Auf einen Blick

Als Vorbereitung für Ihre erste Woche als C++-Programmierneuling benötigen Sie: einen Compiler, einen Editor und dieses Buch. Auch wenn Sie weder Compiler noch Editor haben, ist dieses Buch nicht ganz unnütz. Sie können dann allerdings nicht soviel Nutzen daraus ziehen, da Sie die Übungen nicht nachvollziehen können.

Eine Programmiersprache lernt man am besten, indem man Programme schreibt! Am Ende jedes Tages befindet sich ein Workshop mit einem Quiz und einigen Übungen. Sie sollten sich bemühen, alle Fragen zu beantworten und Ihre Antworten so objektiv wie möglich zu bewerten. Die hinteren Kapitel bauen auf den Lektionen in den vorderen Kapiteln auf, so daß Sie sich bemühen sollten, den Stoff zu verstehen, bevor Sie mit dem Lesen fortfahren.

Hinweis für C-Programmierer

Der Stoff der ersten fünf Tage wird Ihnen sehr vertraut vorkommen. Überfliegen Sie den Stoff und achten Sie darauf, daß Sie die Übungen machen, so daß Sie den Anschluß an Kapitel 6, »Klassen«, nicht verpassen.

Aufbau der ersten Woche

Die erste Woche ist den Grundlagen gewidmet, so daß Sie in die Programmierung allgemein und speziell in die Programmierung mit C++ einsteigen können. Kapitel 1 und 2 machen Sie mit den grundlegenden Konzepten der Programmierung und des Programmflusses vertraut. Kapitel 3 stellt Ihnen Variablen und Konstanten vor und zeigt Ihnen, wie man in Programmen mit Daten arbeitet. In Kapitel 4 lernen Sie, wie Programme in Abhängigkeit von bestimmten Daten und eingebauten Bedingungen zur Laufzeit verzweigen. Kapitel 5 macht Sie mit den Funktionen bekannt und lehrt Sie, wie man mit Funktionen programmiert. Kapitel 6 geht auf Klassen und Objekte ein. In Kapitel 7 intensivieren Sie Ihre Kenntnisse über Programmfluß und Programmsteuerung. Am Ende der ersten Woche können Sie bereits richtige objektorientierte Programme schreiben.

Woche 1

Erste Schritte

Willkommen zu *C++ in 21 Tagen*! Heute werden Sie die ersten Schritte machen, mit dem Ziel, ein erfolgreicher C++-Programmierer zu werden. Sie lernen,

- warum C++ der bevorzugte Standard in der Software-Entwicklung ist,
- in welchen Schritten ein C++-Programm entwickelt wird,
- wie Sie Ihr erstes funktionsfähiges C++-Programm eingeben, kompilieren und linken.

Ein kurzer geschichtlicher Abriß der Programmiersprache C++

Programmiersprachen haben seit den ersten elektronischen Computern, die zur Berechnung der Flugbahnen von Kanonenkugeln im 2. Weltkrieg gebaut wurden, eine dramatische Wandlung erfahren. In der Gründerzeit arbeiteten die Programmierer mit den primitivsten Computer-Anweisungen: Maschinensprache. Diese Anweisungen stellte man durch lange Folgen von Einsen und Nullen dar. Mit Einführung der Assembler ließen sich die Maschinenanweisungen durch besser verständliche Mnemonics wie `ADD` und `MOV` abbilden.

Im Laufe der Zeit entstanden höhere Programmiersprachen wie BASIC und COBOL. Diese Sprachen erlauben die Arbeit in einer der natürlichen Sprachen (in der Regel Englisch) ähnlichen Sprache wie `Let I = 100`. Diese Anweisungen übersetzen Interpreter und Compiler in die Maschinensprache. Ein Interpreter liest den Quellcode eines Programms, übersetzt dabei die Anweisungen – oder den Code – und wandelt sie direkt in Aktionen um. Ein Compiler überführt den Code in eine Art Zwischenform – diesen Schritt nennt man Kompilieren – und erzeugt damit eine Objektdatei. Der Compiler ruft anschließend einen Linker auf, der die Objektdatei in ein ausführbares Programm umwandelt.

Da Interpreter den Code genauso lesen, wie er niedergeschrieben wurde, und den Code unmittelbar ausführen, stellen sie ein leicht anzuwendendes Arbeitsmittel für den Programmierer dar. Bei Compilern sind zusätzliche Schritte zum Kompilieren und Linken des Codes erforderlich, was etwas umständlicher ist. Andererseits produzieren Compiler ein Programm, das wesentlich schneller in der Ausführung ist, da die zeitraubende Aufgabe, den Quellcode in die Maschinensprache umzuwandeln, bereits erledigt wurde.

Ein weiterer Vorteil vieler kompilierter Sprachen wie C++ ist, daß das ausführbare Programm auch an Leute weitergegeben werden kann, die nicht über den Compiler verfügen. Bei einem Programm, das mit Interpreter-Sprache erstellt wurde, müssen Sie zur Ausführung des Programms auch den Interpreter haben.

Einige Sprachen, zum Beispiel Visual Basic, nennen den Interpreter die Laufzeit-Bibliothek. Bei Java heißt der Laufzeit-Interpreter Virtuelle Maschine (VM) und wird im übrigen von den Browsern (das heißt Internet Explorer oder Netscape) zur Verfügung gestellt.

Über viele Jahre hinweg bestand das hauptsächliche Ziel der Programmierer darin, kurze und schnelle Codestücke zu schreiben. Das Programm mußte klein sein, da Hauptspeicher teuer war, und es mußte schnell sein, da Rechenzeit ebenfalls einen nicht unerheblichen Kostenfaktor darstellte. Computer wurden kleiner, billiger und schneller, die Speicherpreise sind gefallen, und somit haben sich die Prioritäten geändert. Heutzutage überwiegen die Kosten für einen Programmierer bei weitem die Kosten der meisten geschäftlich genutzten Computer. Gut geschriebener und leicht zu wartender Code steht nun an erster Stelle. Leicht zu warten bedeutet dabei, daß sich das Programm bei sich ändernden Anforderungen ohne großen Kostenaufwand erweitern und verbessern läßt.

Programme

Das Wort Programm wird in zweierlei Hinsicht benutzt: zur Beschreibung einzelner Anweisungen (oder Quellcodezeilen) eines Programmierers oder zur Beschreibung einer kompletten, ausführbaren Software. Diese Unterscheidung kann einige Verwirrung hervorrufen. Deshalb werde ich hier in dem einen Fall von Quellcode und im anderen Fall von ausführbarem Programm sprechen.

Ein Programm kann entweder definiert werden als ein Satz geschriebener Anweisungen eines Programmierers oder als eine ausführbare Software-Datei.

Es gibt zwei Möglichkeiten, Quellcode in ein ausführbares Programm zu überführen: Interpreter übersetzen den Quellcode in Computerbefehle, und der Computer führt diese Befehle sofort aus. Alternativ kann der Quellcode von Compilern in ein Programm überführt werden, das zu einem späteren Zeitpunkt gestartet werden kann. Zwar sind Interpreter in der Anwendung einfacher, doch ernsthaft programmiert wird vornehmlich mit Compilern, da kompilierter Code wesentlich schneller ausgeführt werden kann. C++ ist so eine kompilierte Programmiersprache.

Probleme lösen

Die Probleme, mit denen Programmierer im Laufe der Jahre konfrontiert wurden, haben sich erheblich geändert. Vor zwanzig Jahren wurden Programme erzeugt, um große Mengen an Rohdaten zu verarbeiten. Die Erzeuger des Codes und die Nutzer des Programms waren ausnahmslos Computerexperten. Heutzutage werden Computer von wesentlich mehr Menschen genutzt, die zum größten Teil über nur begrenzte Computer- und Programmierkenntnisse verfügen. Computer sind lediglich Werkzeuge, die von Menschen genutzt werden, die eher daran interessiert sind, ihre Firmenprobleme zu lösen als sich mit dem Computer abzumühen.

Ironischerweise sind die Programme im gleichen Zuge komplexer geworden, wie es dem neuen Anwenderkreis einfacher gemacht wurde. Die Tage sind vorbei, als Benutzer kryptische Befehle hinter esoterischen Prompts eingaben, nur um einen Strom Rohdaten zu sehen. Heute verfügen Programme über anspruchsvolle, benutzerfreundliche Schnittstellen mit einer Unzahl von Fenstern, Menüs, Dialogfeldern und einer Myriade von Symbolen, mit denen wir alle inzwischen nur zu vertraut sind. Die Programme, die diesen neuen Ansatz unterstützen, sind wesentlich komplexer als jene, die vor zehn Jahren geschrieben wurden.

Mit der Entwicklung des Webs haben Computer einen neue Ära der Marktdurchdringung eingeläutet. Mehr Menschen als je zuvor benutzen Computer und ihre Erwartungen sind sehr hoch. In den wenigen Jahren seit der ersten Auflage dieses Buches sind die Programme umfangreicher und komplexer geworden, und der Bedarf an Techniken der objektorientierten Programmierung, um dieser Komplexität Herr zu werden, zeigt sich jetzt deutlich.

Im gleichen Maße wie sich die Anforderungen an die Programme geändert haben, haben sich auch die Programmiersprachen und die Techniken zum Schreiben von Programmen weiterentwickelt. Auch wenn der ganze Werdegang interessant ist, konzentriert sich dieses Buch auf den Übergang von der prozeduralen zur objektorientierten Programmierung.

Prozedurale, strukturierte und objektorientierte Programmierung

Bis vor kurzem stellte man sich Programme als eine Folge von Prozeduren vor, die auf einen Satz von Daten ausgeführt wurden. Eine Prozedur, oder auch Funktion, ist ein Satz spezifischer Anweisungen, die nacheinander ausgeführt werden. Die Daten wurden getrennt von den Prozeduren gehalten und der Trick bei der Programmierung lag darin, sich zu merken, welche Funktion welche anderen Funktionen aufrief und welche Daten geändert wurden.

Um etwas Vernünftiges aus dieser eventuell verwirrenden Situation zu machen, wurde die strukturierte Programmierung erzeugt.

Der Grundgedanke der strukturierten Programmierung läßt sich auf die Formel »teile und herrsche« bringen. Ein Computerprogramm kann man sich auch als einen Satz von Aufgaben vorstellen. Jede Aufgabe, deren Beschreibung zu komplex ist, wird in eine Menge kleinerer Teilaufgaben zerlegt. Das setzt man solange fort, bis die Teilaufgaben klein genug sind, um bequem gelöst zu werden, dabei aber noch groß genug sind, um in sich abgeschlossenen zu sein und einen vernünftigen Zweck zu erfüllen.

Zum Beispiel ist die Berechnung des Durchschnittsgehalts aller Beschäftigten einer Firma eine ziemlich komplexe Aufgabe. Man kann diese allerdings in die folgenden Teilaufgaben zerlegen:

1. Verdienst jeder Person ermitteln.
2. Anzahl der Beschäftigten ermitteln.
3. Summe aller Gehälter bilden.
4. Dividieren der ermittelten Summe durch die Anzahl der Beschäftigten.

Punkt 3 läßt sich weiter in folgende Teilaufgaben gliedern:

1. Den Datensatz eines Beschäftigten abfragen.
2. Auf das Gehalt zugreifen.
3. Das Gehalt zur bisherigen Gesamtsumme addieren.
4. Den nächsten Datensatz eines Beschäftigten abfragen.

Das Abfragen eines Beschäftigtendatensatzes kann wiederum in folgende Aufgaben unterteilt werden:

1. Datei der Beschäftigten öffnen.
2. Zum entsprechenden Datensatz gehen.
3. Daten von der Festplatte lesen.

Die strukturierte Programmierung ist nach wie vor ein enorm erfolgreicher Lösungsansatz bei komplexen Aufgabenstellungen. Ende der Achtziger zeichneten sich jedoch die Schwächen der strukturierten Programmierung deutlich ab.

Zum einen ist es nur natürlich, sich die Daten (Datensätze der Beschäftigten zum Beispiel) und die Aktionen mit diesen Daten (sortieren, bearbeiten usw.) als eine Einheit vorzustellen. Die prozedurale Programmierung steht diesem entgegen, da sie die Datenstrukturen von den Funktionen, die die Daten manipulieren, trennt.

Zweitens stellten Programmierer fest, daß sie das Rad immer wieder neu erfanden, das heißt sie fanden regelmäßig neue Lösungen für alte Probleme – das Gegenteil der Wiederverwendbarkeit. Der Gedanke hinter der Wiederverwendbarkeit ist der Aufbau von Komponenten mit bekannten Eigenschaften. Diese Komponenten fügt man dann bei Bedarf in ein Programm ein. Dieses Modell entspricht der Hardware-Welt – wenn ein Techniker einen neuen Transistor benötigt, erfindet er ihn in der Regel nicht neu, sondern sucht sich aus seinen Beständen den passenden heraus und modifiziert ihn vielleicht. Für den Software-Techniker gab es keine vergleichbare Möglichkeit.

Die Art und Weise, wie wir jetzt Computer benutzen – mit Menüs und Schaltflächen und Fenstern – begünstigt einen interaktiveren, ereignisorientierten Ansatz der Computerprogrammierung. Ereignisorientiert bedeutet, daß ein Ereignis eintritt – der Benutzer drückt einen Schalter oder trifft eine Auswahl aus einem Menü – und das Programm muß reagieren. Programme werden zunehmend interaktiver und im gleichen Maße ist es wichtig, den Entwurf auf diese Art der Funktionalität auszurichten.

Hinweis

Veraltete Programme zwangen den Benutzer schrittweise, das heißt Bildschirm für Bildschirm, Dialog für Dialog, sich durch das Programm zu mühen. Moderne, ereignisorientierte Programme stellen alle Optionen direkt zur Verfügung und antworten auf Benutzeraktionen.

In der objektorientierten Programmierung wird versucht, auf diese Bedürfnisse einzugehen und Techniken bereitzustellen, die dieser enormen Komplexität Herr werden, die Wiederverwendbarkeit der Software-Komponenten ermöglichen und die Daten mit den Aufgaben zur Datenmanipulation verbinden.

Das Wesen der objektorientierten Programmierung besteht in der Behandlung der Daten und der Prozeduren, die auf diesen Daten arbeiten, als geschlossenes »Objekt« – eine selbständige Einheit mit einer Identität und eigenen Charakteristika.

C++ und objektorientierte Programmierung

C++ unterstützt voll die objektorientierte Programmierung (OOP), einschließlich der drei Säulen der objektorientierten Entwicklung: Kapselung, Vererbung und Polymorphie.

Kapselung

Wenn der Elektroniker einen Widerstand für ein Gerät benötigt, das er entwickeln möchte, baut er in der Regel keinen neuen, sondern sucht sich anhand der Farbetiketten, die die Eigenschaften anzeigen, den geeigneten Widerstand aus seinen Beständen heraus. Für den Elektroniker ist der Widerstand eine »Black Box« – er kümmert sich nicht speziell darum, wie der Widerstand arbeitet, solange er den Spezifikationen entspricht. Er muß nicht hinter die Funktionsweise schauen, um ihn für seinen Entwurf zu verwenden.

Die Eigenschaft, eine eigenständige Einheit zu sein, wird auch Kapselung genannt. Mit der Kapselung können Daten verborgen werden – ein hochgeschätztes Charakteristikum eines Objekts, das genutzt werden kann, ohne daß der Benutzer die internen Arbeitsabläufe kennen muß. Genauso wie Sie einen Kühlschrank benutzen können, ohne davon Ahnung haben zu müssen, wie der Kompressor funktioniert, können Sie ein gut entworfenes Objekt verwenden, ohne etwas über dessen interne Datenelemente zu wissen.

Gleichermaßen muß der Elektroniker im Falle des Widerstandes keine Ahnung vom internen Status des Widerstandes haben. Alle Eigenschaften des Widerstandes sind im Widerstand-Objekt verkapselt und nicht über die elektronische Schaltung verteilt. Einen Widerstand kann man effektiv einsetzen, ohne mit seinen internen Abläufen vertraut zu sein. Seine Daten sind in seinem Gehäuse verborgen.

C++ unterstützt die Kapselung auf dem Weg über spezielle benutzerdefinierte Typen, die sogenannten Klassen. Wie man eine Klasse erzeugt, erfahren Sie in Kapitel 6, »Klassen«. Eine einmal definierte Klasse agiert als vollständig gekapselte Einheit und wird als Ganzheit verwendet. Die eigentliche innere Funktionsweise der Klasse sollte nicht sichtbar sein. Die Benutzer einer gut konzipierten Klasse müssen nicht wissen, wie die Klasse funktioniert, sie müssen nur wissen, wie man sie verwendet.

Vererbung und Wiederverwendbarkeit

Wenn die Ingenieure bei Acme Motors ein neues Auto bauen wollen, haben Sie zwei Möglichkeiten: Sie können ein vollständig neues Modell entwickeln oder auf ein vorhandenes Modell aufbauen. So ist vielleicht Ihr Modell Star so gut wie perfekt, aber es soll jetzt eine Ausführung mit Turbolader und 6-Gang-Getriebe geben. Der Chefingenieur könnte es vorziehen, nicht ganz von vorn zu beginnen, und trifft die Entscheidung, einen neuen Star zu bauen, der um die zusätzlichen Features ergänzt wird. Und um dieses Auto vom Star-Modell abzuheben, wird es Quasar genannt. Ein Quasar ist eine Art Stern, der ganz spezielle neue Eigenschaften aufweist.

C++ unterstützt den Grundgedanken der Vererbung. Man kann einen neuen Typ deklarieren, der eine Erweiterung eines vorhandenen Typs darstellt. Man sagt, daß diese neue Unterklasse von einem vorhandenen Typ abgeleitet ist und spricht auch von einem abgeleiteten Typ. Der Quasar wird vom Star abgeleitet und erbt damit dessen gesamte Eigenschaften. Bei Bedarf kann man aber neue hinzufügen. Auf die Vererbung und ihre Anwendung in C++ gehen Kapitel 11, »Vererbung«, und Kapitel 15, »Vererbung – weiterführende Themen«, ein.

Polymorphie

Vielleicht reagiert der neue Quasar anders als ein Star, wenn Sie das Gaspedal treten. Der Quasar läuft mit Benzineinspritzung und einem Turbolader, während der Star lediglich Benzin in den Vergaser leitet. Der Fahrer muß von diesen Einzelheiten nichts wissen. Er braucht lediglich das Gaspedal »durchzutreten« und je nach Auto werden die richtigen Mechanismen in Bewegung gesetzt.

C++ unterstützt den Gedanken, daß verschiedene Objekte »genau das Richtige tun«, durch die sogenannte Funktionspolymorphie oder Klassenpolymorphie. Das aus dem Griechischen stammende Wort »polymorph« bedeutet »vielgestaltig«. Polymorphie bezieht sich also darauf, daß man einen Namen für mehrere Formen verwendet. Näheres dazu finden Sie in den Kapiteln 10, »Funktionen – weiterführende Themen«, und 13, »Polymorphie«.

Wie sich C++ entwickelt hat

Als sich die objektorientierte Methodik bei Analyse, Entwurf und Programmierung durchzusetzen begann, nahm Bjarne Stroustrup die populärste Sprache für die kommerzielle Software-Entwicklung, C, und erweiterte sie um Merkmale der objektorientierten Programmierung.

Es stimmt zwar, daß C++ eine Obermenge von C ist und daß scheinbar jedes gültige C-Programm auch ein gültiges C++-Programm ist, doch der Sprung von C zu C++ ist größer als er scheint. C++ profitierte jahrelang von der Verwandtschaft zu C, da C-Programmierer bequem auf C++ umsteigen konnten. Viele Programmierer stellten jedoch fest, daß sie für eine umfassende Nutzung aller von C++ gebotenen Möglichkeiten viel Bekanntes vergessen und neue Konzepte und Programmlösungen erlernen mußten.

Sollte ich zuerst C lernen?

Es drängt sich die Frage auf: »Soll ich zuerst C lernen, weil C++ eine Obermenge von C ist?« Stroustrup und die meisten C++-Programmierer stimmen überein: Es ist nicht nur nicht erforderlich, zuerst C zu lernen, sondern auch eine schlechte Empfehlung.

Dieses Buch geht davon aus, daß Sie kein C-Programmierer sind. Andernfalls wäre das auch kein Problem. Lesen Sie die ersten Kapitel als Wiederholung, und legen Sie sich dann richtig ins Zeug. Mit Kapitel 6, »Klassen«, steigen wir dann so richtig in die objektorientierte Programmierung ein.

C++ und Java

C++ ist heute die am weitesten verbreitete Programmiersprache, zur Erstellung kommerzieller Software entwickelt. In den letzten Jahren wurde diese Vormachtstellung durch Java bedroht, doch inzwischen schwingt das Pendel wieder zurück, und viele

Programmierer, die von C++ zu Java gewechselt haben, sind inzwischen wieder auf C++ zurückgekommen. So viel läßt sich jedenfalls feststellen: Die beiden Sprachen sind sich so ähnlich, daß, wer eine Sprache beherrscht, fast 90 % der anderen damit abdeckt.

Der ANSI-Standard

Das Accredited Standards Committee, das dem American National Standards Institute (amerikanisches Normungsinstitut) unterstellt ist, hat einen internationalen Standard für C++ aufgesetzt.

Der C++-Standard wird inzwischen auch als ISO-Standard (International Standards Organization), NCITS-Standard (National Committee for Information Technology Standards), X3-Standard (alter Name für NCITS) und als ANSI/ISO-Standard bezeichnet. In diesem Buch wird vom ANSI-Standardcode gesprochen, da dies der geläufigste Begriff ist.

Der ANSI-Standard versucht sicherzustellen, daß C++ portierbar ist. Damit soll zum Beispiel garantiert werden, daß Code, der in Übereinstimmung mit dem ANSI-Standard für einen Microsoft-Compiler aufgesetzt wurde, auch ohne Fehler mit einem Compiler eines beliebigen Drittanbieters kompiliert werden kann. Da der Code dieses Buches ebenfalls dem ANSI-Standard folgt, sollten sich die Beispiele fehlerfrei auf einem Mac-, einem Windows- oder einem Alpha-PC kompilieren lassen.

Die meisten, die C++ erlernen, werden den ANSI-Standard nicht wahrnehmen. Schon seit einiger Zeit ist der ANSI-Standard recht stabil und alle größeren Hersteller unterstützen ihn. Wir haben uns bemüht, alle Codebeispiele in diesem Buch auf den ANSI-Standard hin auszurichten.

Vorbereitungen

In C++ ist wichtig, wichtiger vielleicht als in anderen Sprachen, daß der Programmierer das Programm entwirft, bevor er es niederschreibt. Triviale Probleme, wie etwa die in den ersten Kapiteln dieses Buches behandelten, erfordern kaum Entwurfsarbeit. Allerdings ist ein Entwurf bei komplexen Problemen, die die professionellen Programmierer alltäglich herausfordern, unumgänglich. Je gründlicher der Entwurf, desto wahrscheinlicher stellt das Programm für die vorgesehenen Aufgaben eine Lösung dar – sowohl im zeitlichen als auch im finanziellen Rahmen. Ein guter Entwurf führt auch zu einem relativ fehlerfreien und leicht zu wartenden Programm. Man schätzt, daß sich 90 % der Software-Kosten aus Fehlersuche und Wartung zusammensetzen. Ein guter Entwurf hat damit bedeutenden Einfluß auf die Senkung der Gesamtkosten des Projekts.

Bei der Vorbereitung auf den Programmentwurf ist zuerst die Frage zu beantworten: »Welches Problem versuche ich zu lösen?« Jedes Programm sollte ein klares, gut formuliertes Ziel besitzen. Sogar bei den einfachsten Programmen in diesem Buch begegnen Sie diesem Ansatz.

Die zweite Frage für jeden guten Programmierer ist: »Kann man das Ziel erreichen, ohne benutzerspezifische Software schreiben zu müssen?« Die Wiederverwendung und Anpassung vorhandener Programme oder der Kauf von konfektionierter Software sind oft bessere Lösungen für ein Problem als etwas Neues zu schreiben. Der Programmierer, der diese Alternativen zu bieten hat, wird niemals arbeitslos; durch die Entwicklung kostengünstiger Lösungen für aktuelle Probleme ergeben sich fast immer neue Möglichkeiten für die Zukunft.

Hat man das Problem erfaßt und ist das Schreiben eines neuen Programms unumgänglich, kann man mit dem Entwurf beginnen.

Der Prozeß, das Problem voll zu erfassen (Analyse) und mit einer Lösung (Entwurf) aufzuwarten, ist die notwendige Grundlage, um eine kommerzielle Anwendung von Weltklasse zu schreiben.

Doch auch wenn die Schritte, das Problem zu erfassen und eine Lösung zu entwerfen, vor dem eigentlichen Aufsetzen des Codes stehen, ist es ratsamer, sich mit der grundlegenden Syntax und Semantik von C++ vertraut zu machen, bevor man sich den formalen Analyse- und Entwurfstechniken widmet.

Ihre Entwicklungsumgebung

Dieses Buch geht von der Annahme aus, daß Ihr Compiler über einen Modus verfügt, mit dem man direkt auf den Bildschirm schreiben kann, ohne erst lang Gedanken an eine Graphik-Umgebung wie in Windows oder auf dem Macintosh zu verlieren. Halten Sie Ausschau nach einer Option wie *Konsolen-* oder *Textbildschirmanwendung,* oder schauen Sie in Ihren Compiler-Handbüchern nach.

Möglicherweise verfügt Ihr Compiler über einen eigenen Editor, oder Sie verwenden einen kommerziellen Texteditor oder eine Textverarbeitung, die Textdateien erzeugen kann. Mit welchem Werkzeug Sie Ihr Programm auch erstellen, es muß reine Textdateien ohne eingebettete Steuerbefehle liefern. Beispiele für »sichere« Editoren sind der zu Windows gehörende Editor Notepad, der über den DOS-Befehl `Edit` aufrufbare Editor, Brief, Epsilon, EMACS und vi. Kommerzielle Textverarbeitungen wie Word-

Perfect, Word und Dutzende andere bieten ebenfalls die Möglichkeit, das Dokument als einfache Textdatei zu speichern.

Die Dateien, die Sie mit Ihrem Editor erstellen, bezeichnet man als Quelldateien. Normalerweise erhalten diese Dateien unter C++ die Dateierweiterung `.CPP`, `.CP` oder `.C`. In diesem Buch sind alle Quellcodedateien einheitlich mit der Erweiterung `.CPP` versehen. Prüfen Sie bitte, welche Erweiterungen Ihr Compiler benötigt.

Hinweis

Bei den meisten C++-Compilern hat die Erweiterung der Quelldateien keine besondere Bedeutung. Gibt man allerdings keine Erweiterung explizit an, verwenden viele Compiler per Vorgabe die Erweiterung `.CPP`. Seien Sie jedoch mit der Verwendung `.C` vorsichtig, da einige Compiler davon ausgehen, daß es sich bei `.C`-Dateien um C-Code und bei `.CPP`-Dateien um C++ handelt. Auch hier möchte ich Ihnen nahelegen, einen Blick in Ihre Handbücher zu werfen.

Was Sie tun sollten	... und was nicht
Erstellen Sie den Quellcode mit einem einfachen Texteditor, oder arbeiten Sie mit dem Editor, der zum Compiler gehört. Speichern Sie Ihre Dateien mit den Erweiterungen `.C`, `.CP` oder `.CPP`. Machen Sie sich anhand der Dokumentation mit den Eigenheiten Ihres Compilers und Linkers vertraut, damit Sie wissen, wie Programme zu kompilieren und zu linken sind.	Verwenden Sie keine Textverarbeitung, die spezielle Formatierungszeichen speichert. Sollten Sie doch mit einer Textverarbeitung arbeiten, speichern Sie die Datei als ASCII-Text.

Quellcode kompilieren

Obwohl der Quellcode in Ihrer Datei etwas kryptisch aussieht und jeder, der sich mit C++ nicht auskennt, kaum versteht, für was das ganze gut ist, haben wir es trotzdem mit einer für den Menschen verständlichen Form zu tun. Die Quellcodedatei ist kein Programm und läßt sich auch nicht wie ein Programm ausführen.

Um aus dem Quellcode ein Programm zu machen, verwendet man einen Compiler. Wie man den Compiler aufruft und ihm den Standort der Quelldatei angibt, ist vom konkreten Compiler abhängig. Sehen Sie dazu in der entsprechenden Dokumentation nach.

Durch das Kompilieren des Quellcodes entsteht eine sogenannte Objektdatei (in der Regel mit der Erweiterung `.OBJ`). Allerdings handelt es sich auch hier noch nicht um ein ausführbares Programm. Um aus der Objektdatei ein ausführbares Programm zu erstellen, ruft man den Linker auf.

Ein ausführbares Programm mit dem Linker erstellen

C++-Programme werden in der Regel durch das Verbinden (Linken) einer oder mehrerer Objektdateien mit einer oder mehreren Bibliotheken erzeugt. Unter einer Bibliothek versteht man eine Sammlung von Dateien, die vom Linker direkt in ein Programm mit eingebunden werden können. Bibliotheken erwirbt man automatisch zusammen mit dem Compiler, man kauft sie extra dazu oder man erzeugt und kompiliert sie selbst. Zu allen C++-Compilern gehört eine Bibliothek nützlicher Funktionen und Klassen, die Sie in Ihr Programm aufnehmen können. Eine Funktion ist ein Codeblock, der eine bestimmte Aufgabe realisiert, beispielsweise das Addieren zweier Zahlen oder die Ausgabe auf den Bildschirm. Unter einer Klasse versteht man eine Sammlung von Daten und verwandten Funktionen. Auf Funktionen und Klassen gehen wir ab Kapitel 5 noch näher ein.

Eine ausführbare Datei erzeugt man in folgenden Schritten:

1. Erstellen einer Quellcodedatei mit der Erweiterung .CPP.
2. Kompilieren der Quellcodedatei in eine Objektdatei mit der Erweiterung .OBJ.
3. Linken der Objektdatei mit allen erforderlichen Bibliotheken zu einem ausführbaren Programm.

Der Entwicklungszyklus

Wenn jedes Programm sofort beim ersten Ausprobieren funktionieren würde, hätten wir es mit folgendem vollständigen Entwicklungszyklus zu tun: Schreiben des Programms, Kompilieren des Quellcodes, Linken des Programms und Ausführen des Programms. Leider enthält fast jedes Programm irgendwelche Fehler – sogenannte Bugs – auch wenn sie manchmal nur trivial sind. Einige Bugs verhindern bereits das Kompilieren, bei manchen Fehlern kann man das Programm nicht linken, und einige Fehler zeigen sich erst bei der Ausführung des Programms.

Welchen Fehler Sie auch finden, er ist zu beseitigen. Und dazu gehört die Bearbeitung des Quellcodes, das erneute Kompilieren und Linken und schließlich ein neuer Start des Programms. Abbildung 1.1 zeigt diesen Zyklus mit einer Darstellung der einzelnen Schritte.

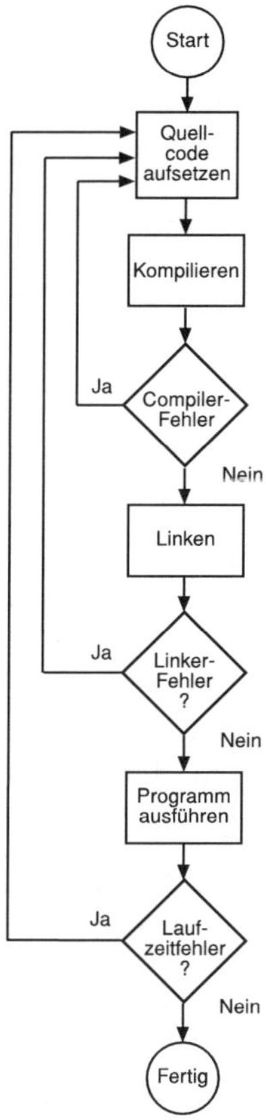

Abbildung 1.1:
Die Schritte im Entwicklungsprozeß eines C++-Programms

HELLO.CPP – Ihr erstes C++-Programm

Es ist schon Tradition, daß ein Programmierbuch mit einem Programm beginnt, das die Worte `Hello World` auf den Bildschirm bringt oder eine ähnliche Aufgabe realisiert. Auch wir bleiben dieser Tradition treu.

Tippen Sie das erste Programm direkt in Ihren Editor – genau wie dargestellt – ein. Nachdem Sie den Quellcode kritisch durchgesehen haben, speichern Sie die Datei, kompilieren sie, linken sie und führen sie aus. Auf dem Bildschirm erscheinen die Worte `Hello World`. Kümmern Sie sich momentan noch nicht darum, wie das Ganze funktioniert, das Programm soll Sie nur mit dem Entwicklungszyklus vertraut machen. Die einzelnen Aspekte dieses Programms sind Gegenstand der nächsten Lektionen.

Warnung

Das folgende Listing enthält an der linken Seite Zeilennummern. Diese dienen lediglich der Bezugnahme in diesem Buch und sind nicht als Teil des Quellcodes im Editor einzugeben. Beispielsweise geben Sie die Zeile 1 von Listing 1.1 in der folgenden Form ein:

```
#include <iostream.h>
```

Listing 1.1: HELLO.CPP, das Programm Hello World

```
1: #include <iostream.h>
2:
3: int main()
4: {
5:   cout << "Hello World!\n";
6:   return 0;
7: }
```

Vergewissern Sie sich, daß alles exakt wie dargestellt eingegeben wurde. Achten Sie insbesondere auf die Satzzeichen. Das Symbol << in Zeile 5 ist ein Umleitungssymbol, das man auf deutschen Tastaturen rechts neben der linken Umschalt-Taste findet. Zeile 5 endet mit einem Semikolon, das auf keinen Fall fehlen darf!

Prüfen Sie auch, ob die Compiler-Direktiven entsprechend eingestellt sind. Die meisten Compiler linken automatisch. Trotzdem sollten Sie in der Dokumentation nachsehen. Wenn Sie Fehler erhalten, überprüfen Sie zunächst sorgfältig den eingegebenen Code und suchen nach Abweichungen von Listing 1.1. Wenn Sie einen Fehler zu Zeile 1 erhalten, wie etwa `Include-Datei kann nicht geoeffnet werden: 'iostream.h'...`, sollten Sie sich in der Dokumentation zu Ihrem Compiler über die Einstellungen für den Include-Pfad und die Umgebungsvariablen informieren. Wenn Sie einen Fehler erhalten, daß es keinen Prototyp für `main` gibt, fügen Sie die Zeile `int main();` unmittelbar vor Zeile 3 ein. Diese Zeile müssen Sie jedem Programm in diesem Buch vor Beginn der Funktion `main()` hinzufügen. Viele Compiler kommen ohne aus, bei einigen aber ist es erforderlich.

Das fertige Programm sieht folgendermaßen aus:

```
#include <iostream.h>
int main();          // die meisten Compiler kommen ohne
                     // diese Zeile aus
int main()     {
{
  cout << "Hello World!\n";
  return 0;
}
```

Führen Sie nun `Hello.exe` aus. Auf dem Bildschirm sollte der Text

```
Hello World!
```

erscheinen. Sollte das so sein, Gratulation! Sie haben gerade Ihr erstes C++-Programm eingegeben, kompiliert und ausgeführt. Es ist vielleicht nicht gerade berauschend, aber nahezu jeder professionelle C++-Programmierer hat genau mit diesem Programm begonnen.

Einsatz der Standardbibliotheken

Um sicherzustellen, daß Leser mit älteren Compilern keine Schwierigkeiten mit dem Code dieses Buches haben, verwenden wir die älteren `include`-Dateien. So finden Sie

```
#include <iostream.h>
```

anstelle der neuen Header-Dateien der Standardbibliotheken

```
#include <iostream>
```

Dies sollte auf allen Compilern funktionieren und hat nur geringfügige Nachteile. Ziehen Sie es jedoch vor, die Bibliotheken des neuen Standards zu verwenden, ändern Sie Ihren Code einfach in

```
#include <iostream>
```

und fügen Sie die Zeile

```
using namespace std;
```

direkt unter Ihre Liste der `include`-Dateien. Das weiterführende Thema der Namensbereiche wird noch eingehender in Kapitel 17 besprochen.

Ob Sie jetzt Standard-Headerdateien verwenden oder nicht, sollte die Ausführung des Codes in diesem Buch eigentlich nicht betreffen. Der wichtigste Unterschied zwischen den älteren Bibliotheken und der neuen Standardbibliothek ist die `iostream`-Bibliothek (die Beschreibung finden Sie in Kapitel 16). Doch auch diese Änderungen haben keinen Einfluß auf den Code in diesem Buch. Die Änderungen sind nur geringfügig und nur für Eingeweihte; zumindest gehen Sie weit über den Rahmen eines Anfängerhandbuchs hinaus.

Die ersten Schritte mit Visual C++ 6

Alle Programme dieses Buchs wurden mit dem Visual C++ 6-Compiler getestet und sollten sich mit allen Visual C++-Compilern von Microsoft ab 4.0 und höher problemlos kompilieren, linken und ausführen lassen. Theoretisch sollten sich die Programme dieses Buchs, da der Code dem ANSI-Standard entspricht, auf allen Compilern auf dem Markt ausführen lassen.

In der Theorie sind Theorie und Praxis eins. In der Praxis jedoch nie.

Für Ihre ersten Schritte soll Sie dieser kurze Abschnitt darin einführen, wie Sie ein Programm mit dem Microsoft-Compiler bearbeiten, kompilieren, linken und ausführen. Wenn Sie einen anderen Compiler verwenden, können die Schritte leicht von den hier beschriebenen abweichen. Aber auch wenn Sie Microsofts Visual C++ 6-Compiler benutzen, lesen Sie in Ihrer Dokumentation nach, wie Ihre Schritte ab hier aussehen.

Das Hello World-Projekt erstellen

Gehen Sie wie folgt vor, um das Programm Hello World zu erstellen und zu testen:

1. Starten Sie den Compiler.
2. Rufen Sie den Menübefehl DATEI/NEU auf.
3. Wählen Sie WIN32-KONSOLENANWENDUNG und geben Sie einen Projektnamen wie BEISPIEL1 ein. Klicken Sie dann auf OK.
4. Aktivieren Sie die Option EIN LEERES PROJEKT und klicken Sie auf FERTIGSTELLEN.
5. Rufen Sie den Menübefehl DATEI/NEU auf.
6. Wählen Sie C++-QUELLCODEDATEI und nennen Sie die Datei BSP1.
7. Geben Sie den Code wie oben abgedruckt ein.
8. Rufen Sie ERSTELLEN/BEISPIEL1.EXE ERSTELLEN auf.
9. Prüfen Sie, ob beim Kompilieren keine Fehler auftauchen.
10. Drücken Sie STRG+F5, um das Programm auszuführen.
11. Drücken Sie die Leertaste, um das Programm zu beenden.

Fehler zur Kompilierzeit

Fehler zur Kompilierzeit können verschiedenste Ursachen haben. Gewöhnlich sind sie das Ergebnis eines Schreibfehlers oder einer anderen Nachlässigkeit. Gute Compiler weisen nicht nur darauf hin, was Sie falsch gemacht haben, sie zeigen genau die Stelle im Code an, wo der Fehler aufgetreten ist. Die besten Compiler schlagen sogar eine Lösung vor!

Einen Compiler-Fehler können Sie sich in der Praxis ansehen, indem Sie absichtlich einen Fehler in das Programm einbauen. Nachdem Sie `Hello.cpp` erst einmal richtig zum Laufen gebracht haben, bearbeiten Sie nun die Quelldatei und entfernen die schließende Klammer auf Zeile 7. Das Programm entspricht nun Listing 1.2.

Listing 1.2: Demonstration eines Compiler-Fehlers

```
1:  #include <iostream.h>
2:
3:  int main()
4:  {
5:    cout << "Hello World!\n";
6:    return 0;
```

Kompilieren Sie Ihr Programm erneut. Es sollte nun die folgende Fehlermeldung erscheinen:

```
****Hello.cpp, line 5: Compound statement missing terminating }
    in function main().
```

oder auch:

```
F:\Mcp\Tycpp21d\Testing\List0101.cpp(8) : fatal error C1004:
   unexpected end of file found
   Error executing cl.exe.
   }
```

Diese Fehlermeldung teilt Ihnen die problematische Datei und die Zeilennummer mit und um welches Problem es sich handelt. (Zugegebenermaßen sieht das ganze etwas kryptisch aus.) Beachten Sie, daß die Fehlermeldung auf Zeile 5 verweist. Der Compiler war sich nicht sicher, ob Sie die schließende Klammer vor oder nach der `cout`-Anweisung in Zeile 5 setzen möchten. Manchmal bezieht sich die Fehlermeldung auf die unmittelbare Nachbarschaft des Problems. Könnte ein Compiler jedes Problem perfekt identifizieren, könnte er den Code auch selbst von Fehlern bereinigen.

Zusammenfassung

Nach dem Studium dieses Kapitels sollten Sie einen Überblick haben, wie sich C++ entwickelt hat und für welche Art von Problemlösungen diese Sprache geschaffen wurde. Sie sollten sich bestärkt fühlen, daß das Erlernen von C++ die richtige Wahl für jeden an der Programmierung Interessierten im nächsten Jahrzehnt ist. C++ stellt die Werkzeuge der objektorientierten Programmierung und die Leistung einer systemnahen Sprache zur Verfügung, was C++ zur bevorzugten Entwicklungssprache macht.

In diesem ganz am Anfang stehenden Kapitel haben Sie gelernt, wie Sie Ihr erstes C++-Programm schreiben, kompilieren, linken und ausführen, und wie der normale Entwicklungszyklus aussieht. Außerdem haben Sie sich ein wenig mit dem Grundanliegen der objektorientierten Programmierung vertraut gemacht. Zu diesen Themen kehren Sie während der restlichen Unterrichtsstunden zurück.

Fragen und Antworten

F Worin besteht der Unterschied zwischen einem Texteditor und einer Textverarbeitung?

A *Ein Texteditor erzeugt Dateien, die aus reinem Text bestehen und keinerlei Formatierungsbefehle oder andere spezielle Symbole, wie sie für eine Textverarbeitung erforderlich sind, enthalten. Bei reinen Textdateien gibt es keinen automatischen Zeilenumbruch, keinen Fettdruck, keine kursive Zeichen usw.*

F Mein Compiler verfügt über einen integrierten Editor. Ist das das geeignete Werkzeug?

A *Fast alle Compiler sind in der Lage, den von beliebigen Texteditoren erzeugten Code zu kompilieren. Der Vorteil des integrierten Editors besteht allerdings darin, daß man gegebenenfalls schnell zwischen den Entwicklungsschritten Editieren und Kompilieren hin- und herschalten kann. Zu modernen Compilern gehört eine integrierte Entwicklungsumgebung, die dem Programmierer den Zugriff auf Hilfedateien, die Bearbeitung und das Kompilieren des Codes unmittelbar erlaubt. Außerdem lassen sich hier Compiler- und Linker-Fehler beseitigen, ohne daß man die Umgebung verlassen muß.*

F Kann ich Warnungen des Compilers ignorieren?

A *Auf keinen Fall. Machen Sie es sich zur Angewohnheit, Warnungen als Fehler zu behandeln. C++ verwendet den Compiler, um Sie vor etwas zu warnen, das Sie möglicherweise gar nicht beabsichtigen. Unternehmen Sie die erforderlichen Schritte, damit diese Warnungen nicht wieder auftreten.*

F Was versteht man unter der Kompilierzeit?

A Die Kompilierzeit ist die Phase im Entwicklungszyklus, zu der man den Compiler ausführt. Weitere Phasen sind die Linkzeit (wenn man den Objektcode mit dem Linker verknüpft) oder die Laufzeit (wenn man das Programm ausführt). Damit differenziert der Programmierer die drei Zeitabschnitte, in denen Fehler normalerweise zutage treten.

Workshop

Der Workshop enthält Quizfragen, die Ihnen helfen sollen, Ihr Wissen zu festigen, und Übungen, die Sie anregen sollen, das eben Gelernte umzusetzen und eigene Erfahrungen zu sammeln. Versuchen Sie, das Quiz und die Übungen zu beantworten und zu verstehen, bevor Sie die Lösungen in Anhang D lesen und zur Lektion des nächsten Tages übergehen.

Quiz

1. Was ist der Unterschied zwischen einem Interpreter und einem Compiler?
2. Wie kompilieren Sie den Quellcode mit Ihrem Compiler?
3. Welche Aufgabe obliegt dem Linker?
4. Wie lauten die Schritte in einem normalen Entwicklungszyklus?

Übungen

1. Betrachten Sie das folgende Programm und raten Sie, was es macht, ohne es auszuführen.

```
#include <iostream.h>
int main()
{
  int x = 5;
  int y = 7;
  cout << "\n";
  cout << x + y << " " << x * y;
  cout << "\n";
  return 0;
}
```

2. Tippen Sie das Programm von Übung 1 ein und kompilieren und linken Sie es anschließend. Was macht das Programm? Stimmt das mit Ihrer Annahme überein?

3. Tippen Sie das folgende Programm ein und kompilieren Sie es. Welche Fehlermeldung erhalten Sie?

```
include <iostream.h>
int main()
{
    cout << "Hello World\n";
    return 0;
}
```

4. Beheben Sie den Fehler im Programm aus Übung 3. Kompilieren, linken und starten Sie es. Was macht das Programm?

Die Bestandteile eines C++-Programms

Woche 1

C++-Programme bestehen aus Objekten, Funktionen, Variablen und anderen Komponenten. Der größte Teil dieses Buches widmet sich in aller Ausführlichkeit der Beschreibung dieser Teile. Um jedoch einen Eindruck davon zu erhalten, wie die Bausteine eines Programms zusammenarbeiten, stelle ich Ihnen vorab ein vollständiges ausführbares Programm vor. Heute lernen Sie,

- aus welchen Bestandteilen ein C++-Programm besteht,
- wie die Teile zusammenarbeiten,
- was eine Funktion ist und was sie bewirkt.

Ein einfaches Programm

Das einfache Programm `HELLO.CPP` aus Kapitel 1, »Erste Schritte«, weist verschiedene interessante Teile auf. Der vorliegende Abschnitt untersucht dieses Programm eingehender. Listing 2.1 zeigt noch einmal die Originalversion des Programms `HELLO.CPP`.

Listing 2.1: HELLO.CPP demonstriert die Bestandteile eines C++-Programms

```
1: #include <iostream.h>
2:
3: int main()
4: {
5:    cout << "Hello World!\n";
6:    return 0;
7: }
```

Ausgabe

```
Hello World!
```

Analyse

Zeile 1 bindet die Datei IOSTREAM.H in die Datei HELLO.CPP ein.

Dabei wird wie folgt vorgegangen: Das erste Zeichen, das #-Symbol, ist ein Signal an den Präprozessor. Der Präprozessor ist Ihrem Compiler vorgeschaltet und wird jedes Mal gestartet, wenn Sie den Compiler aufrufen. Der Präprozessor geht Ihren Quellcode durch und sucht nach Zeilen, die mit dem Nummernzeichen (#) beginnen. Diese

Zeilen werden bearbeitet, bevor der Compiler gestartet wird. Der Präprozessor wird noch im einzelnen in Kapitel 21, »Was kommt als nächstes«, besprochen.

Die Präprozessor-Anweisung `include` (englisch: einbinden) hat folgende Bedeutung: »Es folgt ein Dateiname. Suche die Datei und lese sie genau an diese Stelle ein.« Die spitzen Klammern um den Dateinamen weisen den Präprozessor an, »an allen üblichen Plätzen nach dieser Datei zu suchen«. Wenn Ihr Compiler korrekt eingerichtet ist, bewirken die spitzen Klammern, daß der Präprozessor nach der Datei `IOSTREAM.H` in dem Verzeichnis sucht, in dem die `.H`-Dateien für Ihren Compiler stehen. Die Datei `IOSTREAM.H` (Input-Output-Stream) ist für `cout` erforderlich und unterstützt das Schreiben auf dem Bildschirm. Zeile 1 sorgt dafür, daß die Datei `IOSTREAM.H` in das Programm kopiert wird, so als hätten Sie den entsprechenden Quelltext selbst eingetippt. Jedes Mal, wenn Sie den Compiler aufrufen, wird zuerst der Präprozessor ausgeführt. Dieser Präprozessor übersetzt jede Zeile, die mit einem Nummernzeichen (#) beginnt, in einen speziellen Befehl und bereitet damit Ihren Quellcode für den Compiler auf.

In Zeile 3 beginnt das eigentliche Programm mit einer Funktion namens `main()`. Jedes C++-Programm verfügt über eine `main()`-Funktion. Im allgemeinen ist eine Funktion ein Codeblock, der eine oder mehrere Aktionen ausführt. Funktionen werden von anderen Funktionen aufgerufen, wobei die Funktion `main()` eine Sonderstellung einnimmt. Bei Start des Programms erfolgt der Aufruf von `main()` automatisch.

Wie alle anderen Funktionen muß auch `main()` festlegen, welche Art von Rückgabewert sie liefert. Der Rückgabewert von `main()` in `HELLO.CPP` ist vom Typ `int`, das heißt, diese Funktion wird beim Beenden einen Integer an das Betriebssystem übergeben. In diesem Fall ist es der Integerwert 0, wie in Zeile 6 zu sehen. Einen Rückgabewert an das Betriebssystem zu deklarieren, ist eigentlich unwichtig und wird selten benötigt. Der C++-Standard jedoch erfordert, daß `main()` wie gezeigt deklariert wird.

Hinweis

Bei einigen Compilern können Sie den Rückgabewert von `main()` als `void` deklarieren. Das entspricht jedoch nicht mehr dem gültigen C++-Standard, und Sie sollten es vermeiden, in schlechte Angewohnheiten zu verfallen. Besser ist es, `main()` einen Integer zurückliefern zu lassen und in der letzten Zeile von `main()` eine 0 zurückzugeben.

Hinweis

Einige Betriebssysteme ermöglichen es Ihnen, den Rückgabewert eines Programms zu prüfen. Der Konvention nach sollte der Wert 0 sein, um anzuzeigen, daß das Programm ordnungsgemäß beendet wurde.

Funktionen beginnen mit einer öffnenden geschweiften Klammer (`{`) und enden mit einer schließenden geschweiften Klammer (`}`). Die geschweiften Klammern für die Funktion `main()` stehen in den Zeilen 4 und 7. Alles zwischen der öffnenden und der schließenden Klammer ist Teil der Funktion.

Die »Knochenarbeit« dieses Programms leistet Zeile 5. Das Objekt `cout` gibt eine Meldung auf dem Bildschirm aus. Die Behandlung von Objekten im allgemeinen finden Sie in Kapitel 6, »Klassen«, und eine eingehende Beschreibung von `cout` und seinem verwandten Objekt `cin` in Kapitel 16, »Streams«. Diese beiden Objekte realisieren in C++ die Ausgabe auf den Bildschirm und die Eingabe über die Tastatur.

Im Anschluß an das Objekt `cout` steht der Umleitungsoperator (<<). Alles was auf den Umleitungsoperator folgt, erscheint auf dem Bildschirm. Möchten Sie eine Zeichenfolge ausgeben, ist diese in Anführungszeichen (") wie in Zeile 5 zu setzen.

Eine Textzeichenfolge ist eine Folge von druckbaren Zeichen.

Die beiden letzten Zeichen, `\n`, weisen `cout` an, eine neue Zeile nach dem Text `Hello World!` auszugeben. Dieser spezielle Code wird noch in Kapitel 17, »Namensbereiche«, ausführlicher im Zusammenhang mit `cout` erklärt.

Die Funktion `main()` endet in Zeile 7 mit der schließenden geschweiften Klammer.

Eine kurze Einführung in cout

In Kapitel 16 werde ich Ihnen ausführlich zeigen, wie Sie `cout` einsetzen, um Daten auf dem Bildschirm auszugeben. Bis dahin werden wir `cout` einfach verwenden, ohne seine Funktionsweise vollständig zu verstehen. Um einen Wert auf dem Bildschirm auszugeben, müssen Sie `cout` eingeben, gefolgt von dem Umleitungsoperator (<<), den man durch zweimaliges Betätigen der [<]-Taste erzeugt. Auch wenn es sich hier um zwei Zeichen handelt, werden sie von C++ als ein Symbol interpretiert. Im Anschluß an den Umleitungsoperator geben Sie Ihre auszugebenden Daten ein. Listing 2.2 soll Ihnen die Anwendung demonstrieren. Geben Sie das folgende Beispiel wortgetreu ein, nur daß Sie statt des Namens Jesse Liberty Ihren eigenen Namen eintippen (es sei denn, Ihr Name lautet ebenfalls Jesse Liberty).

Listing 2.2: Die Verwendung von cout

```
// Listing 2.2 zeigt die Verwendung von cout
#include <iostream.h>
int main()
{
    cout << "Hallo dort.\n";
    cout << "Hier ist 5: " << 5 << "\n";
    cout << "Der Manipulator endl beginnt eine neue Zeile.";
    cout <<
          endl;
    cout << "Hier ist eine große Zahl:\t" << 70000 << endl;
```

```
11:     cout << "Hier ist die Summe von 8 und 5:\t" << 8+5 << endl;
12:     cout << "Hier ist ein Bruch:\t\t" << (float) 5/8 << endl;
13:     cout << "Und eine riesengroße Zahl:\t";
14:     cout << (double) 7000 * 7000 <<
15:             endl;
16:     cout << "Vergessen Sie nicht, Jesse Liberty durch Ihren Namen"
               " zu ersetzen...\n";
17:     cout << "Jesse Liberty ist ein C++-Programmierer!\n";
18:     return 0;
19:     }
```

```
Hallo dort.
Hier ist 5: 5
Der Manipulator endl beginnt eine neue Zeile.
Hier ist eine große Zahl:      70000
Hier ist die Summe von 8 und 5:     13
Hier ist ein Bruch:              0.625
Und eine riesengroße Zahl:     4.9e+07
Vergessen Sie nicht, Jesse Liberty durch Ihren Namen zu ersetzen...
Jesse Liberty ist ein C++-Programmierer!
```

Einige Compiler weisen einen Fehler auf und benötigen Klammern um die Addition, bevor sie an `cout` weitergeleitet wird. In diesem Falle würde Zeile 11 geändert in:

```
11:     cout << "Hier ist die Summe von 8 und 5:\t" << (8+5) << endl;
```

Zeile 2 bindet mit der Anweisung `#include <iostream.h>` die Datei IOSTREAM.H in Ihre Quellcode-Datei ein. Dies ist erforderlich, um `cout` und die verwandten Funktionen verwenden zu können.

Zeile 5 zeigt den einfachsten Einsatz von `cout`. Es wird einfach ein Zeichenstring ausgegeben. Das Symbol `/n` ist ein besonderes Formatierungszeichen. Es teilt `cout` mit, das Zeichen für eine neue Zeile auf dem Bildschirm auszugeben.

In Zeile 6 werden `cout` drei Werte übergeben, wobei die Werte voneinander durch einen Umleitungsoperator getrennt werden. Der erste Wert ist der String »`Hier ist 5:` « Beachten Sie das Leerzeichen nach dem Doppelpunkt. Dieser Raum ist Teil des Strings. Anschließend wird dem Umleitungsoperator der Wert `5` und das Zeichen für NeueZeile (immer in doppelten oder einfachen Anführungszeichen) übergeben. Damit wird insgesamt folgende Zeile

```
Hier ist 5: 5
```

auf dem Bildschirm ausgegeben. Da hinter dem ersten String kein NeueZeile-Zeichen kommt, wird der nächste Wert direkt dahinter ausgegeben. Dies nennt man auch »die zwei Werte verketten« (Konkatenation).

Zeile 7 gibt eine Meldung aus und verwendet dann den Manipulator `endl`. Sinn und Zweck von `endl` ist es, eine neue Zeile auf dem Bildschirm auszugeben. (Andere Anwendungsbereiche für `endl` stelle ich Ihnen in Kapitel 16 vor.)

Hinweis

`endl` steht für **end l**ine (Ende der Zeile) und nicht für end-eins (end1). Ausgesprochen wird es »end-ell«.

Zeile 10 führt ein neues Formatierungszeichen, das `\t`, ein. Damit wird ein Tabulator eingefügt, mit dem die Ausgaben der Zeilen 10 bis 13 bündig ausgerichtet werden. Zeile 10 zeigt, daß nicht nur Integer, sondern auch Integer vom Typ `long` ausgegeben werden können. Zeile 11 zeigt, daß `cout` auch einfache Additionen verarbeiten kann. Der Wert `8+5` wird an `cout` weitergeleitet und dann als `13` ausgegeben.

In Zeile 12 wird `cout` der Wert `5/8` übergeben. Mit dem Begriff `(float)` teilen Sie `cout` mit, daß das Ergebnis als Dezimalzahl ausgewertet und ausgegeben werden soll. In Zeile 14 übernimmt `cout` den Wert `7000 * 7000`. Der Begriff `(double)` teilt `cout` mit, daß Sie diese Ausgabe in wissenschaftlicher Notation wünschen. Diese Themen werden wir noch im Detail in Kapitel 3, »Variablen und Konstanten«, im Zusammenhang mit den Datentypen besprechen.

In Zeile 16 haben Sie meinen Namen durch Ihren Namen ersetzt. Die Ausgabe bestätigt Ihnen, daß Sie tatsächlich ein C++-Programmierer sind. Und das muß wohl so sein, wenn der Computer das sagt!

Kommentare

Wenn man ein Programm schreibt, ist alles sonnenklar und bedarf keiner weiteren Erläuterung. Kehrt man aber einen Monat später zu diesem Programm zurück, sieht die Welt schon anders aus. Die selbst verfaßten Zeilen geben nur noch Rätsel auf.

Um diese Unklarheiten von vornherein zu bekämpfen und anderen Personen das Verständnis des Codes zu erleichtern, schreibt man gewöhnlich Kommentare in das Programm. Dabei handelt es sich einfach um Text, den der Compiler ignoriert, der aber den Leser über die Wirkung des Programms an bestimmten Punkten informiert.

Typen von Kommentaren

In C++ unterscheidet man zwei Arten von Kommentaren. Der Kommentar mit doppelten Schrägstrichen im Stil von C++ weist den Compiler an, alles nach den Schrägstrichen bis zum Ende der Zeile zu ignorieren.

Der durch Schrägstrich und Sternchen (/*) eingeleitete Kommentar weist den Compiler an, alles zu ignorieren, bis die abschließende Kommentarmarkierung (*/) erscheint. Diese Markierungen sind Kommentare im Stil von C und wurden in C++ übernommen. Achten Sie darauf, daß jedes /* durch ein entsprechendes */ abzuschließen ist.

Wie Sie sich vielleicht denken können, kann man Kommentare, wie sie in C verwendet werden, auch in C++ einsetzen. Hingegen sind C++-Kommentare nicht Teil der offiziellen Spezifikation von C.

Viele C++-Programmierer verwenden vorrangig Kommentare im Stil von C++ und heben sich die C-artigen Kommentare für das Ausklammern von großen Programmblöcken auf. Man kann C++-Kommentare innerhalb eines durch C-Kommentare »auskommentierten« Blocks einbinden. Alles zwischen den C-Kommentarmarken, einschließlich der C++-Kommentare, wird dann ignoriert.

Die Verwendung von Kommentaren

In der ersten und zweiten Ausgabe dieses Buches habe ich geschrieben, daß das Gesamtprogramm zu Beginn einen Kommentar aufweisen sollte, um anzugeben, was das Programm macht. Auch jede Funktion sollte mit einem Kommentar versehen werden, der mitteilt, was die Funktion macht und welche Werte sie zurückliefert.

Inzwischen halte ich nicht mehr allzu viel davon. Vor allem Kommentare im Kopf sind nicht mehr gefragt, da so gut wie niemand daran denkt, die Kommentare zu aktualisieren, wenn der Quellcode aktualisiert wird. Und was Funktionen anbelangt, so sollte man Funktionsnamen wählen, die möglichst aussagekräftig sind und keine Mehrdeutigkeiten aufkommen lassen. Ein verwirrender und schwer zu durchschauender Code sollte neu entworfen und umgeschrieben werden, damit er möglichst selbsterklärend ist. Meistens sind Kommentare nur die Entschuldigung von faulen Programmierern für ihren undurchschaubaren Quellcode.

Damit möchte ich Ihnen nicht nahelegen, Kommentare niemals zu verwenden. Sie sollten nur nicht dazu genutzt werden, um einen unübersichtlichen Code verständlich zu machen. In so einem Fall sollten Sie lieber den Code überarbeiten. Kurz gesagt, schreiben Sie einen guten Code und nutzen Sie die Kommentare, um das Verständnis zu erhöhen.

Kommentare kosten nichts, der Compiler ignoriert sie, und sie haben keinen Einfluß auf die Leistung des Programms. Listing 2.2 verdeutlicht die Verwendung von Kommentaren.

Listing 2.3: Hello.cpp mit eingefügten Kommentaren

```
1: #include <iostream.h>
2:
3:int main()
4: {
5:  /* Das ist ein Kommentar, der
6:  bis zum schließenden Kommentarzeichen aus
7:  Sternchen und Schrägstrich geht */
8:    cout << "Hello World!\n";
9:    // Dieser Kommentar geht nur bis zum Zeilenende
10:   cout << "Der Kommentar ist beendet!";
11:
12:  // C++-Kommentare können allein in einer Zeile stehen
13:  /* genau wie diese Kommentare */
14:  return 0;
15: }
```

```
Hello World!
Der Kommentar ist beendet!
```

Die Kommentare in den Zeilen 5 bis 7 ignoriert der Compiler gänzlich. Das gleiche gilt für die Kommentare in den Zeilen 9, 12 und 13. Der Kommentar auf Zeile 9 geht nur bis zum Zeilenende, während die Kommentare in den Zeilen 5 und 13 ein schließendes Kommentarzeichen erfordern.

Ein letztes Wort zu guten Kommentaren

Kommentare, die beschreiben, was eh schon jeder sieht, sind nicht besonders sinnvoll. Sie können sogar kontraproduktiv sein, wenn sich der Code ändert und der Programmierer vergißt, den Kommentar mit zu ändern. Aber was für den einen offensichtlich ist, ist für andere undurchsichtig. Deshalb ist sorgfältiges Abwägen gefragt.

Zu guter Letzt möchte ich noch anmerken, daß Kommentare nicht mitteilen sollten, was Sie tun, sondern warum Sie es tun.

Funktionen

Die Funktion `main()` ist etwas ungewöhnlich. Normalerweise muß eine Funktion, um etwas leisten zu können, im Verlauf Ihres Programms aufgerufen werden. `main()` wird vom Betriebssystem aufgerufen.

Programme werden Zeile für Zeile ausgeführt, in der Reihenfolge, in der Sie den Quellcode aufgesetzt haben. Bei einem Funktionsaufruf verzweigt das Programm, um die Funktion auszuführen. Ist die Funktion beendet, springt die Programmausführung zurück zu der Zeile in der aufrufenden Funktion, die auf den Funktionsaufruf folgt.

Stellen Sie sich vor, daß Sie ein Bild von sich selbst zeichnen. Sie zeichnen den Kopf, die Augen, die Nase – und plötzlich bricht Ihr Bleistift ab. Sie »verzweigen« nun in die Funktion »Bleistift spitzen«. Das heißt, Sie hören mit dem Zeichnen auf, stehen auf, gehen zur Spitzmaschine, spitzen den Stift, kehren an Ihre Arbeit zurück und setzen sie dort fort, wo Sie aufgehört haben. Wenn ein Programm eine bestimmte Arbeit verrichtet haben möchte, kann es dafür eine Funktion aufrufen und nach Abarbeitung der Funktion genau an dem Punkt weitermachen, wo es aufgehört hat. Listing 2.4 verdeutlicht dieses Konzept.

Listing 2.4: Aufruf einer Funktion

```
#include <iostream.h>

// Funktion DemonstrationFunction
// gibt eine Meldung aus
void DemonstrationFunction()
{
    cout << "In DemonstrationFunction\n";
}

// Funktion main - gibt eine Meldung aus, ruft
// dann DemonstrationFunction auf, gibt danach
// eine zweite Meldung aus.
int main()
{
    cout << "In main\n" ;
    DemonstrationFunction();
    cout << "Zurueck in main\n";
 return 0;
}
```

```
In main
In DemonstrationFunction
Zurueck in main
```

Die Zeilen 5 bis 8 enthalten die Definition der Funktion `DemonstrationFunction()`. Die Funktion gibt eine Meldung auf dem Bildschirm aus und kehrt dann zum Aufrufer zurück.

In Zeile 13 beginnt das eigentliche Programm. In Zeile 15 gibt die Funktion `main()` eine Meldung aus, daß sich das Programm soeben in der Funktion `main()` befindet. Nach der Ausgabe der Meldung ruft Zeile 16 die Funktion `DemonstrationFunction()` auf. Dieser Aufruf bewirkt die Ausführung der Befehle in `DemonstrationFunction()`. In diesem Fall besteht die gesamte Funktion aus dem Code in Zeile 7, der eine weitere Meldung ausgibt. Nach vollständiger Abarbeitung der Funktion `DemonstrationFunction()` in Zeile 8 kehrt die Programmausführung an die Stelle zurück, wo der Aufruf der Funktion erfolgte. Im Beispiel kehrt das Programm zu Zeile 17 zurück, und die Funktion `main()` gibt die abschließende Meldung aus.

Funktionen verwenden

Funktionen geben entweder einen Wert oder `void` (das heißt: nichts) zurück. Eine Funktion zur Addition von zwei ganzen Zahlen liefert sicherlich die Summe zurück, und man definiert diesen Rückgabewert vom Typ Integer. Eine Funktion, die lediglich eine Meldung ausgibt, hat nichts zurückzugeben und wird daher als `void` (zu deutsch: leer) deklariert.

Funktionen gliedern sich in Kopf und Rumpf. Der Kopf besteht wiederum aus dem Rückgabetyp, dem Funktionsnamen und den Parametern. Mit Parametern lassen sich Werte an eine Funktion übergeben. Soll eine Funktion zum Beispiel zwei Zahlen addieren, stellen die Zahlen die Parameter für die Funktion dar. Ein typischer Funktionskopf sieht folgendermaßen aus:

```
int Summe(int a, int b)
```

Als Parameter bezeichnet man im engeren Sinn nur die Deklaration des zu übergebenden Datentyps. Der eigentliche Wert, den die aufrufende Funktion übergibt, heißt Argument. Viele Programmierer machen keinen Unterschied zwischen den Begriffen »Parameter« und »Argument«, während andere genau auf diese technische Unterscheidung achten. Im Buch kommen beide Ausdrücke gleichberechtigt vor.

Der Rumpf einer Funktion besteht aus einer öffnenden geschweiften Klammer, einer beliebigen Zahl von Anweisungen (0 oder mehr) und einer schließenden geschweiften Klammer. Die Anweisungen erledigen die Arbeit der Funktion. Eine Funktion kann einen Wert mit der Anweisung `return` zurückgeben. Diese Anweisung bewirkt auch das Verlassen der Funktion. Wenn man keine `return`-Anweisung vorsieht, liefert die Funktion am Ende automatisch `void` zurück. Der zurückgegebene Wert muß dem im Funktionskopf deklarierten Typ entsprechen.

Hinweis

Eine ausführliche Besprechung der Funktionen finden Sie in Kapitel 5, »Funktionen«. Die Typen, die von einer Funktion zurückgeliefert werden können, werden im einzelnen in Kapitel 3, »Variablen und Konstanten«, besprochen. Die Informationen, die Sie heute erhalten, sollen als Überblick dienen, denn Funktionen sind Bestandteil fast eines jeden C++-Programms.

Listing 2.5 zeigt eine Funktion, die zwei ganzzahlige Parameter übernimmt und einen ganzzahligen Wert zurückgibt. Kümmern Sie sich momentan nicht um die Syntax oder die Einzelheiten, wie man mit Integer-Werten (beispielsweise `int x`) arbeitet. Wir kommen in Kapitel 3 darauf zurück.

Listing 2.5: FUNC.CPP demonstriert eine einfache Funktion

```
#include <iostream.h>
int Add (int x, int y)
{

  cout << "In Add(), erhalten " << x << " und " << y << "\n";
  return (x+y);
}

int main()
 {
      cout << "Ich bin in main()!\n";
      int a, b, c;
      cout << "Geben Sie zwei Zahlen ein: ";
      cin >> a;
      cin >> b;
      cout << "\nAufruf von Add()\n";
      c = Add(a,b);
      cout << "\nZurueck in main().\n";
      cout << "c wurde gesetzt auf " << c;
      cout << "\nBeenden...\n\n";
  return 0;
 }
```

Ausgabe

```
Ich bin in main()!
Geben Sie zwei Zahlen ein: 3 5

Aufruf von Add()
In Add(), erhalten 3 und 5

Zurueck in main().
c wurde gesetzt auf 8
Beenden...
```

Analyse

Zeile 2 definiert die Funktion `Add()`, die zwei ganzzahlige Parameter übernimmt und einen ganzzahligen Wert zurückgibt. Das Programm selbst beginnt in Zeile 9 und in Zeile 11, wo es eine Meldung ausgibt. Das Programm fordert den Benutzer zur Eingabe von zwei Zahlen auf (Zeilen 13 bis 15). Der Benutzer tippt die beiden Zahlen durch ein Leerzeichen getrennt ein und drückt die Eingabe-Taste. Die Funktion `main()` übergibt die beiden vom Benutzer eingegebenen Zahlen als Argumente in Zeile 17 an die Funktion `Add`.

Der Programmablauf verzweigt in die Funktion `Add()`, die in Zeile 2 beginnt. Die Parameter `a` und `b` werden ausgegeben und dann addiert. Zeile 6 übergibt das Ergebnis an den Aufrufer, und die Funktion kehrt zurück.

Die Zeilen 14 und 15 realisieren die Eingabe von Werten für die Variablen `a` und `b` über das Objekt `cin`, und `cout` schreibt die Werte auf den Bildschirm. Auf Variablen und andere Aspekte dieses Programms gehen wir demnächst ein.

Zusammenfassung

Das Problem, etwas so Schwieriges wie Programmieren zu lernen, besteht darin, daß alles was Sie lernen, eine Unmenge von weiterem Lernstoff zur Folge hat. In diesem Kapitel wurden die wesentlichen Teile eines einfachen C++-Programms vorgestellt. Eingeführt wurden auch der Entwicklungszyklus und eine Reihe von neuen Begriffen.

Fragen und Antworten

F Was bewirkt die Anweisung #include?

A *Es handelt sich um eine Direktive an den Präprozessor, der bei Ausführung des Compilers aufgerufen wird. Diese spezielle Direktive bewirkt, daß die nach dem Schlüsselwort* `include` *genannte Datei eingelesen wird – so als würde man sie an dieser Stelle in den Quellcode eintippen.*

F Worin liegt der Unterschied zwischen den Kommentaren // und /*?

A *Der Wirkungsbereich eines Kommentars mit doppelten Schrägstrichen (//) erstreckt sich nur bis zum Zeilenende. Die Kommentare mit Schrägstrich und Sternchen gelten solange, bis das Abschlußzeichen des Kommentars (*/) erscheint. Denken Sie daran, daß ein Kommentar mit /* nicht einfach durch das Ende einer Funktion abgeschlossen wird. Bei derartigen Kommentaren muß man immer das Abschlußzeichen schreiben, da man ansonsten einen Fehler zur Kompilierzeit erhält.*

F Was unterscheidet einen guten von einem schlechten Kommentar?

A *Ein guter Kommentar sagt dem Leser, warum die betreffende Codestelle etwas tut oder welcher Codeabschnitt für was verantwortlich ist. Ein schlechter Kommentar wiederholt lediglich, was eine bestimmte Codezeile bewirkt. Die Codezeilen sollten so geschrieben sein, daß sie für sich selbst sprechen: Allein aus der niedergeschriebenen Anweisung sollte ohne weitere Kommentare ersichtlich sein, was der Code ausführt.*

Workshop

Der Workshop enthält Quizfragen, die Ihnen helfen sollen, Ihr Wissen zu festigen, und Übungen, die Sie anregen sollen, das eben Gelernte umzusetzen und eigene Erfahrungen zu sammeln. Versuchen Sie, das Quiz und die Übungen zu beantworten und zu verstehen, bevor Sie die Lösungen in Anhang D lesen und zur Lektion des nächsten Tages übergehen.

Quiz

1. Was ist der Unterschied zwischen einem Compiler und einem Präprozessor?
2. Warum nimmt die `main()`-Funktion einen Sonderstatus ein?
3. Wie sehen die zwei Möglichkeiten zur Kommentierung aus und worin unterscheiden sie sich?

4. Können Kommentare verschachtelt sein?
5. Können Kommentare länger als eine Zeile sein?

Übungen

1. Schreiben Sie ein Programm, das »Ich liebe C++« auf dem Bildschirm ausgibt.
2. Schreiben Sie das kleinstmögliche Programm, das kompiliert, gelinkt und gestartet werden kann.
3. FEHLERSUCHE: Geben Sie das nachfolgende Programm ein und kompilieren Sie es. Warum funktioniert es nicht? Wie können Sie den Fehler beheben?

```
#include <iostream.h>
int main()
{
  cout << Ist hier ein Fehler?";
  return 0;
}
```

Beseitigen Sie den Fehler in Übung 3, kompilieren und linken Sie das Programm neu, und starten Sie es noch einmal.

Variablen und Konstanten

Woche 1

Programme müssen auf irgendeine Weise die verwendeten Daten speichern. Variablen und Konstanten bieten verschiedene Möglichkeiten, diese Daten darzustellen und zu manipulieren.

Heute lernen Sie,

- wie man Variablen und Konstanten deklariert und definiert,
- wie man Variablen Werte zuweist und diese Werte manipuliert,
- wie man den Wert einer Variablen auf dem Bildschirm ausgibt.

Was ist eine Variable?

In C++ dient eine Variable dazu, Informationen zu speichern. Eine Variable ist eine Stelle im Hauptspeicher des Computers, in der man einen Wert ablegen und später wieder abrufen kann.

Man kann sich den Hauptspeicher als eine Reihe von Fächern vorstellen, die in einer langen Reihe angeordnet sind. Jedes Fach – oder Speicherstelle – ist fortlaufend nummeriert. Diese Nummern bezeichnet man als Speicheradressen oder einfach als Adressen. Eine Variable reserviert ein oder mehrere Fächer, in denen dann ein Wert abgelegt werden kann.

Der Name Ihrer Variablen (zum Beispiel `meineVariable`) ist ein Bezeichner für eines der Fächer, damit man es leicht finden kann, ohne dessen Speicheradresse zu kennen. Abbildung 3.1 verdeutlicht dieses Konzept. Wie die Abbildung zeigt, beginnt unsere Variable `meineVariable` an der Speicheradresse 103. Je nach Größe von `meineVariable` kann die Variable eine oder mehrere Speicheradressen belegen.

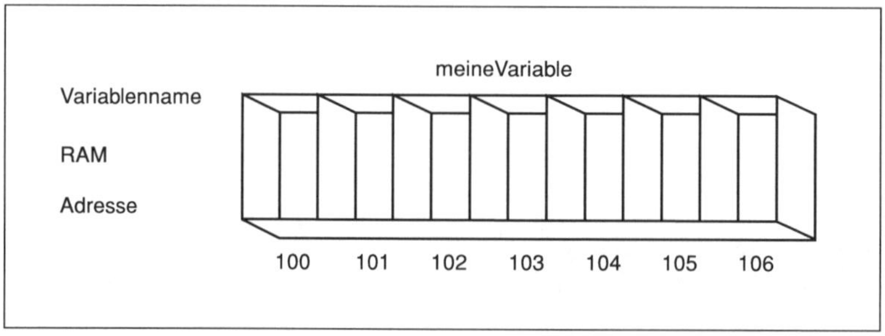

Abbildung 3.1: Schematische Darstellung des Hauptspeichers

Hinweis

RAM steht für Random Access Memory – Speicher mit wahlfreiem Zugriff. Bei Ausführung eines Programms wird dieses von der Datei auf dem Datenträger (zum Beispiel Festplatte, Diskette) in den RAM geladen. Des weiteren werden alle Variablen im RAM angelegt. Spricht ein Programmierer vom Speicher, meint er damit gewöhnlich den RAM.

Speicher reservieren

Wenn man in C++ eine Variable definiert, muß man dem Compiler nicht nur deren Namen, sondern auch den Typ der Variablen mitteilen – ob es sich zum Beispiel um eine Ganzzahl (Integer) oder ein Zeichen (Buchstaben, Ziffern etc.) handelt. Anhand dieser Information weiß der Compiler, um welche Art Variable e sich handelt und wieviel Platz im Speicher für die Aufnahme des Wertes der Variablen zu reservieren ist.

Jedes »Fach« im Speicher ist ein Byte groß. Wenn die erzeugte Variable vier Bytes benötigt, muß man vier Bytes im Speicher – oder vier Fächer – reservieren. Der Variablentyp (zum Beispiel `int` für Integer) teilt dem Compiler mit, wie viele Speicherplätze (oder Fächer) für diese Variable benötigt werden.

Da Computer Werte in Bits und Bytes darstellen und Speicher in Bytes gemessen wird, ist es wichtig, daß Sie diese Begriffe verstehen und verinnerlichen.

Größe von Integer-Werten

Jeder Variablentyp belegt im Speicher einen bestimmten Bereich, dessen Größe immer gleichbleibend ist, auf verschiedenen Computern aber unterschiedlich groß sein kann. Das heißt, ein Integer-Wert (Datentyp `int`) nimmt auf der einen Maschine zwei Bytes, auf einer anderen vielleicht vier ein – aber auf ein und demselben Computer ist dieser Platz immer gleich groß, tagein tagaus.

Eine Variable vom Typ `char` (zur Aufnahme von Zeichen) ist gewöhnlich ein Byte lang.

Hinweis

Über die Aussprache von `char` wird seit langem heiß diskutiert. Manche sprechen es aus wie »char« in Charakter, andere wiederum wie »char« in Charme. Auch die Version »care« wurde schon gehört. Selbstverständlich ist »char« wie in Charakter korrekt, denn so klingt es bei *mir.* Sie können jedoch dazu sagen, wie Ihnen beliebt.

Eine Ganzzahl vom Typ `short` belegt auf den meisten Computern zwei Bytes, eine Ganzzahl vom Typ `long` ist normalerweise vier Bytes lang, und eine Ganzzahl (ohne das Schlüsselwort `short` oder `long`) kann zwei oder vier Bytes einnehmen. Die Größe einer Ganzzahl wird vom Computer (16Bit oder 32Bit) oder vom Compiler bestimmt. Auf einem modernen 32-Bit-PC (Pentium) mit modernem Compiler (zum Beispiel

Visual C++4 oder höher) belegen die Ganzzahlen *vier* Bytes. Dieses Buch geht davon aus, daß Ganzzahlen vier Bytes groß sind. Das muß bei Ihnen jedoch nicht so sein. Mit dem Programm in Listing 3.1 läßt sich die genaue Größe der Typen auf Ihrem Computer bestimmen.

Listing 3.1: Die Größe der Variablentypen für einen Computer bestimmen

```
1:  #include <iostream.h>
2:
3:  int main()
4:  {
5:  cout << "Groesse eines int:\t\t"        << sizeof(int)    << " Bytes.\n";
6:  cout << "Groesse eines short int:\t"    << sizeof(short)  << " Bytes.\n";
7:  cout << "Groesse eines long int:\t"     << sizeof(long)   << " Bytes.\n";
8:  cout << "Groesse eines char:\t\t"       << sizeof(char)   << " Bytes.\n";
9:  cout << "Groesse eines float:\t\t"      << sizeof(float)  << " Bytes.\n";
10: cout << "Groesse eines double:\t\t"     << sizeof(double) << " Bytes.\n";
11: cout << "Groesse eines bool:\t\t"       << sizeof(bool)   << " Bytes.\n";
12:
13: return 0;
14: }
```

Ausgabe

```
Groesse eines int:          4 Bytes.
Groesse eines short int:    2 Bytes.
Groesse eines long int:     4 Bytes.
Groesse eines char:         1 Bytes.
Groesse eines float:        4 Bytes.
Groesse eines double:       8 Bytes.
Groesse eines bool:         1 Bytes.
```

Hinweis

Die tatsächliche Anzahl der angezeigten Bytes kann auf Ihrem Computer abweichen.

Analyse

Der größte Teil von Listing 3.1 sollte Ihnen bekannt vorkommen. Das Neue hier ist die Verwendung der Funktion `sizeof` in den Zeilen 5 bis 11. Die Funktion `sizeof` gehört zum Lieferumfang des Compilers und gibt die Größe des als Parameter übergebenen Objekts an. Beispielsweise wird in Zeile 5 das Schlüsselwort `int` an die Funktion `sizeof` übergeben. Mittels `sizeof` konnte ich feststellen, ob auf meinem Computer ein `int` gleich einem `long int` ist und 4 Byte belegt.

signed und unsigned

Alle genannten Typen kommen außerdem in zwei Versionen vor: mit Vorzeichen (`signed`) und ohne Vorzeichen (`unsigned`). Dem liegt der Gedanke zugrunde, daß man manchmal zwar negative Zahlen benötigt, manchmal aber nicht. Ganze Zahlen (`short` und `long`) ohne das Wort `unsigned` werden als `signed` (das heißt: vorzeichenbehaftet) angenommen. Vorzeichenbehaftete Ganzzahlen sind entweder negativ oder positiv, während ganze Zahlen ohne Vorzeichen (`unsigned int`) immer positiv sind.

Da sowohl für vorzeichenbehaftete als auch vorzeichenlose Ganzzahlen dieselbe Anzahl von Bytes zur Verfügung steht, ist die größte Zahl, die man in einem `unsigned int` speichern kann, doppelt so groß wie die größte positive Zahl, die man in einem `signed int` unterbringt. Ein `unsigned short int` kann Zahlen von 0 bis 65535 speichern. Bei einem `signed short int` ist die Hälfte der Zahlen negativ. Daher kann ein `signed short int` Zahlen im Bereich von -32768 bis 32767 darstellen. Sollte Sie dieses etwas verwirren, finden Sie in Anhang C eine ausführliche Beschreibung.

Grundlegende Variablentypen

In C++ gibt es weitere Variablentypen, die man zweckentsprechend in ganzzahlige Variablen (die bisher behandelten Typen), Fließkommavariablen und Zeichenvariablen einteilt.

Hinweis Im Englischen verwendet man als Dezimalzeichen den Punkt, im Deutschen das Komma, deshalb auch der Begriff *Fließkommazahlen*. Leider orientiert sich C++ an der englischen Schreibweise und akzeptiert nur den Punkt als Dezimalzeichen und das Komma als Tausendertrennzeichen.

Die Werte von Fließkommavariablen lassen sich als Bruchzahlen ausdrücken – das heißt, es handelt sich um reelle Zahlen. Zeichenvariablen nehmen ein einzelnes Byte auf und dienen der Speicherung der 256 möglichen Zeichen und Symbole der ASCII- und erweiterten ASCII-Zeichensätze.

Der ASCII-Zeichensatz ist ein Standard, der die im Computer verwendeten Zeichen definiert. ASCII steht als Akronym für American Standard Code for Information Interchange (amerikanischer Standard-Code für den Informationsaustausch). Nahezu jedes Computer-Betriebssystem unterstützt ASCII. Daneben sind meistens weitere internationale Zeichensätze möglich.

Die in C++-Programmen verwendeten Variablentypen sind in Tabelle 3.1 aufgeführt. Diese Tabelle zeigt den Variablentyp, den belegten Platz im Speicher (Grundlage ist der Computer des Autors) und den möglichen Wertebereich, der sich aus der Größe des Variablentyps ergibt. Vergleichen Sie dazu die Ausgabe des Programms aus Listing 3.1.

Typ	Größe	Wert
bool	1 Byte	true oder false
unsigned short int	2 Byte	0 bis 65,535
short int	2 Byte	–32,768 bis 32,767
unsigned long int	4 Byte	0 bis 4,294,967,295
long int	4 Byte	–2,147,483,648 bis 2,147,483,647
int (16 Bit)	2 Byte	–32,768 bis 32,767
int (32 Bit)	4 Byte	–2,147,483,648 bis 2,147,483,647
unsigned int (16 Bit)	2 Byte	0 bis 65,535
unsigned int (32 Bit)	4 Byte	0 bis 4,294,967,295
char	1 Byte	256 Zeichenwerte
float	4 Byte	1.2e-38 bis 3.4e38
double	8 Byte	2.2e-308 bis 1.8e308

Tabelle 3.1: Variablentypen

Hinweis

Die Größen der Variablen können je nach verwendetem Computer und Compiler von denen aus der Tabelle 3.1 abweichen. Wenn die Ausgabe Ihres Computers für das Listing 3.1 mit der im Buch genannten übereinstimmt, sollten die Tabellenwerte auch für Ihren Compiler gelten. Gab es beim Listing 3.1 Unterschiede in der Ausgabe, sollten Sie in dem Compiler-Handbuch nachschlagen, welche Werte Ihre Variablentypen annehmen können.

Variablen definieren

Eine Variable erzeugt oder definiert man, indem man den Typ, mindestens ein Leerzeichen, den Variablennamen und ein Semikolon eintippt. Als Variablenname eignet sich nahezu jede Buchstaben-/Ziffernkombination, die allerdings keine Leerzeichen enthalten darf. Gültige Variablennamen sind zum Beispiel `x`, `J23qrsnf` und `meinAlter`. Gute Variablennamen sagen bereits etwas über den Verwendungszweck der Variablen aus und erleichtern damit das Verständnis für den Programmablauf. Die folgende Anweisung definiert eine Integer-Variable namens `meinAlter`:

```
int meinAlter;
```

Hinweis: Wenn Sie eine Variable deklarieren, wird dafür Speicherplatz allokiert (bereitgestellt). Was auch immer zu diesem Zeitpunkt sich in dem Speicherplatz befindet, stellt den Wert dieser Variablen dar. Wie Sie dieser Speicherposition einen neuen Wert zuweisen, werden Sie gleich erfahren.

Für die Programmierpraxis möchte ich Ihnen nahelegen, wenig aussagekräftige Namen wie `J23qrsnf` zu vermeiden und kurze aus einem Buchstaben bestehende Variablennamen (wie `x` oder `i`) auf Variablen zu beschränken, die nur kurz, für wenige Zeilen Code benötigt werden. Verwenden Sie ansonsten lieber Namen wie `meinAlter` oder `wie viele`. Diese Namen sind leichter zu verstehen, wenn Sie sich drei Wochen später kopfkratzend nach dem Sinn und Zweck Ihres Codes fragen.

Machen wir einen kleinen Test: Versuchen Sie anhand der ersten Codezeilen zu er gründen, was die folgenden Codefragmente bewirken:

Beispiel 1:

```
int main()
{
     unsigned short x;
     unsigned short y;
     unsigned short z;
     z = x * y;
     return 0;
}
```

Beispiel 2:

```
int main ()
{
     unsigned short Breite;
     unsigned short Laenge;
     unsigned short Flaeche;
     Flaeche = Breite * Laenge;
     return 0;
}
```

Hinweis: Wenn Sie dieses Programm kompilieren, wird Ihr Compiler eine Warnung ausgeben, daß diese Werte nicht initialisiert sind. Ich werde gleich darauf zu sprechen kommen, wie Sie dieses Problem lösen.

Ohne Zweifel ist die Aufgabe des zweiten Programms leichter zu erraten, und die Nachteile der längeren Variablennamen werden durch die leichtere Wartung des Programms mehr als wettgemacht.

Groß-/Kleinschreibung

C++ beachtet die Groß-/Kleinschreibung und behandelt demnach Großbuchstaben und Kleinbuchstaben als verschiedene Zeichen. Eine Variable namens `alter` unterscheidet sich von `Alter` und diese wiederum von `ALTER`.

Hinweis Bestimmte Compiler gestatten es, die Abhängigkeit von der Groß-/Kleinschreibung zu deaktivieren. Das ist allerdings nicht zu empfehlen, da Ihre Programme dann von anderen Compilern womöglich nicht übersetzt werden können und andere C++-Programmierer mit Ihrem Code nicht klarkommen.

Für die Schreibweise von Variablennamen gibt es mehrere Konventionen. Unabhängig davon, für welche Sie sich entscheiden, ist es ratsam, innerhalb eines Programms bei der einmal gewählten Methode zu bleiben.

Viele Programmierer bevorzugen für Variablennamen Kleinbuchstaben. Wenn der Name aus zwei Wörtern besteht (zum Beispiel `mein Auto`), gibt es zwei übliche Konventionen: `mein_auto` oder `meinAuto`. Letztere Form wird auch als Kamel-Notation bezeichnet, da die Großschreibung im Wort selbst an einen Kamelhöcker erinnert.

Manche finden die Schreibweise mit dem Unterstrich (`mein_auto`) leichter zu lesen, andere wiederum versuchen den Unterstrich beim Tippen möglichst zu vermeiden. In diesem Buch finden Sie die sogenannte Kamel-Notation, in der das zweite und jedes weitere Wort mit einem Großbuchstaben beginnt: `meinAuto`, `derSchnelleBrauneFuchs` etc.

Hinweis Viele fortgeschrittene Programmierer schreiben Ihren Code in der sogenannten Ungarischen Notation. Dieser Notation liegt der Gedanke zugrunde, daß jede Variable mit einem oder mehreren Buchstaben beginnt, die auf den Typ der Variablen verweisen. So wird ganzzahligen Variablen (Integer) ein kleines i vorangestellt oder Variablen vom Typ `long` ein kleines l. Andere Notationen verweisen auf Konstanten, globale Variablen, Zeiger und so weiter. Dies ist jedoch für die C-Programmierung von wesentlich größerer Bedeutung als für C++, da C++ die Erzeugung benutzerdefinierter Datentypen unterstützt (siehe Tag 6, »Klassen«), und von sich aus typenstrenger ist.

Schlüsselwörter

In C++ sind bestimmte Wörter reserviert, die man nicht als Variablennamen verwenden darf. Es handelt sich dabei um die Schlüsselwörter, mit denen der Compiler das Programm steuert. Zu den Schlüsselwörtern gehören zum Beispiel `if`, `while`, `for` und `main`. In der Dokumentation Ihres Compilers finden Sie eine vollständige Liste. Im allgemeinen fallen aussagekräftige Name für Variablen nicht mit Schlüsselwörtern zusammen. Eine Liste der C++-Schlüsselwörter finden Sie in Anhang B.

Was Sie tun sollten	... und was nicht
Definieren Sie eine Variable durch Angabe des Typs und dem sich anschließenden Variablennamen.	Verwenden Sie C++-Schlüsselwörter nicht als Variablennamen.
Verwenden Sie aussagekräftige Variablennamen.	Verwenden Sie keine vorzeichenlose (`unsigned`) Variablen für negative Zahlen.
Denken Sie daran, daß C++ die Groß-/Kleinschreibung berücksichtigt.	
Informieren Sie sich über die Anzahl der Bytes für jeden Variablentyp im Speicher und die möglichen Werte, die sich mit dem jeweiligen Typ darstellen lassen.	

Mehrere Variablen gleichzeitig erzeugen

In einer Anweisung lassen sich mehrere Variablen desselben Typs gleichzeitig erzeugen, indem man den Typ schreibt und dahinter die Variablennamen durch Kommata getrennt aufführt. Dazu ein Beispiel:

```
unsigned int meinAlter, meinGewicht;    //Zwei Variablen vom Typ unsigned int
long Flaeche, Breite, Laenge;           //Drei Variablen vom Typ long
```

Wie man sieht, werden `meinAlter` und `meinGewicht` gemeinsam als Variablen vom Typ `unsigned int` deklariert. Die zweite Zeile deklariert drei eigenständige Variablen vom Typ `long` mit den Namen `Flaeche`, `Breite` und `Laenge`. Der Typ (`long`) wird allen Variablen zugewiesen, so daß man in einer Definitionsanweisung keine unterschiedlichen Typen festlegen kann.

Werte an Variablen zuweisen

Einen Wert weist man einer Variablen mit Hilfe des Zuweisungsoperators (=) zu. Zum Beispiel formuliert man die Zuweisung des Wertes `5` an die Variable `Breite` wie folgt:

```
unsigned short Breite;
Breite = 5;
```

Hinweis: Die Typbezeichnung `long` ist eine verkürzte Schreibweise für `long int` und `short` für `short int`.

Diese Schritte kann man zusammenfassen und die Variable `Breite` bei ihrer Definition initialisieren:

```
unsigned short Breite = 5;
```

Die Initialisierung sieht nahezu wie eine Zuweisung aus, und bei Integer-Variablen gibt es auch kaum einen Unterschied. Bei der späteren Behandlung von Konstanten werden Sie sehen, daß man bestimmte Werte initialisieren muß, da Zuweisungen nicht möglich sind. Der wesentliche Unterschied besteht darin, daß die Initialisierung bei der Erzeugung der Variablen stattfindet.

Ebenso wie Sie mehrere Variable gleichzeitig definieren können, ist es auch möglich, mehr als eine Variable auf einmal zu erzeugen. Betrachten wir folgendes Beispiel:

```
//Erzeugung von zwei long-Variablen und ihre Initialisierung
long Breite = 5, Laenge = 7;
```

In diesem Beispiel wird die Variable `Breite` vom Typ `long` mit `5` und die Variable `Laenge` vom Typ `long` mit dem Wert `7` initialisiert. Sie können aber auch Definitionen und Initialisierungen mischen:

```
int meinAlter = 39, ihrAlter, seinAlter = 40;
```

Listing 3.2 zeigt ein vollständiges Programm, das Sie sofort kompilieren können. Es berechnet die Fläche eines Rechtecks und schreibt das Ergebnis auf den Bildschirm.

Listing 3.2: Einsatz von Variablen

```
// Einsatz von Variablen
#include <iostream.h>

int main()
{
  unsigned short int Width = 5, Length;
  Length = 10;

  // einen unsigned short int erzeugen und mit dem Ergebnis der
  // Multiplikation von Width und Length initialisieren
  unsigned short int Area  = (Width * Length);

   cout << "Breite:  " << Width << "\n";
   cout << "Laenge:  "  << Length << endl;
   cout << "Flaeche: " << Area << endl;
```

```
16:    return 0;
17: }
```

Ausgabe

```
Breite:  5
Laenge:  10
Flaeche: 50
```

Analyse

Zeile 2 enthält die include-Anweisung für die iostream-Bibliothek, die wir benötigen, um cout verwenden zu können. In Zeile 4 beginnt das Programm.

In Zeile 6 wird die Variable Width als vorzeichenloser short int definiert und mit dem Wert 5 initialisiert. Eine weitere Variable vom gleich Typ, Length, wird ebenfalls hier definiert, aber nicht initialisiert. In Zeile 7 erfolgt die Zuweisung des Wertes 10 an die Variable Length.

Zeile 11 definiert die Variable Area vom Typ unsigned short int und initialisiert sie mit dem Wert, der sich aus der Multiplikation von Width und Length ergibt. In den Zeilen 13 bis 15 erfolgt die Ausgabe der Variablenwerte auf dem Bildschirm. Beachten Sie, daß das spezielle Wort endl eine neue Zeile erzeugt.

typedef

Es ist lästig, zeitraubend und vor allem fehleranfällig, wenn man häufig unsigned short int schreiben muß. In C++ kann man einen Alias für diese Wortfolge mit Hilfe des Schlüsselwortes typedef (für Typendefinition) erzeugen.

Mit diesem Schlüsselwort erzeugt man lediglich ein Synonym und keinen neuen Typ (letzteres heben wir uns für den Tag 6, »Klassen«, auf). Auf das Schlüsselwort typedef folgt ein vorhandener Typ und danach gibt man den neuen Namen an. Den Abschluß bildet ein Semikolon. Beispielsweise erzeugt

```
typedef unsigned short int USHORT;
```

den neuen Namen USHORT, den man an jeder Stelle verwenden kann, wo man sonst unsigned short int schreiben würde. Listing 3.3 ist eine Neuauflage von Listing 3.2 und verwendet die Typendefinition USHORT anstelle von unsigned short int.

Listing 3.3: Demonstration von typedef

```
1:  // Listing 3.3
2:  // Zeigt die Verwendung des Schlüsselworts typedef
3:  #include <iostream.h>
4:
5:  typedef unsigned short int USHORT;        // mit typedef definiert
6:
7:  int main()
8:  {
9:    USHORT  Width = 5;
10:   USHORT Length;
11:   Length = 10;
12:   USHORT Area  = Width * Length;
13:   cout << "Breite:  " << Width << "\n";
14:   cout << "Laenge:  "  << Length << endl;
15:   cout << "Flaeche: " << Area <<endl;
16:    return 0;
17: }
```

Ausgabe

```
Breite:  5
Laenge:  10
Flaeche: 50
```

Analyse

Zeile 5 verwendet das mit `typedef` erzeugte Synonym `USHORT` für `unsigned short int`. Das Programm ist ansonsten mit Listing 3.2 identisch und erzeugt auch die gleichen Ausgaben.

Wann verwendet man short und wann long?

Neueinsteiger in die C++-Programmierung wissen oft nicht, wann man eine Variable als `long` und wann als `short` deklarieren sollte. Die Regel ist einfach: Wenn der in der Variablen zu speichernde Wert zu groß für seinen Typ werden kann, nimmt man einen größeren Typ.

Wie Tabelle 3.1 zeigt, können ganzzahlige Variablen vom Typ `unsigned short` (vorausgesetzt, daß sie aus 2 Bytes bestehen) nur Werte bis zu 65535 aufnehmen. Variablen vom Typ `signed short` verteilen ihren Wertebereich auf negative und positive Zahlen. Deshalb ist das Maximum eines solchen Typs nur halb so groß.

Obwohl Integer-Zahlen vom Typ `unsigned long` sehr große Ganzzahlen aufnehmen können (bis 4.294.967.295), hat auch dieser Typ einen begrenzten Wertebereich. Benötigt man größere Zahlen, muß man auf `float` oder `double` ausweichen und einen gewissen Genauigkeitsverlust in Kauf nehmen. Variablen vom Typ `float` oder `double` können zwar extrem große Zahlen speichern, allerdings sind auf den meisten Computern nur die ersten 7 bzw. 19 Ziffern signifikant. Das bedeutet, daß die Zahl nach dieser Stellenzahl gerundet wird.

Kürzere Variablen belegen weniger Speicher. Heute jedoch ist Speicher billig und das Leben kurz. Deshalb lassen Sie sich nicht davon abhalten, `int` zu verwenden, auch wenn damit 4 Byte auf Ihrem PC belegt werden.

Bereichsüberschreitung bei Integer-Werten vom Typ unsigned

Die Tatsache, daß Ganzzahlen vom Typ `unsigned long` nur einen begrenzten Wertebereich aufnehmen können, ist nur selten ein Problem. Aber was passiert, wenn der Platz im Verlauf des Programms zu klein wird?

Wenn eine Ganzzahl vom Typ `unsigned` ihren Maximalwert erreicht, schlägt der Zahlenwert um und beginnt von vorn. Vergleichbar ist das mit einem Kilometerzähler. Listing 3.4 demonstriert den Versuch, einen zu großen Wert in einer Variablen vom Typ `short int` abzulegen.

Listing 3.4: Speichern eines zu großen Wertes in einer Variablen vom Typ unsigned integer

```
#include <iostream.h>
 int main()
 {
    unsigned short int smallNumber;
    smallNumber = 65535;
    cout << "Kleine Zahl: " << smallNumber << endl;
    smallNumber++;
    cout << "Kleine Zahl: " << smallNumber << endl;
    smallNumber++;
    cout << "Kleine Zahl: " << smallNumber << endl;
  return 0;
 }
```

Ausgabe

```
Kleine Zahl: 65535
Kleine Zahl: 0
Kleine Zahl: 1
```

Analyse

Zeile 4 deklariert `smallNumber` vom Typ `unsigned short int` (auf dem Computer des Autors 2 Bytes für einen Wertebereich zwischen 0 und 65535). Zeile 5 weist den Maximalwert `smallNumber` zu und gibt ihn in Zeile 6 aus.

Die Anweisung in Zeile 7 inkrementiert `smallNumber`, das heißt, addiert den Wert 1. Das Symbol für das Inkrementieren ist ++ (genau wie der Name C++ eine Inkrementierung von C symbolisieren soll). Der Wert in `smallNumber` sollte nun 65536 lauten. Da aber Ganzzahlen vom Typ `unsigned short` keine Zahlen größer als 65535 speichern können, schlägt der Wert zu 0 um. Die Ausgabe dieses Wertes findet in Zeile 8 statt.

Die Anweisung in Zeile 9 inkrementiert `smallNumber` erneut. Es erscheint nun der neue Wert 1.

Bereichsüberschreitung bei Integer-Werten vom Typ signed

Im Gegensatz zu `unsigned` Integer-Zahlen besteht bei einer Ganzzahl vom Typ `signed` die Hälfte des Wertebereichs aus negativen Werten. Den Vergleich mit einem Kilometerzähler stellen wir nun so an, daß er bei einem positiven Überlauf vorwärts und bei negativen Zahlen rückwärts läuft. Vom Zählerstand 0 ausgehend erscheint demnach die Entfernung ein Kilometer entweder als `1` oder `-1`. Wenn man den Bereich der positiven Zahlen verläßt, gelangt man zur größten negativen Zahl und zählt dann weiter herunter bis Null. Listing 3.5 zeigt die Ergebnisse, wenn man auf die maximale positive Zahl in einem `signed short int` eine 1 addiert.

Listing 3.5: Addieren einer zu großen Zahl auf eine Zahl vom Typ signed int

```
#include <iostream.h>
int main()
{
   short int smallNumber;
   smallNumber = 32767;
   cout << "Kleine Zahl: " << smallNumber << endl;
   smallNumber++;
   cout << "Kleine Zahl: " << smallNumber << endl;
   smallNumber++;
   cout << "Kleine Zahl: " << smallNumber << endl;
  return 0;
}
```

Ausgabe

```
Kleine Zahl: 32767
Kleine Zahl: -32768
Kleine Zahl: -32767
```

Analyse

Zeile 4 deklariert `smallNumber` dieses Mal als `signed short int` (wenn man nicht explizit `unsigned` festlegt, gilt per Vorgabe `signed`). Das Programm läuft fast genau wie das vorherige, liefert aber eine andere Ausgabe. Um diese Ausgabe zu verstehen, muß man die Bit-Darstellung vorzeichenbehafteter (`signed`) Zahlen in einer Integer-Zahl von 2 Bytes Länge kennen.

Analog zu vorzeichenlosen Ganzzahlen findet bei vorzeichenbehafteten Ganzzahlen ein Umschlagen vom größten positiven Wert in den höchsten negativen Wert statt.

Zeichen

Zeichen-Variablen (vom Typ `char`) sind in der Regel 1 Byte groß und können damit 256 Werte (siehe Anhang C) aufnehmen. Eine Variable vom Typ `char` kann als kleine Zahl (0-255) oder als Teil des ASCII-Zeichensatzes interpretiert werden. ASCII steht für *American Standard Code for Information Interchange* (amerikanischer Standard-Code für den Informationsaustausch). Mit dem ASCII-Zeichensatz und seinem ISO-Gegenstück (International Standards Organization) können alle Buchstaben, Zahlen und Satzzeichen codiert werden.

Hinweis

Computer haben keine Ahnung von Buchstaben, Satzzeichen oder Sätzen. Alles was sie verstehen, sind Zahlen. Im Grunde genommen können Sie nur feststellen, ob genügend Strom an einem bestimmten Leitungspunkt vorhanden ist. Wenn ja, wird dies intern mit einer 1 dargestellt, wenn nicht mit einer 0. Durch die Kombination von Einsen und Nullen erzeugt der Computer Muster, die als Zahlen interpretiert werden können. Und diese Zahlen können wiederum Buchstaben und Satzzeichen zugewiesen werden.

Im ASCII-Code wird dem kleinen »a« der Wert `97` zugewiesen. Allen Klein- und Großbuchstaben sowie den Zahlen und Satzzeichen werden Werte zwischen 1 und 128 zugewiesen. Weitere 128 Zeichen und Symbole sind für den Computer-Hersteller reserviert. In der Realität hat sich aber der erweiterte IBM-Zeichensatz als Quasi-Standard durchgesetzt.

Hinweis

ASCII wird ausgesprochen wie »ASKI«.

Zeichen und Zahlen

Wenn Sie ein Zeichen, zum Beispiel »a«, in einer Variablen vom Typ `char` ablegen, steht dort eigentlich eine Zahl zwischen 0 und 255. Der Compiler kann Zeichen (dargestellt durch ein einfaches Anführungszeichen gefolgt von einem Buchstaben, einer Zahl oder einem Satzzeichen und einem abschließenden einfachen Anführungszeichen) problemlos in ihren zugeordneten ASCII-Wert und wieder zurück verwandeln.

Die Wert/Buchstaben-Beziehung ist zufällig. Daß dem kleinen »a« der Wert 97 zugewiesen wurde, ist reine Willkür. So lange jedoch, wie jeder (Tastatur, Compiler und Bildschirm) sich daran hält, gibt es keine Probleme. Sie sollten jedoch beachten, daß zwischen dem Wert 5 und dem Zeichen »5« ein großer Unterschied besteht. Letzteres hat einen Wert von 53, so wie das »a« einen Wert von 97 hat.

Listing 3.6: Ausdrucken von Zeichen auf der Basis von Zahlen

```
#include <iostream.h>
 int main()
 {
    for (int i = 32; i<128; i++)
       cout << (char) i;
    return 0;
 }
```

Ausgabe

```
!"#$%'()*+,./0123456789:;<>?@ABCDEFGHIJKLMNOP
_QRSTUVWXYZ[\]^'abcdefghijklmnopqrstuvwxyz{||~
```

Dieses einfache Programm druckt die Zeichenwerte für die Integer 32 bis 127.

Besondere Zeichen

Der C++-Compiler kennt einige spezielle Formatierungszeichen. Tabelle 3.2 listet die geläufigsten auf. In Ihrem Code geben Sie diese Zeichen mit einem vorangestellten Backslash (auch Escape-Zeichen genannt) ein. Um zum Beispiel einen Tabulator in Ihren Code mit aufzunehmen, würden Sie ein einfaches Anführungszeichen, den Backslash, den Buchstaben t und ein abschließendes einfaches Anführungszeichen eingeben.

```
char tabZeichen = '\t';
```

Dies Beispiel deklariert eine Variable vom Typ `char` und initialisiert sie mit dem Zeichenwert `\t`, der als Tabulator erkannt wird. Diese speziellen Druckzeichen werden benötigt, wenn die Ausgabe entweder auf dem Bildschirm, in eine Datei oder einem anderen Ausgabegerät erfolgen soll.

Ein Escape-Zeichen ändert die Bedeutung des darauf folgenden Zeichens. So ist das Zeichen n zum Beispiel nur der Buchstabe n. Wird davor jedoch ein Escape-Zeichen gesetzt (\), steht das Ganze für eine neue Zeile.

Zeichen	Bedeutung
\n	Neue Zeile
\t	Tabulator
\b	Backspace
\"	Anführungszeichen
\'	Einfaches Anführungszeichen
\?	Fragezeichen
\\	Backslash

Tabelle 3.2: Variablentypen

Konstanten

Konstanten sind ebenso wie Variablen benannte Speicherstellen. Während sich Variablen aber ändern können, behalten Konstanten – wie der Name bereits sagt – immer ihren Wert. Sie müssen Konstanten bei der Erzeugung initialisieren und können ihr dann später keinen neuen Wert zuweisen.

Literale Konstanten

C++ kennt zwei Arten von Konstanten: *literale* und *symbolische*.

Eine literale Konstante ist ein Wert, den man direkt in das Programm an der Stelle des Vorkommens eintippt. In der Anweisung

```
int meinAlter = 39;
```

ist `meinAlter` eine Variable vom Typ `int`, während `39` eine literale Konstante bezeichnet. Man kann `39` keinen Wert zuweisen oder diesen Wert ändern.

Symbolische Konstanten

Eine symbolische Konstante wird genau wie eine Variable durch einen Namen repräsentiert. Allerdings läßt sich im Gegensatz zu einer Variablen der Wert einer Konstanten nicht nach deren Initialisierung ändern.

Wenn Ihr Programm eine Integer-Variable namens `Studenten` und eine weitere namens `Klassen` enthält, kann man die Anzahl der Studenten berechnen, wenn die Anzahl der Klassen bekannt ist und man weiß, daß 15 Studenten zu einer Klasse gehören:

```
Studenten = Klassen * 15;
```

Hinweis Das Symbol * bezeichnet eine Multiplikation.

In diesem Beispiel ist `15` eine literale Konstante. Der Code wäre leichter zu lesen, zu verstehen und zu warten, wenn man für diesen Wert eine symbolische Konstante setzt:

```
Studenten = Klassen * StudentenProKlasse
```

Wenn man später die Anzahl der Stunden pro Klasse ändern möchte, braucht man das nur in der Definition der Konstanten `StudentenProKlasse` vorzunehmen, ohne daß man alle Stellen ändern muß, wo man diesen Wert verwendet hat.

Es gibt zwei Möglichkeiten, eine symbolische Konstante in C++ zu deklarieren. Die herkömmliche und inzwischen veraltete Methode erfolgt mit der Präprozessor-Direktiven `#define`.

Konstanten mit #define definieren

Um eine Konstante auf die herkömmliche Weise zu definieren, gibt man ein:

```
#define StudentenProKlasse 15
```

Beachten Sie, daß `StudentenProKlasse` keinen besonderen Typ (etwa `int` oder `char`) aufweist. `#define` nimmt eine einfache Textersetzung vor. Der Präprozessor schreibt an alle Stellen, wo `StudentenProKlasse` vorkommt, die Zeichenfolge `15` in den Quelltext.

Da der Präprozessor vor dem Compiler ausgeführt wird, kommt Ihr Compiler niemals mit der symbolischen Konstanten in Berührung, sondern bekommt immer die Zahl `15` zugeordnet.

Konstanten mit const definieren

Obwohl #define funktioniert, gibt es in C++ eine neue, bessere und elegantere Lösung zur Definition von Konstanten:

```
const unsigned short int StudentenProKlasse = 15;
```

Dieses Beispiel deklariert ebenfalls eine symbolische Konstante namens StudentenProKlasse, dieses Mal ist aber StudentenProKlasse als Typ unsigned short int definiert. Diese Version bietet verschiedene Vorteile. Zum einen läßt sich der Code leichter warten und zum anderen werden unnötige Fehler vermieden. Der größte Unterschied ist der, daß diese Konstante einen Typ hat und der Compiler die zweckmäßige – sprich typgerechte Verwendung der Konstanten prüfen kann.

Hinweis

Konstanten können nicht während der Ausführung des Programms geändert werden. Wenn Sie gezwungen sind, die Konstante studentsPerClass zu ändern, müssen Sie den Code ändern und neu kompilieren.

Was Sie tun sollten	... und was nicht
Achten Sie darauf, daß Ihre Zahlen nicht größer werden als der verwendete Integer-Datentyp erlaubt, damit es nicht beim Überlauf zu inkorrekten Werten kommt. Verwenden Sie aussagekräftige Variablennamen, die auf deren Verwendung hinweisen.	Vermeiden Sie die Bezeichnung int. Verwenden Sie statt dessen short oder long, um anzuzeigen, mit welcher Zahlengröße Sie rechnen. Verwenden Sie keine C++-Schlüsselwörter als Variablennamen

Aufzählungstypen

Mit Hilfe von Aufzählungskonstanten (enum) können Sie neue Typen erzeugen und dann Variablen dieser Typen definieren, deren Werte auf einen bestimmten Bereich beschränkt sind. Beispielsweise kann man FARBE als Aufzählung deklarieren und dafür fünf Werte definieren: ROT, BLAU, GRUEN, WEISS und SCHWARZ.

Die Syntax für Aufzählungstypen besteht aus dem Schlüsselwort enum, gefolgt vom Typennamen, einer öffnenden geschweiften Klammer, einer durch Kommata getrennte Liste der möglichen Werte, einer schließenden geschweiften Klammern und einem Semikolon. Dazu ein Beispiel:

```
enum FARBE { ROT, BLAU, GRUEN, WEISS, SCHWARZ };
```

Diese Anweisung realisiert zwei Aufgaben:

FARBE ist der Name der Aufzählung, das heißt, ein neuer Typ.

ROT wird zu einer symbolischen Konstanten mit dem Wert 0, BLAU zu einer symbolischen Konstanten mit dem Wert 1, GRUEN zu einer symbolischen Konstanten mit dem Wert 2 usw.

Jeder Aufzählungskonstanten ist ein Integer-Wert zugeordnet. Wenn man nichts anderes festlegt, weist der Compiler der ersten Konstanten den Wert 0 zu und numeriert die restlichen Konstanten fortlaufend durch. Jede einzelne Konstante läßt sich aber auch mit einem bestimmten Wert initialisieren, wobei die Werte der nicht initialisierten Konstanten immer um 1 höher sind als die Werte ihres Vorgängers. Schreibt man daher

```
enum FARBE { ROT=100, BLAU, GRUEN=500, WEISS, SCHWARZ=700 };
```

erhält ROT den Wert 100, BLAU den Wert 101, GRUEN den Wert 500, WEISS den Wert 501 und SCHWARZ den Wert 700.

Damit können Sie Variablen vom Typ FARBE definieren, denen dann allerdings nur einer der Aufzählungswerte (in diesem Falle ROT, BLAU, GRUEN, WEISS oder SCHWARZ oder die Werte 100, 101, 500, 501 oder 700) zugewiesen werden kann. Sie können Ihrer Variablen FARBE beliebige Farbwerte zuweisen, ja sogar beliebige Integer-Werte, auch wenn es keine gültige Farbe ist. Ein guter Compiler wird in einem solchen Fall jedoch eine Fehlermeldung ausgeben. Merken Sie sich, daß Aufzählungsvariablen vom Typ unsigned int sind und daß es sich bei Aufzählungskonstanten um Integer-Variablen handelt. Es ist jedoch von Vorteil, diesen Werten einen Namen zu geben, wenn Sie mit Farben, Wochentagen oder ähnlichen Wertesätzen arbeiten. In Listing 3.7 finden Sie ein Programm, das eine Aufzählungskonstante verwendet.

Listing 3.7: Ein Beispiel zur Verwendung von Aufzählungskonstanten

```
#include <iostream.h>
int main()
{
   enum Days { Sunday, Monday, Tuesday,
               Wednesday, Thursday, Friday, Saturday };
   int choice;
   cout << " Geben Sie einen Tag  ein (0-6): ";
   cin >> choice;
   if (choice == Sunday || choice == Saturday)
      cout << "\nSie sind bereits im Wochenende!\n";
   else
     cout << "\nOkay, legen Sie einen Urlaubstag ein.\n";
   return 0;
}
```

```
Geben Sie einen Tag  ein (0-6): 6
Sie sind bereits im Wochenende!
```

Zeile 4 definiert einen Aufzählungstyp DAYS mit sieben Werten. Jeder dieser Werte entspricht einem Integer, wobei die Zählung mit 0 begonnen wird. Demzufolge ist der Wert von Tuesday (Dienstag) gleich 2.

Der Anwender wird gebeten, einen Wert zwischen 0 und 6 einzugeben. Die Eingabe von »Sonntag« als Tag ist nicht möglich. Das Programm hat keine Ahnung, wie es die Buchstaben in Sonntag in einen der Aufzählungswerte übersetzen soll. Es kann jedoch die Werte, die der Anwender eingibt, mit einem oder mehreren Aufzählungskonstanten wie in Zeile 9 abgleichen. Die Verwendung von Aufzählungskonstanten verdeutlicht die Absicht des Vergleichs besser. Sie hätten das Ganze auch mit Integer-Konstanten erreichen können. Das Beispiel dazu finden Sie in Listing 3.8.

In diesem und allen anderen kleinen Programmen dieses Buches wird auf jeglichen Code verzichtet, der normalerweise dazu dient, ungültige Benutzereingaben abzufangen. So prüft dieses Programm im Gegensatz zu einem richtigen Programm nicht, ob der Anwender wirklich eine Zahl zwischen 0 und 6 eingibt. Ich habe diese Prüfroutinen absichtlich weggelassen, um die Programme klein und einfach zu halten und auf das Wesentliche zu konzentrieren.

Listing 3.8: Das gleiche Programm mit Integer-Konstanten

```
1: #include <iostream.h>
2: int main()
3: {
4:     const int Sunday = 0;
5:     const int Monday = 1;
6:     const int Tuesday = 2;
7:     const int Wednesday = 3;
8:     const int Thursday = 4;
9:     const int Friday = 5;
10:    const int Saturday = 6;
11:
12:    int choice;
13:    cout << "Geben Sie einen Tag ein (0-6): ";
14:    cin >> choice;
```

```

    if (choice == Sunday || choice == Saturday)
       cout << "\nSie sind bereits im Wochenende!\n";
    else
       cout << "\nOkay, legen Sie einen Urlaubstag ein.\n";

    return 0;
}
```

```
Geben Sie einen Tag  ein (0-6):`6
Sie sind bereits im Wochenende!
```

Die Ausgabe dieses Listings entspricht der in Listing 3.7. In diesem Programm wurde jedoch jede Konstante (Sonntag, Montag etc.) einzeln definiert, ein Aufzählungstyp `DAYS` existiert nicht. Aufzählungskonstanten haben den Vorteil, daß sie selbsterklärend sind – die Absicht des Aufzählungstypen `DAYS` ist jedem sofort klar.

Zusammenfassung

In diesem Kapitel haben Sie Variablen und Konstanten für numerische Werte und Zeichen kennengelernt, in denen Sie in C++ während der Ausführung Ihres Programms Daten speichern. Numerische Variablen sind entweder Ganzzahlen (`char`, `short` und `long int`) oder Fließkommazahlen (`float` und `double`). Die Zahlen können darüber hinaus vorzeichenlos oder vorzeichenbehaftet (`unsigned` und `signed`) sein. Wenn auch alle Typen auf unterschiedlichen Computern unterschiedlich groß sein können, so wird jedoch mit dem Typ für einen bestimmte Computer immer eine genaue Größe angegeben.

Bevor man eine Variable verwenden kann, muß man sie deklarieren. Damit legt man gleichzeitig den Datentyp fest, der sich in der Variablen speichern läßt. Wenn man eine zu große Zahl in einer Integer-Variablen ablegt, erhält man ein falsches Ergebnis.

Dieses Kapitel hat auch literale und symbolische Konstanten sowie Aufzählungskonstanten behandelt und die beiden Möglichkeiten zur Deklaration symbolischer Konstanten aufgezeigt: die Verwendung von `#define` und des Schlüsselwortes `const`.

Fragen und Antworten

F Wenn der Wertebereich einer Variablen vom Typ `short int` **eventuell nicht ausreicht, warum verwendet man dann nicht immer Ganzzahlen vom Typ** `long`**?**

A *Sowohl bei ganzen Zahlen vom Typ* `short` *als auch bei* `long` *können Platzprobleme auftreten, auch wenn der Wertebereich bei Zahlen vom Typ* `long` *wesentlich größer ist. Der Wertebereich eines* `unsigned short int` *reicht bis 65.535, während die Werte eines* `unsigned long int` *bis 4.294.967.295 gehen. Auf den meisten Maschinen nimmt aber eine Variable vom Typ* `long` *doppelt soviel Speicher ein wie eine Variable vom Typ* `short` *(vier Byte im Gegensatz zu zwei Byte) und ein Programm mit 100 solcher Variablen benötigt dadurch gleich 200 Byte RAM mehr. Allerdings stellt das heutzutage kaum noch ein Problem dar, da die meisten PCs über mehrere Megabyte Hauptspeicher verfügen.*

F Was passiert, wenn ich eine reelle Zahl einer Variablen vom Typ `int` **statt vom Typ** `float` **zuweise? Als Beispiel dazu die folgende Codezeile:**

```
int eineZahl = 5.4;
```

A *Ein guter Compiler erzeugt eine Warnung, aber die Zuweisung ist durchaus zulässig. Die zugewiesene Zahl wird zu einer ganzen Zahl abgerundet. Wenn man daher 5.4 einer ganzzahligen Variablen zuweist, erhält diese Variable den Wert 5. Es gehen also Informationen verloren, und wenn man später den Wert der Integer-Variablen einer Variablen vom Typ* `float` *zuweist, erhält die* `float`*-Variable ebenfalls nur den Wert* `5`.

F Warum sollte man auf literale Konstanten verzichten und sich die Mühe machen, symbolische Konstanten zu verwenden?

A *Wenn man einen Wert an vielen Stellen im gesamten Programm hindurch verwendet, kann man bei Verwendung einer symbolischen Konstanten alle Werte ändern, indem man einfach die Definition der Konstanten ändert. Symbolische Konstanten sprechen auch für sich selbst. Es kann schwer zu verstehen sein, warum eine Zahl mit 360 multipliziert wird. Einfacher ist dagegen eine Anweisung zu lesen, in der die Multiplikation mit* `GradImVollkreis` *realisiert wird.*

F Was passiert, wenn ich eine negative Zahl einer vorzeichenlosen Variablen vom Typ `unsigned` **zuweise? Als Beispiel dient die folgende Codezeile:**

```
Unsigned int einePositiveZahl = -1;
```

A *Ein guter Compiler wird eine Warnung ausgeben, auch wenn die Zuweisung absolut gültig ist. Die negative Zahl wird als Bitmuster interpretiert und der Variablen zugewiesen. Der Wert dieser Variablen wird dann als eine vorzeichenlose Zahl interpretiert. Demzufolge wird -1, dessen Bitmuster* `11111111 11111111` *(*`0xFF in hex`*) ist, als* `unsigned`*-Wert die Zahl 65.535 zugewiesen. Sollte diese Information Sie verwirren, möchte ich Sie auf Anhang C verweisen.*

F **Kann ich mit C++ arbeiten, auch wenn ich nichts von Bitmustern, binärer Arithmetik und Hexadezimalzahlen verstehe?**

A *Ja, aber nicht so effektiv wie mit Kenntnis dieser Themen. Im Gegensatz zu etlichen anderen Sprachen »schützt« C++ Sie nicht unbedingt davor, was der Computer macht. Dies kann jedoch auch als Vorteil begriffen werden, da die Programmiersprache dadurch mächtiger ist als andere Sprachen. Wie aber bei jedem leistungsfähigen Werkzeug, muß man verstehen, wie es funktioniert, um das Optimum herauszuholen. Programmierer, die ohne grundlegende Kenntnisse des Binärsystems versuchen, in C++ zu programmieren, werden oft über das Ergebnis erstaunt sein.*

Workshop

Der Workshop enthält Quizfragen, die Ihnen helfen sollen, Ihr Wissen zu festigen, und Übungen, die Sie anregen sollen, das eben Gelernte umzusetzen und eigene Erfahrungen zu sammeln. Versuchen Sie, das Quiz und die Übungen zu beantworten und zu verstehen, bevor Sie die Lösungen in Anhang D lesen und zur Lektion des nächsten Tages übergehen.

Quiz

1. Was ist der Unterschied zwischen einer Integer-Variablen und einer Fließkommavariablen?
2. Welche Unterschiede bestehen zwischen einer Variablen vom Typ `unsigned short int` und einer Variablen vom Typ `long int`?
3. Was sind die Vorteile einer symbolischen Konstanten verglichen mit einer literalen Konstanten?
4. Was sind die Vorteile des Schlüsselwortes `const` verglichen mit `#define`?
5. Wodurch zeichnet sich ein guter und ein schlechter Variablenname aus?
6. Was ist der Wert von `BLAU` in dem folgenden Aufzählungstyp?

```
enum FARBE { WEISS, SCHWARZ = 100, ROT, BLAU, GRUEN = 300 }
```

7. Welche der folgenden Variablennamen sind gut, welche sind schlecht und welche sind ungültig?

   a) `Alter`

   b) `!ex`

   c) `R79J`

   d) `GesamtEinkommen`

   e) `__Invalid`

Übungen

1. Was wäre der korrekte Variablentyp, um die folgenden Informationen abzulegen?

   a) Ihr Alter

   b) die Fläche Ihres Hinterhofes

   c) die Anzahl der Sterne in der Galaxie

   d) die durchschnittliche Regenmenge im Monat Januar

2. Erstellen Sie gute Variablennamen für diese Informationen.
3. Deklarieren Sie eine Konstante für PI (Wert 3,14159)
4. Deklarieren Sie eine Variable vom Typ `float` und initialisieren Sie sie mit Ihrer PI-Konstanten.

4 Ausdrücke und Anweisungen

Woche 1

Ein Programm ist eigentlich nichts weiter als eine Folge von Befehlen, die nacheinander ausgeführt werden. Mächtig wird ein Programm erst dadurch, daß es in Abhängigkeit von einer Bedingung entscheiden kann, ob der eine oder ein anderer Anweisungsblock ausgeführt werden soll.

Heute lernen Sie,

- was Anweisungen sind,
- was Blöcke sind,
- was Ausdrücke sind,
- wie man auf der Basis von Bedingungen den Code verzweigt,
- was Wahrheit ist und wie man darauf reagiert.

Anweisungen

In C++ steuern Anweisungen die Reihenfolge der Ausführung, werten Ausdrücke aus oder bewirken nichts (die Leeranweisung). Alle C++-Anweisungen enden mit einem Semikolon (;), auch die Leeranweisung, die nur aus einem Semikolon besteht.

Eine häufig gebrauchte einfache Anweisung ist die Zuweisung:

```
x = a + b;
```

Diese Anweisung bedeutet im Gegensatz zur Algebra nicht `x` gleich `a + b`, sondern ist wie folgt zu interpretieren: »Weise den Wert der Summe aus `a` und `b` an `x` zu.« Auch wenn diese Anweisung zwei Dinge bewirkt, handelt es sich um eine einzige Anweisung und hat daher nur ein Semikolon. Der Zuweisungsoperator nimmt die Zuweisung des auf der rechten Seite stehenden Ausdrucks an die linke Seite vor.

Whitespace

Leerzeichen gehören zusammen mit Tabulatoren und den Zeilenvorschüben zu den sogenannten *Whitespace-Zeichen*. Sie werden im allgemeinen in den Anweisungen ignoriert. Die oben behandelte Zuweisung läßt sich auch wie folgt schreiben:

```
x=a+b;
```

oder

```
x                              =a
+         b          ;
```

Die zweite Variante ist zwar zulässig, aber kompletter Blödsinn. Durch Whitespace-Zeichen sollen Programme leichter zu lesen und zu warten sein. Man kann damit aber auch einen unleserlichen Code produzieren. C++ stellt die Möglichkeiten bereit, für den sinnvollen Einsatz ist der Programmierer verantwortlich.

Whitespace-Zeichen (Leerzeichen, Tabulatoren und Zeilenvorschübe) sind nicht sichtbar. Werden diese Zeichen gedruckt, bleibt das Papier weiß (white).

Blöcke und Verbundanweisungen

An allen Stellen, wo eine einzelne Anweisung stehen kann, ist auch eine Verbundanweisung (auch Block genannt) zulässig. Ein Block beginnt mit einer öffnenden geschweiften Klammer ({) und endet mit einer schließenden geschweiften Klammer (}).

In einem Block ist zwar jede Anweisung mit einem Semikolon abzuschließen, der Block selbst endet aber nicht mit einem Semikolon. Dazu ein Beispiel:

```
{
     temp = a;
     a = b;
     b = temp;
}
```

Dieser Codeblock tauscht die Werte der Variablen in a und b aus.

Was Sie tun sollten
Schreiben Sie immer eine schließende geschweifte Klammer, wenn eine öffnende geschweifte Klammer vorhanden ist.
Schließen Sie Anweisungen mit einem Semikolon ab.
Setzen Sie Whitespace-Zeichen sinnvoll ein, um den Code deutlicher zu präsentieren.

Ausdrücke

Alles, was zu einem Wert ausgewertet werden kann, nennt man in C++ einen Ausdruck. Von einem Ausdruck sagt man, daß er einen Wert zurückliefert. Demzufolge ist die Anweisung 3+2;, die den Wert 5 zurückliefert, ein Ausdruck. Alle Ausdrücke sind Anweisungen.

Die Unzahl der Codeabschnitte, die sich als Ausdruck entpuppen, mag Sie vielleicht überraschen. Hier drei Beispiele:

```
3.2                     // liefert den Wert 3.2
PI                      // float-Konstante, die den Wert 3.14 zurückgibt
SekundenProMinute       // int-Konstante, die 60 liefert
```

Vorausgesetzt, daß `PI` eine Konstante mit dem Wert `3.14` und `SekundenProMinute` eine Konstante mit dem Wert `60` ist, stellen alle drei Anweisungen gültige Ausdrücke dar.

Der Ausdruck

```
x = a + b;
```

addiert nicht nur `a` und `b` und weist das Ergebnis an `x` zu, sondern liefert auch den Wert dieser Zuweisung (den Wert in `x`). Daher ist diese Anweisung ebenfalls ein Ausdruck und kann somit auch auf der rechten Seite eines Zuweisungsoperators stehen:

```
y = x = a + b;
```

Diese Zeile wird in der folgenden Reihenfolge ausgewertet:

Addiere `a` zu `b`.

Weise das Ergebnis des Ausdrucks `a + b` an `x` zu.

Weise das Ergebnis des Zuweisungsausdrucks `x = a + b` an `y` zu.

Wenn `a`, `b`, `x` und `y` ganze Zahlen sind, `a` den Wert 2 und `b` den Wert 5 hat, enthält sowohl `x` als auch `y` nach Ausführung dieser Anweisung den Wert 7.

Listing 4.1 demonstriert die Auswertung komplexer Ausdrücke.

Listing 4.1: Auswertung komplexer Ausdrücke

```
#include <iostream.h>
int main()
{
    int a=0, b=0, x=0, y=35;
    cout << "a: " << a << " b: " << b;
    cout << " x: " << x << " y: " << y << endl;
    a = 9;
    b = 7;
    y = x = a+b;
    cout << "a: " << a << " b: " << b;
    cout << " x: " << x << " y: " << y << endl;
  return 0;
 }
```

Ausgabe

```
a: 0 b: 0 x: 0 y: 35
a: 9 b: 7 x: 16 y: 16
```

Analyse

Zeile 4 deklariert und initialisiert die vier Variablen. Die Ausgabe ihrer Werte erfolgt in den Zeilen 5 und 6. Zeile 7 weist den Wert 9 an die Variable a zu. Zeile 8 weist den Wert 7 an die Variable b zu. Zeile 9 summiert die Werte von a und b und weist das Ergebnis x zu. Dieser Ausdruck (x = a+b) ergibt einen Wert (die Summe aus a und b), der wiederum y zugewiesen wird.

Operatoren

Ein Operator ist ein Symbol, das den Compiler zur Ausführung einer Aktion veranlaßt. Operatoren verarbeiten Operanden, und in C++ sind alle Operanden Ausdrücke. In C++ gibt es mehrere Arten von Operatoren. Zwei Arten von Operatoren sind:

- Zuweisungsoperatoren
- mathematische Operatoren

Zuweisungsoperator

Der Zuweisungsoperator (=) bewirkt, daß der Operand auf der linken Seite des Operators den Wert von der rechten Seite des Operators erhält. Der Ausdruck

```
x = a + b;
```

weist dem Operanden x den Wert zu, der als Ergebnis der Addition von a und b entsteht.

Einen Operanden, der auf der linken Seite eines Zuweisungsoperators zulässig ist, bezeichnet man als L-Wert (linker Wert). Ein entsprechender Operand auf der rechten Seite heißt R-Wert.

Konstanten sind R-Werte und können nicht als L-Werte vorkommen. Demzufolge ist die Anweisung

```
x = 35;     // OK
```

zulässig, während die Anweisung

```
35 = x;     // Fehler, kein L-Wert!
```

nicht erlaubt ist.

Ein L-Wert ist ein Operand, der auf der linken Seite eines Ausdrucks stehen kann. Als R-Wert bezeichnet man einen Operanden, der auf der rechten Seite eines Ausdrucks vorkommen kann. Während alle L-Werte auch als R-Werte zulässig sind, dürfen nicht alle R-Werte auch als L-Werte verwendet werden. Ein Literal ist zum Beispiel ein R-Wert, der nicht als L-Wert erlaubt ist. Demzufolge kann man `x = 5;` schreiben, `5 = x;` jedoch nicht (`x` kann ein R- und eine L-Wert sein, `5` hingegen ist nur ein R-Wert).

Mathematische Operatoren

C++ kennt die fünf mathematischen Operatoren Addition (`+`), Subtraktion (`-`), Multiplikation (`*`), Division (`/`) und Modulo-Division (`%`).

Die zwei Grundrechenarten Addition und Subtraktion arbeiten wie gewohnt, wenn es auch bei der Subtraktion mit vorzeichenlosen Ganzzahlen zu überraschenden Ergebnissen kommen kann, wenn das Ergebnis eigentlich negativ ist. Einen Eindruck davon haben Sie schon gestern erhalten, als der Variablenüberlauf beschrieben wurde. In Listing 4.2 können Sie nachvollziehen, was passiert, wenn Sie eine große Zahl eines `unsigned`-Typs von einer kleinen Zahl eines `unsigned`-Typs subtrahieren.

Listing 4.2: Subtraktion und Integer-Überlauf

```
// Listing 4.2 - Subtraktion und
// Integer-Überlauf
#include <iostream.h>

int main()
{
   unsigned int difference;
   unsigned int bigNumber = 100;
   unsigned int smallNumber = 50;
   difference = bigNumber - smallNumber;
   cout << "Die Differenz beträgt: " << difference;
   difference = smallNumber - bigNumber;
   cout << "\nJetzt beträgt die Differenz: " << difference <<endl;
   return 0;
}
```

Ausgabe

```
Die Differenz beträgt: 50
Jetzt beträgt die Differenz: 4294967246
```

Analyse

Zeile 10 ruft den Subtraktions-Operator auf, und das Ergebnis, das ganz unseren Erwartungen entspricht, wird in Zeile 11 ausgegeben. Zeile 12 ruft den Subtraktions-Operator erneut auf. Diesmal wird jedoch eine große `unsigned`-Zahl von einer kleinen `unsigned`-Zahl subtrahiert. Das Ergebnis wäre eigentlich negativ, doch da es als `unsigned`-Zahl ausgewertet (und ausgegeben) wird, ist das Ergebnis, wie gestern beschrieben, ein Überlauf. Auf dieses Problem wird noch genauer in Anhang A »Operator-Vorrang« eingegangen.

Integer-Division und Modulo

Die Integer-Division unterscheidet sich etwas von der gewohnten Division. Um genau zu sein: Integer-Division entspricht dem, was Sie in der zweiten Klasse gelernt haben. Dividiert man `21` durch `4` und betrachtet das Ganze als Integer-Division (wie in der Grundschule mit sieben Jahren) ist das Ergebnis `5` Rest `1`.

Um den Rest zu erhalten, bedienen Sie sich des Modulo-Operators (`%`) und berechnen `21` modulus `4` (`21 % 4`) mit dem Ergebnis 1. Der Modulo-Operator gibt den Rest einer Ganzzahldivision zurück.

Die Berechnung des Modulus kann recht nützlich sein, wenn Sie zum Beispiel eine Anweisung bei jeder zehnten Aktion drucken wollen. Jede Zahl, deren Modulus `0` ergibt, wenn Sie deren Modulus mit `10` berechnen, ist ein Mehrfaches von `10`. So ist `1 % 10` gleich `1`, `2 % 10` gleich `2` und so weiter, bis `10 % 10` den Wert `0` ergibt. `11 % 10` ist erneut `1` und dieses Muster setzt sich bis zum nächsten Mehrfachen von `10`, das heißt `20`, fort. Diese Technik kommt zur Anwendung, wenn wir am Tag 7 auf die Schleifen zu sprechen kommen.

Frage

Wenn ich `5` durch `3` teile, erhalte ich `1`. Was mache ich falsch?

Antwort: Wenn Sie einen Integer durch einen anderen teilen, erhalten Sie auch einen Integer als Ergebnis. Und im Falle von `5/3` ist dies eben `1`.

Um als Rückgabewert eine Bruchzahl zu erhalten, müssen Sie Fließkommazahlen vom Typ `float` verwenden.

`5,0/3,0` ergibt als Bruchzahl: `1,66667`

Falls Ihre Methode Integer als Parameter übernimmt, müssen Sie diese in Fließkommazahlen von Typ `float` umwandeln.

Um den Typ der Variablen zu ändern, müssen Sie eine Typumwandlung (`cast`) vornehmen. Damit teilen Sie dem Compiler im wesentlichen mit, daß

Sie wissen was Sie tun. Und das sollten Sie auch, denn der Compiler wird sich Ihrem Willen nicht widersetzen.

In diesem speziellen Fall teilen Sie dem Compiler mit: »Ich weiß, du denkst, dies ist ein Integer, aber ich weiß, was ich tue, darum behandle diesen Wert als Fließkommazahl«.

Für die Typumwandlung können Sie noch die alte C-Methode oder den neuen vom ANSI-Standard empfohlenen Operator `static_cast` verwenden. Ein Beispiel dazu finden Sie in Listing 4.3.

Listing 4.3: Typumwandlung in einen Float

```
#include <iostream.h>

void intDiv(int x, int y)
{
      int z = x / y;
      cout << "z: " << z << endl;
}

void floatDiv(int x, int y)
{
     float a = (float)x;                    // alter Stil
     float b = static_cast<float>(y);    // vorzuziehender Stil
     float c = a / b;

     cout << "c: " << c << endl;
}

int main()
{
      int x = 5, y = 3;
      intDiv(x,y);
      floatDiv(x,y);
      return 0;
}
```

Ausgabe

```
Z: 1
C: 1.66667
```

Analyse

Zeile 20 deklariert zwei Integer-Variablen. Als Parameter werden in Zeile 21 `intDiv` und in Zeile 22 `floatDiv` übergeben. Die zweite Methode beginnt, wie man sieht, in Zeile 9. Die Typumwandlung der Integer-Variablen zu Variablen vom Typ `float` erfolgt in den Zeilen 11 und 12. Das Ergebnis der Division wird in Zeile 13 einer dritten `float`-Variablen zugewiesen und in Zeile 15 ausgegeben.

Zusammengesetzte Operatoren

Häufig muß man einen Wert zu einer Variablen addieren und dann das Ergebnis an dieselbe Variable zuweisen. Im folgenden Beispiel wird der Wert der Variablen `meinAlter` um 2 erhöht:

```
int meinAlter = 5;
int temp;
temp = meinAlter + 2;   // 5 und 2 addieren und in temp ablegen
meinAlter = temp;       // nach meinAlter zurückschreiben
```

Dieses Verfahren ist allerdings recht umständlich. In C++ kann man dieselbe Variable auf beiden Seiten des Zuweisungsoperators einsetzen und das obige Codefragment eleganter formulieren:

```
meinAlter = meinAlter +2;
```

In der Algebra wäre dieser Ausdruck unzulässig, während ihn C++ als »addiere 2 zum Wert in `meinAlter`, und weise das Ergebnis an `meinAlter` zu« interpretiert.

Das Ganze läßt sich noch einfacher schreiben, auch wenn es im ersten Moment etwas unverständlich aussieht:

```
meinAlter += 2;
```

Der zusammengesetzte Additionsoperator (+=) addiert den R-Wert zum L-Wert und führt dann eine erneute Zuweisung des Ergebnisses an den L-Wert durch. Der Operator heißt »Plus-Gleich«. Die Anweisung ist dann als »`meinAlter` plus gleich 2« zu lesen. Wenn `meinAlter` zu Beginn den Wert 4 enthält, steht nach Ausführung dieser Anweisung der Wert 6 in `meinAlter`.

Weitere zusammengesetzte Operatoren gibt es für Subtraktion (-=), Division (/=), Multiplikation (*=) und Modulo-Operation (%=).

Inkrementieren und Dekrementieren

Am häufigsten hat man den Wert 1 zu einer Variablen zu addieren (bzw. zu subtrahieren). In C++ spricht man beim Erhöhen des Wertes um 1 von *Inkrementieren* und beim Verringern um 1 von *Dekrementieren*. Für diese Operationen stehen spezielle Operatoren bereit.

Der Inkrement-Operator (++) erhöht den Wert der Variablen um 1, der Dekrement-Operator (--) verringert ihn um 1. Möchte man die Variable C inkrementieren, schreibt man die folgende Anweisung:

```
C++;        // Beginne mit C und inkrementiere den enthaltenen Wert.
```

Diese Anweisung ist äquivalent zur ausführlicher geschriebenen Anweisung

```
C = C + 1;
```

Das gleiche Ergebnis liefert die verkürzte Darstellung

```
C += 1;
```

Präfix und Postfix

Sowohl der Inkrement-Operator (++) als auch der Dekrement-Operator (--) existieren in zwei Spielarten: Präfix und Postfix. Die Präfix-Version wird vor den Variablennamen geschrieben (`++meinAlter`), die Postfix-Version danach (`meinAlter++`).

In einer einfachen Anweisung spielt es keine Rolle, welche Version man verwendet. In einer komplexen Anweisung ist es allerdings entscheidend, ob man eine Variable zuerst inkrementiert (oder dekrementiert) und dann das Ergebnis einer anderen Variablen zuweist. Der Präfix-Operator wird vor der Zuweisung ausgewertet, der Postfix-Operator nach der Zuweisung.

Die Semantik von Präfix bedeutet: Inkrementiere den Wert und übertrage ihn dann. Die Bedeutung des Postfix-Operators lautet dagegen: Übertrage den Wert und inkrementiere das Original.

Das folgende Beispiel verdeutlicht diese Vorgänge. Es sei angenommen, daß `x` eine ganze Zahl mit dem Wert 5 ist. Bei der Anweisung

```
int a = ++x;
```

inkrementiert der Compiler den Wert in `x` (und macht ihn damit zu 6), holt dann diesen Wert und weist ihn an `a` zu. Daher ist jetzt sowohl `a` als auch `x` gleich 6.

Schreibt man anschließend

```
int b = x++;
```

weist man den Compiler an, den Wert in x (6) zu holen, ihn an b zuzuweisen und dann den Wert von x zu inkrementieren. Demzufolge ist nun b gleich 6, während x gleich 7 ist. Listing 4.4 zeigt Verwendung und Besonderheiten beider Typen.

Listing 4.4: Präfix- und Postfix-Operatoren

```
// Listing 4.4 - zeigt die Verwendung der
// Inkrement- und Dekrement-Operatoren in
// Präfix- und Postfix-Notation
#include <iostream.h>
int main()
{
    int mein Alter = 39;      // initialisiert zwei Integer-Variablen
    int dein Alter = 39;
    cout << "Ich bin: " << mein Alter << " Jahre alt.\n";
    cout << "Du bist: " << dein Alter << " Jahre alt\n";
    mein Alter++;           // Postfix-Inkrement
    ++dein Alter;         // Präfix-Inkrement
    cout << "Ein Jahr ist vergangen...\n";
    cout << "Ich bin: " << mein Alter << " Jahre alt.\n";
    cout << "Du bist: " << dein Alter << " Jahre alt\n";
    cout << "Noch ein Jahr ist vergangen\n";
    cout << "Ich bin: " << mein Alter++ << " Jahre alt.\n";
    cout << "Du bist: " << ++dein Alter << " Jahre alt\n";
    cout << "Und noch einmal ausgeben.\n";
    cout << "Ich bin: " << mein Alter << " Jahre alt.\n";
    cout << "Du bist: " << dein Alter << " Jahre alt\n";
 return 0;
}
```

```
Ich bin:        39      Jahre alt.
Du bist:        39      Jahre alt
Ein Jahr ist vergangen...
Ich bin:        40      Jahre alt.
Du bist:        40      Jahre alt
Noch ein Jahr ist vergangen
Ich bin:        40      Jahre alt.
Du bist:        41      Jahre alt
Und noch einmal ausgeben.
Ich bin:        41      Jahre alt.
Du bist:        41      Jahre alt
```

Die Zeilen 7 und 8 deklarieren zwei Integer-Variablen und initialisieren sie jeweils mit dem Wert 39. Die Ausgabe der Werte findet in den Zeilen 9 und 10 statt.

Zeile 11 inkrementiert `mein Alter` mit dem Postfix-Operator, und Zeile 12 inkrementiert `dein Alter` mit dem Präfix-Operator. Die Ergebnisse werden in den Zeilen 14 und 15 ausgegeben und sind beide identisch (beide 40).

In Zeile 17 wird `mein Alter` mit dem Postfix-Operator als Teil einer Ausgabeanweisung inkrementiert. Durch den Postfix-Operator erfolgt die Inkrementierung nach der Ausgabe, und es erscheint auch hier in der Ausgabe der Wert 40. Im Gegensatz dazu inkrementiert Zeile 18 die Variable `dein Alter` mit dem Präfix-Operator. Das Inkrementieren findet jetzt vor der Ausgabe statt, und es erscheint der Wert 41 in der Anzeige.

Schließlich werden die Werte in den Zeilen 20 und 21 erneut ausgegeben. Da die Inkrement-Anweisung vollständig abgearbeitet ist, lautet der Wert in `mein Alter` jetzt 41, genau wie der Wert in `dein Alter`.

Rangfolge der Operatoren

Welche Operation wird in der komplexen Anweisung

```
x = 5 + 3 * 8;
```

zuerst ausgeführt, die Addition oder die Multiplikation? Führt man die Addition zuerst aus, lautet das Ergebnis 8 * 8 oder 64. Bei vorrangiger Multiplikation heißt das Ergebnis 5 + 24 oder 29.

Jeder Operator besitzt einen festgelegten Vorrang. Eine vollständige Liste der Operatorprioritäten finden Sie im Anhang A. Die Multiplikation hat gegenüber der Addition höhere Priorität. Der Wert des Ausdrucks ist demnach 29.

Wenn zwei mathematische Operatoren gleichrangig sind, werden sie in der Reihenfolge von links nach rechts ausgeführt. Demzufolge wird in

```
x = 5 + 3 + 8 * 9 + 6 * 4;
```

die Multiplikation zuerst, von links nach rechts, ausgeführt. Es ergeben sich die beiden Terme 8*9 = 72 und 6*4 = 24. Damit wird der Ausdruck zu

```
x = 5 + 3 + 72 + 24;
```

Nun kommt noch die Addition von links nach rechts 5 + 3 = 8, 8 + 72 = 80, 80 + 24 = 104.

Die Rangfolge ist unbedingt zu beachten. Bestimmte Operatoren wie der Zuweisungsoperator werden von rechts nach links ausgeführt. Was passiert nun, wenn die Rangfolge nicht Ihren Vorstellungen entspricht? Sehen Sie sich dazu folgenden Ausdruck an:

```
SekundenGsamt = MinutenNachdenken + MinutenTippen * 60
```

In diesem Ausdruck soll nicht `MinutenTippen` zuerst mit 60 multipliziert und dann zu `MinutenNachdenken` addiert werden. Beabsichtigt ist, zuerst die Addition der beiden Variablen durchzuführen, um die Summe der Minuten zu ermitteln und anschließend diese Zahl mit 60 zu multiplizieren, um die Anzahl der Sekunden zu berechnen.

In diesem Fall setzt man Klammern, um die Rangfolge zu ändern. Elemente in Klammern werden mit einer höheren Priorität ausgeführt als irgendein mathematischer Operator. Das gewünschte Ergebnis erhält man also mit

```
SekundenGesamt = (MinutenNachdenken + MinutenTippen) * 60
```

Verschachtelte Klammern

Bei komplexen Ausdrücken sind eventuell Klammern zu verschachteln. Beispielsweise ist die Anzahl der Sekunden zu berechnen und danach die Anzahl der Mitarbeiter, bevor die Multiplikation der Mitarbeiter mit den Sekunden erfolgt (um etwa die gesamte Arbeitszeit in Sekunden zu erhalten):

```
PersonenSekundenGesamt = ( ( (MinutenNachdenken + MinutenTippen) * 60)
* (Mitarbeiter + Beurlaubt) )
```

Dieser zusammengesetzte Ausdruck ist von innen nach außen zu lesen. Zuerst erfolgt die Addition von `MinutenNachdenken` und `MinutenTippen`, da dieser Ausdruck in den innersten Klammern steht. Anschließend wird diese Summe mit 60 multipliziert. Es schließt sich die Addition von `Mitarbeiter` und `Beurlaubt` an. Schließlich wird die berechnete Mitarbeiterzahl mit der Gesamtzahl der Sekunden multipliziert.

Dieses Beispiel weist auf einen wichtigen Punkt hin. Für einen Computer ist ein solcher Ausdruck leicht zu interpretieren, für einen Menschen ist er dagegen nur schwer zu lesen, zu verstehen oder zu modifizieren. Der gleiche Ausdruck in einer anderen Form mit Variablen zur Zwischenspeicherung sieht folgendermaßen aus:

```
MinutenGesamt = MinutenNachdenken + MinutenTippen;
SekundenGesamt = MinutenGesamt * 60;
```

```
MitarbeiterGesamt = Mitarbeiter + Beurlaubt;
PersonenSekundenGesamt = MitarbeiterGesamt * SekundenGesamt;
```

Dieses Beispiel verwendet zwar temporäre Variablen und erfordert mehr Schreibarbeit als das vorherige Beispiel, ist aber leichter zu verstehen. Fügen Sie am Beginn einen Kommentar ein, um die Absichten hinter diesem Codeabschnitt zu erläutern, und ändern Sie die 60 in eine symbolische Konstante. Damit erhalten Sie einen Code, der leicht zu verstehen und zu warten ist.

Was Sie tun sollten	... und was nicht
Denken Sie daran, daß Ausdrucke einen Wert haben. Verwenden Sie den Präfix-Operator (++Variable), um die Variable zu inkrementieren oder zu dekrementieren, bevor sie in einem Ausdruck verwendet wird. Verwenden Sie den Postfix-Operator (Variable++), um die Variable zu inkrementieren oder zu dekrementieren, nachdem sie verwendet wurde. Verwenden Sie Klammern, um die Rangfolge bei der Abarbeitung der Operatoren zu ändern.	Verschachteln Sie Ihre Ausdrücke nicht zu sehr, da sie sonst schwer verständlich werden und die Wartung erschwert wird.

Wahrheitswerte

In früheren C++-Versionen wurden Wahrheitswerte durch Integer dargestellt. Der neue ANSI-Standard hat jetzt einen neuen Typ eingeführt: `bool`. Dieser neue Typ hat zwei mögliche Werte `false` (unwahr) oder `true` (wahr).

Jeder Ausdruck kann auf seinen Wahrheitsgehalt ausgewertet werden. Ausdrücke, die mathematisch gesehen eine Null ergeben, liefern `false` zurück, alle anderen liefern `true` zurück.

Hinweis

Viele Compiler haben schon früher einen `bool`-Typ angeboten, der intern als ein `long int` dargestellt wurde und somit vier Byte besetzt hat. Inzwischen bieten die meisten ANSI-kompatiblen Compiler einen `bool`-Typ von einem Byte.

Vergleichsoperatoren

Mit den Vergleichsoperatoren (oder relationalen Operatoren) ermittelt man, ob zwei Zahlen gleich sind, oder ob eine größer oder kleiner als die andere ist. Jeder Vergleichsausdruck wird entweder zu `true` oder zu `false` ausgewertet. In Tabelle 4.1 sind die Vergleichsoperatoren zusammengefaßt.

Hinweis

Der neue ANSI-Standard hat den neuen `bool`-Typ eingeführt, und alle Vergleichsoperatoren liefern jetzt einen Wert vom Typ `bool` zurück, also `true` oder `false`. In früheren Versionen von C++ war der Rückgabewert dieser Operatoren entweder 0 für `false` oder ein Wert ungleich Null (normalerweise 1) für `true`.

Hat die Integer-Variable `meinAlter` den Wert 39 und die Integer-Variable `deinAlter` den Wert 40, kann man mit dem relationalen Operator »Gleich« prüfen, ob beide gleich sind:

```
meinAlter == deinAlter;  // ist der Wert in meinAlter der gleiche wie
                         // in deinAlter?
```

Dieser Ausdruck ergibt 0 oder `false`, da die Variablen nicht gleich sind. Der Ausdruck

```
meinAlter > deinAlter;  // ist meinAlter größer als deinAlter?
```

liefert 0 oder `false`.

Warnung

Viele Neueinsteiger in die C++-Programmierung verwechseln den Zuweisungsoperator (=) mit dem Gleichheitsoperator (==). Das kann zu gemeinen Fehlern im Programm führen.

Zu den Vergleichsoperatoren gehören: Gleich (==), Kleiner als (<), Größer als (>), Kleiner oder Gleich (<=), Größer oder Gleich (>=) und Ungleich (!=). Tabelle 4.1 zeigt die Vergleichsoperatoren mit Codebeispiel und Rückgabewert.

Operator	**Symbol**	**Beispiel**	**Rückgabewert**
Gleich	==	100 == 50;	FALSE
		50 == 50;	TRUE
Ungleich	!=	100 != 50;	TRUE
		50 != 50	FALSE
Größer als	>	100 > 50;	TRUE
		50 > 50;	FALSE

Tabelle 4.1: Die Vergleichsoperatoren

Operator	Symbol	Beispiel	Rückgabewert
Größer als oder Gleich	>=	100 >= 50;	TRUE
		50 >= 50	TRUE
Kleiner als	<	100 < 50;	FALSE
		50 < 50;	FALSE
Kleiner als oder Gleich	<=	100 <= 50;	FALSE
		50 <= 50;	TRUE

Tabelle 4.1: Die Vergleichsoperatoren

Was Sie tun sollten	... und was nicht
Denken Sie daran, daß Vergleichsoperatoren entweder den Wert `true` oder `false` zurückliefern.	Verwechseln Sie den Zuweisungsoperator (=) nicht mit dem Gleichheitsoperator (==). Dies ist einer der häufigsten Fehler in der C++-Programmierung. Also seien Sie vorsichtig!

Die if-Anweisung

Normalerweise verläuft der Programmfluß zeilenweise in der Reihenfolge, in der die Anweisungen in Ihrem Quellcode stehen. Mit der `if`-Anweisung kann man auf eine Bedingung testen (beispielsweise ob zwei Variablen gleich sind) und in Abhängigkeit vom Testergebnis zu unterschiedlichen Teilen des Codes verzweigen.

Die einfachste Form der `if`-Anweisung sieht folgendermaßen aus:

```
if (Ausdruck)
    Anweisung;
```

Der Ausdruck in den Klammern kann jeder beliebige Ausdruck sein, er enthält aber in der Regel einen der Vergleichsausdrücke. Wenn der Ausdruck den Wert `false` liefert, wird die Anweisung übersprungen. Ergibt sich der Wert `true`, wird die Anweisung ausgeführt. Sehen Sie sich dazu folgendes Beispiel an:

```
if (grosseZahl > kleineZahl)
    grosseZahl = kleineZahl;
```

Dieser Code vergleicht `grosseZahl` mit `kleineZahl`. Wenn `grosseZahl` größer ist, setzt die zweite Zeile den Wert von `grosseZahl` auf den Wert von `kleineZahl`.

Da ein von Klammern eingeschlossener Anweisungsblock einer einzigen Anweisung entspricht, kann die folgende Verzweigung ziemlich umfangreich und mächtig sein:

```
if (Ausdruck)
{
     Anweisung1;
     Anweisung2;
     Anweisung3;
}
```

Zur Veranschaulichung ein einfaches Beispiel:

```
if (grosseZahl > kleineZahl)
{
    grosseZahl = kleineZahl;
    cout <<  "grosseZahl: " << grosseZahl << "\n ";
    cout <<  "kleineZahl: " << kleineZahl << "\n ";
}
```

Diesmal wird für den Fall, daß `grosseZahl` größer ist als `kleineZahl`, nicht nur `grosseZahl` auf den Wert von `kleineZahl` gesetzt, sondern es wird auch eine Nachricht ausgegeben. In Listing 4.5 finden Sie ein ausführlicheres Beispiel zu der Verzweigung auf der Grundlage von Vergleichsoperatoren.

Listing 4.5: Eine Verzweigung auf der Grundlage von Vergleichsoperatoren

```
// Listing 4.5 - zeigt if-Anweisung in Verbindung
// mit Vergleichsoperatoren
#include <iostream.h>
int main()
{
      int RedSoxScore, YankeesScore;
      cout << "Geben Sie den Punktestand der Red Sox ein: ";
      cin >> RedSoxScore;

      cout << "\nGeben Sie den Punktestand der Yankees ein: ";
      cin >> YankeesScore;

      cout << "\n";

      if (RedSoxScore > YankeesScore)
           cout << "Vorwärts Sox!\n";

      if (RedSoxScore < YankeesScore)
```

```
19:         {
20:              cout << "Vorwärts Yankees!\n";
21:              cout << "Tolle Tage in New York!\n";
22:         }
23:
24:         if (RedSoxScore == YankeesScore)
25:         {
26:             cout << "Ein Gleichstand? Nee, das kann nicht sein.\n";
27:             cout << "Geben Sie den richtigen Punktestand der Yanks ein: ";
28:             cin >> YankeesScore;
29:
30:             if (RedSoxScore > YankeesScore)
31:                   cout << "Ich wußte es! Vorwärts Sox!";
32:
33:             if (YankeesScore > RedSoxScore)
34:                   cout << "Ich wußte es! Vorwärts Yanks!";
35:
36:             if (YankeesScore == RedSoxScore)
37:                   cout << "Wow, es war wirklich ein Gleichstand!";
38:         }
39:
40:         cout << "\nDanke für die Nachricht.\n";
41:         return 0;
42:   }
```

Ausgabe

```
Geben Sie den Punktestand der Red Sox ein: 10

Geben Sie den Punktestand der Yankees ein: 10

Ein Gleichstand? Nee, das kann nicht sein.
Geben Sie den richtigen Punktestand der Yanks ein: 8
Ich wußte es! Vorwärts Sox!
Danke für die Nachricht.
```

Analyse

Dieses Programm fordert den Anwender auf, den Punktestand für zwei Baseballteams einzugeben. Die Punkte werden in Integer-Variablen abgelegt. Die Zeilen 15, 18 und 24 vergleichen dann diese Variablen mit Hilfe einer `if`-Anweisung.

Ist eine Punktzahl höher als die andere, wird eine Nachricht ausgegeben. Liegt ein Punktegleichstand vor, wird der Codeblock von Zeile 24 bis Zeile 38 ausgeführt. Die zweite Punktezahl wird erneut abgefragt und die Punkte abermals verglichen.

Ist die Punktzahl der Yankees von Anfang an höher als die der Red Sox, wird die `if`-Anweisung in Zeile 15 zu `false` ausgewertet und Zeile 16 nicht aufgerufen. Der Vergleich in Zeile 18 ist demnach `true` und die Anweisungen in den Zeilen 20 und 21 werden ausgeführt. Anschließend wird die `if`-Bedingung in Zeile 24 überprüft und das Ergebnis ist folgerichtig (wenn Zeile 18 `true` ergab) `false`. Damit wird der ganze Codeblock bis Zeile 39 übersprungen.

In diesem Beispiel werden trotz einer `if`-Anweisung mit dem Ergebnis `true` auch die anderen `if`-Anweisungen geprüft.

Warnung

Viele Neueinsteiger in die C++-Programmierung machen den Fehler, ein Semikolon an die `if`-Anweisung anzuhängen:

```
if(EinWert < 10);
   EinWert = 10;
```

Die Absicht obigen Codes ist, herauszufinden, ob `EinWert` kleiner ist als 10 und wenn ja, die Variable auf 10 zu setzen, so daß 10 der Minimalwert für `EinWert` ist. Bei Ausführung dieses Codefragments werden Sie feststellen, daß `EinWert` immer auf 10 gesetzt wird! Und warum? Die `if`-Anweisung endet mit dem Semikolon (dem Tu-Nichts-Operator).

Denken Sie daran, daß die Einrückung für den Compiler ohne Belang ist. Dies Fragment hätte korrekterweise auch so geschrieben werden können:

```
if (EinWert < 10)   // pruefen
;  // tue nichts
EinWert = 10;       // zuweisen
```

Durch das Entfernen des Semikolons wird die letzte Zeile Teil der `if`-Anweisung, und der Code wird genau das ausführen, was Sie wollen.

Einrückungsarten

In Listing 4.5 sahen Sie eine Möglichkeit, `if`-Anweisungen einzurücken. Nichts jedoch ist besser geeignet, einen Glaubenskrieg heraufzubeschwören, als eine Gruppe von Programmierern zu fragen, wie man am besten Anweisungen in Klammern einrückt. Es gibt Dutzende von Möglichkeiten. Die am weitesten verbreiteten drei Möglichkeiten möchte ich Ihnen hier vorstellen:

- Die öffnende Klammer steht direkt hinter der Bedingung und die schließende Klammer bündig mit dem `if`, um den Anweisungsblock zu schließen:

```
if (Ausdruck){
    Anweisungen
}
```

- Beide Klammern werden bündig mit dem `if` ausgerichtet und die Anweisungen werden eingerückt:

```
if (Ausdruck)
{
    Anweisungen
}
```

- Sowohl die Klammern als auch die Anweisungen werden eingerückt:

```
if (Ausdruck)
    {
    Anweisungen
    }
```

In diesem Buch habe ich die mittlere Alternative gewählt, da ich leichter feststellen kann, wo Anweisungsblöcke anfangen und enden, wenn die Klammern miteinander und mit der Bedingung bündig sind. Aber auch hier gilt: Es ist nicht wichtig, für welche Art der Einrückung Sie sich entscheiden, solange Sie konsequent bei der einmal gewählten Variante bleiben.

Die else-Klausel

Oftmals soll ein Programm bei erfüllter Bedingung (`true`) den einen Zweig durchlaufen und bei nicht erfüllter Bedingung (`false`) einen anderen. In Listing 4.5 wollten Sie eine Nachricht (`Vorwärts Sox!`) ausgeben, wenn die erste Bedingung (`RedSoxScore > Yankees`) erfüllt oder `true` wird, und eine andere Nachricht (`Vorwärts Yanks!`), wenn der Test `false` ergibt.

Die bisher gezeigte Form, die zuerst eine Bedingung testet und dann die andere, funktioniert zwar, ist aber etwas umständlich. Das Schlüsselwort `else` trägt hier zur besseren Lesbarkeit des Codes bei:

```
if (Ausdruck)
    Anweisung;
else
    Anweisung;
```

Listing 4.6 demonstriert die Verwendung des Schlüsselwortes `else`.

Listing 4.6: Einsatz der else-Klausel

```
// Listing 4.6 - zeigt die if-Anweisung mit
// der else-Klausel
#include <iostream.h>
int main()
```

```
5:   {
6:       int firstNumber, secondNumber;
7:       cout << "Bitte eine grosse Zahl eingeben: ";
8:       cin >> firstNumber;
9:       cout << "\nBitte eine kleinere Zahl eingeben: ";
10:      cin >> secondNumber;
11:      if (firstNumber > secondNumber)
12:          cout << "\nDanke!\n";
13:      else
14:          cout << "\nDie zweite Zahl ist groesser!";
15:
16:   return 0;
17:  }
```

Ausgabe

```
Bitte eine grosse Zahl eingeben: 10
Bitte eine kleinere Zahl eingeben: 12
Die zweite Zahl ist groesser!
```

Analyse

Liefert die Bedingung der `if`-Anweisung in Zeile 11 das Ergebnis `true`, wird die Anweisung in Zeile 12 ausgeführt. Ergibt sich der Wert `false`, führt das Programm die Anweisung in Zeile 14 aus. Wenn man die `else`-Klausel in Zeile 13 entfernt, wird die Anweisung in Zeile 14 unabhängig davon ausgeführt, ob die `if`-Anweisung `true` ist oder nicht. Denken Sie daran, daß die `if`-Anweisung nach Zeile 12 endet. Fehlt die `else`-Klausel, wäre Zeile 14 einfach die nächste Zeile im Programm.

Statt der einzelnen Anweisungen könnten Sie auch in geschweifte Klammern eingeschlossen Codeblöcke aufsetzen.

Syntax

Die if-Anweisung

Die Syntax einer `if`-Anweisung sieht wie folgt aus:

Format 1:

```
if (Ausdruck)
    Anweisung;
nächste_Anweisung;
```

Liefert die Auswertung von `Ausdruck` das Ergebnis `true`, wird die `Anweisung` ausgeführt und das Programm setzt mit `nächste_Anweisung` fort. Ergibt der Ausdruck nicht `true`, wird die `Anweisung` ignoriert, und das Programm springt sofort zu `nächste_Anweisung`.

Anweisung steht hierbei für eine einzelne, durch Semikolon abgeschlossene Anweisung oder eine in geschweifte Klammern eingeschlossene Verbundanweisung.

```
if (Ausdruck)
    Anweisung1;
else
    Anweisung2;
nächste_Anweisung;
```

Ergibt der Ausdruck true, wird Anweisung1 ausgeführt, wenn nicht, kommt die Anweisung2 zur Ausführung. Anschließend fährt das Programm mit nächste_Anweisung fort.

Beispiel 1

```
if (EinWert < 10)
   cout << "EinWert ist kleiner als 10");
else
   cout << "EinWert ist nicht kleiner als 10!");
cout << "Fertig." << endl;
```

Erweiterte if-Anweisungen

In einer if- oder else-Klausel kann jede beliebige Anweisung stehen, sogar eine andere if- oder else-Anweisung. Dadurch lassen sich komplexe if-Anweisungen der folgenden Form erstellen:

```
if (Ausdruck1)
{
    if (Ausdruck2)
        Anweisung1;
    else
    {
        if (Ausdruck3)
            Anweisung2;
        else
            Anweisung3;
    }
}
else
    Anweisung4;
```

Diese umständliche if-Anweisung sagt aus: »Wenn Ausdruck1 gleich true ist und Ausdruck2 gleich true ist, führe Anweisung1 aus. Wenn Ausdruck1 gleich true, aber Ausdruck2 nicht true ist, dann führe Anweisung2 aus, wenn Ausdruck3 true ist. Wenn

Ausdruck1 gleich true, aber Ausdruck2 und Ausdruck3 gleich false sind, führe Anweisung3 aus. Wenn schließlich Ausdruck1 nicht true ist, führe Anweisung4 aus.« Wie man sieht, können komplexe if-Anweisungen einiges zur Verwirrung beitragen!

Listing 4.7 zeigt ein Beispiel einer derartigen komplexen if-Anweisung.

Listing 4.7: Verschachtelte if-Anweisung

```
// Listing 4.7 - Verschachtelte
// if-Anweisung
#include <iostream.h>
int main()
{
    // Zwei Zahlen abfragen
    // Die Zahlen an firstNumber und secondNumber zuweisen
    // Wenn firstNumber groesser als secondNumber ist,
    // testen, ob sie ohne Rest teilbar sind
    // Wenn ja, testen, ob die Zahlen gleich sind

    int firstNumber, secondNumber;
    cout << "Bitte zwei Zahlen eingeben.\nDie erste: ";
    cin >> firstNumber;
    cout << "\nDie zweite: ";
    cin >> secondNumber;
    cout << "\n\n";

    if (firstNumber >= secondNumber)
    {
      if ( (firstNumber % secondNumber) == 0) // ganzzahlig teilbar?
      {
           if (firstNumber == secondNumber)
                cout << "Beide Zahlen sind gleich!\n";
           else
                cout << "Zahlen ohne Rest teilbar!\n";
      }
      else
           cout << "Zahlen nicht ohne Rest teilbar!\n";
    }
    else
      cout << "Die zweite Zahl ist groesser!\n";
  return 0;
}
```

```
Bitte zwei Zahlen eingeben.
Die erste: 10
Die zweite: 2
Zahlen ohne Rest teilbar!
```

Das Programm fordert zur Eingabe von zwei Zahlen auf und vergleicht sie dann. Die erste `if`-Anweisung in Zeile 19 prüft, ob die erste Zahl größer oder gleich der zweiten ist. Falls nicht, kommt die `else`-Klausel in Zeile 31 zur Ausführung.

Wenn die erste `if`-Bedingung gleich `true` ist, wird der in Zeile 20 beginnende Codeblock ausgeführt und die zweite `if`-Anweisung in Zeile 21 getestet. Hier erfolgt die Prüfung, ob die erste Zahl modulo der zweiten keinen Rest liefert. Wenn das so ist, sind die Zahlen entweder ohne Rest teilbar oder einander gleich. Die `if`-Anweisung in Zeile 23 prüft auf Gleichheit und zeigt die entsprechende Meldung an.

Wenn die `if`-Anweisung in Zeile 21 `false` ergibt, wird die `else`-Anweisung in Zeile 28 ausgeführt.

Geschweifte Klammern in verschachtelten if-Anweisungen

Obwohl es zulässig ist, die geschweiften Klammern in `if`-Anweisungen mit nur einer einzelnen Anweisung wegzulassen, und es ebenfalls zulässig ist, `if`-Anweisungen wie

```
if (x > y)              // Wenn x groesser als y ist,
    if (x < z)          // und wenn x kleiner als z ist,
        x = y;          // dann setze x auf den Wert in z.
```

zu verschachteln, kann das bei umfangreich verschachtelten Anweisungen kaum noch zu durchschauen sein. Denken Sie daran, daß man mit Whitespace-Zeichen und Einzügen die Lesbarkeit des Quelltextes erhöhen kann und der Compiler von diesen gestalterischen Elementen keine Notiz nimmt. Man kann leicht die Logik durcheinanderbringen und versehentlich eine `else`-Anweisung der falschen `if`-Anweisung zuordnen. Listing 4.8 verdeutlicht dieses Problem.

Listing 4.8: Klammern in if- und else-Klauseln

```
// Listing 4.8 - demonstriert, warum Klammern in verschachtelten
// if-Anweisungen so wichtig sind
```

```
3:  #include <iostream.h>
4:  int main()
5:  {
6:     int x;
7:     cout << "Eine Zahl kleiner als 10 oder groesser als 100 eingeben: ";
8:     cin >> x;
9:     cout << "\n";
10:
11:     if (x > 10)
12:        if (x > 100)
13:              cout << "Groesser als 100. Danke!\n";
14:     else                          // nicht das beabsichtigte else!
15:        cout << "Kleiner als 10. Danke!\n";
16:
17:    return 0;
18:  }
```

Ausgabe

```
Eine Zahl kleiner als 10 oder groesser als 100 eingeben: 20
Kleiner als 10. Danke!
```

Analyse

Der Programmierer hatte die Absicht, nach einer Zahl zwischen 10 und 100 zu fragen, auf den korrekten Wert zu testen und sich dann zu bedanken.

Wenn die `if`-Anweisung in Zeile 11 den Wert `true` liefert, wird die folgende Anweisung (Zeile 12) ausgeführt. In diesem Beispiel erfolgt die Ausführung von Zeile 12, wenn die eingegebene Zahl größer als 10 ist. Zeile 12 enthält ebenfalls eine `if`-Anweisung. Diese `if`-Anweisung liefert `true`, wenn die eingegebene Zahl größer als 100 ist. Wenn die Zahl nicht größer als 100 ist, wird die Anweisung in Zeile 15 ausgeführt.

Wenn die eingegebene Zahl kleiner als 10 ist, liefert die `if`-Anweisung in Zeile 11 den Wert `false`. Die Programmsteuerung geht an die auf `if` folgende Zeile, in diesem Fall Zeile 17, über. Wenn man eine Zahl kleiner als 10 eingibt, sieht die Ausgabe wie folgt aus:

```
Eine Zahl kleiner als 10 oder groesser als 100 eingeben: 9
```

Die `else`-Klausel in Zeile 14 sollte offensichtlich zur `if`-Anweisung von Zeile 11 gehören, was auch der Einzug im Quelltext dokumentiert. Leider ist die `else`-Anweisung tatsächlich mit `if` aus Zeile 12 verbunden. Damit enthält dieses Programm einen nicht auf Anhieb erkennbaren Fehler, der vom Compiler nicht bemängelt wird.

Wir haben es hier mit einem zulässigen C++-Programm zu tun, das aber nicht wie vorgesehen arbeitet. Dazu kommt noch, daß bei den meisten Tests, die der Programmierer durchführt, das Programm zu laufen scheint. Solange man eine Zahl größer als 100 eingibt, funktioniert alles wunderbar.

In Listing 4.9 ist das Problem durch Einfügen der erforderlichen Klammern beseitigt.

Listing 4.9: Richtige Verwendung von geschweiften Klammern bei einer if-Anweisung

```
1:    // Listing 4.9 - Demonstriert die richtige Verwendung
2:    // von Klammern in verschachtelten if-Anweisungen
3:    #include <iostream.h>
4:    int main()
5:    {
6:      int x;
7:      cout << "Eine Zahl kleiner als 10 oder groesser als 100 eingeben: ";
8:      cin >> x;
9:      cout << "\n";
10:
11:     if (x > 10)
12:     {
13:        if (x > 100)
14:             cout << "Groesser als 100. Danke!\n";
15:     }
16:     else
17:        cout << "Kleiner als 10. Danke!\n";
18:    return 0;
19:   }
```

Ausgabe

```
Eine Zahl kleiner als 10 oder groesser als 100 eingeben: 20
```

Analyse

Die geschweiften Klammern in den Zeilen 12 und 15 schließen alle dazwischenliegenden Anweisungen zu einem Block zusammen. Nunmehr gehört die `else`-Klausel in Zeile 16 wie beabsichtigt zur `if`-Anweisung in Zeile 11.

Der Anwender hat die Zahl 20 eingegeben, so daß die `if`-Anweisung in Zeile 11 den Wert `true` liefert. Die `if`-Anweisung in Zeile 13 liefert `false`, so daß keine Ausgabe erfolgt. Besser wäre es, wenn der Programmierer eine weitere `else`-Klausel nach Zeile

14 vorgesehen hätte, um fehlerhafte Eingaben abzufangen und eine entsprechende Meldung anzuzeigen.

Hinweis Die im Buch gezeigten Programme sind bewußt einfach gehalten und dienen nur dazu, das jeweils behandelte Thema zu verdeutlichen. Es wurde auf »narrensicheren« Code verzichtet, der einen Schutz gegen fehlerhafte Eingaben bietet. In professionellen Programmen muß man mit jedem möglichen Benutzerfehler rechnen und diese Fehler entsprechend »sanft« abfangen.

Logische Operatoren

Oftmals muß man mehrere Vergleiche auf einmal anstellen. »Ist es richtig, daß `x` größer ist als `y`, und ist es ebenso richtig, daß `y` größer ist als `z`?« Für ein Programm könnte es wichtig sein, zu ermitteln, ob beide Bedingungen `true` sind oder ob irgendeine andere Bedingung `true` ist, bevor es eine bestimmte Aktion ausführt.

Stellen Sie sich ein intelligentes Alarmsystem vor, das nach folgender Logik arbeitet: »Wenn der Türalarm ausgelöst wird UND es später als 18:00 Uhr ist UND es sich NICHT um die Urlaubszeit handelt ODER gerade Wochenende ist, dann rufe die Polizei.« Eine derartige Auswertung läßt sich mit den drei logischen Operatoren von C++ realisieren. Tabelle 4.2 zeigt diese Operatoren.

Operator	Symbol	Beispiel
AND	&&	Ausdruck1 && Ausdruck2
OR	||	Ausdruck1 || Ausdruck2
NOT	!	!Ausdruck

Tabelle 4.2: Logische Operatoren

Logisches AND

Eine logische `AND`-Anweisung wertet zwei Ausdrücke aus. Sind beide Ausdrücke `true`, liefert die logische `AND`-Anweisung ebenfalls `true`. Wenn es wahr (`true`) ist, daß Sie hungrig sind, UND (AND) es wahr ist, daß Sie Geld haben, dann ist es wahr, daß Sie ein Mittagessen kaufen können. In diesem Sinn wird

```
if ( (x == 5) && (y == 5) )
```

zu true ausgewertet, wenn sowohl x als auch y gleich 5 ist. Der Ausdruck liefert false, wenn mindestens eine der beiden Variablen nicht gleich 5 ist. Beachten Sie, daß beide Seiten true sein müssen, damit der gesamte Ausdruck zu true wird.

Beachten Sie weiterhin, daß das logische AND aus zwei kaufmännischen Und-Zeichen (&&) besteht.

Logisches OR

Eine logische OR-Anweisung wertet zwei Ausdrücke aus. Wenn einer der beiden true ist, ergibt sich der Ausdruck zu true. Wenn man Geld ODER eine Kreditkarte hat, kann man die Rechnung bezahlen. Beide Zahlungsmittel sind nicht gleichzeitig erforderlich, man braucht nur eins, auch wenn es nichts schadet, beides zur Verfügung zu haben.

Der Ausdruck

```
if ( (x == 5) || (y == 5) )
```

liefert true, wenn x oder y gleich 5 ist oder wenn beide gleich 5 sind.

Beachten Sie, daß das logische OR aus zwei senkrechten Strichen (||) besteht.

Logisches NOT

Eine logische NOT-Anweisung liefert true, wenn der zu testende Ausdruck false ergibt. Der Ausdruck

```
if ( !( == 5) )
```

ist nur dann true, wenn x nicht gleich 5 ist. Den gleichen Test kann man auch als

```
if (x != 5)
```

schreiben.

Verkürzte Prüfung

Wenn der Compiler eine AND-Anweisung wie

```
if ( (x == 5) && (y == 5) )
```

prüft, wird zuerst die erste Bedingung (x == 5) getestet. Ergibt sich bereits hier der Wert false, das heißt, x ist nicht gleich 5, wird der Compiler erst gar NICHT mit der

Prüfung der zweiten Anweisung (y == 5) fortfahren, da eine AND-Anweisung zur Bedingung hat, daß beide Anweisungen erfüllt werden.

Ähnlich verläuft es auch bei OR-Anweisungen wie

```
if ( (x == 5) || (y == 5) )
```

Ergibt die erste Anweisung (x == 5) den Wert true, nimmt der Compiler die weitere Auswertung der zweiten Anweisung (y == 5) nicht mehr vor, da es bei einer OR-Anweisung reicht, wenn eine Bedingung erfüllt ist.

Rangfolge der Vergleichsoperatoren

Vergleichsoperatoren und logische Operatoren, die man in C++-Ausdrücken einsetzt, liefern einen Wert zurück: true oder false. Wie bei allen Ausdrücken gibt es auch hier eine Rangfolge, die bestimmt, welcher Vergleich zuerst ausgewertet wird (siehe auch Anhang A). Diese Tatsache ist wichtig, wenn man den Wert einer Anweisung wie

```
if ( x > 5 && y > 5 || z > 5)
```

bestimmt. Der Programmierer könnte beabsichtigen, daß dieser Ausdruck nur zu true ausgewertet wird, wenn sowohl x als auch y größer als 5 oder wenn z größer als 5 ist. Andererseits kann der Programmierer auch wollen, daß dieser Ausdruck nur dann zu true wird, wenn x größer als 5 ist und wenn es auch wahr ist, daß entweder y oder z größer als 5 ist.

Wenn x gleich 3 ist und sowohl y als auch z gleich 10 ist, liefert die erste Interpretation das Ergebnis true (z ist größer als 5, so daß x und y ignoriert werden), während die zweite Auslegung false ergibt (es ist nicht wahr, daß x größer als 5 ist, deshalb ist es auch unerheblich, was rechts des &&-Symbols steht, da beide Seiten zutreffen müssen).

Die von der Rangfolge bestimmte Reihenfolge der Vergleiche kann man mit Klammern sowohl ändern als auch deutlicher darstellen:

```
if ( (x > 5) && (y > 5 || z > 5) )
```

Mit den obigen Werten liefert diese Anweisung das Ergebnis false. Da es nicht wahr ist, daß x größer als 5 ist, ergibt die linke Seite der AND-Anweisung false, und damit wird die gesamte Anweisung zu false. Denken Sie daran, daß bei der AND-Anweisung beide Seiten true sein müssen – etwas kann nicht »gutschmeckend« UND »gut für Dich« sein, wenn es nicht gut schmeckt.

Hinweis Es empfiehlt sich, mit zusätzlichen Klammern klarzustellen, was man gruppieren möchte. Das Ziel sollte immer ein funktionsfähiges Programm sein, das auch leicht zu lesen und zu verstehen sein soll.

Mehr über Wahr und Unwahr

C++ behandelt 0 als `false` und jeden anderen Wert als `true`. Da Ausdrücke immer einen Wert haben, nutzen viele C++-Programmierer diese Tatsache in ihren `if`-Anweisungen aus. Eine Anweisung wie

```
if (x)              // wenn x gleich TRUE (ungleich Null)
    x = 0;
```

kann man lesen als »wenn `x` einen Wert ungleich 0 hat, setze `x` auf 0«. Hier besteht »Verdunklungsgefahr«! Klarer formuliert man

```
if (x != 0)         // wenn x ungleich 0
    x = 0;
```

Beide Anweisungen sind zulässig, wobei aber die zweite verständlicher ist. Es gehört zum guten Programmierstil, die erste Methode für echte logische Tests zu reservieren, statt auf Werte ungleich 0 zu testen.

Die folgenden Anweisungen sind ebenfalls äquivalent:

```
if (!x)              // wenn x gleich false ist (Null)
if (x == 0)          // wenn x gleich Null ist
```

Die zweite Anweisung ist allerdings etwas einfacher zu verstehen und aussagekräftiger, wenn es darum geht, den mathematischen Wert von x und nicht dessen logischen Status zu ermitteln.

Was Sie tun sollten	**... und was nicht**
Verwenden Sie für Ihre logischen Tests Klammern, um Ihre Absicht und die Rangfolge deutlicher zu machen. Verwenden Sie geschweifte Klammern in verschachtelten `if`-Anweisungen, um die `else`-Anweisungen hervorzuheben und Fehler zu vermeiden.	Verwenden Sie `if (x)` nicht als Synonym für `if (x != 0)`, denn letzteres ist klarer. Verwenden Sie `if (!x)` nicht als Synonym für `if (x == 0)`, denn letzteres ist klarer.

Der Bedingungsoperator

Der Bedingungsoperator (?:) ist der einzige ternäre Operator in C++, das heißt, es ist der einzige Operator, der drei Operanden übernimmt.

Der Bedingungsoperator übernimmt drei Ausdrücke und liefert einen Wert zurück:

```
(Ausdruck1) ? (Ausdruck2) : (Ausdruck3)
```

Diese Zeile läßt sich auch wie folgt ausdrücken: »Wenn `Ausdruck1 true` ist, liefere den Wert von `Ausdruck2` zurück; andernfalls den Wert von `Ausdruck3`«. In der Regel wird dieser Wert einer Variablen zugewiesen.

In Listing 4.10 finden Sie eine `if`-Anweisung und einen äquivalenten Einsatz des Bedingungsoperators.

Listing 4.10: Der Bedingungsoperator

```
// Listing 4.10 - zeigt den Bedingungsoperator
//
#include <iostream.h>
int main()
{
   int x, y, z;
   cout << "Geben Sie zwei Zahlen ein.\n";
   cout << "Erstens: ";
   cin >> x;
   cout << "\nZweitens: ";
   cin >> y;
   cout << "\n";

   if (x > y)
     z = x;
   else
     z = y;

   cout << "z: " << z;
   cout << "\n";

   z =  (x > y) ? x : y;

   cout << "z: " << z;
   cout << "\n";
   return 0;
}
```

Ausgabe

```
Geben Sie zwei Zahlen ein.
Erstens: 5
Zweitens: 8

z: 8
z: 8
```

Analyse

Es werden drei Integer-Variablen erzeugt: `x`, `y` und `z`. Den ersten zwei werden durch die Benutzereingaben Werte zugewiesen. Die `if`-Anweisung in Zeile 14 prüft, welche davon die größere ist und weist die größere Zahl der Variablen z zu.

Der Bedingungsoperator in Zeile 22 führt den gleichen Test durch und weist ebenfalls `z` den größeren Wert zu. Gelesen wird die Anweisung wie folgt: »Ist `x` größer als `y`, liefere den Wert von `x` zurück, andernfalls den Wert von `y`«. Der zurückgelieferte Wert wird `z` zugewiesen. Zeile 24 gibt diesen Wert aus. Damit wird deutlich, daß die Bedingungs-Anweisung eine Kurzform für die `if...else`-Anweisung ist.

Zusammenfassung

Der Stoff dieses Kapitels war ziemlich umfangreich. Sie haben gelernt, was in C++ Anweisungen und Ausdrücke sind, wozu Operatoren dienen und wie `if`-Anweisungen arbeiten.

Es wurde gezeigt, daß ein Anweisungsblock in Klammern überall dort stehen kann, wo auch eine einfache Anweisung steht.

Weiterhin haben Sie gelernt, daß jeder Ausdruck einen Wert zurückliefert und daß dieser Wert mit einer `if`-Anweisung oder einem Bedingungsoperator überprüft werden kann. Sie wissen jetzt, wie man mehrere Anweisungen mit logischen Operatoren auswertet, wie man Werte mit dem Vergleichsoperatoren vergleicht und wie man Werte mit dem Zuweisungsoperator zuweist.

Außerdem wurde Ihnen die Rangfolge der Operatoren vorgestellt und gezeigt, wie man mit Klammern diese Rangfolge ändern und deutlicher hervorheben kann, so daß es leichter wird, den Code zu warten.

Fragen und Antworten

F Warum verwendet man unnötige Klammern, wenn der Vorrang bestimmt, welche Operatoren zuerst auszuwerten sind?

A *Obwohl es stimmt, daß der Compiler den Vorrang kennt und daß ein Programmierer bei Bedarf die Vorrangregeln nachschlagen kann, ist der geklammerte Code leichter zu verstehen und leichter zu warten.*

F Wenn die Vergleichsoperatoren immer `true` oder `false` zurückgeben, warum werden dann alle Werte ungleich Null als `true` angesehen?

A *Die Vergleichsoperatoren geben `true` oder `false` zurück, aber jeder Ausdruck liefert einen Wert, und diese Werte lassen sich ebenfalls in einer `if`-Anweisung auswerten. Dazu ein Beispiel:*

```
if ( (x = a + b) == 35 )
```

Das ist eine durchaus zulässige C++-Anweisung, die auch dann einen Wert liefert, wenn die Summe von `a` und `b` nicht gleich 35 ist. Beachten Sie auch, daß `x` in jedem Fall den Wert erhält, der sich aus der Addition von `a` und `b` ergibt.

F Welche Wirkung haben Tabulatoren, Leerzeichen und Zeilenschaltungen im Programm?

A *Tabulatoren, Leerzeichen und Zeilenschaltungen (sogenannte Whitespace-Zeichen) haben auf das Programm keinen Einfluß. Allerdings läßt sich mit diesen Zeichen der Quelltext gestalten und damit die Lesbarkeit verbessern.*

F Sind negative Zahlen `true` oder `false`?

A *Alle Zahlen ungleich 0 – sowohl positive als auch negative – sind `true`.*

Workshop

Der Workshop enthält Quizfragen, die Ihnen helfen sollen, Ihr Wissen zu festigen, und Übungen, die Sie anregen sollen, das eben Gelernte umzusetzen und eigene Erfahrungen zu sammeln. Versuchen Sie, das Quiz und die Übungen zu beantworten und zu verstehen, bevor Sie die Lösungen in Anhang D lesen und zur Lektion des nächsten Tages übergehen.

Quiz

1. Was ist ein Ausdruck?
2. Ist x = 5 + 7 ein Ausdruck? Was ist sein Wert?
3. Was ist der Wert von 201 / 4?
4. Was ist der Wert von 201 % 4?
5. Wenn `meinAlter`, `a` und `b` Integer-Variablen sind, wie lauten Ihre Werte nach

```
meinAlter = 39;
a = meinAlter++;
b = ++meinAlter;
```

6. Was ist der Wert von 8 + 2 * 3?
7. Was ist der Unterschied zwischen `if(x = 3)` und `if(x == 3)`?
8. Ergeben die folgenden Werte `true` oder `false`?

```
0

1

-1

x = 0

x == 0    // angenommen x hat den Wert 0
```

Übungen

1. Schreiben Sie eine einzige `if`-Anweisung, die zwei Integer-Variablen überprüft und die größere in die kleinere umwandelt. Verwenden Sie nur eine `else`-Klausel.
2. Überprüfen Sie das folgende Programm. Stellen Sie sich vor, sie geben drei Zahlen ein und notieren Sie sich, was Sie als Ausgabe erwarten.

```
#include <iostream.h>
int main()
{
    int a, b, c;
    cout << "Bitte drei Zahlen eingeben:\n";
    cout << "a:    ";
    cin >> a;
    cout << "\nb:    ";
    cin >> b;
    cout << "\nc:    ";
    cin >> c;

```

```
    if (c = (a-b))
    {cout << "a:     ";
    cout << a;
    cout << "minus b:     ";
    cout << b;
    cout << "gleich c:     ";
    cout << c << endl;}
    else
    cout << "a-b ist nicht gleich c:     " << endl;
    return 0;
}
```

3. Geben Sie das Programm aus Übung 2 ein, kompilieren und linken Sie es und starten Sie es dann. Geben Sie die Zahlen 20, 10 und 50 ein. Hat die Ausgabe Ihren Erwartungen entsprochen? Wenn nein, warum nicht?

4. Überprüfen Sie das folgende Programm und raten Sie, wie die Ausgabe lautet.

```
#include <iostream.h>
int main()
{
   int a = 1, b = 1, c;
   if (c = (a-b))
   cout << "Der Wert von c ist: " << c;
   return 0;
}
```

5. Erfassen, kompilieren, linken und starten Sie das Programm aus Übung 4. Wie lautete die Ausgabe? Warum?

Funktionen

Woche 1

In der objektorientierten Programmierung stehen nicht mehr die Funktionen, sondern die Objekte im Vordergrund. Dennoch sind Funktionen immer noch unerläßlicher Bestandteil eines jeden Programms. Heute lernen Sie,

- was eine Funktion ist und welche Aufgaben sie erfüllt,
- wie man Funktionen deklariert und definiert,
- wie man Parameter an Funktionen übergibt,
- wie man einen Wert aus einer Funktion zurückgibt.

Was ist eine Funktion?

Eine Funktion ist praktisch ein Unterprogramm, das Daten verarbeitet und einen Wert zurückgibt. Jedes C++-Programm hat zumindest eine Funktion: `main()`. Beim Start des Programms wird `main()` automatisch aufgerufen. In `main()` können andere Funktionsaufrufe stehen, die wiederum andere Funktionen aufrufen können.

Jede Funktion hat einen eigenen Namen. Gelangt die Programmausführung zu einer Anweisung mit diesem Namen, verzweigt das Programm in den Rumpf der betreffenden Funktion. Man spricht dann davon, daß die Funktion aufgerufen wird. Bei der Rückkehr aus der Funktion wird das Programm mit der nächsten Zeile nach dem Funktionsaufruf fortgesetzt. Abbildung 5.1 verdeutlicht diesen Ablauf.

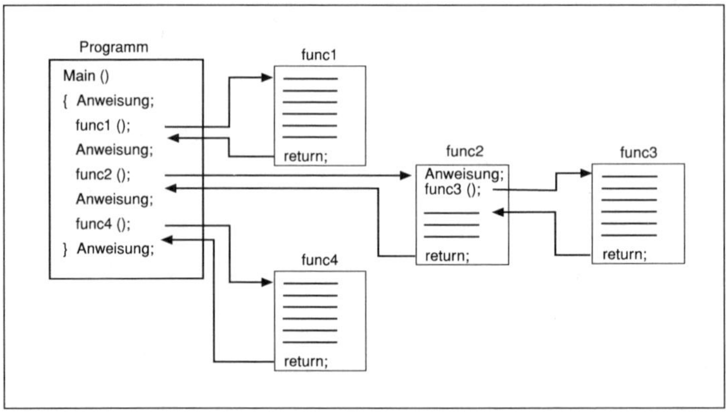

Abbildung 5.1: Ruft ein Programm eine Funktion auf, springt die Ausführung zur Funktion und fährt nach Rückkehr aus der Funktion mit der Zeile nach dem Funktionsaufruf fort.

Eine gut konzipierte Funktion führt eine klar abgegrenzte Aufgabe aus – nicht mehr und nicht weniger – und kehrt dann zurück. Komplexere Aufgaben sollte man auf mehrere Funktionen aufteilen und diese Funktionen dann jeweils aufrufen.

Dabei gibt es zwei Arten von Funktionen: benutzerdefinierte und mitgelieferte. Mitgelieferte Funktionen sind Teil Ihres Compiler-Pakets, die Ihnen vom Hersteller zur Verfügung gestellt werden. Benutzerdefinierte Funktionen sind Funktionen, die Sie selbst aufsetzen.

Rückgabewerte, Parameter und Argumente

Funktionen können einen Wert zurückgeben. Wenn Sie eine Funktion aufrufen, kann sie eine Aufgabe abarbeiten und dann als Ergebnis einen Wert zurückliefern. Dieser Wert wird auch Rückgabewert genannt. Der Typ dieses Rückgabewertes muß deklariert werden. Wenn Sie also schreiben:

```
int meineFunktion();
```

deklarieren Sie den Rückgabewert dieser Funktion als Integer-Wert.

Sie können auch Werte an Funktionen übergeben. Die Beschreibung der Werte, die übergeben werden, nennt man Parameterliste.

```
in meineFunktion (in EinWert, float EineFliesskommazahl);
```

Die Deklaration besagt, daß `meineFunktion()` nicht nur einen Integer zurückliefert, sondern auch einen Integer und eine Fließkommazahl als Parameter übernimmt.

Ein Parameter beschreibt den *Typ* des Wertes, der der Funktion bei Aufruf übergeben wird. Die eigentlichen Werte, die der Funktion übergeben werden, nennt man auch *Argumente*.

```
int derRückgabewert = meineFunktion(5,6,7);
```

In diesem Beispiel sehen wir, wie die Integer-Variable `derRückgabewert` mit dem Rückgabewert der Funktion `meineFunktion()` initialisiert wird und wie die Werte `5`, `6` und `7` als Argumente übergeben werden. Die Typen der Argumente müssen mit den deklarierten Parametertypen übereinstimmen.

Funktionen deklarieren und definieren

Bevor man eine Funktion verwenden kann, muß man sie zuerst deklarieren und dann definieren. Die Deklaration teilt dem Compiler den Namen, den Rückgabetyp und die Parameter der Funktion mit. Die Definition teilt dem Compiler die Arbeitsweise der Funktion mit. Keine Funktion läßt sich von irgendeiner anderen Funktion aufrufen, wenn sie nicht zuerst deklariert wurde. Die Deklaration einer Funktion bezeichnet man als *Prototyp*.

Funktionen deklarieren

Es gibt drei Möglichkeiten, eine Funktion zu deklarieren:

- Schreiben Sie Ihren Prototyp in eine Datei und nehmen Sie letztere mit Hilfe der `#include`-Direktive in Ihr Programm auf.
- Schreiben Sie den Prototyp in die Datei, in der Ihre Funktion verwendet wird.
- Definieren Sie die Funktion, bevor sie von einer anderen Funktion aufgerufen wird. Damit erreichen Sie, daß die Definition als eigene Deklaration fungiert.

Sie können zwar eine Funktion vor ihrer Verwendung definieren und so die unerläßliche Erzeugung eines Funktionsprototypen umgehen, aber guter Programmierstil ist dies aus drei Gründen nicht.

Erstens ist es nicht gerade empfehlenswert, Funktionen in einer Datei in einer bestimmten Reihenfolge anzuordnen. Damit wird die Wartung des Programms als Folge sich ändernder Anforderungen wesentlich erschwert.

Zweitens kann es vorkommen, daß Funktion `A` die Funktion `B` aufrufen muß, Funktion `B` aber wiederum unter bestimmten Bedingungen in der Lage sein muß, Funktion `A` aufzurufen. Es ist nicht möglich, Funktion `A` vor Funktion `B` zu definieren und Funktion `B` vor Funktion `A` zu definieren. Eine der Funktionen muß auf alle Fälle deklariert werden.

Drittens sind Funktionsprototypen eine gute und mächtige Debugging-Technik. Wenn die Deklaration Ihres Prototyps vorsieht, daß Ihre Funktion einen bestimmten Parametersatz übernimmt oder einen bestimmten Typ als Rückgabewert zurückliefert und dann Ihre Funktion nicht mit dem Prototyp übereinstimmt, kann der Compiler eine Fehlermeldung ausgeben, und Sie müssen nicht warten, bis der Fehler bei der Programmausführung auftaucht.

Funktionsprototypen

Viele der zum Lieferumfang des Compilers gehörenden Funktionen besitzen bereits einen Prototyp in den Dateien, die Sie mit der `#include`-Anweisung in Ihr Programm einbinden. Für Funktionen, die Sie selbst schreiben, müssen Sie den Prototyp auch selbst mit aufnehmen.

Der Prototyp einer Funktion ist eine Anweisung, die demzufolge auch mit einem Semikolon endet. Er besteht aus dem Rückgabetyp und der Signatur der Funktion. Unter einer Signatur versteht man den Namen und die Parameterliste der Funktion.

Die Parameterliste führt – durch Komma getrennt – alle Parameter mit deren Typen auf. Abbildung 5.2 zeigt die verschiedenen Teile eines Funktionsprototyps.

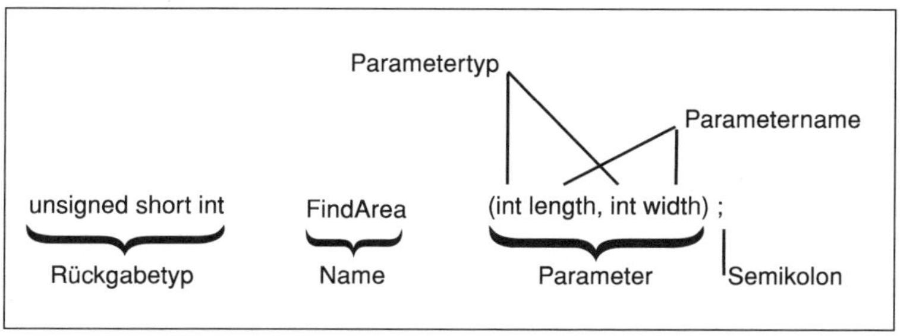

Abbildung 5.2: Teile eines Funktionsprototypen

Der Prototyp und die Definition einer Funktion müssen hinsichtlich Rückgabetyp und Signatur genau übereinstimmen. Andernfalls erhält man einen Compiler-Fehler. Allerdings müssen im Prototyp der Funktion nur die Typen und nicht die Namen der Parameter erscheinen. Das folgende Beispiel zeigt einen zulässigen Prototypen:

```
long Area(int, int);
```

Dieser Prototyp deklariert eine Funktion namens `Area` (Fläche), die einen Wert vom Typ `long` zurückgibt und zwei ganzzahlige Parameter aufweist. Diese Anweisung ist zwar zulässig, aber nicht empfehlenswert. Mit hinzugefügten Parameternamen ist der Prototyp verständlicher. Dieselbe Funktion könnte mit benannten Parametern folgendes Aussehen haben:

```
long Area(int laenge, int breite);
```

Daraus läßt sich ohne weiteres erkennen, welche Aufgabe die Funktion hat und welche Parameter zu übergeben sind.

Beachten Sie, daß alle Funktionen einen Rückgabetyp haben. Wird kein spezieller Rückgabetyp angegeben, geht man standardmäßig von einem Integer aus. Ihre Programme sind jedoch leichter zu verstehen, wenn Sie generell für alle Funktionen, einschließlich `main()` den Rückgabetyp explizit angeben. Listing 5.1 zeigt ein Programm, das den Funktionsprototyp für die Funktion `Area()` verwendet.

Listing 5.1: Deklaration, Definition und Verwendung einer Funktion

```
1:  // Listing 5.1 - Zeigt die Verwendung von Funktionsprototypen
2:
3:  #include <iostream.h>
4:  int Area(int length, int width); // Funktionsprototyp
5:
6:  int main()
7:  {
8:    int lengthOfYard;
9:    int widthOfYard;
10:   int areaOfYard;
11:
12:   cout << "\nWie breit ist Ihr Garten? ";
13:   cin >> widthOfYard;
14:   cout << "\nWie lang ist Ihr Garten? ";
15:   cin >> lengthOfYard;
16:
17:   areaOfYard= Area(lengthOfYard,widthOfYard);
18:
19:   cout << "\nDie Flaeche Ihres Gartens betraegt ";
20:   cout << areaOfYard;
21:   cout << " Quadratmeter\n\n";
22:  return 0;
23: }
24:
25: int Area(int l, int w)
26: {
27:      return yardLength * yardWidth;
28: }
```

Ausgabe

```
Wie breit ist Ihr Garten? 100
Wie lang ist Ihr Garten? 200
Die Flaeche Ihres Gartens betraegt 20000 Quadratmeter
```

Analyse

Der Prototyp für die Funktion `Area()` steht in Zeile 4. Vergleichen Sie den Prototypen mit der Definition der Funktion in Zeile 25. Beachten Sie, daß Name, Rückgabetyp und die Parametertypen identisch sind. Andernfalls erhält man einen Compiler-Fehler. Praktisch besteht der einzige Unterschied darin, daß der Prototyp einer Funktion mit einem Semikolon endet und keinen Rumpf aufweist.

Weiterhin fällt auf, daß die Parameternamen im Prototypen mit `length` und `width` angegeben sind, während die Definition `yardLength` und `yardWidth` verwendet. Die Namen im Prototyp sind nicht erforderlich und dienen nur als Information für den Programmierer. Es ist zwar nicht zwingend notwendig, aber guter Programmierstil, die Parameternamen im Prototyp in Übereinstimmung mit den Parameternamen der Funktionsdefinition zu wählen.

Die Argumente übergibt man an die Funktion in der Reihenfolge, in der sie deklariert und definiert sind. Es wird kein Abgleich der Namen vorgenommen! Hätten Sie zuerst `widthOfYard` und dann `lengthOfYard` übergeben, hätte die Funktion `Area()` den Wert von `widthOfYard` für `YardLength` und von `lengthOfYard` für `yardWidth` verwendet. Der Rumpf der Funktion ist immer von geschweiften Klammern eingeschlossen, auch wenn er, wie in diesem Fall, nur aus einer Anweisung besteht.

Funktionen definieren

Die Definition einer Funktion besteht aus dem Funktionskopf und ihrem Rumpf. Der Kopf entspricht genau dem Prototypen der Funktion, außer daß die Parameter benannt sein müssen und kein abschließendes Semikolon angehängt wird.

Der Rumpf der Funktion ist eine Gruppe von Anweisungen, die in geschweifte Klammern eingeschlossen sind. Abbildung 5.3 zeigt den Kopf und Rumpf einer Funktion.

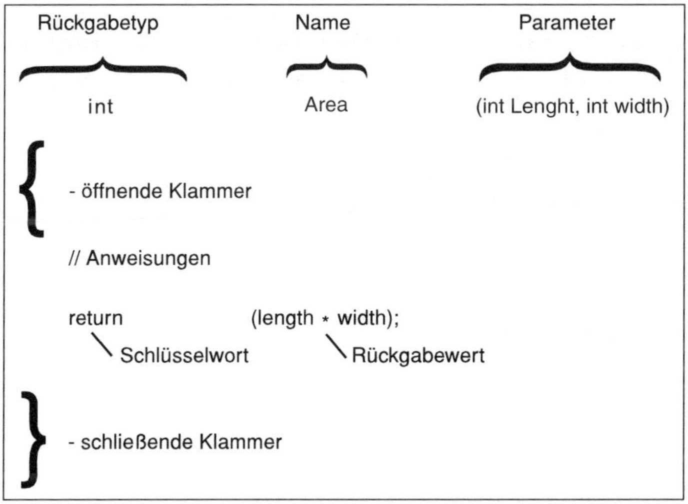

Abbildung 5.3: Kopf und Rumpf einer Funktion

Syntax

Syntax des Funktionsprototypen:

```
rueckgabetyp funktionsname ( [typ parameterName]...)
{
    Anweisungen;
}
```

Ein Funktionsprototyp gibt dem Compiler den Namen, den Rückgabewert und die Parameterliste der Funktion an. Funktionen müssen keine Parameter aufweisen. Falls Parameter vorkommen, müssen sie nicht als Namen im Prototyp erscheinen, sondern nur als Typ. Ein Prototyp endet immer mit einem Semikolon (;).

Eine Funktionsdefinition muß hinsichtlich Rückgabetyp und Parameterliste mit ihrem Prototypen übereinstimmen. Sie muß die Namen für alle Parameter bereitstellen, und der Rumpf der Funktionsdefinition ist in geschweifte Klammern einzuschließen. Alle Anweisungen innerhalb des Rumpfes der Funktion müssen mit Semikolon abgeschlossen sein, wohingegen die Funktion selbst nicht mit einem Semikolon, sondern mit einer schließenden geschweiften Klammer beendet wird.

Wenn die Funktion einen Rückgabewert liefert, sollte sie mit einer `return`-Anweisung enden. `return`-Anweisungen sind aber auch an beliebigen Stellen innerhalb des Funktionsrumpfes zulässig.

Jede Funktion hat einen Rückgabetyp. Gibt man keinen Typ explizit an, wird `int` angenommen. Man sollte für jede Funktion explizit einen Rückgabetyp festlegen. Gibt eine Funktion keinen Wert zurück, lautet der Rückgabetyp `void`.

Beispiele für Funktionsprototypen:

```
long FindArea(long length, long width);  // gibt long zurück, hat zwei Parameter
void PrintMessage(int messageNumber);    // gibt void zurück, hat einen Parameter
int GetChoice();                         // gibt int zurück, hat keine Parameter
BadFunction();                           // gibt int zurück, hat keine Parameter
```

Beispiele für Funktionsdefinitionen:

```
long FindArea(long l, long w)
{
     return l * w;
}
void PrintMessage(int whichMsg)
{
     if (whichMsg == 0)
          cout << "Hallo.\n";
```

```
        if (whichMsg == 1)
            cout << "Auf Wiedersehen.\n";
        if (whichMsg > 1)
            cout << "Was ist los?\n";
    }
```

Ausführung von Funktionen

Bei Aufruf einer Funktion beginnt die Ausführung der Funktion mit der ersten Anweisung nach der öffnenden geschweiften Klammer({). Innerhalb der Funktion kann mit der if-Anweisung (und weiteren, verwandten Anweisungen, auf die wir am Tag 7 »Mehr zur Programmsteuerung« noch näher eingehen werden) verzweigt werden. Funktionen können andere Funktionen und sogar sich selbst aufrufen (dazu im Abschnitt »Rekursion« weiter hinten in diesem Kapitel mehr).

Lokale Variablen

Man kann an eine Funktion nicht nur Variablen übergeben, sondern auch Variablen innerhalb des Funktionsrumpfes deklarieren. Diese sogenannten lokalen Variablen existieren nur innerhalb der Funktion selbst. Wenn die Funktion zurückkehrt, sind die lokalen Variablen nicht mehr verfügbar.

Lokale Variablen definiert man wie jede andere Variable auch. Die an eine Funktion übergebenen Parameter gelten ebenfalls als lokale Variablen und lassen sich genauso verwenden, als hätte man sie innerhalb des Funktionsrumpfes definiert. Listing 5.2 zeigt ein Beispiel für die Verwendung von Parametern und lokal definierten Variablen innerhalb einer Funktion.

Listing 5.2: Lokale Variablen und Parameter

```
#include <iostream.h>

float Convert(float);
int main()
{
   float TempFer;
   float TempCel;

   cout << "Bitte Temperatur in Fahrenheit eingeben: ";
```

```
10:        cin >> TempFer;
11:        TempCel = Convert(TempFer);
12:        cout << "\nDie Temperatur in Grad Celsius ist: ";
13:        cout << TempCel << endl;
14:      return 0;
15:    }
16:
17:    float Convert(float TempFer)
18:    {
19:        float TempCel;
20:        TempCel = ((TempFer - 32) * 5) / 9;
21:        return TempCel;
22:    }
```

Ausgabe

```
Bitte Temperatur in Fahrenheit eingeben: 212
Die Temperatur in Grad Celsius ist: 100

Bitte Temperatur in Fahrenheit eingeben: 32
Die Temperatur in Grad Celsius ist: 0

Bitte Temperatur in Fahrenheit eingeben: 85
Die Temperatur in Grad Celsius ist: 29.4444
```

Analyse

Die Zeilen 6 und 7 deklarieren zwei Variablen vom Typ `float`. Eine nimmt die Temperatur in Fahrenheit auf und eine die Temperatur in Grad Celsius. Die Anweisung in Zeile 9 fordert den Benutzer auf, eine Temperatur in Fahrenheit einzugeben. Dieser Wert wird an die Funktion `Convert()`übergeben.

Die Ausführung springt zur ersten Zeile der Funktion `Convert()` in Zeile 19, wo eine lokale Variable, die ebenfalls `TempCel` genannt wurde, deklariert wird. Beachten Sie, daß diese lokale Variable nichts mit der in Zeile 7 deklarierten Variablen `TempCel` zu tun hat. Diese Variable existiert nur innerhalb der Funktion `Convert()`. Der als Parameter `TempFer` übergebene Wert ist ebenfalls lediglich eine lokale Kopie der durch `main()` übergebenen Variablen.

Man könnte den Parameter der Funktion mit `FerTemp` und die lokale Variable mit `CelTemp` benennen, ohne daß sich an der Arbeitsweise des Programms irgend etwas ändern würde. Überzeugen Sie sich davon, indem Sie diese Namen eingeben und das Programm erneut kompilieren.

Der lokalen Variablen `TempCel` der Funktion wird der Wert zugewiesen, der aus der Subtraktion des Wertes 32 vom Parameter `TempFer`, der Multiplikation mit 5 und der Division durch 9 resultiert. Diesen Wert liefert die Funktion als Rückgabewert zurück, und Zeile 11 weist ihn der Variablen `TempCel` der Funktion `main()` zu. Die Ausgabe erfolgt in Zeile 13.

Das Programm wird dreimal ausgeführt. Beim ersten Mal übergibt man den Wert `212`, um zu prüfen, daß der Siedepunkt des Wassers in Grad Fahrenheit (`212`) die korrekte Antwort in Grad Celsius (`100`) generiert. Der zweite Test bezieht sich auf den Gefrierpunkt des Wassers. Der dritte Test verwendet eine willkürliche Zahl, um ein gebrochenes Ergebnis zu erzeugen.

Zur Übung können Sie das Programm wie im folgenden Beispiel mit anderen Namen erneut eingeben:

```
1:    #include <iostream.h>
2:
3:    float Convert(float);
4:    int main()
5:    {
6:       float TempFer;
7:       float TempCel;
8:
9:       cout << " Bitte Temperatur in Fahrenheit eingeben: ";
10:      cin >> TempFer;
11:      TempCel = Convert(TempFer);
12:      cout << "\nDie Temperatur in Grad Celsius ist: ";
13:      cout << TempCel << endl;
14:      return 0;
15:   }
16:
17:   float Convert(float Fer)
18:   {
19:      float Cel;
20:      Cel = ((Fer - 32) * 5) / 9;
21:      return Cel;
22:   }
```

Die Ergebnisse sollten dieselben sein.

Zu einer Variablen gehört ein Gültigkeitsbereich. Dieser bestimmt, wie lange eine Variable in einem Programm zugänglich ist und wo man auf sie zugreifen kann. Der Gültigkeitsbereich einer in einem Block deklarierten Variablen beschränkt sich auf diesen Block. Nur innerhalb dieses Blocks kann man auf die Variable zugreifen, außerhalb des Blocks »verschwindet« sie. Globale Variablen besitzen einen globalen Gültigkeitsbereich und sind an allen Stellen eines Programms zugänglich.

Normalerweise ist der Gültigkeitsbereich ohne weiteres erkennbar. Allerdings gibt es einige verzwickte Ausnahmen. Doch dazu werden Sie mehr erfahren, wenn wir am Tag 7 die `for`-Schleifen besprechen. Solange Sie darauf achten, in Ihren Funktionen keine bereits gebrauchten Variablennamen zu verwenden, spielen obige Betrachtungen allerdings keine besondere Rolle.

Globale Variablen

Variablen, die außerhalb aller Funktionen definiert sind, gehören dem globalen Gültigkeitsbereich an und sind daher für jede Funktion im Programm einschließlich der Funktion `main()` verfügbar.

Lokale Variablen mit gleichem Namen wie globale Variablen ändern diese nicht – vielmehr *verstecken* sie die globalen Variablen. Wurde in einer Funktion eine Variable mit dem Namen einer globalen Variablen deklariert, bezieht sich der Name – innerhalb der Funktion – nur auf die lokale und nicht auf die globale Variable. Listing 5.3 soll dieses illustrieren:

Listing 5.3: Globale und lokale Variablen

```
#include <iostream.h>
void myFunction();                // Prototyp

int x = 5, y = 7;                 // globale Variablen
int main()
{

     cout << "x von main: " << x << "\n";
     cout << "y von main: " << y << "\n\n";
     myFunction();
     cout << "Zurück aus myFunction!\n\n";
     cout << "x von main: " << x << "\n";
     cout << "y von main: " << y << "\n";
     return 0;
}

void myFunction()
{
     int y = 10;

     cout << "x von myFunction: " << x << "\n";
     cout << "y von myFunction: " << y << "\n\n";
}
```

Ausgabe

```
x von main: 5
y von main: 7
x von myFunction: 5
y von myFunction: 10
Zurück aus myFunction!
x von main: 5
y von main: 7
```

Analyse

Dieses einfache Programm verdeutlicht einige wesentliche und vielleicht verwirrende Eigenheiten von lokalen und globalen Variablen. Zeile 4 deklariert zwei globale Variablen, `x` und `y`. Die globale Variable `x` wird mit dem Wert `5` und die globale Variable `y` mit dem Wert `7` initialisiert.

Zeile 8 und 9 geben in der Funktion `main()` diese Werte auf dem Bildschirm aus. Wichtig ist, daß die Funktion `main()` keine der beiden Variablen definiert, da sie global und somit bereits für `main()` verfügbar sind.

Mit dem Aufruf von `myFunction()` in Zeile 10 springt die Programmausführung in Zeile 18, wo im folgenden eine lokale Variable `y` definiert und mit dem Wert `10` initialisiert wird. In Zeile 21 gibt die Funktion `myFunction()` den Wert der Variablen `x` aus, das heißt, den Wert der globalen Variablen `x`, die auch in `main()` gültig war. Zeile 22 hingegen verwendet den Variablennamen `y`, der sich auf die lokale Variable `y` bezieht. Dabei bleibt die gleichlautende globale Variable verborgen.

Der Funktionsaufruf ist beendet und die Programmkontrolle kehrt wieder zu `main()` zurück. Die `main()`-Funktion gibt erneut die Werte der globalen Variablen aus. Ich möchte Sie darauf hinweisen, daß die globale Variable `y` von dem Wert, der der lokalen `y`-Variablen von `myFunction()` zugewiesen wurde, vollkommen unberührt geblieben ist.

Globale Variablen: mit Vorsicht zu genießen

In C++ sind globale Variablen zwar zulässig, werden jedoch äußerst selten verwendet. C++ basiert auf C, und in C sind globale Variablen ein gefährliches, jedoch notwendiges Übel. Notwendig sind sie insofern, als es immer mal wieder vorkommt, daß ein Programmierer Daten vielen Funktionen verfügbar machen muß und er diese Daten nicht als Parameter von Funktion zu Funktion weitergeben möchte.

Gefährlich sind globale Variablen deshalb, weil es sich bei ihnen um allgemein zugängliche Daten handelt und weil globale Variablen durch eine Funktion geändert werden können, ohne daß die anderen Funktion dies kontrollieren können. Dies kann zu Fehlern führen, die nur sehr schwer aufzuspüren sind.

Am Tag 14 »Spezielle Themen zu Klassen und Funktionen« werde ich Ihnen eine mächtige Alternative zu globalen Variablen vorstellen, die nur in C++, jedoch nicht in C zur Verfügung steht.

Mehr zu den lokalen Variablen

Variablen, die innerhalb einer Funktion deklariert werden, haben einen lokalen Gültigkeitsbereich. Das bedeutet, wie bereits oben angesprochen, daß lokale Variablen nur innerhalb der Funktion, in der sie definiert wurden, sichtbar sind und verwendet werden können. In C++ können Sie Variablen praktisch überall in der Funktion, nicht nur am Anfang, definieren. Der Gültigkeitsbereich der Variablen ist der Block, in dem sie definiert ist. Wenn Sie also eine Variable innerhalb geschweifter Klammern in dieser Funktion definieren, ist diese Variable auch nur innerhalb dieses Blocks gültig. In Listing 5.4 sehen Sie, was ich meine.

Listing 5.4: Variablen innerhalb eines Blocks

```
// Listing 5.4 - Variablen, die in
// einem Block gültig sind

#include <iostream.h>

void myFunc();

int main()
{
   int x = 5;
   cout << "\nIn main ist die Variable x: " << x;

   myFunc();

   cout << "\nZurück in main, ist die Variable x: " << x;
     return 0;
}

void myFunc()
{
```

```
21:
22:       int x = 8;
23:       cout << "\nIn myFunc ist die lokale Variable x: " << x << endl;
24:
25:       {
26:          cout << "\nIm Block in myFunc ist die lokale Variable x: " << x;
27:
28:          int x = 9;
29:
30:          cout << "\nNur blockbezogen ist die lokale Variable x: " << x;
31:       }
32:
33:       cout << "\nAußerhalb des Blocks in myFunc ist x: " << x << endl;
34:   }
```

Ausgabe

```
In main ist die Variable x: 5
In myFunc ist die lokale Variable x: 8
Im Block in myFunc ist die lokale Variable x: 8
Nur blockbezogen ist die lokale Variable x: 9
Außerhalb des Blocks in myFunc ist x: 8
Zurück in main, ist die Variable x: 5
```

Analyse

Dieses Programm beginnt mit der Initialisierung einer lokalen Variablen `x` in `main()` in Zeile 10. Zeile 11 gibt `x` aus und beweist, daß die Variable mit dem Wert `5` initialisiert wurde.

Die Funktion `myFunc()` wird aufgerufen und in Zeile 22 wird eine lokale Variable mit gleichem Namen `x` mit dem Wert 8 initialisiert. Zeile 23 gibt diesen Wert aus.

In Zeile 25 beginnt ein Block, in dem die Variable `x` der Funktion erneut ausgegeben wird (Zeile 26). Weiter unten in Zeile 28 wird eine neue lokale Variable, wiederum mit dem Namen `x`, deklariert, deren Gültigkeitsbereich der Block ist. Die Variable wird mit dem Wert `9` initialisiert.

Der Wert der neuen Variable `x` wird in Zeile 30 ausgegeben. Der lokale Block endet in Zeile 31, und die Variable, die in Zeile 28 erzeugt wurde, verliert ihren Gültigkeitsbereich und ist nicht länger sichtbar.

Das `x`, das in Zeile 33 ausgegeben wird, wurde in Zeile 22 deklariert. Es ist von dem `x` aus Zeile 28 nicht betroffen; sein Wert ist immer noch `8`.

In Zeile 34 endet der Gültigkeitsbereich der Funktion `myFunc()`und ihre lokalen Variablen `x` stehen nicht mehr zur Verfügung. Die Programmausführung springt in Zeile 15, und der Wert der lokalen Variablen `x`, die in Zeile 10 erzeugt wurde, wird ausgegeben. Diese Variable bleibt unberührt von den beiden Variablen, die in `myFunc()` definiert wurden.

Es erübrigt sich wohl der Hinweis, daß dieses Programm wesentlich übersichtlicher wäre, wenn man den drei Variablen eindeutige Namen gegeben hätte.

Anweisungen in Funktionen

Es gibt praktisch keine Grenze für die Anzahl oder die Art von Anweisungen, die man in einem Funktionsrumpf unterbringen kann. Sie können zwar innerhalb einer Funktion keine andere Funktion definieren, aber Sie können andere Funktionen aufrufen. Das ist genau das, was `main()` in fast jedem C++-Programm macht. Funktionen können sich sogar selbst aufrufen. Doch darauf wollen wir erst im Abschnitt zu den Rekursionen eingehen.

Ihnen ist zwar bezüglich der Größe einer Funktion keine Grenze gesetzt, doch gut konzipierte Funktionen sind in der Regel eher klein. Viele Programmierer raten Ihnen, Ihre Funktionen so kurz wie die Bildschirmfläche zu halten, so daß Sie die ganze Funktion auf einmal im Blick halten können. Das soll hier jedoch nur als Faustregel gelten, die auch von guten Programmierern oft gebrochen wird. Kleinere Funktionen sind jedoch unbestreitbar leichter zu verstehen und zu warten.

Jede Funktion sollte einer bestimmten, leicht verständlichen Aufgabe gewidmet sein. Wird Ihre Funktion zu groß, überlegen Sie sich, wie Sie sie in kleinere Unteraufgaben zerlegen können.

Funktionsargumente

Die Argumente einer Funktion müssen nicht alle vom selben Typ sein. Es ist durchaus sinnvoll, eine Funktion zu schreiben, die einen `int`-Wert, zwei Zahlen vom Typ `long` und ein Zeichen als Argumente übernimmt.

Als Funktionsausdruck ist jeder gültige C++-Ausdruck zulässig. Dazu gehören Konstanten, mathematische und logische Ausdrücke und andere Funktionen, die einen Wert zurückgeben.

Funktionen als Parameter in Funktionen

Obwohl es zulässig ist, daß eine Funktion als Parameter eine zweite Funktion übernimmt, die einen Wert zurückgibt, kann man einen derartigen Code schwer lesen und kaum auf Fehler untersuchen.

Nehmen wir zum Beispiel die Funktionen `double()`, `triple()`, `square()` und `cube()`, die alle einen Wert zurückgeben. Man kann schreiben

```
Ergebnis = (double(triple(square(cube(meinWert)))));
```

Diese Anweisung übergibt die Variable `meinWert` als Argument an die Funktion `cube()`, deren Rückgabewert als Argument an die Funktion `square()` dient. Die Funktion `square()` wiederum liefert ihren Rückgabewert an `triple()`, und diesen Rückgabewert übernimmt die Funktion `double()`. Der Rückgabewert dieser verdoppelten, verdreifachten, quadrierten und zur dritten Potenz erhobenen Zahl wird jetzt an `Ergebnis` zugewiesen.

Man kann nur schwer erkennen, was dieser Code bewirkt. (Findet das Verdreifachen vor oder nach dem Quadrieren statt?) Falls diese Anweisung ein falsches Ergebnis liefert, läßt sich kaum die schuldige Funktion ermitteln.

Als Alternative kann man das Ergebnis jedes einzelnen Schrittes einer Variablen zur Zwischenspeicherung zuweisen:

```
unsigned long meinWert = 2;
unsigned long drittePotenz  =   cube(meinWert);      // zur dritten Potenz = 8
unsigned long quadriert = square(drittePotenz);      // quadriert = 64
unsigned long verdreifacht = triple(quadriert);      // verdreifacht = 196
unsigned long Ergebnis =  double(verdreifacht);      // Ergebnis = 392
```

Jedes Zwischenergebnis kann man nun untersuchen, und die Reihenfolge der Ausführung ist klar erkennbar.

Parameter sind lokale Variablen

Die an eine Funktion übergebenen Argumente sind zur Funktion lokal. An den Argumenten vorgenommene Änderungen beeinflussen nicht die Werte in der aufrufenden Funktion. Man spricht daher von einer *Übergabe als Wert*. Das bedeutet, daß die Funktion von jedem Argument eine lokale Kopie anlegt. Die lokalen Kopien lassen sich wie andere lokale Variablen behandeln. Listing 5.5 verdeutlicht dieses Konzept.

Listing 5.5: Übergabe als Wert

```
// Listing 5.5 - Zeigt die Übergabe als Wert

 #include <iostream.h>

 void swap(int x, int y);

 int main()
 {
  int x = 5, y = 10;

  cout << "Main. Vor Vertauschung, x: " << x << " y: " << y << "\n";
  swap(x,y);
  cout << "Main. Nach Vertauschung, x: " << x << " y: " << y << "\n";
  return 0;
 }

 void swap (int x, int y)
 {
   int temp;

   cout << "Swap. Vor Vertauschung, x: " << x << " y: " << y << "\n";

   temp = x;
   x = y;
   y = temp;

  cout << "Swap. Nach Vertauschung, x: " << x << " y: " << y << "\n";

  }
```

Ausgabe

```
Main. Vor Vertauschung, x: 5 y: 10
Swap. Vor Vertauschung, x: 5 y: 10
Swap. Nach Vertauschung, x: 10 y: 5
Main. Nach Vertauschung, x: 5 y: 10
```

Analyse

Dieses Programm initialisiert zwei Variablen in `main()` und übergibt sie dann der Funktion `swap()`, die scheinbar eine Vertauschung vornimmt. Wenn man die Werte allerdings erneut in `main()` untersucht, ist keine Veränderung festzustellen!

Zeile 9 initialisiert die Variablen, Zeile 11 zeigt die Werte an. In Zeile 12 steht der Aufruf der Funktion `swap()` mit der Übergabe der Variablen.

Die Ausführung des Programms verzweigt in die Funktion `swap()`, die in Zeile 21 die Werte erneut ausgibt. Wie erwartet, befinden sie sich in derselben Reihenfolge wie in `main()`. In den Zeilen 23 bis 25 findet die Vertauschung statt. Die Ausgabe in der Zeile 27 bestätigt diese Aktion. Solange wir uns in der Funktion `swap()` befinden, sind die Werte tatsächlich vertauscht.

Die Programmausführung kehrt zu Zeile 13 (in der Funktion `main()`) zurück, wo die Werte nicht mehr vertauscht sind.

Wie Sie bemerkt haben, findet die Übergabe an die Funktion `swap()` als Wert statt. Folglich legt die Funktion `swap()` lokale Kopien der Werte an. Die Vertauschung in den Zeilen 23 bis 25 betrifft nur die lokalen Kopien und hat keinen Einfluß auf die Variablen in der Funktion `main()`.

Im Kapitel 8 und 10 lernen Sie Alternativen zur Übergabe als Wert kennen. Damit lassen sich dann auch die Werte in `main()` ändern.

Rückgabewerte

Funktionen geben entweder einen Wert oder `void` zurück. `void` ist ein Signal an den Compiler, daß kein Wert zurückgegeben wird.

Die Syntax für die Rückgabe eines Wertes aus einer Funktion besteht aus dem Schlüsselwort `return`, gefolgt vom zurückzugebenden Wert. Der Wert selbst kann ein Ausdruck sein, der einen Wert liefert. Einige Beispiele:

```
return 5;
return (x > 5);
return (MeineFunktion());
```

Unter der Voraussetzung, daß die Funktion `MeineFunktion()` selbst einen Rückgabewert liefert, handelt es sich bei den folgenden Beispielen um zulässige `return`-Anweisungen. Der Wert in der zweiten Anweisung `return (x > 5)` ist `false`, wenn `x` nicht größer als 5 ist. Andernfalls lautet der Rückgabewert `true`. Es wird hier der Wert des Ausdrucks – `false` oder `true` – zurückgegeben und nicht der Wert von `x`.

Gelangt die Programmausführung zum Schlüsselwort `return`, wird der auf `return` folgende Ausdruck als Wert der Funktion zurückgegeben. Die Programmausführung kehrt dann sofort zur aufrufenden Funktion zurück, und alle auf `return` folgenden Anweisungen gelangen nicht mehr zur Ausführung.

In ein und derselben Funktion dürfen mehrere `return`-Anweisungen vorkommen. Listing 5.6 zeigt dazu ein Beispiel.

Listing 5.6: Eine Funktion mit mehreren return-Anweisungen

```
// Listing 5.6 - Verwendung mehrerer
// return-Anweisungen

#include <iostream.h>

int Doubler(int AmountToDouble);

int main()
{

     int result = 0;
     int input;

     cout << "Zu verdoppelnde Zahl zwischen 0 und 10000 eingeben: ";
     cin >> input;

     cout << "\nVor Aufruf von Doubler... ";
     cout <<"\nEingabe: " << input <<" Verdoppelt: "<< result <<"\n";

     result = Doubler(input);

     cout << "\nZurueck aus Doubler...\n";
     cout <<"\nEingabe: " << input <<" Verdoppelt: "<< result <<"\n";


   return 0;
}

int Doubler(int original)
{
     if (original <= 10000)
          return original * 2;
     else
          return -1;
     cout << "Diese Stelle wird nie erreicht!\n";
}
```

```
Zu verdoppelnde Zahl zwischen 0 und 10000 eingeben: 9000
Vor Aufruf von Doubler...
Eingabe: 9000 Verdoppelt: 0
Zurueck aus Doubler...
Eingabe: 9000 Verdoppelt: 18000

Zu verdoppelnde Zahl zwischen 0 und 10000 eingeben: 11000
Vor Aufruf von Doubler...
Eingabe: 11000 Verdoppelt: 0
Zurueck aus Doubler...
Eingabe: 11000 Verdoppelt: -1
```

In den Zeilen 14 und 15 wird eine Zahl angefordert und in Zeile 18 zusammen mit dem Ergebnis der lokalen Variablen ausgegeben. Bei Aufruf der Funktion `Doubler()` in Zeile 20 erfolgt die Übergabe des eingegebenen Wertes als Parameter. Die zu `main()` lokale Variable `result` erhält das Ergebnis dieses Aufrufs, das die Zeile 23 erneut anzeigt.

In Zeile 31 – in der Funktion `Doubler()` – wird überprüft, ob der Parameter größer als 10.000 ist. Sollte das nicht der Fall sein, gibt die Funktion das Doppelte des Originalwertes zurück. Bei einem Wert größer als 10.000 liefert die Funktion `-1` als Fehlerwert.

Das Programm erreicht niemals Zeile 35, da die Funktion entweder in Zeile 32 oder in Zeile 34 – je nach übergebenem Wert – zurückkehrt. Ein guter Compiler erzeugt hier eine Warnung, daß diese Anweisung nicht ausgeführt werden kann, und ein guter Programmierer nimmt eine derartige Anweisung gar nicht erst auf!

Was ist der Unterschied zwischen `int main()` und `void main()` und welche Deklaration sollte ich verwenden? Ich habe beide ausprobiert und beide funktionierten wie gewünscht. Warum sollte ich also `int main() { return 0};` verwenden?

Antwort: Beide Varianten lassen sich auf den meisten Compilern verwenden, aber nur `int main()` stimmt mit den ANSI-Richtlinien überein. Deshalb wird auch nur `int main()` weiterhin garantiert anwendbar sein.

Der Unterschied zwischen beiden Varianten ist, daß `int main()` einen Wert an das Betriebssystem zurückliefert. Wenn Ihr Programm abgearbeitet ist, kann dieser Wert zum Beispiel von Batch-Programmen abgefangen werden.

Wir werden hier den Rückgabewert nicht weiter berücksichtigen (er wird nur selten benötigt), aber der ANSI-Standard erfordert ihn.

Standardparameter

Für jeden Parameter, den man im Prototyp und der Definition einer Funktion deklariert, muß die aufrufende Funktion einen Wert übergeben, der vom deklarierten Typ sein muß. Wenn man daher eine Funktion als

```
long meineFunktion(int);
```

deklariert hat, muß die Funktion tatsächlich eine Integer-Variable übernehmen. Wenn die Definition der Funktion abweicht oder man keinen Integer-Wert übergibt, erhält man einen Compiler-Fehler.

Die einzige Ausnahme von dieser Regel: Der Prototyp der Funktion deklariert für den Parameter einen Standardwert, den die Funktion verwendet, wenn man keinen anderen Wert bereitstellt. Die obige Deklaration könnte dazu wie folgt umgeschrieben werden:

```
long meineFunktion (int x = 50);
```

Dieser Prototyp sagt aus: »`meineFunktion()` gibt einen Wert vom Typ `long` zurück und übernimmt einen `int`-Parameter. Wenn kein Argument übergeben wird, verwende den Standardwert 50.« Da in Funktionsprototypen keine Parameternamen erforderlich sind, könnte man diese Deklaration auch als

```
long meineFunktion (int = 50);
```

schreiben. Durch die Deklaration eines Standardparameters ändert sich die Funktionsdefinition nicht. Der Kopf der Funktionsdefinition für diese Funktion lautet:

```
long meineFunktion (int x).
```

Wenn die aufrufende Funktion keinen Parameter einbindet, füllt der Compiler den Parameter `x` mit dem Standardwert 50. Der Name des Standardparameters im Prototyp muß nicht mit dem Namen im Funktionskopf übereinstimmen. Die Zuweisung des Standardwerts erfolgt nach Position und nicht nach dem Namen.

Man kann allen Parametern einer Funktion oder nur einem Teil davon Standardwerte zuweisen. Die einzige Einschränkung: Wenn für einen der Parameter kein Standardwert angegeben ist, kann kein vorheriger Parameter dieser Parameterliste einen Standardwert haben.

Sieht der Prototyp einer Funktion zum Beispiel wie folgt aus

```
long meineFunktion (int Param1, int Param2, int Param3);
```

kann man `Param2` nur dann einen Standardwert zuweisen, wenn man für `Param3` einen Standardwert festgelegt hat. An `Param1` läßt sich nur dann ein Standardwert zuweisen, wenn sowohl für `Param2` als auch `Param3` Standardwerte festgelegt wurden. Listing 5.5 demonstriert die Verwendung von Standardwerten.

Listing 5.7: Standardwerte für Parameter

```
1:  // Listing 5.7 - Demonstriert die Verwendung
2:  // von Standardwerten für Parameter
3:
4:  #include <iostream.h>
5:
6:  int VolumeCube(int length, int width = 25, int height = 1);
7:
8:  int main()
9:  {
10:      int length = 100;
11:      int width = 50;
12:      int height = 2;
13:      int volume;
14:
15:      volume = VolumeCube(length, width, height);
16:      cout << "Erstes Volumen gleich: " << volume << "\n";
17:
18:      volume = VolumeCube(length, width);
19:      cout << "Zweites Volumen gleich: " << volume << "\n";
20:
21:      volume = VolumeCube(length);
22:      cout << "Drittes Volumen gleich: " << volume << "\n";
23:      return 0;
24:   }
25:
26:   VolumeCube(int length, int width, int height)
27:   {
28:
29:      return (length * width * height);
30:    }
```

```
Erstes Volumen gleich: 10000
Zweites Volumen gleich: 5000
Drittes Volumen gleich: 2500
```

In Zeile 6 spezifiziert der Prototyp von `VolumeCube()`, daß die Funktion `VolumeCube()` drei `int`-Parameter übernimmt. Die letzten beiden weisen Standardwerte auf.

Die Funktion berechnet das Volumen des Quaders für die übergebenen Abmessungen. Fehlt die Angabe der Breite (`width`), nimmt die Funktion eine Breite von 25 und eine Höhe (`height`) von 1 an. Übergibt man die Breite, aber nicht die Höhe, verwendet die Funktion eine Höhe von 1. Ohne die Übergabe der Breite kann man keine Höhe übergeben.

Länge (`length`), Höhe (`height`) und Breite (`width`) werden in den Zeilen 10 bis 12 initialisiert und in Zeile 15 an die Funktion `VolumeCube()` übergeben. Nach der Berechnung der Werte gibt Zeile 16 das Ergebnis aus.

Die Programmausführung setzt mit Zeile 18 fort, wo ein weiterer Aufruf von `VolumeCube()` steht, diesmal aber ohne Wert für `height`. Damit läuft die Berechnung mit dem Standardwert ab. Zeile 20 gibt das Ergebnis aus.

Nach Abarbeitung dieses Funktionsaufrufs gelangt das Programm zur Zeile 21. Im dritten Aufruf von `VolumeCube()` werden weder Breite noch Höhe übergeben. Die Ausführung verzweigt nun zum dritten Mal zu Zeile 26. Die Berechnung erfolgt jetzt mit beiden Standardwerten. Das Ergebnis zeigt Zeile 22 an.

Was Sie tun sollten	**... und was nicht**
Denken Sie daran, daß die Parameter einer Funktion als lokale Variablen innerhalb der Funktion fungieren.	Versuchen Sie nicht, einen Standardwert für den ersten Parameter zu erzeugen, wenn es für den zweiten Parameter keinen Standardwert gibt. Vergessen Sie nicht, daß Argumente, die als Wert übergeben wurden, keinen Einfluß auf die Variablen in der aufrufenden Funktion haben. Vergessen Sie nicht, daß Änderungen an einer globalen Variablen in einer Funktion diese Variable auch für alle anderen Funktionen ändert.

Funktionen überladen

In C++ lassen sich mehrere Funktionen mit demselben Namen erzeugen. Man bezeichnet das als Überladen von Funktionen. Die Funktionen müssen sich in ihrer Parameterliste unterscheiden, wobei andere Parametertypen, eine abweichende Anzahl von Parametern oder beides möglich sind. Dazu ein Beispiel:

```
int meineFunktion (int, int);
int meineFunktion (long, long);
int meineFunktion (long);
```

Die Funktion `meineFunktion()` wird mit drei unterschiedlichen Parameterlisten überladen. Die erste Version unterscheidet sich von der zweiten durch die Parametertypen, während die dritte Version eine abweichende Anzahl von Parametern aufweist.

Die Rückgabetypen der überladenen Funktionen können gleich oder verschieden sein. Bedenken Sie jedoch, daß zwei Funktionen mit gleichem Namen und gleicher Parameterliste, aber unterschiedlichen Rückgabetypen, einen Compiler-Fehler erzeugen.

Das Überladen von Funktionen bezeichnet man auch als Funktionspolymorphie. Das aus dem Griechischen stammende Wort polymorph bedeutet vielgestaltig – eine polymorphe Funktion weist viele Formen auf.

Funktionspolymorphie bezieht sich auf die Fähigkeit, eine Funktion mit mehreren Bedeutungen zu »überladen«. Indem man die Anzahl oder den Typ der Parameter ändert, kann man zwei oder mehreren Funktionen denselben Funktionsnamen geben. Anhand der Parameterliste wird dann die richtige Funktion aufgerufen. Damit kann man eine Funktion erzeugen, die den Mittelwert von ganzen und reellen Zahlen sowie anderen Werten bilden kann, ohne daß man für jede Funktion einen separaten Namen wie `MittelwertInts()`, `MittlewertDoubles()` usw. angeben muß.

Nehmen wir eine Funktion an, die den übergebenen Wert verdoppelt. Man möchte dabei Zahlen vom Typ `int`, `long`, `float` oder `double` übergeben können. Ohne das Überladen von Funktionen müßte man vier Funktionsnamen erzeugen:

```
int DoubleInt(int);
long DoubleLong(long);
float DoubleFloat(float);
double DoubleDouble(double);
```

Durch Überladung der Funktionen lassen sich folgende Deklarationen formulieren:

```
int Double(int);
long Double(long);
float Double(float);
double Double(double);
```

Das ist leichter zu lesen und einfacher zu warten. Man braucht sich nicht darum zu kümmern, welche Funktion aufzurufen ist. Man übergibt einfach eine Variable, und die richtige Funktion wird automatisch aufgerufen. Listing 5.8 verdeutlicht das Konzept des Überladens von Funktionen.

Listing 5.8: Ein Beispiel für Funktionspolymorphie

```
// Listing 5.8 - zeigt
// Funktionspolymorphie

#include <iostream.h>

int Double(int);
long Double(long);
float Double(float);
double Double(double);

int main()
{
    int      myInt = 6500;
    long     myLong = 65000;
    float    myFloat = 6.5F;
    double   myDouble = 6.5e20;

    int      doubledInt;
    long     doubledLong;
    float    doubledFloat;
    double   doubledDouble;

    cout << "myInt: " << myInt << "\n";
    cout << "myLong: " << myLong << "\n";
    cout << "myFloat: " << myFloat << "\n";
    cout << "myDouble: " << myDouble << "\n";

    doubledInt = Double(myInt);
    doubledLong = Double(myLong);
    doubledFloat = Double(myFloat);
    doubledDouble = Double(myDouble);

    cout << "doubledInt: " << doubledInt << "\n";
    cout << "doubledLong: " << doubledLong << "\n";
    cout << "doubledFloat: " << doubledFloat << "\n";
    cout << "doubledDouble: " << doubledDouble << "\n";

     return 0;
}

int Double(int original)
{
  cout << "In Double(int)\n";
  return 2 * original;
```

```
45: }
46:
47: long Double(long original)
48: {
49:   cout << "In Double(long)\n";
50:   return 2 * original;
51: }
52:
53: float Double(float original)
54: {
55:   cout << "In Double(float)\n";
56:   return 2 * original;
57: }
58:
59: double Double(double original)
60: {
61:   cout << "In Double(double)\n";
62:   return 2 * original;
63: }
```

Ausgabe

```
myInt: 6500
myLong: 65000
myFloat: 6.5
myDouble: 6.5e+20
In Double(int)
In Double(long)
In Double(float)
In Double(double)
DoubledInt: 13000
DoubledLong: 130000
DoubledFloat: 13
DoubledDouble: 1.3e+21
```

Analyse

Die Funktion `Double()` wird mit `int`, `long`, `float` und `double` überladen. Die Prototypen dazu finden Sie in den Zeilen 6 bis 9 und die Definitionen in den Zeilen 41 bis 63.

Im Rumpf des Hauptprogramms werden acht lokale Variablen deklariert. Die Zeilen 13 bis 16 initialisieren vier der Werte, und die Zeilen 28 bis 31 weisen den anderen vier die Ergebnisse der Übergabe der ersten vier an die Funktion `Double()` zu. Beachten Sie, daß beim Aufruf von `Double()` die aufrufende Funktion nicht weiß, welche Funktion aufgerufen wird. Sie übergibt lediglich ein Argument, und die korrekte Funktion wird zum Aufruf ausgewählt.

Der Compiler untersucht die Argumente und entscheidet dann, welche der vier `Double()`-Funktionen aufgerufen werden muß. Die Ausgabe macht deutlich, daß alle vier Funktionen nacheinander wie erwartet aufgerufen wurden.

Besondere Funktionen

Da Funktionen für die Programmierung so gut wie unerläßlich sind, möchte ich auf einige spezielle Themen eingehen, die in Hinblick auf seltene Probleme von Interesse sein dürften. So können Inline-Funktionen, mit Bedacht eingesetzt, die Programmerstellung beachtlich optimieren. Und auch rekursive Funktionen sind ein wunderbares Hilfsmittel, mit dem sich auch schier aussichtslose Probleme lösen lassen, die sonst viel Mühe verursachen.

Inline-Funktionen

Wenn Sie eine Funktion definieren, erzeugt der Compiler in der Regel nur einen Satz Anweisungen im Speicher. Rufen Sie die Funktion auf, springt die Programmausführung zu diesen Anweisungen, kehrt die Funktion zurück, springt die Programmausführung zurück zur nächsten Zeile in der aufrufenden Funktion. Bei zehn Funktionsaufrufen springt Ihr Programm jedesmal zu dem gleichen Satz Anweisungen. Das bedeutet, daß nur eine Kopie der Funktion und nicht zehn davon existieren.

Das Einspringen in Funktionen und das Zurückkehren kostet jedoch einiges an Leistung. Manchmal kommt es vor, daß Funktionen sehr klein sind, das heißt, nur eine oder zwei Codezeilen groß. In einem solchen Falle ist das Programm effizienter, wenn die Sprünge vermieden werden. Und wenn ein Programmierer von Effizienz spricht, meint er in der Regel Geschwindigkeit. Das Programm läßt sich ohne den Funktionsaufruf schneller ausführen.

Wird eine Funktion mit dem Schlüsselwort `inline` deklariert, erzeugt der Compiler keine echte Funktion. Er kopiert den Code von der Inline-Funktion direkt in die aufrufende Funktion und umgeht so den Sprung. Das Programm benimmt sich, als ob die Funktionsanweisungen direkt in die aufrufende Funktion geschrieben worden wären.

Dabei gilt es jedoch zu beachten, daß Inline-Funktionen auch erheblichen Ballast bedeuten können. Wird die Funktion nämlich zehnmal aufgerufen, wird der Inline-Code auch zehnmal in aufrufende Funktionen kopiert. Die eher bescheidene Verbesserung der Geschwindigkeit wird durch die stark aufgeblasene Größe des ausführbaren Programms so gut wie zunichte gemacht. Unter Umständen ist der Zeitgewinn auch gar keiner. Zum einen arbeiten die heutigen optimierenden Compiler bereits phantastisch, zum anderen ist der Laufzeitgewinn durch die Inline-Deklaration selten dramatisch. Vielmehr gilt es zu bedenken, daß auch ein größeres Programm zu Lasten der Leistung geht.

Wie also lautet die Faustregel? Haben Sie eine kleine Funktion von einer oder zwei Anweisungen, könnte diese ein Kandidat für eine Inline-Funktion sein. Wenn Sie jedoch Zweifel haben, lassen Sie die Finger davon. Listing 5.9 veranschaulicht den Einsatz der Inline-Funktion.

Listing 5.9: Ein Beispiel für den Einsatz einer Inline-Funktion

```
// Listing 5.9 - zeigt den Einsatz von Inline-Funktionen

#include <iostream.h>

inline int Double(int);

int main()
{
  int target;

  cout << "Geben Sie eine Zahl ein: ";
  cin >> target;
  cout << "\n";

  target = Double(target);
  cout << "Ergebnis: " << target << endl;

  target = Double(target);
  cout << "Ergebnis: " << target << endl;


  target = Double(target);
  cout << "Ergebnis: " << target << endl;
     return 0;
}

int Double(int target)
{
  return 2*target;
}
```

```
Geben Sie eine Zahl ein: 20

Ergebnis: 40
Ergebnis: 80
Ergebnis: 160
```

Zeile 5 deklariert `Double()` als Inline-Funktion, die einen Integer-Parameter übernimmt und einen Integer zurückgibt. Die Deklaration erfolgt wie bei allen anderen Prototypen, mit der Ausnahme, daß das Schlüsselwort `inline` dem Rückgabewert vorangestellt wird.

Der kompilierte Code ist der gleiche, wie wenn Sie für jede Codezeile

```
target = 2 * target;
```

im Programm

```
target = Double(target);
```

geschrieben hätten.

Sobald Ihr Programm ausgeführt wird, befinden sich die Anweisungen schon an den gewünschten Stellen, kompiliert in die obj-Datei. Damit sparen Sie bei der Programmausführung die Funktionssprünge – zu Lasten eines größeren Programms.

`inline` ist ein Hinweis an den Compiler, daß Sie diese Funktion als eingefügten Code kompiliert wünschen. Es steht dem Compiler frei, diesen Hinweis zu ignorieren und einen echten Funktionsaufruf vorzunehmen.

Rekursion

Eine Funktion kann sich auch selbst aufrufen. Dies wird als *Rekursion* bezeichnet, die sowohl direkt als auch indirekt erfolgen kann. Eine direkte Rekursion liegt vor, wenn eine Funktion sich selbst aufruft. Eine indirekte Rekursion liegt vor, wenn eine Funktion eine andere Funktion aufruft, die dann wieder die erste Funktion aufruft.

Einige Probleme lassen sich am besten mit rekursiven Funktionen lösen. Üblicherweise sind dies Probleme, in denen Sie zuerst Daten und dann in gleicher Weise das Ergebnis bearbeiten wollen. Direkte als auch indirekte Rekursionen gibt es jeweils in zwei Formen: jene, die irgendwann beendet werden und ein Ergebnis liefern, und jene, die einen Laufzeitfehler produzieren. Programmierer halten letzteres für ziemlich lustig (solange es anderen passiert).

Eines sollten Sie sich dabei merken: Wenn eine Funktion sich selbst aufruft, wird eine neue Kopie dieser Funktion ausgeführt. Die lokalen Variablen in der zweiten Version sind unabhängig von den lokalen Variablen in der ersten Version; das heißt, sie haben ebensowenig einen direkten Einfluß aufeinander, wie die lokalen Variablen in `main()` auf die lokalen Variablen all jener Funktionen, die von `main()` aufgerufen werden.

Um zu zeigen, wie man ein Problem mit Hilfe von Rekursion löst, betrachten wir einmal die Fibonacci-Reihe:

1,1,2,3,5,8,13,21,34....

Jede Zahl nach der zweiten ist die Summe der zwei Zahlen vor ihr. Ein Fibonacci-Problem könnte lauten: Wie heißt die 12te Zahl in der Reihe?

Eine Möglichkeit, dieses Problem zu lösen, besteht darin, die Reihe genau zu studieren. Die ersten beiden Zahlen lauten 1. Jede folgende Zahl ist die Summe der vorhergehenden zwei Zahlen. Demzufolge ist die siebte Zahl die Summe der sechsten und fünften Zahl. Allgemeiner ausgedrückt, ist die n-te Zahl die Summe von n-2 und n-1, wobei n > 2 sein muß.

Rekursive Funktionen benötigen eine Abbruchbedingung. Irgend etwas muß dafür sorgen, daß das Programm die Rekursion abbricht oder die Programmausführung geht endlos weiter. In der Fibonacci-Reihe lautet die Abbruchbedingung n<3.

Der Algorithmus für die Funktion lautet wie folgt:

Fragen Sie den Benutzer nach einer Position in der Reihe.

Rufen Sie die Funktion `fib()` mit dieser Position als Argument auf.

Die `fib()`-Funktion untersucht das Argument (*n*). Bei `n < 3` liefert sie `1` zurück; andernfalls ruft sich `fib()` selbst auf und übergibt `n-2`, ruft sich erneut selbst auf und übergibt `n-1` und liefert dann die Summe zurück.

Rufen Sie `fib(1)` auf, lautet der Rückgabewert `1`. Rufen Sie `fib(2)` auf, lautet der Rückgabewert `1`. Rufen Sie `fib(3)` auf, erhalten Sie die Summe des Aufrufs von `fib(2)` und `fib(1)`. Da `fib(2)` `1` zurückliefert und `fib(1)` ebenfalls `1`, lautet der Rückgabewert von `fib(3)` `2`.

Wenn Sie `fib(4)` aufrufen, liefert die Funktion die Summe von `fib(3)` und `fib(2)`. Da wir bereits eruiert haben, daß `fib(3)` `2` zurückliefert (durch Aufruf von `fib(2)` und `fib(1)`) und der Rückgabewert von `fib(2)` `1` lautet, werden mit `fib(4)` diese beiden Zahlen summiert und `3` zurückgeliefert. `3` lautet auch die vierte Zahl in der Reihe.

Gehen wir noch einen Schritt weiter: Mit dem Aufruf von `fib(5)` wird die Summe von `fib(4)` und `fib(3)` zurückgegeben. Da `fib(4)` `3` und `fib(3)` `2` zurückliefert, lautet die Summe `5`.

Diese Methode ist zwar nicht der effizienteste Weg, um dies Problem zu lösen (für `fib(20)` wird die `fib`-Funktion 13.528mal aufgerufen!), aber sie funktioniert. Seien Sie jedoch vorsichtig. Wenn Sie eine zu große Zahl wählen, haben Sie ein Speicherproblem. Jedesmal, wenn Sie `fib()` aufrufen, wird Speicherplatz reserviert. Kehrt die Funktion zurück, wird der Speicherplatz wieder freigegeben. Bei der Rekursion wird fortwährend Speicher reserviert, bevor Speicher freigegeben wird. Dieses System kann sehr schnell Ihren Speicher aufbrauchen. In Listing 5.10 sehen Sie die `fib()`-Funktion in der Anwendung.

Warnung

Bei der Ausführung von 5.10 sollten Sie eine kleine Zahl (kleiner als 15) wählen. Da dies Beispiel mit Rekursion arbeitet, kann es Sie beträchtlich viel an Speicherplatz kosten.

Listing 5.10: Rekursion anhand der Fibonacci-Reihe

```
#include <iostream.h>

int fib (int n);

   int main()
   {

     int n, answer;
     cout << "Zu findende Zahl eingeben: ";      cin >> n;

      cout << "\n\n";

      answer = fib(n);

      cout << "Die " << n << ". Fibonacci-Zahl" << " lautet " << answer;
      cout << endl;
      return 0;
    }

    int fib (int n)
    {
      cout << "Verarbeitung von fib(" << n << ")... ";
      if (n < 3 )
      {
         cout << "Rückgabewert 1!\n";
         return (1);
      }
      else
      {
```

```
30:         cout <<"Aufruf von fib(" << n-2 << ") und fib(" << n-1 << ").\n";
31:         return( fib(n-2) + fib(n-1));
32:     }
33: }
```

Ausgabe

```
Zu findende Zahl eingeben: 6
Verarbeitung von fib(6)... Aufruf von fib(4) und fib(5).
Verarbeitung von fib(4)... Aufruf von fib(2) und fib(3).
Verarbeitung von fib(2)... Rückgabewert 1!
Verarbeitung von fib(3)... Aufruf von fib(1) und fib(2).
Verarbeitung von fib(1)... Rückgabewert 1!
Verarbeitung von fib(2)... Rückgabewert 1!
Verarbeitung von fib(5)... Aufruf von fib(3) und fib(4).
Verarbeitung von fib(3)... Aufruf von fib(1) und fib(2).
Verarbeitung von fib(1)... Rückgabewert 1!
Verarbeitung von fib(2)... Rückgabewert 1!
Verarbeitung von fib(4)... Aufruf von fib(2) und fib(3).
Verarbeitung von fib(2)... Rückgabewert 1!
Verarbeitung von fib(3)... Aufruf von fib(1) und fib(2).
Verarbeitung von fib(1)... Rückgabewert 1!
Verarbeitung von fib(2)... Rückgabewert 1!
Die 6. Fibonacci-Zahl lautet 8
```

Hinweis

Einige Compiler haben Schwierigkeiten mit der Verwendung von Operatoren in einer cout-Anweisung. Sollten Sie eine Warnung für Zeile 30 erhalten, setzen Sie die Subtraktion in Klammern, so daß Zeile 30 wie folgt aussieht:

```
30:     cout <<"Aufruf von fib(" <<(n-2) <<") und fib(" <<(n-1) << ").\n";
```

Analyse

Das Programm fragt nach einer Zahl (Zeile 9) und weist diese Zahl `n` zu. Danach ruft es `fib()` mit `n` auf. Die Ausführung verzweigt in die `fib()`-Funktion, die in Zeile 22 ihr Argument ausgibt.

Zeile 23 überprüft, ob das Argument `n` kleiner als 3 ist. Wenn ja, liefert `fib()` den Wert `1` zurück. Andernfalls liefert es die Summe der Werte, die mit Aufruf von `fib()` für `n-2` und `n-1` zurückgeliefert werden.

Das Programm kann diese Werte erst zurückliefern, wenn der Ausdruck mit dem zweimaligen Aufruf von `fib()` ausgewertet ist. Sie können sich also vorstellen, daß dieses Programm solange `fib()` wiederholt aufruft, bis es auf einen Aufruf von `fib()` trifft, der einen Wert zurückliefert. Die einzigen Aufrufe, die sofort einen Wert zurückgeben, sind die an `fib(2)` und `fib(1)`. Diese Rückgabewerte werden dann an die wartenden Aufrufer weitergegeben, die wiederum den Rückgabewert ihrem eigenen hinzufügen, um dann einen neuen Wert zurückzugeben. Abbildung 5.4 und Abbildung 5.5 sollen diese Rekursion von `fib()` verdeutlichen.

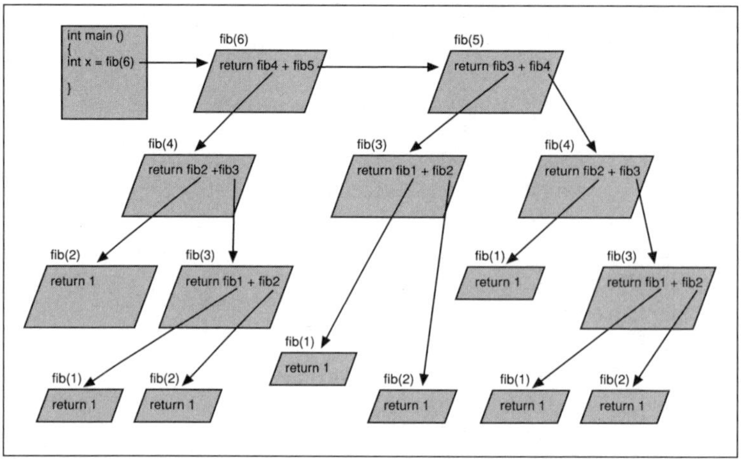

Abbildung 5.4: Eine Rekursion

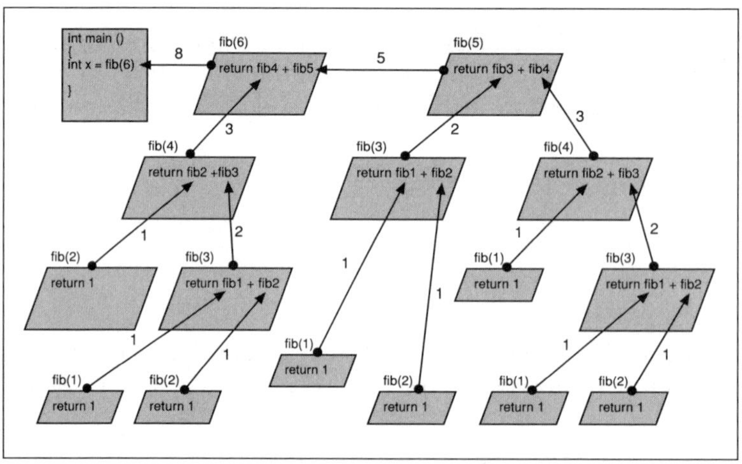

Abbildung 5.5: Rückkehr von der Rekursion

In unserem Beispiel ist `n` gleich `6`, so daß in `main()` `fib(6)` aufgerufen wird. Die Ausführung springt zu der `fib()`-Funktion, und in Zeile 23 wird geprüft, ob `n` kleiner als 3 ist. Da dem nicht so ist, liefert `fib(6)` die Summe der Werte von `fib(4)` und `fib(5)` wie folgt zurück.

```
31:        return( fib(n-2) + fib(n-1));
```

Das bedeutet, es erfolgt ein Aufruf von `fib(4)` [da `n == 6`, entspricht `fib(n-2)` dem Aufruf `fib(4)`] und ein weiterer Aufruf von `fib(5)` [`fib(n-1)`]. Währenddessen wartet die Funktion, in der Sie sich befinden [`fib(6)`], bis diese Aufrufe einen Wert zurückliefern. Wurde für die beiden Funktionsaufrufe ein Wert ermittelt, kann die Funktion die Summe dieser beiden Werte zurückgeben.

Da `fib(5)` ein Argument übergibt, das nicht kleiner als 3 ist, wird erneut `fib()` aufgerufen, diesmal mit den Werten 4 und 3. Die Funktion `fib(4)` ihrerseits ruft `fib(3)` und `fib(2)` auf.

Die Ausgabe verfolgt diese Aufrufe und die zurückgegebenen Werte. Kompilieren, linken und starten Sie das Programm mit der Eingabe von 1, dann 2, dann 3 bis hin zu 6 und beobachten Sie die Ausgabe genau.

Hier bietet es sich förmlich an, einmal mit dem Debugger herumzuspielen. Setzen Sie in Zeile 22 einen Haltepunkt und verzweigen Sie dann in die Aufrufe von `fib()`, wobei Sie den Wert von *n* im Auge behalten.

Rekursion wird in der C++-Programmierung nicht oft eingesetzt. Für bestimmte Zwecke stellt es jedoch eine hilfreiche und elegante Lösung dar.

Hinweis

Rekursion gehört zum eher komplizierten Teil der fortgeschrittenen Programmierung. Ich habe Ihnen das Konzept vorgestellt, da es nützlich sein kann, die Grundlagen der Funktionsweise von rekursiven Funktionen zu verstehen. Machen Sie sich jedoch keine allzu großen Sorgen, wenn noch Fragen offen bleiben.

Arbeitsweise von Funktionen – ein Blick hinter die Kulissen

Beim Aufruf einer Funktion verzweigt der Code in die aufgerufene Funktion, die Parameter werden übergeben, und der Rumpf der Funktion wird ausgeführt. Nach abgeschlossener Abarbeitung gibt die Funktion einen Wert zurück (außer wenn die Funktion als `void` deklariert ist), und die Steuerung geht an die aufrufende Funktion über.

Wie wird dies realisiert? Woher weiß der Code, wohin zu verzweigen ist? Wo werden die Variablen aufbewahrt, wenn die Übergabe erfolgt? Was geschieht mit den Variablen, die im Rumpf der Funktion deklariert sind? Wie wird der Rückgabewert der Funktion zurückgeliefert? Woher weiß der Code, wo das Programm fortzusetzen ist?

In den meisten Anfängerbüchern wird gar nicht erst versucht, diese Fragen zu beantworten. Ohne Kenntnis dieser Antworten wird die Programmierung Ihnen jedoch immer ein Buch mit sieben Siegeln bleiben. Zur Erläuterung möchte ich jetzt kurz abschweifen und das Thema Computerspeicher ansprechen.

Abstraktionsebenen

Eine der größten Hürden für Programmierneulinge ist es, Verständnis für die vielen Abstraktionsebenen zu entwickeln. Computer sind selbstverständlich nur elektronische Maschinen. Sie wissen nicht, was Fenster und Menüs oder Programme und Anweisungen sind, ja sie wissen nicht einmal, wozu Nullen und Einsen gut sind. Dabei läßt sich das Ganze auf das Abgreifen und Messen von Strom an bestimmten Stellen auf der Leiterplatte reduzieren. Aber selbst das ist bereits abstrahiert: Elektrizität ist an sich lediglich ein intellektueller Begriff, der das Verhalten subatomarer Partikel beschreibt.

Nur wenige Programmierer setzen sich mit Detailwissen unterhalb der Ebene von RAM-Werten auseinander. Denn schließlich muß man ja nichts von Teilchenphysik verstehen, um ein Auto zu fahren, den Toaster anzuwerfen oder einen Baseball zu schlagen. Ebensowenig muß man Ahnung von Computern haben, um programmieren zu können.

Was Sie jedoch wissen müssen ist, wie der Speicher organisiert ist. Ohne eine ziemlich genaue Vorstellung, wo Ihre Variablen sich befinden, wenn sie erzeugt werden, und wie Werte zwischen Funktionen übergeben werden, wird Ihnen das Ganze ein einziges unlösbares Rätsel bleiben.

Die Aufteilung des RAM

Wenn Sie Ihr Programm beginnen, richtet Ihr Betriebssystem (zum Beispiel DOS oder Microsoft Windows) je nach Anforderungen Ihres Compilers mehrere Speicherbereiche ein. Als C++-Programmierer werden Sie nicht umhin kommen, sich mit Begriffen wie globaler Namensbereich, Heap, Register, Codebereich und Stack auseinanderzusetzen.

Globale Variablen werden im globalen Namensbereich abgelegt. Doch zu dem globalen Namensbereich und dem Heap werden wir erst in einigen Tagen kommen. Im Moment möchte ich mich auf Register, Codebereich und Stack beschränken.

Register sind ein besonderer Speicherbereich, der sich direkt in der Central Processing Unit (auch CPU genannt) befindet. Sie sind für die interne Hausverwaltung, die eigentlich nicht Thema dieses Buches sein soll. Was wir aber kennen sollten, ist der Satz von Registern, der die Aufgabe hat, zu jedem beliebigen Zeitpunkt auf die nächste auszuführende Codezeile zu zeigen. Wir werden diese Register zusammengefaßt als Befehlszeiger bezeichnen. Dem Befehlszeiger obliegt es, die nächste auszuführende Codezeile im Auge zu behalten.

Der Code selbst befindet sich im Codebereich – ein Speicherbereich, der eingerichtet wurde, um die in binärer Form vorliegenden Anweisungen Ihres Programms aufzunehmen. Jede Quellcodezeile wird übersetzt in eine Reihe von Anweisungen und jede dieser Anweisungen befindet sich an einer bestimmten Adresse im Speicher. Der Befehlszeiger verfügt über die Adresse der nächsten auszuführenden Anweisung. Abbildung 5.6 veranschaulicht dieses Konzept.

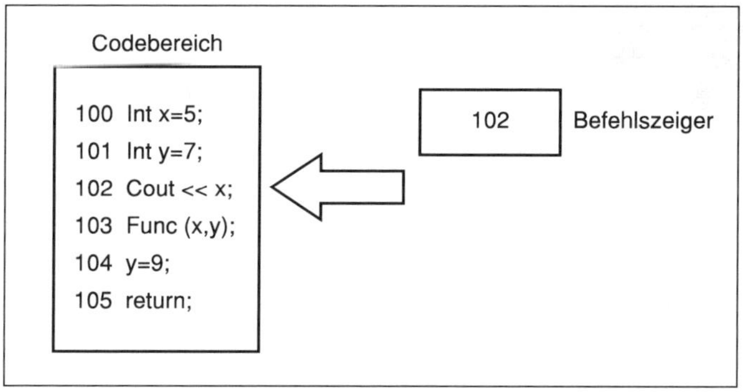

Abbildung 5.6: Der Befehlszeiger

Beim Start eines Programms legt der Compiler einen speziellen Speicherbereich für die Funktionsaufrufe an: den sogenannten *Stack*. Der Stack (Stapelspeicher) ist ein spezieller Bereich im Hauptspeicher, der die Daten aufnimmt, die für die einzelnen Funktionen im Programm gedacht sind. Die Bezeichnung Stapelspeicher läßt Ähnlichkeiten mit einem Geschirrstapel vermuten, wie ihn Abbildung 5.7 zeigt. Was man zuletzt auf den Stapel gelegt hat, entnimmt man auch wieder zuerst.

Der Stack wächst, wenn man Daten auf den Stack »legt«. Entnimmt man Daten vom Stack, schrumpft er. Einen Geschirrstapel kann man auch nicht wegräumen, ohne die zuletzt oben auf gelegten Teller als erste wieder wegzunehmen.

Die Analogie zum Geschirrstapel eignet sich zwar zur anschaulichen Darstellung, versagt aber bei der grundlegenden Arbeitsweise des Stacks. Eine genauere Vorstellung liefert eine Folge von Fächern, die von oben nach unten angeordnet sind. Die Spitze des Stacks ist das Fach, auf das der Stack-Zeiger (ein weiteres Register) zeigt.

Alle Fächer haben eine fortlaufende Adresse, und eine dieser Adressen wird im Stack-Register abgelegt. Alles unterhalb dieser magischen Adresse, die man als Spitze des Stacks bezeichnet, wird als »auf dem Stack befindlich« betrachtet. Alles oberhalb des Stack-Zeigers liegt außerhalb des Stacks und ist ungültig. Abbildung 5.8 verdeutlicht dies.

Abbildung 5.7: Ein Stack (Stapel)

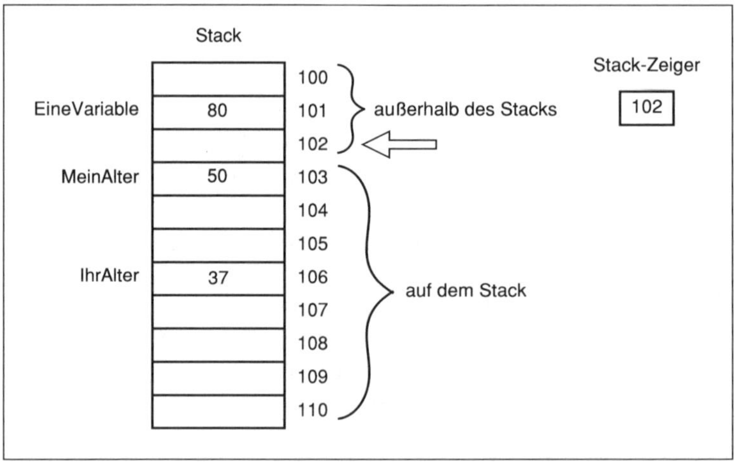

Abbildung 5.8: Der Stack-Zeiger

Wenn man neue Daten auf den Stack legt, kommen sie in ein Fach oberhalb des Stack-Zeigers. Anschließend wird der Stack-Zeiger zu den neuen Daten verschoben. Entnimmt man Daten aus dem Stack, passiert weiter nichts, als daß die Adresse des Stack-Zeigers auf dem Stack nach unten geschoben wird (siehe Abbildung 5.9).

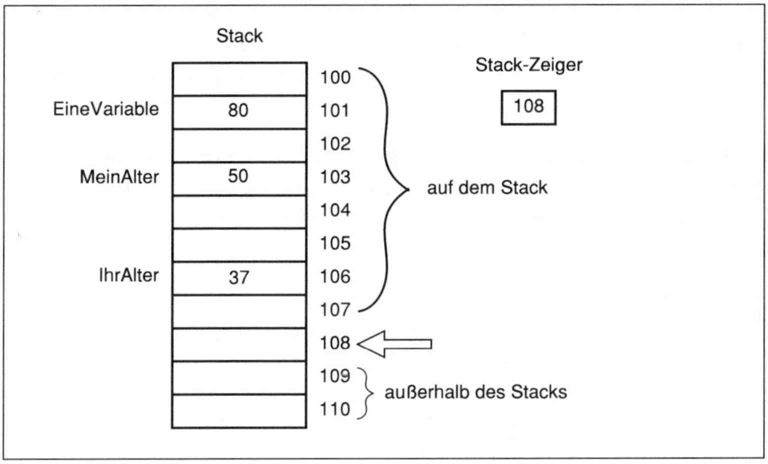

Abbildung 5.9: Verschieben des Stack-Zeigers

Stack und Funktionen

Wenn ein Programm, das auf einem PC unter DOS ausgeführt wird, in eine Funktion verzweigt, passiert folgendes:

1. Die Adresse im Befehlszeiger wird inkrementiert zu der nächsten Anweisung nach dem Funktionsaufruf. Diese Adresse wird dann auf dem Stack abgelegt und bildet damit die Rückkehradresse für die Funktion, wenn sie zurückkehrt.
2. Auf dem Stack wird Platz für den von Ihnen deklarierten Rückgabetyp geschaffen. Bei einem System mit 2-Byte-Integers werden im Falle eines als Integer deklarierten Rückgabetyps zwei weitere Bytes dem Stack hinzugefügt. In diesen Bytes wird kein Wert abgelegt.
3. Die Adresse der aufgerufenen Funktion, die in einem speziellen dafür vorgesehenen Speicherbereich abgelegt wurde, wird in den Befehlszeiger geladen, so daß die nächste ausgeführte Anweisung sich in der aufgerufenen Funktion befindet.
4. Die aktuelle Spitze des Stacks wird jetzt festgehalten und in einem speziellen Zeiger, dem Stack-Rahmen, abgelegt. Alles, was von jetzt an dem Stack hinzugefügt wird, bis die Funktion zurückkehrt, wird als »lokal« zur Funktion betrachtet.
5. Alle Argumente an die Funktion werden auf dem Stack plaziert.
6. Die jetzt im Befehlszeiger befindliche Anweisung, das heißt, die erste Anweisung in der Funktion, wird ausgeführt.
7. Die Funktion legt die in ihr definierten lokalen Variablen auf dem Stack ab.

Ist die Funktion soweit, zurückzukehren, wird der Rückgabewert in dem in Punkt 2 beschriebenen Stack-Bereich abgelegt. Der Stack wird jetzt bis zum Stack-Rahmen-Zeiger aufgelöst, so daß damit alle lokalen Variablen und die Argumente der Funktion entfernt werden.

Der Rückgabewert wird vom Stack geschmissen und als Wert des Funktionsaufrufs zugewiesen. Die in Punkt 1 gespeicherte Adresse wird ermittelt und im Befehlszeiger abgelegt. Das Programm fährt deshalb direkt nach dem Funktionsaufruf mit dem Rückgabewert der Funktion fort.

Einige Details dieser Vorgehensweise sind von Compiler zu Compiler oder unter Computern verschieden, aber die wesentlichen Konzepte sind umgebungsunabhängig. Allgemein gilt, daß Sie bei Aufruf einer Funktion die Rückgabeadresse und die Parameter auf dem Stack ablegen. Solange die Funktion »lebt«, werden die lokalen Variablen dem Stack hinzugefügt. Kehrt die Funktion zurück, werden sie entfernt, indem der Stackbereich der Funktion aufgelöst wird.

In den nächsten Tagen werden wir Speicherbereiche kennenlernen, in denen Daten abgelegt werden, die über die Geltungsdauer einer Funktion hinaus gehalten werden müssen.

Zusammenfassung

Dieses Kapitel war eine Einführung in Funktionen. Praktisch handelt es sich bei einer Funktion um ein Unterprogramm, an das man Parameter übergeben und von dem man einen Rückgabewert erhalten kann. Jedes C++-Programm beginnt in der Funktion `main()`, und `main()` kann ihrerseits andere Funktionen aufrufen.

Die Deklaration einer Funktion erfolgt durch einen Prototyp, der den Rückgabewert, den Funktionsnamen und die Parametertypen beschreibt. Funktionen können optional als `inline` deklariert werden. Funktionsprototypen können auch Standardvariablen für einen oder mehrere Parameter festlegen.

Die Funktionsdefinition muß mit dem Funktionsprototyp hinsichtlich Rückgabetyp, Name und Parameterliste übereinstimmen. Funktionsnamen kann man überladen, indem man die Anzahl oder den Typ der Parameter ändert. Der Compiler ermittelt die richtige Funktion für einen Aufruf anhand der Argumentliste.

Lokale Variablen in Funktionen und die an die Funktion übergebenen Argumente sind lokal zu dem Block, in dem sie deklariert sind. Als Wert übergebene Parameter sind Kopien und können nicht auf den Wert der Variablen in der aufrufenden Funktion zurückwirken.

Fragen und Antworten

F Warum arbeitet man nicht generell mit globalen Variablen?

A *In den Anfangszeiten der Programmierung wurde genau das gemacht. Durch die zunehmende Komplexität der Programme ließen sich Fehler allerdings immer schwerer finden, da jede beliebige Funktion die Daten verändern konnte – globale Daten lassen sich an beliebigen Stellen im Programm verändern. Im Lauf der Jahre hat sich bei den Programmierern die Erkenntnis durchgesetzt, daß Daten so lokal wie möglich zu halten sind und der Zugriff auf diese Daten sehr eng abgesteckt sein sollte.*

F Wann sollte das Schlüsselwort `inline` **in einem Funktionsprototypen verwendet werden?**

A *Ist eine Funktion sehr klein, das heißt, nicht größer als ein bis zwei Zeilen, und wird sie nur von einigen wenigen Stellen in Ihrem Programm aufgerufen, ist sie ein potentieller Kandidat für die Verwendung des Schlüsselwortes* `inline`.

F Warum werden Änderungen am Wert von Funktionsargumenten nicht in der aufrufenden Funktion widergespiegelt?

A *Die Übergabe der Argumente an eine Funktion erfolgt als Wert. Das bedeutet, daß die Argumente innerhalb der Funktion tatsächlich als Kopien der Originalwerte vorliegen. Das Konzept wird im Abschnitt »Arbeitsweise von Funktionen – ein Blick hinter die Kulissen« in diesem Kapitel genau erklärt.*

F Wenn Argumente als Wert übergeben werden, was muß ich dann tun, damit die Änderungen sich auch in der aufrufenden Funktion widerspiegeln?

A *Am Tag 8 werden wir die Zeiger besprechen. Mit Zeigern kann man dieses Problem lösen und gleichzeitig die Beschränkung, nur einen Wert von einer Funktion zurückzuliefern, umgehen.*

F Was passiert, wenn ich die folgenden beiden Funktionen in ein und demselben Programm deklariere?

```
int Area (int width, int length = 1);
int Area (int size);
```

Werden diese Funktionen überladen? Die Anzahl der Parameter ist unterschiedlich, aber der erste Parameter hat einen Standardwert.

A *Die Deklarationen werden zwar kompiliert, wenn man aber* `Area()` *mit einem Parameter aufruft, erhält man einen Fehler zur Kompilierzeit:* `'Area': Mehrdeutiger Aufruf einer ueberladenen Funktion.`

Workshop

Der Workshop enthält Quizfragen, die Ihnen helfen sollen, Ihr Wissen zu festigen, und Übungen, die Sie anregen sollen, das eben Gelernte umzusetzen und eigene Erfahrungen zu sammeln. Versuchen Sie, das Quiz und die Übungen zu beantworten und zu verstehen, bevor Sie die Lösungen in Anhang D lesen und zur Lektion des nächsten Tages übergehen.

Quiz

1. Welche Unterschiede bestehen zwischen dem Funktionsprotoyp und der Funktionsdefinition?
2. Müssen die Namen der Parameter in Prototyp, Definition und Aufruf der Funktion übereinstimmen?
3. Wie wird eine Funktion deklariert, die keinen Wert zurückliefert?
4. Wenn Sie keinen Rückgabewert deklarieren, von welchem Typ des Rückgabewertes wird dann ausgegangen?
5. Was ist eine lokale Variable?
6. Was ist ein Gültigkeitsbereich?
7. Was ist Rekursion?
8. Wann sollte man globale Variablen verwenden?
9. Was versteht man unter dem Überladen von Funktionen?
10. Was ist Polymorphie?

Übungen

1. Setzen Sie den Prototypen für eine Funktion namens `Perimeter()` auf, die einen vorzeichenlosen Integer (`unsigned long int`) zurückgibt und zwei Parameter, beide vom Typ `unsigned short int`, übernimmt.
2. Definieren Sie die Funktion `Perimeter()`, wie in Übung 1 beschrieben. Die zwei Parameter stellen die Länge und Breite eines Rechtecks dar. Die Funktion soll den Umfang (zweimal die Länge plus zweimal die Breite) zurückliefern.
3. FEHLERSUCHE: Was ist falsch an der Funktion im folgenden Quellcode?

```
#include <iostream.h>
void myFunc(unsigned short int x);
int main()
```

```
{
unsigned short int x, y;
y = myFunc(int);
cout << "x: " << x << " y: " << y << "\n";
}

void myFunc(unsigned short int x)
{
return (4*x);
}
```

4. FEHLERSUCHE: Was ist falsch an der Funktion im folgenden Quellcode?

```
#include <iostream.h>
int myFunc(unsigned short int x);
int main()
{
unsigned short int x, y;
y = myFunc(x);
cout << "x: " << x << " y: " << y << "\n";
}

int myFunc(unsigned short int x);
{
return (4*x);
}
```

5. Schreiben Sie eine Funktion, die zwei Integer-Argumente vom Typ `unsigned short` übernimmt und das Ergebnis der Division des ersten Arguments durch das zweite Argument zurückliefert. Führen Sie die Division nicht durch, wenn die zweite Zahl Null ist, sondern geben Sie -1 zurück.
6. Schreiben Sie ein Programm, das den Anwender zur Eingabe von zwei Zahlen auffordert und die Funktion aus Übung 5 aufruft. Geben Sie die Antwort aus oder eine Fehlermeldung, wenn das Ergebnis -1 lautet.
7. Schreiben Sie ein Programm, das um die Eingabe einer Zahl und einer Potenz bittet. Schreiben Sie eine rekursive Funktion, um die Zahl zu potenzieren. Lautet beispielsweise die Zahl 2 und die Potenz 4, sollte die Funktion 16 zurückliefern.

Klassen

Woche 1

Klassen erweitern die in C++ vordefinierten Fähigkeiten und unterstützen damit die Darstellung und Lösung komplexer Probleme in der Praxis.

Heute lernen Sie,

- was Klassen und Objekte sind,
- wie man eine neue Klasse definiert und Objekte dieser Klasse erzeugt,
- was man unter Elementfunktionen und Datenelementen versteht,
- was Konstruktoren sind und wie man sie einsetzt.

Neue Typen erzeugen

Mittlerweile haben Sie eine Reihe von Variablentypen kennengelernt, einschließlich vorzeichenloser ganzer Zahlen und Zeichen. Der Typ einer Variablen sagt eine Menge über die Variable aus. Wenn Sie zum Beispiel `Height` und `Width` als ganze Zahlen des Typs `unsigned short` deklarieren, wissen Sie, daß jede dieser Variablen eine Zahl zwischen 0 und 65.535 aufnehmen kann (vorausgesetzt, daß `unsigned short` eine Länge von 2 Byte hat). Und genau das ist mit `unsigned short int` gemeint. Irgend etwas anderes in diesen Variablen abzulegen, führt zu einer Fehlermeldung. Es ist nicht möglich, Ihren Namen in einer Integer-Variablen vom Typ `unsigned short` unterzubringen, und Sie sollten es am besten gar nicht erst versuchen.

Somit ergibt sich allein aus der Deklaration von `Height` und `Width` als `unsigned short int`, daß man `Height` und `Width` addieren und diese Zahl einer anderen Zahl zuweisen kann.

Der Typ dieser Variablen sagt etwas aus über

- ihre Größe im Speicher,
- die speicherbaren Informationen,
- die auf diesen Variablen ausführbaren Aktionen.

Allgemein betrachtet, ist ein Typ eine Kategorie. Zu den alltäglichen Typen gehören Auto, Haus, Person, Frucht und Figur. Ein C++-Programmierer kann jeden benötigten Typ erzeugen, und jeder dieser neuen Typen kann über die gesamte Funktionalität und Leistungsfähigkeit der vordefinierten, elementaren Typen verfügen.

Warum einen neuen Typ erzeugen?

Programme schreibt man in der Regel, um praxisgerechte Probleme zu lösen, wie etwa die Erfassung von Mitarbeiterdaten oder die Simulation der Abläufe eines Heizungssystems. Obwohl man komplexe Probleme auch mit Programmen lösen kann, die nur mit ganzen Zahlen und Zeichen arbeiten, bekommt man große, komplexe Probleme weitaus einfacher in den Griff, wenn man die Objekte, mit denen man es zu tun hat, direkt präsentieren kann. Mit anderen Worten läßt sich die Simulation der Abläufe eines Heizungssystems leichter umsetzen, wenn man Variablen für die Repräsentation von Räumen, Wärmesensoren, Thermostaten und Dampfkesseln erzeugen kann. Je besser diese Variablen der Realität entsprechen, desto einfacher ist es, das Programm zu schreiben.

Klassen und Elemente

Einen neuen Typ erzeugt man durch die Deklaration einer Klasse. Eine Klasse ist einfach eine Sammlung von Variablen – häufig mit unterschiedlichen Typen – kombiniert mit einer Gruppe zugehöriger Funktionen.

Ein Auto kann man sich als Sammlung von Rädern, Türen, Sitzen, Fenstern usw. vorstellen. Eine andere Möglichkeit ist es, das Auto als Sammlung seiner Funktionen aufzufassen: Es fährt, beschleunigt, bremst, stoppt, parkt und so weiter. Mit einer Klasse können Sie diese verschiedenen Elemente und Funktionen kapseln beziehungsweise in einer Sammlung bündeln, die dann auch Objekt genannt wird.

Die Kapselung aller Informationen über ein Auto in einer Klasse bietet für den Programmierer eine Reihe von Vorteilen. Alles ist an einer Stelle zusammengefaßt, wodurch man die Daten leicht ansprechen, kopieren und manipulieren kann. Des weiteren können Klienten Ihrer Klasse – das sind Teile des Programms, die Ihre Klasse nutzen – das Objekt nutzen, ohne sich um seinen Inhalt oder seine Funktionsweise kümmern zu müssen.

Eine Klasse kann aus jeder Kombination von Variablentypen, einschließlich anderer Klassentypen, bestehen. Variablen, die Teil einer Klasse sind, bezeichnet man als Elementvariablen oder Datenelemente. Eine Klasse `Auto` könnte beispielsweise über Elementvariablen zur Darstellung von Sitzen, Radiotypen, Reifen usw. besitzen.

Elementvariablen oder Datenelemente sind die Variablen Ihrer Klasse. Sie gehören zu Ihrer Klasse genau wie Räder und Motor Teile Ihres Autos sind.

Normalerweise manipulieren die Funktionen der Klasse die Elementvariablen. Man bezeichnet diese Funktionen als Elementfunktionen oder Methoden der Klasse. Methoden der Klasse `Auto` können zum Beispiel `Starten()` und `Bremsen()` sein. Eine Klasse `Cat` (Katze) könnte über Datenelemente verfügen, die das Alter und Gewicht repräsentieren, als Methoden sind `Sleep()`, `Meow()` und `ChaseMice()` vorstellbar.

Elementfunktionen – oder Methoden – sind die Funktionen in einer Klasse. Elementfunktionen gehören ebenso zur Klasse wie Elementvariablen und bestimmen, was Ihre Klasse leisten kann.

Klassen deklarieren

Um eine Klasse zu deklarieren, verwendet man das Schlüsselwort `class` gefolgt von einer öffnenden geschweiften Klammer und einer Liste der Datenelemente und Methoden dieser Klasse. Den Abschluß der Deklaration bildet eine schließende geschweifte Klammer und ein Semikolon. Die Deklaration einer Klasse namens `Cat` (Katze) sieht wie folgt aus:

```
class Cat
{
unsigned int  itsAge;
unsigned int  itsWeight;
Meow();
};
```

Die Deklaration dieser Klasse reserviert noch keinen Speicher für `Cat`. Es ist nur eine Mitteilung an den Compiler, was die Klasse `Cat` darstellt, welche Daten sie enthält (`itsAge` und `itsWeight`) und was sie tun kann (`Meow()`). Außerdem wird dem Compiler mitgeteilt, wie groß `Cat` ist – das heißt, wieviel Platz der Compiler für jedes erzeugte `Cat`-Objekt reservieren muß. In diesem Beispiel ist `Cat` lediglich 8 Byte groß (vorausgesetzt, daß für `iNT 4` Byte reserviert werden): `itsAge` mit 4 Byte und `itsWeight` mit weiteren 4. Die Methode `Meow()` belegt keinen Platz, da für Elementfunktionen (Methoden) kein Speicher reserviert wird.

Ein Wort zur Namensgebung

Als Programmierer muß man alle Elementvariablen, Elementfunktionen und Klassen benennen. Wie Sie in Kapitel 3, »Variablen und Konstanten«, gelernt haben, sollten diese Namen leicht verständlich und aussagekräftig sein. `Katze`, `Rechteck` und `Angestellter` sind geeignete Klassennamen. `Miau()`, `MausJagen()` und `MaschineAnhalten()` sind passende Funktionsnamen, da man daraus die Aufgabe der Funktionen ablesen kann. Viele Programmierer benennen die Elementvariablen mit dem Präfix `its` (zu deutsch: ihr, bezieht sich auf Klasse) wie in `itsAge`, `itsWeight` und `itsSpeed` (ihrAlter, ihrGewicht, ihreGeschwindigkeit). Damit lassen sich Elementvariablen leichter von anderen Variablen unterscheiden.

C++ unterscheidet Groß-/Kleinschreibung, und alle Klassennamen sollten demselben Muster folgen. Auf diese Weise braucht man nie zu prüfen, wie man den Klassennamen schreiben muß – war es `Rechteck`, `rechteck` oder `RECHTECK`? Einige Programmierer setzen vor den Klassennamen einen bestimmten Buchstaben (beispielsweise cKatze oder cPerson), während andere den Namen durchgängig groß oder klein schreiben. Ich beginne alle Klassennamen mit einem Großbuchstaben wie in Cat oder Person.

In gleicher Weise beginnen viele Programmierer ihre Funktionen mit Großbuchstaben und die Variablen mit Kleinbuchstaben. Zusammengesetzte Wörter werden durch einen Unterstrich (wie in Maus_Jagen()) oder durch Großschreibung der einzelnen Wörter (wie in MausJagen() oder KreisZeichnen()) auseinandergehalten.

Wichtig ist vor allem, daß Sie sich einen Stil herausgreifen und ihn in jedem Programm konsequent anwenden. Mit der Zeit vervollkommnet sich dieser Stil und umfaßt nicht nur Namenskonventionen, sondern auch Einzüge, Ausrichtung von Klammern und Kommentare.

Hinweis

Software-Häuser pflegen in der Regel ihre eigenen, internen Standards festzulegen. Damit wird sichergestellt, daß die Entwickler untereinander ihren Code schnell und ohne Probleme lesen können.

Objekte definieren

Ein Objekt Ihres neuen Typs definieren Sie fast genauso wie eine Integer-Variable:

```
unsigned int GrossWeight;        // eine unsigned Integer-Variable definieren
Cat Frisky;                      // ein Cat-Objekt definieren
```

Dieser Code definiert eine Variable namens GrossWeight vom Typ unsigned int. Die zweite Zeile zeigt die Definition von Frisky als Objekt, dessen Klasse (oder Typ) Cat ist.

Klassen und Objekte

Die Definition einer Katze kann man nicht streicheln, man streichelt einzelne Katzen. Man unterscheidet also zwischen der Vorstellung von einer Katze und der realen Katze, die gerade durchs Wohnzimmer schleicht. Auf die gleiche Weise unterscheidet C++ zwischen der Klasse Cat als Vorstellung von einer Katze und jedem individuellen Cat-Objekt. Demzufolge ist Frisky ein Objekt vom Typ Cat, genauso wie GrossWeight eine Variable vom Typ unsigned int ist.

Ein Objekt ist einfach eine selbständige Instanz einer Klasse.

Auf Klassenelemente zugreifen

Nachdem man ein `Cat`-Objekt definiert hat (zum Beispiel `Frisky`), kann man mit dem Punktoperator (.) auf die Elemente dieses Objekts zugreifen. Zum Beispiel weist man den Wert 50 der Elementvariable `Weight` des Objekts `Frisky` wie folgt zu:

```
Frisky.itsWeight = 50;
```

In gleicher Weise ruft man die Funktion `Meow()` auf:

```
Frisky.Meow();
```

Wenn Sie die Methode einer Klasse verwenden, rufen Sie diese Methode auf. In diesem Beispiel rufen Sie `Meow()` für `Frisky` auf.

Auf Objekte, nicht auf Klassen zugreifen

In C++ weist man die Werte nicht den Typen, sondern den Variablen zu. Beispielsweise schreibt man niemals

```
int = 5;                // falsch
```

Der Compiler moniert dies als Fehler, da man den Wert 5 nicht an einen Integer-Typ zuweisen kann. Statt dessen muß man eine Integer-Variable erzeugen und dieser Variablen den Wert 5 zuweisen:

```
int  x;                 // x als int definieren
x = 5;                  // den Wert von x auf 5 setzen
```

Das ist eine Kurzform für die Anweisung »weise 5 der Variablen `x` zu, die vom Typ `int` ist«. In diesem Sinne schreibt man auch nicht

```
Cat.itsAge = 5;           // falsch
```

Der Compiler würde dies als Fehler anmerken, da Sie der `Cat`-Klasse kein Alter zuweisen können. Man muß erst ein `Cat`-Objekt definieren und dann diesem Objekt den Wert 5 zuweisen:

```
Cat Frisky;             // analog zum Beispiel int x;
Frisky.age = 5;         // analog zum Beispiel x = 5;
```

Was Sie nicht deklarieren, gibt es in Ihrer Klasse nicht

Machen Sie mal folgenden Versuch: Gehen Sie auf ein dreijähriges Kind zu und zeigen Sie ihm eine Katze. Sagen Sie dann »Das ist Frisky, Frisky kennt einen Trick. Frisky bell' mal.« Das Kind wird sicherlich kichern und sagen »Nein, du Dummkopf, Katzen können doch nicht bellen.«

Würden Sie als Code

```
Cat  Frisky;          // erzeugt eine Katze namens Frisky
Frisky.Bark()         // teilt Frisky mit, zu bellen
```

eingeben, würde der Compiler ebenfalls sagen »Nein, du Dummkopf, Katzen können doch nicht bellen.« (Der genaue Wortlaut hängt von Ihrem Compiler ab.) Der Compiler weiß, daß Frisky nicht bellen kann, da die `Cat`-Klasse nicht über eine `Bark()`-Funktion verfügt. Der Compiler würde sogar Frisky das Miauen untersagen, wenn die `Meow()`-Funktion nicht vorher definiert wäre.

Was Sie tun sollten	... und was nicht
Deklarieren Sie Klassen mit dem Schlüsselwort `class`. Verwenden Sie den Punktoperator (.), um auf Elementfunktionen und Datenelemente zuzugreifen.	Bringen Sie Deklaration nicht mit Definition durcheinander. Eine Deklaration teilt Ihnen mit, was eine Klasse ist. Eine Definition reserviert Speicher für ein Objekt. Verwechseln Sie nicht Klasse und Objekt. Weisen Sie einer Klasse keine Werte zu. Weisen Sie diese Werte den Datenelementen eines Objekts zu.

Private und Public

Bei der Deklaration einer Klasse kommen noch weitere Schlüsselwörter zum Einsatz. Zwei der wichtigsten sind `public` (öffentlich) und `private` (privat)

Alle Elemente einer Klasse – Daten und Methoden – sind per Vorgabe privat. Auf private Elemente kann man nur innerhalb der Methoden der Klasse selbst zugreifen. Öffentliche Elemente sind über jedes Objekt der Klasse zugänglich. Der Unterschied zwischen beiden ist wichtig und verwirrend zugleich. Um es klarer herauszustellen, sehen wir uns ein früheres Beispiel dieses Kapitels an:

```
class Cat
{
unsigned int  itsAge;
unsigned int  itsWeight;
void Meow();
};
```

In dieser Deklaration sind itsAge, itsWeight und Meow() privat, da alle Elemente einer Klasse per Vorgabe privat sind. Solange man also nichts anderes festlegt, bleiben sie privat.

Wenn man allerdings in main() (zum Beispiel) schreibt

```
Cat  Boots;
Boots.itsAge=5;     // Fehler! Kann nicht auf private Daten zugreifen!
```

zeigt der Compiler einen Fehler an. Praktisch hat man dem Compiler gesagt: »Ich werde auf itsAge, itsWeight und Meow() nur innerhalb der Elementfunktionen der Cat-Klasse zugreifen.« Im Beispiel findet jedoch ein Zugriff auf die Elementvariable itsAge des Boots-Objekts von außerhalb einer Cat-Methode statt. Nur weil Boots ein Objekt der Klasse Cat ist, heißt das nicht, daß man auf die privaten Teile von Boots zugreifen kann.

Dies ist ein Auslöser von häufiger Verwirrung bei Programmierneulingen in C++. Ich höre Sie förmlich schreien »Hey, ich habe gerade festgelegt, daß Boots eine Katze ist. Warum kann Boots nicht auf sein eigenes Alter zugreifen?«

Die Antwort lautet schlicht, daß Boots kann, Sie aber nicht. Boots kann innerhalb seiner eigenen Methoden auf alle seine Bestandteile – öffentlich oder privat – zugreifen. Auch wenn Sie eine Cat-Klasse erzeugt haben, bedeutet das nicht, daß Sie alle ihre Komponenten, die privat sind, auch sehen oder ändern können.

Um auf die Datenelemente von Cat zugreifen zu können, deklariert man einen Abschnitt der Klasse Cat als public:

```
class Cat
{
public:
unsigned int  itsAge;
unsigned int  itsWeight;
Meow();
};
```

Nunmehr sind itsAge, itsWeight und Meow() öffentlich (public). Der Compiler hat nichts mehr an Boots.itsAge=5 auszusetzen.

Listing 6.1 enthält die Deklaration einer Cat-Klasse mit öffentlichen Elementvariablen.

Listing 6.1: Zugriff auf die öffentlichen Elemente einer einfachen Klasse

```
// Deklaration einer Klasse und
// Definition eines Objekts dieser Klasse,

#include <iostream.h>   // für cout
```

```
5:
6:   class Cat                // Deklariert das Klassenobjekt
7:   {
8:    public:                 // folgende Elemente sind public
9:      int itsAge;
10:     int itsWeight;
11:  };
12:
13:
14:  int main()
15:  {
16:     Cat Frisky;
17:     Frisky.itsAge = 5;     // Wertzuweisung an die Elementvariable
18:     cout << "Frisky ist eine Katze, die ";
19:     cout << Frisky.itsAge << " Jahre alt ist.\n";
20:     return 0;
21:  }
```

Ausgabe

```
Frisky ist eine Katze, die 5 Jahre alt ist.
```

Analyse

Zeile 6 enthält das Schlüsselwort `class`. Damit wird dem Compiler mitgeteilt, daß jetzt eine Deklaration folgt. Der Name der neuen Klasse steht direkt hinter dem Schlüsselwort `class`. In diesem Fall lautet er `Cat`.

Der Rumpf der Deklaration beginnt mit der öffnenden geschweiften Klammer in Zeile 7 und endet mit der schließenden geschweiften Klammer und dem Semikolon in Zeile 11. Zeile 8 enthält das Schlüsselwort `public`, das anzeigt, daß alles, was folgt, öffentlich ist, bis der Compiler auf das Schlüsselwort `private` trifft oder das Ende der Klassendeklaration erreicht ist.

Die Zeilen 9 und 10 enthalten die Deklarationen der Datenelemente der Klasse: `itsAge` und `itsWeight`.

Zeile 14 beginnt mit der `main()`-Funktion des Programms. In Zeile 16 wird `Frisky` als Instanz von `Cat` definiert, das heißt als ein `Cat`-Objekt. Zeile 17 setzt `Friskys` Alter auf 5. Die Zeile 18 und 19 verwenden die Elementvariable `itsAge`, um die Meldung von `Frisky` auszugeben.

Hinweis

Versuchen Sie einmal, die Zeile 8 auszukommentieren und den Quellcode dann neu zu kompilieren. Sie werden eine Fehlermeldung zu Zeile 17 erhalten, da auf `itsAge` nicht länger öffentlich zugegriffen werden kann. Standardmäßig sind alle Elemente einer Klasse privat.

Private Datenelemente

Als allgemeine Entwurfsregel gilt, daß man die Datenelemente einer Klasse privat halten sollte. Daher muß man öffentliche Elementfunktionen, die sogenannten Zugriffsmethoden, aufsetzen, über die andere Teile des Programms die Werte der privaten Elementvariablen abfragen oder verändern können.

Eine öffentliche Zugriffsmethode ist eine Elementfunktion einer Klasse, mit der man den Wert einer privaten Elementvariablen entweder lesen oder setzen kann.

Warum soll man sich mit einer weiteren Ebene des indirekten Zugriffs herumplagen? Schließlich wäre es doch einfacher und bequemer, die Daten direkt zu bearbeiten, statt den Umweg über die Zugriffsfunktionen zu gehen.

Zugriffsfunktionen gestatten es, die Einzelheiten der Speicherung von der Verwendung der Daten zu trennen. Damit kann man die Speicherung der Daten verändern, ohne daß man die Funktionen neu schreiben muß, die mit den Daten arbeiten.

Eine Funktion, die das Alter von `Cat` benötigt und deshalb auf `itsAge` direkt zugreift, muß neu geschrieben werden, wenn Sie als der Autor der `Cat`-Klasse Änderungen an der Art und Weise, in der die betreffende Information gespeichert wird, vornehmen. Wenn diese Funktion aber `GetAge()` aufruft, kann Ihre `Cat`-Klasse dafür sorgen, daß der richtige Wert zurückgeliefert wird, unabhängig davon, wie das Alter zu ermitteln ist. Die aufrufende Funktion muß nicht wissen, ob die Klasse das Alter als Integer vom Typ `unsigned short` oder `long` speichert oder ob sie es bei Bedarf jedes Mal neu berechnet.

Auf diese Weise wird Ihr Programm einfacher zu warten. Ihr Programm wird eine längere Lebensdauer haben, da es nicht durch Änderungen am Entwurf veraltet.

In Listing 6.2 sehen Sie die `Cat`-Klasse mit leichten Änderungen, um private Elementdaten und öffentliche Zugriffsmethoden einzurichten. Es handelt sich dabei jedoch nicht um ein ausführbares Listing.

Listing 6.2: Eine Klasse mit Zugriffsmethoden

```
// Deklaration der Klasse Cat
// Datenelemente sind privat, oeffentliche Zugriffsmethoden
// helfen die Werte der privaten Daten auszulesen oder zu setzen

```

```
5:  class Cat
6:  {
7:  public:
8:       // oeffentliche Zugriffsmethoden
9:     unsigned int GetAge();
10:    void SetAge(unsigned int Age);
11:
12:    unsigned int GetWeight();
13:    void SetWeight(unsigned int Weight);
14:
15:      // oeffentliche Elementfunktionen
16:    void Meow();
17:
18:      // private Elementdaten
19: private:
20:    unsigned int  itsAge;
21:    unsigned int  itsWeight;
22:
23: };
```

Analyse

Diese Klasse hat fünf öffentliche Methoden. Die Zeilen 9 und 10 enthalten die Zugriffsmethoden für `itsAge` und die Zeilen 12 und 13 die Zugriffsmethoden für `itsWeight`. Diese Zugriffsmethoden setzen die Elementvariablen und liefern ihre Werte zurück.

Zeile 16 deklariert die öffentliche Elementfunktion `Meow()`. `Meow()` ist keine Zugriffsfunktion. Weder liest sie eine Elementvariable aus noch setzt sie welche. Ihre Aufgabe für die Klasse ist eine andere: Sie gibt das Wort `Meow()` aus.

Die Zeile 20 und 21 deklarieren die Elementvariablen.

Um das Alter von `Frisky` zu setzen, würden Sie den Wert an die `SetAge()`-Methode wie folgt übergeben:

```
Cat Frisky;
Frisky.SetAge();    // setzt das Alter von Frisky mit Hilfe der oeffentlichen
                    // Zugriffsmethode
```

Privat und Sicher

Indem Sie Methoden und Daten als `private` deklarieren, ermöglichen Sie es dem Compiler, Programmschwächen und -fehler zu finden, bevor Sie zu echten Laufzeitfehlern ausarten. Jeder Programmierer, der sein Geld wert ist, kann einen Weg finden, `private`-Deklarationen zu umgehen. Stroustrup, der Begründer von C++, sagte: »Die Mechanismen der Zugriffssteuerung in C++ bieten Schutz gegen Zufälle – nicht gegen Betrug.« (ARM, 1990.)

Syntax

Das Schlüsselwort `class`

Die Syntax für das Schlüsselwort `class` lautet:

```
class klassen_name
{
// hier Schluesselwort der Zugriffssteuerung
// hier Deklaration der Variablen und Methoden der Klasse
};
```

Das Schlüsselwort `class` wird verwendet, um neue Typen zu deklarieren. Eine Klasse ist Sammlung von Datenelementen, bei denen es sich um Variablen aller Typen handeln kann, einschließlich anderer Klassen. Darüber hinaus enthält die Klasse Funktionen, auch Elementmethoden genannt, mit denen die Daten in der Klasse manipuliert und andere Aufgaben für die Klasse erledigt werden.

Objekte des neuen Typs werden fast genauso definiert wie Variablen. Sie geben den Typ (`class`) und dann den Variablennamen (das Objekt) an. Der Zugriff auf die Datenelemente und die Elementfunktionen erfolgt über den Punktoperator (.).

Die Schlüsselwörter zur Zugriffssteuerung werden benutzt, um Abschnitte der Klasse als `public` oder `private` zu deklarieren. Die Vorgabe für die Zugriffssteuerung ist `private`. Jedes Schlüsselwort ändert die Zugriffssteuerung von diesem Punkt an bis zum Ende der Klasse oder bis zum nächsten Zugriffsspezifizierer. Klassendeklarationen enden mit einer schließenden geschweiften Klammer und einem Semikolon.

Beispiel 1:

```
class Cat
{
public:
unsigned int Age;
unsigned int Weight;
void Meow();
};

Cat  Frisky;
Frisky.Age = 8;
Frisky.Weight = 18;
Frisky.Meow();
```

Beispiel 2

```
class Car
{
public:                 // die nächsten fünf sind public


void Start();
void Accelerate();
void Brake();
void SetYear(int year);
int GetYear();

private:                  // der Rest ist private

int Year;
Char Model [255];
};                        // Ende der Klassendeklaration

Car OldFaithful;                 // eine Instanz von car
int bought;               // eine lokale Integer-Variable
OldFaithful.SetYear(84) ;      // weist year 84 zu
bought = OldFaithful.GetYear();  // setzt bought auf 84
OldFaithful.Start();       // ruft die start-Methode auf
```

Was Sie tun sollten	**... und was nicht**
Deklarieren Sie Elementvariablen als `private`. Verwenden Sie öffentliche Zugriffsmethoden. Greifen Sie auf private Elementvariablen nur von innerhalb der Elementfunktionen der Klassen zu.	Versuchen Sie nicht, private Elementvariablen außerhalb der Klasse zu verwenden.

Klassenmethoden implementieren

Wie Sie gesehen haben, stellen Zugriffsfunktionen eine öffentliche Schnittstelle zu den privaten Datenelementen der Klasse dar. Jede Zugriffsfunktion muß wie alle anderen Methoden einer Klasse, die Sie deklarieren, implementiert werden. Diese Implementierung wird auch Definition genannt.

Die Definition einer Elementfunktion beginnt mit dem Namen der Klasse, gefolgt von zwei Doppelpunkten, dem Namen der Funktion und ihren Parametern. Listing 6.3 zeigt die vollständige Deklaration einer einfachen `Cat`-Klasse mit der Implementierung einer Zugriffsfunktion und einer allgemeinen Elementfunktion.

Listing 6.3: Methoden einer einfachen Klasse implementieren

```
// Zeigt die Deklaration einer Klasse und
// die Definition von Klassenmethoden

#include <iostream.h>      // für cout

class Cat                   // Beginn der Klassendeklaration
{
  public:                   // Beginn des oeffentlichen Abschnitts
    int GetAge();           // Zugriffsfunktion
    void SetAge (int age);  // Zugriffsfunktion
    void Meow();            // Allgemeine Funktion
  private:                  // Beginn des privaten Abschnitts
    int itsAge;             // Elementvariable
};

// Die oeffentliche Zugriffsfunktion GetAge gibt
// den Wert des Datenelements itsAge zurück.
int Cat::GetAge()
{
   return itsAge;
}

// Definition der oeffentlichen
// Zugriffsfunktion SetAge .
// Gibt Datenelement itsAge zurück.
void Cat::SetAge(int age)
{
   // Elementvariable itsAge auf den als
   // Parameter age uebergebenen Wert setzen.
   itsAge = age;
}

// Definition der Methode Meow
// Rueckgabe: void
// Parameter: Keine
// Aktion: Gibt "meow" auf dem Bildschirm aus
void Cat::Meow()
{
```

```
39:     cout << "Miau.\n";
40: }
41:
42: // Eine Katze erzeugen, Alter festlegen, Miauen lassen
43: // Alter mitteilen lassen, dann erneut miauen.
44: int main()
45: {
46:     Cat Frisky;
47:     Frisky.SetAge(5);
48:     Frisky.Meow();
49:     cout << "Frisky ist eine Katze, die " ;
50:     cout << Frisky.GetAge() << " Jahre alt ist.\n";
51:     Frisky.Meow();
52:     return 0;
53: }
```

Ausgabe

```
Miau.
Frisky ist eine Katze, die 5 Jahre alt ist.
Miau.
```

Analyse

Die Zeilen 6 bis 14 enthalten die Definition der Klasse `Cat`. Das Schlüsselwort `public` in Zeile 8 teilt dem Compiler mit, daß die nachfolgenden Elemente öffentlich sind. Zeile 9 deklariert die öffentliche Zugriffsmethode `GetAge()`, die den Zugriff auf die in Zeile 13 deklarierte private Elementvariable `itsAge` realisiert. In Zeile 10 steht die öffentliche Zugriffsfunktion `SetAge()`. Diese Funktion übernimmt eine ganze Zahl als Argument und setzt `itsAge` auf den Wert dieses Arguments.

Zeile 11 deklariert die Klassenmethode `Meow()`, bei der es sich nicht um eine Zugriffsmethode handelt. In diesem Falle ist es eine allgemeine Methode, die das Wort »Meow« auf dem Bildschirm ausgibt.

Zeile 12 leitet den privaten Abschnitt ein, der nur die Deklaration in Zeile 13 für die private Elementvariable `itsAge` enthält. Die Klassendeklaration endet mit einer schließenden geschweiften Klammer und dem Semikolon in Zeile 14.

Die Zeilen 18 bis 21 enthalten die Definition der Elementfunktion `GetAge()`. Diese Methode übernimmt keine Parameter, gibt aber eine ganze Zahl zurück. Beachten Sie, daß Klassenmethoden den Klassennamen enthalten, gefolgt von zwei Doppelpunkten und dem Namen der Funktion (siehe Zeile 18). Diese Syntax weist den Compiler an, daß die hier definierte Funktion `GetAge()` diejenige ist, die in der Klasse `Cat` deklariert wurde. Mit Ausnahme der Kopfzeile wird die Funktion `GetAge()` wie jede andere Funktion erzeugt.

Die Funktion GetAge() besteht nur aus einer Zeile und gibt den Wert in itsAge zurück. Beachten Sie, daß die Funktion main() nicht auf itsAge zugreifen kann, da itsAge privat zur Klasse Cat ist. Die Funktion main() hat Zugriff auf die öffentliche Methode GetAge(). Da GetAge() eine Elementfunktion der Klasse Cat ist, hat sie uneingeschränkten Zugriff auf die Variable itsAge. Dieser Zugriff erlaubt GetAge(), den Wert von itsAge an main() zurückzugeben.

In Zeile 26 beginnt die Definition der Elementfunktion SetAge(). Diese Funktion übernimmt einen ganzzahligen Parameter und setzt in Zeile 30 den Wert von itsAge auf den Wert dieses Parameters. Da es sich um eine Elementfunktion der Klasse Cat handelt, hat SetAge() direkten Zugriff auf die Elementvariable itsAge.

In Zeile 37 beginnt die Definition – oder Implementierung – der Methode Meow() der Klasse Cat. Es handelt sich um eine einzeilige Funktion, die das Wort Meow gefolgt von einer Zeilenschaltung auf dem Bildschirm ausgibt. (Wie Sie wissen, bewirkt das Zeichen \n eine neue Zeile auf dem Bildschirm.)

Zeile 44 beginnt den Rumpf des Programms mit der bekannten Funktion main(). Die Funktion main() übernimmt hier keine Argumente. In Zeile 46 deklariert main() ein Cat-Objekt namens Frisky. In Zeile 47 wird der Wert 5 an die Elementvariable itsAge mit Hilfe der Zugriffsmethode SetAge() zugewiesen. Beachten Sie, daß der Aufruf dieser Methode mit dem Klassennamen (Frisky) gefolgt vom Punktoperator (.) und dem Methodennamen (SetAge()) erfolgt. In der gleichen Weise kann man jede andere Methode in einer Klasse aufrufen.

Zeile 48 ruft die Elementfunktion Meow() auf, und Zeile 49 gibt eine Meldung mittels der Zugriffsmethode GetAge() aus. In Zeile 51 steht ein weiterer Aufruf von Meow().

Konstruktoren und Destruktoren

Für die Definition einer Integer-Variablen gibt es zwei Verfahren. Man kann die Variable definieren und ihr später im Programm einen Wert zuweisen:

```
int Weight;            // eine Variable definieren
...                    // hier steht ein anderer Code
Weight = 7;            // der Variablen einen Wert zuweisen
```

Man kann die Ganzzahl auch definieren und sie sofort initialisieren:

```
int Weight = 7;        // definieren und mit 7 initialisieren
```

Die Initialisierung kombiniert die Definition der Variablen mit einer anfänglichen Zuweisung. Nichts hindert Sie daran, den Wert später zu ändern. Die Initialisierung stellt sicher, daß eine Variable niemals ohne einen sinnvollen Wert vorkommt.

Wie initialisiert man nun die Datenelemente einer Klasse? Klassen haben eine spezielle Elementfunktion, einen sogenannten Konstruktor. Der Konstruktor kann bei Bedarf Parameter übernehmen, aber keinen Rückgabewert liefern – nicht einmal `void`. Der Konstruktor ist eine Klassenmethode mit demselben Namen wie die Klasse selbst.

Zur Deklaration eines Konstruktors gehört in der Regel auch die Deklaration eines Destruktors. Genau wie Konstruktoren Objekte der Klasse erzeugen und initialisieren, führen Destruktoren Aufräumungsarbeiten nach Zerstörung des Objekts aus und geben reservierten Speicher frei. Ein Destruktor hat immer den Namen der Klasse, wobei eine Tilde (~) vorangestellt ist. Destruktoren übernehmen keine Argumente und haben keinen Rückgabewert. Der Destruktor der Klasse `Cat` ist demnach wie folgt deklariert:

```
~Cat();
```

Standardkonstruktoren und -destruktoren

Wenn Sie keinen Konstruktor oder Destruktor deklarieren, erzeugt der Compiler einen für Sie. Dieser Standardkonstruktor und der Standarddestruktor übernehmen keine Argumente und tun auch nichts.

Frage

Verdankt der Standardkonstruktor seinen Namen der Tatsache, daß er keine Argumente übernimmt oder daß er vom Compiler erzeugt wird, wenn ich keinen eigenen Konstruktor deklariere?

Antwort: Ein Konstruktor, der keine Argumente übernimmt, heißt Standardkonstruktor – egal ob Sie oder der Compiler ihn erzeugen. Sie erhalten *standardmäßig* einen Standardkonstruktor.

Etwas verwirrend ist, daß man als Standarddestruktor den Destruktor bezeichnet, der vom Compiler gestellt wird. Da kein Destruktor irgendwelche Argumente übernimmt, zeichnet sich der Standarddestruktor dadurch aus, daß er keine Aktion ausführt – er hat einen leeren Funktionskörper.

Der Standardkonstruktor im Einsatz

Wozu braucht man einen Konstruktor, der nichts bewirkt? Zum einem ist es eine Frage der richtigen Form. Alle Objekte müssen mit einem Konstruktor erzeugt und mit einem Destruktor wieder aufgelöst werden, und diese »nichts tuenden« Funktionen werden eben hierfür bei Bedarf aufgerufen. Um jedoch ein Objekt ohne Übergabe von Parametern zu deklarieren, wie in

```
Cat Rags;            // Rags übernimmt keine Parameter
```

müssen Sie einen Konstruktor der folgenden Form haben

```
Cat();
```

Wenn Sie ein Objekt einer Klasse definieren, wird der Konstruktor aufgerufen. Übernimmt der Cat-Konstruktor zwei Parameter, können Sie ein Cat-Objekt wie folgt definieren:

```
Cat Frisky (5,7);
```

Hätte der Konstruktor nur einen Parameter, würden Sie schreiben

```
Cat Frisky (3);
```

Für den Fall, daß der Konstruktor keine Parameter übernimmt (es sich also um einen Standardkonstruktor handelt), lassen Sie die Klammern weg und schreiben

```
Cat Frisky;
```

Dies ist die Ausnahme zu der Regel, daß alle Funktionen Klammern erfordern, auch wenn sie keine Parameter übernehmen. Deshalb ist die Schreibweise

```
Cat Frisky;
```

gültig. Interpretiert wird dies als Aufruf des Standardkonstruktors. Er liefert keine Parameter und weist auch keine Klammern auf.

Beachten Sie, daß Sie den Standardkonstruktor des Compilers nicht verwenden müssen. Es steht Ihnen jederzeit frei, einen eigenen Standardkonstruktor zu schreiben – das heißt, einen Konstruktor, der keine Parameter übernimmt. Es steht Ihnen frei, Ihren Standardkonstruktor mit einem Funktionskörper auszustatten, in der die Klasse bei Bedarf initialisiert werden kann.

Aus Formgründen sollte man einen Destruktor deklarieren, wenn man einen Konstruktor deklariert, auch wenn der Destruktor keine weiteren Aufgaben wahrnimmt. Obwohl der Standarddestruktor durchaus korrekt arbeitet, stört es nicht, einen eigenen Destruktor zu deklarieren. Der Code wird dadurch verständlicher.

In Listing 6.4 wurde die Klasse Cat so umgeschrieben, daß ein Konstruktor zur Initialisierung des Cat-Objekts verwendet wird, wobei das Alter (age) auf den von Ihnen übergebenen Anfangswert gesetzt wird. Außerdem zeigt das Listing, wo der Aufruf des Destruktors stattfindet.

Listing 6.4: Konstruktoren und Destruktoren

```
// Zeigt die Deklaration eines Konstruktors und
// eines Destruktors für die Klasse Cat

#include <iostream.h>       // für cout

class Cat                    // Beginn der Klassendeklaration
{
 public:                     // Beginn des oeffentlichen Abschnitts
   Cat(int initialAge);      // Konstruktor
   ~Cat();                   // Destruktor
   int GetAge();             // Zugriffsfunktion
   void SetAge(int age);     // Zugriffsfunktion
   void Meow();
 private:                    // Beginn des privaten Abschnitts
   int itsAge;               // Elementvariable
};

// Konstruktor von Cat
Cat::Cat(int initialAge)
{
   itsAge = initialAge;
}

Cat::~Cat()                  // Destruktor, fuehrt keine Aktionen aus
{
}

// Die oeffentliche Zugriffsfunktion GetAge gibt
// den Wert des Datenelements itsAge zurück.
int Cat::GetAge()
{
   return itsAge;
}

// Definition von SetAge als oeffentliche
// Zugriffsfunktion

void Cat::SetAge(int age)
{
   // Elementvariable itsAge auf den als
   // Parameter age uebergebenen Wert setzen.
   itsAge = age;
}

```

```
45: // Definition der Methode Meow
46: // Rueckgabe: void
47: // Parameter: Keine
48: // Aktion: Gibt "Miau" auf dem Bildschirm aus
49: void Cat::Meow()
50: {
51:    cout << "Miau.\n";
52: }
53:
54: // Eine Katze erzeugen, Alter festlegen, Miauen lassen
55  // Alter mitteilen lassen, dann erneut miauen.
56: int main()
57: {
58:   Cat Frisky(5);
59:   Frisky.Meow();
60:   cout << "Frisky ist eine Katze, die " ;
61:   cout << Frisky.GetAge() << " Jahre alt ist.\n";
62:   Frisky.Meow();
63:   Frisky.SetAge(7);
64:   cout << "Jetzt ist Frisky " ;
65:   cout << Frisky.GetAge() << " Jahre alt.\n";
66;    return 0;
67: }
```

Ausgabe

```
Miau.
Frisky ist eine Katze, die 5 Jahre alt ist.
Miau.
Jetzt ist Frisky 7 Jahre alt.
Miau.
```

Analyse

Listing 6.4 gleicht Listing 6.3, nur daß in Zeile 9 ein Konstruktor hinzufügt wurde, der eine Ganzzahl übernimmt. Zeile 10 deklariert den Destruktor. Destruktoren übernehmen niemals Parameter, und weder Konstruktoren noch Destruktoren geben Werte zurück – nicht einmal `void`.

Die Zeilen 19 bis 22 zeigen die Implementierung des Konstruktors, die der Implementierung der Zugriffsfunktion `SetAge()` ähnlich ist. Es gibt keinen Rückgabewert.

Die Zeilen 24 bis 26 zeigen die Implementierung des Destruktors `~Cat()`. Diese Funktion führt nichts aus, man muß aber die Definition der Funktion einbinden, wenn man sie in der Klassendeklaration deklariert.

Zeile 58 enthält die Definition des `Cat`-Objekts `Frisky`. Der Wert 5 wird an den Konstruktor von `Frisky` übergeben. Man muß hier nicht `SetAge()` aufrufen, da `Frisky` mit dem Wert 5 in seiner Elementvariablen `itsAge` erzeugt wurde. Zeile 61 zeigt diesen Wert zur Bestätigung an. Auf Zeile 63 wird der Variablen `itsAge` von `Frisky` der neue Wert 7 zugewiesen. Zeile 65 gibt den neuen Wert aus.

Was Sie tun sollten	... und was nicht
Verwenden Sie Konstruktoren, um Ihre Objekte zu initialisieren.	Achten Sie darauf, daß Ihre Konstruktoren und Destruktoren keine Rückgabewerte haben. Übergeben Sie Ihren Destruktoren keine Parameter.

Konstante Elementfunktionen

Wenn man eine Elementfunktion einer Klasse als `const` deklariert, verspricht man fest, daß die Methode die Werte der Datenelemente der Klasse auf keinen Fall ändert. Um eine Klassenmethode als konstant zu deklarieren, setzt man das Schlüsselwort `const` hinter die Klammern und vor das Semikolon. Die folgende Deklaration der konstanten Elementfunktion `EineFunktion()` übernimmt keine Argumente und gibt `void` zurück. Sie sieht folgendermaßen aus:

```
void EineFunktion() const;
```

Zugriffsfunktionen werden häufig mit Hilfe des Modifizierers `const` als konstante Funktionen deklariert. Die Klasse `Cat` hat zwei Zugriffsfunktionen:

```
void SetAge(int anAge);
int GetAge();
```

`SetAge()` kann nicht `const` sein, da diese Funktion die Elementvariable `itsAge` ändern soll. Dagegen kann und sollte man `GetAge()` als `const` deklarieren, da diese Funktion die Klasse überhaupt nicht verändert. Sie gibt einfach den aktuellen Wert der Elementvariablen `itsAge` zurück. Die Deklaration dieser beiden Funktionen sollte daher wie folgt aussehen:

```
void SetAge(int anAge);
int GetAge() const;
```

Wenn man eine Funktion als konstant deklariert und dann die Implementierung dieser Funktion das Objekt ändert (durch Änderung des Wertes eines ihrer Elemente), gibt der Compiler eine entsprechende Fehlermeldung aus. Wenn Sie zum Beispiel `GetA-`

ge() so implementieren, daß die Methode die Anzahl der Anfragen nach dem Alter von Cat protokolliert, ernten Sie einen Compiler-Fehler, denn der Aufruf dieser Methode würde das Cat-Objekt verändern.

Hinweis

Verwenden Sie const wo immer möglich. Deklarieren Sie Elementfunktionen, die den Zustand des Objekts nicht ändern sollen, stets als const. Der Compiler kann Ihnen dann die Fehlersuche erleichtern. Das geht schneller und ist weniger aufwendig, als wenn man es selbst machen müßte.

Es gehört zum guten Programmierstil, so viele Methoden wie möglich als const zu deklarieren. Damit kann bereits der Compiler Fehler abfangen, und die Fehler zeigen sich nicht erst im laufenden Programm.

Schnittstelle und Implementierung

Wie Sie bereits wissen, sind Klienten die Teile des Programms, die Objekte einer bestimmten Klasse erzeugen und verwenden. Man kann sich die öffentliche Schnittstelle zu dieser Klasse – die Klassendeklaration – als Vertrag mit diesen Klienten vorstellen. Der Vertrag sagt aus, wie sich die Klasse verhält.

Durch die Klassendeklaration von Cat setzen Sie zum Beispiel einen Vertrag auf, der besagt, daß das Alter einer Katze (eines Cat-Objekts) vom Konstruktor der Klasse initialisiert, durch die Zugriffsfunktion SetAge() zugewiesen und durch die Zugriffsfunktion GetAge() gelesen werden kann. Außerdem sagen Sie zu, daß jedes Cat-Objekt weiß, wie zu Miauen ist (Funktion Meow()). Achten Sie darauf, daß Sie in der öffentlichen Schnittstelle nichts über die Elementvariable itsAge verraten. Dieses Implementierungsdetail ist nicht Teil Ihres Vertrags. Sie stellen ein Alter zur Verfügung (GetAge()) und geben ein Alter an (SetAge()). Der Mechanismus jedoch (itsAge) ist nicht sichtbar.

Wenn man GetAge() zu einer konstanten Funktion macht (wie es empfohlen wird), verspricht der Vertrag auch, daß GetAge() nicht das Cat-Objekt ändert, auf dem die Funktion aufgerufen wird.

C++ ist äußerst typenstreng, womit gemeint ist, daß der Compiler die Vertragsbedingungen auf Einhaltung prüft und einen Fehler meldet, wenn sie verletzt werden. In Listing 6.5 sehen Sie ein Programm, das sich nicht kompilieren läßt, da Vertragsbedingungen gebrochen wurden.

Warnung

Listing 6.5 läßt sich nicht kompilieren!

Listing 6.5: Fehlerhafte Schnittstelle

```
 // Demonstration von Compiler-Fehlern


 #include <iostream.h>          // für cout

class Cat
{
 public:
    Cat(int initialAge);
    ~Cat();
    int GetAge() const;         // const-Zugriffsfunktion
    void SetAge (int age);
    void Meow();
 private:
   int itsAge;
};

   // Konstruktor von Cat
   Cat::Cat(int initialAge)
   {
      itsAge = initialAge;
      cout << "Cat Constructor\n";
   }

   Cat::~Cat()                   // Destruktor, fuehrt keine Aktion aus
   {
      cout << "Cat Destructor\n";
   }
  // GetAge, const-Funktion
  // aber wir verletzen const!
  int Cat::GetAge() const
  {
     return (itsAge++);          // verletzt const!
  }

  // Definition von SetAge, public
  // Zugriffsfunktion

  void Cat::SetAge(int age)
  {
     // setzt Elementvariable itsAge auf den
     // Wert, der vom Parameter age uebergeben wird
     itsAge = age;
  }
```

```
44:
45: // Definition der Meow-Methode
46: // Rueckgabewert: void
47: // Parameter: Keine
48: // Aktion: Gibt "miau" auf dem Bildschirm aus
49: void Cat::Meow()
50: {
51:    cout << "Miau.\n";
52: }
53:
54: // zeigt verschiedene Verletzungen der
55  // Schnittstelle und resultierende Compiler-Fehler
56: int main()
57: {
58:    Cat Frisky;              // entspricht nicht der Deklaration
59:    Frisky.Meow();
60:    Frisky.Bark();           // Nein, du Dummkopf, Katzen bellen nicht.
61:    Frisky.itsAge = 7;       // itsAge ist private
62:    return 0;
63: }
```

Analyse

Wie schon oben erwähnt, läßt sich dieses Programm nicht kompilieren. Deshalb gibt es auch keine Ausgabe. (Aber es hat Spaß gemacht, ein Programm zu schreiben, das so viele Fehler enthält.)

Zeile 11 deklariert `GetAge()` als konstante Zugriffsfunktion – und so sollte es auch sein. Im Rumpf von `GetAge()` jedoch, Zeile 32, wird die Elementvariable `itsAge` inkrementiert. Da diese Methode als konstant deklariert wurde, darf der Wert von `itsAge` nicht geändert werden. Deshalb wird ein Fehler gemeldet, wenn das Programm kompiliert wird.

In Zeile 13 wird bei der Deklaration der Funktion `Meow() const` weggelassen. Das ist zwar nicht unbedingt ein Fehler, jedoch schlechter Programmierstil. Ein guter Entwurf würde berücksichtigen, daß diese Methode die Elementvariablen von `Cat` nicht ändert. Deshalb sollte `Meow()` konstant sein.

Zeile 58 definiert eine `Cat`-Objekt, `Frisky`. `Cat` hat jetzt einen Konstruktor, der einen Integer als Parameter übernimmt. Das bedeutet, daß Sie einen Parameter übergeben müssen. Da in Zeile 58 kein Parameter vorhanden ist, wird ein Fehler gemeldet.

Hinweis

Wenn Sie selbst einen Konstruktor stellen, erzeugt der Compiler keinen mehr. Wenn Sie also einen Konstruktor erzeugen, der einen Parameter übernimmt, gibt es keinen Standardkonstruktor, es sei denn, Sie schreiben einen.

Zeile 60 enthält den Aufruf an die Klassenmethode `Bark()`. Da `Bark()` nie deklariert wurde, ist der Aufruf unwirksam.

In Zeile 61 wird `itsAge` der Wert 7 zugewiesen. `itsAge` ist jedoch ein privates Datenelement, und deshalb wird ein Fehler ausgegeben, wenn das Programm kompiliert wird.

Anweisung

Warum mit dem Compiler Fehler abfangen?

Auch wenn es absolut phantastisch wäre, 100 % fehlerfreien Code zu schreiben, gibt es nur wenig Programmierer, die dazu fähig sind. Viele Programmierer haben jedoch ein System entwickelt, mit dem sie die Anzahl der Fehler auf ein Minimum senken, indem sie sie möglichst früh im Programmierablauf abfangen und beheben.

Obwohl Compiler-Fehler äußerst ärgerlich sind und einen Programmierer an den Rand der Verzweiflung treiben können, sind sie besser als die Alternative. Bei einer weniger strengen Sprache können Sie ihre Verträge verletzen, ohne daß der Compiler dies auch nur bemängelt. Und später dann, zur Laufzeit, wird Ihr Programm abstürzen – wahrscheinlich genau dann, wenn Ihnen Ihr Boss über die Schulter schaut.

Compiler-Fehler – das heißt, während der Kompilierung gefundene Fehler – sind weitaus angenehmer als Laufzeitfehler – das heißt, während der Ausführung des Programms auftretende Fehler. Das hängt damit zusammen, daß sich Compiler-Fehler zuverlässiger einkreisen lassen. Es kann durchaus sein, daß ein Programm viele Male läuft, ohne alle möglichen Wege im Code zu durchlaufen. Somit kann ein Laufzeitfehler eine ganze Weile im Verborgenen bleiben. Compiler-Fehler werden während der Kompilierung gefunden, so daß man sie leicht identifizieren und beseitigen kann. Deshalb hat es sich bewährt, bereits im frühen Stadium der Programmentwicklung Fehler mit Hilfe des Compiler abzufangen.

Klassendeklarationen und Methodendefinitionen plazieren

Jede deklarierte Funktion muß eine Definition haben. Die Definition einer Funktion bezeichnet man auch als Implementierung. Wie jede andere Funktion, hat auch die Definition einer Klassenmethode einen Funktionskopf und einen Funktionsrumpf.

Die Definition muß in einer Datei stehen, die der Compiler finden kann. Die meisten C++-Compiler erwarten, daß diese Datei auf `.C` oder `.CPP` endet. In diesem Buch kommt die Erweiterung `.CPP` zur Anwendung. Es empfiehlt sich aber, daß Sie in Ihrem Compiler-Handbuch nachsehen, welche Erweiterung Ihr Compiler bevorzugt.

Hinweis

Viele Compiler nehmen an, daß es sich bei Dateien mit der Erweiterung `.C` um C-Programme handelt und daß C++-Programme mit `.CPP` enden. Man kann zwar eine beliebige Erweiterung verwenden, mit `.CPP` schafft man aber klare Verhältnisse.

Obwohl man durchaus die Deklaration in der gleichen Datei unterbringen kann wie die Definition, gehört dieses Vorgehen nicht zum guten Programmierstil. Die von den meisten Programmierern anerkannte Konvention ist die Unterbringung der Deklaration in einer sogenannten Header-Datei, die gewöhnlich den gleichen Namen hat, aber auf `.H`, `.HP` oder `.HPP` endet. In diesem Buch werden Header-Dateien mit der Erweiterung `.HPP` verwendet. Auch hierzu sollten Sie im Compiler-Handbuch nachschlagen.

So schreibt man zum Beispiel die Deklaration der Klasse `Cat` in eine Datei namens `CAT.HPP` und die Definition der Klassenmethoden in der Datei `CAT.CPP`. Die Header-Datei bindet man dann in die `.CPP`-Datei ein, indem man den folgenden Code an den Beginn von `CAT.CPP` schreibt:

```
#include "Cat.hpp"
```

Damit weist man den Compiler an, `CAT.HPP` in die Datei einzulesen, gerade so als hätte man ihren Inhalt an dieser Stelle eingetippt. Bitte beachten Sie, daß einige Compiler darauf bestehen, daß die Groß- und Kleinschreibung zwischen Ihrer `#include`-Anweisung und Ihrem Dateisystem übereinstimmt.

Warum macht man sich die Mühe, diese Angaben in separate Dateien zu schreiben, wenn man sie ohnehin wieder zusammenführt? In der Regel kümmern sich die Klienten einer Klasse nicht um die Details der Implementierung. Es genügt demnach, die Header-Datei zu lesen, um alle erforderlichen Angaben beisammenzuhaben. Die Implementierungsdateien können dann ruhig ignoriert werden. Und außerdem könnte es Ihnen auch passieren, daß Sie die `.HPP`-Datei in mehr als einer `.CPP`-Datei einbinden müssen.

Die Deklaration einer Klasse sagt dem Compiler, um welche Klasse es sich handelt, welche Daten sie aufnimmt und welche Funktionen sie ausführt. Die Deklaration der Klasse bezeichnet man als *Schnittstelle* (Interface), da der Benutzer hieraus die Einzelheiten zur Interaktion mit der Klasse entnehmen kann. Die Schnittstelle speichert man in der Regel in einer .HPP-Datei, einer sogenannten *Header-Datei*.

Die Funktionsdefinition sagt dem Compiler, wie die Funktion arbeitet. Man bezeichnet die Funktionsdefinition als *Implementierung* der Klassenmethode und legt sie in einer .CPP-Datei ab. Die Implementierungsdetails der Klasse sind nur für den Autor der Klasse von Belang. Klienten der Klasse – das heißt, die Teile des Programms, die die Klasse verwenden – brauchen nicht zu wissen (und sich nicht darum zu kümmern), wie die Funktionen implementiert sind.

Inline-Implementierung

So wie man den Compiler auffordern kann, eine normale Funktion als Inline-Funktion einzubinden, kann man auch Klassenmethoden als `inline` deklarieren. Das Schlüsselwort `inline` steht vor dem Rückgabewert. Die Inline-Implementierung der Funktion `GetWeight()` sieht zum Beispiel folgendermaßen aus:

```
inline int Cat::GetWeight()
{
return itsWeight;      // das Datenelement Weight zurueckgeben
}
```

Man kann auch die Definition der Funktion in die Deklaration der Klasse schreiben, was die Funktion automatisch zu einer Inline-Funktion macht:

```
class Cat
{
public:
int GetWeight() { return itsWeight; }     // inline
void SetWeight(int aWeight);
};
```

Beachten Sie die Syntax der Definition von `GetWeight()`. Der Rumpf der Inline-Funktion beginnt unmittelbar nach der Deklaration der Klassenmethode. Nach den Klammern steht kein Semikolon. Wie bei jeder Funktion beginnt die Definition mit einer öffnenden geschweiften Klammer und endet mit einer schließenden geschweiften Klammer. Wie üblich spielen Whitespace-Zeichen keine Rolle. Man hätte die Deklaration auch wie folgt schreiben können:

```
class Cat
{
public:
int GetWeight()
{
return itsWeight;
}                               // inline
void SetWeight(int aWeight);
};
```

Die Listings 6.6 und 6.7 bringen eine Neuauflage der Klasse `Cat`. Dieses Mal aber wurde die Deklaration in `CAT.HPP` und die Implementierung der Funktionen in `CAT.CPP` untergebracht. Listing 6.7 realisiert außerdem sowohl die Zugriffsfunktion als auch die Funktion `Meow()` als Inline-Funktionen.

Listing 6.6: Die Klassendeklaration von Cat in CAT.HPP

```
#include <iostream.h>
class Cat
  {
public:
 Cat (int initialAge);
 ~Cat();
  int GetAge() { return itsAge;}                // inline!
  void SetAge (int age) { itsAge = age;}        // inline!
  void Meow() { cout << "Miau.\n";}             // inline!
 private:
int itsAge;
};
```

Listing 6.7: Die Implementierung von Cat in CAT.CPP

```
 // Zeigt Inline-Funktionen
 // und das Einbinden von Header-Dateien

 #include "cat.hpp"  // Header-Dateien unbedingt einbinden!


 Cat::Cat(int initialAge)   // Konstruktor
 {
    itsAge = initialAge;
 }

 Cat::~Cat()              // Destruktor, keine Aktionen
 {
```

```
14: }
15:
16: // Katze erzeugen, Alter festlegen, miauen lassen
17: // Alter ausgeben, dann erneut miauen.
18: int main()
19: {
20:    Cat Frisky(5);
21:    Frisky.Meow();
22:    cout << "Frisky ist eine Katze, die " ;
23:    cout << Frisky.GetAge() << " Jahre alt ist.\n";
24:    Frisky.Meow();
25:    Frisky.SetAge(7);
26:    cout << "Jetzt ist Frisky " ;
27:    cout << Frisky.GetAge() << " Jahre alt.\n";
28:     return 0;
29: }
```

```
Miau.
Frisky ist eine Katze, die 5 Jahre alt ist.
Miau.
Jetzt ist Frisky 7 Jahre alt.
```

Der Code aus Listing 6.6 und 6.7 entspricht dem Code aus Listing 6.4 mit Ausnahme von drei Methoden, die in der Deklarationsdatei als `inline` implementiert wurden, und der Trennung der Deklaration in einer separaten Header-Datei `CAT.HPP`.

Zeile 7 deklariert die Funktion `GetAge()` und stellt ihre Inline-Implementierung bereit. Die Zeilen 8 und 9 enthalten weitere Inline-Funktionen, wobei aber die Funktionalität dieser Funktionen unverändert aus den vorherigen »Outline«-Implementierungen übernommen wurde.

Die Anweisung `#include "cat.hpp"` in Zeile 4 von Listing 6.7 bindet das Listing von `CAT.HPP` (Listing 6.6) ein. Durch das Einbinden von `CAT.HPP` teilen Sie dem Prä-Compiler mit, `CAT.HPP` so in die Datei einzulesen, als ob `CAT.HPP` direkt ab Zeile 5 eingegeben worden wäre.

Diese Vorgehensweise erlaubt es Ihnen, Ihre Deklarationen getrennt von Ihrer Implementierung in einer eigenen Datei unterzubringen und sie trotzdem verfügbar zu haben, wenn sie vom Compiler benötigt werden. In der C++-Programmierung wird häufig so verfahren: Klassendeklarationen werden in der Regel in einer `.HPP`-Datei abgelegt, die dann mit `#include` in die verbundene `.CPP`-Datei eingebunden wird.

In den Zeilen 18 bis 29 finden Sie die gleiche `main()`-Funktion wie in Listing 6.4, was beweist, daß die `inline`-Implementierung der Funktionen keinen Einfluß auf ihre Funktionsweise und ihre Verwendung hat.

Klassen als Datenelemente einer Klasse

Es ist nicht unüblich, komplexe Klassen aufzubauen, indem man einfachere Klassen deklariert und sie in die Deklaration der komplexeren Klasse einbindet. Beispielsweise kann man eine Klasse `aWheel`, eine Klasse `aMotor`, eine Klasse `aTransmission` usw. deklarieren und dann zur Klasse `aCar` kombinieren. Damit deklariert man eine Beziehung: Ein Auto hat einen Motor, es hat Räder, es hat eine Kraftübertragung.

Sehen wir uns ein weiteres Beispiel an. Ein Rechteck setzt sich aus Linien zusammen. Eine Linie ist durch zwei Punkte definiert. Ein Punkt ist durch eine X- und eine Y-Koordinate festgelegt. Listing 6.8 zeigt eine vollständige Deklaration einer Klasse `Rectangle`, wie sie in `RECTANGLE.HPP` stehen könnte. Da ein Rechteck mit vier Linien definiert ist, die vier Punkte verbinden, und sich jeder Punkt auf eine Koordinate in einem Diagramm bezieht, wird zuerst die Klasse `Point` deklariert, um die X,Y-Koordinaten jedes Punkts aufzunehmen. Listing 6.9 zeigt eine vollständige Deklaration beider Klassen.

Listing 6.8: Deklaration einer vollständigen Klasse

```
// Beginn von Rect.hpp
#include <iostream.h>
class Point     // nimmt X,Y-Koordinaten auf
{
   // Kein Konstruktor, Standardkonstruktor verwenden
   public:
      void SetX(int x) { itsX = x; }
      void SetY(int y) { itsY = y; }
      int GetX()const { return itsX;}
      int GetY()const { return itsY;}
   private:
      int itsX;
      int itsY;
};    // Ende der Klassendeklaration von Point


class  Rectangle
{
   public:
```

```
        Rectangle (int top, int left, int bottom, int right);
        ~Rectangle () {}

        int GetTop() const { return itsTop; }
        int GetLeft() const { return itsLeft; }
        int GetBottom() const { return itsBottom; }
        int GetRight() const { return itsRight; }

        Point  GetUpperLeft() const { return itsUpperLeft; }
        Point  GetLowerLeft() const { return itsLowerLeft; }
        Point  GetUpperRight() const { return itsUpperRight; }
        Point  GetLowerRight() const { return itsLowerRight; }

        void SetUpperLeft(Point Location)  {itsUpperLeft = Location;}
        void SetLowerLeft(Point Location)  {itsLowerLeft = Location;}
        void SetUpperRight(Point Location)  {itsUpperRight = Location;}
        void SetLowerRight(Point Location)  {itsLowerRight = Location;}

        void SetTop(int top) { itsTop = top; }
        void SetLeft (int left) { itsLeft = left; }
        void SetBottom (int bottom) { itsBottom = bottom; }
        void SetRight (int right) { itsRight = right; }

        int GetArea() const;

    private:
       Point  itsUpperLeft;
       Point  itsUpperRight;
       Point  itsLowerLeft;
       Point  itsLowerRight;
       int    itsTop;
       int    itsLeft;
       int    itsBottom;
       int    itsRight;
};
// Ende von Rect.hpp
```

Listing 6.9: RECT.CPP

```
// Beginn von rect.cpp
#include "rect.hpp"
Rectangle::Rectangle(int top, int left, int bottom, int right)
{
      itsTop = top;
      itsLeft = left;
      itsBottom = bottom;
```

```
      itsRight = right;

      itsUpperLeft.SetX(left);
      itsUpperLeft.SetY(top);

      itsUpperRight.SetX(right);
      itsUpperRight.SetY(top);

      itsLowerLeft.SetX(left);
      itsLowerLeft.SetY(bottom);

      itsLowerRight.SetX(right);
      itsLowerRight.SetY(bottom);
}


// Rechteckflaeche berechnen. Dazu Ecken bestimmen,
// Breite und Hoehe ermitteln, dann multiplizieren.
int Rectangle::GetArea() const
{
      int Width = itsRight-itsLeft;
      int Height = itsTop - itsBottom;
      return (Width * Height);
}

int main()
{
      // Eine lokale Rectangle-Variable initialisieren
      Rectangle MyRectangle (100, 20, 50, 80 );

      int Area = MyRectangle.GetArea();

      cout << "Flaeche: " << Area << "\n";
      cout << "Obere linke X-Koordinate: ";
      cout << MyRectangle.GetUpperLeft().GetX();
    return 0;
}
```

```
Flaeche: 3000
Obere linke X-Koordinate: 20
```

Analyse

Die Zeilen 3 bis 14 in Listing 6.8 deklarieren die Klasse `Point`, die der Aufbewahrung einer bestimmten X,Y-Koordinate eines Graphen dient. In der hier gezeigten Form greift das Programm kaum auf `Point` zurück. Allerdings ist `Point` auch für andere Zeichenmethoden vorgesehen.

Die Klassendeklaration von `Point` deklariert in den Zeilen 12 und 13 zwei Elementvariablen – `itsX` und `itsY`. Diese Variablen nehmen die Werte der Koordinaten auf. Bei Vergrößerung der X-Koordinate bewegt man sich im Koordinatensystem nach rechts. Mit wachsender Y-Koordinate bewegt man sich im Koordinatensystem nach oben. (Manche Systeme, beispielsweise Windows, verwenden ein Koordinatensystem, bei dem man sich mit steigender Y-Koordinate im Fenster weiter nach unten bewegt.)

Die Klasse `Point` verwendet Inline-Zugriffsfunktionen, um die in den Zeilen 7 bis 10 deklarierten Punkte `X` und `Y` zu lesen und zu setzen. Die Klasse `Point` übernimmt Standardkonstruktor und Standarddestruktor vom Compiler. Daher muß man die Koordinaten der Punkte explizit festlegen.

In Zeile 17 beginnt die Deklaration der Klasse `Rectangle`. Ein `Rectangle`-Objekt besteht aus vier Punkten, die die Ecken des Rechtecks darstellen.

Der Konstruktor für die Klasse `Rectangle` (Zeile 20) übernimmt vier Ganzzahlen, die als `top` (oben), `left` (links), `bottom` (unten) und `right` (rechts) bezeichnet sind. Die Klasse `Rectangle` kopiert die an den Konstruktor übergebenen Parameter in vier Elementvariablen (Listing 6.9) und richtet dann vier `Point`-Objekte ein.

Außer den üblichen Zugriffsfunktionen verfügt `Rectangle` über eine Funktion namens `GetArea()`, die in Zeile 43 deklariert ist. Die Klasse speichert die Fläche nicht in einer Variablen, sondern läßt sie berechnen. Diese Aufgabe übernimmt die Funktion `GetArea()` in den Zeilen 28 und 29 von Listing 6.9. Die Funktion ermittelt zunächst Breite und Höhe des Rechtecks und multipliziert dann beide Werte.

Um die X-Koordinate der oberen linken Ecke des Rechtecks zu ermitteln, muß man auf den Punkt `UpperLeft` zugreifen und von diesem Punkt den Wert für `X` abrufen. `GetUpperLeft()` ist eine Methode von `Rectangle` und kann somit direkt auf die privaten Daten von `Rectangle` (einschließlich `itsUpperLeft`) zugreifen. Da `itsUpperLeft` ein `Point`-Objekt ist und der Wert `itsX` von `Point` als privat deklariert ist, stehen `GetUpperLeft()` diese Daten nicht direkt zur Verfügung. Statt dessen muß man die öffentliche Zugriffsfunktion `GetX()` verwenden, um diesen Wert zu erhalten.

In Zeile 33 von Listing 6.9 beginnt der Rumpf des eigentlichen Programms. Bis Zeile 35 ist praktisch noch nichts passiert. Es hat nicht einmal eine Reservierung von Speicher stattgefunden. Man hat dem Compiler bislang lediglich mitgeteilt, wie ein `Point`-

Objekt und ein `Rectangle`-Objekt zu erzeugen sind, falls man diese Objekte irgendwann benötigt.

Zeile 36 definiert ein `Rectangle`-Objekt durch Übergabe der Werte für `top`, `left`, `bottom` und `right`.

Zeile 38 deklariert die lokale Variable `Area` vom Typ `int`. Diese Variable nimmt die Fläche des erzeugten `Rectangle`-Objekts auf. `Area` wird mit dem von der Funktion `GetArea()` des `Rectangle`-Objekts zurückgegebenen Wert initialisiert.

Ein Klient von `Rectangle` kann ein `Rectangle`-Objekt erzeugen und dessen Fläche berechnen, ohne die Implementierung von `GetArea()` zu kennen.

`RECT.HPP` steht in Listing 6.8. Allein aus der Header-Datei mit der Deklaration der Klasse `Rectangle` kann der Programmierer ersehen, daß `GetArea()` einen `int`-Wert zurückgibt. Wie `GetArea()` diese magische Berechnung ausführt, ist für den Benutzer der Klasse `Rectangle` nicht von Belang. Im Prinzip könnte der Autor von `Rectangle` die Funktion `GetArea()` ändern, ohne die Programme zu beeinflussen, die auf die Klasse `Rectangle` zugreifen.

Frage

Was ist der Unterschied zwischen Deklarieren und Definieren?

Antwort: Eine Deklaration führt einen Namen für etwas ein, aber weist keinen Speicher zu. Eine Definition hingegen weist Speicher zu.

Bis auf wenige Ausnahmen sind alle Deklarationen auch Definitionen. Die vielleicht wichtigsten Ausnahmen sind die Deklaration einer globalen Funktion (ein Prototyp) und die Deklaration einer Klasse (in der Regel in einer Header-Datei).

Strukturen

Ein sehr enger Verwandter des `class`-Schlüsselwortes ist das Schlüsselwort `struct`. Es wird eingesetzt, um eine Struktur zu deklarieren. In C++ ist eine Struktur das gleiche wie eine Klasse, abgesehen davon, daß ihre Elemente standardmäßig öffentlich (`public`) sind. Sie können eine Struktur genauso wie eine Klasse deklarieren, und Sie können sie mit den gleichen Datenelementen und Funktionen ausstatten. Wenn Sie sich dabei noch an die empfohlene Programmierpraxis halten und die privaten und öffentlichen Abschnitte Ihrer Klasse immer explizit ausweisen, gibt es eigentlich überhaupt keinen Unterschied.

Geben Sie das Listing 6.8 mit folgenden Änderungen noch einmal neu ein:

- Ändern Sie in Zeile 3 `class Point` in `struct Point`.
- Ändern Sie in Zeile 17 `class Rectangle` in `struct Rectangle`.

Starten Sie dann das Programm und vergleichen Sie die Ausgaben. Es sollte sich nichts daran geändert haben.

Warum zwei Schlüsselwörter das gleiche machen

Wahrscheinlich fragen Sie sich, warum es zwei Schlüsselwörter gibt, die das gleiche bewirken. Das ist eher dem Zufall zu verdanken. Als C++ entwickelt wurde, war es als Erweiterung von C konzipiert. Und C baut auf Strukturen auf, wenn auch C-Strukturen keine Klassenmethoden haben. Bjarne Stroustrup, der Begründer von C++, verwendete Strukturen, änderte jedoch später den Namen in Klasse, um die neue erweiterte Funktionalität besser auszudrücken.

Was Sie tun sollten
Legen Sie Ihre Klassendeklaration in einer `.HPP`-Datei ab und Ihre Elementfunktionen in einer `.CPP`-Datei.
Verwenden Sie das Schlüsselwort `const` so oft wie möglich.
Beschäftigen Sie sich mit den Klassen, bis Sie sie verstanden haben, und fahren Sie erst dann in der Lektüre fort.

Zusammenfassung

Heute haben Sie gelernt, wie man neue Datentypen – Klassen – erzeugt und wie man Variablen dieser neuen Typen – sogenannte Objekte – definiert.

Eine Klasse verfügt über Datenelemente, die Variablen verschiedener Typen einschließlich anderer Klassen sein können. Zu einer Klasse gehören auch Elementfunktionen, die sogenannten Methoden. Man verwendet diese Elementfunktionen, um die Datenelemente zu manipulieren und andere Aufgaben auszuführen.

Klassenelemente – sowohl Daten als auch Funktionen – können öffentlich (`public`) oder privat (`private`) sein. Öffentliche Elemente sind jedem Teil des Programms zugänglich. Auf private Elemente können nur die Elementfunktionen der Klasse zugreifen.

Es gehört zum guten Programmierstil, die Schnittstelle – oder Deklaration – der Klasse in einer separaten Datei unterzubringen. Gewöhnlich schreibt man die Schnittstelle in eine Datei mit der Erweiterung `.HPP`. Die Implementierung der Klassenmethoden bringt man in einer Datei mit der Erweiterung `.CPP` unter.

Klassenkonstruktoren initialisieren Objekte. Klassendestruktoren zerstören Objekte und werden oft genutzt, um Speicherplatz, der von den Methoden dieser Klasse zugewiesen wurde, wieder freizugeben.

Fragen und Antworten

F Wie groß ist ein Klassenobjekt?

A *Die Größe eines Klassenobjekts im Speicher wird durch die Summe aller Größen seiner Elementvariablen bestimmt. Klassenmethoden belegen keinen Platz in dem für das Objekt reservierten Hauptspeicher.*

Manche Compiler richten die Variablen im Speicher so aus, daß 2 Byte-Variablen tatsächlich etwas mehr Speicher verbrauchen als 2 Byte. Es empfiehlt sich, hierzu in der Dokumentation des Compilers nachzusehen, aber momentan gibt es keinen Grund, sich mit diesen Dingen im Detail zu beschäftigen.

F Wenn ich eine `Cat`-Klasse mit einem privaten Element `itsAge` deklariere und dann zwei `Cat`-Objekte, `Frisky` und `Boots`, definiere, kann `Boots` dann auf die Elementvariable `itsAge` von `Frisky` zugreifen?

A *Ja. Private Daten stehen den Elementfunktionen einer Klasse zur Verfügung, und die verschiedenen Instanzen der Klasse können auf ihre jeweiligen Daten zugreifen. In anderen Worten: Wenn `Frisky` und `Boots` beides Instanzen von `Cat` sind, können die Elementfunktionen von `Frisky` sowohl auf die Daten von `Frisky` als auf die von `Boots` zugreifen.*

F Warum sollten Datenelemente nach Möglichkeit privat bleiben?

A *Indem man die Datenelemente privat macht, kann der Klient der Klasse die Daten verwenden, ohne sich um die Art und Weise ihrer Speicherung oder Verarbeitung kümmern zu müssen. Wenn zum Beispiel die Klasse `Cat` eine Methode `GetAge()` enthält, können die Klienten der Klasse `Cat` das Alter der Katze abrufen, ohne zu wissen oder sich darum zu kümmern, ob die Katze ihr Alter in einer Elementvariablen speichert oder es bei Bedarf berechnet.*

F Wenn ich mit einer konstanten Funktion eine Klasse ändere und dadurch einen Compiler-Fehler hervorrufe, warum sollte ich dann nicht einfach das Schlüsselwort `const` weglassen und Compiler-Fehlern aus dem Wege gehen?

A *Wenn Ihre Elementfunktion aufgrund der Logik die Klasse nicht ändern sollte, stellt die Verwendung des Schlüsselwortes `const` eine gute Möglichkeit dar, den Compiler beim Aufspüren verzwickter Fehler hinzuzuziehen. Wenn zum Beispiel `GetAge()` keinen Grund hat, die Klasse `Cat` zu ändern, aber Ihre Implementierung die Zeile*

```
if (itsAge = 100) cout << "Hey! Du bist 100 Jahre alt\n";
```

enthält, führt die Deklaration von `GetAge()` als `const` zu einem Compiler-Fehler. Hier war beabsichtigt, einen Test durchzuführen, ob `itsAge` gleich 100 ist. Statt dessen haben Sie versehentlich den Wert 100 an `itsAge` zugewiesen. Diese Zuweisung ändert die Klasse. Da Sie aber explizit keine Änderungen zugelassen haben, kann der Compiler den Fehler ermitteln.

Derartige Fehler lassen sich nur schwer aufspüren, wenn man den Code lediglich durchsucht – das Auge sieht oft nur das, was man sehen will. Viel wichtiger ist noch, daß das Programm korrekt zu laufen scheint, obwohl `itsAge` nun auf eine falsche Zahl gesetzt wurde. Früher oder später treten dann Probleme auf.

F Gibt es überhaupt einen Grund, in einem C++-Programm eine Struktur zu verwenden?

A *Viele C++-Programmierer reservieren das Schlüsselwort* `struct` *für Klassen ohne Funktionen. Das ist ein Rückfall in die alten C-Strukturen, die keine Funktionen haben konnten. Offen gesagt, sind Strukturen nur verwirrend und gehören nicht zum guten Programmierstil. Die heutige Struktur ohne Methoden braucht morgen vielleicht eine Methode. Dann ist man gezwungen, entweder den Typ in* `class` *zu ändern oder die Regel zu durchbrechen und schließlich eine Struktur mit Methoden zu erzeugen.*

Workshop

Der Workshop enthält Quizfragen, die Ihnen helfen sollen, Ihr Wissen zu festigen, und Übungen, die Sie anregen sollen, das eben Gelernte umzusetzen und eigene Erfahrungen zu sammeln. Versuchen Sie, das Quiz und die Übungen zu beantworten und zu verstehen, bevor Sie die Lösungen in Anhang D lesen und zur Lektion des nächsten Tages übergehen.

Quiz

1. Was ist der Punktoperator und wozu wird er verwendet?
2. Wann wird Speicher reserviert – bei der Deklaration oder bei der Definition?
3. Ist die Deklaration einer Klasse deren Schnittstelle oder deren Implementierung?
4. Was ist der Unterschied zwischen öffentlichen (`public`) und privaten (`private`) Datenelementen?
5. Können Elementfunktionen privat sein?

6. Können Datenelemente öffentlich sein?
7. Wenn Sie zwei `Cat`-Objekte deklarieren, können diese unterschiedliche Werte in ihren `itsAge`-Datenelementen haben?
8. Enden Klassendeklarationen mit einem Semikolon? Und die Definitionen von Klassenmethoden?
9. Wie würde die Header-Datei für eine `Cat`-Funktion `Meow()` aussehen, die keine Parameter übernimmt und `void` zurückliefert?
10. Welche Funktion wird aufgerufen, um eine Klasse zu initialisieren?

Übungen

1. Schreiben Sie einen Code, der eine Klasse namens `Employee` (Angestellter) mit folgenden Datenelementen deklariert: `age`, `YearsOfService` und `Salary`
2. Schreiben Sie die Klasse `Employee` neu, mit privaten Datenelementen und zusätzlichen öffentlichen Zugriffsmethoden, um jedes der Datenelemente zu lesen und zu setzen.
3. Schreiben Sie mit Hilfe der `Employee`-Klasse ein Programm, das zwei Angestellte erzeugt. Setzen Sie deren Alter (`age`), Beschäftigungszeitraum (`YearsOfService`) und Gehalt (`Salary`) und geben Sie diese Werte aus.
4. Als Fortsetzung von Übung 3 nehmen Sie eine Methode in `Employee` auf, die berichtet, wieviel tausend Dollar der Angestellte verdient, aufgerundet auf die nächsten 1000 Dollar.
5. Ändern Sie die Klasse `Employee` so, daß Sie `age`, `YearsOfService` und `Salary` initialisieren können, wenn Sie einen neuen Angestellten anlegen.
6. FEHLERSUCHE: Was ist falsch an der folgenden Deklaration?

```
class Square
{
public:
    int Side;
}
```

7. FEHLERSUCHE: Warum ist die folgende Klassendeklaration nicht besonders nützlich?

```
class Cat
{
    int GetAge()const;
private:
    int itsAge;
};
```

8. FEHLERSUCHE: Welche drei Fehler wird der Compiler in folgendem Code finden?

```
class  TV
{
public:
    void SetStation(int Station);
    int GetStation() const;
private:
    int itsStation;
};
int main()
{
    TV myTV;
    myTV.itsStation = 9;
    TV.SetStation(10);
    TV myOtherTv(2);
    return 0;
}
```

Mehr zur Programmsteuerung

Woche 1

Programme verbringen den größten Teil ihrer Arbeit mit Verzweigungen und Schleifen. In Kapitel 4, »Ausdrücke und Anweisungen«, haben Sie gelernt, wie Sie mit der `if`-Anweisung Ihr Programm verzweigen können. Heute lernen Sie,

- was Schleifen sind und wie man sie einsetzt,
- wie man verschiedene Schleifen konstruiert,
- wie man eine Alternativkonstruktion zu tief verschachtelten `if...else`-Anweisungen aufbaut.

Schleifenkonstruktionen

Viele Probleme der Programmierung lassen sich durch wiederholtes Ausführen einer oder mehrerer Anweisungen lösen. Dazu bieten sich zwei Möglichkeiten an. Zum einen die Rekursion (die bereits in Kapitel 5, »Funktionen«, behandelt wurde) und zum anderen die Iteration. Iteration bedeutet die wiederholte Ausführung einer Aktion und wird üblicherweise in Form von Schleifen implementiert.

Ursprung der Schleifen – Konstruktionen mit goto

In den frühen Tagen der Informatik waren Programme primitiv, unverständlich und kurz. Schleifen bestanden aus einer Sprungmarke (Label), einigen Anweisungen und einem Sprung.

In C++ ist ein Label einfach ein Name, gefolgt von einem Doppelpunkt. Das Label steht links von einer zulässigen C++-Anweisung. Einen Sprung realisiert man mit der Anweisung `goto` und dem sich anschließenden Namen des Labels. Listing 7.1 zeigt dazu ein Beispiel.

Listing 7.1: Schleifenkonstruktion mit goto

```
// Listing 8.1
// Schleifen mit goto

#include <iostream.h>

int main()
{
        int counter = 0;         // Zähler initialisieren
loop:   counter ++;              // Anfang der Schleife
          cout << "Zaehler: " << counter << "\n";
         if (counter < 5)        // Den Wert testen
```

```
12:             goto loop; // Sprung an Anfang der Schleife
13:
14:         cout << "Fertig. Zaehler: " << counter << ".\n";
15:     return 0;
16: }
```

Ausgabe

```
Zähler: 1
Zähler: 2
Zähler: 3
Zähler: 4
Zähler: 5
Fertig. Zaehler: 5.
```

Analyse

Zeile 8 initialisiert den Zähler (`counter`) mit 0. Das Label `loop` in Zeile 9 markiert den Beginn der Schleife. Das Programm inkrementiert den Wert von `counter` und gibt den neuen Wert aus. Zeile 11 testet den Wert von `counter`. Ist er kleiner als 5, liefert die `if`-Anweisung das Ergebnis `true`. Das Programm führt daraufhin die `goto`-Anweisung aus und springt zurück zu Zeile 9. Der Schleifendurchlauf wiederholt sich, bis `counter` gleich 5 ist. Das Programm übergeht dann die Schleife und führt die letzte Ausgabeanweisung (Zeile 14) aus.

Warum man goto nicht verwenden sollte

`goto`-Konstruktionen sind schon früh ins Kreuzfeuer der Kritik geraten, und das nicht einmal zu unrecht. Mit `goto`-Anweisungen läßt sich ein Sprung zu einer beliebigen Stelle im Quellcode realisieren, rückwärts oder vorwärts. Die unüberlegte Verwendung von `goto`-Anweisungen führt zu unübersichtlichen, schlechten und schwer zu lesenden Programmen, die man als Spaghetti-Code bezeichnet. Deshalb hämmern Informatik-Dozenten ihren Studenten seit über zwanzig Jahren ein, `goto` möglichst nicht zu verwenden.

Der strukturierten Programmierung kommen die intelligenteren Schleifenbefehle `for`, `while` und `do...while` entgegen, mit denen man `goto`-Konstruktionen von vornherein vermeiden kann. Man kann jedoch zu Recht argumentieren, daß mal wieder alles etwas übertrieben wird. Denn wie jedes Werkzeug kann `goto`, sorgfältig eingesetzt und in den richtigen Händen, eine nützliche Konstruktion sein, und das ANSI-Komitee hat entschieden, `goto` weiter in der Sprache zu behalten, da es seine berechtigten Einsatzbereiche hat. Aber wie sagt man so schön »Kinder, macht das nicht zu Hause nach.«

Die goto-Anweisung

Die Syntax der goto-Anweisung besteht aus dem goto-Befehl und einem Labelnamen. Damit springen Sie, ohne weitere Bedingungen zu berücksichtigen, zu dem Label.

Beispiel:

```
if (wert > 10)   goto end;
if (wert < 10)   goto end;
cout << "wert ist gleich 10!";
end: cout << "fertig";
```

goto zu verwenden ist fast immer ein Zeichen für einen schlechten Entwurf. Am besten versuchen Sie, goto zu vermeiden. In meinen 10 Jahren als Programmierer habe ich es erst einmal verwendet.

while-Schleifen

Eine while-Schleife bewirkt die Wiederholung einer Folge von Anweisungen im Programm, solange die Startbedingung gleich true bleibt. Das goto-Beispiel in Listing 7.1 inkrementiert den Zähler (counter), bis er den Wert 5 erreicht. Listing 7.2 zeigt das gleiche Programm, das jetzt mit der while-Konstruktion realisiert ist.

Listing 7.2: while-Schleifen

```
// Listing 7.2
// Schleifen mit while

#include <iostream.h>

int main()
{
  int counter = 0;                 // Bedingung initialisieren

   while(counter < 5)      // Testbedingung immer noch true
   {
      counter++;                // Rumpf der Schleife
      cout << "Zähler: " << counter << "\n";
   }

```

```
16:      cout << "Fertig. Zaehler: " << counter << ".\n";
17:       return 0;
18:    }
```

```
Zähler: 1
Zähler: 2
Zähler: 3
Zähler: 4
Zähler: 5
Fertig. Zaehler: 5.
```

Dieses einfache Beispiel demonstriert die Grundlagen der `while`-Schleife. Liefert der Test einer Bedingung den Wert `true`, wird der Rumpf der `while`-Schleife ausgeführt. Im Beispiel testet die Bedingung in Zeile 10, ob `counter` kleiner als 5 ist. Ergibt der Test `true`, führt das Programm den Rumpf der Schleife aus: Zeile 12 inkrementiert den Zähler, und Zeile 13 gibt den Wert aus. Wenn die Bedingungsanweisung in Zeile 10 den Wert `false` ergibt (wenn `counter` nicht mehr kleiner als 5 ist), wird der gesamte Rumpf der `while`-Schleife (in den Zeilen 11 bis 14) übersprungen. Die Programmausführung setzt dann sofort mit Zeile 15 fort.

Die `while`-Anweisung

Die Syntax der `while`-Anweisung lautet:

```
while ( bedingung )
anweisung;
```

`bedingung` ist ein beliebiger C++-Ausdruck und `anweisung` eine beliebige C++-Anweisung oder ein Block von Anweisungen. Ergibt die `bedingung` `true` (1), wird `anweisung` ausgeführt und danach `bedingung` erneut getestet. Dieser Vorgang wiederholt sich so lange, bis der Test von `bedingung` `false` ergibt. Daraufhin wird die `while`-Schleife verlassen, und die Ausführung setzt mit der ersten Zeile unter `anweisung` fort.

Beispiel:

```
//  bis 10 zählen
int x = 0;
while (x < 10)
cout <<  "X: " << x++;
```

Komplexere while-Anweisungen

Die in einer `while`-Schleife getestete Bedingung kann aus jedem zulässigen C++-Ausdruck bestehen. Es lassen sich auch Ausdrücke einbinden, die man mit den logischen Operatoren `&&` (AND), `||` (OR) und `!` (NOT) erstellt. Listing 7.3 zeigt eine etwas kompliziertere `while`-Anweisung.

Listing 7.3: Komplexe while-Schleifen

```
// Listing 7.3
// Komplexe while-Anweisungen

#include <iostream.h>

int main()
{
  unsigned short small;
  unsigned long  large;
   const unsigned short MAXSMALL=65535;

   cout << "Bitte eine kleine Zahl eingeben: ";
   cin >> small;
   cout << "Bitte eine grosse Zahl eingeben: ";
   cin >> large;

    cout << "Klein: " << small << "...";

   // Bei jedem Schleifendurchlauf drei Bedingungen testen
   while (small < large && large > 0 && small < MAXSMALL)

   {
      if (small % 5000 == 0)  // Alle 5000 Zeilen einen Punkt ausgeben
        cout << ".";

      small++;

      large-=2;
   }

   cout << "\nKlein: " << small << " Gross: " << large << endl;
  return 0;
}
```

Ausgabe

```
Bitte eine kleine Zahl eingeben: 2
Bitte eine grosse Zahl eingeben: 100000
Klein: 2.........
Klein: 33335 Gross: 33334
```

Analyse

Dieses Programm stellt ein Spiel dar. Man gibt zwei Zahlen ein, eine kleine (`small`) und eine große (`large`). Die kleinere Zahl wird um 1 nach oben gezählt, die größere in Schritten von 2 abwärts. Es ist nun zu erraten, wann sich die Zahlen treffen.

In den Zeilen 12 bis 15 erfolgt die Eingabe der Zahlen. Zeile 20 richtet eine `while`-Schleife ein, deren Durchläufe von drei Bedingungen abhängig sind:

- `small` ist nicht größer als `large`.
- `large` ist nicht negativ.
- `small` überschreitet nicht die Größe einer kleinen Integer-Zahl (`MAXSMALL`).

Zeile 23 berechnet den Wert von `small` modulo 5.000. Der Wert in `small` bleibt dabei unverändert. Der Ausdruck liefert das Ergebnis 0, wenn `small` ein genaues Vielfaches von 5.000 ist. In diesem Fall gibt das Programm als Fortschrittskontrolle einen Punkt auf dem Bildschirm aus. Zeile 26 inkrementiert den Wert von `small`, während Zeile 28 den Wert von `large` um 2 dekrementiert.

Wenn irgendeine der drei Bedingungen in der `while`-Schleife nicht erfüllt ist, endet die Schleife, und die Ausführung des Programms setzt sich nach der schließenden Klammer der `while`-Schleife in Zeile 29 fort.

Hinweis

Der Modulo-Operator (`%`) und komplexe Bedingungen wurden am Tag 3, »Variablen und Konstanten«, besprochen.

continue und break

Manchmal soll das Programm an den Anfang einer `while`-Schleife zurückkehren, bevor die gesamte Gruppe von Anweisungen in der `while`-Schleife abgearbeitet ist. Die `continue`-Anweisung bewirkt einen Sprung zurück an den Beginn der Schleife.

Es kann auch sein, daß man die Schleife verlassen muß, bevor die Abbruchbedingung erfüllt ist. Die `break`-Anweisung führt unmittelbar zum Austritt aus der `while`-Schleife, und die Programmausführung wird nach der schließenden geschweiften Klammer fortgesetzt.

Listing 7.4 demonstriert die Verwendung dieser Anweisungen. Dieses Mal ist das Spiel etwas komplizierter. Der Anwender wird aufgefordert, eine kleine Zahl (`small`), eine große Zahl (`large`), eine Sprungzahl (`skip`) und eine Zielzahl (`target`) einzugeben. Das Programm inkrementiert die Zahl `small` um 1 und dekrementiert die Zahl `large` um 2. Das Dekrementieren wird übersprungen, wenn `small` ein Vielfaches der Zahl `skip` ist. Das Spiel endet, sobald `small` größer als `large` ist. Wenn die Zahl `large` genau die Zielzahl `target` trifft, erscheint eine Mitteilung, und das Spiel stoppt.

Der Anwender muß versuchen, eine Zielzahl für die Zahl `large` einzugeben, die das Spiel stoppt.

Listing 7.4: Die Anweisungen break und continue

```
// Listing 7.4
// Demonstriert die Anweisungen break und continue

#include <iostream.h>

int main()
{
  unsigned short small;
  unsigned long  large;
   unsigned long  skip;
   unsigned long target;
   const unsigned short MAXSMALL=65535;

   cout << "Bitte eine kleine Zahl eingeben: ";
   cin >> small;
   cout << "Bitte eine grosse Zahl eingeben: ";
   cin >> large;
   cout << "Bitte eine Sprungzahl eingeben: ";
   cin >> skip;
   cout << "Bitte eine Zielzahl eingeben: ";
   cin >> target;

 cout << "\n";

  // 3 Abbruchbedingungen für die Schleife einrichten
   while (small < large && large > 0 && small < MAXSMALL)

   {

     small++;

      if (small % skip == 0)  // Dekrementieren überspringen?
```

```
33:         {
34:           cout << "Ueberspringen " << small << endl;
35:           continue;
36:         }
37:
38:         if (large == target)    // target genau getroffen?
39:         {
40:           cout << "Ziel getroffen!";
41:           break;
42:         }
43:
44:         large-=2;
45:      }                    // Ende der while-Schleife
46:
47:      cout << "\nKlein: " << small << " Gross: " << large << endl;
48:    return 0;
48:    }
```

Ausgabe

```
Bitte eine kleine Zahl eingeben: 2
Bitte eine grosse Zahl eingeben: 20
Bitte eine Sprungzahl eingeben: 4
Bitte eine Zielzahl eingeben: 6
Ueberspringen 4
Ueberspringen 8
Klein: 10 Gross: 8
```

Analyse

In diesem Spiel hat der Anwender verloren. `small` wurde größer als `large`, bevor er die `target`-Zahl von 6 erreicht hat.

In Zeile 26 steht der Test der `while`-Bedingungen. Wenn `small` weiterhin kleiner als `large` ist, `large` größer als 0 ist und `small` noch nicht den Maximalwert für eine kleine `int`-Zahl überschritten hat, tritt die Programmausführung in den Rumpf der Schleife ein.

Die Anweisung in Zeile 32 berechnet den Rest der Ganzzahldivision von `small` und `skip`. Wenn `small` ein Vielfaches von `skip` ist, wird die `continue`-Anweisung erreicht, und die Programmausführung springt an den Beginn der Schleife in Zeile 26. Damit übergeht das Programm den Test auf `target` und das Dekrementieren von `large`.

Zeile 38 testet `target` erneut gegen den Wert für `large`. Sind beide Werte gleich, hat der Anwender gewonnen. Es erscheint eine Meldung, und das Programm erreicht die `break`-Anweisung. Das bewirkt einen sofortigen Austritt aus der `while`-Schleife, und die Programmausführung wird mit Zeile 46 fortgesetzt.

Hinweis

Sowohl `continue` als auch `break` sollte man mit Umsicht einsetzen. Nach `goto` sind es die beiden gefährlichsten Befehle, und zwar aus den gleichen Gründen wie bei `goto` angeführt. Programme, die plötzlich die Richtung ändern, sind schwerer zu verstehen, und der großzügige Einsatz von `continue` und `break` macht sogar eine kleine `while`-Schleifenkonstruktion unverständlich.

Tip

Die `continue`-Anweisung

Die Anweisung `continue;` bewirkt, daß eine `while`- oder `for`-Schleife wieder zum Anfang der Schleife zurückkehrt. In Listing 7.4 finden Sie ein Beispiel für den Einsatz von `continue`.

Tip

Die `break`-Anweisung

Die `break`-Anweisung bewirkt den direkten Ausstieg aus eine `while`- oder `for`-Schleife. Die Programmausführung springt zu der schließenden geschweiften Klammer.

Beispiel:

```
while (bedingung)
{
     if (bedingung2)
          break;
     // anweisungen;
}
```

while(true)-Schleifen

Bei der in einer `while`-Schleife getesteten Bedingung kann es sich um einen beliebigen gültigen C++-Ausdruck handeln. Solange die Bedingung `true` bleibt, wird die `while`-Schleife fortgesetzt. Man kann eine Endlosschleife erzeugen, indem man für die zu testende Bedingung den Wert `true` angibt. Listing 7.5 realisiert mit Hilfe dieser Konstruktion einen Zähler bis 10.

Listing 7.5: while(true)-Schleifen

```
// Listing 7.5
// Demonstriert eine while-true-Schleife

```

```
4:    #include <iostream.h>
5:
6:    int main()
7:    {
8:      int counter = 0;
9:
10:      while (true)
11:      {
12:         counter ++;
13:         if (counter > 10)
14:             break;
15:      }
16:      cout << "Zaehler: " << counter << "\n";
17:      return 0;
18:   }
```

```
Zähler: 11
```

Zeile 10 richtet eine `while`-Schleife mit einer Bedingung ein, die niemals `false` liefern kann. Die Schleife inkrementiert in Zeile 12 die Zählervariable (`counter`) und testet dann in Zeile 13, ob `counter` den Wert 10 überschritten hat. Ist das nicht der Fall, führt die Schleife einen erneuten Durchlauf aus. Wenn `counter` größer als 10 ist, beendet die `break`-Anweisung in Zeile 14 die `while`-Schleife, und die Programmausführung geht direkt zu Zeile 16, wo die Ausgabe der Ergebnisse stattfindet.

Dieses Programm funktioniert zwar, ist aber nicht sehr elegant formuliert – ein gutes Beispiel für das falsche Werkzeug. Das gleiche kann man realisieren, wenn man den Test des Zählerwertes dorthin schreibt, wo er hingehört: in die `while`-Bedingung.

Endlosschleifen wie `while(true)` können dazu führen, daß sich der Computer aufhängt, wenn die Abbruchbedingung niemals erreicht wird. Verwenden Sie diese Konstruktion mit Vorsicht, und führen Sie gründliche Tests durch.

Was Sie tun sollten	... und was nicht
Verwenden Sie `while`-Schleifen, um einen Anweisungsblock so lange zu wiederholen, wie eine entsprechende Bedingung `true` ist. Setzen Sie die Anweisungen `continue` und `break` mit Umsicht ein. Stellen Sie sicher, daß es einen Austritt aus der Schleife gibt.	Verzichten Sie auf die `goto`-Anweisung.

C++ bietet verschiedene Möglichkeiten, um die gleiche Aufgabe zu realisieren. Das eigentliche Kunststück ist es, das richtige Werkzeug für die jeweilige Aufgabe herauszusuchen.

do...while-Schleifen

Es kann sein, daß der Rumpf einer `while`-Schleife gar nicht zur Ausführung gelangt. Die `while`-Anweisung prüft die Bedingung vor allen Anweisungen. Liefert die Bedingung `false`, überspringt das Programm den gesamten Rumpf der Schleife. Listing 7.6 verdeutlicht das.

Listing 7.6: Den Rumpf der while-Schleife überspringen

```
// Listing 7.6
// Den Rumpf der while-Schleife überspringen, wenn
// die Bedingung false ist.

#include <iostream.h>

int main()
{
   int counter;
   cout << "Wie viele Hallos?: ";
   cin >> counter;
   while (counter > 0)
   {
      cout << "Hallo!\n";
      counter--;
   }
```

```
17:        cout << "Zaehler ist: " << counter;
18:         return 0;
19:      }
```

```
Wie viele Hallos?: 2
Hallo!
Hallo!
Zähler ist: 0

Wie viele Hallos?: 0
Zähler ist Ausgabe: 0
```

Die Anweisung in Zeile 10 fordert den Anwender zur Eingabe eines Startwerts auf, der in der Integer-Variablen `counter` gespeichert wird. Der Wert in der Variablen wird in Zeile 12 überprüft und im Rumpf der `while`-Schleife dekrementiert. Beim ersten Programmdurchlauf hat der Anwender für `counter` die Zahl 2 eingegeben, so daß die Schleife zweimal ausgeführt wurde. Beim zweiten Mal hat er allerdings eine 0 eingegeben. Beim Test von `counter` in Zeile 12 liefert die Bedingung `false`, da `counter` nicht größer als 0 ist. Damit überspringt das Programm die gesamte `while`-Schleife, und die Meldung »Hallo!« erscheint überhaupt nicht.

Wie kann man nun sicherstellen, daß »Hallo!« wenigstens einmal zu sehen ist? Die `while`-Schleife kann das nicht realisieren, da der Test der Bedingung vor jeglicher Ausgabe erfolgt. Man kann die Schleifenausführung erzwingen, indem man eine `if`-Anweisung unmittelbar vor dem Eintritt in die Schleife einbaut:

```
if (counter < 1)  // Einen Minimalwert erzwingen
counter = 1;
```

Das ist aber eine häßliche und wenig elegante Lösung.

do...while

Die `do...while`-Schleife führt den Rumpf der Schleife aus, bevor der Test der Bedingung stattfindet. Damit ist gesichert, daß der Rumpf mindestens einmal abgearbeitet wird. Listing 7.7 zeigt das umgeschriebene Programm von Listing 7.6 mit einer `do...while`-Schleife.

Listing 7.7: Demonstration einer do..while-Schleife

```
1:     // Listing 7.7
2:     // Demonstriert eine do while-Schleife
3:
4:     #include <iostream.h>
5:
6:     int main()
7:     {
8:        int counter;
9:        cout << "Wie viele Hallos? ";
10:       cin >> counter;
11:       do
12:       {
13:          cout << "Hallo\n";
14:          counter--;
15:       } while (counter >0 );
16:       cout << "Zaehler ist: " << counter << endl;
17:        return 0;
18:    }
```

Ausgabe

```
Wie viele Hallos? 2
Hallo
Hallo
Zähler ist: 0
```

Analyse

Die Anweisung in Zeile 9 fordert den Anwender zur Eingabe eines Startwerts auf, der in der Integer-Variablen `counter` gespeichert wird. Das Programm tritt in die `do...while`-Schleife ein, bevor der Test der Bedingung erfolgt. Damit ist die Ausführung der Schleife mindestens einmal garantiert. In Zeile 13 steht die Ausgabe der Meldung, Zeile 14 dekrementiert den Zähler, und in Zeile 15 findet der Test der Bedingung statt. Wenn die Bedingung den Wert `true` ergibt, springt die Ausführung an den Anfang der Schleife in Zeile 13, andernfalls geht es direkt zu Zeile 16.

Die Anweisungen `continue` und `break` arbeiten in der `do...while`-Schleife genauso wie in der `while`-Schleife. Der einzige Unterschied zwischen einer `while`- und einer `do...while`-Schleife besteht im Zeitpunkt für den Test der Bedingung.

Die do...while-Anweisung

Die Syntax für die `do...while`-Anweisung lautet:

```
do
anweisung
while (bedingung);\
```

Erst wird `anweisung` ausgeführt und dann `bedingung` getestet. Ergibt `bedingung` `true`, wird die Schleife wiederholt, ansonsten endet die Schleife. Die Anweisungen und Bedingungen entsprechen denen der `while`-Schleife.

Beispiel 1:

```
// bis 10 zaehlen
in x = 0;
do
cout << "X: " << x++;
while (x < 10)
```

Beispiel 2:

```
// Alphabet in Kleinbuchstaben ausgeben
char ch = 'a';
do
{
cout << ch << ' ';
ch++;
} while ( ch <= 'z' );
```

Was Sie tun sollten

Arbeiten Sie mit `do...while`-Schleifen, wenn Sie sicherstellen wollen, daß die Schleife zumindest einmal durchlaufen wird.

Arbeiten Sie mit `while`-Schleifen, wenn Sie für den Fall, daß die Bedingung `false` ist, die Schleife überspringen wollen.

Testen Sie alle Schleifen, um sicherzustellen, daß sie auch wie gewünscht funktionieren.

for-Schleifen

Bei der Programmierung von `while`-Schleifen stellt man häufig fest, daß man eine Startbedingung festlegt, eine Bedingung auf `true` testet und eine Variable bei jedem

Schleifendurchlauf inkrementiert oder anderweitig verändert. Listing 7.8 zeigt dazu ein Beispiel.

Listing 7.8: Untersuchung einer while-Schleife

```
1:   // Listing 7.8
2:   // Schleifendurchlaeufe mit while
3:
4:   #include <iostream.h>
5:
6:   int main()
7:   {
8:     int counter = 0;
9:
10:     while(counter < 5)
11:     {
12:          counter++;
13:          cout << "Schleife!  ";
14:     }
15:
16:     cout << "\nZaehler: " << counter << ".\n";
17:     return 0;
18:   }
```

Ausgabe

```
Schleife!  Schleife!  Schleife!  Schleife!  Schleife!
Zähler: 5.
```

Analyse

Zeile 8 initialisiert die Variable `counter` für die Anfangsbedingung mit 0. Der Test in Zeile 10 prüft, ob `counter` kleiner als 5 ist. In Zeile 12 wird `counter` inkrementiert. Zeile 13 gibt nur eine einfache Meldung aus – hier sind aber auch wichtigere Aufgaben denkbar, die bei jedem Inkrementieren von `counter` zu erledigen sind.

Eine `for`-Schleife faßt die drei Schritte Initialisierung, Test und Inkrementierung in einer Anweisung zusammen. Die Syntax der `for`-Anweisung besteht aus dem Schlüsselwort `for`, gefolgt von einem Klammernpaar. Innerhalb dieser Klammern befinden sich drei durch Semikolons getrennte Anweisungen.

Die erste Anweisung ist die Initialisierung. Hier kann man jede zulässige C++-Anweisung angeben. Normalerweise verwendet man diese Anweisung aber, um eine Zählervariable zu erzeugen und zu initialisieren. Die zweite Anweisung realisiert den Test und kann ebenfalls jeder zulässige C++-Ausdruck sein. Diese Anweisung übernimmt die Rolle der Bedingung in der while-Schleife. Anweisung drei ist die Aktion. Normalerweise inkrementiert oder dekrementiert man einen Wert, obwohl auch alle zulässigen C++-Anweisungen möglich sind. Beachten Sie, daß zwar die erste und dritte Anweisung alle in C++ zulässigen Anweisungen sein können, daß aber für die zweite Anweisung ein Ausdruck erforderlich ist – eine C++-Anweisung, die einen Wert zurückgibt. Listing 7.9 demonstriert die for-Schleife.

Listing 7.9: Beispiel für eine for-Schleife

```
1:     // Listing 7.9
2:     // Schleifendurchlaeufe mit for
3:
4:     #include <iostream.h>
5:
6:     int main()
7:     {
8:       int counter;
9:       for (counter = 0; counter < 5; counter++)
10:         cout << "Schleife!  ";
11:
12:       cout << "\nZaehler: " << counter << ".\n";
13:       return 0;
14:    }
```

```
Schleife!  Schleife!  Schleife!  Schleife!  Schleife!
Zähler: 5.
```

Die for-Anweisung in Zeile 9 kombiniert die Initialisierung von counter, den Test, ob counter kleiner als 5 ist, und die Inkrementierung von counter in einer Zeile. Der Rumpf der for-Anweisung steht in Zeile 10. Natürlich könnte man hier genausogut einen Block vorsehen.

Die for-Anweisung

Die Syntax für die for-Anweisung lautet:

```
for (initialsierung; test; aktion)
anweisung;
```

Die Initialisierungsanweisung dient dazu, einen Zähler zu initialisieren oder auf andere Art und Weise die `for`-Schleife einzuleiten. Bei `test` handelt es sich um einen beliebigen C++-Ausdruck, der bei jedem Schleifendurchlauf geprüft wird. Ergibt `test` den Wert `true`, wird zuerst der Rumpf der `for`-Schleife und anschließend die `Aktion` im Kopf der `for`-Schleife (normalerweise Inkrement des Zählers) ausgeführt.

Beispiel 1:

```
// Hallo 10mal ausgeben
for (int i = 0; i < 10; i++)
cout << "Hallo! ";
```

Beispiel 2:

```
for (int i = 0; i < 10; i++)
{
    cout << "Hallo!" << endl;
    cout << "der Wert von i beträgt: " << i << endl;
}
```

Erweiterte for-Schleifen

`for`-Anweisungen sind leistungsfähig und flexibel. Die drei unabhängigen Anweisungen (Initialisierung, Test und Aktion) führen von selbst zu einer Reihe von Varianten.

Eine `for`-Schleife arbeitet nach folgendem Schema:

1. Ausführen der Operationen in der Initialisierung.
2. Auswerten der Bedingung.
3. Wenn die Bedingung `true` ergibt: Ausführen der Schleife und dann der Aktionsanweisung.

Nach jedem Schleifendurchlauf wiederholt die `for`-Schleife die Schritte 2 und 3.

Mehrfache Initialisierung und Inkrementierung

Es ist durchaus üblich, mehrere Variablen auf einmal zu initialisieren, einen zusammengesetzten logischen Ausdruck zu testen und mehrere Anweisungen auszuführen. Die Anweisungen für Initialisierung und Aktion lassen sich durch mehrere C++-Anweisungen ersetzen, die jeweils durch Komma zu trennen sind. Listing 7.10 zeigt die Initialisierung und Inkrementierung von zwei Variablen.

Listing 7.10: Mehrere Anweisungen in for-Schleifen

```
1:  // Listing 7.10
2:  // Demonstriert mehrere Anweisungen in
3:  // for-Schleifen
4:
5: #include <iostream.h>
6:
7:  int main()
8:  {
9:      for (int i=0, j=0; i<3; i++, j++)
10:          cout << "i: " << i << "  j: " << j << endl;
11:     return 0;
12:  }
```

Ausgabe

```
i: 0  j: 0
i: 1  j: 1
i: 2  j: 2
```

Analyse

Zeile 9 initialisiert die beiden Variablen `i` und `j` mit dem Wert 0. Die Auswertung der Testbedingung (`i<3`) liefert `true`. Somit führt die `for`-Konstruktion die Anweisungen im Rumpf aus: hier die Ausgabe der Werte. Schließlich wird die dritte Klausel in der `for`-Anweisung ausgeführt: Inkrementieren von `i` und `j`.

Nach Abarbeitung von Zeile 10 wertet die `for`-Konstruktion die Bedingung erneut aus. Liefert die Auswertung weiterhin `true`, wiederholt die `for`-Schleife die Aktionen (Inkrementieren von `i` und `j`) und führt den Rumpf der Schleife erneut aus. Das setzt sich so lange fort, bis der Test `false` ergibt. Die Aktionsanweisung gelangt dann nicht mehr zur Ausführung, und der Programmablauf setzt sich nach der Schleife fort.

Leere Anweisungen in for-Schleifen

In einer `for`-Schleife können einige oder alle Anweisungen leer sein. Dazu markiert man mit einem Semikolon die Stelle, wo die Anweisung normalerweise steht. Um eine `for`-Schleife zu erzeugen, die genau wie eine `while`-Schleife arbeitet, läßt man die ersten und dritten Anweisungen weg. Dazu zeigt Listing 7.11 ein Beispiel.

Listing 7.11: Eine for-Schleife mit leeren Anweisungen

```
1:   // Listing 7.11
2:   // for-Schleife mit leeren Anweisungen
3:
4:   #include <iostream.h>
5:
6:   int main()
7:   {
8:       int counter = 0;
9:
10:       for( ; counter < 5; )
11:       {
12:          counter++;
13:          cout << "Schleife!  ";
14:       }
15:
16:       cout << "\nZaehler: " << counter << ".\n";
17:      return 0;
18:   }
```

Ausgabe

```
Schleife!  Schleife!  Schleife!  Schleife!  Schleife!
Zähler: 5.
```

Analyse

Ein Vergleich mit der weiter vorn in Listing 7.8 gezeigten `while`-Schleife läßt eine nahezu identische Konstruktion erkennen. Die Initialisierung der Zählervariablen erfolgt in Zeile 8. Die `for`-Anweisung in Zeile 10 initialisiert keinerlei Werte, enthält aber einen Test für `counter < 5`. Weiterhin fehlt eine Inkrement-Anweisung, so daß sich diese Schleife wie die folgende Konstruktion verhält:

```
while (counter < 5)
```

Auch hier bietet C++ verschiedene Möglichkeiten, dasselbe zu verwirklichen. Kein erfahrener C++-Programmierer würde eine `for`-Schleife auf diese Weise verwenden. Das Beispiel verdeutlicht aber die Flexibilität der `for`-Anweisung. In der Tat ist es mit `break` und `continue` möglich, eine `for`-Schleife mit keiner der drei Anweisungen zu realisieren. Listing 7.12 zeigt dazu ein Beispiel.

Listing 7.12: Eine leere for-Schleifenanweisung

```
1:     //Listing 7.12 zeigt eine
2:     //leere for-Schleifenanweisung
3:
4:     #include <iostream.h>
5:
6:     int main()
7:     {
8:         int counter=0;        // Initialisierung
9:         int max;
10:         cout << "Wie viele Hallos? ";
11:         cin >> max;
12:         for (;;)          // Endlosschleife mit for
13:         {
14:            if (counter < max)        // Test
15:            {
16:              cout << "Hallo!\n";
17:              counter++;          // Inkrementieren
18:            }
19:            else
20:                break;
21:         }
22:         return 0;
23:     }
```

Ausgabe

```
Wie viele Hallos?  3
Hallo!
Hallo!
Hallo!
```

Analyse

Damit hat man die `for`-Schleife bis zu ihrem absoluten Limit ausgereizt. Initialisierung, Test und Aktion wurden gänzlich aus der `for`-Anweisung herausgenommen. Die Initialisierung findet man in Zeile 8, bevor die `for`-Schleife überhaupt beginnt. Der Test erfolgt in einer separaten `if`-Anweisung in Zeile 14. Verläuft er erfolgreich, wird die Aktion – Inkrementieren von `counter` – in Zeile 17 ausgeführt. Wenn der Test scheitert, verläßt das Programm die Schleife mit der Anweisung in Zeile 20.

Wenn dieses Programm auch etwas absurd erscheint, kann es durchaus sein, daß man genau eine Schleife im Stil von `for(;;)` oder `while(true)` braucht. Ein Beispiel für einen sinnvolleren Einsatz derartiger Schleifen bei `switch`-Anweisungen folgt weiter hinten in diesem Kapitel.

Leere for-Schleifen

Der Kopf einer `for`-Anweisung bietet sehr viel Spielraum, so daß man manchmal auf einen Rumpf gänzlich verzichten kann. In diesem Fall muß man eine leere Anweisung (;) als Rumpf der Schleife vorsehen. Das Semikolon darf auf derselben Zeile wie der Kopf stehen, obwohl man es an dieser Stelle leicht übersehen kann. Listing 7.13 zeigt dazu ein Beispiel.

Listing 7.13: Darstellung einer leeren Anweisung als Rumpf einer for-Schleife

```
1:     // Listing 7.13
2:     // Zeigt eine leere Anweisung als Rumpf
3:     // einer for-Schleife
4:
5:     #include <iostream.h>
6:     int main()
7:     {
8:        for (int i = 0; i<5; cout << "i: " << i++ << endl)
9:        ;
10:       return 0;
11:    }
```

Ausgabe

```
i: 0
i: 1
i: 2
i: 3
i: 4
```

Analyse

Die `for`-Schleife in Zeile 8 enthält drei Anweisungen: Die Initialisierungsanweisung richtet den Zähler `i` ein und initialisiert ihn zu 0. Die Bedingungsanweisung testet auf `i<5`, und die Aktionsanweisung gibt den Wert in `i` aus und inkrementiert ihn.

Im Rumpf der `for`-Schleife selbst bleibt nichts weiter zu tun, so daß man hier eine leere Anweisung (;) schreibt. Es sei darauf hingewiesen, daß diese Konstruktion nicht die beste Lösung darstellt. Die Aktionsanweisung ist zu umfangreich. Die folgende Version ist besser geeignet:

```
8:        for (int i = 0; i<5; i++)
9:             cout << "i: " << i << endl;
```

Beide Versionen bewirken exakt dasselbe, das zweite Beispiel ist aber leichter zu verstehen.

Verschachtelte Schleifen

Befindet sich eine Schleife im Rumpf einer anderen Schleife, spricht man vom Verschachteln von Schleifen. Die innere Schleife wird bei jedem Durchlauf der äußeren vollständig abgearbeitet. Listing 7.14 zeigt ein Beispiel, das Markierungen in einer Matrix mit Hilfe verschachtelter `for`-Schleifen schreibt.

Listing 7.14: Verschachtelte for-Schleifen

```
// Listing 7.14
// Zeigt verschachtelte for-Schleifen

#include <iostream.h>

int main()
{
    int rows, columns;
    char theChar;
     cout << "Wie viele Zeilen? ";
     cin >> rows;
     cout << "Wie viele Spalten? ";
     cin >> columns;
     cout << "Welches Zeichen? ";
     cin >> theChar;
     for (int i = 0; i<rows; i++)
     {
        for (int j = 0; j<columns; j++)
            cout << theChar;
        cout << "\n";
     }
    return 0;
}
```

Ausgabe

```
Wie viele Zeilen? 4
Wie viele Spalten? 12
Welches Zeichen? x
xxxxxxxxxxxx
xxxxxxxxxxxx
xxxxxxxxxxxx
xxxxxxxxxxxx
```

Analyse

Der Anwender wird aufgefordert, die Anzahl der Zeilen (`rows`) und Spalten (`columns`) und ein auszugebendes Zeichen einzugeben. Die erste Schleife in Zeile 16 initialisiert einen Zähler `i` mit 0. Dann beginnt die Ausführung der äußeren Schleife.

In Zeile 18, der ersten Zeile im Rumpf der äußeren `for`-Schleife, wird eine weitere `for`-Schleife eingerichtet. Ein zweiter Zähler (`j`) wird mit 0 initialisiert, und der Rumpf der inneren `for`-Schleife wird ausgeführt. In Zeile 19 erfolgt die Ausgabe des gewählten Zeichens, und die Steuerung kehrt zum Kopf der inneren `for`-Schleife zurück. Beachten Sie, daß die innere `for`-Schleife nur aus einer Anweisung besteht (der Ausgabe des Zeichens). Ergibt der Test der Bedingung `j<columns` das Ergebnis `true`, wird `j` inkrementiert und das nächste Zeichen ausgegeben. Das setzt sich fort, bis `j` gleich der Anzahl der Spalten (`columns`) ist.

Sobald der Test der inneren Schleife den Wert `false` liefert, in diesem Beispiel nach Ausgabe von zwölf x-Zeichen, springt die Ausführung direkt zu Zeile 20, und eine neue Zeile wird begonnen. Die äußere `for`-Schleife kehrt nun zu ihrem Kopf zurück, wo die Bedingung `i<rows` getestet wird. Ergibt dieser Test `true`, wird `i` inkrementiert und der Rumpf der Schleife ausgeführt.

Im zweiten Durchlauf der äußeren `for`-Schleife beginnt die innere `for`-Schleife von neuem. Damit erhält `j` erneut den Anfangswert 0, und wieder wird die gesamte innere Schleife ausgeführt.

Dem Programm liegt der Gedanke zugrunde, daß in einer verschachtelten Schleife die innere Schleife für jeden Durchlauf der äußeren Schleife ausgeführt wird. Die Anzahl der ausgegebenen Zeichen pro Zeile entspricht damit dem Wert in `columns`.

Hinweis

Nebenbei bemerkt: Viele C++-Programmierer verwenden die Buchstaben `i` und `j` als Zählervariablen. Diese Tradition ist auf FORTRAN zurückzuführen, da dort die Buchstaben `i`, `j`, `k`, `l`, `m` und `n` die einzigen gültigen Zählervariablen waren.

Gültigkeitsbereiche für for-Schleifen

In der Vergangenheit erstreckte sich der Gültigkeitsbereich von Variablen, die in einer `for`-Schleife deklariert wurden, über den gesamten äußeren Block. Gemäß dem neuen ANSI-Standard wird dies nun anders geregelt. Jetzt beschränkt sich der Gültigkeitsbereich dieser Variablen auf den `for`-Schleifenblock. Doch diese Änderung wird noch nicht von allen Compilern unterstützt. Mit folgendem Code können Sie Ihren Compiler testen:

```
#include <iostream.h>
int main()
{
    // i gueltig für die for Schleife?
    for (int i = 0; i<5; i++)
    {
        cout << "i: " << i << endl;
    }

    i = 7;  // sollte nicht im Gueltigkeitsbereich liegen!
    return 0;
}
```

Erfolgt die Kompilierung ohne Fehlermeldung, wird der geänderte ANSI-Standard in dieser Hinsicht noch nicht unterstützt.

Merkt Ihr Compiler, daß `i` noch nicht definiert worden ist (in der Zeile i=7), dann wird der neue Standard von Ihrem Compiler bereits berücksichtigt. Wenn Sie Ihren Code wie folgt umändern, läßt er sich auf beiden Compilern fehlerfrei kompilieren:

```
#include <iostream.h>
int main()
{
    int i; //ausserhalb der for-Schleife deklariert
    for (int i = 0; i<5; i++)
    {
        cout << "i: " << i << endl;
    }

    i = 7;  // Gueltigkeitsbereich korrekt für alle Compiler
    return 0;
}
```

Summierende Schleifen

In Kapitel 5, »Funktionen«, habe ich Ihnen gezeigt, wie Sie das Problem der Fibonacci-Reihe mit Hilfe der Rekursion lösen können. Zur Erinnerung: Eine Fibonacci-Reihe beginnt mit 1,1,2,3, und alle folgenden Zahlen sind Summen der zwei vorhergehenden:

1,1,2,3,5,8,13,21,34 ...

Die n-te Fibonacci-Zahl ist demnach die Summe der Fibonacci-Zahlen n-1 und n-2. In Kapitel 5 haben wir das Problem, für eine bestimmte Fibonacci-Zahl in der Reihe einen Wert zu errechnen, mit Hilfe von Rekursion gelöst. Das Listing 7.15 löst das Problem mittels Iteration.

Listing 7.15: Den Wert einer Fibonacci-Zahl mittels Iteration ermitteln

```
// Listing 7.15
// zeigt wie der Wert der n-ten Fibonacci-Zahl
// mittels Iteration ermittelt wird

#include <iostream.h>


int fib(int position);
 int main()
 {
     int answer, position;
     cout << "Welche Position? ";
     cin >> position;
     cout << "\n";

     answer = fib(position);
     cout << answer << " lautet der Wert der ";
     cout << position << "ten Fibonacci-Zahl.\n";
    return 0;
 }

 int fib(int n)
 {
     int minusTwo=1, minusOne=1, answer=2;

     if (n < 3)
         return 1;

     for (n -= 3; n; n--)
     {
         minusTwo = minusOne;
         minusOne = answer;
         answer = minusOne + minusTwo;
     }

     return answer;
 }
```

Ausgabe

```
Welche Position? 4
3 lautet der Wert der 4ten Fibonacci-Zahl.
Welche Position? 5
5 lautet der Wert der 5ten Fibonacci-Zahl.
Welche Position? 20
6765 lautet der Wert der 20sten Fibonacci-Zahl.
Welche Position? 100
3314859971 lautet der Wert der 100sten Fibonacci-Zahl.
```

Analyse

In Listing 7.15 wird die Fibonacci-Reihe statt durch Rekursion mit Hilfe einer Iteration gelöst. Dieser Ansatz ist schneller und verbraucht wesentlich weniger Speicherplatz als die rekursive Lösung.

Zeile 13 fragt den Anwender nach einer Position, deren Wert ermittelt werden soll. Es ergeht ein Aufruf an die Funktion `fib()`, die die Position testet. Ist die Position kleiner als 3, liefert die Funktion den Wert `1` zurück. Ab der Position 3 iteriert die Funktion mit folgendem Algorithmus:

1. Ermittle die Startposition: Initialisiere die Variable `answer` mit 2, `minusTwo` mit 1 und `minusOne` mit 1. Dekrementiere die Position um 3, da die ersten zwei Zahlen von der Startposition abgefangen werden.
2. Zähle für jede Zahl die Fibonacci-Reihe hoch. Dies geschieht, indem
   a. der aktuelle Wert von `minusOne` in `minusTwo` abgelegt wird,
   b. der aktuelle Wert von `answer` in `minusOne` abgelegt wird,
   c. `minusOne` und `minusTwo` addiert und die Summe in `answer` abgelegt wird,
   d. `n` dekrementiert wird.
3. Wenn `n` den Wert `0` erreicht, gib die Antwort aus.

Auf diese Art und Weise würden Sie das Problem auch mit Papier und Bleistift lösen. Angenommen Sie sollen den Wert der fünften Fibonacci-Zahl ermitteln. Zuerst würden Sie schreiben:

1, 1, 2,

und denken: »Nur noch zwei.« Dann würden Sie 2+1 addieren, 3 hinschreiben und denken: »Eine Zahl fehlt noch.« Anschließend würden Sie 3+2 schreiben und die Antwort wäre 5. Dabei machen Sie nichts anderes, als bei jedem Durchlauf Ihre Aufmerksamkeit um eine Zahl nach rechts zu rücken und die Zahl, deren Wert gesucht wird, um 1 zu dekrementieren.

Bedenken Sie die Bedingung, die in Zeile 30 getestet wird (`n`). Dabei handelt es sich um ein C++-Idiom, das `n != 0` entspricht. Diese `for`-Schleife basiert auf der Annahme, daß `n` zu `false` getestet wird, wenn es den Wert 0 enthält. Der Kopf der `for`-Schleife hätte auch wie folgt geschrieben werden können

```
for (n-=3; n!=0; n--)
```

was vielleicht eindeutiger gewesen wäre. Dieses Idiom ist jedoch so geläufig in C++, daß es keinen Zweck hat, sich dagegen aufzulehnen.

Kompilieren, linken und starten Sie das Programm zusammen mit dem Programm aus Kapitel 5, das Ihnen eine rekursive Lösung zu dem Problem anbietet. Versuchen Sie einmal, den Wert der 25. Zahl herauszufinden, und vergleichen Sie die Zeit, die jedes Programm benötigt. Rekursion ist zwar eine elegante Lösung, doch da die Funktionsaufrufe auf Kosten der Ausführungszeit gehen und es so viele Funktonsaufrufe bei der Rekursion gibt, ist die Ausführung deutlich langsamer als bei der Iteration.

Microcomputer sind normalerweise für arithmetische Operationen optimal ausgelegt, deshalb sollte der iterative Weg rasend schnell zur Lösung führen.

Sein Sie vorsichtig und geben Sie keine zu große Zahl ein. `fib` wird sehr schnell sehr groß, und auch Integer vom Typ `long` laufen irgendwann über.

switch-Anweisungen

In Kapitel 4 haben Sie gelernt, wie man `if`-Anweisungen und `else...if`-Anweisungen schreibt. Da man bei zu tief verschachtelten Konstruktionen schnell Gefahr läuft, den Überblick zu verlieren, bietet C++ für solche Konstruktionen eine Alternative. Im Gegensatz zur `if`-Anweisung, die lediglich einen Wert auswertet, lassen sich mit `switch`-Anweisungen Verzweigungen in Abhängigkeit von mehreren unterschiedlichen Werten aufbauen. Die allgemeine Form der `switch`-Anweisung lautet:

```
switch (Ausdruck)
{
case Wert1: Anweisung;
            break;
case Wert2: Anweisung;
            break;
....
case WertN: Anweisung;
            break;
default:    Anweisung;
}
```

`Ausdruck` ist jeder gültige C++-Ausdruck. `Anweisung` steht für beliebige C++-Anweisungen oder Blöcke von Anweisungen, die zu einem Integer-Wert ausgewertet oder zweifelsfrei in einen Integer-Wert konvertiert werden können. Beachten Sie, daß die Auswertung nur auf Gleichheit erfolgt. Man kann weder relationale noch Boole'sche Operatoren verwenden.

Wenn einer der `case`-Werte mit dem Ausdruck übereinstimmt, springt die Ausführung zu diesen Anweisungen und arbeitet sie bis zum Ende des `switch`-Blocks oder bis zur nächsten `break`-Anweisung ab. Läßt sich keine Übereinstimmung ermitteln, verzweigt die Ausführung zur optionalen `default`-Anweisung. Ist kein `default`-Zweig vorhanden und gibt es keinen übereinstimmenden Wert, kommt es überhaupt nicht zur Abarbeitung von Anweisungen in der `switch`-Konstruktion – die Anweisung ist damit beendet.

Hinweis Es empfiehlt sich, in `switch`-Anweisungen immer einen `default`-Zweig vorzusehen. Auch wenn man diesen Zweig eigentlich nicht benötigt, kann man hier zumindest auf angeblich unmögliche `case`-Fälle testen und eine Fehlermeldung ausgeben. Damit läßt sich die Fehlersuche oft erheblich beschleunigen.

Wichtig ist besonders die `break`-Anweisung am Ende eines `case`-Zweiges. Wenn diese fehlt, geht das Programm zur Ausführung des nächsten `case`-Zweiges über. Manchmal ist das zwar gewollt, gewöhnlich handelt es sich aber um einen Fehler. Falls Sie die Programmausführung tatsächlich mit dem nächsten `case`-Zweig fortsetzen möchten, sollten Sie mit einem Kommentar darauf hinweisen, daß die `break`-Anweisung nicht vergessen wurde.

Listing 7.16 zeigt ein Beispiel für die `switch`-Anweisung.

Listing 7.16: Einsatz der switch-Anweisung

```
// Listing 7.16
// Zeigt die switch-Anweisung

#include <iostream.h>

int main()
{
  unsigned short int number;
  cout << "Bitte eine Zahl zwischen 1 und 5 eingeben: ";
   cin >> number;
   switch (number)
   {
      case 0:   cout << "Leider zu klein!";
                break;
      case 5:  cout << "Gut!\n";  // Weiter mit naechstem case
```

```
16:        case 4:  cout << "Sehr gut!\n"; // Weiter mit naechstem case
17:        case 3:  cout << "Ausgezeichnet!\n"; // Weiter mit naechstem case
18:        case 2:  cout << "Meisterhaft!\n"; // Weiter mit naechstem case
19:        case 1:  cout << "Unglaublich!\n";
20:                 break;
21:        default: cout << "Zu gross!\n";
22:                 break;
23:     }
24:     cout << "\n\n";
25:      return 0;
26:  }
```

```
Bitte eine Zahl zwischen 1 und 5 eingeben:  3
Ausgezeichnet!
Meisterhaft!
Unglaublich!

Bitte eine Zahl zwischen 1 und 5 eingeben: 8
Zu gross!
```

Das Programm fragt zunächst eine Zahl vom Anwender ab und wertet sie dann in der `switch`-Anweisung aus. Ist die Zahl gleich 0, stimmt das mit der `case`-Anweisung in Zeile 13 überein. Es erscheint die Meldung `Leider zu klein!`, und die `break`-Anweisung beendet die `switch`-Struktur. Wenn der Wert gleich 5 ist, springt die Programmausführung zu Zeile 15, wo eine Meldung ausgegeben wird. Dann wird die Ausführung mit Zeile 16 fortgesetzt, und es wird eine weitere Meldung ausgegeben. Das geht so lange, bis die `break`-Anweisung in Zeile 20 erreicht ist.

Im Endeffekt erscheinen bei Zahlen zwischen 1 und 5 mehrere Meldungen auf dem Bildschirm. Wenn die Zahl nicht im Bereich zwischen 0 und 5 liegt, gilt sie im Programm als zu groß. Diesen Fall behandelt die `default`-Anweisung in Zeile 21.

Die `switch`-Anweisung

Die Syntax der `switch`-Anweisung lautet wie folgt:

```
switch (Ausdruck)
{
case Wert1: Anweisung;
case Wert2: Anweisung;
....
case WertN: Anweisung;
```

```
default:    Anweisung;
}
```

Mit der `switch`-Anweisung kann man Verzweigungen in Abhängigkeit von mehreren Werten des Ausdrucks aufbauen. Der Ausdruck wird ausgewertet, und wenn er einem der `case`-Werte entspricht, springt die Programmausführung in diese Zeile. Die Ausführung wird fortgesetzt, bis entweder das Ende der `switch`-Anweisung oder eine `break`-Anweisung erreicht wird.

Stimmt der Ausdruck mit keinem der `case`-Zweige überein und es ist eine `default`-Anweisung vorhanden, springt die Programmausführung zu diesem `default`-Zweig. Andernfalls endet die `switch`-Anweisung.

Beispiel 1:

```
switch (choice)
{
case 0:
        cout << "Null!" << endl;
        break;
case 1:
        cout << "Eins!" << endl;
        break;

case 2:
       cout << "Zwei!" << endl;
default:
       cout << "Standard!" << endl;
}
```

Beispiel 2:

```
switch (choice)
{
case 0:
case 1:
case 2:
       cout << "Kleiner als 3!";
       break;
case 3:
       cout << "Gleich 3!";
       break;
default:
       cout << "Groesser als 3!";
}
```

switch-Anweisung und Menüs

Mit Listing 7.17 kehren wir zurück zu den schon vorher besprochenen `for`-Schleifen (;;). Diese Schleifen werden auch `forever`-Schleifen oder Endlosschleifen genannt, da sie endlos durchlaufen werden, bis das Programm auf ein `break` trifft. Die `forever`-Schleife wird häufig verwendet, um Menüs einzurichten, den Anwender aufzufordern, eine Auswahl zu treffen, auf die Auswahl zu reagieren und dann zu dem Menü zurückzukehren. Diese Schleife wird fortgesetzt, bis der Anwender sich entscheidet, die Schleife zu verlassen.

Hinweis

Einige Programmierer ziehen folgende Schreibweise vor

```
#define EVER ;;
for (EVER)
{
        // Anweisungen ...
```

Eine `forever`-Schleife ist eine Schleife ohne Abbruchbedingung. Schleifen dieser Art kann man nur über eine `break`-Anweisung verlassen. `forever`-Schleifen werden auch als Endlosschleifen bezeichnet.

Listing 7.17: Eine forever-Schleife

```
//Listing 7.17
//forever-Schleife zum Abfragen
//von Anwenderbefehlen
#include <iostream.h>

// Prototypen
int menu();
void DoTaskOne();
void DoTaskMany(int);

 int main()
 {

     bool exit = false;
     for (;;)
     {
          int choice = menu();
          switch(choice)
          {
             case (1):
                  DoTaskOne();
                  break;
```

```
                case (2):
                     DoTaskMany(2);
                     break;
                case (3):
                     DoTaskMany(3);
                     break;
                case (4):
                     continue;  // ueberfluessig!
                     break;
                case (5):
                     exit=true;
                     break;
                default:
                     cout << "Bitte erneut auswaehlen!\n";
                     break;
            }          // end switch

            if (exit)
                 break;
       }                // Ende von forever
   return 0;
}                       // Ende von main()

int menu()
{
    int choice;

    cout << " **** Menue ****\n\n";
    cout << "(1) Auswahl Eins.\n";
    cout << "(2) Auswahl Zwei.\n";
    cout << "(3) Auswahl Drei.\n";
    cout << "(4) Menue erneut anzeigen.\n";
    cout << "(5) Beenden.\n\n";
    cout << ": ";
    cin >> choice;
    return choice;
}

void DoTaskOne()
{
    cout << "Aufgabe Eins!\n";
}

void DoTaskMany(int which)
{
    if (which == 2)
```

```
69:             cout << "Aufgabe Zwei!\n";
70:         else
71:             cout << "Aufgabe Drei!\n";
72:     }
```

Ausgabe

```
**** Menue ****

(1) Auswahl Eins.
(2) Auswahl Zwei.
(3) Auswahl Drei.
(4) Menue erneut anzeigen.
(5) Beenden.

: 1
Aufgabe Eins!
 **** Menue ****
(1) Auswahl Eins.
(2) Auswahl Zwei.
(3) Auswahl Drei.
(4) Menue erneut anzeigen.
(5) Beenden.

: 3
Aufgabe Drei!
 **** Menue ****
(1) Auswahl Eins.
(2) Auswahl Zwei.
(3) Auswahl Drei.
(4) Menue erneut anzeigen.
(5) Beenden.

: 5
```

Analyse

In diesem Programm fließen eine Reihe der heute und in den letzten Tagen vorgestellten Konzepte zusammen. Daneben finden Sie auch einen häufigen Einsatz der `switch`-Anweisung.

In Zeile 15 startet eine `forever`-Schleife. Die `menu()`-Funktion wird aufgerufen. Sie gibt das Menü auf dem Bildschirm aus und liefert die vom Anwender gewählte Option zurück. Die `switch`-Anweisung, die in Zeile 18 beginnt und in Zeile 38 endet, verzweigt je nach der Auswahl des Anwenders.

Gibt der Anwender 1 ein, springt die Ausführung zu der Anweisung `case 1:` in Zeile 20. Zeile 21 leitet die Ausführung dann zu der Funktion `doTaskOne()`, die eine Meldung ausgibt und zurückkehrt. Nachdem die Funktion zurückgekehrt ist, wird die Ausführung in Zeile 22 fortgesetzt. Dort beendet der `break`-Befehl die `switch`-Anweisung, und das Programm wird dann erst mit Zeile 39 fortgesetzt. Zeile 40 wertet die Variable `exit` aus. Ergibt sie `true`, wird der `break`-Befehl in Zeile 41 ausgeführt und die `for`-Schleife (; ;) wird verlassen. Ergibt sie hingegen `false`, springt die Ausführung wieder zurück zum Anfang der Schleife in Zeile 15.

Beachten Sie, daß die `continue`-Anweisung in Zeile 30 an sich überflüssig ist. Hätte man sie weggelassen, würde als nächstes die `break`-Anweisung ausgeführt, die `switch`-Anweisung würde verlassen, `exit` würde als `false` ausgewertet, die Schleife würde erneut durchlaufen und das Menü würde erneut ausgegeben. Mit `continue` können Sie jedoch den Test von `exit` umgehen.

Was Sie tun sollten	**... und was nicht**
Verwenden Sie `switch`-Anweisungen, um stark verschachtelte `if`-Anweisungen zu vermeiden. Dokumentieren Sie sorgfältig alle `case`-Zweige, die absichtlich ohne `break` aufgesetzt werden. Nehmen Sie in Ihre `switch`-Anweisungen eine `default`-Anweisung mit auf, und sei es auch nur, um anscheinend unmögliche Situationen festzustellen.	Achten Sie darauf, die `break`-Anweisung am Ende eines `case`-Zweiges zu setzen, wenn die Ausführung nicht mit dem nächsten Zweig fortgesetzt werden soll.

Zusammenfassung

In C++ gibt es mehrere Möglichkeiten für die Realisierung von Schleifen. `while`-Schleifen prüfen eine Bedingung. Ergibt dieser Test das Ergebnis `true`, werden die Anweisungen im Rumpf der Schleife ausgeführt. `do...while`-Schleifen führen den Rumpf der Schleife aus und testen danach die Bedingung. `for`-Schleifen initialisieren einen Wert und testen dann einen Ausdruck. Wenn der Ausdruck gleich `true` ist, werden die letzte Anweisung im Kopf der `for`-Schleife und ebenso der Rumpf der Schleife ausgeführt. Nach jedem Durchlauf testet die Schleifenanweisung den Ausdruck erneut.

Auf die `goto`-Anweisung verzichtet man im allgemeinen, da sie unbedingte Sprünge zu einer scheinbar willkürlichen Stelle im Code ausführen kann, die einen unübersichtlichen und schwer zu wartenden Code erzeugen. Mit der `continue`-Anweisung kann man `while`-, `do...while`- und `for`-Schleifen sofort von vorn beginnen, während die `break`-Anweisung zum Verlassen von `while`-, `do....while`-, `for`- und `switch`-Anweisungen führt.

Fragen und Antworten

F Wie wählt man zwischen `if...else` und `switch` aus?

A *Wenn mehr als ein oder zwei `else`-Klauseln vorhanden sind und alle denselben Ausdruck testen, sollte man eine `switch`-Anweisung verwenden.*

F Wie wählt man zwischen `while` und `do...while` aus?

A *Wenn der Rumpf der Schleife zumindest einmal auszuführen ist, verwendet man eine `do...while`-Schleife. Andernfalls kann man mit einer `while`-Schleife arbeiten.*

F Wie wählt man zwischen `while` und `for` aus?

A *Wenn man eine Zählvariable initialisiert, diese Variable testet und sie bei jedem Schleifendurchlauf inkrementiert, kommt eine `for`-Schleife in Frage. Ist die Variable bereits initialisiert und wird nicht bei jedem Schleifendurchlauf inkrementiert, kann eine `while`-Schleife die bessere Wahl darstellen.*

F Wie wählt man zwischen Rekursion und Iteration aus?

A *Einige Probleme fordern direkt eine Rekursion. Doch die meisten Probleme lassen sich auch mittels Iteration lösen. Behalten Sie die Möglichkeit der Rekursion im Hinterkopf, sie kann manchmal ganz nützlich sein.*

F Ist es besser, `while(true)` oder `for (;;)` zu verwenden?

A *Hier gibt es keinen wesentlichen Unterschied.*

Workshop

Der Workshop enthält Quizfragen, die Ihnen helfen sollen, Ihr Wissen zu festigen, und Übungen, die Sie anregen sollen, das eben Gelernte umzusetzen und eigene Erfahrungen zu sammeln. Versuchen Sie, das Quiz und die Übungen zu beantworten und zu verstehen, bevor Sie die Lösungen in Anhang D lesen und zur Lektion des nächsten Tages übergehen.

Quiz

1. Wie initialisiert man mehr als eine Variable in einer `for`-Schleife?
2. Warum sollte man `goto` vermeiden?
3. Ist es möglich, eine `for`-Schleife zu schreiben, deren Rumpf niemals ausgeführt wird?
4. Ist es möglich, `while`-Schleifen in `for`-Schleifen zu verschachteln?
5. Ist es möglich, eine Schleife zu erzeugen, die niemals endet? Geben Sie ein Beispiel.
6. Was passiert, wenn Sie eine Endlosschleife erzeugt haben?

Übungen

1. Wie lautet der Wert von `x`, wenn die folgende `for`-Schleife durchlaufen ist?

   ```
   for (int x = 0; x < 100; x++)
   ```

2. Schreiben Sie eine verschachtelte `for`-Schleife, die ein Muster von 10 x 10 Nullen (0) ausgibt.
3. Schreiben Sie eine `for`-Anweisung, die in Zweierschritten von 100 bis 200 zählt.
4. Schreiben Sie eine `while`-Schleife, die in Zweierschritten von 100 bis 200 zählt.
5. Schreiben Sie eine `do...while`-Schleife, die in Zweierschritten von 100 bis 200 zählt.
6. FEHLERSUCHE: Was ist falsch an folgendem Code?

   ```
   int counter = 0;
   while (counter < 10)
   {
       cout << "Zaehler: " << counter;
   }
   ```

7. FEHLERSUCHE: Was ist falsch an folgendem Code?

   ```
   for (int counter = 0; counter < 10; counter++);
       cout << counter << " ";
   ```

8. FEHLERSUCHE: Was ist falsch an folgendem Code?

   ```
   int counter = 100;
   while (counter < 10)
   {
       cout << "Zaehler: " << counter;
       counter--;
   }
   ```

9. FEHLERSUCHE: Was ist falsch an folgendem Code?

```
cout << "Geben Sie eine Zahl zwischen 0 und 5 ein: ";
cin >> theNumber;
switch (theNumber)
{
   case 0:
         doZero();
   case 1:              // Weiter mit nächstem case
   case 2:              // Weiter mit nächstem case
   case 3:              // Weiter mit nächstem case
   case 4:              // Weiter mit nächstem case
   case 5:
         doOneToFive();
         break;
   default:
         doDefault();
         break;
}
```

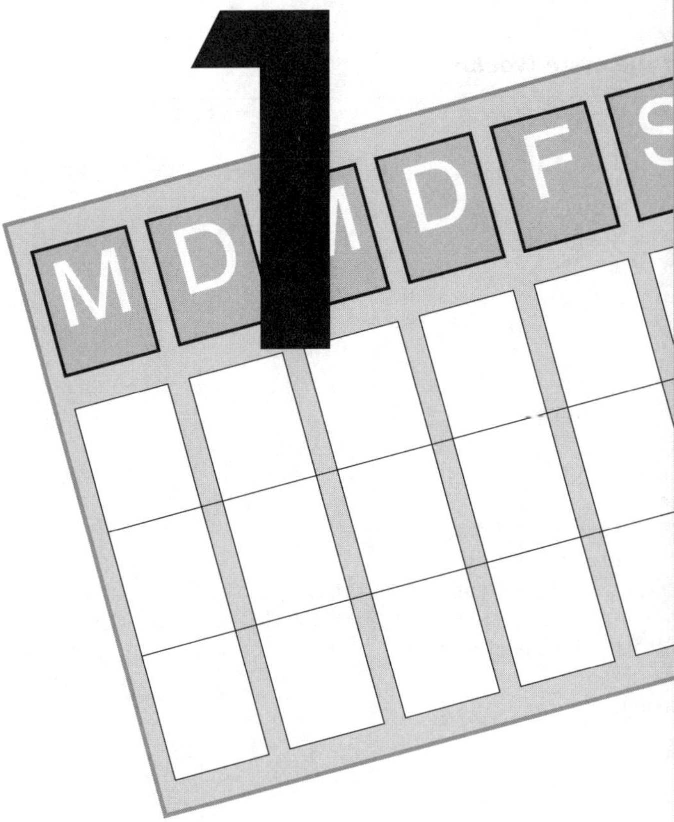

1 Woche Rückblick

Listing R1.1 – Rückblick auf die erste Woche

```
#include <iostream.h>
intintboolfalsetrue
 enum CHOICE { DrawRect = 1, GetArea,
    GetPerim, ChangeDimensions, Quit};
 // Deklaration der Klasse Rectangle
 class Rectangle
{
   public:
     // Konstruktoren
      Rectangle(int width, int height);
      ~Rectangle();

      // Zugriffsfunktionen
      int GetHeight() const { return itsHeight; }
      int GetWidth() const { return itsWidth; }
      int GetArea() const { return itsHeight * itsWidth; }
      int GetPerim() const { return 2*itsHeight + 2*itsWidth; }
      void SetSize(int newWidth, int newHeight);

      // Verschiedene Methoden


    private:
      int itsWidth;
      int itsHeight;
 };

 // Implementierungen der Methoden
 void Rectangle::SetSize(int newWidth, int newHeight)
 {
    itsWidth = newWidth;
    itsHeight = newHeight;
 }


 Rectangle::Rectangle(int width, int height)
 {
    itsWidth = width;
    itsHeight = height;
 }

 Rectangle::~Rectangle() {}

```

```
int DoMenu();
void DoDrawRect(Rectangle);
void DoGetArea(Rectangle);
void DoGetPerim(Rectangle);

int main ()
{
   // ein Rechteck mit den Werten 30,5 initialisieren
   Rectangle theRect(30,5);

   int choice = DrawRect;
   int fQuit = false;

   while (!fQuit)
   {
     choice = DoMenu();
     if (choice < DrawRect || choice >  Quit)
     {
       cout << "\nAuswahl ungueltig. Bitte neu versuchen.\n\n";
       continue;
     }
     switch (choice)
     {
     case  DrawRect:
       DoDrawRect(theRect);
       break;
     case GetArea:
       DoGetArea(theRect);
       break;
     case GetPerim:
       DoGetPerim(theRect);
       break;
     case ChangeDimensions:
       int newLength, newWidth;
       cout << "\nNeue Breite: ";
       cin >> newWidth;
       cout << "Neue Hoehe: ";
       cin >> newLength;
       theRect.SetSize(newWidth, newLength);
       DoDrawRect(theRect);
       break;
     case Quit:
       fQuit = true;
       cout << "\nVerlassen...\n\n";
       break;
     default:
```

```
          cout << "Fehler beim Auswaehlen!\n";
          fQuit = true;
          break;
      }   // Ende von switch
    }     // Ende von while
 return 0;
}         // Ende von main

int DoMenu()
{
   int choice;
    cout << "\n\n    *** Menue *** \n";
    cout << "(1) Rechteck zeichnen\n";
    cout << "(2) Flaeche\n";
    cout << "(3) Umfang\n";
    cout << "(4) Groesse veraendern\n";
    cout << "(5) Beenden\n";

  cin >> choice;
  return choice;
}

void DoDrawRect(Rectangle theRect)
{
   int height = theRect.GetHeight();
   int width = theRect.GetWidth();

   for (int i = 0; i<height; i++)
   {
     for (int j = 0; j< width; j++)
       cout << "*";
     cout << "\n";
   }
}


void DoGetArea(Rectangle theRect)
{
   cout << "Flaeche: " <<  theRect.GetArea() << endl;
}

void DoGetPerim(Rectangle theRect)
{
   cout << "Umfang: " <<  theRect.GetPerim() << endl;
}
```

```
*** Menue ***
```

```
(1) Rechteck zeichnen
(2) Flaeche
(3) Umfang
(4) Groesse veraendern
(5) Beenden
1
******************************
******************************
******************************
******************************
******************************

*** Menue ***
(1) Rechteck zeichnen
(2) Flaeche
(3) Umfang
(4) Groesse veraendern
(5) Beenden
2
Flaeche: 150

*** Menue ***
(1) Rechteck zeichnen
(2) Flaeche
(3) Umfang
(4) Groesse veraendern
(5) Beenden
3
Umfang: 70

*** Menue ***
(1) Rechteck zeichnen
(2) Flaeche
(3) Umfang
(4) Groesse veraendern
(5) Beenden
4

Neue Breite: 10
Neue Hoehe: 8
**********
**********
**********
**********
**********
**********
```

```
**********
**********

*** Menue ***
(1) Rechteck zeichnen
(2) Flaeche
(3) Umfang
(4) Groesse veraendern
(5) Beenden
2
Flaeche: 80

*** Menue ***
(1) Rechteck zeichnen
(2) Flaeche
(3) Umfang
(4) Groesse veraendern
(5) Beenden
3
Umfang: 36

*** Menue ***
(1) Rechteck zeichnen
(2) Flaeche
(3) Umfang
(4) Groesse veraendern
(5) Beenden
5

Verlassen...
```

In diesem Programm finden Sie fast alle Techniken, die Sie diese Woche gelernt haben. Sie sollten dieses Programm nicht nur eingeben, kompilieren, linken und starten können, sondern inzwischen auch aufgrund der erworbenen Kenntnisse verstehen, was das Programm macht und wie es abläuft.

In den ersten sechs Zeilen finden Sie alle Typen und Definitionen, die im Programm verwendet werden.

Die Zeilen 6 bis 26 deklarieren die Klasse `Rectangle`. Öffentliche Zugriffsmethoden ermöglichen es, die Breite und Höhe des Rechtecks abzufragen und neu zu setzen sowie die Fläche und den Umfang zu berechnen. Die Zeilen 29 bis 40 enthalten die Definitionen der Elementfunktionen, die nicht `inline` deklariert wurden.

Die Funktionsprototypen für die Funktionen, die keine Elementfunktionen sind, befinden sich in den Zeilen 44 bis 47. Das Hauptprogramm beginnt in Zeile 49. Ziel dieses Programms ist es, ein Rechteck zu erzeugen und dann ein Menü mit fünf Optionen auszugeben: Rechteck zeichnen, Fläche berechnen, Umfang berechnen, Größe des Rechtecks verändern und Beenden.

In Zeile 55 wird eine Flag-Variable eingerichtet. Solange dieses Flag auf `false` gesetzt ist, durchläuft das Menü eine Schleife. Erst durch Auswahl der Option `Beenden` wird das Flag auf `true` gesetzt.

Für die anderen Optionen – mit Ausnahme von `ChangeDimensions` – wird jeweils eine passende Funktion aufgerufen. Der Aufbau der `switch`-Anweisung wird dadurch übersichtlicher. `ChangeDimensions` kann keine Funktion aufrufen, da die Größe des Rechtecks geändert werden soll. Würde das Rechteck einer Funktion wie `DoChangeDimensions()` (als Wert) übergeben, beträfen die Änderungen der Abmessungen die lokale Kopie des Rechtecks in `DoChangeDimensions()` und nicht in `main()`. In Kapitel 8, »Zeiger«, und Kapitel 10, »Funktionen – weiterführende Themen«, zeige ich Ihnen, wie Sie diese Beschränkung umgehen. Im Moment begnügen wir uns damit, die Änderung in der `main()`-Funktion vorzunehmen.

Durch die Anwendung der Aufzählung wird die `switch`-Anweisung wesentlich übersichtlicher und besser lesbar. Würde die `switch`-Anweisung nach Zahlenwerten verzweigen, die der Anwender eingibt, müßten Sie ständig zur Beschreibung des Menüs zurückgehen, um herauszufinden, welche Auswahl welche ist.

Zeile 60 prüft, ob die vom Anwender gewählte Option auch tatsächlich vorhanden ist. Wenn nicht, wird eine Fehlermeldung ausgegeben. Beachten Sie, daß die `switch`-Anweisung im `default`-Block den »unmöglichen« Fall abfängt. Damit soll das Debuggen erleichtert werden. Funktioniert das Programm, wird diese Anweisung nie erreicht.

Die Woche im Rückblick

Meinen Glückwunsch! Damit wäre die erste Woche geschafft. Jetzt können Sie bereits anspruchsvollere C++-Programme erstellen und verstehen. Es gibt jedoch noch eine Menge zu lernen, und die nächste Woche beginnt mit einem der schwierigsten Themen in C++: den Zeigern. Geben Sie jetzt bloß nicht auf, denn jeden Tag steigen Sie tiefer in die Materie der objektorientierten Programmierung, der virtuellen Funktionen und der vielen fortgeschrittenen Themen dieser leistungsstarken Programmiersprache ein.

Machen Sie jetzt erst einmal eine Pause, und sonnen Sie sich in dem Gefühl, bereits etwas geleistet zu haben. Danach können Sie weiterblättern und mit Woche 2 fortfahren.

Woche

Überblick

Auf einen Blick

Die erste Woche ist abgeschlossen, und Sie haben gelernt, wie man in C++ programmiert. Inzwischen sollten Sie im Umgang mit Ihrem Compiler sowie mit der Erstellung kleinerer Programme keine Probleme mehr haben. Auch Objekte, Klassen und Programmfluß sollten für Sie keine Fremdwörter mehr sein.

Aufbau der zweiten Woche

Die Woche 2 beginnen wir mit Zeigern. Zeiger sind seit jeher für alle C++-Neulinge ein schwieriges Thema. Sie werden jedoch ausführlich und verständlich erklärt, so daß sie danach keine Stolpersteine mehr für Sie darstellen sollten. Kapitel 9 geht auf Referenzen ein, die mit den Zeigern nah verwandt sind. In Kapitel 10 zeige ich Ihnen, wie Sie Funktionen überladen, und in Kapitel 11 führe ich Sie in ein wichtiges Konzept der objektorientierten Programmierung ein: die Vererbung. Am 12. Tag lernen Sie, wie man mit Arrays und anderen Datensammlungen arbeitet. Dieser Lernstoff wird im Kapitel 13, »Polymorphie«, vertieft. Kapitel 14 beschäftigt sich mit statischen Funktionen und Friend-Deklarationen und beendet die Woche.

Zeiger

Woche 2

Mit Zeigern (Pointern) läßt sich der Computer-Speicher direkt manipulieren. Damit gehören Zeiger zu den leistungsfähigsten Werkzeugen in der Hand des C++-Programmierers.

Heute lernen Sie,

- was Zeiger sind,
- wie man Zeiger deklariert und verwendet,
- was ein Heap ist und wie man den Speicher manipuliert.

Zeiger stellen in zweierlei Hinsicht beim Lernen von C++ eine Herausforderung dar: Sie können zeitweise ganz schön verwirrend sein und es ist nicht immer gleich ersichtlich, warum sie benötigt werden. Dieses Kapitel erläutert Schritt für Schritt, wie Zeiger funktionieren. Beachten Sie dabei aber bitte, daß der eigentliche Aha-Effekt erst mit fortschreitender Programmiertätigkeit (auf das Buch bezogen: mit späteren Kapiteln) zutage tritt.

Was ist ein Zeiger?

Ein Zeiger ist eine Variable, die eine Speicheradresse enthält.

Um Zeiger zu verstehen, müssen Sie erst ein wenig über den Hauptspeicher des Computers erfahren. Per Konvention teilt man den Hauptspeicher in fortlaufend numerierte Speicherzellen ein. Diese Nummern sind die sogenannten Speicheradressen, unter denen die Speicherstellen ansprechbar sind.

Jede Variable eines bestimmten Typs befindet sich an einer eindeutig adressierbaren Speicherstelle. Abbildung 8.1 zeigt schematisch die Speicherung der Integer-Variablen `Alter` vom Typ `unsigned long`.

Die Adressierung des Speichers unterscheidet sich bei den verschiedenen Computer-Typen. Normalerweise braucht der Programmierer die konkrete Adresse einer bestimmten Variablen gar nicht zu kennen, da sich der Compiler um die Einzelheiten kümmert. Wenn man allerdings diese Informationen haben möchte, kann sie mit Hilfe des Adreßoperators (`&`) ermitteln, wie es Listing 8.1 zeigt.

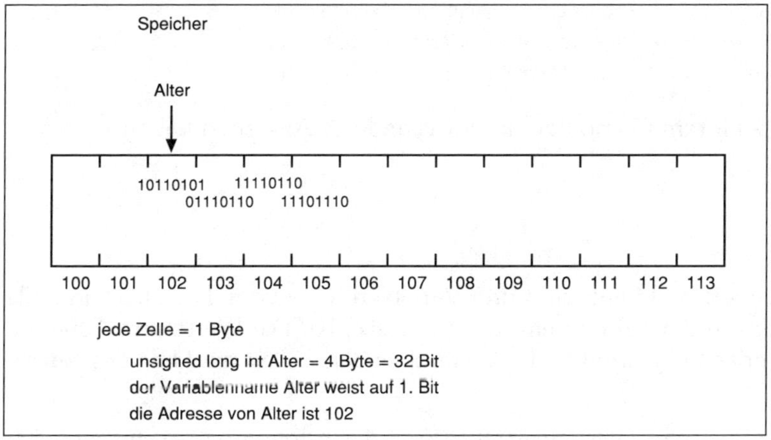

Abbildung 8.1: Schematische Darstellung von theAge im Hauptspeicher

Listing 8.1: Adressen von Variablen

```
 // Listing 8.1 - Adressoperator und Adressen
// lokaler Variablen

#include <iostream.h>

int main()
{
   unsigned short shortVar=5;
   unsigned long  longVar=65535;
   long sVar = -65535;

   cout << "shortVar:\t" << shortVar;
   cout << " Adresse von shortVar:\t";
   cout <<  &shortVar  << "\n";

   cout << "longVar:\t"  << longVar;
   cout  << " Adresse von longVar:\t" ;
   cout <<  &longVar  << "\n";

   cout << "sVar:\t"     << sVar;
   cout     << " Adresse von sVar:\t" ;
   cout     <<  &sVar     << "\n";

   return 0;
}
```

```
shortVar: 5          Adresse von shortVar: 0x8fc9:fff4
longVar:  65535      Adresse von longVar:  0x8fc9:fff2
sVar:     -65535     Adresse von sVar:     0x8fc9:ffee
```

(Die Ausgabe kann bei Ihrem Computer ein etwas anderes Aussehen haben.)

Das Programm deklariert und initialisiert drei Variablen: eine vom Typ `short` in Zeile 8, eine `unsigned long` in Zeile 9 und eine `long` in Zeile 10. Die Werte und Adressen dieser Variablen gibt das Programm in den nachfolgenden Zeilen mit Hilfe des Adreßoperators (`&`) aus.

Der Wert von `shortVar` lautet (wie erwartet) 5, und die Adresse bei Ausführung des Programms auf dem 386er Computer des Autors ist `0x8fc9:fff4`. Diese Adresse hängt vom jeweiligen Computer ab und kann bei einem neuen Programmstart etwas anders aussehen. Was sich allerdings nicht ändert, ist die Differenz von 2 Byte zwischen den beiden ersten Adressen, falls die Darstellung von `short` Integer-Zahlen auf Ihrem Computer mit 2 Byte erfolgt. Die Differenz zwischen der zweiten und dritten Adresse beträgt 4 Byte bei einer Darstellung von `long int` mit 4 Byte. Abbildung 8.2 zeigt, wie das Programm die Variablen im Speicher ablegt.

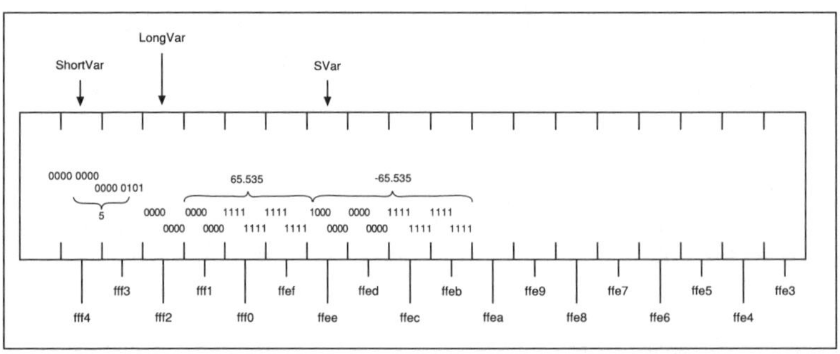

Abbildung 8.2: Speicherung der Variablen

Es gibt eigentlich keine Notwendigkeit, den tatsächlichen numerischen Wert der Adresse jeder Variablen zu kennen. Wichtig ist einzig, daß jede Variable eine Adresse hat und die entsprechende Anzahl von Bytes im Speicher reserviert sind. Man teilt dem Compiler durch die Deklaration des Variablentyps mit, wieviel Speicher eine bestimmte Variable benötigt. Der Compiler übernimmt dann automatisch die Zuweisung einer Adresse. Wenn man also eine Variable vom Typ `unsigned long` deklariert, weiß der Compiler, daß 4 Byte im Speicher zu reservieren sind, da jede Variable dieses Typs 4 Byte benötigt.

Die Adresse in einem Zeiger speichern

Jede Variable hat eine Adresse. Selbst ohne Kenntnis der genauen Adresse einer bestimmten Variablen, kann man diese Adresse in einem Zeiger speichern.

Nehmen wir zum Beispiel an, die Variable `wieAlt` sei vom Typ `int`. Um einen Zeiger namens `pAlter` zur Aufnahme ihrer Adresse zu deklarieren, schreibt man

```
int *pAlter = 0;
```

Damit deklariert man `pAlter` als Zeiger auf `int`. Das heißt, `pAlter` wird für die Aufnahme der Adresse einer `int`-Zahl deklariert.

Beachten Sie, daß `pAlter` eine Variable wie jede andere Variable ist. Wenn man eine Integer-Variable (vom Typ `int`) deklariert, wird sie für die Aufnahme einer ganzen Zahl eingerichtet. Ein Zeiger ist einfach ein spezieller Typ einer Variablen, die man für die Aufnahme der Adresse eines bestimmten Objekts im Speicher einrichtet. In diesem Beispiel nimmt `pAlter` die Adresse einer Integer-Variablen auf.

Die obige Anweisung initialisiert `pAlter` mit 0. Ein Zeiger mit dem Wert 0 heißt Null-Zeiger. Alle Zeiger sollte man bei ihrer Erzeugung initialisieren. Wenn man nicht weiß, was man dem Zeiger zuweisen soll, wählt man einfach den Wert 0. Ein nicht initialisierter Zeiger ist ein sogenannter »wilder Zeiger«. Wie der Name vermuten läßt, sind derartige Zeiger gefährlich.

Hinweis

Praktizieren Sie sichere Programmierung: Initialisieren Sie die Zeiger!

Im nächsten Schritt weist man dem Zeiger explizit die Adresse von `wieAlt` zu. Das läßt sich beispielsweise wie folgt realisieren:

```
unsigned short int wieAlt = 50;      // eine Integer-Variable erzeugen
unsigned short int * pAlter = 0;     // einen Zeiger erzeugen
pAlter = &wieAlt;                  // die Adresse von wieAlt an pAlter zuweisen
```

Die erste Zeile erzeugt die Variable `wieAlt` vom Typ `unsigned short int` und initialisiert sie mit dem Wert 50. Die zweite Zeile deklariert `pAlter` als Zeiger auf den Typ `unsigned short int` und initialisiert ihn mit 0. Das Sternchen (*) nach dem Variablentyp und vor dem Variablennamen kennzeichnet `pAlter` als Zeiger.

Die dritte und letzte Zeile weist die Adresse von `wieAlt` an den Zeiger `pAlter` zu. Die Zuweisung einer Adresse kennzeichnet der Adreßoperator (&). Ohne diesen Operator hätte man den Wert von `wieAlt` zugewiesen. Auch wenn es sich dabei um eine gültig Adresse handeln sollte, hat diese wahrscheinlich nichts mit der beabsichtigten Adresse gemein.

Nunmehr enthält pAlter als Wert die Adresse von wieAlt. Die Variable wieAlt hat ihrerseits den Wert 50. Das Ganze kann man auch mit einem Schritt weniger erreichen:

```
unsigned short int wieAlt = 50;          // eine Variable erzeugen
unsigned short int * pAlter = &wieAlt;  // einen Zeiger auf wieAlt erzeugen
```

pAlter ist ein Zeiger, der nun die Adresse der Variablen wieAlt enthält. Mittels pAlter kann man nun auch den Wert von wieAlt bestimmen, der im Beispiel 50 lautet. Den Zugriff auf wieAlt über den Zeiger pAlter nennt man Umleitung (Indirektion), da man indirekt auf wieAlt mit Hilfe von pAlter zugreift. Später in diesem Kapitel erfahren Sie, wie man mit Hilfe der Indirektion auf den Wert einer Variablen zugreift.

Indirektion bedeutet den Zugriff auf die Variable mit der im Zeiger gespeicherten Adresse. Der Zeiger stellt einen indirekten Weg bereit, um den an dieser Adresse abgelegten Wert zu erhalten.

Zeigernamen

Zeiger können jeden Namen erhalten, der auch für andere Variablen gültig ist. Viele Programmierer folgen der Konvention, allen Zeigernamen zur Kennzeichnung ein p voranzustellen, wie in pAlter und pZahl (p steht für pointer = Zeiger).

Der Indirektionsoperator

Den Indirektionsoperator (*) bezeichnet man auch als Dereferenzierungsoperator. Wenn ein Zeiger dereferenziert wird, ruft man den Wert an der im Zeiger gespeicherten Adresse ab.

Normale Variablen erlauben direkten Zugriff auf ihre eigenen Werte. Wenn man eine neue Variable vom Typ unsigned short int namens ihrAlter erzeugt und den Wert in wieAlt dieser neuen Variablen zuweisen möchte, schreibt man

```
unsigned short int ihrAlter;
ihrAlter = wieAlt;
```

Ein Zeiger bietet indirekten Zugriff auf den Wert der Variablen, dessen Adresse er speichert. Um den Wert in wieAlt an die neue Variable ihrAlter mit Hilfe des Zeigers pAlter zuzuweisen, schreibt man

```
unsigned short int ihrAlter;
ihrAlter = *pAlter;
```

Der Indirektionsoperator (*) vor der Variablen pAlter bedeutet »der an der nachfolgenden Adresse gespeicherte Wert«. Die Zuweisung ist wie folgt zu lesen: »Nimm den an der Adresse in pAlter gespeicherten Wert und weise ihn ihrAlter zu.«

Hinweis

Der Indirektionsoperator (*) kommt bei Zeigern in zwei unterschiedlichen Versionen vor: Deklaration und Dereferenzierung. Bei der Deklaration eines Zeigers gibt das Sternchen an, daß es sich um einen Zeiger und nicht um eine normale Variable handelt. Dazu ein Beispiel:

```
unsigned short * pAlter = 0; // einen Zeiger auf unsigned short erzeugen
```

Wenn der Zeiger dereferenziert wird, gibt der Indirektionsoperator an, daß auf den Wert an der im Zeiger abgelegten Speicheradresse zuzugreifen ist und nicht auf die Adresse selbst:

```
*pAlter = 5; // Der Speicherzelle, deren Adresse in pAlter steht, den Wert 5
zuweisen
```

Beachten Sie auch, daß C++ das gleiche Zeichen (*) als Multiplikationsoperator verwendet. Der Compiler erkennt aus dem Kontext, welcher Operator gemeint ist.

Zeiger, Adressen und Variablen

Die folgenden drei Dinge muß man sicher auseinanderhalten können, um Probleme mit Zeigern zu vermeiden:

- den Zeiger selbst,
- die im Zeiger gespeicherte Adresse,
- den Wert an der im Zeiger gespeicherten Adresse.

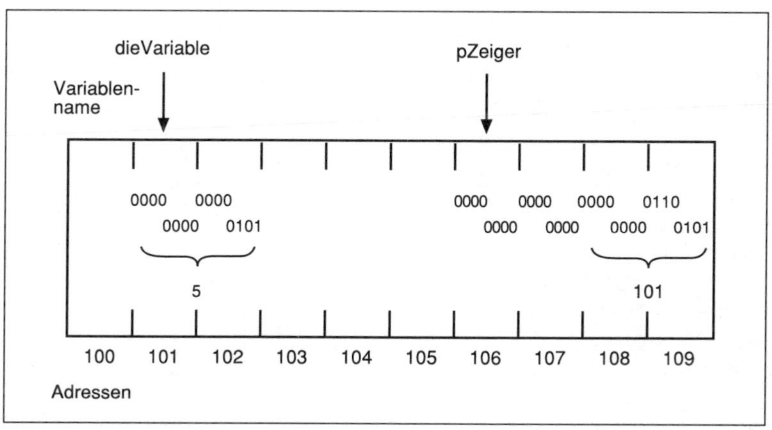

Abbildung 8.3: Schematische Darstellung des Speichers

Sehen Sie sich das folgende Codefragment an:

```
int dieVariable = 5;
int * pZeiger = &dieVariable ;
```

Die Variable `dieVariable` ist als Integer-Variable deklariert und mit dem Wert 5 initialisiert. `pZeiger` ist als Zeiger auf einen Integer deklariert und wird mit der Adresse von `dieVariable` initialisiert. `pZeiger` ist der Zeiger. Die von `pZeiger` gespeicherte Adresse ist die Adresse von `dieVariable`. Der Wert an der von `pZeiger` gespeicherten Adresse lautet 5. Abbildung 8.3 zeigt eine schematische Darstellung von `dieVariable` und `pZeiger`.

Daten mit Hilfe von Zeigern manipulieren

Nachdem man einem Zeiger die Adresse einer Variablen zugewiesen hat, kann man mit diesem Zeiger auf die Daten in der Variablen zugreifen. Listing 8.2 demonstriert, wie der Zugriff auf eine lokale Variable mittels eines Zeigers vonstatten geht und wie der Zeiger die Werte in dieser Variablen manipuliert.

Listing 8.2: Daten mit Hilfe von Zeigern manipulieren

```
// Listing 8.2 Verwendung von Zeigern

#include <iostream.h>

typedef unsigned short int USHORT;
int main()
{
   USHORT myAge;          // eine Variable
   USHORT * pAge = 0;     // ein Zeiger
   myAge = 5;
   cout << "myAge: " << myAge << "\n";
   pAge = &myAge;      // Adresse von myAge an pAge zuweisen
   cout << "*pAge: " << *pAge << "\n\n";
   cout << "*pAge = 7\n";
   *pAge = 7;          // myAge auf 7 setzen
   cout << "*pAge: " << *pAge << "\n";
   cout << "myAge: " << myAge << "\n\n";
   cout << "myAge = 9\n";
   myAge = 9;
   cout << "myAge: " << myAge << "\n";
   cout << "*pAge: " << *pAge << "\n";

   return 0;
}
```

```
myAge: 5
*pAge: 5

*pAge = 7
*pAge: 7
myAge: 7

myAge = 9
myAge: 9
*pAge: 9
```

Dieses Programm deklariert zwei Variablen: `myAge` vom Typ `unsigned short` und `pAge` als Zeiger auf eine Variable vom Typ `unsigned short`. In Zeile 10 wird der Variablen `myAge` der Wert 5 zugewiesen. Die Ausgabe in Zeile 11 dient der Kontrolle der Zuweisung.

Zeile 12 weist `pAge` die Adresse von `myAge` zu. Zeile 13 dereferenziert `pAge` und gibt das erhaltene Ergebnis aus. Es zeigt, daß der Wert an der in `pAge` gespeicherten Adresse der in `myAge` abgelegte Wert 5 ist. Zeile 15 weist den Wert 7 der Variablen zu, die sich an der in `pAge` gespeicherten Adresse befindet. Damit setzt man `myAge` auf 7. Eine Bestätigung liefern die Ausgabeanweisungen in den Zeilen 16 bis 17.

Zeile 19 weist der Variablen `myAge` den Wert 9 zu. Auf diesen Wert wird in Zeile 20 direkt und in Zeile 21 indirekt – durch Dereferenzierung von `pAge` – zugegriffen.

Adressen untersuchen

Zeiger erlauben die Manipulation von Adressen, ohne daß man deren eigentlichen Wert kennt. Üblicherweise vertraut man darauf, daß nach der Zuweisung einer Variablenadresse an einen Zeiger der Wert des Zeigers wirklich die Adresse der Variablen ist. An dieser Stelle wollen wir aber einmal überprüfen, ob dem wirklich so ist. Listing 8.3 zeigt ein entsprechendes Programm.

Listing 8.3: Untersuchen, was in einem Zeiger gespeichert ist

```
 // Listing 8.3 Was in einem Zeiger gespeichert ist

#include <iostream.h>


int main()
```

```
7:    {
8:        unsigned short int myAge = 5, yourAge = 10;
9:        unsigned short int * pAge = &myAge;  // ein Zeiger
10:       cout << "myAge:\t" << myAge << "\tyourAge:\t" << yourAge <<"\n";
11:       cout <<"&myAge:\t" << &myAge <<"\t&yourAge:\t" << &yourAge <<"\n";
12:       cout << "pAge:\t" << pAge << "\n";
13:       cout << "*pAge:\t" << *pAge << "\n";
14:       pAge = &yourAge;        // den Zeiger erneut zuweisen
15:       cout << "myAge:\t" << myAge << "\tyourAge:\t" << yourAge <<  "\n";
16:       cout <<"&myAge:\t" << &myAge <<"\t&yourAge:\t" << &yourAge <<"\n";
17:       cout << "pAge:\t" << pAge << "\n";
18:       cout << "*pAge:\t" << *pAge << "\n";
19:       cout << "&pAge:\t" << &pAge << "\n";
20:       return 0;
21:   }
```

Ausgabe

```
myAge:     5          yourAge:  10
&myAge:    0x355C     &yourAge: 0x355E
pAge:      0x355C
*pAge:     5
myAge:     5          yourAge:  10
&myAge:    0x355C     &yourAge: 0x355E
pAge:      0x355E
*pAge:     10
&pAge:     0x355A
```

(Die Ausgabe kann bei Ihnen etwas andere Ergebnisse zeigen.)

Analyse

Zeile 8 deklariert `myAge` und `yourAge` als Integer-Variablen vom Typ `unsigned short`. Zeile 9 deklariert `pAge` als Zeiger auf einen Integerwert vom Typ `unsigned short`. Der Zeiger wird mit der Adresse der Variablen `myAge` initialisiert.

Die Zeilen 10 und 11 geben die Werte und Adressen von `myAge` und `yourAge` aus. Zeile 12 zeigt den Inhalt von `pAge` an, wobei es sich um die Adresse von `myAge` handelt. Zeile 13 dereferenziert `pAge` und zeigt das Ergebnis an: den Wert an der in `pAge` verzeichneten Adresse, das heißt, den Wert in `myAge`, also 5.

Das Wesen der Zeiger dürfte nun klar sein. Zeile 12 zeigt, daß `pAge` die Adresse von `myAge` speichert, und Zeile 13 zeigt, wie man den in `myAge` gespeicherten Wert durch Dereferenzierung des Zeigers `pAge` ermittelt. Bevor Sie im Stoff fortfahren, sollten Ihnen diese Dinge in Fleisch und Blut übergegangen sein. Studieren Sie den Code, und sehen Sie sich die Ausgaben an.

In Zeile 14 findet eine Neuzuweisung von `pAge` statt, so daß diese Variable (der Zeiger) nun auf die Adresse von `yourAge` weist. Die Werte und Adressen werden auch hier wieder ausgegeben. Anhand der Ausgabe kann man ablesen, daß `pAge` nun die Adresse der Variablen `yourAge` enthält und daß die Dereferenzierung den Wert in `yourAge` holt.

Zeile 19 gibt die Adresse von `pAge` selbst aus. Wie jede Variable hat auch `pAge` eine Adresse, und diese Adresse läßt sich in einem Zeiger speichern. (Auf die Zuweisung der Adresse eines Zeigers an einen anderen Zeiger gehen wir in Kürze ein.)

Was Sie tun sollten

Verwenden Sie den Indirektionsoperator (*), um auf die Daten an einer in einem Zeiger enthaltenen Adresse zuzugreifen.

Initialisieren Sie alle Zeiger entweder mit einer gültigen Adresse oder mit Null (0).

Denken Sie an den Unterschied zwischen der Adresse in einem Zeiger und dem Wert an dieser Adresse.

Hinweis

Mit Zeigern programmieren

Deklarieren Sie einen Zeiger wie folgt: Zuerst geben Sie den Typ der Variablen oder des Objekts an, dessen Adresse im Zeiger gespeichert werden soll. Anschließend folgt der Zeigeroperator (*) und der Name des Zeigers. Ein Beispiel:

```
unsigned short int * pZeiger = 0;
```

Um einen Zeiger zu initialisieren oder ihm einen Wert zuzuweisen, stellen Sie vor den Namen der Variablen, deren Adresse zugewiesen wird, den Adreßoperator (&). Ein Beispiel:

```
unsigned short int dieVariable = 5;
unsigned short int * pZeiger = & dieVariable;
```

Zur Dereferenzierung eines Zeigers stellen Sie dem Zeigernamen den Dereferenzierungsoperator (*) voran. Ein Beispiel:

```
unsigned short int derWert = *pZeiger;
```

Warum man Zeiger verwendet

Bisher haben Sie in einzelnen Schritten die Zuweisung der Adresse einer Variablen an einen Zeiger kennengelernt. In der Praxis wird das allerdings in dieser Form kaum vorkommen. Warum plagt man sich überhaupt mit einem Zeiger herum, wenn man bereits eine Variable mit Zugriff auf deren Wert hat? Diese Art der Zeigermanipulation einer automatischen Variablen sollte hier nur die Arbeitsweise von Zeigern demonstrieren. Nachdem Sie nun mit der Syntax der Zeiger vertraut sind, können Sie sich den echten Einsatzfällen zuwenden. Vorwiegend kommen dabei drei Aufgaben in Betracht:

- Verwalten von Daten im Heap
- Zugriff auf Datenelemente und Funktionen einer Klasse
- Übergabe von Variablen als Referenz an Funktionen

Das restliche Kapitel konzentriert sich auf die Verwaltung von Daten im Heap und den Zugriff auf Datenelemente und Funktionen einer Klasse. Morgen lernen Sie, wie man Variablen als Referenz übergibt.

Stack und Heap

Im Abschnitt »Arbeitsweise von Funktionen – ein Blick hinter die Kulissen« aus Kapitel 5 werden fünf Speicherbereiche erwähnt:

- Bereich der globalen Namen,
- Heap,
- Register,
- Codebereich,
- Stack.

Lokale Variablen befinden sich zusammen mit den Funktionsparametern auf dem Stack. Der Code steht natürlich im Codebereich, und globale Variablen im Bereich der globalen Namen. Die Register dienen internen Verwaltungsaufgaben. Dazu gehören beispielsweise Stack-Operationen und die Steuerung des Programmablaufs. Der verbleibende Speicher geht an den sogenannten Heap (frei verfügbarer Speicher).

Leider sind lokale Variablen nicht dauerhaft verfügbar: Kehrt eine Funktion zurück, werden die Variablen verworfen. Globale Variablen lösen dieses Problem für den Preis des uneingeschränkten Zugriffs durch das gesamte Programm hindurch. Dabei entsteht ein Code, der schwer zu verstehen und zu warten ist. Bringt man die Daten auf den Heap, umgeht man beide Nachteile.

Man kann sich den Heap als ausgedehnten Speicherbereich vorstellen, in dem Tausende von fortlaufend numerierten Fächern auf Ihre Daten warten. Genau wie beim Stack lassen sich diese Fächer aber nicht benennen. Man muß die Adresse des zu reservierenden Fachs abrufen und diese Adresse dann in einem Zeiger festhalten.

Als Analogie dazu folgendes Beispiel: Ein Freund gibt Ihnen die gebührenfreie Rufnummer für Acme Mail Order. Sie gehen nach Hause und programmieren Ihr Telefon mit dieser Nummer. Dann schmeißen Sie den Zettel weg, auf dem Sie sich die Nummer notiert hatten. Wenn Sie die Kurzwahltaste drücken, läutet das Telefon irgendwo und Acme Mail Order antwortet. An die Nummer können Sie sich nicht erinnern, und Sie wissen auch nicht, wo sich das andere Telefon befindet. Aber die Kurzwahltaste gibt Ihnen den Zugriff zu Acme Mail Order. Vergleichbar mit Acme Mail Order sind die Daten in Ihrem Heap. Sie wissen nicht, wo sie abgelegt sind, aber Sie wissen, wie man sie holen kann. Man greift über die Adresse darauf zu – im obigen Beispiel mit der Telefonnummer. Diese Nummer müssen Sie aber nicht kennen, Sie brauchen sie nur in einem Zeiger ablegen – das heißt, der Kurzwahltaste zuordnen. Der Zeiger gibt Ihnen den Zugriff auf Ihre Daten, ohne daß Sie sich um die Details kümmern müssen.

Kehrt eine Funktion zurück, räumt sie automatisch den Stack auf. Alle lokalen Variablen verlieren ihren Gültigkeitsbereich und verschwinden vom Stack. Den Heap räumt ein Programm erst am Ende auf. Es liegt in Ihrer Verantwortung, reservierten Speicher freizugeben, wenn Sie ihn nicht mehr benötigen.

Der Vorteil des Heap liegt darin, daß der reservierte Speicher verfügbar bleibt, bis man ihn explizit freigibt. Wenn man Speicher auf dem Heap reserviert, während das Programm eine Funktion abarbeitet, bleibt der Speicher nach Rückkehr der Funktion weiterhin zugänglich.

Gegenüber globalen Variablen bringt ein derartiger Zugriff auf den Speicher den Vorteil, daß nur Funktionen mit Zugriff auf den Zeiger auch auf die Daten zugreifen können. Damit hat man eine gut kontrollierte Schnittstelle zu den Daten und vermeidet die Probleme, daß fremde Funktionen die Daten in unerwarteter und nicht vorgesehener Weise verändern.

Damit das Ganze funktioniert, muß man einen Zeiger auf einen Bereich im Heap erzeugen und den Zeiger an Funktionen übergeben können. Die folgenden Abschnitte erläutern diese Vorgehensweise.

new

In C++ weist man Heap-Speicher mit dem Schlüsselwort `new` zu. Auf `new` folgt der Typ des Objekts, für das man Speicher reservieren will, damit der Compiler die erforderliche Speichergröße kennt. So reserviert die Anweisung `new unsigned short int` 2 Byte auf dem Heap und `new long` reserviert 4 Byte.

Der Rückgabewert von `new` ist eine Speicheradresse. Diese muß man einem Zeiger zuweisen. Um einen `unsigned short` im Heap zu erzeugen, schreibt man etwa

```
unsigned short int * pZeiger;
pZeiger = new unsigned short int;
```

Natürlich kann man den Zeiger auch gleich bei seiner Erzeugung initialisieren:

```
unsigned short int * pZeiger = new unsigned short int;
```

In beiden Fällen zeigt nun `pZeiger` auf einen `unsigned short int` im Heap. Man kann diesen Zeiger wie jeden anderen Zeiger auf eine Variable verwenden und einen Wert in diesem Bereich des Speichers ablegen:

```
*pZeiger = 72;
```

Das bedeutet: »Lege 72 im Wert von `pZeiger` ab« oder »Weise den Wert 72 an den Bereich im Heap zu, auf den `pZeiger` zeigt«.

Wenn `new` keinen Speicher im Heap erzeugen kann – Speicher ist immerhin eine begrenzte Ressource – wird eine Ausnahme ausgelöst (siehe Kapitel 20, »Exceptions und Fehlerbehandlung«).

delete

Wenn man den Speicherbereich nicht mehr benötigt, ruft man für den Zeiger `delete` auf. `delete` gibt den Speicher an den Heap zurück. Denken Sie daran, daß der Zeiger selbst – im Gegensatz zum Speicher, auf den er zeigt – eine lokale Variable ist. Wenn die Funktion, in der er deklariert ist, zurückkehrt, verliert der Zeiger seinen Gültigkeitsbereich und ist nicht mehr zugänglich. Der mit dem Operator `new` reservierte Speicher wird allerdings nicht automatisch freigegeben. Auf den Speicher kann man nicht mehr zugreifen – es entsteht eine sogenannte Speicherlücke. Diese Lücke läßt sich bis zum Ende des Programms nicht mehr beseitigen und es scheint, als ob der Computer leck wäre und Speicherplatz verliere.

Mit dem Schlüsselwort `delete` gibt man Speicher an den Heap zurück:

```
delete pZeiger;
```

Wenn man den Zeiger löscht, gibt man praktisch den Speicher frei, dessen Adresse im Zeiger abgelegt ist. Man sagt also: »Gebe den Speicher, auf den der Zeiger verweist, an den Heap zurück«. Der Zeiger bleibt weiterhin ein Zeiger und kann erneut zugewiesen werden. Listing 8.4 zeigt, wie man eine Variable auf dem Heap reserviert, diese Variable verwendet und sie dann löscht.

Warnung

Wenn man `delete` auf einen Zeiger anwendet, wird der Speicher, auf den der Zeiger verweist, freigegeben. Ruft man `delete` erneut auf diesem Zeiger auf, stürzt das Programm ab! Setzen Sie den Zeiger daher nach dem Löschen auf `0` (Null). Der Aufruf von `delete` für einen Null-Zeiger ist garantiert sicher. Dazu folgendes Beispiel:

```
Animal *pDog = new Animal;
delete pDog;  // gibt den Speicher frei
   pDog = 0;  // setzt den Zeiger auf Null
   //...
delete pDog;  // gefahrlos
```

Listing 8.4: Reservieren und Löschen von Zeigern

```
1:     // Listing 8.4
2:     // Speicher reservieren und loeschen
3:
4:     #include <iostream.h>
5:     int main()
6:     {
7:        int localVariable = 5;
8:        int * pLocal= &localVariable;
9:        int * pHeap = new int;
10:       *pHeap = 7;
11:       cout << "localVariable: " << localVariable << "\n";
12:       cout << "*pLocal: " << *pLocal << "\n";
13:       cout << "*pHeap: " << *pHeap << "\n";
14:       delete pHeap;
15:       pHeap = new int;
16:       *pHeap = 9;
17:       cout << "*pHeap: " << *pHeap << "\n";
18:       delete pHeap;
19:       return 0;
20:    }
```

Ausgabe

```
localVariable: 5
*pLocal: 5
*pHeap: 7
*pHeap: 9
```

Analyse

Zeile 7 deklariert und initialisiert eine lokale Variable. Zeile 8 deklariert und initialisiert einen Zeiger mit der Adresse der lokalen Variablen. Zeile 9 deklariert einen weiteren Zeiger und initialisiert ihn mit dem Ergebnis aus dem Aufruf von `new int`. Damit reserviert man im Heap Speicher für eine ganze Zahl (`int`).

Zeile 10 weist den Wert 7 an die neu reservierte Speicherstelle zu. Zeile 11 gibt den Wert der lokalen Variablen aus, und Zeile 12 zeigt den Wert an, auf den `pLocal` verweist. Wie erwartet, sind die Ergebnisse gleich. Zeile 13 gibt den Wert aus, auf den `pHeap` zeigt. Der in Zeile 10 zugewiesene Wert ist also tatsächlich zugänglich.

Der Aufruf von `delete` in Zeile 14 gibt den in Zeile 9 reservierten Speicher an den Heap zurück. Diese Aktion gibt den Speicher frei und hebt die Zuordnung des Zeigers zu diesem Speicherbereich auf. `pHeap` steht nun wieder als Zeiger für einen anderen Speicherbereich zur Verfügung. In den Zeilen 15 und 16 findet eine erneute Zuweisung statt, und Zeile 17 bringt das Ergebnis auf den Bildschirm. Zeile 18 gibt den Speicher an den Heap zurück.

Obwohl Zeile 18 redundant ist (durch das Ende des Programms wird der Speicher ohnehin zurückgegeben), empfiehlt es sich immer, diesen Speicher explizit freizugeben. Wenn man das Programm ändert oder erweitert, ist es vorteilhaft, daß dieser Schritt bereits berücksichtigt wurde.

Speicherlücken

Unbeabsichtigte Speicherlücken entstehen auch, wenn man einem Zeiger einen neuen Speicherbereich zuweist, ohne vorher den vom Zeiger referenzierten Speicher freizugeben. Sehen Sie sich das folgende Codefragment an:

```
1:   unsigned short int * pZeiger = new unsigned short int;
2:   *pZeiger = 72;
3:   pZeiger = new unsigned short int;
4:   *pZeiger = 84;
```

Zeile 1 erzeugt `pZeiger` und weist ihm die Adresse eines Bereichs auf dem Heap zu. Zeile 2 speichert den Wert 72 in diesem Speicherbereich. Zeile 3 nimmt eine erneute Zuweisung von `pZeiger` auf einen anderen Speicherbereich vor. Zeile 4 plaziert den Wert 84 in diesem Bereich. Der ursprüngliche Bereich, in dem sich der Wert 72 befindet, ist nun nicht mehr zugänglich, da der Zeiger auf diesen Speicherbereich neu zugewiesen wurde. Es gibt keine Möglichkeit mehr, auf diesen Speicherbereich zuzugreifen, und man kann ihn auch nicht mehr freigeben, bevor das Programm beendet wird.

Das Codefragment sollte daher besser wie folgt formuliert werden:

```
unsigned short int * pZeiger = new unsigned short int;
*pZeiger = 72;
delete pZeiger;
pZeiger = new unsigned short int;
*pZeiger = 84;
```

Jetzt wird in Zeile 3 der Speicher, auf den pZeiger ursprünglich gezeigt hat, gelöscht und der Speicherbereich wird freigegeben.

Hinweis

Für jeden Aufruf von new sollte auch ein korrespondierender Aufruf von delete vorhanden sein. An jedem Punkt im Programm muß klar sein, welcher Zeiger einen Speicherbereich besitzt. Außerdem ist sicherzustellen, daß nicht mehr benötigter Speicher umgehend an den Heap zurückgegeben wird.

Objekte auf dem Heap erzeugen

So wie man einen Zeiger auf eine Ganzzahl erzeugen kann, läßt sich auch ein Zeiger auf ein beliebiges Objekt erzeugen. Wenn man ein Objekt vom Typ Cat (Katze) deklariert hat, kann man einen Zeiger auf diese Klasse deklarieren und ein Cat-Objekt auf dem Heap instantiieren, wie es auch auf dem Stack möglich ist. Die Syntax entspricht der für Integer-Objekte:

```
Cat *pCat = new Cat;
```

Dabei wird der Standardkonstruktor aufgerufen – der Konstruktor, der keine Parameter übernimmt. Der Aufruf des Konstruktors findet immer statt, wenn man ein Objekt – auf dem Stack oder dem Heap – erzeugt.

Objekte löschen

Beim Aufruf von delete für einen Zeiger zu einem Objekt auf dem Heap wird der Destruktor dieses Objekts aufgerufen, bevor die Freigabe des Speichers erfolgt. Damit kann die Klasse Aufräumungsarbeiten erledigen, genau wie bei Objekten, die auf dem Stack zerstört werden. Listing 8.5 demonstriert das Erzeugen und Löschen von Objekten auf dem Heap.

Listing 8.5: Objekte auf dem Heap erzeugen und löschen

```
// Listing 8.5
// Objekte auf dem Heap erzeugen

 #include <iostream.h>

 class SimpleCat
 {
 public:
```

```
9:          SimpleCat();
10:           ~SimpleCat();
11:     private:
12:           int itsAge;
13:      };
14:
15:      SimpleCat::SimpleCat()
16:      {
17:             cout << "Konstruktor aufgerufen.\n";
18:             itsAge = 1;
19:      }
20:
21:      SimpleCat::~SimpleCat()
22:      {
23:             cout << "Destruktor aufgerufen.\n";
24:      }
25:
26:      int main()
27:      {
28:             cout << "SimpleCat Frisky...\n";
29:             SimpleCat Frisky;
30:             cout << "SimpleCat *pRags = new SimpleCat...\n";
31:             SimpleCat * pRags = new SimpleCat;
32:             cout << "Loeschen pRags...\n";
33:             delete pRags;
34:             cout << "Beenden, Frisky geht...\n";
35:             return 0;
36:      }
```

Ausgabe

```
SimpleCat Frisky...
Konstruktor aufgerufen.
SimpleCat * pRags = new SimpleCat...
Konstruktor aufgerufen.
Loeschen pRags...
Destruktor aufgerufen.
Beenden, Frisky geht...
Destruktor aufgerufen.
```

Analyse

Die Zeilen 6 bis 13 deklarieren die rudimentäre Klasse `SimpleCat`. Zeile 9 deklariert den Konstruktor von `SimpleCat`, und die Zeilen 15 bis 19 enthalten dessen Definition. Der Destruktor von `SimpleCat` steht in Zeile 10, die zugehörige Definition in den Zeilen 21 bis 24.

Zeile 29 erzeugt das Objekt `Frisky` auf dem Stack und bewirkt damit den Aufruf des Konstruktors. Zeile 31 erzeugt auf dem Heap ein `SimpleCat`-Objekt, auf das `pRags` zeigt. Der Konstruktor wird erneut aufgerufen. Zeile 33 ruft `delete` auf `pRags` auf, und löst damit den Aufruf des Destruktors aus. Am Ende der Funktion verliert `Frisky` den Gültigkeitsbereich, und der Destruktor wird aufgerufen.

Auf Datenelemente zugreifen

Auf Datenelemente und Funktionen greift man für lokal erzeugte `Cat`-Objekte mit dem Punktoperator (.) zu. Um das `Cat` Objekt im Heap anzusprechen, muß man den Zeiger dereferenzieren und den Punktoperator auf das Objekt anwenden, auf das der Zeiger verweist. Für einen Zugriff auf die Elementfunktion `GetAge()` schreibt man daher

```
(*pRags).GetAge();
```

Mit den Klammern stellt man sicher, daß `pRags` vor dem Zugriff auf `GetAge()` dereferenziert wird.

Da diese Methode umständlich ist, bietet C++ einen Kurzoperator für den indirekten Zugriff: den Elementverweis-Operator (->), der aus einem Bindestrich und einem unmittelbar folgenden Größer-als-Symbol besteht. C++ behandelt diese Zeichenfolge als ein einzelnes Symbol. Listing 8.6 demonstriert den Zugriff auf Elementvariablen und Funktionen von Objekten, die auf dem Heap erzeugt wurden.

Listing 8.6: Zugriff auf Datenelemente von Objekten auf dem Heap

```
// Listing 8.6
// Zugriff auf Datenelemente von Objekten auf dem Heap

 #include <iostream.h>

 class SimpleCat
 {
 public:
        SimpleCat() {itsAge = 2; }
         ~SimpleCat() {}
         int GetAge() const { return itsAge; }
         void SetAge(int age) { itsAge = age; }
 private:
         int itsAge;
    };

    int main()
```

```
18:     {
19:         SimpleCat * Frisky = new SimpleCat;
20:         cout << "Frisky ist " << Frisky->GetAge() << " Jahre alt.\n";
21:         Frisky->SetAge(5);
22:         cout << "Frisky ist " << Frisky->GetAge() << " Jahre alt.\n";
23:         delete Frisky;
24:         return 0;
25:     }
```

Ausgabe

```
Frisky ist 2 Jahre alt.
Frisky ist 5 Jahre alt.
```

Analyse

Zeile 19 instantiiert ein `SimpleCat`-Objekt auf dem Heap. Der Standardkonstruktor setzt das Alter auf 2. Zeile 20 ruft die Methode `GetAge()` auf. Da es sich hierbei um einen Zeiger handelt, wird der Elementverweis-Operator (`->`) für den Zugriff auf Datenelemente und Funktionen verwendet. In Zeile 21 steht der Aufruf von `SetAge()`, und in Zeile 22 findet ein erneuter Zugriff auf `GetAge()` statt.

Datenelemente auf dem Heap

Die Datenelemente einer Klasse können ebenfalls Zeiger auf Heap-Objekte deklarieren. Der Speicher kann im Konstruktor der Klasse oder einer ihrer Methoden reserviert und in ihrem Destruktor gelöscht werden, wie es Listing 8.7 verdeutlicht.

Listing 8.7: Zeiger als Datenelemente

```
// Listing 8.7
// Zeiger als Datenelemente

 #include <iostream.h>

 class SimpleCat
 {
 public:
         SimpleCat();
          ~SimpleCat();
          int GetAge() const { return *itsAge; }
```

```
12:         void SetAge(int age) { *itsAge = age; }
13:
14:         int GetWeight() const { return *itsWeight; }
15:         void setWeight (int weight) { *itsWeight = weight; }
16:
17:    private:
18:         int * itsAge;
19:         int * itsWeight;
20:    };
21:
22:    SimpleCat::SimpleCat()
23:    {
24:         itsAge = new int(2);
25:         itsWeight = new int(5);
26:    }
27:
28:    SimpleCat::~SimpleCat()
29:    {
30:         delete itsAge;
31:         delete itsWeight;
32:    }
33:
34:    int main()
35:    {
36:         SimpleCat *Frisky = new SimpleCat;
37:         cout << "Frisky ist " << Frisky->GetAge() << " Jahre alt.\n";
38:         Frisky->SetAge(5);
39:         cout << "Frisky ist " << Frisky->GetAge() << " Jahre alt.\n";
40:         delete Frisky;
41:    return 0;
42:    }
```

Ausgabe

```
Frisky ist 2 Jahre alt.
Frisky ist 5 Jahre alt.
```

Analyse

Die Klasse `SimpleCat` deklariert in den Zeilen 18 und 19 zwei Elementvariablen als Zeiger auf Integer. Der Konstruktor (Zeilen 22 bis 26) initialisiert die Zeiger auf einen Bereich im Heap und auf Standardwerte.

Der Destruktor (Zeilen 28 bis 32) räumt den reservierten Speicher auf. Da es sich um den Destruktor handelt, gibt es keinen Grund, diesen Zeigern Null zuzuweisen, da sie danach nicht mehr zugänglich sind. Hier kann man ausnahmsweise die Regel brechen, daß gelöschte Zeiger den Wert Null erhalten sollten, obwohl die Einhaltung dieser Regel auch nicht stört.

Die aufrufende Funktion – in diesem Fall `main()` – ist nicht davon unterrichtet, daß `itsAge` und `itsWeight` Zeiger auf Speicher im Heap sind. `main()` ruft weiterhin `GetAge()` und `SetAge()` auf, und die Einzelheiten der Speicherverwaltung werden – wie es sich gehört – in der Implementierung der Klasse versteckt.

Beim Löschen von `Frisky` in Zeile 40 wird der Destruktor aufgerufen. Der Destruktor löscht alle zugehörigen Elementzeiger. Wenn diese ihrerseits auf Objekte anderer benutzerdefinierter Klassen zeigen, werden deren Destruktoren ebenfalls aufgerufen.

Frage Wenn ich auf dem Stack ein Objekt deklariere mit Elementvariablen auf dem Heap, was liegt dann auf dem Stack und was auf dem Heap? Zum Beispiel

```
#include <iostream.h>

    class SimpleCat
    {
    public:
        SimpleCat();
        ~SimpleCat();
        int GetAge() const { return *itsAge; }
        // andere Methoden

    private:
        int * itsAge;
        int * itsWeight;
    };

    SimpleCat::SimpleCat()
    {
        itsAge = new int(2);
        itsWeight = new int(5);
    }

    SimpleCat::~SimpleCat()
    {
        delete itsAge;
        delete itsWeight;
    }

    int main()
```

```
{
    SimpleCat Frisky;
    cout << "Frisky ist " <<
                Frisky.GetAge() <<
                    " Jahre alt\n";
    Frisky.SetAge(5);
    cout << "Frisky ist " <<
            Frisky.GetAge() << " Jahre alt\n";
    return 0;
}
```

Antwort: Auf dem Stack befindet sich die lokale Variable `Frisky`. Diese Variable enthält zwei Zeiger, die beide jeweils 4 Byte Speicherplatz auf dem Stack einnehmen und die Speicheradresse eines Integers auf dem Heap enthalten. So sind in dem Beispiel 8 Byte auf dem Stack und 8 Byte auf dem Heap belegt.

Sofern nicht gerade ein triftiger Grund vorliegt, wäre es allerdings ziemlich dumm, in einem richtigen Programm ein Objekt `Cat` einzurichten, das seine eigenen Elemente als Referenz hält. In obigem Beispiel gibt es dafür keinen Grund (außer, daß es sich um eine Demonstration handelt), aber es gibt andere Fälle, in denen eine solche Konstruktion durchaus sinnvoll wäre.

Dies bringt die Frage auf: Was wollen wir eigentlich erreichen? Zur Erinnerung: Am Anfang aller Programmierarbeit steht der Entwurf. Und wenn Sie in Ihrem Entwurf ein Objekt vorgesehen haben, das sich auf ein zweites Objekt bezieht, wobei das zweite Objekt unter Umständen vor dem ersten ins Leben gerufen wird und auch nach dessen Zerstörung noch weiter besteht, dann muß das erste Objekt eine Referenz auf das zweite enthalten.

So könnte zum Beispiel das erste Objekt ein Fenster und das zweite Objekt ein Dokument sein. Das Fenster benötigt Zugriff auf das Dokument, kontrolliert jedoch nicht die Lebensdauer des Dokuments. Aus diesem Grunde muß das Fenster eine Referenz auf das Dokument enthalten.

Implementiert wird dies in C++ mit Hilfe von Zeigern oder Referenzen. Referenzen werden in Kapitel 9 behandelt.

Der this-Zeiger

Jede Elementfunktion einer Klasse verfügt über einen versteckten Parameter: den Zeiger `this`, der auf das eigene Objekt zeigt. Dieser Zeiger wird bei jedem Aufruf von `GetAge()` oder `SetAge()`als versteckter Parameter mit übergeben.

Daß es auch möglich ist, den Zeiger `this` explizit aufzurufen, veranschaulicht Listing 8.8.

Listing 8.8: Der Zeiger this

```
// Listing 8.8
// Verwendung des this-Zeigers

#include <iostream.h>

class Rectangle
{
public:
     Rectangle();
      ~Rectangle();
      void SetLength(int length) { this->itsLength = length; }
      int GetLength() const { return this->itsLength; }

      void SetWidth(int width) { itsWidth = width; }
      int GetWidth() const { return itsWidth; }

 private:
      int itsLength;
      int itsWidth;
 };

 Rectangle::Rectangle()
 {
     itsWidth = 5;
     itsLength = 10;
 }
 Rectangle::~Rectangle()
 {}

 int main()
 {
    Rectangle theRect;
    cout <<"theRect ist " << theRect.GetLength() <<" Meter lang.\n";
    cout <<"theRect ist " << theRect.GetWidth() <<" Meter breit.\n";
```

```
        theRect.SetLength(20);
        theRect.SetWidth(10);
        cout <<"theRect ist " << theRect.GetLength() <<" Meter lang.\n";
        cout <<"theRect ist " << theRect.GetWidth() <<" Meter breit.\n";
        return 0;
   }
```

```
theRect ist 10 Meter lang.
theRect ist 5 Meter breit.
theRect ist 20 Meter lang.
theRect ist 10 Meter breit.
```

Die Zugriffsfunktionen `SetLength()`und `GetLength()`verwenden explizit den Zeiger `this`, um auf die Elementvariablen des Objekts `Rectangle` zuzugreifen. Dagegen arbeiten die Zugriffsfunktionen `SetWidth()` und `GetWidth()` ohne diesen Zeiger. Im Verhalten ist kein Unterschied festzustellen, obwohl die Syntax leichter zu verstehen ist.

Wäre das alles, wofür der Zeiger `this` gut ist, hätte man kaum Anlaß, sich mit diesem Zeiger zu beschäftigen. Gerade aber weil `this` ein Zeiger ist, kann er die Speicheradresse eines Objekts aufnehmen. In dieser Eigenschaft kann der Zeiger ein leistungsfähiges Werkzeug sein, und Sie werden in Kapitel 10, »Funktionen – weiterführende Themen«, wenn es um das Überladen von Operatoren geht, noch ein praktisches Beispiel hierzu sehen. Momentan genügt es zu wissen, daß es den Zeiger `this` gibt und daß er ein Zeiger auf das Objekt selbst ist.

Um das Erzeugen oder Löschen des Zeigers `this` braucht man sich nicht zu kümmern. Das erledigt der Compiler.

Vagabundierende Zeiger

Zu den schwer zu lokalisierenden Fehlerquellen gehören vagabundierende Zeiger. Derartige Zeiger entstehen, wenn man `delete` für den Zeiger aufruft – dabei den Speicher freigibt, auf den der Zeiger verweist – und dann vergißt, den Zeiger auf Null zu setzen. Wenn Sie danach versuchen, den Zeiger erneut zu verwenden, ohne eine Neuzuweisung vorzunehmen, läßt sich das Ergebnis nur schwer vorhersagen. Im besten Falle stürzt Ihr Programm ab.

Es verhält sich genauso, als ob die Firma Acme Mail Order umgezogen wäre und man weiterhin dieselbe Kurzwahltaste auf dem Telefon betätigt. Vielleicht passiert nichts Furchtbares – irgendein Telefon klingelt in einem verwaisten Warenhaus. Die Telefonnummer könnte aber auch einer Munitionsfabrik zugewiesen worden sein, und Ihr Anruf löst eine Explosion aus und bläst die ganze Stadt weg!

Man sollte also keinen Zeiger verwenden, nachdem man `delete` auf den Zeiger angewendet hat. Der Zeiger verweist dann immer noch auf den alten Speicherbereich, in dem der Compiler mittlerweile vielleicht schon andere Daten untergebracht hat. Die Verwendung des Zeigers kann zum Absturz des Programms führen. Der schlimmere Fall ist, daß das Programm noch unbekümmert läuft und erst einige Minuten später abstürzt – eine sogenannte *Zeitbombe*. Setzen Sie daher den Zeiger sicherheitshalber auf `Null` (`0`), nachdem Sie ihn gelöscht haben. Damit ist der Zeiger entwaffnet.

Listing 8.9 demonstriert die Entstehung eines vagabundierenden Zeigers.

Warnung

Dies Programm erzeugt absichtlich einen vagabundierenden Zeiger. Führen Sie dieses Programm NICHT aus, es stürzt ab – wenn Sie Glück haben.

Listing 8.9: Einen vagabundierenden Zeiger erzeugen

```
// Listing 8.9
// Ein vagabundierender Zeiger
typedef unsigned short int USHORT;
#include <iostream.h>

int main()
{
   USHORT * pInt = new USHORT;
   *pInt = 10;
   cout << "*pInt: " << *pInt << endl;
   delete pInt;

   long * pLong = new long;
   *pLong = 90000;
   cout << "*pLong: " << *pLong << endl;

   *pInt = 20;      // uh oh, der wurde geloescht!

   cout << "*pInt: " << *pInt  << endl;
   cout << "*pLong: " << *pLong  << endl;
   delete pLong;
   return 0;
}
```

Ausgabe

```
*pInt:   10
*pLong:  90000
*pInt:   20
*pLong:  65556
```

(Die Ausgabe kann bei Ihnen etwas andere Ergebnisse zeigen.)

Analyse

Zeile 8 deklariert `pInt` als Zeiger auf `USHORT`, der auf einen neu eingerichteten (den von `new` allokierten) Speicher zeigt. Zeile 9 legt an dieser Speicherposition den Wert `10` ab und Zeile 10 gibt den Wert aus. Nachdem der Wert ausgegeben wurde, wird `delete` auf den Zeiger angewendet. Damit wird `pInt` zu einem sogenannten vagabundierenden Zeiger.

Zeile 13 deklariert einen neuen Zeiger, `pLong`, der ebenfalls auf einen von `new` allokierten Speicher weist. Zeile 14 weist `pLong` den Wert `90000` zu und Zeile 15 gibt diesen Wert aus.

Zeile 17 weist dem Speicher, auf den `pInt` zeigt, den Wert `20` zu. Allerdings zeigt `pInt` auf keine gültige Adresse mehr im Speicher, denn der Speicher, auf den `pInt` zeigte, wurde durch den Aufruf von `delete` freigegeben. Damit ist die Zuweisung eines Wertes an diese Speicherposition mit Sicherheit verhängnisvoll.

Zeile 19 gibt den Wert von `pInt` aus, der selbstverständlich `20` lautet. Zeile 20 gibt den Wert bei `pLong`, `20`, aus. Der hat sich plötzlich in `65556` geändert. Zwei Fragen drängen sich auf:

Warum hat sich der Wert von `pLong` geändert, obwohl an `pLong` nicht gerührt wurde?

Wohin ist der Wert `20` verschwunden, als in Zeile 17 `pInt` verwendet wurde?

Sie haben sicher schon bemerkt, daß es sich hierbei um zwei verwandte Fragen handelt. Als in Zeile 17 ein Wert im Zeiger `pInt` ablegt wurde, hat der Compiler den Wert `20` an der Speicherposition abgelegt, auf die der Zeiger `pInt` zuvor gezeigt hatte. Dieser Speicher wurde jedoch in Zeile 11 freigegeben, und der Compiler hatte die Möglichkeit, diesen Speicher neu zuzuweisen. Bei der Erzeugung von `pLong` in Zeile 13 wurde diesem Zeiger die Speicherposition zugewiesen, auf die zuvor `pInt` gewiesen hat. (Dies muß nicht auf allen Computern so sein, da es davon abhängt, wo die Werte im Speicher abgelegt werden.) Dadurch, daß der Wert `20` der Position zugewiesen wurde, auf die `pInt` zuvor gezeigt hatte, wurde der Wert, auf den `pLong` zeigte, überschrieben. Dieses Überschreiben eines Speichers ist oft die unglückliche Folge, wenn man einen vagabundierenden Zeiger verwendet.

Dies ist ein besonders teuflischer Fehler, da der Wert, der sich geändert hat, gar nicht mit dem vagabundierenden Zeiger in Verbindung gebracht wird. Die Wertänderung von `pLong` war nur eine Nebenwirkung der fehlerhaften Verwendung von `pInt`. In einem großen Programm wäre ein solcher Fehler nur sehr schwer aufzuspüren.

Nur zum Spaß möchte ich Ihnen hier zeigen, wie es zu dem Wert `65556` an der Speicheradresse gekommen ist:

`pInt` zeigte auf eine bestimmte Speicheradresse, der man den Wert `10` zugewiesen hatte.

`delete` wurde auf `pInt` aufgerufen. Damit wurde dem Compiler mitgeteilt, daß diese Position jetzt für andere Werte frei ist. Dann wurde `pLong` eben diese Speicherposition zugewiesen.

`pLong` wurde der Wert `90000` zugewiesen. Der von mir verwendete Computer speicherte den 4-Byte-Wert von `90000` (`00 01 5F 90`) in vertauschter Byte-Reihenfolge. Der Wert wurde also als `5F 90 00 01` gespeichert.

`pInt` wurde der Wert `20` – oder `00 14` in hexadezimaler Schreibweise – zugewiesen. Da `pInt` immer noch auf die gleiche Adresse zeigte, wurden die ersten 2 Byte von `pLong` überschrieben, was einen Wert von `00 14 00 01` zur Folge hatte.

Der Wert von `pLong` wurde ausgegeben, wobei die Bytes wieder zurück in ihre korrekte Reihenfolge getauscht wurden. Das Ergebnis, `00 01 00 14` wurde dann von DOS in den Wert `65556` überführt.

Was Sie tun sollten	**... und was nicht**
Verwenden Sie `new`, um Objekte auf dem Heap zu erzeugen. Verwenden Sie `delete`, um Objekte auf dem Heap zu zerstören und ihren Speicher wieder freizugeben. Testen Sie, welcher Wert von `new` zurückgegeben wird.	Vergessen Sie nicht, für jede `new`-Anweisung ein `delete`-Anweisung mit aufzunehmen. Vergessen Sie nicht, Zeigern, für die `delete` aufgerufen wurde, anschließend eine Null zuzuweisen.

Frage

Was ist der Unterschied zwischen einem Nullzeiger und einem vagabundierenden Zeiger?

Antwort: Wenn Sie einen Zeiger löschen, teilen Sie dem Compiler mit, den Speicher freizugeben. Der Zeiger selbst existiert dann allerdings noch. Er ist zu einem vagabundierenden Zeiger geworden.

Mit `meinZeiger = 0;` wandeln Sie den vagabundierenden Zeiger in einen Nullzeiger um.

Wenn Sie einen Zeiger, den Sie bereits mit `delete` gelöscht haben, noch einmal löschen, ist das Verhalten Ihres Programmes undefiniert. Das heißt, alles ist möglich – wenn Sie Glück haben, stürzt lediglich Ihr Programm ab. Wenn Sie einen Nullzeiger löschen, passiert dagegen nichts.

Die Verwendung eines vagabundierenden oder eines Nullzeigers (z.B. `meinZeiger = 5;`) ist illegal und kann zu einem Absturz führen. Ist es ein Nullzeiger, ist der Absturz sicher – ein weiterer Vorteil von Nullzeigern gegenüber vagabundierenden Zeigern. Wir ziehen vorhersehbare Abstürze vor, da sie einfacher zu debuggen sind.

Konstante Zeiger

Bei Zeigern kann man das Schlüsselwort `const` vor oder nach dem Typ (oder an beiden Stellen) verwenden. Die folgenden Beispiele zeigen gültige Deklarationen:

```
const int * pEins;
int * const pZwei;
const int * const pDrei;
```

`pEins` ist ein Zeiger auf eine konstante Ganzzahl. Der Wert, auf den er zeigt, läßt sich nicht über diesen Zeiger ändern.

`pZwei` ist ein konstanter Zeiger auf eine Ganzzahl. Die Ganzzahl kann man ändern, aber `pZwei` kann nicht auf etwas anderes zeigen.

`pDrei` ist ein konstanter Zeiger auf eine konstante Ganzzahl. Hier läßt sich weder der Wert ändern, auf den der Zeiger verweist, noch kann man `pDrei` durch eine erneute Zuweisung auf etwas anderes zeigen lassen.

Um diese Möglichkeiten auseinanderzuhalten, müssen Sie rechts des Schlüsselwortes `const` nachschauen, was als konstant deklariert wird. Steht dahinter der Typ, ist es der Wert, der konstant ist. Steht die Variable hinter dem Schlüsselwort `const`, ist die Zeigervariable selbst konstant.

```
const int * p1;  // die int-Variable, auf die verwiesen wird, ist konstant
int * const p2;  // p2 ist konstant und kann nicht auf etwas anderes zeigen
```

Konstante Zeiger und Elementfunktionen

In Kapitel 6, »Klassen«, haben Sie gelernt, daß man das Schlüsselwort `const` auf Elementfunktionen anwenden kann. Für `const` deklarierte Funktionen erzeugt der Compiler eine Fehlermeldung, wenn in der Funktion versucht wird, die Daten des Objekts zu verändern.

Wenn man einen Zeiger auf ein konstantes Objekt deklariert, lassen sich mit diesem Zeiger einzig und allein konstante Methoden aufrufen. Listing 8.10 verdeutlicht diesen Sachverhalt.

Listing 8.10: Zeiger auf const-Objekt

```
// Listing 8.10
// Zeiger und konstante Methoden

#include <iostream.h>

class Rectangle
{
public:
     Rectangle();
      ~Rectangle();
      void SetLength(int length) { itsLength = length; }
      int GetLength() const { return itsLength; }
      void SetWidth(int width) { itsWidth = width; }
      int GetWidth() const { return itsWidth; }

 private:
      int itsLength;
      int itsWidth;
 };

 Rectangle::Rectangle()
 {
 itsWidth = 5;,
 itsLength = 10;
 }

 Rectangle::~Rectangle()
 {}

 int main()
 {
      Rectangle* pRect =  new Rectangle;
```

```
33:       const Rectangle * pConstRect = new Rectangle;
34:       Rectangle * const pConstPtr = new Rectangle;
35:
36:       cout << "pRect Breite: " << pRect->GetWidth() << " Meter\n";
37:       cout << "pConstRect Breite: " << pConstRect->GetWidth()
                                       << " Meter\n";
38:       cout << "pConstPtr Breite: " << pConstPtr->GetWidth()
                                      << " Meter\n";
39:
40:       pRect->SetWidth(10);
41:       // pConstRect->SetWidth(10);
42:       pConstPtr->SetWidth(10);
43:
44:       cout << "pRect Breite: " << pRect->GetWidth() << " Meter\n";
45:       cout << "pConstRect Breite: " << pConstRect->GetWidth()
                                       << " Meter\n";
46:       cout << "pConstPtr Breite: " << pConstPtr->GetWidth()
                                      << " Meter\n";
47:    return 0;
48:    }
```

Ausgabe

```
pRect Breite:      5 Meter
pConstRect Breite: 5 Meter
pConstPtr Breite:  5 Meter
pRect Breite:      10 Meter
pConstRect Breite: 5 Meter
pConstPtr Breite:  10 Meter
```

Analyse

In den Zeilen 6 bis 19 steht die Deklaration der Klasse `Rectangle`. Zeile 14 deklariert die Elementmethode `GetWidth()` als `const`. Zeile 32 deklariert einen Zeiger auf `Rectangle`. Zeile 33 deklariert `pConstRect` als Zeiger auf das konstante `Rectangle`-Objekt und Zeile 34 `pConstPtr` als konstanten Zeiger auf `Rectangle`.

Die Zeilen 36 bis 38 geben die Breiten der `Rectangle`-Objekte aus.

Zeile 40 setzt die Breite des Rechtecks über `pRect` auf den Wert 10. In Zeile 41 käme eigentlich `pConstRect` zum Einsatz. Die Deklaration dieses Zeigers bezieht sich aber auf ein konstantes `Rectangle`-Objekt. Deshalb ist der Aufruf einer nicht als `const` deklarierten Elementfunktion unzulässig, und die Zeile wurde auskommentiert. In Zeile 42 ruft `pConstPtr` die Methode `SetWidth(10)` auf. `pConstPtr` wurde deklariert als konstanten Zeiger auf ein Rechteck. Der Zeiger ist also konstant und kann nicht auf irgend etwas anderes zeigen, aber das Rechteck ist nicht konstant, und somit geht dieser Aufruf in Ordnung.

Konstante this-Zeiger

Wenn man ein Objekt als `const` deklariert, hat man praktisch den Zeiger `this` als Zeiger auf ein konstantes Objekt deklariert. Einen `const this`-Zeiger kann man nur auf konstante Elementfunktionen anwenden.

Konstante Objekte und konstante Zeiger behandeln wir noch einmal morgen, wenn es um Referenzen auf konstante Objekte geht.

Was Sie tun sollten

Schützen Sie Objekte, die als Referenz übergeben wurden, mit `const` vor etwaigen Änderungen.

Übergeben Sie Objekte, die geändert werden sollen, als Referenz.

Übergeben Sie kleine Objekte, die nicht geändert werden sollen, als Wert.

Vergessen Sie nicht, allen Zeigern eine Null zuzuweisen, nachdem ein Aufruf an `delete` erfolgt ist.

Zeigerarithmetik

Zeiger können voneinander subtrahiert werden. Eine leistungsstarke Technik, die dies nutzt, besteht darin, mit zwei Zeigern auf verschiedene Elemente in einem Array zu zeigen und dann die Differenz zu nehmen, um festzustellen, wie viele Elemente zwischen den beiden liegen. Diese Technik kann beim Parsen von Zeichenarrays recht nützlich sein.

Listing 8.11: Wörter aus einem Zeichenstring parsen

```
#include <iostream.h>
#include <ctype.h>
#include <string.h>
bool GetWord(char* string, char* word, int& wordOffset);
// Treiberprogramm
int main()
{
```

```
    const int bufferSize = 255;
    char buffer[bufferSize+1];  // enthält den ganzen String
    char word[bufferSize+1];     // enthält das Wort
    int wordOffset = 0;               // am Anfang beginnen

    cout << "Geben Sie einen String ein: ";
    cin.getline(buffer,bufferSize);

    while (GetWord(buffer,word,wordOffset))
    {
        cout << "Dieses Wort ausgelesen: " << word << endl;
    }

    return 0;

}


// Funktion zum Auslesen von Wörter aus einem String.
bool GetWord(char* string, char* word, int& wordOffset)
{

    if (!string[wordOffset])  // Ende des Strings?
        return false;

    char *p1, *p2;
    p1 = p2 = string+wordOffset;  // zeigt auf das naechste Wort

    // beseitigt fuehrende Leerzeichen
    for (int i = 0; i<(int)strlen(p1) && !isalnum(p1[0]); i++)
        p1++;

    // feststellen, ob sich ein Wort ergibt
    if (!isalnum(p1[0]))
        return false;

    // p1 zeigt jetzt auf den Anfang des naechsten Wortes
    // mit p2 auch darauf zeigen
    p2 = p1;

    // setzt p2 an das Ende des Wortes
    while (isalnum(p2[0]))
        p2++;

    // p2 ist jetzt am Ende des Wortes
    // p1 ist am Anfang des Wortes
```

```
54:        // Laenge des Wortes ist die Differenz
55:        int len = int (p2 - p1);
56:
57:        // kopiert das Wort in den Puffer
58:        strncpy (word,p1,len);
59:
60:        // null beendet es
61:        word[len]='\0';
62:
63:        // sucht jetzt den Anfang des naechsten Wortes
64:        for (int i = int(p2-string); i<(int)strlen
              (string) && !isalnum(p2[0]); i++)
65:               p2++;
66:
67:        wordOffset = int(p2-string);
68:
69:        return true;
70:    }
```

Ausgabe

```
Geben Sie einen String ein: dieser Code erschien zuerst im C++ Bericht
Dieses Wort ausgelesen: dieser
Dieses Wort ausgelesen: Code
Dieses Wort ausgelesen: erschien
Dieses Wort ausgelesen: zuerst
Dieses Wort ausgelesen: im
Dieses Wort ausgelesen: C
Dieses Wort ausgelesen: Bericht
```

Analyse

Zeile 13 fordert den Anwender auf, einen String einzugeben. Dieser String wird in Zeile 16 zusammen mit einem Puffer für das erste Wort und der Integer-Variable `WordOffset`, die in Zeile 11 mit `0` initialisiert wurde, an `GetWord()` weitergegeben. Die von `GetWord()` zurückgegebenen Wörter werden nacheinander ausgegeben, bis `GetWord()` `false` zurückliefert.

Jeder Aufruf von `GetWord()` verursacht einen Sprung zu Zeile 27. Zeile 30 prüft, ob der Wert von `string[wordOffset])` Null ist. Dieser Fall tritt ein, wenn wir das Ende des Strings erreicht haben, woraufhin `GetWord()` `false` zurückliefert.

Zeile 33 deklariert zwei Zeichen-Zeiger, `p1` und `p2`, die in Zeile 34 auf den String gerichtet werden, um `wordOffset` Positionen vom Anfang des Strings versetzt. Am Anfang ist `wordOffset` `0`, so daß die Zeiger auf den Anfang des Strings verweisen.

Die Zeilen 37 und 38 durchlaufen den String und setzen p1 auf das erste alphanumerische Zeichen. Die Zeilen 41 und 42 stellen sicher, daß ein alphanumerisches Zeichen gefunden wurde. Falls nicht, wird false zurückgeliefert.

p1 zeigt jetzt auf den Anfang des nächsten Wortes und Zeile 46 setzt p2 auf die gleiche Position.

Die Zeilen 49 und 50 lassen nun den Zeiger p2 das Wort durchlaufen, bis er auf das erste nicht-alphanumerische Zeichen trifft. Damit zeigt p2 auf das Ende des Wortes, auf dessen Anfang p1 zeigt. Durch die Subtraktion p1 von p2 in Zeile 55 und die Typenumwandlung in einen Integer können wir die Länge des Wortes ermitteln. Daraufhin kopieren wir das Wort in den Puffer *word*. Dabei bildet die Position, auf die p1 zeigt, den Anfang, und die Länge des Wortes ist das Ergebnis der errechneten Differenz.

Zeile 61 hängt eine Null daran, um das Ende des Wortes zu markieren. p2 wird dann inkrementiert, um auf den Anfang des nächsten Wortes zu weisen, und der Offset dieses Wortes wird in die int-Referenz wordOffset abgelegt. Zum Schluß wird true zurückgeliefert, um anzuzeigen, daß ein Wort gefunden wurde.

Dies ist ein klassisches Beispiel für einen Code, den man am besten versteht, wenn man ihn im Debugger schrittweise ausführt.

Zusammenfassung

Zeiger bieten eine leistungsfähige Möglichkeit für den indirekten Zugriff auf Daten. Jede Variable hat eine Adresse, die sich über den Adreßoperator (&) ermitteln läßt. Die Adresse kann man in einem Zeiger speichern.

Die Deklaration eines Zeigers besteht aus dem Typ des Objekts, auf das der Zeiger verweist, gefolgt vom Indirektionsoperator (*) und dem Namen des Zeigers. Es empfiehlt sich, Zeiger zu initialisieren, so daß sie auf ein Objekt oder NULL (0) zeigen.

Auf den Wert, der an der in einem Zeiger gespeicherten Adresse abgelegt ist, greift man mit dem Indirektionsoperator (*) zu. Konstante Zeiger lassen sich nicht durch eine erneute Zuweisung auf ein anderes Objekt richten. Zeiger auf konstante Objekte gestatten keine Änderung der Objekte, auf die sie verweisen.

Mit dem Schlüsselwort new erzeugt man neue Objekte auf dem Heap. Die von new zurückgegebene Adresse legt man in einem Zeiger ab. Durch Anwendung von delete auf den Zeiger gibt man den Speicher wieder frei. Der betreffende Zeiger wird dabei aber nicht zerstört. Aus diesem Grund muß man den Zeiger nach Freigabe des Speichers erneut initialisieren.

Fragen und Antworten

F Warum sind Zeiger so wichtig?

A *Heute haben Sie erfahren, wie Zeiger die Adressen von Objekten im Heap aufnehmen. Sie können auch Zeiger als Argumente an Funktionen übergeben. In Kapitel 13 werden Sie zudem lernen, wie man Zeiger bei polymorphen Klassen einsetzt.*

F Warum soll ich mir die Mühe machen, Objekte auf dem Heap zu deklarieren?

A *Objekte, die auf dem Heap angelegt wurden, bleiben auch nach Rückkehr der Funktion bestehen. Darüber hinaus kann man zur Laufzeit entscheiden, wie viele Objekte man benötigt, und muß die Objekte nicht im voraus deklarieren. Auf dieses Thema gehen wir morgen näher ein.*

F Warum soll ich ein Objekt als `const` deklarieren, obwohl dadurch die Verwendungsmöglichkeiten eingeschränkt sind?

A *Als Programmierer möchte man den Compiler auch zur Fehlersuche einsetzen. So sind beispielsweise solche Fehler schwer zu finden, die darauf beruhen, daß eine aufgerufene Funktion ein Objekt ändert, diese Änderung aber mit der aufrufenden Funktion nicht im ursächlichen Zusammenhang steht. Durch die Deklaration des Objekts als `const` verhindert man derartige Änderungen.*

Workshop

Der Workshop enthält Quizfragen, die Ihnen helfen sollen, Ihr Wissen zu festigen, und Übungen, die Sie anregen sollen, das eben Gelernte umzusetzen und eigene Erfahrungen zu sammeln. Versuchen Sie, das Quiz und die Übungen zu beantworten und zu verstehen, bevor Sie die Lösungen in Anhang D lesen und zur Lektion des nächsten Tages übergehen.

Quiz

1. Mit welchem Operator bestimmt man die Adresse einer Variablen?
2. Mit welchem Operator ermittelt man einen Wert, der an einer Adresse gespeichert ist, auf die ein Zeiger weist?
3. Was ist ein Zeiger?

4. Worin besteht der Unterschied zwischen der in einem Zeiger gespeicherten Adresse und dem Wert dieser Adresse?
5. Worin besteht der Unterschied zwischen dem Indirektionsoperator und dem Adreßoperator?
6. Worin besteht der Unterschied zwischen `const int * pEins` und `int * const pZwei`?

Übungen

1. Was bewirken die folgenden Deklarationen:
   a) `int * pEins;`
   b) `int wZwei;`
   c) `int * pDrei = &wZwei;`
2. Wie würden Sie für eine Variable namens `ihrAlter` vom Typ `unsigned short` einen Zeiger deklarieren, der auf diese Variable verweist?
3. Weisen Sie der Variable `ihrAlter` den Wert 50 zu. Verwenden Sie dazu den Zeiger, den Sie in Übung 2 deklariert haben.
4. Schreiben Sie ein kleines Programm, das einen Integer und einen Zeiger auf diesen Integer deklariert. Weisen Sie dem Zeiger die Adresse des Integers zu. Verwenden Sie den Zeiger, um der Integer-Variable einen Wert zuzuweisen.
5. FEHLERSUCHE: Was ist falsch an folgendem Code?

```
#include <iostream.h>
int main()
{
     int *pInt;
     *pInt = 9;
     cout << "Der Wert von pInt: " << *pInt;
     return 0;
}
```

6. FEHLERSUCHE: Was ist falsch an folgendem Code?

```
int main()
{
    int SomeVariable = 5;
    cout << "SomeVariable: " << SomeVariable << "\n";
    int *pVar = & SomeVariable;
    pVar = 9;
    cout << "SomeVariable: " << *pVar << "\n";
    return 0;
}
```

Referenzen

Woche 2

Gestern haben Sie gelernt, wie man Zeiger verwendet, Objekte im Heap manipuliert und auf Objekte indirekt verweist. Referenzen bieten nahezu die gleichen Möglichkeiten wie Zeiger, aber mit einer wesentlich einfacheren Syntax. Heute lernen Sie,

- was Referenzen sind,
- wie sich Referenzen von Zeigern unterscheiden,
- wie man Referenzen erzeugt und verwendet,
- welche Beschränkungen für Referenzen gelten,
- wie man Werte und Objekte in und aus Funktionen als Referenz übergibt.

Was ist eine Referenz?

Eine Referenz ist ein Alias-Name. Wenn man eine Referenz erzeugt, initialisiert man sie mit dem Namen eines anderen Objekts, dem Ziel. Von diesem Moment an ist die Referenz wie ein alternativer Name für das Ziel, und alles, was man mit der Referenz anstellt, bezieht sich tatsächlich auf das Ziel.

Die Deklaration einer Referenz besteht aus dem Typ des Zielobjekts, gefolgt vom Referenzoperator (`&`) und dem Namen der Referenz. Die Regeln für die Benennung von Referenzen sind die gleichen wie für Variablennamen. Viele Programmierer stellen ihren Referenzen ein vorangestelltes `r`. Zum Beispiel erzeugt man für eine Integer-Variable `einInt` eine Referenz mit der folgenden Anweisung:

```
int &rEineRef = einInt;
```

Man liest das als »`rEineRef` ist eine Referenz auf einen `int`-Wert, die mit einem Verweis auf `einInt` initialisiert ist«. Listing 9.1 zeigt, wie man Referenzen erzeugt und verwendet.

Hinweis

Beachten Sie, daß C++ für den Referenzoperator (`&`) dasselbe Symbol verwendet wie für den Adreßoperator. Dabei handelt es sich nicht um ein und denselben Operator, wenn die beiden auch verwandt sind.

Listing 9.1: Referenzen erzeugen und verwenden

```
// Listing 9.1
// Zeigt die Verwendung von Referenzen

#include <iostream.h>

```

```
6:    int main()
7:    {
8:          int  intOne;
9:          int &rSomeRef = intOne;
10:
11:         intOne = 5;
12:         cout << "intOne: " << intOne << endl;
13:         cout << "rSomeRef: " << rSomeRef << endl;
14:
15:         rSomeRef = 7;
16:         cout << "intOne: " << intOne << endl;
17:         cout << "rSomeRef: " << rSomeRef << endl;
18:         return 0;
19:   }
```

Ausgabe

```
intOne: 5
rSomeRef: 5
intOne: 7
rSomeRef: 7
```

Analyse

Zeile 8 deklariert die lokale `int`-Variable `intOne`. In Zeile 9 wird `rSomeRef` als Referenz auf `int` deklariert und mit `intOne` initialisiert. Wenn man eine Referenz deklariert, aber nicht initialisiert, erhält man einen Compiler-Fehler. Referenzen müssen initialisiert werden.

Zeile 11 weist `intOne` den Wert `5` zu. Die Anweisungen in den Zeilen 12 und 13 geben die Werte in `intOne` und `rSomeRef` aus. Natürlich sind sie gleich, da `rSomeRef` lediglich die Referenz auf `intOne` ist.

In Zeile 15 steht die Zuweisung von `7` an `rSomeRef`. Da es sich um eine Referenz handelt, eine Alias-Adresse für `intOne`, bezieht sich die Zuweisung von `7` auf `intOne`, wie es die Ausgaben in den Zeilen 16 und 17 belegen.

Der Adreßoperator bei Referenzen

Wenn man die Adresse einer Referenz abfragt, erhält man die Adresse des Ziels der Referenz. Genau das ist das Wesen der Referenzen – sie sind Alias-Adressen für das Ziel. Listing 9.2 verdeutlicht diesen Sachverhalt.

Listing 9.2: Die Adresse einer Referenz ermitteln

```
// Listing 9.2
// Zeigt die Verwendung von Referenzen

#include <iostream.h>

int main()
{
    int  intOne;
    int &rSomeRef = intOne;

    intOne = 5;
    cout << "intOne: " << intOne << endl;
    cout << "rSomeRef: " << rSomeRef << endl;

    cout << "&intOne: "  << &intOne << endl;
    cout << "&rSomeRef: " << &rSomeRef << endl;

return 0;
}
```

```
intOne: 5
rSomeRef: 5
&intOne:  0x3500
&rSomeRef: 0x3500
```

(Ihre Ausgabe kann in den letzten beiden Zeilen abweichen.)

Auch hier wird `rSomeRef` als Referenz auf `intOne` initialisiert. Die Ausgabe zeigt diesmal die Adressen der beiden Variablen – sie sind identisch. C++ bietet keine Möglichkeit, auf die Adresse der Referenz selbst zuzugreifen, da sie im Gegensatz zu einem Zeiger oder einer anderen Variablen nicht von Bedeutung ist. Referenzen werden bei ihrer Erzeugung initialisiert und agieren immer als Synonyme für ihre Ziele, selbst wenn man den Adreßoperator anwendet.

Für eine Klasse, wie zum Beispiel `City`, kann man eine Instanz dieser Klasse wie folgt deklarieren:

```
City  boston;
```

Danach können Sie eine Referenz auf `City` deklarieren und mit diesem Objekt initialisieren:

```
City &beanTown = boston;
```

Es gibt nur ein `City`-Objekt; beide Bezeichner beziehen sich auf dasselbe Objekt derselben Klasse. Alle Aktionen, die man auf `beanTown` ausführt, werden genauso auf `boston` ausgeführt.

Achten Sie auf den Unterschied zwischen dem Symbol `&` in Zeile 9 von Listing 9.2, das eine Referenz auf `int` namens `rSomeRef` deklariert, und den `&`-Symbolen in den Zeilen 15 und 16, die die Adressen der Integer-Variablen `intOne` und der Referenz `rSomeRef` zurückgeben.

Bei Referenzen arbeitet man normalerweise nicht mit dem Adreßoperator. Man setzt die Referenz einfach so ein, als würde man direkt mit der Zielvariablen arbeiten. Zeile 13 zeigt dazu ein Beispiel.

Referenzen können nicht erneut zugewiesen werden

Selbst erfahrene C++-Programmierer, die die Regel kennen, daß Referenzen nicht erneut zugewiesen werden können und immer Alias-Adressen für ihr Ziel sind, wissen manchmal nicht, was beim erneuten Zuweisen einer Referenz passiert. Was wie eine Neuzuweisung aussieht, stellt sich als Zuweisung eines neuen Wertes an das Ziel heraus. Diese Tatsache belegt Listing 9.3.

Listing 9.3: Zuweisungen an eine Referenz

```
// Listing 9.3
// Neuzuweisung einer Referenz

 #include <iostream.h>

 int main()
 {
      int  intOne;
      int &rSomeRef = intOne;

       intOne = 5;
       cout << "intOne:\t" << intOne << endl;
       cout << "rSomeRef:\t" << rSomeRef << endl;
       cout << "&intOne:\t"  << &intOne << endl;
       cout << "&rSomeRef:\t" << &rSomeRef << endl;

       int intTwo = 8;
```

```
18:          rSomeRef = intTwo;
19:          cout << "\nintOne:\t" << intOne << endl;
20:          cout << "intTwo:\t" << intTwo << endl;
21:          cout << "rSomeRef:\t" << rSomeRef << endl;
22:          cout << "&intOne:\t"  << &intOne << endl;
23:          cout << "&intTwo:\t"  << &intTwo << endl;
24:          cout << "&rSomeRef:\t" << &rSomeRef << endl;
25:      return 0;
26:      }
```

Ausgabe

```
intOne:         5
rSomeRef:       5
&intOne:        0x213e
&rSomeRef:      0x213e

intOne:         8
intTwo:         8
rSomeRef:       8
&intOne:        0x213e
&intTwo:        0x2130
&rSomeRef:      0x213e
```

Analyse

Die Zeilen 8 und 9 deklarieren auch hier wieder eine Integer-Variable und eine Referenz auf `int`. In Zeile 11 wird der Integer-Variable der Wert `5` zugewiesen, und die Ausgabe der Werte und ihrer Adressen erfolgt in den Zeilen 12 bis 15.

Zeile 17 erzeugt die neue Variable `intTwo` und initialisiert sie mit dem Wert `8`. In Zeile 18 versucht der Programmierer, `rSomeRef` erneut als Alias-Adresse für die Variable `intTwo` zuzuweisen. Allerdings passiert etwas anderes: `rSomeRef` wirkt nämlich weiterhin als Alias-Adresse für `intOne`, so daß diese Zuweisung mit der folgenden gleichbedeutend ist:

```
intOne = intTwo;
```

Tatsächlich sind die in den Zeilen 19 bis 21 ausgegebenen Werte von `intOne` und `rSomeRef` gleich `intTwo`. Die Ausgabe der Adressen in den Zeilen 22 bis 24 beweist, daß sich `rSomeRef` weiterhin auf `intOne` und nicht auf `intTwo` bezieht.

Was Sie tun sollten	... und was nicht
Verwenden Sie Referenzen, um eine Alias-Adresse auf ein Objekt zu erzeugen. Initialisieren Sie alle Referenzen.	Versuchen Sie nicht, eine Referenz erneut zuzuweisen. Verwechseln Sie nicht den Adreßoperator mit dem Referenzoperator.

Was kann man referenzieren?

Alle Objekte, einschließlich der benutzerdefinierten Objekte, lassen sich referenzieren. Beachten Sie, daß man eine Referenz auf ein Objekt und nicht auf eine Klasse erzeugt. Beispielsweise schreibt man nicht:

```
int & rIntRef = int;    // falsch
```

Man muß `rIntRef` mit einem bestimmten Integer-Objekt initialisieren, etwa wie folgt:

```
int wieGross = 200;
int & rIntRef = wieGross;
```

Auch die Initialisierung mit einer Klasse `CAT` funktioniert nicht:

```
CAT & rCatRef = CAT;   // falsch
```

`rCatRef` muß mit einem bestimmten `CAT`-Objekt initialisieren:

```
CAT Frisky;
CAT & rCatRef = Frisky;
```

Referenzen auf Objekte verwendet man genau wie das Objekt selbst. Auf Datenelemente und Methoden greift man mit dem normalen Zugriffsoperator (.) zu, und wie für die vordefinierten Typen wirkt die Referenz als Alias-Adresse für das Objekt (siehe Listing 9.4).

Listing 9.4: Referenzen auf Objekte

```
// Listing 9.4
// Referenzen auf Klassenobjekte

#include <iostream.h>

class SimpleCat
{
```

```
8:      public:
9:         SimpleCat (int age, int weight);
10:        ~SimpleCat() {}
11:        int GetAge() { return itsAge; }
12:        int GetWeight() { return itsWeight; }
13:     private:
14:        int itsAge;
15:        int itsWeight;
16:  };
17:
18:  SimpleCat::SimpleCat(int age, int weight)
19:  {
20:       itsAge = age;
21:       itsWeight = weight;
22:  }
23:
24:  int main()
25:  {
26:       SimpleCat Frisky(5,8);
27:       SimpleCat & rCat = Frisky;
28:
29:       cout << "Frisky ist: ";
30:       cout << Frisky.GetAge() << " Jahre alt. \n";
31:       cout << "Frisky wiegt: ";
32:       cout << rCat.GetWeight() << " Pfund. \n";
33:      return 0;
34:  }
```

Ausgabe

```
Frisky ist: 5 Jahre alt.
Frisky wiegt 8 Pfund.
```

Analyse

Zeile 26 deklariert das `SimpleCat`-Objekt `Frisky`. In Zeile 27 wird eine Referenz auf `SimpleCat`, `rCat` deklariert und mit `Frisky` initialisiert. Die Zeilen 30 und 32 greifen auf die Zugriffsmethoden von `SimpleCat` zu, wobei zuerst das `SimpleCat`-Objekt und dann die `SimpleCat`-Referenz verwendet wird. Der Zugriff erfolgt absolut identisch. Auch hier gilt, daß die Referenz eine Alias-Adresse für das eigentliche Objekt ist.

Syntax

Referenzen

Die Deklaration einer Referenz besteht aus dem Typ, gefolgt von dem Referenzoperator (&) und dem Referenznamen. Referenzen müssen bei ihrer Erzeugung initialisiert werden.

Beispiel 1:

```
int seinAlter;
int &rAlter = seinAlter;
```

Beispiel 2:

```
CAT boots;
CAT &rCatRef = boots;
```

Null-Zeiger und Null-Referenzen

Wenn man Zeiger löscht oder nicht initialisiert, sollte man ihnen Null (0) zuweisen. Für Referenzen gilt das nicht. In der Tat darf eine Referenz nicht Null sein, und ein Programm mit einer Referenz auf ein Null-Objekt ist unzulässig. Bei einem unzulässigen Programm kann nahezu alles passieren. Vielleicht läuft das Programm, vielleicht löscht es aber auch alle Dateien auf der Festplatte.

Die meisten Compiler unterstützen Null-Objekte, ohne sich darüber zu beschweren. Erst wenn man das Objekt verwendet, gibt es Ärger. Allerdings sollte man auf diese »Unterstützung« verzichten. Denn wenn man das Programm auf einer anderen Maschine oder mit einem anderen Compiler laufen läßt, können sich bei vorhandenen Null-Objekten merkwürdige Fehler einschleichen.

Funktionsargumente als Referenz übergeben

In Kapitel 5, »Funktionen«, haben Sie gelernt, daß Funktionen zwei Einschränkungen aufweisen: Die Übergabe von Argumenten erfolgt als Wert, und die `return`-Anweisung kann nur einen einzigen Wert zurückgeben.

Die Übergabe von Werten an eine Funktion als Referenz hebt beide Einschränkungen auf. In C++ realisiert man die Übergabe als Referenz entweder mit Zeigern oder mit Referenzen. Beachten Sie die unterschiedliche Verwendung des Begriffs »Referenz«: Die Übergabe *als* Referenz erfolgt entweder durch einen Zeiger oder durch eine Referenz.

Die Syntax ist unterschiedlich, die Wirkung gleich: Die Funktion legt in ihrem Gültigkeitsbereich keine Kopie an, sondern greift auf das Originalobjekt zu.

In Kapitel 5 haben Sie gelernt, daß Funktionen Ihre übergebenen Parameter auf dem Stack ablegen. Wird einer Funktion ein Wert als Referenz übergeben (entweder mittels Zeiger oder mittels Referenz), wird die Adresse des Objekts und nicht das Objekt selbst auf dem Stack abgelegt.

Um genau zu sein, wird auf manchen Computern die Adresse vielmehr in einem Register verzeichnet, festgehalten und nicht auf dem Stack abgelegt. Auf jedem Fall weiß der Compiler damit, wie er auf das originale Objekt zugreift, um die Änderungen dort und nicht an der Kopie vorzunehmen.

Die Übergabe eines Objekts als Referenz ermöglicht es der Funktion, das betreffende Objekt zu verändern.

Zur Erinnerung möchte ich auf das Listing 5.5 in Kapitel 5 verweisen, in dem der Aufruf der Funktion `swap()` keinen Einfluß auf die Werte hatte. Das Listing 5.5 wird mit diesem Listing 9.5 wieder aufgegriffen.

Listing 9.5: Übergabe von Argumenten als Wert

```
// Listing 9.5 Zeigt die Uebergabe als Wert

 #include <iostream.h>

 void swap(int x, int y);

 int main()
 {
 int x = 5, y = 10;

 cout << "Main. Vor Vertauschung, x: " << x << " y: " << y << "\n";
 swap(x,y);
 cout << "Main. Nach Vertauschung, x: " << x << " y: " << y << "\n";
 return 0;
 }

  void swap (int x, int y)
  {
   int temp;

   cout << "Swap. Vor Vertauschung, x: " << x << " y: " << y << "\n";

   temp = x;
   x = y;
```

```
        y = temp;

      cout << "Swap. Nach Vertauschung, x: " << x << " y: " << y << "\n";

      }
```

Ausgabe

```
Main. Vor Vertauschung, x: 5 y: 10
Swap. Vor Vertauschung, x: 5 y: 10
Swap. Nach Vertauschung, x: 10 y: 5
Main. Nach Vertauschung, x: 5 y: 10
```

Analyse

Dieses Programm initialisiert zwei Variablen in `main()` und übergibt sie dann an die Funktion `swap()`, die auf den ersten Blick eine Vertauschung der Werte vornimmt. Inspiziert man aber die Werte erneut in `main()`, haben sie ihre Plätze nicht gewechselt!

Das Problem besteht hier darin, daß die Übergabe von `x` und `y` an die Funktion `swap()` als Wert erfolgt. Das heißt, die Funktion legt lokale Kopien dieser Variablen an. Man müßte also `x` und `y` als Referenz übergeben.

In C++ bieten sich hier zwei Möglichkeiten: Man kann die Parameter der Funktion `swap()` als Zeiger auf die Originalwerte ausbilden oder Referenzen auf die Originalwerte übergeben.

Parameter mit Zeigern übergeben

Die Übergabe eines Zeigers bedeutet, daß man die Adresse des Objekts übergibt. Daher kann die Funktion den Wert an dieser Adresse manipulieren. Damit `swap()` die ursprünglichen Werte mit Hilfe von Zeigern vertauscht, deklariert man die Parameter der Funktion `swap()` als zwei `int`-Zeiger. Die Funktion dereferenziert diese beiden Zeiger und vertauscht damit wie beabsichtigt die Werte von `x` und `y`. Listing 9.6 verdeutlicht dieses Konzept.

Listing 9.6: Übergabe als Referenz mit Zeigern

```
// Listing 9.6 Demonstriert die Uebergabe als Referenz

 #include <iostream.h>

 void swap(int *x, int *y);

```

```
7:  int main()
8:  {
9:    int x = 5, y = 10;
10:
11:   cout << "Main. Vor Vertauschung, x: " << x << " y: " << y << "\n";
12:   swap(&x,&y);
13:   cout << "Main. Nach Vertauschung, x: " << x << " y: " << y << "\n";
14:   return 0;
15:  }
16:
17:  void swap (int *px, int *py)
18:  {
19:    int temp;
20:
21:    cout << "Swap. Vor Vertauschung, *px: " << *px << " *py: " << *py
                                                            << "\n";
22:
23:    temp = *px;
24:    *px = *py;
25:    *py = temp;
26:
27:   cout << "Swap. Nach Vertauschung, *px: " << *px << " *py: " << *py
                                                            << "\n";
28:
29:  }
```

```
Main. Vor Vertauschung, x: 5 y: 10
Swap. Vor Vertauschung, *px: 5 *py: 10
Swap. Nach Vertauschung, *px: 10 *py: 5
Main. Nach Vertauschung, x: 10 y: 5
```

Erfolg gehabt! Der geänderte Prototyp von `swap()` in Zeile 5 zeigt nun an, daß die beiden Parameter als Zeiger auf `int` und nicht als `int`-Variablen spezifiziert sind. Der Aufruf von `swap()` in Zeile 12 übergibt als Argumente die Adressen von `x` und `y`.

Die Funktion `swap()` deklariert in Zeile 19 die lokale Variable `temp`. Diese Variable braucht kein Zeiger zu sein, sie nimmt einfach den Wert von `*px` (das heißt, den Wert von `x` in der aufrufenden Funktion) während der Lebensdauer der Funktion auf. Nachdem die Funktion zurückgekehrt ist, wird `temp` nicht mehr benötigt.

Zeile 23 weist `temp` den Wert von `px` zu. In Zeile 24 erhält `px` den Wert von `py`. In Zeile 25 wird der in `temp` zwischengespeicherte Wert (das heißt, der Originalwert von `px`) nach `py` übertragen.

In der aufrufenden Funktion sind die Werte, die als Adressen an `swap()` übergeben wurden, nun tatsächlich vertauscht.

Parameter mit Referenzen übergeben

Das obige Programm funktioniert zwar, die Syntax der Funktion `swap()` ist aber in zweierlei Hinsicht umständlich. Erstens wird der Code der Funktion durch die erforderliche Dereferenzierung der Zeiger komplizierter und damit auch fehleranfälliger. Zweitens läßt die erforderliche Übergabe von Variablenadressen Rückschlüsse auf die inneren Abläufe von `swap()` zu, was vielleicht nicht gewünscht ist.

Eines der Ziele von C++ ist es, daß sich der Benutzer mit der Arbeitsweise von Funktionen nicht zu belasten braucht. Bei der Übergabe von Zeigern trägt die aufrufende Funktion die Verantwortung, die eigentlich von der aufgerufenen Funktion übernommen werden sollte. Listing 9.7 zeigt eine Neufassung der Funktion `swap()`, bei der Referenzen übergeben werden.

Listing 9.7: Die Funktion swap mit Referenzen als Parametern

```
// Listing 9.7 Demonstriert die Parameterübergabe
// mit Referenzen

   #include <iostream.h>

   void swap(int &x, int &y);

   int main()
   {
        int x = 5, y = 10;

        cout << "Main. Vor Vertauschung, x: " << x
                            << " y: " << y << "\n";
        swap(x,y);
        cout << "Main. Nach Vertauschung, x: " << x
                            << " y: " << y << "\n";
        return 0;
   }

   void swap (int &rx, int &ry)
       {
```

```
20:          int temp;
21:
22:          cout << "Swap. Vor Vertauschung, rx: " << rx
                              << " ry: " << ry << "\n";
23:
24:          temp = rx;
25:          rx = ry;
26:          ry = temp;
27:
28:          cout << "Swap. Nach Vertauschung, rx: " << rx
                              << " ry: " << ry << "\n";
29:
30:      }
```

Ausgabe

```
Main. Vor Vertauschung, x:5 y: 10
Swap. Vor Vertauschung, rx:5 ry:10
Swap. Nach Vertauschung, rx:10 ry:5
Main. Nach Vertauschung, x:10 y:5
```

Analyse

Genau wie im Zeigerbeispiel deklariert dieses Programm in Zeile 10 zwei Variablen und gibt deren Werte in Zeile 12 aus. Der Aufruf der Funktion `swap()` erfolgt in Zeile 13. Dieses Mal übergibt aber die aufrufende Funktion einfach die Variablen `x` und `y` und nicht deren Adressen.

Beim Aufruf von `swap()` springt die Programmausführung in Zeile 18, wo die Variablen als Referenzen identifiziert werden. Für die Ausgabe der Werte in Zeile 22 sind keine speziellen Operatoren erforderlich. Es handelt sich um die Alias-Adressen für die Originalwerte, die man unverändert einsetzen kann.

Die Vertauschung der Werte geschieht in den Zeilen 24 bis 26, die Ausgabe in Zeile 28. Dann kehrt die Programmausführung zurück zur aufrufenden Funktion. In Zeile 14 gibt `main()` die Werte aus. Da die Parameter von `swap()` als Referenzen deklariert sind, werden die Werte aus `main()` als Referenz übergeben und sind danach in `main()` ebenfalls vertauscht.

Referenzen lassen sich genauso komfortabel und einfach wie normale Variablen verwenden, sind aber leistungsfähig als Zeiger und erlauben die Übergabe als Referenz.

Header und Prototypen von Funktionen

In Listing 9.6 verwendet die Funktion `swap()` Zeiger für die Parameterübergabe, in Listing 9.7 verwendet die Funktion Referenzen. Funktionen mit Referenzen als Parameter lassen sich einfacher handhaben, und der Code ist verständlicher. Woher weiß aber die aufrufende Funktion, ob die Übergabe als Referenz oder als Wert stattfindet? Als Klient (oder Benutzer) von `swap()` muß der Programmierer erkennen können, ob `swap()` tatsächlich die Parameter ändert bzw. vertauscht.

Dies ist eine weitere Einsatzmöglichkeit für den Funktionsprototyp. Normalerweise sind die Prototypen in einer Header-Datei zusammengefaßt. Die im Prototyp deklarierten Parameter verraten dem Programmierer, daß die an `swap()` übergebenen Werte als Referenz übergeben und demnach ordnungsgemäß vertauscht werden.

Handelt es sich bei `swap()` um eine Elementfunktion einer Klasse, lassen sich diese Informationen aus der – ebenfalls in einer Header-Datei untergebrachten – Klassendeklaration ablesen.

In C++ stützen sich die Klienten von Klassen und Funktionen auf die Header-Datei, um alle erforderlichen Angaben zu erhalten. Die Header-Datei wirkt als Schnittstelle zur Klasse oder Funktion. Die eigentliche Implementierung bleibt dem Klienten verborgen. Damit kann sich der Programmierer auf das unmittelbare Problem konzentrieren und die Klasse oder Funktion einsetzen, ohne sich um deren Arbeitsweise kümmern zu müssen.

Als Colonel John Roebling die Brooklyn-Brücke konstruierte, galt seine Sorge auch dem Gießen des Betons und der Herstellung des Bewehrungsstahls. Er war genauestens über die mechanischen und chemischen Verfahren zur Herstellung seiner Baumaterialien informiert. Heutzutage nutzen Ingenieure ihre Zeit besser und verwenden erprobte Materialien, ohne Gedanken an den Herstellungsprozeß zu verschwenden.

In C++ ist es das Ziel, dem Programmierer erprobte Klassen und Funktionen an die Hand zu geben, deren innere Abläufe nicht bekannt sein müssen. Diese »Bausteine« können zu einem Programm zusammengesetzt werden, wie man auch Seile, Rohre, Klammern und andere Teile zu Brücken und Gebäuden zusammensetzen kann.

Genauso wie ein Ingenieur die Spezifikationen einen Rohrs studiert, um Belastbarkeit, Volumen, Anschlußmaße etc. zu ermitteln, liest ein C++-Programmierer die Schnittstelle einer Funktion oder Klasse, um festzustellen, welche Aufgaben sie ausführt, welche Parameter sie übernimmt und welche Werte sie zurückliefert.

Mehrere Werte zurückgeben

Wie bereits erwähnt, können Funktionen nur einen Wert zurückgeben. Was macht man nun, wenn zwei Werte aus einer Funktion zurückzugeben sind? Eine Möglichkeit zur Lösung dieses Problems besteht in der Übergabe von zwei Objekten an die Funktion, und zwar als Referenz. Die Funktion kann dann die Objekte mit den korrekten Werten füllen. Da eine Funktion bei Übergabe als Referenz die Originalobjekte ändern kann, lassen sich mit der Funktion praktisch zwei Informationsteile zurückgeben. Diese Lösung umgeht den Rückgabewert der Funktion, den man am besten für die Meldung von Fehlern vorsieht.

Dabei kann man sowohl mit Referenzen als auch mit Zeigern arbeiten. Listing 9.8 zeigt eine Funktion, die drei Werte zurückgibt, zwei als Zeigerparameter und einen als Rückgabewert der Funktion.

Listing 9.8: Rückgabe von Werten mit Zeigern

```
 // Listing 9.8
 // Mehrere Werte aus einer Funktion zurückgeben

 #include <iostream.h>
 int
 short Factor(int n, int* pSquared, int* pCubed);

int main()
{
    int number, squared, cubed;
    short error;

    cout << "Bitte eine Zahl eingeben (0 - 20): ";
    cin >> number;

    error = Factor(number, &squared, &cubed);

    if (!error)
    {
        cout << "Zahl: " << number << "\n";
        cout << "Quadrat: " << squared << "\n";
        cout << "Dritte Potenz: "  << cubed   << "\n";
    }
    else
        cout << "Fehler!!\n";
    return 0;
 }
```

```
28:
29:     short Factor(int n, int *pSquared, int *pCubed)
30:     {
31:     short Value = 0;
32:        if (n > 20)
33:           Value = 1;
34:        else
35:        {
36:            *pSquared = n*n;
37:            *pCubed = n*n*n;
38:            Value = 0;
39:        }
40:        return Value;
41:     }
```

Ausgabe

```
Bitte eine Zahl eingeben (0-20): 3
Zahl: 3
Quadrat: 9
Dritte Potenz: 27
```

Analyse

Zeile 10 definiert `number`, `squared` und `cubed` als `USHORT`s. Die Variable `number` nimmt die vom Anwender eingegebene Zahl auf. Diese wird zusammen mit den Adressen von `squared` und `cubed` an die Funktion `Factor()` übergeben.

`Factor()` testet den ersten – als Wert übergebenen – Parameter. Ist er größer als 20 (der Maximalwert, den diese Funktion behandeln kann), setzt die Funktion die Variable `Value` auf einen Fehlerwert. Beachten Sie, daß der Rückgabewert aus `Factor` entweder für diesen Fehlerwert oder den Wert 0 reserviert ist, wobei 0 die ordnungsgemäße Funktionsausführung anzeigt. Die Rückgabe des entsprechenden Wertes findet in Zeile 40 statt.

Die eigentlich benötigten Werte, das Quadrat und die dritte Potenz von `number`, liefert die Funktion nicht über den normalen Rückgabemechanismus, sondern durch Ändern der an die Funktion übergebenen Zeiger.

In den Zeilen 36 und 37 erfolgt die Zuweisung der Rückgabewerte an die Zeiger. Zeile 38 setzt `Value` auf den Wert für erfolgreiche Ausführung (`0`), und Zeile 39 gibt `Value` zurück.

Als Verbesserung dieses Programms könnte man folgendes deklarieren:

```
enum ERROR_VALUE { SUCCESS, FAILURE};
```

Dann gibt man nicht 0 oder 1 zurück, sondern SUCCESS (alles OK) oder FAILURE (fehlerhafte Ausführung).

Werte als Referenz zurückgeben

Das Programm in Listing 9.8 funktioniert zwar, läßt sich aber mit der Übergabe von Referenzen anstelle von Zeigern wartungsfreundlicher und übersichtlicher gestalten. Listing 9.9 zeigt das gleiche Programm, allerdings in der neuen Fassung mit Übergabe von Referenzen und Rückgabe eines Aufzählungstyps für den Fehlerwert (ERROR).

Listing 9.9: Neufassung von Listing 9.8 mit Übergabe von Referenzen

```
// Listing 9.9
// Rueckgabe mehrerer Werte aus einer Funktion
// mit Referenzen

#include <iostream.h>

typedef unsigned short USHORT;
enum ERR_CODE { SUCCESS, ERROR };

 ERR_CODE Factor(USHORT, USHORT&, USHORT&);

 int main()
 {
      USHORT number, squared, cubed;
      ERR_CODE result;

      cout << "Bitte eine Zahl eingeben (0 - 20): ";
      cin >> number;

      result = Factor(number, squared, cubed);

      if (result == SUCCESS)
      {
            cout << "Zahl: " << number << "\n";
            cout << "Quadrat: " << squared << "\n";
            cout << "Dritte Potenz: "  << cubed   << "\n";
      }
      else
      cout << "Fehler!!\n";
return 0;
 }

```

```
33:     ERR_CODE Factor(USHORT n, USHORT &rSquared, USHORT &rCubed)
34:     {
35:         if (n > 20)
36:             return ERROR;   // Einfacher Fehlercode
37:         else
38:         {
39:             rSquared = n*n;
40:             rCubed = n*n*n;
41:             return SUCCESS;
42:         }
43:     }
```

```
Bitte eine Zahl eingeben (0-20): 3
Zahl: 3
Quadrat: 9
Dritte Potenz: 27
```

Listing 9.9 ist mit Listing 9.8 bis auf zwei Ausnahmen identisch. Der Aufzählungstyp `ERR_CODE` erlaubt es, die Fehlermeldungen in den Zeilen 36 und 41 sowie die Fehlerbehandlung in Zeile 22 komfortabler zu schreiben.

Die größere Änderung besteht allerdings darin, daß `Factor` nun für die Übernahme von Referenzen statt Zeigern auf `squared` und `cubed` ausgelegt ist. Die Arbeit mit diesen Parametern gestaltet sich damit einfacher und ist verständlicher.

Übergabe als Referenz der Effizienz wegen

Übergibt man ein Objekt an eine Funktion als Wert, legt die Funktion eine Kopie des Objekts an. Bei der Rückgabe eines Objekts aus einer Funktion als Wert wird eine weitere Kopie erstellt.

In Kapitel 5 haben Sie gelernt, daß diese Objekte auf den Stack kopiert werden. Das ist jedoch zeit- und speicherintensiv. Für kleine Objekte, wie zum Beispiel Integer-Werte, ist der Aufwand allerdings vernachlässigbar.

Bei größeren, benutzerdefinierten Objekten machen sich die Kopiervogänge deutlich bemerkbar. Die Größe eines benutzerdefinierten Objekts auf dem Stack ergibt sich aus der Summe seiner Elementvariablen. Bei diesen kann es sich wiederum um benutzerdefinierte Objekte handeln, und die Übergabe einer derartig massiven Struktur als Kopie geht sehr zu Lasten der Leistung und des Speichers.

Andere Faktoren kommen noch hinzu. Für die von Ihnen erzeugten Klassen werden diese temporären Kopien durch Aufruf eines speziellen Konstruktors, des Kopierkonstruktors, angelegt. Morgen werden Sie erfahren, wie Kopierkonstruktoren arbeiten und wie man eigene erzeugt. Momentan reicht es uns zu wissen, daß der Kopierkonstruktor jedes Mal aufgerufen wird, wenn eine temporäre Kopie des Objekts auf dem Stack angelegt wird.

Bei Rückkehr der Funktion wird das temporäre Objekt zerstört und der Destruktor des Objekts aufgerufen. Wenn man ein Objekt als Wert zurückgibt, muß eine Kopie dieses Objekts angelegt und auch wieder zerstört werden.

Bei großen Objekten gehen diese Konstruktor- und Destruktor-Aufrufe zu Lasten der Geschwindigkeit und des Speicherverbrauchs. Listing 9.9 verdeutlicht das mit einer vereinfachten Version eines benutzerdefinierten Objekts: `SimpleCat`. Ein reales Objekt wäre wesentlich größer und umfangreicher. Aber auch an diesem Objekt läßt sich zeigen, wie oft die Aufrufe von Konstruktor und Destruktor stattfinden.

Listing 9.10 erzeugt das Objekt `SimpleCat` und ruft dann zwei Funktionen auf. Die erste Funktion übernimmt `Cat` als Wert und gibt das Objekt als Wert zurück. Die zweite Funktion erhält das Objekt als Zeiger (nicht als Objekt selbst) und gibt einen Zeiger auf das Objekt zurück.

Listing 9.10: Objekte als Referenz übergeben

```
// Listing 9.10
// Zeiger auf Objekte übergeben

#include <iostream.h>

class SimpleCat
{
public:
        SimpleCat ();                      // Konstruktor
        SimpleCat(SimpleCat&);       // Kopierkonstruktor
        ~SimpleCat();                      // Destruktor
 };

 SimpleCat::SimpleCat()
 {
        cout << "SimpleCat Konstruktor...\n";
 }

 SimpleCat::SimpleCat(SimpleCat&)
 {
        cout << "SimpleCat Kopierkonstruktor...\n";
```

```
}

SimpleCat::~SimpleCat()
{
        cout << "SimpleCat Destruktor...\n";
}

SimpleCat FunctionOne (SimpleCat theCat);
SimpleCat* FunctionTwo (SimpleCat *theCat);

int main()
{
        cout << "Eine Katze erzeugen...\n";
        SimpleCat Frisky;
        cout << "FunctionOne aufrufen...\n";
        FunctionOne(Frisky);
        cout << "FunctionTwo aufrufen...\n";
        FunctionTwo(&Frisky);
  return 0;
}

// FunctionOne, Uebergabe als Wert
SimpleCat FunctionOne(SimpleCat theCat)
{
                cout << "FunctionOne. Rueckkehr...\n";
                return theCat;
}

// FunctionTwo, Uebergabe als Referenz
SimpleCat* FunctionTwo (SimpleCat  *theCat)
{
                cout << "FunctionTwo. Rueckkehr...\n";
                return theCat;
}
```

Ausgabe

```
Eine Katze erzeugen...
SimpleCat Konstruktor...
FunctionOne aufrufen...
SimpleCat Kopierkonstruktor...
FunctionOne. Rueckkehr...
SimpleCat Kopierkonstruktor...
SimpleCat Destruktor...
SimpleCat Destruktor...
FunctionTwo aufrufen...
FunctionTwo. Rueckkehr...
SimpleCat Destruktor...
```

Hinweis

Die hier angegebenen Zeilennummern erscheinen nicht in der Ausgabe, sondern dienen nur als Hilfsmittel für die Analyse.

Analyse

Die Zeilen 6 bis 12 deklarieren eine sehr vereinfachte Klasse `SimpleCat`. Konstruktor, Kopierkonstruktor und Destruktor geben jeweils eine Meldung aus, damit man über die Zeitpunkte der Aufrufe informiert ist.

In Zeile 34 gibt `main()` eine Meldung aus, die als Ausgabezeile 1 zu sehen ist. In Zeile 35 wird ein `SimpleCat`-Objekt instantiiert. Das bewirkt den Aufruf des Konstruktors. Die entsprechende Meldung erscheint als Ausgabezeile 2.

In Zeile 36 meldet die Funktion `main()`, daß sie die Funktion `FunctionOne()` aufruft (Ausgabezeile 3). Da der Funktion `FunctionOne()` das Objekt `SimpleCat` beim Aufruf als Wert übergeben wird, legt die Funktion auf dem Stack ein lokales Objekt als Kopie des Objekts `SimpleCat` an. Das bewirkt den Aufruf des Kopierkonstruktors, der die Ausgabezeile 4 erzeugt.

Die Programmausführung springt zur Zeile 46 in der aufgerufenen Funktion, die eine Meldung ausgibt (Ausgabezeile 5). Die Funktion kehrt dann zurück und gibt dabei das Objekt `SimpleCat` als Wert zurück. Dies erzeugt eine weitere Kopie des Objekts, wobei der Kopierkonstruktor aufgerufen und Ausgabezeile 6 produziert wird.

Das Programm weist den Rückgabewert aus der Funktion `FunctionOne()` keinem Objekt zu, so daß das für die Rückgabe erzeugte Objekt mit Aufruf des Destruktors (Meldung in Ausgabezeile 7) verworfen wird. Da `FunctionOne()` beendet ist, verliert die lokale Kopie ihren Gültigkeitsbereich und wird mit Aufruf des Destruktors (Meldung in Ausgabezeile 8) zerstört.

Das Programm kehrt nach `main()` zurück und ruft `FunctionTwo()` auf, der der Parameter als Referenz übergeben wird. Da die Funktion keine Kopie anlegt, gibt es auch keine Ausgabe. `FunctionTwo()` produziert die als Ausgabezeile 10 erscheinende Meldung und gibt dann das Objekt `SimpleCat` – wiederum als Referenz – zurück. Aus diesem Grund finden hier ebenfalls keine Aufrufe von Konstruktor oder Destruktor statt.

Schließlich endet das Programm, und `Frisky` verliert seinen Gültigkeitsbereich. Das führt zum letzten Aufruf des Destruktors und zur Meldung in Ausgabezeile 11.

Aufgrund der Übergabe als Wert produziert der Aufruf der Funktion `FunctionOne()` zwei Aufrufe des Kopierkonstruktors und zwei Aufrufe des Destruktors, während der Aufruf von `FunctionTwo` keinerlei derartige Aufrufe erzeugt.

Einen konstanten Zeiger übergeben

Die Übergabe eines Zeigers an `FunctionTwo()` ist zwar effizienter, aber auch gefährlicher. `FunctionTwo()` soll ja eigentlich das übergebene Objekt `SimpleCat` nicht ändern, wird aber durch die Übergabe der Adresse von `SimpleCat` dazu prinzipiell in die Lage versetzt. Damit genießt das Objekt nicht mehr den Schutz gegenüber Änderungen wie bei der Übergabe als Wert.

Die Übergabe als Wert verhält sich so, als würde man einem Museum eine Fotografie des eigenen Kunstwerks geben und nicht das Kunstwerk selbst. Schmiert jemand im Museum auf Ihrem Bild herum, bleibt Ihnen in jedem Fall das Original erhalten. Bei der Übergabe als Referenz übermittelt man dem Museum lediglich seine Heimatadresse und lädt die Besucher ein, das echte Meisterwerk in Ihrem eigenen Haus anzusehen.

Die Lösung besteht in der Übergabe eines Zeigers auf ein konstantes Objekt `SimpleCat`. Damit verhindert man den Aufruf nicht konstanter Methoden auf `SimpleCat` und schützt demzufolge das Objekt gegen Änderungen. Listing 9.11 verdeutlicht dieses Konzept.

Listing 9.11: Übergabe von konstanten Zeigern

```
// Listing 9.11 - Zeiger auf Objekte übergeben
    // Zeiger auf Objekte übergeben

      #include <iostream.h>

      class SimpleCat
      {
      public:
              SimpleCat();
               SimpleCat(SimpleCat&);
               ~SimpleCat();

               int GetAge() const { return itsAge; }
               void SetAge(int age) { itsAge = age; }

       private:
               int itsAge;
          };

          SimpleCat::SimpleCat()
          {
                cout << "SimpleCat Konstruktor...\n";
                itsAge = 1;
```

```
          }

          SimpleCat::SimpleCat(SimpleCat&)
          {
                cout << "SimpleCat Kopierkonstruktor...\n";
          }

          SimpleCat::~SimpleCat()
          {
                cout << "SimpleCat Destruktor...\n";
          }

const SimpleCat * const FunctionTwo (const SimpleCat * const theCat);

          int main()
          {
                cout << "Eine Katze erzeugen...\n";
                SimpleCat Frisky;
                cout << "Frisky ist " ;
                cout << Frisky.GetAge();
                cout << " Jahre alt\n";
                int age = 5;
                Frisky.SetAge(age);
                cout << "Frisky ist " ;
                cout << Frisky.GetAge();
                cout << " Jahre alt\n";
                cout << "FunctionTwo aufrufen...\n";
                FunctionTwo(&Frisky);
                cout << "Frisky ist " ;
                cout << Frisky.GetAge();
                cout << " Jahre _alt\n";
    return 0;
          }

   // FunctionTwo uebernimmt einen konstanten Zeiger
   const SimpleCat * const FunctionTwo (const SimpleCat * const theCat)
   {
          cout << "FunctionTwo. Rueckkehr...\n";
          cout << "Frisky ist jetzt " << theCat->GetAge();
          cout << " Jahre alt \n";
          // theCat->SetAge(8);   const!
          return theCat;
          }
```

Ausgabe

```
Eine Katze erzeugen...
SimpleCat Konstruktor...
Frisky ist 1 Jahr alt.
Frisky ist 5 Jahre alt.
FunctionTwo aufrufen...
FunctionTwo. Rueckkehr...
Frisky ist jetzt 5 Jahre alt.
Frisky ist 5 Jahre alt.
SimpleCat Destruktor...
```

Analyse

Die Klasse `SimpleCat` hat zwei Zugriffsfunktionen erhalten: die konstante Funktion `GetAge()` in Zeile 13 und die nicht konstante Funktion `SetAge()` in Zeile 14. Außerdem ist die Elementvariable `itsAge` in Zeile 17 neu hinzugekommen.

Die Definitionen von Konstruktor, Kopierkonstruktor und Destruktor enthalten weiterhin die Ausgabe von Meldungen. Allerdings findet überhaupt kein Aufruf des Kopierkonstruktors statt, da die Übergabe des Objekts als Referenz erfolgt und damit keine Kopien angelegt werden. Zeile 41 erzeugt ein Objekt, die Zeilen 42 und 43 geben dessen Standardwert für das Alter (`Age`) aus.

In Zeile 46 wird `itsAge` mit der Zugriffsfunktion `SetAge()` gesetzt und das Ergebnis in Zeile 47 ausgegeben. `FunctionOne()` kommt in diesem Programm nicht zum Einsatz. `FunctionTwo()` weist leichte Änderungen auf: Jetzt sind in Zeile 36 der Parameter und der Rückgabewert so deklariert, daß sie einen konstanten Zeiger auf ein konstantes Objekt übernehmen und einen konstanten Zeiger auf ein konstantes Objekt zurückgeben.

Da die Übergabe der Parameter und des Rückgabewerts weiterhin als Referenz erfolgt, legt die Funktion keine Kopien an und ruft auch nicht den Kopierkonstruktor auf. Der Zeiger in `FunctionTwo()` ist jetzt allerdings konstant und kann demnach nicht die nicht-`const` Methode `SetAge()` aufrufen. Deshalb ist der Aufruf von `SetAge()` in Zeile 64 auskommentiert – das Programm ließe sich sonst nicht kompilieren.

Beachten Sie, daß das in `main()` erzeugte Objekt nicht konstant ist und `Frisky` die Funktion `SetAge()` aufrufen kann. Die Adresse dieses nicht konstanten Objekts wird an die Funktion `FunctionTwo()` übergeben. Da aber in `FunctionTwo()` der Zeiger als konstanter Zeiger auf ein konstantes Objekt deklariert ist, wird das Objekt wie ein konstantes Objekt behandelt!

Referenzen als Alternative

Listing 9.11 vermeidet die Einrichtung unnötiger Kopien und spart dadurch zeitraubende Aufrufe des Kopierkonstruktors und des Destruktors. Es verwendet konstante Zeiger auf konstante Objekte und löst damit das Problem, das die Funktion die übergebenen Objekte nicht ändern soll. Allerdings ist das ganze etwas umständlich, da die an die Funktion übergebenen Objekte Zeiger sind.

Da das Objekt niemals Null sein darf, verlegt man besser die ganze Arbeit in die Funktion und übergibt eine Referenz statt eines Zeigers. Dieses Vorgehen zeigt Listing 9.12.

Listing 9.12: Referenzen auf Objekte übergeben

```
// Listing 9.12
// Referenzen auf Objekte übergeben

 #include <iostream.h>

 class SimpleCat
 {
 public:
         SimpleCat();
         SimpleCat(SimpleCat&);
         ~SimpleCat();

         int GetAge() const { return itsAge; }
         void SetAge(int age) { itsAge = age; }

  private:
         int itsAge;
    };

    SimpleCat::SimpleCat()
    {
           cout << "SimpleCat Konstruktor...\n";
           itsAge = 1;
    }

    SimpleCat::SimpleCat(SimpleCat&)
    {
           cout << "SimpleCat Kopierkonstruktor...\n";
    }

    SimpleCat::~SimpleCat()
```

```
    {
            cout << "SimpleCat Destruktor...\n";
    }

    const     SimpleCat & FunctionTwo (const SimpleCat & theCat);

    int main()
    {
            cout << "Eine Katze erzeugen...\n";
            SimpleCat Frisky;
            cout << "Frisky ist " << Frisky.GetAge() << " Jahre alt.\n";
            int age = 5;
            Frisky.SetAge(age);
            cout << "Frisky ist " << Frisky.GetAge() << " Jahre alt.\n";
            cout << "FunctionTwo aufrufen...\n";
            FunctionTwo(Frisky);
            cout << "Frisky ist " << Frisky.GetAge() << " Jahre alt.\n";
   return 0;
    }

    // FunctionTwo uebergibt eine Referenz auf ein konstantes Objekt
    const SimpleCat & FunctionTwo (const SimpleCat & theCat)
    {
                     cout << "FunctionTwo. Rueckkehr...\n";
                     cout << "Frisky ist jetzt " << theCat.GetAge();
                     cout << " Jahre alt.\n";
                     // theCat.SetAge(8);   const!
                     return theCat;
    }
```

```
Eine Katze erzeugen...
SimpleCat Konstruktor...
Frisky ist 1 Jahr alt.
Frisky ist 5 Jahre alt.
FunctionTwo aufrufen
FunctionTwo. Rueckkehr...
Frisky ist jetzt 5 Jahre alt.
Frisky ist 5 Jahre alt.
SimpleCat Destruktor...
```

Die Ausgabe ist mit der von Listing 9.11 produzierten Ausgabe identisch. Die einzige signifikante Änderung besteht darin, daß `FunctionTwo()` jetzt die Übernahme und

Rückgabe mit einer Referenz auf ein konstantes Objekt realisiert. Auch hier ist das Arbeiten mit Referenzen einfacher als das Arbeiten mit Zeigern. Man erreicht die gleiche Einsparung und Effizienz sowie die Sicherheit der `const`-Deklaration.

Tip

Konstante Referenzen

Normalerweise unterscheiden C++-Programmierer nicht zwischen einer »konstanten Referenz auf ein `SimpleCat`-Objekt« und einer »Referenz auf ein konstantes `SimpleCat`-Objekt«. Referenzen selbst können nie einem anderen Objekt erneut zugewiesen werden, deshalb sind sie immer konstant. Wird das Schlüsselwort `const` im Zusammenhang mit einer Referenz verwendet, soll damit das Objekt, auf das sich die Referenz bezieht, konstant gemacht werden.

Wann verwendet man Referenzen und wann Zeiger?

C++-Programmierer arbeiten lieber mit Referenzen als mit Zeigern. Referenzen sind sauberer und einfacher zu verwenden und eignen sich besser für das Verbergen von Informationen, wie Sie im vorherigen Beispiel gesehen haben.

Allerdings kann man Referenzen nicht erneut zuweisen. Wenn man zuerst auf ein Objekt und dann auf ein anderes zeigen muß, ist die Verwendung eines Zeigers Pflicht. Referenzen dürfen nicht Null sein. Ist dennoch mit einem Null-Objekt zu rechnen, kann man nicht mit Referenzen arbeiten, man muß auf Zeiger ausweichen.

Letzteres ist beispielsweise bei Verwendung des Operators `new` der Fall. Wenn `new` keinen Speicher im Heap reservieren kann, liefert der Operator einen Null-Zeiger zurück. Da Null-Referenzen nicht erlaubt sind, muß man zuerst prüfen, ob die von `new` zurückgelieferte Speicheradresse ungleich Null ist, bevor man eine Referenz mit dem neu allokierten Speicher initialisiert. Das folgende Beispiel zeigt, wie man das in den Griff bekommt:

```
int *pInt = new int;
if (pInt != NULL)
int &rInt = *pInt;
```

Dieses Beispiel deklariert den Zeiger `pInt` auf `int` und initialisiert ihn mit dem vom Operator `new` zurückgegebenen Speicher. Die zweite Anweisung testet die Adresse in `pInt`. Ist diese nicht NULL, dereferenziert die dritte Anweisung `pInt`. Das Ergebnis der Dereferenzierung einer `int`-Variablen ist ein `int`-Objekt, und `rInt` wird mit einem Verweis auf dieses Objekt initialisiert. Somit wird `rInt` zu einer Alias-Adresse auf den vom Operator `new` zurückgegebenen `int`.

Was Sie tun sollten	... und was nicht
Übergeben Sie Parameter möglichst immer als Referenz.	Verwenden Sie keine Zeiger, wenn auch Referenzen möglich sind.
Geben Sie Werte möglichst immer als Referenz zurück.	Geben Sie keine Referenz an ein lokales Objekt zurück.
Verwenden Sie, wo es möglich ist, das Schlüsselwort `const`, um Referenzen und Zeiger zu schützen.	

Referenzen und Zeiger mischen

Es ist absolut zulässig, in der Parameterliste einer Funktion sowohl Zeiger als auch Referenzen zu deklarieren und gleichzeitig Objekte als Wert zu übergeben. Sehen Sie dazu folgendes Beispiel:

```
Katze * EineFunktion (Person &derBesitzer, Haus *dasHaus, int alter);
```

Diese Deklaration sieht vor, daß `EineFunktion()` drei Parameter übernimmt. Der erste ist eine Referenz auf das Objekt `Person`, der zweite ein Zeiger auf das Objekt `Haus` und der dritte ein Integer. Die Funktion liefert einen Zeiger auf ein `Katze`-Objekt zurück.

Die Frage, wo der Referenz- (`&`) oder der Indirektionsoperator (`*`) bei der Deklaration dieser Variablen zu setzen ist, ist heftig umstritten. Zulässig sind folgende Schreibweisen:

```
1:  CAT&  rFrisky;
2:  CAT & rFrisky;
3:  CAT  &rFrisky;
```

Leerzeichen werden gänzlich ignoriert. Aus diesem Grund können Sie an jeder Stelle im Code, an dem ein Leerzeichen steht, beliebig viele weitere Leerzeichen, Tabulatoren oder auch neue Zeilen einfügen.

Welche Schreibweise ist jetzt aber die beste, wenn man mal die Freiheit beim Schreiben von Ausdrücken außer acht läßt? Dazu möchte ich Ihnen Argumente für alle drei Schreibweisen nennen:

Die Begründung für Fall 1 ist, daß `rFrisky` eine Variable namens `rFrisky` ist, deren Typ als »Referenz auf das Objekt `CAT`« verstanden wird. Deshalb sollte in diesem Fall das `&` beim Typ stehen.

Als Gegenargument könnte man einwenden, daß der Typ CAT lautet. Das & ist Teil des »Deklarators«, der den Variablennamen und das Ampersand-Zeichen (kaufmännisches Und) umfaßt. Was jedoch noch wichtiger ist – das & neben CAT zu stellen, kann folgenden Fehler zur Folge haben:

```
CAT&  rFrisky, rBoots;
```

Eine flüchtige Prüfung dieser Zeile würde Sie zu dem Gedanken veranlassen, daß rFrisky und rBoots beides Referenzen auf CAT-Objekte sind, was jedoch falsch wäre. Vielmehr ist rFrisky eine Referenz auf CAT und rBoots (trotz seines Namens) keine Referenz, sondern eine einfache, schlichte CAT-Variable. Statt dessen hätte man schreiben sollen:

```
CAT  &rFrisky, rBoots;
```

Die Antwort auf diesen Einspruch lautet, daß Deklarationen von Referenzen und Variablen nie auf diese Art kombiniert werden sollten. So sollte die Deklaration aussehen:

```
CAT&  rFrisky;
CAT    boots;
```

Letztlich umgehen viele Programmierer das Problem und wählen die mittlere Lösung. Sie setzen das & in die Mitte, wie Fall 2 demonstriert.

Selbstverständlich läßt sich alles, was hier im Zusammenhang mit dem Referenzoperator (&) gesagt wurde, auch auf den Indirektionsoperator (*) übertragen. Wichtig ist jedoch zu erkennen, daß die Menschen in der Wahrnehmung des einzig wahren Wegs unterschiedlicher Meinung sind. Wählen Sie einen Stil, der Ihnen am ehesten liegt, und vor allem wechseln Sie den Stil nicht innerhalb eines Programms. Denn, oberstes Gebot der Programmierung ist und bleibt die Klarheit.

Viele Programmierer folgen den folgenden Konventionen zum Deklarieren von Referenzen und Zeigern:

1. Setzen Sie das &- und das *-Zeichen in die Mitte und links und rechts davon je ein Leerzeichen.
2. Deklarieren Sie Referenzen, Zeiger und Variablen nie zusammen in einer Zeile.

Referenzen auf nicht mehr vorhandene Objekte

Nachdem sich C++-Programmierer einmal mit der Übergabe als Referenz angefreundet haben, können sie kaum noch davon lassen. Man kann allerdings auch des Guten zuviel tun. Denken Sie daran, daß eine Referenz immer eine Alias-Adresse für irgendein anderes Objekt ist. Wenn man eine Referenz in oder aus einer Funktion übergibt, sollte man sich die kritische Frage stellen: »Was ist das Objekt, das ich unter einer Alias-Adresse anspreche, und existiert es auch wirklich, wenn ich es verwende?«

Listing 9.13 verdeutlicht die Gefahr bei der Rückgabe einer Referenz auf ein Objekt, das nicht mehr existiert.

Listing 9.13: Rückgabe einer Referenz auf ein nicht existierendes Objekt

```
// Listing 9.13
// Rueckgabe einer Referenz auf ein Objekt,
// das nicht mehr existiert

#include <iostream.h>

class SimpleCat
{
public:
       SimpleCat (int age, int weight);
       ~SimpleCat() {}
       int GetAge() { return itsAge; }
       int GetWeight() { return itsWeight; }
 private:
      int itsAge;
      int itsWeight;
 };

 SimpleCat::SimpleCat(int age, int weight)
 {
   itsAge = age;
   itsWeight = weight;
 }

 SimpleCat &TheFunction();

 int main()
 {
      SimpleCat &rCat = TheFunction();
      int age = rCat.GetAge();
      cout << "rCat ist " << age << " Jahre alt!\n";
return 0;
 }

 SimpleCat &TheFunction()
 {
```

```
37:          SimpleCat Frisky(5,9);
38:          return Frisky;
39:     }
```

```
Compile error: Attempting to return a reference to a local object!
```

Dieses Programm läßt sich nicht mit dem Borland-Compiler kompilieren, sondern nur mit Microsoft-Compilern. Allerdings sei angemerkt, daß es sich nicht gerade um guten Programmierstil handelt.

Die Zeilen 7 bis 17 deklarieren `SimpleCat`. In Zeile 29 wird eine Referenz auf `SimpleCat` mit dem Ergebnis des Aufrufs der Funktion `TheFunction()` initialisiert. Die Funktion `TheFunction()` ist in Zeile 25 deklariert und gibt eine Referenz auf `SimpleCat` zurück.

Der Rumpf der Funktion `TheFunction()` deklariert ein lokales Objekt vom Typ `SimpleCat` und initialisiert dessen Alter (`age`) und Gewicht (`weight`). Dann gibt die Funktion dieses lokale Objekt als Referenz zurück. Manche Compiler sind intelligent genug, um diesen Fehler abzufangen und erlauben gar nicht erst den Start des Programms. Andere lassen die Programmausführung zu, was aber zu unvorhersehbaren Ergebnissen führt.

Bei Rückkehr der Funktion `TheFunction()` wird das lokale Objekt `Frisky` zerstört. (Der Autor versichert, daß dies schmerzlos geschieht.) Die von dieser Funktion zurückgegebene Referenz wird eine Alias-Adresse für ein nicht existentes Objekt, und das geht irgendwann schief.

Referenzen auf Objekte im Heap zurückgeben

Man mag versucht sein, das Problem in Listing 9.13 zu lösen, indem man die `TheFunction()`-Funktion `Frisky` im Heap erzeugen läßt. Damit existiert `Frisky` auch, nachdem `TheFunction()` zurückgekehrt ist.

Das Problem bei dieser Variante ist: Was fängt man mit dem für `Frisky` zugewiesenen Speicher an, wenn die Arbeit damit beendet ist? Listing 9.14 verdeutlicht dieses Problem.

Listing 9.14: Speicherlücken

```
// Listing 9.14
// Beseitigen von Speicherlücken
#include <iostream.h>

class SimpleCat
{
public:
        SimpleCat (int age, int weight);
       ~SimpleCat() {}
       int GetAge() { return itsAge; }
       int GetWeight() { return itsWeight; }

private:
      int itsAge;
      int itsWeight;
 };

 SimpleCat::SimpleCat(int age, int weight)
 {
   itsAge = age;
   itsWeight = weight;
 }

 SimpleCat & TheFunction();

 int main()
 {
      SimpleCat & rCat = TheFunction();
      int age = rCat.GetAge();
      cout << "rCat ist " << age << " Jahre alt!\n";
      cout << "&rCat: " << &rCat << endl;
      // Wie wird man diesen Speicher wieder los?
      SimpleCat * pCat = &rCat;
      delete pCat;
      // Worauf verweist denn nun rCat?!?
return 0;
}

 SimpleCat &TheFunction()
 {
      SimpleCat * pFrisky = new SimpleCat(5,9);
      cout << "pFrisky: " << pFrisky << endl;
      return *pFrisky;
 }
```

Ausgabe

```
pFrisky: 0x00431C60
rCat ist 5 Jahre alt!
&rCat: 0x00431C60
```

Warnung

Dieses Programm läßt sich kompilieren und scheint zu arbeiten. Es handelt sich aber um eine Zeitbombe, die nur auf ihre Zündung wartet.

Analyse

Die Funktion `TheFunction()` wurde geändert und gibt jetzt nicht länger eine Referenz auf eine lokale Variable zurück. Zeile 41 reserviert Speicher im Heap und weist ihn einem Zeiger zu. Es folgt die Ausgabe der vom Zeiger gespeicherten Adresse. Dann wird der Zeiger dereferenziert und das `SimpleCat`-Objekt als Referenz zurückgegeben.

In Zeile 28 wird das Ergebnis des Funktionsaufrufs von `TheFunction()` einer Referenz auf ein `SimpleCat`-Objekt zugewiesen. Über dieses Objekt wird das Alter der Katze ermittelt und in Zeile 30 ausgegeben.

Um sich davon zu überzeugen, daß die in `main()` deklarierte Referenz auf das in der Funktion `TheFunction()` im Heap abgelegte Objekt verweist, wird der Adreßoperator auf `rCat` angewandt. Tatsächlich erscheint die Adresse des betreffenden Objekts, und diese stimmt mit der Adresse des Objekts im Heap überein.

So weit so gut. Wie aber wird dieser Speicher freigegeben? Auf der Referenz kann man `delete` nicht ausführen. Eine clevere Lösung ist die Erzeugung eines weiteren Zeigers und dessen Initialisierung mit der Adresse, die man aus `rCat` erhält. Damit löscht man den Speicher und stopft die Speicherlücke. Trotzdem bleibt ein schlechter Beigeschmack: Worauf bezieht sich `rCat` nach Zeile 34? Wie bereits erwähnt, muß eine Referenz immer als Alias-Adresse für ein tatsächliches Objekt agieren. Wenn sie auf ein Null-Objekt verweist (wie in diesem Fall), ist das Programm ungültig.

Warnung

Man kann nicht genug darauf hinweisen, daß sich ein Programm mit einer Referenz auf ein Null-Objekt zwar kompilieren läßt, das Programm aber nicht zulässig und sein Verhalten nicht vorhersehbar ist.

Für dieses Problem gibt es drei Lösungen. Die erste ist die Deklaration eines `SimpleCat`-Objekts in Zeile 28 und die Rückgabe der Katze aus der Funktion `TheFunction()` als Wert. Als zweite Lösung kann man das `SimpleCat`-Objekt auf dem Heap in der Funktion `TheFunction()` deklarieren, aber die Funktion `TheFunction()` einen Zeiger auf diesen Speicher zurückgeben zu lassen. Dann kann die aufrufende Funktion den Zeiger nach Abschluß der Arbeiten löschen.

Die dritte und beste Lösung besteht in der Deklaration des Objekts in der aufrufenden Funktion. Dann übergibt man das Objekt an `TheFunction()` als Referenz.

Wem gehört der Zeiger?

Wenn man Speicher im Heap reserviert, bekommt man einen Zeiger zurück. Es ist zwingend erforderlich, einen Zeiger auf diesen Speicher aufzubewahren, denn wenn der Zeiger verloren ist, läßt sich der Speicher nicht mehr löschen – es entsteht eine Speicherlücke.

Bei der Übergabe dieses Speicherblocks zwischen Funktionen nimmt irgendwer den Zeiger »in Besitz«. In der Regel wird der Block mittels Referenzen übergeben, und die Funktion, die den Speicher erzeugt hat, löscht ihn auch wieder. Das ist aber nur eine allgemeine Regel und kein eisernes Gesetz.

Gefahr ist im Verzug, wenn eine Funktion einen Speicher erzeugt und eine andere ihn freigibt. Unklare Besitzverhältnisse in bezug auf den Zeiger können zu zwei Problemen führen: Man vergißt, den Zeiger zu löschen, oder löscht ihn zweimal. Beides kann ernste Konsequenzen für das Programm zur Folge haben. Funktionen sollte man sicherheitshalber so konzipieren, daß sie den erzeugten Speicher auch selbst wieder löschen.

Wenn Sie eine Funktion schreiben, die einen Speicher erzeugen muß und ihn dann zurück an die aufrufende Funktion übergibt, sollten Sie eine Änderung der Schnittstelle in Betracht ziehen. Lassen Sie die aufrufende Funktion den Speicher reservieren und übergeben Sie ihn an die Funktion als Referenz. Damit nehmen Sie die gesamte Speicherverwaltung aus dem Programm heraus und überlassen sie der Funktion, die auf das Löschen des Speichers vorbereitet ist.

Was Sie tun sollten	**... und was nicht**
Übergeben Sie Parameter als Wert, wenn es erforderlich ist. Geben Sie als Wert zurück, wenn es erforderlich ist.	Übergeben Sie nicht als Referenz, wenn das referenzierte Objekt seinen Gültigkeitsbereich verlieren kann. Verwenden Sie keine Referenzen auf Null-Objekte.

Zusammenfassung

Heute haben Sie gelernt, was Referenzen sind und in welchem Verhältnis sie zu Zeigern stehen. Man muß Referenzen mit einem Verweis auf ein existierendes Objekt initialisieren und darf keine erneute Zuweisung auf ein anderes Objekt vornehmen. Jede Aktion, die man auf einer Referenz ausführt, wird praktisch auf dem Zielobjekt der Referenz ausgeführt. Ruft man die Adresse einer Referenz ab, erhält man die Adresse des Zielobjekts zurück.

Sie haben gesehen, daß die Übergabe von Objekten als Referenz effizienter sein kann als die Übergabe als Wert. Die Übergabe als Referenz gestattet der aufgerufenen Funktion auch, den als Argument übergebenen Wert in geänderter Form an die aufrufende Funktion zurückzugeben.

Es wurde gezeigt, daß Argumente an Funktionen und die von Funktionen zurückgegebenen Werte als Referenz übergeben werden können und daß sich dies sowohl mit Zeigern als auch mit Referenzen realisieren läßt.

Das Kapitel hat dargestellt, wie man Zeiger auf konstante Objekte und konstante Referenzen für die sichere Übergabe von Werten zwischen Funktionen verwendet und dabei die gleiche Effizienz wie bei der Übergabe als Referenz erreicht.

Fragen und Antworten

F Warum gibt es Referenzen, wenn sich das gleiche auch mit Zeigern realisieren läßt?

A *Referenzen sind leichter zu verwenden und zu verstehen. Die Indirektion bleibt verborgen, und man muß die Variable nicht wiederholt dereferenzieren.*

F Warum verwendet man Zeiger, wenn Referenzen einfacher zu handhaben sind?

A *Referenzen dürfen nicht Null sein und lassen sich nach der Initialisierung nicht mehr auf andere Objekte richten. Zeiger bieten mehr Flexibilität, sind aber etwas schwieriger einzusetzen.*

F Warum gestaltet man die Rückgabe aus einer Funktion überhaupt als Rückgabe von Werten?

A *Wenn das zurückzugebende Objekt lokal ist, muß man es als Wert zurückgeben. Ansonsten gibt man eine Referenz auf ein nicht-existentes Objekt zurück.*

F Warum gibt man nicht immer als Wert zurück, wenn die Rückgabe als Referenz gefährlich ist?

A Die Rückgabe als Referenz ist weitaus effizienter. Man spart Speicher, und das Programm läuft schneller.

Workshop

Der Workshop enthält Quizfragen, die Ihnen helfen sollen, Ihr Wissen zu festigen, und Übungen, die Sie anregen sollen, das eben Gelernte umzusetzen und eigene Erfahrungen zu sammeln. Versuchen Sie, das Quiz und die Übungen zu beantworten und zu verstehen, bevor Sie die Lösungen in Anhang D lesen und zur Lektion des nächsten Tages übergehen.

Quiz

1. Worin besteht der Unterschied zwischen einer Referenz und einem Zeiger?
2. Wann sollte man statt einer Referenz lieber einen Zeiger verwenden?
3. Was für einen Rückgabewert hat `new`, wenn nicht genug Speicher für Ihr `new`-Objekt vorhanden ist?
4. Was ist eine konstante Referenz?
5. Was ist der Unterschied zwischen Übergabe als Referenz und Übergabe einer Referenz?

Übungen

1. Schreiben Sie ein Programm, das eine Variable vom Typ `int`, eine Referenz auf `int` und einen Zeiger auf `int` deklariert. Verwenden Sie den Zeiger und die Referenz, um den Wert in `int` zu manipulieren.
2. Schreiben Sie ein Programm, das einen konstanten Zeiger auf einen konstanten Integer deklariert. Initialisieren Sie den Zeiger mit einer Integer-Variablen `varOne`. Weisen Sie `varOne` den Wert `6` zu. Weisen Sie mit Hilfe des Zeigers `varOne` den Wert `7` zu. Erzeugen Sie eine zweite Integer-Variable `varTwo`. Richten Sie den Zeiger auf die Variable `varTwo`. Kompilieren Sie diese Übung noch nicht.
3. Kompilieren Sie jetzt das Programm aus Übung 2. Welche Zeilen produzieren Fehler und welche Warnungen?
4. Schreiben Sie ein Programm, das einen vagabundierenden Zeiger erzeugt.

5. Beheben Sie den Fehler im Programm aus Übung 4.
6. Schreiben Sie ein Programm, das eine Speicherlücke erzeugt.
7. Beheben Sie den Fehler im Programm aus Übung 6.
8. FEHLERSUCHE: Was ist falsch an diesem Programm?

```
#include <iostream.h>

class CAT
{
   public:
      CAT(int age) { itsAge = age; }
      ~CAT(){}
      int GetAge() const { return itsAge;}
   private:
      int itsAge;
};

CAT & MakeCat(int age);
int main()
{
   int age = 7;
   CAT Boots = MakeCat(age);
   cout << "Boots ist " << Boots.GetAge() << " Jahre alt\n";
   return 0;
}

CAT & MakeCat(int age)
{
   CAT * pCat = new CAT(age);
   return *pCat;
}
```

9. Beheben Sie den Fehler im Programm aus Übung 8.

Funktionen – weiterführende Themen

Woche 2

In Kapitel 5, »Funktionen«, haben Sie die Grundlagen für die Arbeit mit Funktionen kennengelernt. Nachdem Sie nun wissen, wie Zeiger und Referenzen arbeiten, können Sie tiefer in diese Materie eindringen. Heute lernen Sie,

- wie man Elementfunktionen überlädt,
- wie man Operatoren überlädt,
- wie man Funktionen schreibt, die Klassen mit dynamisch zugewiesenen Variablen unterstützen.

Überladene Elementfunktionen

In Kapitel 5 haben Sie gelernt, wie man Funktionspolymorphie – oder das Überladen von Funktionen – durch Aufsetzen zweier oder mehrerer Funktionen mit demselben Namen aber mit unterschiedlichen Parametern implementiert. Elementfunktionen von Klassen lassen sich ebenfalls überladen.

Die in Listing 10.1 dargestellte Klasse `Rectangle` enthält zwei Funktionen namens `DrawShape()`. Eine Funktion hat keine Parameter und zeichnet das `Rectangle`-Objekt auf der Basis der aktuellen Werte in der Klasse. Die andere Funktion übernimmt zwei Werte, `width` (Breite) und `height` (Höhe). Diese Funktion zeichnet das `Rectangle`-Objekt mit den übergebenen Werten und ignoriert die aktuellen Klassenwerte.

Listing 10.1: Überladen von Elementfunktionen

```
// Listing 10.1 Ueberladen von Elementfunktionen
#include <iostream.h>


// Deklaration der Klasse Rectangle
class Rectangle
{
public:
  // Konstruktoren
   Rectangle(int width, int height);
   ~Rectangle(){}

   // Ueberladene Klassenfunktion DrawShape
   void DrawShape() const;
   void DrawShape(int aWidth, int aHeight) const;

private:
   int itsWidth;
```

```
        int itsHeight;
    };

    // Implementierung des Konstruktors
    Rectangle::Rectangle(int width, int height)
    {
       itsWidth = width;
       itsHeight = height;
    }


    // Ueberladene Elementfunktion DrawShape - übernimmt
    // keine Werte. Zeichnet mit aktuellen Datenelementen.
    void Rectangle::DrawShape() const
    {
        DrawShape( itsWidth, itsHeight);
    }


    // Ueberladene Elementfunktion DrawShape - uebernimmt
    // zwei Werte und zeichnet nach diesen Parametern.
    void Rectangle::DrawShape(int width, int height) const
    {
       for (int i = 0; i<height; i++)
       {
          for (int j = 0; j< width; j++)
          {
             cout << "*";
          }
          cout << "\n";
       }
    }

    // Rahmenprogramm zur Demo fuer ueberladene Funktionen
    int main()
    {
       // Ein Rechteck mit 30,5 initialisieren
       Rectangle theRect(30,5);
       cout << "DrawShape(): \n";
       theRect.DrawShape();
       cout << "\nDrawShape(40,2): \n";
       theRect.DrawShape(40,2);
     return 0;
    }
```

```
DrawShape():
******************************
******************************
******************************
******************************
******************************

DrawShape(40,2):
****************************************
****************************************
```

Listing 10.1 stellt eine abgespeckte Version des Programms aus dem Rückblick zu Woche 1 dar. Der Test auf ungültige Werte und einige der Zugriffsfunktionen wurden aus dem Programm genommen, um Platz zu sparen. Das Hauptprogramm wurde auf ein einfaches Rahmenprogramm ohne Menü reduziert.

Den für uns im Moment interessanten Code finden Sie in den Zeilen 14 und 15, wo die Funktion `DrawShape()` überladen wird. Die Implementierung dieser beiden überladenen Klassenmethoden ist in den Zeilen 30 bis 50 untergebracht. Beachten Sie, daß die Version von `DrawShape()`, die keine Parameter übernimmt, einfach die Version aufruft, die zwei Parameter übernimmt, und dabei die aktuellen Elementvariablen übergibt. Man sollte tunlichst vermeiden, den gleichen Code in zwei Funktionen zu wiederholen. Es ist immer schwierig und fehlerträchtig, beide Funktionen synchron zu halten, wenn man Änderungen an der einen oder anderen Funktion vornimmt.

Das Rahmenprogramm in den Zeilen 52 bis 62 erzeugt ein `Rectangle`-Objekt und ruft dann `DrawShape()` auf. Beim ersten Mal werden keine Parameter und beim zweiten Aufruf zwei `unsigned short int`s übergeben.

Der Compiler entscheidet anhand der Anzahl und des Typs der eingegebenen Parameter, welche Methode aufzurufen ist. Man könnte sich eine dritte überladene Funktion namens `DrawShape()` vorstellen, die eine Abmessung und einen Aufzählungstyp entweder für Breite oder Höhe – je nach Wahl des Benutzers – übernimmt.

Standardwerte

Ebenso wie »klassenlose« Funktionen können auch Elementfunktionen einer Klasse einen oder mehrere Standardwerte haben. Für die Deklaration der Standardwerte gelten dabei stets die gleichen Regeln (siehe Kapitel 5, Abschnitt »Standardparameter«).

Listing 10.2: Standardwerte

```
// Listing 10.2 Standardwerte in Elementfunktionen
#include <iostream.h>

int

// Deklaration der Klasse Rectangle
class Rectangle
{
public:
   // Konstruktoren
   Rectangle(int width, int height);
   ~Rectangle(){}
   void DrawShape(int aWidth, int aHeight, bool UseCurrentVals
                                           = false) const;

private:
   int itsWidth;
   int itsHeight;
};

//Implementierung des Konstruktors
Rectangle::Rectangle(int width, int height):
itsWidth(width),       // Initialisierungen
itsHeight(height)
{}                     // leerer Rumpf


// Standardwerte für dritten Parameter
void Rectangle::DrawShape(
   int width,
   int height,
   bool UseCurrentValue
   ) const
{
   int printWidth;
   int printHeight;

   if (UseCurrentValue == true)
   {
      printWidth = itsWidth;       // aktuelle Klassenwerte verwenden
      printHeight = itsHeight;
   }
   else
   {
```

```
44:         printWidth = width;         // Parameterwerte verwenden
45:         printHeight = height;
46:      }
47:
48:
49:      for (int i = 0; i<printHeight; i++)
50:      {
51:         for (int j = 0; j< printWidth; j++)
52:         {
53:            cout << "*";
54:         }
55:         cout << "\n";
56:      }
57:   }
58:
59:   // Rahmenprogramm zur Demonstration der ueberladenen Funktionen
60:   int main()
61:   {
62:      // Ein Rechteck mit 30,5 initialisieren
63:      Rectangle theRect(30,5);
64:      cout << "DrawShape(0,0,true)...\n";
65:      theRect.DrawShape(0,0,true);
66:      cout <<"DrawShape(40,2)...\n";
67:      theRect.DrawShape(40,2);
68:      return 0;
69:   }
```

Ausgabe

```
DrawShape(0,0,true)...
******************************
******************************
******************************
******************************
******************************

DrawShape(40,2)...
************************************************************
************************************************************
```

Analyse

Listing 10.2 ersetzt die überladene Funktion `DrawShape()` durch eine einzelne Funktion mit Standardparametern. Die Funktion wird in der Zeile 13 deklariert und übernimmt drei Parameter. Die ersten beiden, aWidth und aHeight, sind vom Typ USHORT, der dritte, UseCurrentVals, ist vom Typ BOOL (true oder false) mit dem Standardwert false.

Die Implementierung für diese etwas unhandliche Funktion beginnt in Zeile 28. Die if-Anweisung in Zeile 38 wertet den dritten Parameter, UseCurrentValue, aus. Ist er true, erhalten die lokalen Variablen printWidth und printHeight die Werte der lokalen Elementvariablen itsWidth bzw. itsHeight.

Ist UseCurrentValue gleich false, weil es sich entweder um den Standardwert false handelt oder der Benutzer diesen Wert so festgelegt hat, übernimmt die Funktion für printWidth und printHeight die beiden ersten Parameter.

Wenn UseCurrentValue gleich true ist, werden die Werte der beiden anderen Parameter ignoriert.

Standardwerte oder überladene Funktionen?

Die Programme der Listings 10.1 und 10.2 realisieren die gleiche Aufgabe, wobei aber die überladenen Funktionen in Listing 10.1 einfacher zu verstehen und natürlicher in der Handhabung sind. Wenn man außerdem eine dritte Variation benötigt – wenn vielleicht der Benutzer entweder die Breite oder die Höhe bereitstellen möchte – kann man überladene Funktionen leicht erweitern. Mit Standardwerten ist schnell die Grenze des sinnvoll Machbaren bei neuen Varianten erreicht.

Anhand der folgenden Punkte können Sie entscheiden, ob überladene Funktionen oder Standardwerte im konkreten Fall besser geeignet sind:

Überladene Funktionen verwendet man, wenn

- es keinen vernünftigen Standardwert gibt,
- unterschiedliche Algorithmen erforderlich sind,
- variierende Typen in der Parameterliste erforderlich sind.

Der Standardkonstruktor

Wie bereits in Kapitel 6, »Klassen«, erwähnt, erzeugt der Compiler, wenn man nicht explizit einen Konstruktor für die Klasse deklariert, einen Standardkonstruktor, der keine Parameter aufweist und keine Aktionen ausführt. Es ist jedoch ohne weiteres möglich, einen eigenen Standardkonstruktor zu erstellen, der ohne Argumente auskommt, aber das Objekt wie gewünscht einrichtet.

Der automatisch bereitgestellte Konstruktor heißt zwar »Standardkonstruktor«, was aber per Konvention auch für alle Konstruktoren gilt, die keine Parameter übernehmen. Normalerweise geht aus dem Kontext hervor, welcher Konstruktor gemeint ist.

Sobald man irgendeinen Konstruktor selbst erstellt, steuert der Compiler keinen Standardkonstruktor mehr bei. Wenn Sie also einen Konstruktor brauchen, der keine Parameter übernimmt, und Sie haben irgendwelche anderen Konstruktoren erstellt, müssen Sie den Standardkonstruktor selbst erzeugen!

Konstruktoren überladen

Ein Konstruktor dient der Erzeugung eines Objekts. Beispielsweise erzeugt der `Rectangle`-Konstruktor ein Rechteck. Vor Ausführen des Konstruktors gibt es kein Rechteck, lediglich einen Speicherbereich. Nach Abschluß des Konstruktors ist ein vollständiges und sofort einsetzbares `Rectangle`-Objekt vorhanden.

Wie alle Elementfunktionen lassen sich auch Konstruktoren überladen – eine sehr leistungsfähige und flexible Option.

Nehmen wir zum Beispiel ein `Rectangle`-Objekt mit zwei Konstruktoren: Der erste Konstruktor übernimmt eine Länge und eine Breite und erstellt ein Rechteck dieser Größe. Der zweite Konstruktor übernimmt keine Werte und erzeugt ein Rechteck mit Standardgröße. Listing 10.3 veranschaulicht dies.

Listing 10.3: Den Konstruktor überladen

```
// Listing 10.3
// Konstruktoren ueberladen

#include <iostream.h>

class Rectangle
{
public:
     Rectangle();
     Rectangle(int width, int length);
     ~Rectangle() {}
     int GetWidth() const { return itsWidth; }
     int GetLength() const { return itsLength; }
private:
     int itsWidth;
     int itsLength;
};
```

```

Rectangle::Rectangle()
{
    itsWidth = 5;
    itsLength = 10;
}

Rectangle::Rectangle (int width, int length)
{
    itsWidth = width;
    itsLength = length;
}

int main()
{
    Rectangle Rect1;
    cout << "Rect1 Breite: " << Rect1.GetWidth() << endl;
    cout << "Rect1 Länge: " << Rect1.GetLength() << endl;

    int aWidth, aLength;
    cout << "Geben Sie eine Breite ein: ";
    cin >> aWidth;
    cout << "\nGeben Sie eine Laenge ein: ";
    cin >> aLength;

    Rectangle Rect2(aWidth, aLength);
    cout << "\nRect2 Breite: " << Rect2.GetWidth() << endl;
    cout << "Rect2 Laenge: " << Rect2.GetLength() << endl;
    return 0;
}
```

```
Rect1 Breite: 5
Rect1 Länge: 10
Geben Sie eine Breite ein: 20

Geben Sie eine Länge ein: 50

Rect2 Breite: 20
Rect2 Länge: 50
```

Analyse

Die Zeilen 6 bis 17 deklarieren die Klasse `Rectangle`. Es werden zwei Konstruktoren deklariert, der »Standardkonstruktor« in Zeile 9 und ein Konstruktor, der zwei Integer-Variablen übernimmt.

Zeile 33 erzeugt mit Hilfe des Standardkonstruktors ein Rechteck, dessen Werte in den Zeilen 34 und 35 ausgegeben werden. Die Zeilen 37 bis 41 bitten den Anwender, Werte für die Breite und Länge einzugeben, und der Aufruf des Konstruktors, der zwei Werte übernimmt, erfolgt in Zeile 43. Schließlich werden die Breite und Höhe des Rechtecks in den Zeilen 44 und 45 ausgegeben.

Wie für jede überladene Funktion, wählt der Compiler anhand Anzahl und Typ der Parameter den richtigen Konstruktor aus.

Objekte initialisieren

Bis jetzt haben wir die Elementvariablen von Objekten immer im Rumpf des Konstruktors eingerichtet. Konstruktoren werden allerdings in zwei Stufen aufgerufen: zuerst in der Initialisierungsphase und dann bei Ausführung des Rumpfes.

Die meisten Variablen lassen sich in beiden Phasen einrichten, entweder durch Initialisierung im Initialisierungsteil oder durch Zuweisung im Rumpf des Konstruktors. Sauberer und meist auch effizienter ist es, die Elementvariablen im Initialisierungsteil zu initialisieren. Das folgende Beispiel zeigt, wie dies geht:

```
CAT():          // Name und Parameter des Konstruktors
itsAge(5),      // Initialisierungsliste
itsWeight(8)
{ }             // Rumpf des Konstruktors
```

Auf die schließende Klammer der Parameterliste des Konstruktors folgt ein Doppelpunkt. Dann schreiben Sie den Namen der Elementvariablen und ein Klammernpaar. In die Klammern kommt der Ausdruck zur Initialisierung dieser Elementvariablen. Gibt es mehrere Initialisierungen, sind diese jeweils durch Komma zu trennen. Listing 10.4 definiert die gleichen Konstruktoren wie Listing 10.3, nur daß diesmal Elementvariablen in der Initialisierungsliste eingerichtet werden.

Listing 10.4: Codefragment zur Initialisierung von Elementvariablen

```
Rectangle::Rectangle():
    itsWidth(5),
```

```
    itsLength(10)
{
}

Rectangle::Rectangle (int width, int length):
    itsWidth(width),
    itsLength(length)
{
}
```

Es gibt keine Ausgabe.

Einige Variablen, zum Beispiel Referenzen und Konstanten, müssen initialisiert werden und erlauben keine Zuweisungen. Sonstige Zuweisungen oder Arbeiten werden im Rumpf des Konstruktors erledigt, denken Sie aber auf jeden Fall daran, so weit es geht Initialisierungen zu verwenden.

Der Kopierkonstruktor

Neben der Bereitstellung eines Standardkonstruktors und -destruktors liefert der Compiler auch einen Standardkopierkonstruktor. Der Aufruf des Kopierkonstruktors erfolgt jedesmal, wenn eine Kopie eines Objekts angelegt wird.

Übergibt man ein Objekt als Wert, entweder als Parameter an eine Funktion oder als Rückgabewert einer Funktion, legt die Funktion eine temporäre Kopie des Objekts an. Handelt es sich um ein benutzerdefiniertes Objekt, wird der Kopierkonstruktor der Klasse aufgerufen, wie Sie gestern in Listing 9.6 feststellen konnten.

Alle Kopierkonstruktoren übernehmen einen Parameter: eine Referenz auf ein Objekt derselben Klasse. Es empfiehlt sich, diese Referenz als konstant zu deklarieren, da der Konstruktor das übergebene Objekt nicht ändern muß. Zum Beispiel:

```
CAT(const CAT & theCat);
```

Hier übernimmt der `CAT`-Konstruktor eine konstante Referenz auf ein existierendes `CAT`-Objekt. Ziel des Kopierkonstruktors ist das Anlegen einer Kopie von `theCat`.

Der Standardkopierkonstruktor kopiert einfach jede Elementvariable von dem als Parameter übergebenen Objekt in die Elementvariablen des neuen Objekts. Man spricht hier von einer elementweisen (oder flachen) Kopie. Obwohl das bei den meisten Elementvariablen durchaus funktioniert, klappt das bei Elementvariablen, die Zeiger auf Objekte im Heap sind, schon nicht mehr.

Eine flache oder elementweise Kopie kopiert die Werte der Elementvariablen des einen Objekts in ein anderes Objekt. Zeiger in beiden Objekten verweisen danach auf denselben Speicher. Eine tiefe Kopie überträgt dagegen die auf dem Heap reservierten Werte in neu zugewiesenen Speicher.

Wenn die `CAT`-Klasse eine Elementvariable `itsAge` enthält, die auf einen Integer im Heap zeigt, kopiert der Standardkopierkonstruktor die übergebene Elementvariable `itsAge` von `CAT` in die neue Elementvariable `itsAge` von `CAT`. Die beiden Objekte zeigen dann auf denselben Speicher, wie es Abbildung 10.1 verdeutlicht.

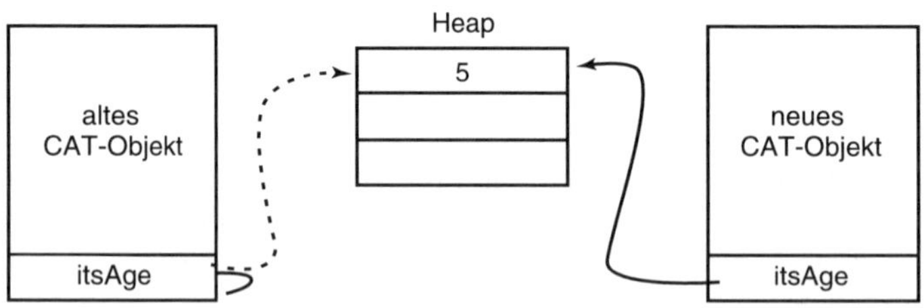

Abbildung 10.1: Arbeitsweise des Standardkopierkonstruktors

Dieses Verfahren führt zur Katastrophe, wenn eines der beiden `CAT`-Objekte den Gültigkeitsbereich verliert. Denn, wie Sie in Kapitel 8, »Zeiger«, gelernt haben, ist es die Aufgabe des aufgerufenen Destruktors, den zugewiesenen Speicher aufzuräumen.

Nehmen wir im Beispiel an, daß das originale `CAT`-Objekt den Gültigkeitsbereich verliert. Der Destruktor dieses Objekts gibt den zugewiesenen Speicher frei. Die Kopie zeigt aber weiterhin auf diesen Speicherbereich. Damit hat man einen vagabundierenden Zeiger erzeugt, der eine reelle Gefahr für das Programm darstellt. Abbildung 10.2 zeigt diesen Problemfall.

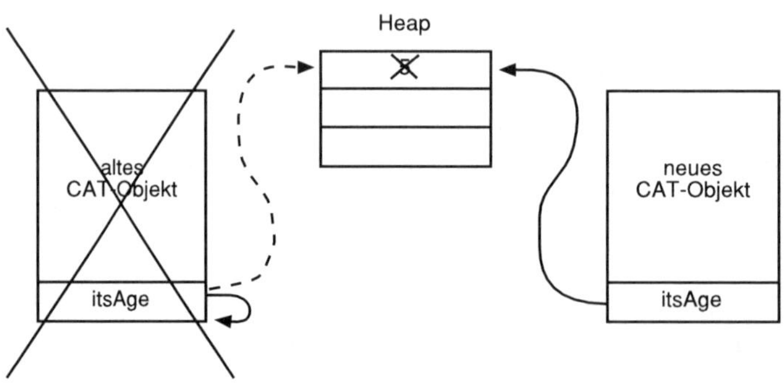

Abbildung 10.2: Einen vagabundierenden Zeiger erzeugen

Die Lösung besteht darin, einen eigenen Kopierkonstruktor zu definieren und für die Kopie eigenen Speicher zu allokieren. Anschließend kann man die alten Werte in den neuen Speicher kopieren. Diesen Vorgang bezeichnet man als tiefe Kopie. Listing 10.5 zeigt ein Programm, das nach diesem Verfahren arbeitet.

Listing 10.5: Kopierkonstruktoren

```
// Listing 10.5
// Kopierkonstruktoren

#include <iostream.h>

class CAT
{
    public:
        CAT();                          // Standardkonstruktor
        CAT (const CAT &);       // Kopierkonstruktor
        ~CAT();                          // Destruktor
        int GetAge() const { return *itsAge; }
        int GetWeight() const { return *itsWeight; }
        void SetAge(int age) { *itsAge = age; }

    private:
        int *itsAge;
        int *itsWeight;
};

CAT::CAT()
{
    itsAge = new int;
    itsWeight = new int;
    *itsAge = 5;
    *itsWeight = 9;
}

CAT::CAT(const CAT & rhs)
{
    itsAge = new int;
    itsWeight = new int;
    *itsAge = rhs.GetAge();        // oeffentlicher Zugriff
    *itsWeight = *(rhs.itsWeight); // privater Zugriff
}

CAT::~CAT()
{
    delete itsAge;
    itsAge = 0;
    delete itsWeight;
    itsWeight = 0;
}

```

```
45:  int main()
46:  {
47:       CAT frisky;
48:       cout << "Alter von Frisky: " << frisky.GetAge() << endl;
49:       cout << "Alter von Frisky auf 6 setzen...\n";
50:       frisky.SetAge(6);
51:       cout << "Boots aus Frisky erzeugen\n";
52:       CAT boots(frisky);
53:       cout << "Alter von Frisky: " << frisky.GetAge() << endl;
54:       cout << "Alter von Boots: " << boots.GetAge() << endl;
55:       cout << "Alter von Frisky auf 7 setzen...\n";
56:       frisky.SetAge(7);
57:       cout << "Alter von Frisky: " <<     frisky.GetAge() << endl;
58:       cout << "Alter von Boots: " << boots.GetAge() << endl;
59:       return 0;
60:  }
```

```
Alter von Frisky: 5
Alter von Frisky auf 6 setzen...
Boots aus Frisky erzeugen
Alter von Frisky: 6
Alter von Boots:  6
Alter von Frisky auf 7 setzen...
Alter von Frisky: 7
Alter von Boots: 6
```

Die Zeilen 6 bis 19 deklarieren die Klasse `CAT`. In Zeile 9 steht die Deklaration eines Standardkonstruktors, in Zeile 10 die Deklaration eines Kopierkonstruktors.

Das Programm deklariert in den Zeilen 17 und 18 zwei Elementvariablen als Zeiger auf `int`-Werte. Normalerweise gibt es kaum einen Grund, daß eine Klasse Elementvariablen vom Typ `int` als Zeiger speichert. Hier aber soll dies verdeutlichen, wie man Elementvariablen im Heap verwaltet.

Der Standardkonstruktor in den Zeilen 21 bis 27 reserviert im Heap Platz für zwei `int`-Variablen und weist ihnen dann Werte zu.

Der Kopierkonstruktor beginnt in Zeile 29. Der Parameter ist wie bei einem Kopierkonstruktor üblich mit `rhs` benannt, was für *right-hand side* – zur rechten Seite – steht. (Bei den Zuweisungen, siehe Zeilen 33 und 34, steht das als Parameter übergebene Objekt auf der rechten Seite des Gleichheitszeichens.) Der Kopierkonstruktor arbeitet wie folgt:

In den Zeilen 31 und 32 wird Speicher auf dem Heap reserviert. Dann überträgt der Kopierkonstruktor die Werte aus dem existierenden `CAT`-Objekt in die neuen Speicherstellen (Zeilen 33 und 34).

Der Parameter `rhs` ist ein `CAT`-Objekt, dessen Übergabe an den Kopierkonstruktor als konstante Referenz erfolgt. Als `CAT`-Objekt verfügt `rhs` über die gleichen Elementvariablen wie jedes andere `CAT`-Objekt auch.

Jedes `CAT`-Objekt kann auf die privaten Elementvariablen aller anderen `CAT`-Objekte zugreifen. Dennoch ist es guter Programmierstil, möglichst öffentliche Zugriffsmethoden zu verwenden. Die Elementfunktion `rhs.GetAge()` gibt den Wert aus dem Speicher zurück, auf den die Elementvariable `itsAge` von `rhs` zeigt.

Abbildung 10.3 zeigt die Abläufe. Die Werte, auf die das existierende `CAT`-Objekt verweist, werden in den für das neue `CAT`-Objekt zugewiesenen Speicher kopiert.

Zeile 47 erzeugt ein `CAT`-Objekt namens `frisky`. Zeile 48 gibt das Alter von `frisky` aus und setzt es dann in Zeile 50 auf den Wert `6`. Die Anweisung in Zeile 52 erzeugt mit Hilfe des Kopierkonstruktors das neue `CAT`-Objekt `boots` und übergibt dabei `frisky` als Parameter. Hätte man `frisky` als Parameter an eine Funktion übergeben, würde der Compiler den gleichen Aufruf des Kopierkonstruktors ausführen.

Die Zeilen 53 und 54 geben das Alter beider `CAT`-Objekte aus. Wie erwartet hat `boots` das Alter von `frisky` (`6`) und nicht den Standardwert von `5`. Zeile 56 setzt das Alter von `frisky` auf `7`, und Zeile 57 gibt erneut das Alter aus. Dieses Mal ist das Alter von `frisky` gleich `7`, während das Alter von `boots` bei `6` bleibt. Damit ist nachgewiesen, daß sich die Objekte in separaten Speicherbereichen befinden.

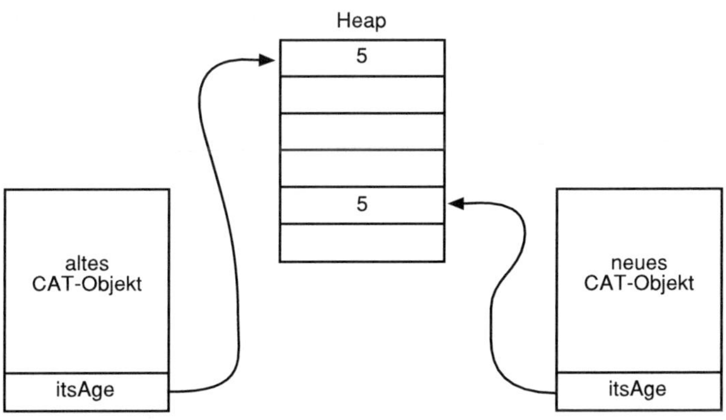

Abbildung 10.3: Tiefe Kopien

Wenn die `CAT`-Objekte ihren Gültigkeitsbereich verlieren, findet automatisch der Aufruf ihrer Destruktoren statt. Die Implementierung des `CAT`-Destruktors ist in den Zeilen 37 bis 43 zu finden. Der Aufruf von `delete` für die beiden Zeiger `itsAge` und `itsWeight` gibt den zugewiesenen Speicher an den Heap zurück. Aus Sicherheitsgründen wird beiden Zeigern der Wert `NULL` zugewiesen.

Operatoren überladen

C++ verfügt über eine Reihe vordefinierter Typen, beispielsweise `int`, `float` oder `char`. Zu jedem dieser Typen gehören verschiedene vordefinierte Operatoren wie Addition (+) und Multiplikation (*). In C++ können Sie diese Operatoren auch in eigene Klassen aufnehmen.

Listing 10.6 erzeugt die neue Klasse `Counter`, anhand der wir das Überladen von Operatoren umfassend untersuchen werden. Ein `Counter`-Objekt realisiert Zählvorgänge für Schleifen und andere Konstruktionen, in denen man eine Zahl inkrementieren, dekrementieren oder in ähnlicher Weise schrittweise verändern muß.

Listing 10.6: Die Klasse Counter

```
// Listing 10.6
// Die Klasse Counter


#include <iostream.h>

class Counter
{
   public:
      Counter();
      ~Counter(){}
      int GetItsVal()const { return itsVal; }
      void SetItsVal(int x) {itsVal = x; }

   private:
      int itsVal;

};

Counter::Counter():
itsVal(0)
{};

int main()
{
   Counter i;
   cout << "Wert von i: " << i.GetItsVal() << endl;
 return 0;
}
```

```
Wert von i ist 0.
```

Die in den Zeilen 7 bis 18 definierte Klasse ist eigentlich recht nutzlos. Die einzige Elementvariable ist vom Typ `int`. Der in Zeile 10 deklarierte und in Zeile 20 implementierte Standardkonstruktor initialisiert die Elementvariable `itsVal` mit `0`.

Im Gegensatz zu einem echten, vordefinierten »Vollblut«-`int` läßt sich das `Counter`-Objekt nicht inkrementieren, nicht dekrementieren, nicht addieren und weder zuweisen noch anderweitig manipulieren. Dafür gestaltet sich die Ausgabe seines Wertes wesentlich schwieriger!

Eine Inkrement-Funktion schreiben

Durch das Überladen von Operatoren kann man einen großen Teil der Standardfunktionalität wiederherstellen, die benutzerdefinierten Klassen wie `Counter` verwehrt bleibt. Listing 10.7 zeigt, wie man eine Inkrement-Methode schreibt.

Listing 10.7: Einen Inkrement-Operator hinzufügen

```
1:    // Listing 10.7
2:    // Die Klasse Counter
3:
4:
5:    #include <iostream.h>
6:
7:    class Counter
8:    {
9:       public:
10:         Counter();
11:         ~Counter(){}
12:         int GetItsVal()const { return itsVal; }
13:         void SetItsVal(int x) {itsVal = x; }
14:         void Increment() { ++itsVal; }
15:
16:      private:
17:         int itsVal;
18:
19:   };
```

```
20:
21:    Counter::Counter():
22:    itsVal(0)
23:    {}
24:
25:    int main()
26:    {
27:       Counter i;
28:       cout << "Wert von i: " << i.GetItsVal() << endl;
29:       i.Increment();
30:       cout << "Wert von i: " << i.GetItsVal() << endl;
31:     return 0;
32:    }
```

```
Wert von i ist 0
Wert von i ist 1
```

Listing 10.7 fügt eine `Increment`-Funktion hinzu, die in Zeile 14 definiert ist. Das funktioniert zwar, ist aber etwas mühsam. Das Programm schreit förmlich nach einem ++-Operator, der sich im übrigen problemlos realisieren läßt.

Den Präfix-Operator überladen

Präfix-Operatoren lassen sich überladen, indem man Funktionen der folgenden Form deklariert:

```
rueckgabetyp operator op (parameter)
```

In diesem Beispiel ist `op` der zu überladende Operator. Demnach kann der ++-Operator mit folgender Syntax überladen werden:

```
void operator++ ()
```

In Listing 10.8 sehen Sie ein Anwendungsbeispiel.

Listing 10.8: operator++ überladen

```
// Listing 10.8
// Die Klasse Counter


```

```
5:  #include <iostream.h>
6:
7:  class Counter
8:  {
9:     public:
10:       Counter();
11:       ~Counter(){}
12:       int GetItsVal()const { return itsVal; }
13:       void SetItsVal(int x) {itsVal = x; }
14:       void Increment() { ++itsVal; }
15:       void operator++ () { ++itsVal; }
16:
17:    private:
18:       int itsVal;
19:
20: };
21:
22: Counter::Counter():
23: itsVal(0)
24: {}
25:
26: int main()
27: {
28:    Counter i;
29:    cout << "Wert von i ist " << i.GetItsVal() << endl;
30:    i.Increment();
31:    cout << "Wert von i ist " << i.GetItsVal() << endl;
32:    ++i;
33:    cout << "Wert von i ist " << i.GetItsVal() << endl;
34:  return 0;
35: }
```

Ausgabe

```
Wert von i ist 0
Wert von i ist 1
Wert von i ist 2
```

Analyse

Zeile 15 überlädt den `operator++`, der in Zeile 32 zum Einsatz kommt. Dies entspricht auch viel eher der Syntax, die man für ein `Counter`-Objekt erwarten würde. An dieser Stelle erwägen Sie vielleicht, die zusätzlichen Aufgaben unterzubringen, für die `Counter` überhaupt erst erzeugt wurde – beispielsweise den Überlauf des `Counters` abzufangen.

In unserer Implementierung des Inkrement-Operators gibt es jedoch einen groben Fehler. Wenn Sie den `Counter` auf die rechte Seite der Zuweisung stellen, funktioniert er nicht. Zum Beispiel

```
Counter a = ++i;
```

Dieser Code soll einen neuen `Counter a` erzeugen und ihm dann den Wert in `i` nach seiner Inkrementierung zuweisen. Der vordefinierte Kopierkonstruktor ist für die Zuweisung zuständig, aber der aktuelle Inkrement-Operator liefert kein `Counter`-Objekt, sondern `void` zurück, und Sie können einem `Counter`-Objekt kein `void`-Objekt zuweisen. (Es ist nicht möglich, aus nichts etwas zu machen!)

Rückgabetypen von überladenen Operatorfunktionen

Sie wollen natürlich ein `Counter`-Objekt zurückliefern, das dann einem anderen `Counter`-Objekt zugewiesen werden kann. Welches Objekt sollte zurückgegeben werden? Ein Ansatz wäre es, ein temporäres Objekt zu erzeugen und dieses dann zurückzugeben. Listing 10.9 veranschaulicht diesen Ansatz.

Listing 10.9: Ein temporäres Objekt zurückgeben

```
// Listing 10.9
// operator++ gibt ein temporaeres Objekt zurück

int
#include <iostream.h>

class Counter
{
  public:
     Counter();
     ~Counter(){}
     int GetItsVal()const { return itsVal; }
     void SetItsVal(int x) {itsVal = x; }
     void Increment() { ++itsVal; }
     Counter operator++ ();

  private:
     int itsVal;

};

Counter::Counter():
itsVal(0)
```

```
24:    {}
25:
26:    Counter Counter::operator++()
27:    {
28:        ++itsVal;
29:        Counter temp;
30:        temp.SetItsVal(itsVal);
31:        return temp;
32:    }
33:
34:    int main()
35:    {
36:       Counter i;
37:       cout << "Wert von i ist " << i.GetItsVal() << endl;
38:       i.Increment();
39:       cout << "Wert von i ist " << i.GetItsVal() << endl;
40:       ++i;
41:       cout << "Wert von i ist " << i.GetItsVal() << endl;
42:       Counter a = ++i;
43:       cout << "Wert von a: " << a.GetItsVal();
44:       cout << " und von i: " << i.GetItsVal() << endl;
45:       return 0;
46:    }
```

Ausgabe

```
Wert von i ist 0
Wert von i ist 1
Wert von i ist 2
Wert von a: 3 und von i: 3
```

Analyse

In dieser Version deklariert Zeile 15 einen `operator++`, der ein `Counter`-Objekt zurückgibt. Zeile 29 erzeugt eine temporäre Variable `temp`, deren Wert auf den Wert des aktuellen Objekts gesetzt wird. Diese temporäre Variable wird zurückgeliefert und in Zeile 42 `a` zugewiesen.

Namenlose temporäre Objekte zurückgeben

Es besteht absolut kein Grund, einen Namen für das temporäre Objekt in Zeile 29 zu vergeben. Wenn `Counter` einen Konstruktor hätte, der einen Wert übernehmen würde, könnten Sie einfach das Ergebnis dieses Konstruktors als Rückgabewert des Inkrement-Operators zurückliefern. Zum besseren Verständnis gebe ich Ihnen ein Programmbeispiel.

Listing 10.10: Ein namenloses temporäres Objekt zurückliefern

```
// Listing 10.10 - operator++ liefert
// ein namenloses temporaeres Objekt zurück

int
#include <iostream.h>

class Counter
{
   public:
      Counter();
      Counter(int val);
      ~Counter(){}
      int GetItsVal()const { return itsVal; }
      void SetItsVal(int x) {itsVal = x; }
      void Increment() { ++itsVal; }
      Counter operator++ ();

   private:
      int itsVal;

};

Counter::Counter():
itsVal(0)
{}

Counter::Counter(int val):
itsVal(val)
{}

Counter Counter::operator++()
{
   ++itsVal;
   return Counter (itsVal);
}

int main()
{
   Counter i;
   cout << "Wert von i ist " << i.GetItsVal() << endl;
   i.Increment();
   cout << "Wert von i ist " << i.GetItsVal() << endl;
   ++i;
   cout << "Wert von i ist " << i.GetItsVal() << endl;
```

```
45:      Counter a = ++i;
46:      cout << "Wert von a: " << a.GetItsVal();
47:      cout << " und von i: " << i.GetItsVal() << endl;
48:      return 0;
49:   }
```

Ausgabe

```
Wert von i ist 0
Wert von i ist 1
Wert von i ist 2
Wert von a: 3 und von i: 3
```

Analyse

Zeile 11 deklariert einen neuen Konstruktor, der einen `int`-Wert übernimmt. Die Zeilen 27 bis 29 enthalten die Implementierung. Sie initialisiert `itsVal` mit dem übergebenen Wert.

Die Implementierung von `operator++` wird jetzt vereinfacht. Zeile 33 inkrementiert `itsVal`. Anschließend erzeugt Zeile 34 ein temporäres `Counter`-Objekt, initialisiert es mit dem Wert in `itsVal` und liefert das Objekt dann als Ergebnis von `operator++` zurück.

Diese Lösung ist wesentlich eleganter. Doch immer noch stellt sich die Frage »Warum überhaupt ein temporäres Objekt erzeugen?« Denken Sie daran, daß jedes temporäre Objekt erst erzeugt und später zerstört werden muß – beides aufwendige Operationen. Außerdem gibt es das Objekt `i` bereits, und den richtigen Wert hat es auch. Warum nicht das Objekt `i` zurückliefern? Wir werden das Problem mit Hilfe des `this`-Zeigers lösen.

Den this-Zeiger verwenden

Der `this`-Zeiger wird, wie gestern beschrieben, der `operator++`-Elementfunktion – wie jeder anderen Elementfunktion auch – intern übergeben. Der `this`-Zeiger zeigt auf `i`, und wenn er dereferenziert wird, liefert er das Objekt `i` zurück, das bereits in seiner Elementvariablen `itsVal` den korrekten Wert enthält. Listing 10.11 veranschaulicht die Rückgabe des dereferenzierten `this`-Zeigers. Dadurch wird die Erzeugung eines nicht benötigten temporären Objekts vermieden.

Listing 10.11: Rückgabe des this-Zeigers

```
// Listing 10.11
// Rueckgabe des dereferenzierten this-Zeigers
```

```

int
#include <iostream.h>

class Counter
{
   public:
      Counter();
      ~Counter(){}
      int GetItsVal()const { return itsVal; }
      void SetItsVal(int x) {itsVal = x; }
      void Increment() { ++itsVal; }
      const Counter& operator++ ();

   private:
      int itsVal;

};

Counter::Counter():
itsVal(0)
{};

const Counter& Counter::operator++()
{
   ++itsVal;
   return *this;
}

int main()
{
   Counter i;
   cout << "Wert von i ist " << i.GetItsVal() << endl;
   i.Increment();
   cout << "Wert von i ist " << i.GetItsVal() << endl;
   ++i;
   cout << "Wert von i ist " << i.GetItsVal() << endl;
   Counter a = ++i;
   cout << " Wert von a: " << a.GetItsVal();
   cout << " und von i: " << i.GetItsVal() << endl;
   return 0;
}
```

```
Wert von i ist 0
Wert von i ist 1
Wert von i ist 2
Wert von a: 3 und von i: 3
```

Die Implementierung von `operator++` in den Zeilen 26 bis 30 wurde dahingehend geändert, daß nun der `this`-Zeiger dereferenziert und das aktuelle Objekt zurückgegeben wird. Damit erhält man ein `Counter`-Objekt, das man `a` zuweisen kann. Wenn die Klasse `Counter` Speicher für ihre Objekte allokieren würde, hätte man noch den Kopierkonstruktor überschreiben müssen (siehe Erläuterungen weiter oben). Für unser Beispiel reicht der Standardkopierkonstruktor.

Beachten Sie, daß der zurückgelieferte Wert eine `Counter`-Referenz ist. Damit wird die Erzeugung eines zusätzlichen temporären Objekts vermieden. Wir verwenden eine konstante Referenz, da der Wert nicht von der Funktion, die `Counter` verwendet, geändert werden soll.

Den Postfix-Operator überladen

Bis jetzt haben wir nur den Präfix-Operator überladen. Was wäre nun, wenn Sie den Inkrement-Operator in der Postfix-Version überladen möchten? Hier hat der Compiler ein Problem. Wie kann er zwischen Präfix und Postfix unterscheiden? Per Konvention nimmt man eine `int`-Variable als Parameter in die Operator-Deklaration auf. Der Wert des Parameters wird ignoriert – er dient nur als Signal, daß es sich um den Postfix-Operator handelt.

Unterschied zwischen Präfix und Postfix

Bevor man den Postfix-Operator aufsetzen kann, sollte man den Unterschied zum Präfix-Operator kennen. Wir sind im Detail bereits in Kapitel 4, »Ausdrücke und Anweisungen«, darauf eingegangen (siehe Listing 4.3).

Zur Erinnerung, Präfix heißt »inkrementiere und hole dann«, während Postfix »hole und inkrementiere dann« bedeutet.

Demnach kann der Präfix-Operator einfach den Wert inkrementieren und dann das Objekt selbst zurückgeben, während der Postfix-Operator den Wert zurückgeben muß, der vor der Inkrementierung vorhanden war. Dazu ist letztendlich

1. ein temporäres Objekt zu erzeugen, das den Originalwert aufnimmt,
2. der Wert des Originalobjekts zu inkrementieren und
3. der Wert des temporären Objekts zurückzuliefern.

Schauen wir uns das noch einmal genauer an. Schreibt man

```
a = x++;
```

und hatte x den Wert 5, enthält a nach dieser Anweisung den Wert 5 und x den Wert 6. Zunächst wird der Wert aus x geholt und an a zugewiesen. Daran schließt sich die Inkrementierung von x an. Wenn x ein Objekt ist, muß der Postfix-Operator den Originalwert (5) in einem temporären Objekt aufbewahren, den Wert von x auf 6 inkrementieren und dann das temporäre Objekt zurückgeben, um dessen Wert an a zuzuweisen.

Da das temporäre Objekt bei Rückkehr der Funktion den Gültigkeitsbereich verliert, ist es als Wert und nicht als Referenz zurückzugeben.

Listing 10.12 demonstriert die Verwendung der Präfix- und Postfix-Operatoren.

Listing 10.12: Präfix- und Postfix-Operatoren

```
// Listing 10.12
// Gibt den dereferenzierten this-Zeiger zurueck

int
#include <iostream.h>

class Counter
{
public:
   Counter();
   ~Counter(){}
   int GetItsVal()const { return itsVal; }
   void SetItsVal(int x) {itsVal = x; }
   const Counter& operator++ ();      // Präfix
   const Counter operator++ (int);    // Postfix

private:
   int itsVal;
};

Counter::Counter():
itsVal(0)
{}

```

```
25:   const Counter& Counter::operator++()
26:   {
27:      ++itsVal;
28:      return *this;
29:   }
30:
31:   const Counter Counter::operator++(int)
32:   {
33:      Counter temp(*this);
34:      ++itsVal;
35:      return temp;
36:   }
37:
38:   int main()
39:   {
40:      Counter i;
41:      cout << "Wert von i ist " << i.GetItsVal() << endl;
42:      i++;
43:      cout << "Wert von i ist " << i.GetItsVal() << endl;
44:      ++i;
45:      cout << "Wert von i ist " << i.GetItsVal() << endl;
46:      Counter a = ++i;
47:      cout << "Wert von a: " << a.GetItsVal();
48:      cout << " und von i: " << i.GetItsVal() << endl;
49:      a = i++;
50:      cout << "Wert von a: " << a.GetItsVal();
51:      cout << " und von i: " << i.GetItsVal() << endl;
52:    return 0;
53:   }
```

Ausgabe

```
Wert von i ist 0
Wert von i ist 1
Wert von i ist 2
Wert von a: 3 und von i: 3
Wert von a: 4 und von i: 4
```

Analyse

Die Deklaration des Postfix-Operators steht in Zeile 15 und die Implementierung in den Zeilen 31 bis 36. Beachten Sie, daß der Aufruf des Präfix-Operators in Zeile 14 keinen `int`-Parameter x enthält, sondern die normale Syntax verwendet. Der Postfix-Operator zeigt durch seinen `int`-Parameter x an, daß er der Postfix- und nicht der Präfix-Operator ist. Der Wert x wird nicht weiter benötigt.

Überladung unärer Operatoren

Die Deklaration eines überladenen Operators unterscheidet sich nicht von der einer Funktion. Erst steht das Schlüsselwort `operator` gefolgt von dem zu überladenden Operator. Unäre Operatoren übernehmen keine Parameter, mit Ausnahme des Postfix-Operators zum Inkrementieren und Dekrementieren, der einen Integer als Flag übernimmt:

Beispiel 1:

```
const Counter& Counter::operator++ ();
```

Beispiel 2:

```
Counter Counter::operator-(int);
```

Der Additionsoperator

Der Inkrement-Operator ist ein unärer Operator, wirkt also nur auf ein Objekt. Dagegen ist der Additionsoperator (+) ein binärer Operator, da er zwei Objekte verknüpft. Wie überlädt man nun den Additionsoperator für `Counter`?

Man muß in der Lage sein, zwei `Counter`-Variablen anzugeben und diese zu addieren, wie es folgendes Beispiel zeigt:

```
Counter varEins, varZwei, varDrei;
varDrei = varEins + varZwei;
```

Auch hier beginnen wir damit, eine Funktion `Add()` aufzusetzen, die ein `Counter`-Objekt als Argument übernimmt, die Werte addiert und dann ein `Counter`-Objekt mit dem Ergebnis zurückgibt. Listing 10.13 zeigt diese Lösung.

Listing 10.13: Die Funktion Add()

```
// Listing 10.13
// Die Funktion Add

int
#include <iostream.h>

class Counter
{
public:
   Counter();
   Counter(int initialValue);
   ~Counter(){}
   int GetItsVal()const { return itsVal; }
```

```
14:       void SetItsVal(int x) {itsVal = x; }
15:       Counter Add(const Counter &);
16:
17:    private:
18:       int itsVal;
19:
20:    };
21:
22:    Counter::Counter(int initialValue):
23:    itsVal(initialValue)
24:    {}
25:
26:    Counter::Counter():
27:    itsVal(0)
28:    {}
29:
30:    Counter Counter::Add(const Counter & rhs)
31:    {
32:       return Counter(itsVal+ rhs.GetItsVal());
33:    }
34:
35:    int main()
36:    {
37:       Counter varOne(2), varTwo(4), varThree;
38:       varThree = varOne.Add(varTwo);
39:       cout << "varOne: " << varOne.GetItsVal()<< endl;
40:       cout << "varTwo: " << varTwo.GetItsVal() << endl;
41:       cout << "varThree: " << varThree.GetItsVal() << endl;
42:
43:     return 0;
44:    }
```

Ausgabe

```
varOne: 2
varTwo: 4
varThree: 6
```

Analyse

Die Deklaration der Funktion `Add()` steht in Zeile 15. Die Funktion übernimmt eine konstante `Counter`-Referenz. Diese stellt den Wert dar, der dem aktuellen Objekt hinzuaddiert werden soll. Die Funktion gibt ein `Counter`-Objekt zurück, das als Ergebnis auf der linken Seite von Zuweisungen stehen kann (wie in Zeile 38). Das heißt, `varOne` ist das Objekt, `varTwo` ist der Parameter der Funktion `Add()`, und das Ergebnis weist man an `varThree` zu.

Um varThree ohne Angabe eines anfänglichen Wertes erzeugen zu können, ist ein Standardkonstruktor erforderlich. Der Standardkonstruktor initialisiert itsVal mit 0, wie es aus den Zeilen 26 bis 28 ersichtlich ist. Da varOne und varTwo mit einem Wert ungleich Null zu initialisieren sind, wurde ein weiterer Konstruktor aufgesetzt (Zeilen 22 bis 24). Eine andere Lösung für dieses Problem wäre die Bereitstellung des Standardwertes 0 für den in Zeile 11 deklarierten Konstruktor.

Den +-Operator überladen

Die Funktion Add() selbst ist in den Zeilen 30 bis 33 zu sehen. Sie funktioniert zwar, ihre Verwendung ist aber eher ungewöhnlich. Das Überladen von +-operator würde eine natürlichere Verwendung der Counter-Klasse ermöglichen. Listing 10.14 zeigt diese Lösung.

Listing 10.14: Der operator+

```
// Listing 10.14
// operator+ ueberladen


#include <iostream.h>

class Counter
{
public:
   Counter();
   Counter(int initialValue);
   ~Counter(){}
   int GetItsVal()const { return itsVal; }
   void SetItsVal(int x) {itsVal = x; }
   Counter operator+ (const Counter &);
private:
   int itsVal;
};

Counter::Counter(int initialValue):
itsVal(initialValue)
{}

Counter::Counter():
itsVal(0)
{}

Counter Counter::operator+ (const Counter & rhs)
```

```
29:    {
30:       return Counter(itsVal + rhs.GetItsVal());
31:    }
32:
33:    int main()
34:    {
35:       Counter varOne(2), varTwo(4), varThree;
36:       varThree = varOne + varTwo;
37:       cout << "varOne: " << varOne.GetItsVal()<< endl;
38:       cout << "varTwo: " << varTwo.GetItsVal() << endl;
39:       cout << "varThree: " << varThree.GetItsVal() << endl;
40:
41:     return 0;
42:    }
```

Ausgabe

```
varOne: 2
varTwo: 4
varThree: 6
```

Analyse

Die Deklaration von `operator+` finden Sie in Zeile 15 und die Definition in den Zeilen 28 bis 31. Vergleichen Sie das mit der Deklaration und der Definition der Funktion `Add()` im vorherigen Listing – sie sind nahezu identisch. Die Syntax unterscheidet sich allerdings grundlegend. Gegenüber der Anweisung

```
varThree = varOne.Add(varTwo);
```

ist die folgende Formulierung natürlicher:

```
varThree = varOne + varTwo;
```

Durch diese kleine Änderung läßt sich das Programm einfacher anwenden und besser verstehen.

Hinweis

Die Techniken zum Überladen von `operator++` kann auch auf andere unäre Operatoren, wie zum Beispiel `operator--` übertragen werden.

Tip

Überladung binärer Operatoren

Binäre Operatoren werden wie unäre Operatoren erzeugt – mit der Ausnahme, daß sie einen Parameter übernehmen. Bei dem Parameter handelt es sich um eine konstante Referenz auf ein Objekt des gleichen Typs.

Beispiel 1:

```
Counter Counter::operator+ (const Counter & rhs);
```

Beispiel 2:

```
Counter Counter::operator- (const Counter & rhs);
```

Anmerkungen zur Überladung von Operatoren

Überladene Operatoren können, wie in diesem Kapitel beschrieben, in der Form von Elementfunktionen auftreten, aber auch als Nicht-Elementfunktionen. Auf letzteres werde ich noch in Kapitel 14, »Spezielle Themen zu Klassen und Funktionen«, im Zusammenhang mit den `friend`-Funktionen näher eingehen.

Die einzigen Operatoren, die nur als Klassenelemente definiert werden können, sind die Operatoren für Zuweisung (`=`), Subskription (`[]`), Funktionsaufruf (`()`) und Indirektion (`->`).

Der Operator `[]` wird morgen zusammen mit den Arrays erläutert. Das Überladen des Operators `->` wird in Kapitel 14 in Verbindung mit den »Intelligenten Zeigern« erklärt.

Einschränkungen beim Überladen von Operatoren

Operatoren von vordefinierten Typen (wie zum Beispiel `int`) lassen sich nicht überladen. Des weiteren kann man weder die Rangfolge noch die Art – unär oder binär – des Operators ändern. Es lassen sich auch keine neuen Operatoren definieren. Beispielsweise ist es nicht möglich, `**` als »Potenz«-Operator zu deklarieren.

Mit der »Art« des Operators ist gemeint, wie viele Operanden der Operator aufweist. Einge C++-Operatoren sind unär und haben nur einen Operanden (`meinWert++`). Andere Operatoren sind binär und verwenden zwei Operanden (`a+b`). Es gibt nur einen ternären Operator, und der benötigt drei Operanden: der `?`-Operator (`a > b ? x : y`).

Was überlädt man?

Das Überladen von Operatoren ist eines der Konzepte von C++, das neue Programmierer zu häufig und oft mißbräuchlich anwenden. Es ist zwar verlockend, neue und interessante Einsatzfälle für die ungewöhnlicheren Operatoren auszuprobieren, dies führt aber unweigerlich zu einem Code, der verwirrend und schwer zu lesen ist.

Es kann natürlich lustig sein, den `+`-Operator zur Subtraktion und den `*`-Operator zur Addition zu »überreden«. Ein professioneller Programmierer ist aber über derartige Späße erhaben. Die größere Gefahr liegt in der zwar gutgemeinten, aber unüblichen Verwendung eines Operators – zum Beispiel `+` für die Verkettung einer Zeichenfolge oder / für die Teilung eines Strings. Manchmal mag das sinnvoll sein, trotzdem sollte man hier Vorsicht walten lassen. Rufen wir uns das Ziel beim Überladen von Operatoren ins Bewußtsein: die Brauchbarkeit und Verständlichkeit zu erhöhen.

Was Sie tun sollten	... und was nicht
Überladen Sie Operatoren nur, wenn es das Programm leichter verständlich macht. Lassen Sie den überladenen Operator ein Objekt der Klasse zurückliefern.	Erzeugen Sie keine kontraproduktiven Operatoren.

Der Zuweisungsoperator

Als vierte und letzte Standardfunktion stellt der Compiler den Zuweisungsoperator (`operator=`) zur Verfügung, wenn man keinen eigenen spezifiziert.

Der Aufruf dieses Operators erfolgt bei der Zuweisung eines Objekts. Dazu folgendes Beispiel:

```
CAT ersteKatze(5,7);
CAT zweiteKatze(3,4);
// ... hier steht irgendein Code
zweiteKatze = ersteKatze;
```

Diese Anweisungen erzeugen `ersteKatze` und initialisieren `itsAge` mit `5` und `itsWeight` mit `7`. Es schließt sich die Erzeugung von `zweiteKatze` mit der Zuweisung der Werte `3` und `4` an.

Nach einiger Zeit werden `catTwo` die Werte in `ersteKatze` zugewiesen. Dabei stellen sich zwei Fragen: Was passiert, wenn `itsAge` ein Zeiger ist und was passiert mit dem Originalwert in `zweiteKatze`?

Wie man mit Elementvariablen verfährt, die ihre Werte auf dem Heap ablegen, wurde bereits bei der Behandlung des Kopierkonstruktors diskutiert. Hier stellen sich die gleichen Probleme wie sie in den Abbildungen 10.1 und 10.2 illustriert sind.

C++-Programmierer unterscheiden zwischen einer flachen – oder elementweisen – Kopie auf der einen Seite und einer tiefen – oder vollständigen – Kopie auf der anderen. Eine flache Kopie kopiert einfach die Elemente, und beide Objekte zeigen schließlich auf denselben Bereich im Heap. Eine tiefe Kopie reserviert einen neuen Speicherbereich. Sehen Sie sich dazu gegebenenfalls noch einmal Abbildung 10.3 an.

Das gleiche Problem wie beim Kopierkonstruktor tritt auch hier bei der Zuweisung zutage. Hier gibt es allerdings noch eine weitere Komplikation. Das Objekt `zweiteKatze` existiert bereits und hat Speicher reserviert. Diesen Speicher muß man löschen, wenn man Speicherlücken vermeiden möchte. Was passiert aber, wenn man `zweiteKatze` an sich selbst wie folgt zuweist:

```
zweiteKatze = zweiteKatze;
```

Kaum jemand schreibt so etwas absichtlich, doch das Programm muß diesen Fall behandeln können. Derartige Anweisungen können nämlich auch zufällig entstehen, wenn referenzierte und dereferenzierte Zeiger die Tatsache verdecken, daß die Zuweisung des Objekts auf sich selbst vorliegt.

Wenn man dieses Problem nicht umsichtig behandelt, löscht `zweiteKatze` die eigene Speicherzuweisung. Steht dann das Kopieren von der rechten Seite der Zuweisung an die linke an, haben wir ein Problem: Der Speicher ist nicht mehr vorhanden.

Zur Absicherung muß der Zuweisungsoperator prüfen, ob auf der rechten Seite das Objekt selbst steht. Dazu untersucht er den Zeiger `this`. Listing 10.15 zeigt eine Klasse mit einem eigenen Zuweisungsoperator.

Listing 10.15: Ein Zuweisungsoperator

```
// Listing 10.15
// Kopierkonstruktoren

#include <iostream.h>

class CAT
{
    public:
          CAT();                          // Standardkonstruktor
// Aus Platzgruenden auf Kopierkonstruktor und Destruktor verzichtet!
          int GetAge() const { return *itsAge; }
          int GetWeight() const { return *itsWeight; }
          void SetAge(int age) { *itsAge = age; }
          CAT & operator=(const CAT &);

     private:
          int *itsAge;
          int *itsWeight;
};

CAT::CAT()
{
     itsAge = new int;
```

```
24:        itsWeight = new int;
25:        *itsAge = 5;
26:        *itsWeight = 9;
27:  }
28:
29:
30: CAT & CAT::operator=(const CAT & rhs)
31: {
32:    if (this == &rhs)
33:       return *this;
34:    *itsAge = rhs.GetAge();
35:    *itsWeight = rhs.GetWeight();
36:    return *this;
37: }
38:
39:
40:     int main()
41:     {
42:          CAT frisky;
43:          cout << "Alter von Frisky: " << frisky.GetAge() << endl;
44:          cout << "Alter von Frisky auf 6 setzen...\n";
45:          frisky.SetAge(6);
46:          CAT whiskers;
47:          cout << "Alter von Whiskers: " << whiskers.GetAge() << endl;
48:          cout << "Frisky in Whiskers kopieren...\n";
49:          whiskers = frisky;
50:          cout << "Alter von Whiskers: " << whiskers.GetAge() << endl;
51:          return 0;
52:     }
```

Ausgabe

```
Alter von Frisky: 5
Alter von Frisky auf 6 setzen...
Alter von Whiskers: 5
Frisky in Whiskers kopieren...
Alter von Whiskers: 6
```

Analyse

Listing 10.15 enthält die bekannte CAT-Klasse, verzichtet aber aus Platzgründen auf den Kopierkonstruktor und den Destruktor. In Zeile 14 steht die Deklaration des Zuweisungsoperators, in den Zeilen 30 bis 37 die Definition.

Der Test in Zeile 32 prüft, ob das aktuelle Objekt (das heißt, das auf der linken Seite der Zuweisung stehende CAT-Objekt) dasselbe ist, wie das zuzuweisende CAT-Objekt. Dazu vergleicht man die Adresse von rhs mit der im Zeiger this gespeicherten Adresse.

Den Gleichheitsoperator (==) kann man natürlich ebenfalls überladen und damit selbst festlegen, was Gleichheit bei Objekten zu bedeuten hat.

Umwandlungsoperatoren

Was passiert, wenn man eine Variable eines vordefinierten Typs wie etwa int oder unsigned short einem Objekt einer benutzerdefinierten Klasse zuweist? Listing 10.16 bedient sich wieder der Counter-Klasse und versucht, eine Variable vom Typ int an ein Counter-Objekt zuzuweisen.

Warnung

Listing 10.16 läßt sich nicht kompilieren!

Listing 10.16: Versuch, einem Zähler einen int-Wert zuzuweisen

```
// Listing 10.16
// Dieser Code laesst sich nicht kompilieren!


#include <iostream.h>

class Counter
{
   public:
      Counter();
      ~Counter(){}
      int GetItsVal()const { return itsVal; }
      void SetItsVal(int x) {itsVal = x; }
   private:
      int itsVal;

};

Counter::Counter():
itsVal(0)
{}

```

```
23:   int main()
24:   {
25:      int theShort = 5;
26:      Counter theCtr = theShort;
27:      cout << "theCtr: " << theCtr.GetItsVal() << endl;
28:    return 0;
29:   }
```

Ausgabe

```
Compiler-Fehler: 'int' kann nicht in 'class Counter' konvertiert werden
```

Analyse

Die in den Zeilen 7 bis 17 deklarierte Klasse `Counter` hat nur einen Standardkonstruktor und deklariert keine besondere Methode für die Umwandlung eines `int` in ein `Counter`-Objekt, so daß Zeile 26 einen Compiler-Fehler produziert. Der Compiler kann nicht erkennen, daß der Wert einer angegebenen `int`-Variablen an die Elementvariable `itsVal` zuzuweisen ist, sofern man das nicht ausdrücklich spezifiziert.

Zu diesem Zweck erzeugt die korrigierte Lösung in Listing 10.17 einen Umwandlungsoperator: einen Konstruktor, der einen `int` übernimmt und ein `Counter`-Objekt produziert.

Listing 10.17: Konvertierung eines int in ein Counter-Objekt

```
// Listing 10.17
// Konstruktor als Umwandlungsoperator

int
#include <iostream.h>

class Counter
{
   public:
      Counter();
      Counter(int val);
      ~Counter(){}
      int GetItsVal()const { return itsVal; }
      void SetItsVal(int x) {itsVal = x; }
   private:
      int itsVal;

```

```
18:        };
19:
20:        Counter::Counter():
21:        itsVal(0)
22:        {}
23:
24:     Counter::Counter(int val):
25:     itsVal(val)
26:     {}
27:
28:
29:     int main()
30:     {
31:        int theShort = 5;
32:        Counter theCtr = theShort;
33:        cout << "theCtr: " << theCtr.GetItsVal() << endl;
34:      return 0;
35:     }
```

Ausgabe

```
theCtr: 5
```

Analyse

Als wesentliche Änderung wird in Zeile 11 der Konstruktor überladen, um einen `int` zu übernehmen. Die Implementierung des Konstruktors, der ein `Counter`-Objekt aus einem `int` erzeugt, steht in den Zeilen 24 bis 26.

Mit diesen Angaben kann der Compiler den Konstruktor – der einen `int` als Argument übernimmt – aufrufen. Und zwar folgendermaßen:

Schritt 1: Ein Counter-Objekt namens `theCtr` erzeugen

Das ist das gleiche, als wenn man sagt `int x = 5;` womit man eine Integer-Variable `x` erzeugt und mit dem Wert `5` initialisiert. In diesem Fall erzeugen wir ein `Counter`-Objekt `theCtr` und initialisieren es mit der Integer-Variable `theShort` vom Typ `short`.

Schritt 2: `theCtr` den Wert von `theShort` zuweisen.

Aber `theShort` ist vom Typ `short` und kein `Counter`! Wir müssen es erst in ein `Counter`-Objekt umwandeln. Bestimmte Umwandlungen versucht der Compiler automatisch vorzunehmen, Sie müssen ihm jedoch zeigen wie. Teilen Sie dem Compiler mit, wie die Umwandlung zu erfolgen hat, indem Sie einen Konstruktor für `Counter` erzeugen, der einen einzigen Parameter übernimmt – zum Beispiel vom Typ `short`:

```
class Counter
{
Counter (short int x);
//....
};
```

Dieser Konstruktor erzeugt `Counter`-Objekte auf der Grundlage von `short`-Werten. Zu diesem Zweck erzeugt er ein temporäres und namenloses `Counter`-Objekt. Stellen Sie sich zur Veranschaulichung vor, daß das aus `short` erzeugte temporäre `Counter`-Objekt den Namen `wasShort` trägt.

Schritt 3: `wasShort` dem Counter-Objekt `theCtr` zuweisen, entsprechend

```
"theCtr = wasShort";
```

In diesem Schritt steht `wasShort` (das temporäre Objekt, das erzeugt wurde, als der Konstruktor ausgeführt wurde) für das, was rechts vom Zuweisungsoperator stand. Das heißt, jetzt, da der Compiler ein temporäres Objekt für Sie erzeugt hat, initialisiert er `theCtr` damit.

Um dies zu verstehen, müssen Sie wissen, daß das Überladen ALLER Operatoren auf die gleiche Art und Weise erfolgt – Sie deklarieren einen überladenen Operator mit dem Schlüsselwort `operator`. Bei binären Operatoren (wie = oder +) wird die Variable auf der rechten Seite zum Parameter. Dies wird vom Konstruktor erledigt. Demzufolge wird

```
a = b;
```

zu

```
a.operator= (b);
```

Was passiert jedoch, wenn Sie versuchen, die Zuweisung mit folgenden Schritten rückgängig zu machen?

```
1:  Counter theCtr(5);
2:  USHORT theShort = theCtr;
3:  cout << "theShort : " << theShort  << endl;
```

Wieder erhält man einen Compiler-Fehler. Obwohl der Compiler jetzt weiß, wie man ein `Counter`-Objekt aus einem `int` erzeugt, bleibt ihm der umgekehrte Vorgang weiterhin ein Rätsel.

Umwandlungsoperatoren

Für diese und ähnliche Probleme erlaubt Ihnen C++, Umwandlungsoperatoren für Ihre Klassen zu definieren. Damit läßt sich in einer Klasse festlegen, wie implizite Konvertierungen in vordefinierte Typen auszuführen sind. Listing 10.18 verdeutlicht dies.

Ich möchte Sie aber schon vorab darauf hinweisen, daß Umwandlungsoperatoren keinen Rückgabewert spezifizieren, obwohl sie einen konvertierten Wert zurückliefern.

Listing 10.18: Konvertieren eines Counter-Objekts in einen unsigned short

```
#include <iostream.h>

class Counter
{
  public:
    Counter();
    Counter(int val);
    ~Counter(){}
    int GetItsVal()const { return itsVal; }
     void SetItsVal(int x) {itsVal = x; }
     operator unsigned short();
  private:
     int itsVal;

 };

 Counter::Counter():
 itsVal(0)
 {}

Counter::Counter(int val):
itsVal(val)
{}

Counter::operator unsigned short ()
{
   return ( int (itsVal) );
}

int main()
{
   Counter ctr(5);
   int theShort = ctr;
   cout << "theShort: " << theShort << endl;
    return 0;
}
```

Ausgabe

```
theShort: 5
```

Analyse

Zeile 11 deklariert den Umwandlungsoperator. Beachten Sie, daß er keinen Rückgabewert hat. Die Implementierung der Funktion steht in den Zeilen 25 bis 28. Zeile 27 gibt den Wert von `itsVal` konvertiert in einen `int` zurück.

Der Compiler weiß jetzt, wie `int`-Variablen in `Counter`-Objekte und umgekehrt umzuwandeln sind, und man kann sie ohne weiteres einander zuweisen.

Zusammenfassung

In diesem Kapitel haben Sie erfahren, wie man Elementfunktionen von Klassen überlädt. Weiterhin haben Sie gelernt, wie man Standardwerte für Elementfunktionen bereitstellt und wie man entscheidet, ob es günstiger ist, Standardwerte vorzugeben oder Funktionen zu überladen.

Mit dem Überladen von Klassenkonstruktoren lassen sich flexible Klassen erzeugen, die man auch aus anderen Objekten erstellen kann. Die Initialisierung von Objekten findet in der Initialisierungsstufe der Konstruktion statt, was effizienter ist als das Zuweisen von Werten im Rumpf des Konstruktors.

Der Compiler stellt einen Kopierkonstruktor und den Zuweisungsoperator `operator=` zur Verfügung, wenn man diese nicht selbst in einer Klasse definiert. Allerdings erstellen die vom Compiler bereitgestellten Versionen lediglich eine elementweise Kopie der Klasse. Für Klassen, die Zeiger auf den Heap als Datenelemente enthalten, muß man diese Methoden überschreiben, damit man selbst Speicher für das Zielobjekt reservieren kann.

Fast alle C++-Operatoren lassen sich überladen. Es empfiehlt sich jedoch, nur solche Operatoren zu überladen, deren Verwendung auf der Hand liegt. Man kann weder die Art des Operators – unär oder binär – ändern, noch neue Operatoren erfinden.

Der Zeiger `this` verweist auf das aktuelle Objekt und ist ein unsichtbarer Parameter alle Elementfunktionen. Überladene Operatoren geben häufig den dereferenzierten Zeiger `this` zurück.

Mit Umwandlungsoperatoren kann man Klassen erzeugen, die in Ausdrücken verwendet werden können, die einen anderen Objekttyp erwarten. Sie bilden die Ausnahme zur Regel, daß alle Funktionen einen expliziten Wert zurückgeben. Genau wie Konstruktoren und Destruktoren haben Umwandlungsoperatoren keinen Rückgabetyp.

Fragen und Antworten

F Warum verwendet man überhaupt Standardwerte, wenn man eine Funktion überladen kann?

A *Es ist einfacher, nur eine statt zwei Funktionen zu verwalten. Oftmals ist eine Funktion mit Standardparametern auch verständlicher, und man muß sich nicht mit zwei verschiedenen Funktionsrümpfen auseinandersetzen. Außerdem passiert es schnell, daß man die eine Funktion aktualisiert und die andere vergißt.*

F Warum verwendet man angesichts dieser Probleme nicht immer Standardwerte?

A *Überladene Funktionen eröffnen Möglichkeiten, die sich mit Standardwerten nicht realisieren lassen, beispielsweise die Variation der Parameterliste nach dem Typ statt nur nach der Anzahl.*

F Wie entscheidet man beim Schreiben eines Klassenkonstruktors, was in der Initialisierungsliste und was im Rumpf des Konstruktors stehen soll?

A *Als Faustregel sollte man soviel wie möglich in der Initialisierungsphase erledigen – das heißt, alle Elementvariablen in der Initialisierungsliste initialisieren. Bestimmte Dinge, wie Berechnungen und Ausgabeanweisungen, muß man im Rumpf des Konstruktors unterbringen.*

F Kann eine überladene Funktion einen Standardparameter haben?

A *Ja. Es gibt keinen Grund, auf die Kombination dieser leistungsfähigen Merkmale zu verzichten. Die überladenen Funktionen (eine oder auch mehrere) können jeweils eigene Standardwerte haben – unter Berücksichtigung der üblichen Regeln für Standardwerte in Funktionen.*

F Warum werden einige Elementfunktionen in der Klassendeklaration definiert und andere nicht?

A *Die Implementierung einer Elementfunktion innerhalb einer Deklaration macht die Funktion* `inline`*. In der Regel macht man dies nur bei extrem einfachen Funktionen. Denken Sie daran, daß Sie eine Elementfunktion auch mit dem Schlüsselwort* `inline` *als Inline-Funktion deklarieren können, sogar wenn die Funktion außerhalb der Klassendeklaration deklariert wurde.*

Workshop

Der Workshop enthält Quizfragen, die Ihnen helfen sollen, Ihr Wissen zu festigen, und Übungen, die Sie anregen sollen, das eben Gelernte umzusetzen und eigene Erfahrungen zu sammeln. Versuchen Sie, das Quiz und die Übungen zu beantworten und zu verstehen, bevor Sie die Lösungen in Anhang D lesen und zur Lektion des nächsten Tages übergehen.

Quiz

1. In welcher Hinsicht müssen sich überladene Elementfunktionen unterscheiden?
2. Was ist der Unterschied zwischen einer Deklaration und einer Definition?
3. Wann wird der Kopierkonstruktor aufgerufen?
4. Wann wird der Destruktor aufgerufen?
5. Wie unterscheidet sich der Kopierkonstruktor vom Zuweisungsoperator (=)?
6. Was ist der `this`-Zeiger?
7. Wie unterscheiden Sie zwischen dem Präfix- und Postfix-Inkrementoperator?
8. Können Sie den +-Operator für Operanden vom Typ `short` überladen?
9. Ist es in C++ erlaubt, den ++-Operator zu überladen, so daß er einen Wert Ihrer Klasse dekrementiert?
10. Mit welchem Rückgabewert müssen Umwandlungsoperatoren deklariert werden?

Übungen

1. Schreiben Sie eine Klassendeklaration `SimpleCircle` mit (nur) einer Elementvariablen: `itsRadius`. Sehen Sie einen Standardkonstruktor, einen Destruktor und Zugriffsmethoden für `radius` vor.
2. Aufbauend auf der Klasse aus Übung 1, setzen Sie die Implementierung des Standardkonstruktors auf und initialisieren Sie `itsRadius` mit dem Wert `5`.
3. Fügen Sie der Klasse einen zweiten Konstruktor hinzu, der einen Wert als Parameter übernimmt, und weisen Sie diesen Wert `itsRadius` zu.
4. Erzeugen Sie für Ihre `SimpleCircle`-Klasse einen Präfix- und einen Postfix-Inkrementoperator, die `itsRadius` inkrementieren.
5. Ändern Sie `SimpleCircle` so, daß `itsRadius` auf dem Heap gespeichert wird, und passen Sie die bestehenden Methoden an.

6. Fügen Sie einen Kopierkonstruktor für `SimpleCircle` hinzu.
7. Fügen Sie einen Zuweisungsoperator für `SimpleCircle` hinzu.
8. Schreiben Sie ein Programm, das zwei `SimpleCircle`-Objekte erzeugt. Verwenden Sie den Standardkonstruktor zur Erzeugung des einen Objekts und instantiieren Sie das andere mit dem Wert 9. Wenden Sie den Inkrement-Operator auf beide Objekte an und geben Sie dann die Werte beider Objekte aus. Abschließend weisen Sie dem ersten Objekt das zweite zu und geben Sie nochmals die Werte beider Objekte aus.
9. FEHLERSUCHE: Was ist falsch an der folgenden Implementierung des Zuweisungsoperators?

```
SQUARE SQUARE ::operator=(const SQUARE & rhs)
{
    itsSide = new int;
    *itsSide = rhs.GetSide();
    return *this;
}
```

10. FEHLERSUCHE: Was ist falsch an der folgenden Implementierung des Additionsoperators?

```
VeryShort   VeryShort::operator+ (const VeryShort& rhs)
{
    itsVal += rhs.GetItsVal();
    return *this;
}
```

Vererbung

Woche 2

Zu den Grundzügen der menschlichen Intelligenz gehören das Auffinden, Erkennen und Erzeugen von Beziehungen zwischen Begriffen. Wir konstruieren Hierarchien, Matrizen, Netzwerke und andere Zwischenverbindungen, um die Wechselwirkungen zwischen den Dingen zu erläutern und zu verstehen. C++ fängt diese Abstraktionsvorgänge in Vererbungshierarchien ein. Heute lernen Sie,

- was Vererbung ist,
- wie man eine Klasse von einer anderen ableitet,
- was geschützter Zugriff ist und wie man ihn einsetzt,
- was virtuelle Funktionen sind.

Was ist Vererbung?

Was ist ein Hund? Wenn Sie sich Ihr Haustier ansehen, was stellen Sie fest? Ich sehe vier Beine auf der Suche nach Futter, meine Mutter sieht vor allem Hundehaare. Ein Biologe sieht eine Vernetzung von miteinander in Wechselwirkung stehenden Organen, ein Physiker sieht Atome und wirkende Kräfte und ein Systematiker sieht einen Vertreter der Familie *Canis familiaris*.

Im Moment interessiert uns hier letzterer Standpunkt. Ein Hund ist ein Säugetier, ein Säugetier ist eine Tierart und so weiter. Systematiker gliedern die Lebewesen in Reich, Abteilung, Stamm, Klasse, Ordnung, Familie, Gattung und Art.

Die Hierarchie des Systematikers richtet eine »ist-ein«-Beziehung ein. Ein Hund ist ein Raubtier. Überall begegnen uns »ist-ein«-Beziehungen: ein Toyota ist ein Auto, das wiederum ein Fortbewegungsmittel ist. Ein Pudding ist ein Nachtisch, der wieder ein Nahrungsmittel ist.

Auf diese Weise schaffen wir systematische Kategorien, die von oben nach unten eine zunehmende Spezialisierung aufweisen. Zum Beispiel ist ein Auto eine spezielle Art von Fortbewegungsmittel.

Vererbung und Ableitung

Der Begriff *Hund* erbt – das heißt, erhält automatisch – alle Merkmale eines Säugetiers. Von einem Säugetier ist bekannt, daß es sich bewegt und atmet – alle Säugetiere bewegen sich und atmen per Definition. Der Vorstellung vom Hund hinzu fügt man nun das Bellen, Schwanzwedeln, Fressen meines fertigen, überarbeiteten Manuskripts, Bellen, wenn ich versuche zu schlafen ... Entschuldigung, wo war ich stehengeblieben?

Hunde lassen sich weiter einteilen in Arbeitshunde, Jagdhunde und Terrier, und wir können Jagdhunde weiter untergliedern in Retriever, Spaniel usw. Und letztlich können diese noch weiter unterteilt werden. Zum Beispiel läßt sich ein Retriever weiter spezialisieren in Golden Retriever und Labrador.

Ein Golden Retriever ist eine Art von Retriever, der zu den Jagdhunden gehört, demzufolge ist er eine Art von Hund, also auch eine Art von Säugetier, also auch eine Art von Tier und auch eine Art der Lebewesen. Diese Hierarchie zeigt Abbildung 11.1 In der dabei eingesetzten Modelliersprache weisen die Pfeile von den spezialisierteren zu den allgemeineren Typen.

C++ versucht, diese Beziehungen durch die Definition von Klassen darzustellen, die sich von einer anderen Klasse ableiten. Die Ableitung ist eine Möglichkeit, eine »ist-ein«-Beziehung auszudrücken. Man leitet eine neue Klasse `Dog` (Hund) von der Klasse `Mammal` (Säugetier) ab. Dabei muß man nicht explizit feststellen, daß sich Hunde bewegen, da sie diese Eigenschaft von `Mammal` erben. Da eine `Dog`-Klasse von einer `Mammal`-Klasse erbt, bewegt sich `Dog` automatisch.

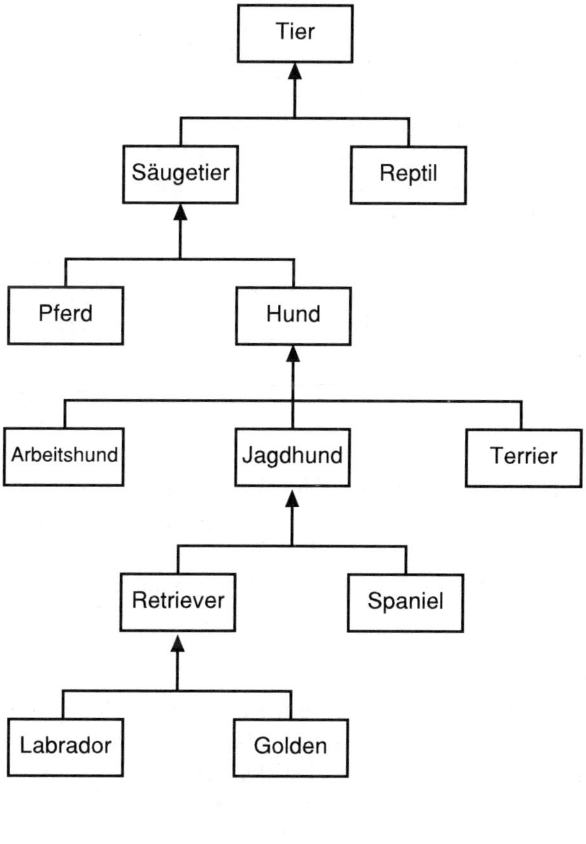

Abbildung 11.1: Hierarchie von Tieren

Eine Klasse, die eine existierende Klasse um neue Funktionalität erweitert, bezeichnet man als von dieser Originalklasse abgeleitet. Die Originalklasse heißt Basisklasse der neuen Klasse.

Wenn man die Klasse `Dog` von der Klasse `Mammal` ableitet, dann ist `Mammal` die Basisklasse von `Dog`. Abgeleitete Klassen sind Obermengen ihrer Basisklassen. Genau wie ein Hund der Vorstellung von einem Säugetier bestimmte Merkmale hinzufügt, erweitert die Klasse `Dog` die Klasse `Mammal` um bestimmte Methoden oder Daten.

Normalerweise verfügt eine Basisklasse über mehrere abgeleitete Klassen. Da Hunde, Katzen und Pferde zu den Säugetieren gehören, leiten sich ihre Klassen von der Klasse `Mammal` ab.

Das Tierreich

Um die Behandlung von Ableitung und Vererbung einfacher zu gestalten, konzentriert sich dieses Kapitel auf die Beziehungen zwischen einer Reihe von Klassen, die Tiere darstellen. Nehmen wir an, daß die Simulation eines Bauernhofs als Software für Kinder zu entwickeln sei.

Mit der Zeit schafft man einen ganzen Satz von Tieren auf dem Bauernhof. Dazu gehören Pferde, Kühe, Hunde, Katzen und Schafe. Man erzeugt Methoden für diese Klassen, damit diese sich so verhalten, wie es ein Kind erwartet. Da uns aber weniger an einer realistischen Verhaltensweise der Tiere als vielmehr an dem Prinzip der Vererbung gelegen ist, begnügen wir uns mit einfacheren Methoden, die durch Ausgaben auf den Bildschirm anzeigen, daß sie aufgerufen wurden.

Im Englischen bezeichnet man Methoden, die skizzenhaft zur Erzeugung des Klassengerüsts aufgesetzt und erst später implementiert werden, als Stub-Routinen. Wenn Sie möchten, können Sie den in diesem Kapitel vorgestellten Minimalcode so erweitern, daß sich die Tiere realistischer verhalten.

Die Syntax der Ableitung

Will man von der Vererbung Gebrauch machen, gibt man die Basisklasse, von der abgeleitet wird, direkt bei der Deklaration der neuen Klasse an. Zu diesem Zwecke setzt man hinter den Klassennamen einen Doppelpunkt, dann den Typ der Ableitung (zum Beispiel `public`) und schließlich den Namen der Basisklasse, von der sich die neue Klasse ableitet. Dazu folgendes Beispiel:

```
class Dog : public Mammal
```

Auf den Typ der Ableitung gehen wir weiter hinten in diesem Kapitel ein. Momentan verwenden wir immer `public`. Die Basisklasse muß bereits vorher deklariert worden sein, da man sonst einen Compiler-Fehler erhält. Listing 11.1 deklariert eine `Dog`-Klasse für Hunde, die von einer `Mammal`-Klasse (für Säugetiere) abgeleitet ist.

Listing 11.1: Einfache Vererbung

```
// Listing 11.1 Einfache Vererbung

#include <iostream.h>
enum BREED { GOLDEN, CAIRN, DANDIE, SHETLAND, DOBERMAN, LAB };

class Mammal
{
public:
   // Konstruktoren
   Mammal();
   ~Mammal();

   // Zugriffsfunktionen
   int GetAge()const;
   void SetAge(int);
   int GetWeight() const;
   void SetWeight();

   // Andere Methoden
   void Speak() const;
   void Sleep() const;


protected:
   int itsAge;
   int itsWeight;
};

class Dog : public Mammal
{
public:

   // Konstruktoren
   Dog();
   ~Dog();

   // Zugriffsfunktionen
   BREED GetBreed() const;
   void SetBreed(BREED);

   // Andere Methoden
    WagTail();
    BegForFood();

```

```
45:     protected:
46:        BREED itsBreed;
47:     };
```

Dieses Programm liefert keine Ausgaben, da es sich nur um einen Satz von Deklarationen ohne die zugehörigen Implementierungen handelt. Trotzdem enthält dieses Listing interessante Details.

Die Zeilen 6 bis 27 deklarieren die Klasse `Mammal`. In diesem Beispiel leitet sich `Mammal` von keiner anderen Klasse ab. Normalerweise wäre das aber der Fall – das heißt, Säugetiere gehören zur Klasse der Wirbeltiere. In einem C++-Programm kann man nur einen Bruchteil der Informationen darstellen, die man über ein gegebenes Objekt hat. Die Realität ist zu komplex, um sie vollständig wiederzugeben, so daß jede C++-Hierarchie eine etwas willkürliche Darstellung der verfügbaren Daten ist. Die Kunst eines guten Entwurfs besteht in einer einigermaßen wahrheitsgetreuen Widerspiegelung der Realität.

Die Hierarchie muß an irgendeiner Stelle beginnen. Im Beispielprogramm ist das die Klasse `Mammal`. Aufgrund dieser Entscheidung finden wir hier einige Elementvariablen, die vielleicht in einer höheren Basisklasse besser aufgehoben wären. Beispielsweise haben mit Sicherheit alle Tiere ein Alter und ein Gewicht, so daß man bei einer Ableitung der Klasse `Mammal` von `Animal` diese Attribute erben könnte. Im Beispiel erscheinen die Attribute jedoch in der Klasse `Mammal`.

Um das Programm möglichst einfach und übersichtlich zu halten, wurden in die Klasse `Mammal` lediglich sechs Methoden aufgenommen – vier Zugriffsmethoden sowie `Speak()` (Sprechen) und `Sleep()` (Schlafen).

Aus der Syntax in Zeile 29 geht hervor, daß die Klasse `Dog` von `Mammal` erbt. Jedes `Dog`-Objekt verfügt über drei Elementvariablen: `itsAge`, `itsWeight` und `itsBreed`. Beachten Sie, daß in der Klassendeklaration von `Dog` die Elementvariablen `itsAge` und `itsWeight` nicht aufgeführt sind. `Dog`-Objekte erben diese Variablen sowie alle Methoden von der Klasse `Mammal`. Ausgenommen hiervon sind der Kopieroperator, die Konstruktoren und der Destruktor.

Private und Protected

Sicherlich haben Sie das neue Zugriffsschlüsselwort `protected` in den Zeilen 24 und 45 von Listing 11.1 bemerkt. Bisher haben wir Klassendaten als `private` deklariert. Für abgeleitete Klassen sind private Elemente allerdings nicht verfügbar. Man könnte zwar itsAge und itsWeight als public deklarieren, das ist aber nicht wünschenswert. Andere Klassen sollen nämlich nicht auf diese Datenelemente direkt zugreifen können.

Man braucht also eine Kennzeichnung, die folgendes aussagt: »Mache diese Elemente sichtbar zu dieser Klasse und zu Klassen, die sich von dieser Klasse ableiten.« Genau das bewirkt das Schlüsselwort protected (geschützt). Geschützte Datenelemente und Funktionen sind für abgeleitete Klassen vollständig sichtbar, sonst aber privat.

Insgesamt gibt es drei Spezifizierer für den Zugriff: public, protected und private. Kommt in einer Funktion ein Objekt einer bestimmten Klasse vor, kann die Funktion auf alle öffentlichen (public) Datenelemente und Elementfunktionen dieser Klasse zugreifen. Die Elementfunktionen können wiederum auf alle privaten (private) Datenelemente und Funktionen ihrer eigenen Klasse und alle geschützten (protected) Datenelemente und Funktionen einer beliebigen Klasse, von der sie sich ableiten, zugreifen.

Demzufolge kann die Funktion Dog::WagTail() auf die privaten Daten itsBreed und auf die geschützten Daten in der Klasse Mammal zugreifen.

Selbst wenn sich in der Hierarchie andere Klassen zwischen Mammal und Dog befinden (beispielsweise DomesticAnimals, Haustiere), kann die Klasse Dog weiterhin auf die geschützten Elemente von Mammal zugreifen. Das setzt allerdings voraus, daß die dazwischenliegenden Klassen mit öffentlicher Vererbung arbeiten. Auf die private Vererbung kommen wir in Kapitel 15, »Vererbung – weiterführende Themen«, zu sprechen.

Listing 11.2 demonstriert, wie man Objekte vom Typ Dog erzeugt und auf die Daten und Funktionen dieses Typs zugreift.

Listing 11.2: Ein abgeleitetes Objekt

```
// Listing 11.2 Ein abgeleitetes Objekt verwenden

#include <iostream.h>
enum BREED { GOLDEN, CAIRN, DANDIE, SHETLAND, DOBERMAN, LAB };

class Mammal
{
public:
   // Konstruktoren
   Mammal():itsAge(2), itsWeight(5){}
   ~Mammal(){}

   // Zugriffsfunktionen
   int GetAge()const { return itsAge; }
   void SetAge(int age) { itsAge = age; }
```

```
   int GetWeight() const { return itsWeight; }
   void SetWeight(int weight) { itsWeight = weight; }

   // Andere Methoden
   void Speak()const { cout << "Saeugetier, gib Laut!\n"; }
   void Sleep()const { cout << "Psst. Ich schlafe.\n"; }


protected:
   int itsAge;
   int itsWeight;
};

class Dog : public Mammal
{
public:

   // Konstruktoren
   Dog():itsBreed(GOLDEN){}
   ~Dog(){}

   // Zugriffsfunktionen
   BREED GetBreed() const { return itsBreed; }
   void SetBreed(BREED breed) { itsBreed = breed; }

   // Andere Methoden
   void WagTail() { cout << "Schwanzwedeln...\n"; }
   void BegForFood() { cout << "Um Futter betteln...\n"; }

private:
   BREED itsBreed;
};

int main()
{
   Dog fido;
   fido.Speak();
   fido.WagTail();
   cout << "Fido ist " << fido.GetAge() << " Jahre alt.\n";
 return 0;
}
```

Ausgabe

```
Saeugetier, gib Laut!
Schwanzwedeln...
Fido ist 2 Jahre alt.
```

Analyse

Die Zeilen 6 bis 27 deklarieren die Klasse Mammal (um Platz zu sparen sind alle Funktionen inline definiert). In den Zeilen 29 bis 47 wird die Klasse Dog als abgeleitete Klasse von Mammal deklariert. Aufgrund dieser Deklarationen verfügen alle Dog-Objekte über ein Alter (age) ein Gewicht (weight) und eine Rasse (breed).

Zeile 51 deklariert das Dog-Objekt Fido. Das Objekt Fido erbt sowohl alle Attribute eines Mammal-Objekts als auch alle Attribute eines Dog-Objekts. Daher weiß Fido, wie man mit dem Schwanz wedelt (WagTail()), aber auch, wie man spricht (Speak()) und schläft (Sleep()).

Konstruktoren und Destruktoren

Dog-Objekte sind Mammal-Objekte. Das ist das Wesen einer »ist-ein«-Beziehung. Beim Erzeugen von Fido wird zuerst dessen Konstruktor aufgerufen, der ein Mammal-Objekt erzeugt. Dann folgt der Aufruf des Dog-Konstruktors, der die Konstruktion des Dog-Objekts vervollständigt. Da Fido keine Parameter übernimmt, wird in diesem Fall der Standardkonstruktor aufgerufen. Fido existiert erst, nachdem dieses Objekt vollständig erzeugt wurde, das heißt, sowohl der Mammal-Teil als auch der Dog-Teil aufgebaut sind. Daher ist der Aufruf beider Konstruktoren erforderlich.

Beim Zerstören des Fido-Objekts wird zuerst der Dog-Destruktor und dann der Destruktor für den Mammal-Teil von Fido aufgerufen. Jeder Destruktor hat die Möglichkeit, seinen eigenen Teil von Fido aufzuräumen. Denken Sie daran, hinter Ihrem Hund sauberzumachen! Listing 11.3 demonstriert die Abläufe.

Listing 11.3: Aufgerufene Konstruktoren und Destruktoren

```
1:     // Listing 11.3 Aufgerufene Konstruktoren und Destruktoren.
2:
3:     #include <iostream.h>
4:     enum BREED { GOLDEN, CAIRN, DANDIE, SHETLAND, DOBERMAN, LAB };
5:
6:     class Mammal
7:     {
8:     public:
9:        // Konstruktoren
10:       Mammal();
11:       ~Mammal();
12:
```

```
   // Zugriffsfunktionen
   int GetAge() const { return itsAge; }
   void SetAge(int age) { itsAge = age; }
   int GetWeight() const { return itsWeight; }
   void SetWeight(int weight) { itsWeight = weight; }

   // Andere Methoden
   void Speak() const { cout << "Saeugetier, gib Laut!\n"; }
   void Sleep() const { cout << "Psst. Ich schlafe.\n"; }


protected:
   int itsAge;
   int itsWeight;
};

class Dog : public Mammal
{
public:

   // Konstruktoren
   Dog();
   ~Dog();

   // Zugriffsfunktionen
   BREED GetBreed() const { return itsBreed; }
   void SetBreed(BREED breed) { itsBreed = breed; }

   // Andere Methoden
   void WagTail() const { cout << "Schwanzwedeln...\n"; }
   void BegForFood() const { cout << "Um Futter betteln...\n"; }

private:
   BREED itsBreed;
};

Mammal::Mammal():
itsAge(1),
itsWeight(5)
{
   cout << "Mammal-Konstruktor...\n";
}

Mammal::~Mammal()
{
   cout << "Mammal-Destruktor...\n";
```

```
}

Dog::Dog():
itsBreed(GOLDEN)
{
   cout << "Dog-Konstruktor...\n";
}

Dog::~Dog()
{
   cout << "Dog-Destruktor...\n";
}
int main()
{
   Dog fido;
   fido.Speak();
   fido.WagTail();
   cout << "Fido ist " << fido.GetAge() << " Jahre alt.\n";
 return 0;
}
```

Ausgabe

```
Mammal-Konstruktor...
Dog-Konstruktor...
Saeugetier, gib Laut!
Schwanzwedeln...
Fido ist 1 Jahr alt.
Dog-Destruktor...
Mammal-Destruktor...
```

Analyse

Listing 11.3 entspricht weitgehend Listing 11.2, enthält aber eigene Implementierungen für die Konstruktoren und Destruktoren, die uns über die Aufrufe der Methoden informieren. Als erstes erfolgt der Aufruf des Konstruktors von `Mammal`. Daran schließt sich der Aufruf des Konstruktors von `Dog` an. Damit existiert das `Dog`-Objekt vollständig, und man kann dessen Methoden aufrufen. Verliert das `Fido`-Objekt den Gültigkeitsbereich, wird der Destruktor von `Dog` und daran anschließend der Destruktor von `Mammal` aufgerufen.

Argumente an Basisklassenkonstruktoren übergeben

Vielleicht möchten Sie den Konstruktor von `Mammal` überladen, um ein bestimmtes Alter übergeben zu können, vielleicht möchten Sie den Konstruktor von `Dog` überladen, um eine bestimmte Rasse vorzugeben. Dies wirft etliche Fragen aus. Wie lassen sich für ein `Dog`-Objekt die Parameter für Alter und Gewicht an die richtigen Konstruktoren von `Mammal` übergeben? Was macht man, wenn `Dog` das Gewicht initialisieren soll, aber nicht `Mammal`?

Die Initialisierung der Basisklasse kann während der Klasseninitialisierung vorgenommen werden. Man hängt dazu den Namen der Basisklasse mit den von der Basisklasse erwarteten Parameter an den Konstruktor der abgeleiteten Klasse an. Listing 11.4 zeigt dazu ein Beispiel.

Listing 11.4: Konstruktoren in abgeleiteten Klassen überladen

```
// Listing 11.4 Konstruktoren in abgeleiteten Klassen ueberladen

#include <iostream.h>
enum BREED { GOLDEN, CAIRN, DANDIE, SHETLAND, DOBERMAN, LAB };

class Mammal
{
public:
   // Konstruktoren
   Mammal();
   Mammal(int age);
   ~Mammal();

   // Zugriffsfunktionen
   int GetAge() const { return itsAge; }
   void SetAge(int age) { itsAge = age; }
   int GetWeight() const { return itsWeight; }
   void SetWeight(int weight) { itsWeight = weight; }

   // Andere Methoden
   void Speak() const { cout << "Saeugetier, gib Laut!\n"; }
   void Sleep() const { cout << "Psst. Ich schlafe.\n"; }


protected:
   int itsAge;
   int itsWeight;
};

```

```
class Dog : public Mammal
{
public:

   // Konstruktoren
   Dog();
   Dog(int age);
   Dog(int age, int weight);
   Dog(int age, BREED breed);
   Dog(int age, int weight, BREED breed);
   ~Dog();

   // Zugriffsfunktionen
   BREED GetBreed() const { return itsBreed; }
   void SetBreed(BREED breed) { itsBreed = breed; }

   // Andere Methoden
   void WagTail() const { cout << "Schwanzwedeln...\n"; }
   void BegForFood() const { cout << "Um Futter betteln...\n"; }

private:
   BREED itsBreed;
};

Mammal::Mammal():
itsAge(1),
itsWeight(5)
{
   cout << "Mammal-Konstruktor...\n";
}

Mammal::Mammal(int age):
itsAge(age),
itsWeight(5)
{
   cout << "Mammal(int)-Konstruktor...\n";
}

Mammal::~Mammal()
{
   cout << "Mammal-Destruktor...\n";
}

Dog::Dog():
Mammal(),
itsBreed(GOLDEN)
```

```
{
   cout << "Dog-Konstruktor...\n";
}

Dog::Dog(int age):
Mammal(age),
itsBreed(GOLDEN)
{
   cout << "Dog(int)-Konstruktor...\n";
}

Dog::Dog(int age, int weight):
Mammal(age),
itsBreed(GOLDEN)
{
   itsWeight = weight;
   cout << "Dog(int, int)-Konstruktor...\n";
}

Dog::Dog(int age, int weight, BREED breed):
Mammal(age),
itsBreed(breed)
{
   itsWeight = weight;
   cout << "Dog(int, int, BREED)-Konstruktor...\n";
}

Dog::Dog(int age, BREED breed):
Mammal(age),
itsBreed(breed)
{
   cout << "Dog(int, BREED)-Konstruktor...\n";
}

Dog::~Dog()
{
   cout << "Dog-Destruktor...\n";
}
int main()
{
   Dog fido;
   Dog rover(5);
   Dog buster(6,8);
   Dog yorkie (3,GOLDEN);
   Dog dobbie (4,20,DOBERMAN);
   fido.Speak();
```

```
122:        rover.WagTail();
123:        cout << "Yorkie ist " << yorkie.GetAge() << " Jahre alt.\n";
124:        cout << "Dobbie wiegt " << dobbie.GetWeight() << " Pfund.\n";
125:        cout << dobbie.GetWeight() << " Pfund\n";
126:      return 0;
127:    }
```

Hinweis

Die Numerierung der Ausgabezeilen gehört nicht zur tatsächlich erzeugten Ausgabe, sondern dient nur der Bezugnahme im Analyseteil.

Ausgabe

```
1:  Mammal-Konstruktor...
2:  Dog-Konstruktor...
3:  Mammal(int)-Konstruktor...
4:  Dog(int)-Konstruktor...
5:  Mammal(int)-Konstruktor...
6:  Dog(int, int)-Konstruktor...
7:  Mammal(int)-Konstruktor...
8:  Dog(int, BREED)-Konstruktor...
9:  Mammal(int)-Konstruktor...
10: Dog(int, int, BREED)-Konstruktor...
11: Saeugetier, gib Laut!
12: Schwanzwedeln...
13: Yorkie ist 3 Jahre alt.
14: Dobbie wiegt 20 Pfund.
15: Dog-Destruktor...
16: Mammal-Destruktor...
17: Dog-Destruktor...
18: Mammal-Destruktor...
19: Dog-Destruktor...
20: Mammal-Destruktor...
21: Dog-Destruktor...
22: Mammal-Destruktor...
23: Dog-Destruktor...
24: Mammal-Destruktor...
```

Analyse

Die Zeile 11 überlädt den Konstruktor von `Mammal`, um das Alter des Säugetiers als ganze Zahl zu übernehmen. Die Implementierung in den Zeilen 61 bis 66 initialisiert `itsAge` mit dem an den Konstruktor übergebenen Wert sowie `itsWeight` mit dem Wert 5.

In den Zeilen 35 bis 39 sind die fünf überladenen Konstruktoren von `Dog` deklariert. Der erste ist der Standardkonstruktor. Der zweite übernimmt das Alter, wobei es sich um den gleichen Parameter handelt, den auch der Konstruktor von `Mammal` übernimmt. Der dritte Konstruktor übernimmt sowohl Alter als auch Gewicht, der vierte Alter und Rasse, und im fünften Konstruktor finden wir Parameter für Alter, Gewicht und Rasse.

Beachten Sie in Zeile 74, daß der Standardkonstruktor von `Dog` den Standardkonstruktor von `Mammal` aufruft. Obwohl das nicht zwingend erforderlich ist, dient es der Dokumentation, daß man den Basiskonstruktor aufrufen möchte, der keine Parameter übernimmt. Der Basiskonstruktor wird in jedem Fall aufgerufen, das hier gezeigte Verfahren verdeutlicht aber Ihre Absichten explizit.

In den Zeilen 80 bis 85 steht die Implementierung des `Dog`-Konstruktors, der eine ganze Zahl übernimmt. In dessen Initialisierungsphase (Zeilen 81 und 82) initialisiert `Dog` zuerst seine Basisklasse, inklusive Übergabe eines Parameters, und dann seine Rasse (`itsBreed`).

Der nächste `Dog`-Konstruktor ist in den Zeilen 87 bis 93 zu finden. Dieser übernimmt zwei Parameter. Wieder erfolgt die Initialisierung der Basisklasse durch Aufruf des passenden Konstruktors. Dieses Mal findet aber auch die Zuweisung von `weight` an die Variable `itsWeight` der Basisklasse von `Dog` statt. Beachten Sie, daß die Zuweisung an eine Variable der Basisklasse in der Initialisierungsphase nicht möglich ist, da `Mammal` keinen Konstruktor hat, der einen entsprechenden Parameter übernimmt. Man muß die Zuweisung daher innerhalb des Rumpfes des Konstruktors von `Dog` erledigen.

Sehen Sie sich die verbleibenden Konstruktoren an, um sich mit deren Arbeitsweise vertraut zu machen. Achten Sie darauf, was man initialisieren kann und was noch im Rumpf des Konstruktors zuzuweisen ist.

Die Numerierung der Ausgabezeilen dient lediglich der Bezugnahme in dieser Analyse. Die beiden ersten Zeilen der Ausgabe repräsentieren die Instantiierung von `Fido` mit Hilfe des Standardkonstruktors.

In den Ausgabezeilen 3 und 4 dokumentiert sich die Erzeugung von `rover`, in den Zeilen 5 und 6 von `buster`. Beachten Sie den Aufruf des `Mammal`-Konstruktors mit einem Integer-Wert als Parameter, während der `Dog`-Konstruktor zwei Integer-Werte übernimmt.

Nach dem Erstellen aller Objekte werden diese verwendet und verlieren anschließend ihren Gültigkeitsbereich. Beim Zerstören der einzelnen Objekte findet zuerst der Aufruf des `Dog`-Destruktors und danach des `Mammal`-Destruktors statt. Insgesamt sind es jeweils fünf Aufrufe.

Funktionen überschreiben

Ein Dog-Objekt hat Zugriff auf alle Elementfunktionen der Klasse Mammal sowie alle Elementfunktionen (wie WagTail()), die die Deklaration der Dog-Klasse gegebenenfalls hinzufügt. Die Dog-Klasse kann auch Funktionen der Basisklasse überschreiben. Eine Funktion zu überschreiben, bedeutet, die Implementierung einer Funktion der Basisklasse in einer abgeleiteten Klasse zu ändern. Wenn man ein Objekt der abgeleiteten Klasse erstellt, wird die korrekte Funktion aufgerufen.

Erzeugt eine abgeleitete Klasse eine Funktion mit demselben Rückgabetyp und derselben Signatur wie eine Elementfunktion in der Basisklasse, aber mit einer neuen Implementierung, spricht man vom Überschreiben dieser Methode.

Die überschriebene Funktion muß bezüglich Rückgabetyp und Signatur mit der Funktion in der Basisklasse übereinstimmen. Als Signatur bezeichnet man alles, was – abgesehen vom Rückgabetyp – zu einem Funktionsprototyp gehört: Name, Parameterliste und – falls verwendet – das Schlüsselwort const.

Listing 11.5 zeigt, was passiert, wenn die Dog-Klasse die Methode Speak() in Mammal überschreibt. Um Platz zu sparen, wurde auf die Zugriffsfunktionen der Klassen verzichtet.

Listing 11.5: Eine Methode der Basisklasse in einer abgeleiteten Klasse überschreiben

```
// Listing 11.5 Eine Methode der Basisklasse in einer abgeleiteten
// Klasse ueberschreiben
#include <iostream.h>
enum BREED { GOLDEN, CAIRN, DANDIE, SHETLAND, DOBERMAN, LAB };

class Mammal
{
public:
   // Konstruktoren
   Mammal() { cout << "Mammal-Konstruktor...\n"; }
   ~Mammal() { cout << "Mammal-Destruktor...\n"; }

   // Andere Methoden
   void Speak()const { cout << "Saeugetier, gib Laut!\n"; }
   void Sleep()const { cout << "Psst. Ich schlafe.\n"; }


protected:
   int itsAge;
   int itsWeight;
```

```
21:   };
22:
23:   class Dog : public Mammal
24:   {
25:   public:
26:
27:      // Konstruktoren
28:      Dog(){ cout << "Dog-Konstruktor...\n"; }
29:      ~Dog(){ cout << "Dog-Destruktor...\n"; }
30:
31:      // Andere Methoden
32:      void WagTail() const { cout << "Schwanzwedeln...\n"; }
33:      void BegForFood() const { cout << "Um Futter betteln...\n"; }
34:      void Speak()const { cout << "Wuff!\n"; }
35:
36:   private:
37:      BREED itsBreed;
38:   };
39:
40:   int main()
41:   {
42:      Mammal bigAnimal;
43:      Dog fido;
44:      bigAnimal.Speak();
45:      fido.Speak();
46:     return 0;
47:  }
```

Ausgabe

```
Mammal-Konstruktor...
Mammal-Konstruktor...
Dog-Konstruktor...
Saeugetier, gib Laut!
Wuff!
Dog-Destruktor...
Mammal-Destruktor...
Mammal-Destruktor...
```

Analyse

In Zeile 34 überschreibt die `Dog`-Klasse die Methode `Speak()`. Dadurch gibt das `Dog`-Objekt »Wuff!« aus, wenn man die Methode `Speak()` aufruft. Zeile 42 erzeugt das `Mammal`-Objekt `bigAnimal`, das die erste Ausgabezeile produziert, wenn der `Mammal`-Konstruktor aufgerufen wird. Zeile 43 erzeugt das `Dog`-Objekt `Fido`, das die beiden nächsten Ausgabezeilen durch den Aufruf der `Mammal`- und `Dog`-Konstruktoren auf den Bildschirm bringt.

Das `Mammal`-Objekt ruft in Zeile 44 seine Methode `Speak()` auf. In Zeile 45 ruft dann das `Dog`-Objekt seine `Speak()`-Methode auf. Die Ausgabe zeigt, daß die korrekten Methoden aufgerufen wurden. Schließlich verlieren die beiden Objekte ihren Gültigkeitsbereich, und es folgen die Aufrufe der Destruktoren.

Tip

Überladen und Überschreiben

Diese beiden Verfahren führen ähnliche Aufgaben aus. Wenn man eine Methode überlädt, erzeugt man mehrere Methoden mit dem gleichen Namen, aber unterschiedlichen Signaturen. Überschreibt man eine Methode, erzeugt man eine Methode in einer abgeleiteten Klasse mit dem gleichen Namen wie die Methode in der Basisklasse und mit der gleichen Signatur.

Die Methode der Basisklasse verbergen

Im vorhergehenden Listing verbirgt die Methode `Speak()` der Klasse `Dog` die Methode der Basisklasse. Dies ist zwar beabsichtigt, kann aber zu unerwarteten Ergebnissen führen. Wenn `Mammal` über eine überladene Methode `Move()` verfügt, und `Dog` diese Methode überschreibt, verbirgt die `Dog`-Methode alle `Mammal`-Methoden mit diesem Namen.

Wenn `Mammal` die Methode `Move()` mit drei Methoden überlädt – eine ohne Parameter, eine mit einem Integer-Parameter und eine mit einem Integer-Parameter und einem Parameter für die Richtung – und `Dog` einfach die Methode `Move()` ohne Parameter überschreibt, kann man über ein `Dog`-Objekt nicht mehr ohne weiteres auf die beiden anderen Methoden zugreifen. Listing 11.6 verdeutlicht dieses Problem.

Listing 11.6: Methoden verbergen

```
// Listing 11.6 Methoden verbergen

#include <iostream.h>

class Mammal
{
public:
   void Move() const { cout << "Saeugetier geht einen Schritt.\n"; }
   void Move(int distance) const
   {
      cout << "Saeugetier geht ";
```

```
12:          cout << distance <<" Schritte.\n";
13:       }
14:    protected:
15:       int itsAge;
16:       int itsWeight;
17:    };
18:
19:    class Dog : public Mammal
20:    {
21:    public:
22: // Hier kann eine Warnung erfolgen, dass Sie eine Funktion verbergen!
23:       void Move() const { cout << "Hund geht 5 Schritte.\n"; }
24:    };
25:
26:    int main()
27:    {
28:       Mammal bigAnimal;
29:       Dog fido;
30:       bigAnimal.Move();
31:       bigAnimal.Move(2);
32:       fido.Move();
33:       // fido.Move(10);
34:     return 0;
35:  }
```

Ausgabe

```
Saeugetier geht einen Schritt.
Saeugetier geht 2 Schritte.
Hund geht 5 Schritte.
```

Analyse

Diese Klassen verzichten auf alle überflüssigen Methoden und Daten. In den Zeilen 8 und 9 deklariert die `Mammal`-Klasse die überladenen `Move()`-Methoden. In Zeile 23 überschreibt `Dog` die parameterlose Version von `Move()`. Die Methoden werden in den Zeilen 30 bis 32 aufgerufen, und die Ausgabe spiegelt ihre Ausführung wider.

Zeile 33 ist auskommentiert, da sie einen Compiler-Fehler hervorruft. Die `Dog`-Klasse könnte normalerweise die Methode `Move(int)` aufrufen, wenn sie nicht die parameterlose Version von `Move()` überschrieben hätte. Nun ist aber diese Methode überschrieben. Möchte man beide Methoden verwenden, muß man auch beide Methoden überschreiben. Andernfalls bleibt die Methode, die nicht überschrieben wurde, verborgen. Das erinnert an die Regel, daß der Compiler keinen Standardkonstruktor bereitstellt, wenn man irgendeinen Konstruktor erzeugt.

Die Regel besagt: Sobald Sie eine überladene Methode überschreiben, sind alle anderen überladenen Versionen dieser Methode verdeckt. Wenn Sie dies nicht wünschen, müssen Sie alle Versionen überschreiben.

Es ist ein häufiger Fehler, daß man das Schlüsselwort `const` vergißt und so die Methode einer Basisklasse verdeckt, anstatt sie zu überschreiben. Das Schlüsselwort `const` gehört zur Signatur. Läßt man es weg, ändert man die Signatur und verbirgt damit die Methode, statt sie – wie eigentlich beabsichtigt – zu überschreiben.

Tip

Überschreiben und Verbergen

Im nächsten Abschnitt werde ich auf virtuelle Methoden eingehen. Mit dem Überschreiben einer virtuellen Methode wird die Polymorphie unterstützt – verbirgt man eine virtuelle Methode, behindert man die Polymorphie.

Die Basismethode aufrufen

Eine überschriebene Basismethode kann man weiterhin aufrufen, wenn man den vollständigen Namen der Methode angibt. Dazu schreibt man den Basisnamen, zwei Doppelpunkte und dann den Methodennamen wie im folgenden Beispiel:

```
Mammal::Move()
```

Somit kann man Zeile 32 in Listing 11.6 folgendermaßen neu schreiben:

```
32:     fido.Mammal::Move(10);
```

Diese Anweisung ruft explizit die `Mammal`-Methode auf. Listing 11.7 belegt dies an einem vollständigen Beispiel.

Listing 11.7: Die Basismethode einer überschriebenen Methode aufrufen

```
// Listing 11.7 Basismethode einer ueberschriebenen Methode aufrufen

#include <iostream.h>

class Mammal
{
public:
   void Move() const { cout << "Saeugetier geht einen Schritt. \n"; }
   void Move(int distance) const
   {
         cout << "Saeugetier geht " << distance;
         cout << " Schritte.\n";
   }

```

```
15:    protected:
16:       int itsAge;
17:       int itsWeight;
18:    };
19:
20:    class Dog : public Mammal
21:    {
22:    public:
23:       void Move()const;
24:
25:    };
26:
27:    void Dog::Move() const
28:    {
29:       cout << "In Move von Dog...\n";
30:       Mammal::Move(3);
31:    }
32:
33:    int main()
34:    {
35:       Mammal bigAnimal;
36:       Dog fido;
37:       bigAnimal.Move(2);
38:       fido.Mammal::Move(6);
39:     return 0;
40:   }
```

Ausgabe

```
Saeugetier geht 2 Schritte.
Saeugetier geht 6 Schritte.
```

Analyse

Zeile 35 erzeugt das `Mammal`-Objekt `bigAnimal`. Zeile 36 erzeugt das `Dog`-Objekt `Fido`. Die Anweisung in Zeile 37 ruft die Methode `Move()` des `Mammal`-Objekts mit Übergabe eines `int`-Wertes auf.

Der Programmierer möchte `Move(int)` auf dem `Dog`-Objekt aufrufen, hatte aber ein Problem. `Dog` überschreibt die Methode `Move()`, überlädt sie aber nicht und stellt keine Version bereit, die einen `int` übernimmt. Das läßt sich durch den expliziten Aufruf der Methode `Move(int)` der Basisklasse in Zeile 38 lösen.

Was Sie tun sollten	... und was nicht
Erweitern Sie die Funktionalität ausgetesteter Klassen durch Ableiten. Ändern Sie das Verhalten von bestimmten Funktionen in der abgeleiteten Klasse durch Überschreiben der Methoden der Basisklasse.	Achten Sie darauf, Funktionen der Basisklasse nicht ungewollt durch Änderung der Signatur der Funktion beim Überschreiben zu verdecken.

Virtuelle Methoden

In diesem Kapitel wurde die Tatsache betont, daß ein `Dog`-Objekt ein `Mammal`-Objekt ist. Bisher hat das nur bedeutet, daß das `Dog`-Objekt die Attribute (Daten) und Fähigkeiten (Methoden) seiner Basisklasse geerbt hat. In C++ geht die »ist-ein«-Beziehung allerdings noch weiter.

C++ erweitert die Polymorphie dahingehend, daß sich abgeleitete Klassenobjekte an Zeiger auf die Basisklassen zuweisen lassen. Deshalb kann man schreiben:

```
Mammal* pMammal = new Dog;
```

Diese Anweisung erzeugt ein neues `Dog`-Objekt auf dem Heap. Der von `new` zurückgegebene Zeiger auf dieses Objekt wird einem Zeiger auf `Mammal` zugewiesen. Das ist durchaus sinnvoll, da ein Hund ein Säugetier ist.

Hinweis

Wir haben es hier mit dem Wesen der Polymorphie zu tun. Man kann zum Beispiel viele unterschiedliche Typen von Fenstern erzeugen – etwa Dialogfelder, Fenster mit Bildlaufleisten und Listenfelder – und jedem von ihnen eine virtuelle Methode `zeichnen()` (Zeichnen) spendieren. Die Methode `zeichnen()` läßt sich ohne Beachtung des eigentlichen Laufzeittyps des referenzierten Objekts aufrufen, wenn man einen Zeiger auf ein Fenster erzeugt und diesem Zeiger Dialogfelder oder andere abgeleitete Typen zuweist. Es wird immer die richtige `zeichnen()`-Funktion aufgerufen.

Über diesen Zeiger kann man jede Methode in `Mammal` aufrufen. Wünschenswert wäre aber vor allem, daß für ein `Dog`-Objekt auch die in `Dog` überschriebenen Methoden aufgerufen werden. Virtuelle Elementfunktionen erlauben genau das. Listing 11.8 illustriert deren Arbeitsweise und stellt Aufrufe von nicht virtuellen Methoden dagegen.

Listing 11.8: Virtuelle Methoden

```
// Listing 11.8 Einsatz virtueller Methoden

#include <iostream.h>

class Mammal
{
public:
   Mammal():itsAge(1) { cout << "Mammal-Konstruktor...\n"; }
   virtual ~Mammal() { cout << "Mammal-Destruktor...\n"; }
   void Move() const { cout << "Saeugetier geht einen Schritt.\n"; }
   virtual void Speak() const { cout << "Saeugetier spricht!\n"; }
protected:
   int itsAge;

};

class Dog : public Mammal
{
public:
   Dog() { cout << "Dog-Konstruktor...\n"; }
   virtual ~Dog() { cout << "Dog-Destruktor...\n"; }
   void WagTail() { cout << "Schwanzwedeln...\n"; }
   void Speak()const { cout << "Wuff!\n"; }
   void Move()const { cout << "Hund geht 5 Schritte...\n"; }
};

int main()
{

   Mammal *pDog = new Dog;
   pDog->Move();
   pDog->Speak();

  return 0;
}
```

Ausgabe

```
Mammal-Konstruktor...
Dog-Konstruktor...
Saeugetier geht einen Schritt.
Wuff!
```

Analyse

Zeile 11 stellt für Mammal eine virtuelle Methode – Speak() – bereit. Der Designer dieser Klasse zeigt durch die virtual-Deklaration an, daß er damit rechnet, daß diese Klasse als Basisklasse für eine andere Klasse verwendet wird und die betreffende Funktion wahrscheinlich in der abgeleiteten Klasse überschrieben wird.

Zeile 30 erzeugt einen Zeiger auf Mammal, weist ihm aber die Adresse eines neuen Dog-Objekts zu. Da ein Dog-Objekt von Mammal abgeleitet ist, stellt dies eine zulässige Zuweisung dar. Über diesen Zeiger wird dann die Funktion Move() aufgerufen. Da der Compiler pDog nur als Mammal-Objekt kennt, sucht er beim Mammal-Objekt nach der Methode Move().

In Zeile 32 wird über den Zeiger die Methode Speak() aufgerufen. Speak() ist virtuell, so daß die überschriebene Speak()-Methode in Dog aufgerufen wird.

Das ist schon fast Zauberei. Der aufrufenden Funktion ist eigentlich nur bekannt, daß sie einen Mammal-Zeiger hat. Hier wird aber eine Methode von Dog aufgerufen. In der Tat ließe sich ein Array von Zeigern auf Mammal einrichten, in dem jeder Zeiger auf eine Unterklasse von Mammal verweist. Führt man nacheinander Aufrufe mit diesen Zeigern aus, aktiviert das Programm immer die korrekte Funktion. Listing 11.9 verdeutlicht dieses Konzept.

Listing 11.9: Mehrere virtuelle Elementfunktionen der Reihe nach aufrufen

```
 // Listing 11.9 Mehrere virtuelle Elementfunktionen der Reihe nach
 // aufrufen
 #include <iostream.h>

class Mammal
{
public:
   Mammal():itsAge(1) {  }
   virtual ~Mammal() { }
   virtual void Speak() const { cout << "Saeugetier, gib Laut!\n"; }
protected:
   int itsAge;
};

class Dog : public Mammal
{
public:
   void Speak()const { cout << "Wuff!\n"; }
};
```

```
class Cat : public Mammal
{
public:
   void Speak()const { cout << "Miau!\n"; }
};


class Horse : public Mammal
{
public:
   void Speak()const { cout << "Wieher!\n"; }
};

class Pig : public Mammal
{
public:
   void Speak()const { cout << "Grunz!\n"; }
};

int main()
{
   Mammal* theArray[5];
   Mammal* ptr;
   int choice, i;
   for ( i = 0; i<5; i++)
   {
      cout << "(1)Hund (2)Katze (3)Pferd (4)Schwein: ";
      cin >> choice;
      switch (choice)
      {
         case 1: ptr = new Dog;
         break;
         case 2: ptr = new Cat;
         break;
         case 3: ptr = new Horse;
         break;
         case 4: ptr = new Pig;
         break;
         default: ptr = new Mammal;
         break;
      }
      theArray[i] = ptr;
   }
   for (i=0;i<5;i++)
```

```
66:         theArray[i]->Speak();
67:     return 0;
68: }
```

Ausgabe

```
(1)Hund (2)Katze (3)Pferd (4)Schwein: 1
(1)Hund (2)Katze (3)Pferd (4)Schwein: 2
(1)Hund (2)Katze (3)Pferd (4)Schwein: 3
(1)Hund (2)Katze (3)Pferd (4)Schwein: 4
(1)Hund (2)Katze (3)Pferd (4)Schwein: 5
Wuff!
Miau!
Wieher!
Grunz!
Saeugetier, gib Laut!
```

Analyse

Dieses abgespeckte Programm, das lediglich die grundlegende Funktionalität für jede Klasse bereitstellt, zeigt virtuelle Elementfunktionen in ihrer reinsten Form. Die vier deklarierten Klassen – `Dog`, `Cat`, `Horse` und `Pig` (Hund, Katze, Pferd und Schwein) – sind alle von `Mammal` abgeleitet.

Zeile 10 deklariert die Funktion `Speak()` von `Mammal` als virtuell. In den Zeilen 18, 25, 32 und 38 überschreiben die vier abgeleiteten Klassen die Implementierung von `Speak()`.

Das Programm fordert den Anwender auf auszuwählen, welche Objekte zu erzeugen sind. Dementsprechend werden die Zeiger in den Zeilen 46 bis 64 in das Array aufgenommen.

Hinweis

Zur Kompilierzeit ist es nicht möglich, vorauszusagen, welches Objekt erzeugt und welche der `Speak()`-Methoden demzufolge aufzurufen ist. Der Zeiger `ptr` wird erst zur Laufzeit an sein Objekt gebunden. Man bezeichnet das als dynamisches Binden oder Binden zur Laufzeit im Gegensatz zum statischen Binden oder Binden zur Kompilierzeit.

Frage

Wenn ich eine Elementmethode in der Basisklasse als virtuell deklariere, muß ich sie dann auch in der abgeleiteten Klasse als virtuell markieren?

Antwort: Nein. Ist eine Methode erst einmal virtuell, bleibt sie auch nach dem Überschreiben in einer abgeleiteten Klasse virtuell. Es ist jedoch durchaus zu empfehlen (wenn auch nicht unbedingt nötig), sie auch in den abgeleiteten Klassen als virtuell zu markieren – damit wird der Code leichter zu lesen.

Arbeitsweise virtueller Elementfunktionen

Beim Erzeugen eines abgeleiteten Objekts, etwa eines `Dog`-Objekts, wird zuerst der Konstruktor für die Basisklasse und dann der Konstruktor für die abgeleitete Klasse aufgerufen. Abbildung 11.2 zeigt, wie sich das `Dog`-Objekt nach seiner Erzeugung darstellt. Beachten Sie, daß der `Mammal`-Teil des Objekts angrenzend an den `Dog`-Teil im Speicher abgelegt ist.

Abbildung 11.2: Das Dog-Objekt nach seiner Erzeugung

Wenn in einem Objekt eine virtuelle Funktion erzeugt wird, muß das Objekt festhalten, wo diese Funktion zu finden ist. Viele Compiler bauen eine sogenannte *V-Tabelle* für virtuelle Funktionen auf. Jeder Typ erhält eine eigene Tabelle, und jedes Objekt dieses Typs verwaltet einen virtuellen Tabellenzeiger (einen sogenannten `vptr` oder V-Zeiger) auf diese Tabelle.

Trotz verschiedenartiger Implementierungen müssen alle Compiler die gleiche Aufgabe umsetzen, so daß diese Beschreibung zumindest im Kern zutrifft.

Jeder `vptr` eines Objekts zeigt auf die V-Tabelle, die wiederum Zeiger auf alle virtuellen Elementfunktionen enthält. (Hinweis: Zeiger auf Funktionen werden im Kapitel 14, »Spezielle Themen zu Klassen und Funktionen«, eingehend behandelt). Beim Erzeugen des `Mammal`-Teils von `Dog` wird `vptr` mit einem Zeiger auf den entsprechenden Teil der V-Tabelle initialisiert. Abbildung 11.3 verdeutlicht diesen Sachverhalt.

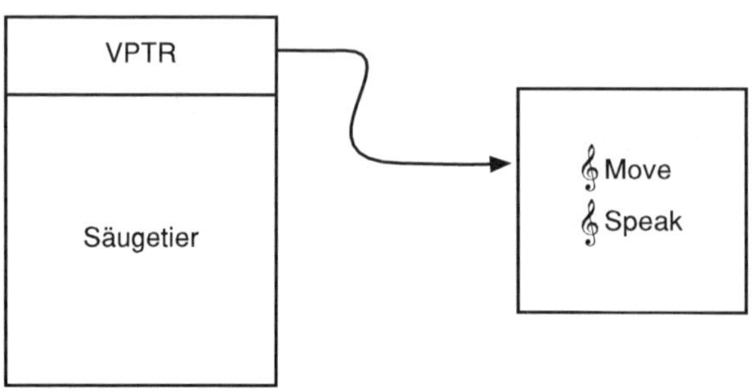

Abbildung 11.3: Die V-Tabelle eines Mammal-Objekts

Wenn beim Aufruf des Dog-Konstruktors der Dog-Teil dieses Objekts hinzukommt, wird vptr angepaßt und zeigt nun auf die überschriebenen virtuellen Funktionen (falls vorhanden) im Dog-Objekt, siehe Abbildung 11.4.

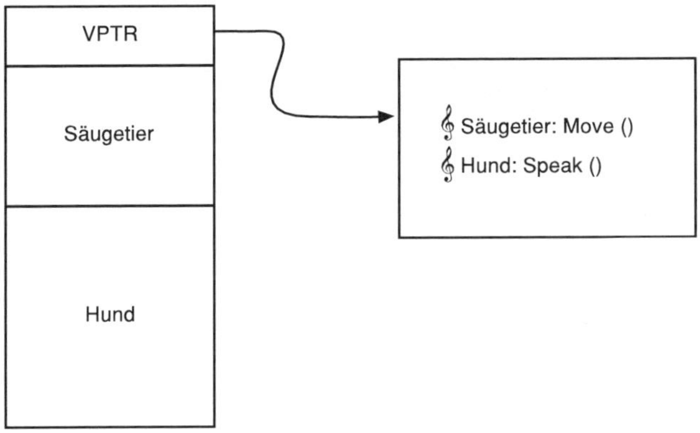

Abbildung 11.4: Die V-Tabelle eines Dog-Objekts

Wenn man einen Zeiger auf ein Mammal verwendet, weist der vptr weiterhin – gemäß dem tatsächlichen Typ des Objekts – auf die richtige Funktion. Wenn dann Speak() aufgerufen wird, wird die zu dem Objekt passende Funktion ausgeführt.

Verbotene Zugriffe

Verfügt das Dog-Objekt über eine Methode WagTail(), die im Mammal-Objekt nicht vorhanden ist, kann man mit dem Zeiger auf Mammal nicht auf diese Methode zugreifen (jedenfalls so lange nicht, wie man keine Typumwandlung in einen Zeiger auf Dog vornimmt). Da WagTail() keine virtuelle Funktion ist und sich diese Methode nicht in einem Mammal-Objekt befindet, läßt sich dieser Weg nur über ein Dog-Objekt oder einen Dog-Zeiger beschreiten.

Obwohl man den Mammal-Zeiger in einen Dog-Zeiger umwandeln kann, gibt es wesentlich bessere und sicherere Wege, um die Methode WagTail() aufzurufen. In C++ sollte man auf explizite Typumwandlungen verzichten, da sie fehleranfällig sind. Auf dieses Thema gehen die Kapitel zur Mehrfachvererbung (Kapitel 13) und zu den Templates (Kapitel 19) näher ein.

Slicing (Aufspaltung von Objekten)

Der Zauber der virtuellen Funktionen funktioniert nur bei Zeigern und Referenzen. Die Übergabe eines Objekts als Wert läßt den Aufruf virtueller Elementfunktionen nicht zu. Listing 11.10 verdeutlicht dieses Problem.

Listing 11.10: Slicing bei Übergabe als Wert

```
 // Listing 11.10 Datenteilung bei Übergabe als Wert

 #include <iostream.h>

class Mammal
{
public:
   Mammal():itsAge(1) {   }
  virtual ~Mammal() { }
   virtual void Speak() const { cout << "Saeugetier, gib Laut!\n"; }
protected:
   int itsAge;
};

class Dog : public Mammal
{
public:
   void Speak()const { cout << "Wuff!\n"; }
};

class Cat : public Mammal
{
public:
   void Speak()const { cout << "Miau!\n"; }
};

void ValueFunction (Mammal);
void PtrFunction   (Mammal*);
void RefFunction (Mammal&);
int main()
{
   Mammal* ptr=0;
   int choice;
   while (1)
   {
      BOOL fQuit = FALSE;
      cout << "(1)Hund (2)Katze (0)Beenden: ";
      cin >> choice;
      switch (choice)
      {
         case 0: fQuit = true;
         break;
         case 1: ptr = new Dog;
         break;
```

```
45:            case 2: ptr = new Cat;
46:            break;
47:            default: ptr = new Mammal;
48:            break;
49:          }
50:          if (fQuit)
51:            break;
52:          PtrFunction(ptr);
53:          RefFunction(*ptr);
54:          ValueFunction(*ptr);
55:       }
56:       return 0;
57:    }
58:
59:    void ValueFunction (Mammal MammalValue)
60:    {
61:       MammalValue.Speak();
62:    }
63:
64:    void PtrFunction (Mammal * pMammal)
65:    {
66:       pMammal->Speak();
67:    }
68:
69:    void RefFunction (Mammal & rMammal)
70:    {
71:       rMammal.Speak();
72:    }
```

Ausgabe

```
(1)Hunde (2)Katze (0)Beenden: 1
Wuff!
Wuff!
Saeugetier, gib Laut!
(1)Hund (2)Katze (0)Beenden: 2
Miau!
Miau!
Saeugetier, gib Laut!
(1)Hund (2)Katze (0)Beenden: 0
```

Analyse

Die Zeilen 5 bis 25 deklarieren abgespeckte Versionen der Klassen `Mammal`, `Dog` und `Cat`. Die drei deklarierten Funktionen `PtrFunction()`, `RefFunction()` und `Value-`

Function() übernehmen einen Zeiger auf ein Mammal, eine Mammal-Referenz bzw. ein Mammal-Objekt. Alle drei Funktionen machen dann das gleiche – sie rufen die Methode Speak() auf.

Der Anwender wird aufgefordert, einen Hund (Dog-Objekt) oder eine Katze (Cat-Objekt) zu wählen. Gemäß der Auswahl erzeugen die Zeilen 43 bis 46 einen Zeiger auf den entsprechenden Typ.

In der ersten Ausgabezeile hat sich der Anwender für einen Hund entschieden. Zeile 43 erzeugt das Dog-Objekt im Heap. Danach erfolgt die Übergabe des Dog-Objekts als Zeiger, als Referenz und als Wert an die drei Funktionen.

Der Zeiger und die Referenzen rufen virtuelle Elementfunktionen auf, und es wird beide Male Elementfunktion Dog->Speak() aktiviert. Das zeigt sich in den beiden ersten Ausgabezeilen nach der Benutzereingabe.

Zuletzt wird der dereferenzierte Zeiger als Wert übergeben. Die aufgerufene Funktion erwartet ein Mammal-Objekt, so daß der Compiler das Dog-Objekt genau bis zum Mammal-Teil auftrennt – das sogenannte Slicing. An diesem Punkt erfolgt der Aufruf der Mammal-Methode Speak(), wie es die dritte Ausgabezeile nach der Benutzerauswahl dokumentiert.

Dieses Experiment wiederholt sich mit entsprechenden Ergebnissen für das Cat-Objekt.

Virtuelle Destruktoren

Es ist zulässig und üblich, einen Zeiger auf ein abgeleitetes Objekt zu übergeben, wenn ein Zeiger auf ein Basisobjekt erwartet wird. Was passiert, wenn dieser Zeiger auf ein abgeleitetes Objekt gelöscht wird? Ist der Destruktor virtuell (wie er es sein sollte), geht alles in Ordnung – der Destruktor der abgeleiteten Klasse wird aufgerufen. Da der Destruktor der abgeleiteten Klasse automatisch den Destruktor der Basisklasse aufruft, wird das gesamte Objekt ordnungsgemäß zerstört.

Als Faustregel für diesen Fall gilt: Wenn irgendeine Funktion in der Klasse virtuell ist, sollte der Destruktor ebenfalls virtuell sein.

Virtuelle Kopierkonstruktoren

Wie bereits erwähnt, können Konstruktoren nicht virtuell sein und deshalb gibt es, technisch gesehen, keinen virtuellen Kopierkonstruktor. Trotzdem kann es vorkommen, daß ein Programm unbedingt einen Zeiger auf ein Basisobjekt übergeben muß und eine Kopie des erzeugten und korrekt abgeleiteten Objekts braucht. Eine übliche Lösung für dieses Problem besteht in der Erzeugung einer Clone()-Methode in der Basisklasse, wobei man diese Methode virtuell deklariert. Eine Clone()-Methode erzeugt eine neue Kopie des aktuellen Objekts und gibt dieses Objekt zurück.

Da jede abgeleitete Klasse die `Clone()`-Methode überschreibt, wird eine Kopie der abgeleiteten Klasse erzeugt. Listing 11.11 zeigt wie dies in der Praxis aussieht.

Listing 11.11: Virtueller Kopierkonstruktor

```
// Listing 11.11 Virtueller Kopierkonstruktor

#include <iostream.h>

class Mammal
{
public:
   Mammal():itsAge(1) { cout << "Mammal-Konstruktor...\n"; }
   virtual ~Mammal() { cout << "Mammal-Destruktor...\n"; }
   Mammal (const Mammal & rhs);
   virtual void Speak() const { cout << "Saeugetier, gib Laut!\n"; }
   virtual Mammal* Clone() { return new Mammal(*this); }
   int GetAge()const { return itsAge; }
protected:
   int itsAge;
};

Mammal::Mammal (const Mammal & rhs):itsAge(rhs.GetAge())
{
   cout << "Mammal-Kopierkonstruktor...\n";
}

class Dog : public Mammal
{
public:
   Dog() { cout << "Dog-Konstruktor...\n"; }
   virtual ~Dog() { cout << "Dog-Destruktor...\n"; }
   Dog (const Dog & rhs);
   void Speak()const { cout << "Wuff!\n"; }
   virtual Mammal* Clone() { return new Dog(*this); }
};

Dog::Dog(const Dog & rhs):
Mammal(rhs)
{
   cout << "Dog-Kopierkonstruktor...\n";
}

class Cat : public Mammal
{
```

```
public:
   Cat() { cout << "Cat-Konstruktor...\n"; }
   ~Cat() { cout << "Cat-Destruktor...\n"; }
   Cat (const Cat &);
   void Speak()const { cout << "Miau!\n"; }
   virtual Mammal* Clone() { return new Cat(*this); }
};

Cat::Cat(const Cat & rhs):
Mammal(rhs)
{
   cout << "Cat-Kopierkonstruktor...\n";
}

enum ANIMALS { MAMMAL, DOG, CAT};
const int NumAnimalTypes = 3;
int main()
{
   Mammal *theArray[NumAnimalTypes];
   Mammal* ptr;
   int choice, i;
   for (i = 0; i<NumAnimalTypes; i++)
   {
      cout << "(1)Hund (2)Katze (3)Saeugetier: ";
      cin >> choice;
      switch (choice)
      {
         case DOG: ptr = new Dog;
         break;
         case CAT: ptr = new Cat;
         break;
         default: ptr = new Mammal;
         break;
      }
      theArray[i] = ptr;
   }
   Mammal *OtherArray[NumAnimalTypes];
   for (i=0;i<NumAnimalTypes;i++)
   {
      theArray[i]->Speak();
      OtherArray[i] = theArray[i]->Clone();
   }
   for (i=0;i<NumAnimalTypes;i++)
      OtherArray[i]->Speak();
 return 0;
}
```

Ausgabe

```
1:  (1)Hund (2)Katze (3)Saeugetier: 1
2:  Mammal-Konstruktor...
3:  Dog-Konstruktor...
4:  (1)Hund (2)Katze (3)Saeugetier: 2
5:  Mammal-Konstruktor...
6:  Cat-Konstruktor...
7:  (1)Hund (2)Katze (3)Saeugetier: 3
8:  Mammal-Konstruktor...
9:  Wuff!
10: Mammal-Kopierkonstruktor...
11: Dog-Kopierkonstruktor...
12: Miau!
13: Mammal Kopierkonstruktor...
14: Cat-Kopierkonstruktor...
15: Saeugetier, gib Laut!
16: Mammal-Kopierkonstruktor...
17: Wuff!
18: Miau!
19: Saeugetier, gib Laut!
```

Analyse

Listing 11.11 ist den beiden vorangehenden Listings sehr ähnlich. Lediglich die `Mammal`-Klasse hat eine neue virtuelle Methode erhalten: `Clone)()`. Diese Methode gibt einen Zeiger auf ein neues `Mammal`-Objekt zurück. Die Methode ruft dazu den Kopierkonstruktor auf und übergibt sich dabei selbst (`*this`) als konstante Referenz.

`Dog` und `Cat` überschreiben die `Clone()`-Methode, wobei sie ihre eigenen Kopierkonstruktoren mit sich selbst als Argument aufrufen. Da `Clone()` eine virtuelle Methode ist, erzeugt dies praktisch einen virtuellen Kopierkonstruktor, wie es aus Zeile 81 hervorgeht.

Der Anwender wird aufgefordert, zwischen Hunden, Katzen oder Säugetieren zu wählen. Diese werden in den Zeilen 62 bis 74 erzeugt. Zeile 75 speichert einen Zeiger auf jede Auswahl in einem Array.

Beim Durchlaufen des Arrays in den Zeilen 80 und 81 werden für jedes Objekt die Methoden `Speak()` und `Clone()` aufgerufen. Der Aufruf von `Clone()` liefert einen Zeiger auf eine Kopie des Objekts, das Zeile 81 in einem zweiten Array speichert.

In der ersten Ausgabezeile wird der Anwender aufgefordert, eine Auswahl zu treffen. Er entscheidet sich für einen Hund und gibt eine 1 ein. Die `Mammal`- und `Dog`-Konstruktoren werden aufgerufen. Das Ganze wiederholt sich für die Konstruktoren von `Cat` und `Mammal` in den Ausgabezeilen 4 bis 8.

Zeile 9 der Ausgabe zeigt das Ergebnis des Aufrufs von `Speak()` für das erste Objekt, das `Dog`-Objekt. Das Programm ruft die virtuelle Methode `Speak()` auf und aktiviert die korrekte Version. Es schließt sich der Aufruf der Methode `Clone()` an. Da sie ebenfalls virtuell ist, wird die `Clone()`-Methode von `Dog` aufgerufen, was wiederum zum Aufruf des `Mammal`-Konstruktors und des `Dog`-Kopierkonstruktors führt.

Das gleiche wiederholt sich in den Ausgabezeilen 12 bis 14 für `Cat` und in den Ausgabezeilen 15 und 16 für `Mammal`. Schließlich wird das neue Array durchlaufen, wobei für jedes neue Objekt die Methode `Speak()` aufgerufen wird.

Der Preis der virtuellen Methoden

Da Objekte mit virtuellen Methoden eine V-Tabelle einrichten müssen, fallen zusätzliche Verwaltungsaufgaben an. Für eine kleine Klasse, von denen man voraussichtlich keine anderen Klassen ableiten wird, gibt es vermutlich keinen Grund, virtuelle Methoden vorzusehen.

Hat man einmal irgendwelche Methoden als virtuell deklariert, sind die »Anschaffungskosten« für die V-Tabelle zum größten Teil bereits bezahlt (auch wenn jeder Eintrag ein wenig zusätzliche Speicherverwaltung erfordert). Jetzt werden Sie auch einen virtuellen Destruktor einrichten, und man sollte prüfen, ob die anderen Methoden nicht auch virtuell sein sollten. Sehen Sie sich alle nicht virtuellen Methoden eingehend an, und legen Sie sich Rechenschaft darüber ab, warum Sie diese nicht als virtuell deklariert haben.

Was Sie tun sollten	... und was nicht
Verwenden Sie virtuelle Methoden, wenn Sie davon ausgehen, daß von Ihrer Klasse andere Klassen abgeleitet werden. Richten Sie einen virtuellen Destruktor ein, wenn irgendeine Methode virtuell ist.	Konstruktoren werden nicht als virtuell gekennzeichnet.

Zusammenfassung

In diesem Kapitel haben Sie gelernt, wie man abgeleitete Klassen von Basisklassen erbt. Klassen erben alle öffentlichen (`public`) und geschützten (`protected`) Daten und Funktionen ihrer Basisklassen.

Der geschützte Zugriff ist bezüglich der abgeleiteten Klassen öffentlich und zu allen anderen Objekten privat. Auf private Daten oder Funktionen der Basisklassen können selbst abgeleitete Klassen nicht zugreifen.

Konstruktoren lassen sich vor dem Rumpf des Konstruktors initialisieren. Genau zu diesem Zeitpunkt werden die Konstruktoren der Basisklasse aufgerufen, und man kann Parameter an die Basisklasse übergeben.

Funktionen der Basisklasse lassen sich in der abgeleiteten Klasse überschreiben. Wenn die Funktionen der Basisklasse virtuell sind und wenn man auf das Objekt über einen Zeiger oder eine Referenz zugreift, werden die Funktionen der abgeleiteten Klasse entsprechend dem Laufzeittyp des referenzierten Objekts aufgerufen.

Methoden der Basisklasse können aufgerufen werden, indem man vor den Namen der Funktion den Namen der Basisklasse und zwei Doppelpunkte schreibt. Erbt zum Beispiel `Dog` von `Mammal`, ruft man die Methode `Walk()` von `Mammal` mit `Mammal::walk()` auf.

In Klassen mit virtuellen Methoden sollte man den Destruktor eigentlich immer als virtuell deklarieren. Ein virtueller Destruktor stellt sicher, daß beim Löschen (`delete`) von Zeigern auf abgeleitete Objekte auch der abgeleitete Teil des Objekts freigegeben wird. Konstruktoren dürfen nicht virtuell sein. Virtuelle Kopierkonstruktoren lassen sich effektiv erzeugen, indem man eine virtuelle Funktion einrichtet, die den Kopierkonstruktor aufruft.

Fragen und Antworten

F Werden vererbte Elemente und Funktionen an nachfolgende Generationen weitergereicht? Wenn sich `Dog` von `Mammal` ableitet und `Mammal` von `Animal`, erbt dann `Dog` die Funktionen und Daten von `Animal`?

A *Ja. Setzt man die Ableitung fort, erben die abgeleiteten Klassen die Gesamtheit aller Funktionen und Daten aller darüberliegenden Basisklassen.*

F Wenn in dem obigen Beispiel `Mammal` eine Funktion in `Animal` überschreibt, erhält dann `Dog` die originale oder die überschriebene Funktion.

A *Wenn `Dog` bei der Vererbung auf `Mammal` basiert, erhält es die Funktion im gleichen Status, in dem sie auch in `Mammal` vorhanden ist: als überschriebene Funktion.*

F Kann man in einer abgeleiteten Klasse eine öffentliche Basisfunktion als privat deklarieren?

A *Ja, die abgeleitete Klasse kann die Methode als privat überschreiben. Die Funktion bleibt dann aber für alle nachfolgenden Ableitungen ebenfalls privat.*

F Warum deklariert man nicht alle Funktionen einer Klasse als virtuell?

A *Für die erste virtuelle Funktion entsteht zusätzlicher Verwaltungsaufwand durch das Anlegen einer V-Tabelle. Danach läßt sich der Overhead vernachlässigen. Viele C++-Programmierer gehen einfach davon aus, daß alle Funktionen virtuell zu sein haben, wenn mindestens eine Funktion als virtuell deklariert ist. Andere Programmierer stimmen damit nicht überein, sondern fragen immer nach einem vernünftigen Grund für eine virtuelle Funktion.*

F Angenommen, `EineFunk()` **sei eine virtuelle Funktion in einer Basisklasse. Diese Funktion wird überladen, um einen oder zwei Integer-Wert(e) zu übernehmen. Die abgeleitete Klasse überschreibt nun die Version mit einem Integer-Wert. Welche Funktion wird dann aktiviert, wenn ein Zeiger auf ein abgeleitetes Objekt die Version mit *zwei* Integer-Argumenten aufruft?**

A *Das Überschreiben der Version mit einem Integer-Argument verbirgt die gesamte Funktion der Basisklasse. Demzufolge erhält man einen Compiler-Fehler mit dem Hinweis, daß diese Funktion nur einen Integer-Wert erfordert.*

Workshop

Der Workshop enthält Quizfragen, die Ihnen helfen sollen, Ihr Wissen zu festigen, und Übungen, die Sie anregen sollen, das eben Gelernte umzusetzen und eigene Erfahrungen zu sammeln. Versuchen Sie, das Quiz und die Übungen zu beantworten und zu verstehen, bevor Sie die Lösungen in Anhang D lesen und zur Lektion des nächsten Tages übergehen.

Quiz

1. Was ist eine V-Tabelle?
2. Was ist ein virtueller Destruktor?
3. Wie deklariert man einen virtuellen Konstruktor?
4. Wie erzeugt man einen virtuellen Kopierkonstruktor?
5. Wie rufen Sie eine Elementfunktion einer Basisklasse aus einer abgeleiteten Klasse auf, wenn diese Funktion in der abgeleiteten Klasse überschrieben wurde?

6. Wie rufen Sie eine Elementfunktion einer Basisklasse aus einer abgeleiteten Klasse auf, wenn diese Funktion in der abgeleiteten Klasse nicht überschrieben wurde?
7. Wenn eine Basisklasse eine Funktion als virtuell deklariert hat und eine abgeleitete Klasse beim Überschreiben dieser Klasse den Begriff virtuell nicht verwendet, ist die Funktion immer noch virtuell, wenn sie an eine Klasse der dritten Generation vererbt wird?
8. Wofür wird das Schlüsselwort `protected` verwendet?

Übungen

1. Setzen Sie die Deklaration einer virtuellen Funktion auf, die einen Integer als Parameter übernimmt und `void` zurückliefert.
2. Geben Sie die Deklaration einer Klasse `Square` an, die sich von `Rectangle` ableitet, die wiederum eine Ableitung von `Shape` ist.
3. Angenommen, in Übung 2 übernimmt `Shape` keine Parameter, `Rectangle` übernimmt zwei (`length` und `width`), aber `Square` übernimmt nur einen (`length`). Wie sieht die Konstruktorinitialisierung für `Square` aus?
4. Schreiben Sie einen virtuellen Kopierkonstruktor für die Klasse `Square` (aus Übung 3).
5. FEHLERSUCHE: Was ist falsch in diesem Codefragment?

```
void EineFunktion (Shape);
Shape * pRect = new Rectangle;
EineFunktion(*pRect);
```

6. FEHLERSUCHE: Was ist falsch in diesem Codefragment?

```
class Shape()
{
public:
     Shape();
     virtual ~Shape();
     virtual Shape(const Shape&);
};
```

12 Arrays und verkettete Listen

Woche 2

In den vorherigen Kapiteln haben Sie einzelne Elemente vom Typ `int`, `char` oder andere Einzelobjekte deklariert. Oftmals wünscht man sich aber eine Sammlung von Objekten, wie etwa 20 Ganzzahlen oder ein Körbchen voller Katzen (`CAT`-Objekte). Heute lernen Sie,

- was Arrays sind und wie man sie deklariert,
- was Strings sind und wie man sie als Zeichen-Arrays erstellen kann,
- welche Beziehung zwischen Arrays und Zeigern besteht,
- wie man Zeigerarithmetik bei Arrays anwendet.

Was ist ein Array?

Ein Array ist eine Zusammenfassung von Speicherstellen für Daten desselben Datentyps. Die einzelnen Speicherstellen bezeichnet man als Elemente des Array.

Man deklariert ein Array, indem man den Typ, gefolgt vom Namen des Array und dem Index schreibt. Der Index bezeichnet bei der Deklaration die Anzahl der Elemente im Array und wird in eckige Klammern eingeschlossen.

Zum Beispiel deklariert

```
long LongArray[25];
```

ein Array namens `LongArray` mit 25 Zahlen des Typs `long`. Der Compiler reserviert bei dieser Deklaration einen Speicherbereich für die Aufnahme aller 25 Elemente. Da jede Zahl vom Typ `long` genau 4 Byte erfordert, reserviert diese Deklaration im Speicher 100 aufeinanderfolgende Bytes (Abbildung 12.1).

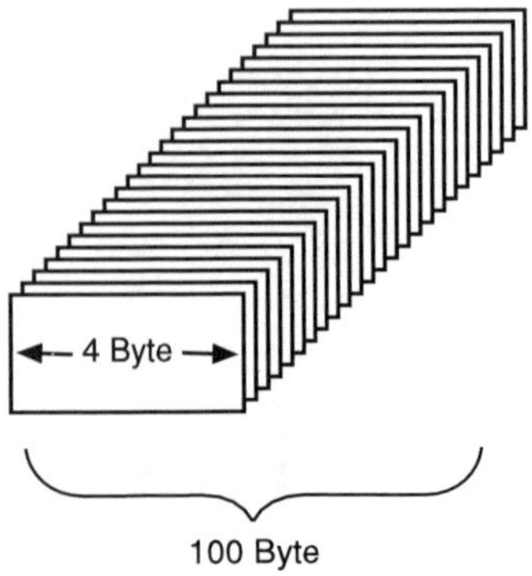

Abbildung 12.1: Ein Array deklarieren

Array-Elemente

Auf die Elemente des Array greift man zu, indem man einen Index als Offset (Verschiebung) vom Array-Anfang angibt. Die Durchzählung der Array-Elemente beginnt dabei mit 0. Das erste Element des Array ist demzufolge `arrayName[0]`. Für das `Long-Array`-Beispiel wäre also `LongArray[0]` das erste Array-Element, `LongArray[1]` das zweite usw.

Diese Zählweise ist genau zu beachten. Das Array `EinArray[3]` enthält drei Elemente: `EinArray[0]`, `EinArray[1]` und `EinArray[2]`. Allgemein ausgedrückt, verfügt `EinArray[n]` über `n` Elemente, die von `EinArray[0]` bis `EinArray[n-1]` durchnumeriert sind.

Die Elemente in `LongArray[25]` sind demnach von `LongArray[0]` bis `LongArray[24]` numeriert. Listing 12.1 zeigt, wie man ein Array mit fünf Ganzzahlen deklariert und jedes Element mit einem Wert füllt.

Listing 12.1: Ein Array für Integer-Zahlen

```
// Listing 12.1 - Arrays
#include <iostream.h>

int main()
{
   int myArray[5];
   int i;
   for (i=0; i<5; i++)  // 0-4
   {
      cout << "Wert fuer myArray[" << i << "]: ";
      cin >> myArray[i];
   }
   for (i = 0; i<5; i++)
      cout << i << ": " << myArray[i] << "\n";
 return 0;
}
```

Ausgabe

```
Wert fuer myArray[0]:  3
Wert fuer myArray[1]:  6
Wert fuer myArray[2]:  9
Wert fuer myArray[3]:  12
Wert fuer myArray[4]:  15

0: 3
1: 6
2: 9
```

```
3: 12
4: 15
```

Analyse

Zeile 6 deklariert das Array `myArray`, das fünf Integer-Variablen aufnimmt. Zeile 8 richtet eine Schleife ein, die von 0 bis 4 zählt und damit genau die Indizes zum Durchlaufen eines fünfelementigen Array erzeugt. Der Anwender gibt einen Wert ein, den das Programm am richtigen Offset im Array speichert.

Der erste Wert kommt nach `myArray[0]`, der zweite nach `myArray[1]` und so weiter. Die zweite `for`-Schleife gibt alle Werte auf dem Bildschirm aus.

Hinweis

Die Indizierung von Arrays beginnt bei 0 und nicht bei 1. Hier liegt die Ursache für viele Fehler, die gerade Neueinsteigern in C++ unterlaufen. Man sollte immer daran denken, daß ein Array mit zehn Elementen von `ArrayName[0]` bis `ArrayName[9]` numeriert wird und es kein Element `ArrayName[10]` gibt.

Über das Ende eines Array schreiben

Wenn Sie einen Wert in einem Array speichern, errechnet der Compiler anhand der Größe der Elemente und dem angegebenen Index die Position im Array, an der der Wert zu speichern ist. Angenommen, es ist ein Wert in `LongArray[5]` – also im sechsten Element – einzutragen. Der Compiler multipliziert den Offset – 5 – mit der Größe der Einzelelemente – in diesem Beispiel 4. Es ergibt sich eine Verschiebung (Offset) von 20 Byte bezüglich des Array-Beginns. An diese Stelle schreibt das Programm den Wert.

Wenn Sie in das Element `LongArray[50]` schreiben, ignoriert der Compiler die Tatsache, daß es kein derartiges Element gibt, berechnet die Verschiebung zum ersten Element – 200 Byte – und schreibt den Wert an diese Speicherstelle – ohne Rücksicht darauf, was an dieser Speicherstelle bereits abgelegt ist. Dort können nahezu beliebige Daten stehen, so daß das Überschreiben mit den neuen Daten zu unvorhersehbaren Ergebnissen führen kann. Wenn man Glück hat, stürzt das Programm sofort ab. Andernfalls erhält man wesentlich später im Programm seltsame Ergebnisse und kann nur schwer herausfinden, was hier schiefgegangen ist.

Der Compiler verhält sich wie ein Blinder, der die Entfernung von seinem Haus abschreitet. Er beginnt beim ersten Haus, `Hauptstrasse[0]`. Wenn man ihn bittet, zum sechsten Haus in der Hauptstraße zu gehen, denkt er sich: »Ich muß noch weitere fünf

Häuser gehen. Jedes Haus ist vier große Schritte lang. Ich gehe also noch weitere 20 Schritte.« Bittet man ihn, zur `Hauptstrasse[100]` zu gehen, und die Hauptstraße hat nur 25 Häuser, wird er 400 Schritte zurücklegen. Bevor er allerdings an seinem Ziel ankommt, läuft er vielleicht in einen fahrenden Bus. Passen Sie also auf, wo Sie den Mann hinschicken.

Listing 12.2 zeigt, was passiert, wenn Sie über das Ende eines Array hinausschreiben.

Warnung

Führen Sie dieses Programm nicht aus. Es kann einen Systemabsturz auslösen!

Listing 12.2: Über das Ende eines Array schreiben

```
//Listing 12.2
// Demonstriert, was passiert, wenn Sie über das Ende
// eines Array hinausschreiben

#include <iostream.h>
int main()
{
   // Waechter
   long sentinelOne[3];
   long TargetArray[25]; // zu fuellendes Array
   long sentinelTwo[3];
   int i;
   for (i=0; i<3; i++)
      sentinelOne[i] = sentinelTwo[i] = 0;

   for (i=0; i<25; i++)
      TargetArray[i] = 0;

   cout << "Test 1: \n";  // aktuelle Werte testen (sollten 0 sein)
   cout << "TargetArray[0]: " << TargetArray[0] << "\n";
   cout << "TargetArray[24]: " << TargetArray[24] << "\n\n";

   for (i = 0; i<3; i++)
   {
      cout << "sentinelOne[" << i << "]: ";
      cout << sentinelOne[i] << "\n";
      cout << "sentinelTwo[" << i << "]: ";
       cout << sentinelTwo[i]<< "\n";
   }

   cout << "\nZuweisen...";
```

```
        for (i = 0; i<=25; i++)
            TargetArray[i] = 20;

        cout << "\nTest 2: \n";
        cout << "TargetArray[0]: " << TargetArray[0] << "\n";
        cout << "TargetArray[24]: " << TargetArray[24] << "\n";
        cout << "TargetArray[25]: " << TargetArray[25] << "\n\n";
        for (i = 0; i<3; i++)
        {
            cout << "sentinelOne[" << i << "]: ";
            cout << sentinelOne[i]<< "\n";
            cout << "sentinelTwo[" << i << "]: ";
            cout << sentinelTwo[i]<< "\n";
        }

      return 0;
    }
```

Ausgabe

```
Test 1:
TargetArray[0]: 0
TargetArray[24]: 0

SentinelOne[0]: 0
SentinelTwo[0]: 0
SentinelOne[1]: 0
SentinelTwo[1]: 0
SentinelOne[2]: 0
SentinelTwo[2]: 0

Zuweisen...
Test 2:
TargetArray[0]: 20
TargetArray[24]: 20
TargetArray[25]: 20

SentinelOne[0]: 20
SentinelTwo[0]: 0
SentinelOne[1]: 0
SentinelTwo[1]: 0
SentinelOne[2]: 0
SentinelTwo[2]: 0
```

Analyse

Die Zeilen 9 und 11 deklarieren zwei Arrays mit jeweils drei Integer, die als Sentinel (Wächter) für `TargetArray` fungieren. Diese Sentinel-Arrays werden mit dem Wert `0` initialisiert. Wenn Speicherplatz über das Ende von `TargetArray` hinaus beschrieben wird, sollten sich die Werte in den Sentinels ändern. Einige Compiler zählen dabei den Speicher hoch, andere zählen runter. Aus diesem Grunde stehen die Sentinels zu beiden Seiten von `TargetArray`.

In Test 1 werden die Sentinel-Werte zur Kontrolle ausgegeben (Zeilen 19 bis 29). Zeile 33 initialisiert alle Elemente von `TargetArray` mit `20`, aber der Zähler zählt für `TargetArray` bis zum Offset 25, der für `TargetArray` gar nicht existiert.

Die Zeilen 36 bis 38 geben als Teil von Test 2 einige Werte von `TargetArray` aus. Beachten Sie, daß es `TargetArray` keine Probleme bereitet, den Wert `20` auszugeben. Wenn jedoch `SentinelOne` und `SentinelTwo` ausgegeben werden, sieht man, daß sich der Wert von `SentinelOne` geändert hat. Das liegt daran, daß der Speicherplatz, der 25 Elemente hinter `TargetArray[0]` liegt, von `SentinelOne[0]` eingenommen wird. Mit dem Zugriff auf das nicht existierende Element `TargetArray[25]` wurde daher auf `SentinelOne[0]` zugegriffen.

Dieser unangenehme Fehler ist ziemlich schwer zu finden, da der Wert von `SentinelOne[0]` in einem Codeabschnitt geändert wurde, der überhaupt nicht in `SentinelOne` schreibt.

Dieser Code verwendet »magische Zahlen«, wie 3 für die Größe des Sentinel-Array und 25 für die Größe von `TargetArray`. Es ist sicherer, Konstanten zu verwenden, so daß alle diese Werte an einer Stelle geändert werden können.

Beachten Sie, daß jeder Compiler Speicherplatz unterschiedlich verwendet. Deshalb können Ihre Ergebnisse von den hier gezeigten Werten abweichen.

Fence Post Errors

Es kommt so häufig vor, daß man die Grenzen des Array um genau ein Element überschreitet, daß dieser Fehler sogar einen eigenen Namen bekommen hat: *Fence Post Error*, zu deutsch etwa »Zaunpfahlfehler«. Bei Denkspielen, in denen es um Schnelligkeit geht, begegnet man des öfteren der Frage, wie viele Zaunpfähle für einen Zaun von 10 Meter Länge erforderlich sind, wenn man einen Pfahl pro Meter benötigt. Die unüberlegte Antwort lautet oft 10, obwohl es natürlich 11 sind. Abbildung 12.2 verdeutlicht das.

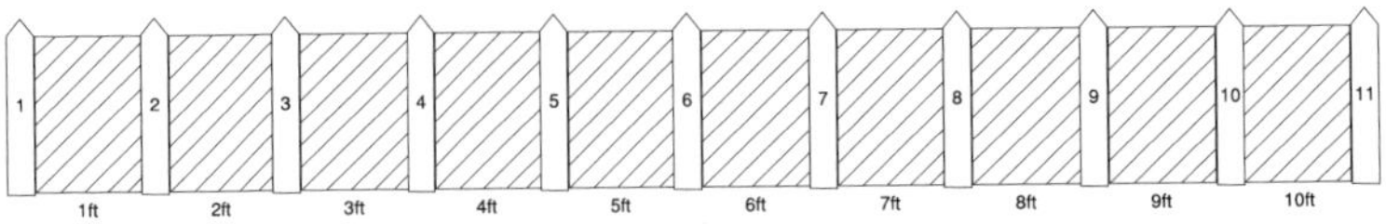

Abbildung 12.2: Fence Post Errors

Gleichermaßen liegt man bei der intuitiven Indizierung des letzten Array-Elements meist daneben, und unzählige Programmierer haben sich darüber schon die Haare gerauft. Mit der Zeit geht es aber in Fleisch und Blut über, daß ein 25elementiges Array nur bis zum Element 24 numeriert ist, und daß man beim Zählen bei 0 beginnen muß. (Programmierer wundern sich oft, warum Häuser keine 0. Etage haben. In der Tat sind manche so schlau, die Taste 4 zu drücken, wenn sie in den fünften Stock möchten.)

Hinweis

Einige Programmierer bezeichnen `ArrayName[0]` als das nullte Element. Diese Angewohnheit ist nicht zur Nachahmung zu empfehlen. Wenn `ArrayName[0]` das nullte Element ist, was ist dann `ArrayName[1]`? Das erste? Wenn ja, sind Sie dann noch imstande zu erkennen, daß sich hinter `ArrayName[24]` nicht das 24ste, sondern das 25ste Element verbirgt? Wesentlich besser ist es zu sagen, daß `ArrayName[0]` den Offset 0 hat und es sich um das erste Element handelt.

Arrays initialisieren

Einfache Arrays von vordefinierten Typen wie `int`-Zahlen oder Zeichen (`char`) kann man bei der Deklaration direkt initialisieren. Dazu tippt man hinter den Array-Namen ein Gleichheitszeichen und eine in geschweifte Klammern eingeschlossene Liste mit den durch Komma getrennten Werten ein. Beispielsweise deklariert

```
int IntegerArray[5] = { 10, 20, 30, 40, 50 };
```

das Array `IntegerArray` mit fünf Ganzzahlen. Das Element `IntegerArray[0]` erhält den Wert 10 zugewiesen, das Element `IntegerArray[1]` den Wert 20 und so weiter.

Wenn man die Größe des Array nicht angibt, wird ein Array erzeugt, das gerade groß genug ist, um die spezifizierten Initialisierungswerte aufzunehmen. Schreibt man beispielsweise

```
int IntegerArray[] = { 10, 20, 30, 40, 50 };
```

erzeugt man exakt das gleiche Array wie im vorherigen Beispiel.

Muß man die Größe des Array ermitteln, kann man den Compiler die Größe berechnen lassen. Zum Beispiel setzt

```
const USHORT IntegerArrayLength;
IntegerArrayLength  = sizeof(IntegerArray)/sizeof(IntegerArray[0]);
```

die konstante `USHORT`-Variable `IntegerArrayLength` auf das Ergebnis, das man aus der Division der Gesamtgröße des Array durch die Größe eines einzelnen Elements des Array erhält. Der Quotient gibt die Anzahl der Elemente im Array an.

Die Initialisierungsliste darf nicht mehr Werte enthalten, als Elemente für das Array deklariert wurden. Die Anweisung

```
int IntegerArray[5] = { 10, 20, 30, 40, 50, 60};
```

führt zu einem Compiler-Fehler, da man ein fünfelementiges Array deklariert hat, aber sechs Werte initialisieren will. Dagegen ist die folgende Anweisung zulässig:

```
int IntegerArray[5] = { 10, 20};
```

Obwohl es keine Garantie dafür gibt, daß nichtinitialisierte Array-Elemente vom Compiler einen bestimmten Wert zugewiesen bekommen, werden Aggregate praktisch immer auf 0 gesetzt. Wenn man also ein Array-Element nicht initialisiert, erhält es automatisch den Wert 0.

Was Sie tun sollten	... und was nicht
Lassen Sie für initialisierte Arrays den Compiler die Größe festlegen. Verwenden Sie genau wie bei Variablen aussagekräftige Namen für Ihre Arrays. Denken Sie daran, daß das erste Element im Array den Offset 0 hat.	Schreiben Sie nicht über das Ende des Array hinaus.

Arrays deklarieren

Arrays können einen beliebigen Variablennamen haben, solange der Name noch nicht von einer anderen Variablen oder einem anderen Array innerhalb des gleichen Gültigkeitsbereichs besetzt ist. Deshalb ist es nicht erlaubt, gleichzeitig ein Array namens `meineKatzen[5]` und eine Variable namens `meineKatzen` zu deklarieren.

Sie können die Array-Größe mit Konstanten oder mit einer Aufzählungskonstanten festlegen. Wie das geht, sehen Sie in Listing 12.3.

Listing 12.3: Konstanten und Aufzählungskonstanten zur Array-Indizierung

```
1:    // Listing 12.3
2:    // Arraygroessen mit Konstanten und Aufzählungskonstanten festlegen
3:
4:    #include <iostream.h>
5:    int main()
6:    {
7:       enum WeekDays { Sun, Mon, Tue,
8:            Wed, Thu, Fri, Sat, DaysInWeek };
9:       int ArrayWeek[DaysInWeek] = { 10, 20, 30, 40, 50, 60, 70 };
10:
11:      cout << "Der Wert am Dienstag beträgt: " << ArrayWeek[Tue];
12:     return 0;
13:   }
```

Ausgabe

```
Der Wert am Dienstag beträgt: 30
```

Analyse

Zeile 7 definiert einen Aufzählungstyp namens `WeekDays` mit acht Elementen. Sunday (Sonntag) entspricht dem Wert 0 und `DaysInWeek` (TageDerWoche) dem Wert 7.

Zeile 11 verwendet die Aufzählungskonstante `Tue` als Offset im Array. Da `Tue` als `2` ausgewertet wird, wird in Zeile 11 das dritte Element im Array, `ArrayWeek[2]`, zurückgeliefert und ausgegeben.

Syntax

Arrays

Die Deklaration eines Array setzt sich folgendermaßen zusammen: zuerst der Typ des zu speichernden Objekts, gefolgt von dem Namen des Array und einem Index, der angibt, wie viele Objekte in dem Array abgelegt werden.

Beispiel 1:

```
int MeinIntegerArray[90];
```

Beispiel 2:

```
long * ArrayVonZeigernAufLongs[100];
```

Für den Zugriff auf die Elemente im Array wird der Index-Operator eingesetzt.

Beispiel 1:

```
int NeunterInteger = MeinIntegerArray[8];
```

Beispiel 2:

```
long * pLong = ArrayVonZeigernAufLongs[8];
```

Die Zählung in den Arrays beginnt bei Null. Ein Array mit n Elementen, würde von 0 bis n-1 durchnumeriert.

Arrays von Objekten

Jedes Objekt – gleichgültig ob vordefiniert oder benutzerdefiniert – läßt sich in einem Array speichern. Wenn man das Array deklariert, teilt man dem Compiler den zu speichernden Typ und die Anzahl der Objekte mit, für die Platz zu reservieren ist. Der Compiler weiß anhand der Klassendeklaration, wieviel Speicher jedes Objekt belegt. Die Klasse muß über einen Standardkonstruktor ohne Argumente verfügen, damit sich die Objekte bei der Definition des Array erzeugen lassen.

Der Zugriff auf Datenelemente von Objekten, die in einem Array abgelegt sind, erfolgt in zwei Schritten. Man identifiziert das Element des Array mit dem Index-Operator ([ ]) und fügt dann den Elementoperator (.) an, um auf die gewünschte Elementvariable zuzugreifen. Listing 12.4 demonstriert, wie man ein Array mit fünf CAT-Objekten erzeugt.

Listing 12.4: Ein Array von Objekten erzeugen

```
// Listing 12.4 - Ein Array von Objekten

#include <iostream.h>

class CAT
{
  public:
    CAT() { itsAge = 1; itsWeight=5; }       // Standardkonstruktor
    ~CAT() {}                                // Destruktor
    int GetAge() const { return itsAge; }
    int GetWeight() const { return itsWeight; }
    void SetAge(int age) { itsAge = age; }

  private:
    int itsAge;
    int itsWeight;
```

```
17:     };
18:
19:     int main()
20:     {
21:        CAT Litter[5];
22:        int i;
23:        for (i = 0; i < 5; i++)
24:           Litter[i].SetAge(2*i +1);
25:
26:        for (i = 0; i < 5; i++)
27:        {
28:           cout << "Katze #" << i+1 << ": ";
29:           cout << Litter[i].GetAge() << endl;
30:        }
31:      return 0;
32:     }
```

Ausgabe

```
Katze #1: 1
Katze #2: 3
Katze #3: 5
Katze #4: 7
Katze #5: 9
```

Analyse

Die Zeilen 5 bis 17 deklarieren die Klasse `CAT`. Diese Klasse muß über einen Standardkonstruktor verfügen, damit sich `CAT`-Objekte in einem Array erzeugen lassen. Denken Sie daran, daß der Compiler keinen Standardkonstruktor bereitstellt, wenn man irgendeinen anderen Konstruktor erzeugt – in diesem Fall müssen Sie einen eigenen Standardkonstruktor erstellen.

Die erste `for`-Schleife (in den Zeilen 23 und 24) setzt das Alter aller fünf `CAT`-Objekte im Array. Die zweite `for`-Schleife (in den Zeilen 26 bis 30) greift auf die einzelnen Elemente des Arrays zu und ruft `GetAge()` für die Objekte auf.

Der Aufruf der `GetAge()`-Methode für die einzelnen `CAT`-Objekte erfolgt über den Namen des Array-Elements `Litter[i]`, gefolgt vom Punktoperator (.) und der Elementfunktion.

Mehrdimensionale Arrays

Arrays lassen sich in mehreren Dimensionen anlegen. Jede Dimension stellt man durch einen eigenen Index im Array dar. Ein zweidimensionales Array hat demzufolge zwei Indizes und ein dreidimensionales drei Indizes. Prinzipiell ist die Anzahl der Dimensionen nicht begrenzt, obwohl man in der Praxis kaum mit mehr als zwei Dimensionen arbeitet.

Ein Schachbrett liefert ein gutes Beispiel für ein zweidimensionales Array. Die acht Reihen sind der einen Dimension, die acht Spalten der anderen Dimension zugeordnet. Abbildung 12.3 verdeutlicht dies.

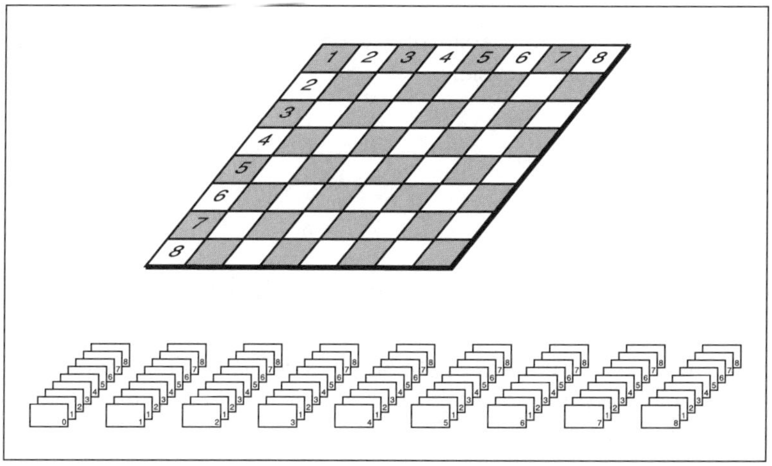

Abbildung 12.3: Ein Schachbrett und ein zweidimensionales Array

Nehmen Sie an, Sie hätten eine Klasse `SQUARE` für die Felder des Schachbretts. Ein Array `Brett` zur Darstellung des Schachbretts deklariert man dann wie folgt:

```
SQUARE Brett[8][8];
```

Die gleichen Daten ließen sich auch in einem eindimensionalen Array für 64 Quadrate unterbringen:

```
SQUARE Brett[64];
```

Diese Darstellung lehnt sich allerdings nicht so eng an das reale Objekt an wie ein zweidimensionales Array. Bei Spielbeginn steht der König in der vierten Spalte der ersten Reihe. Da die Zählung bei 0 beginnt, entspricht diese Position

```
Brett[0][3];
```

- vorausgesetzt, daß der erste Index der Zeile und der zweite Index der Spalte zugeordnet ist. Die Anordnung aller Brettpositionen ist aus Abbildung 12.3 ersichtlich.

Mehrdimensionale Arrays initialisieren

Um mehrdimensionale Arrays zu initialisieren, weist man den Array-Elementen die Liste der Werte der Reihe nach zu, wobei sich zuerst der letzte Index ändert, während die vorhergehenden Indizes konstant bleiben. Im Array

```
int dasArray[5][3];
```

kommen zum Beispiel die ersten drei Elemente nach `dasArray[0]`, die nächsten drei nach `dasArray[1]` usw.

Zur Initialisierung des Array schreibt man

```
int dasArray[5][3] = { 1,2,3,4,5,6,7,8,9,10,11,12,13,14,15 };
```

Diese Anweisung läßt sich übersichtlicher darstellen, wenn man die einzelnen Initialisierungen mit geschweiften Klammern gruppiert:

```
int dasArray[5][3] = {  {1,2,3},
                        {4,5,6},
                        {7,8,9},
                        {10,11,12},
                        {13,14,15} };
```

Die inneren geschweiften Klammern ignoriert der Compiler – sie dienen lediglich dem Programmierer zur übersichtlichen Gruppierung der Zahlen.

Die Werte sind durch Kommata zu trennen, unabhängig von eventuell vorhandenen Klammern. Die gesamte Initialisierungsliste ist in geschweifte Klammern einzuschließen und muß mit einem Semikolon enden.

Listing 12.5 erzeugt ein zweidimensionales Array.

Listing 12.5: Ein mehrdimensionales Array erzeugen

```
#include <iostream.h>
int main()
{
   int SomeArray[5][2] = { {0,0}, {1,2}, {2,4}, {3,6}, {4,8}};
   for (int i = 0; i<5; i++)
      for (int j=0; j<2; j++)
      {
         cout << "SomeArray[" << i << "][" << j << "]: ";
         cout << SomeArray[i][j]<< endl;
      }

 return 0;
}
```

```
SomeArray[0][0]: 0
SomeArray[0][1]: 0
SomeArray[1][0]: 1
SomeArray[1][1]: 2
SomeArray[2][0]: 2
SomeArray[2][1]: 4
SomeArray[3][0]: 3
SomeArray[3][1]: 6
SomeArray[4][0]: 4
SomeArray[4][1]: 8
```

Zeile 4 deklariert `SomeArray` als zweidimensionales Array. Die erste Dimension besteht aus fünf, die zweite Dimension aus zwei Ganzzahlen. Damit entsteht eine 5-mal-2-Matrix, wie sie Abbildung 12.4 zeigt.

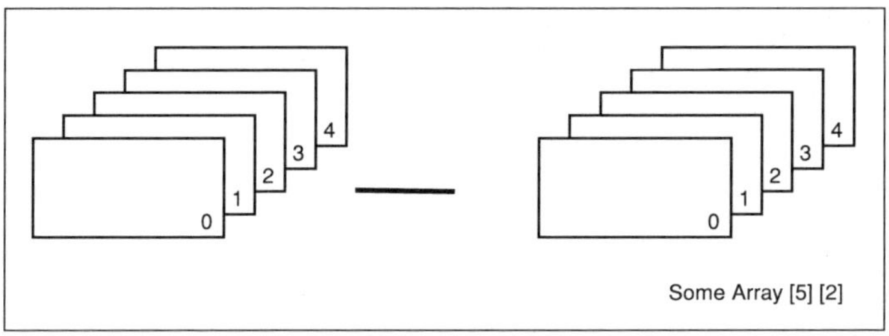

Abbildung 12.4: Eine 5-mal-2-Matrix

Die Initialisierung des Array erfolgt mit Wertepaaren, obwohl man die Werte genausogut auch berechnen könnte. Die Zeilen 5 und 6 bilden eine verschachtelte `for`-Schleife. Die äußere `for`-Schleife durchläuft alle Element der ersten Dimension. Für jedes dieser Elemente durchläuft die innere `for`-Schleife alle Elemente der zweiten Dimension. Dieser Ablauf dokumentiert sich in der Ausgabe: auf `SomeArray[0][0]` folgt `SomeArray[0][1]`. Jeweils nach dem Inkrementieren der zweiten Dimension erhöht die äußere `for`-Schleife den Index für die erste Dimension um 1. Dann beginnt die zweite Dimension wieder von vorn (bei 0).

Ein Wort zum Speicher

Bei der Deklaration eines Array teilt man dem Compiler die genaue Anzahl der im Array zu speichernden Objekte mit. Der Compiler reserviert Speicher für alle Objekte, auch wenn man sie überhaupt nicht verwendet. Bei Arrays, deren Größe von vornherein in etwa bekannt ist, stellt das kein Problem dar. Beispielsweise hat ein Schachbrett genau 64 Felder, und Katzen (CAT-Objekte) bekommen zwischen 1 und 10 Kätzchen. Wenn man allerdings nur eine vage Vorstellung von der Anzahl der benötigten Objekte hat, muß man auf ausgefeiltere Datenstrukturen ausweichen.

Arrays von Zeigern

Die bisher behandelten Arrays speichern ihre Elemente auf dem Stack. Normalerweise ist der Stack-Speicher stark begrenzt, während im Heap wesentlich mehr Platz zur Verfügung steht. Man kann die Objekte aber auch im Heap anlegen und im Array nur Zeiger auf die Objekte speichern. Damit reduziert sich die benötigte Stack-Größe drastisch. Listing 12.6 ist eine Neuauflage von Listing 12.4, speichert aber nun alle Objekte im Heap. Als Hinweis auf den jetzt möglichen größeren Speicher habe ich das Array von 5 auf 500 Elemente erweitert und den Namen von `Litter` (Körbchen) in `Family` (Familie) geändert.

Listing 12.6: Ein Array im Heap unterbringen

```
// Listing 12.6 - Ein Array von Zeigern auf Objekte

#include <iostream.h>

class CAT
{
   public:
      CAT() { itsAge = 1; itsWeight=5; }        // Standardkonstruktor
      ~CAT() {}                                  // Destruktor
      int GetAge() const { return itsAge; }
      int GetWeight() const { return itsWeight; }
      void SetAge(int age) { itsAge = age; }

   private:
      int itsAge;
      int itsWeight;
};

int main()
{
   CAT * Family[500];
   int i;
   CAT * pCat;
   for (i = 0; i < 500; i++)
```

```
25:       {
26:          pCat = new CAT;
27:          pCat->SetAge(2*i +1);
28:          Family[i] = pCat;
29:       }
30:
31:       for (i = 0; i < 500; i++)
32:       {
33:          cout << "Katze #" << i+1 << ": ";
34:          cout << Family[i]->GetAge() << endl;
35:       }
36:     return 0;
37:   }
```

Ausgabe

```
Katze #1: 1
Katze #2: 3
Katze #3: 5
...
Katze #499: 997
Katze #500: 999
```

Analyse

Die in den Zeilen 5 bis 17 deklarierte CAT-Klasse ist mit der in Listing 12.4 deklarierten CAT-Klasse identisch. Das in Zeile 21 deklarierte Array heißt jetzt aber Family und ist für die Aufnahme von 500 Zeigern auf CAT-Objekte ausgelegt.

Die Initialisierungsschleife (in den Zeilen 24 bis 29) erzeugt 500 neue CAT-Objekte im Heap und setzt die Werte für das Alter auf den zweifachen Indexwert plus 1. Das Alter im ersten CAT-Objekt enthält demnach den Wert 1, das zweite den Wert 3, das dritte den Wert 5 und so weiter. Schließlich legt die Initialisierungsschleife die Zeiger im Array ab.

Da das Array für die Aufnahme von Zeigern deklariert ist, wird im Array der Zeiger – und nicht der dereferenzierte Wert des Zeigers – gespeichert.

Die zweite Schleife (Zeilen 31 bis 35) gibt alle Werte aus. Mit Hilfe des Index Family[i] greift das Programm auf die Zeiger zu. Über die zurückgelieferte Adresse wird die Methode GetAge() aufgerufen.

Dieses Beispiel speichert das Array Family und alle dazugehörenden Zeiger auf dem Stack, während die 500 erzeugten CAT-Objekte im Heap abgelegt werden.

Arrays auf dem Heap

Man kann auch das gesamte Array auf dem Heap unterbringen. Dazu ruft man new auf und verwendet den Index-Operator zur Angabe der Array-Größe. Das Ergebnis ist ein Zeiger auf einen Bereich im Heap, der das Array enthält. Beispielsweise deklariert

```
CAT *Family = new CAT[500];
```

Family als Zeiger auf das erste Objekt in einem Array von 500 CAT-Objekten. Mit anderen Worten zeigt Family auf das Element Family[0] bzw. enthält dessen Adresse.

Mittels Zeigerarithmetik kann man über Family auf jedes Element von Family zugreifen. Beispielsweise kann man schreiben:

```
CAT *Family = new CAT[500];
CAT *pCat = Family;                // pCat zeigt auf Family[0]
pCat->SetAge(10);                  // setzt Family[0] auf 10
pCat++;                            // geht weiter zu Family[1]
pCat->SetAge(20);                  // setzt Family[1] auf 20
```

Dieses Codefragment deklariert ein neues Array von 500 CAT-Objekten und einen Zeiger, der auf den Beginn des Array verweist. Über diesen Zeiger ruft man die Funktion SetAge() des ersten CAT-Objekts auf und übergibt den Wert 12. Die vierte Anweisung inkrementiert den Zeiger, der danach auf das nächste CAT-Objekt verweist. Daran schließt sich der Aufruf der SetAge()-Methode für das zweite CAT-Objekt an.

Zeiger auf Arrays und Arrays von Zeigern

Sehen Sie sich die folgenden drei Deklarationen an:

```
1:  CAT   FamilyOne[500];
2:  CAT * FamilyTwo[500];
3:  CAT * FamilyThree = new CAT[500];
```

FamilyOne ist ein Array von 500 CAT-Objekten, FamilyTwo ein Array von 500 Zeigern auf CAT-Objekte und FamilyThree ein Zeiger auf ein Array mit 500 CAT-Objekten.

Die Unterschiede zwischen den drei Codezeilen haben entscheidenden Einfluß auf die Arbeitsweise der drei Arrays. Überraschend ist vielleicht, daß FamilyThree eine Variante von FamilyOne ist, sich aber grundsätzlich von FamilyTwo unterscheidet.

Damit stellt sich die heikle Frage, wie sich Zeiger zu Arrays verhalten. Im dritten Fall ist FamilyThree ein Zeiger auf ein Array. Das heißt, die Adresse in FamilyThree ist die Adresse des ersten Elements in diesem Array. Genau das trifft auch auf FamilyOne zu.

Zeiger und Array-Namen

In C++ ist ein Array-Name ein konstanter Zeiger auf das erste Element des Arrays. In der Deklaration

```
CAT Family[50];
```

ist `Family` demzufolge ein Zeiger auf das Element `&Family[0]` – also die Adresse des ersten Array-Elements von `Family`.

Es ist zulässig, Array-Namen als konstante Zeiger – und konstante Zeiger als Array-Namen – zu verwenden. Demzufolge kann man mit `Family + 4` auf die Daten in `Family[4]` zugreifen.

Der Compiler führt die korrekten Berechnungen aus, wenn man Zeiger addiert, inkrementiert oder dekrementiert. Die Adresse für den Ausdruck `Family + 4` liegt nämlich nicht einfach 4 Byte, sondern 4 Objekte hinter der Adresse von `Family`. Hat jedes Objekt eine Länge von 4 Byte, bedeutet `Family + 4` eine Adreßverschiebung von 16 Byte. Handelt es sich zum Beispiel um `CAT`-Objekte mit vier Elementvariablen vom Typ `long` (jeweils 4 Byte) und zwei Elementvariablen vom Typ `short` (jeweils 2 Byte), dann beträgt die Länge eines `CAT`-Objekts 20 Byte und `Family + 4` liegt 80 Byte hinter dem Array-Anfang.

Listing 12.7 zeigt die Deklaration und Verwendung eines Arrays auf dem Heap.

Listing 12.7: Ein Array mit new erzeugen

```
// Listing 12.7 - Ein Array auf dem Heap

#include <iostream.h>

class CAT
{
  public:
     CAT() { itsAge = 1; itsWeight=5; }
     ~CAT();
     int GetAge() const { return itsAge; }
     int GetWeight() const { return itsWeight; }
     void SetAge(int age) { itsAge = age; }

  private:
     int itsAge;
     int itsWeight;
};

```

```
19:   CAT :: ~CAT()
20:   {
21:     // cout << "Destruktor aufgerufen!\n";
22:   }
23:
24:   int main()
25:   {
26:      CAT * Family = new CAT[500];
27:      int i;
28:
29:      for (i = 0; i < 500; i++)
30:      {
31:         Family[i].SetAge(2*1 +1);
32:      }
33:
34:      for (i = 0; i < 500; i++)
35:      {
36:         cout << "Katze #" << i+1 << ": ";
37:         cout << Family[i].GetAge() << endl;
38:      }
39:
40:      delete [] Family;
41:
42:    return 0;
43:   }
```

Ausgabe

```
Katze #1: 1
Katze #2: 3
Katze #3: 5
...
Katze #499: 997
Katze #500: 999
```

Analyse

Zeile 26 deklariert das Array `Family` für 500 `CAT`-Objekte. Der Aufruf `new CAT[500]` erzeugt das gesamte Array auf dem Heap.

Arrays im Heap löschen

Was passiert mit dem Speicher, der den CAT-Objekten aus obigem Beispiel zugewiesen wurde, wenn das Array zerstört wird? Besteht die Gefahr eines Speicherlecks? Beim Löschen von Family wird automatisch der gesamte Speicherplatz, der für das Array reserviert wurde, zurückgegeben, wenn Sie den delete[]-Operator auf das Array anwenden und nicht die eckigen Klammern vergessen. Der Compiler ist intelligent genug, um alle Objekte im Array zu zerstören und dessen Speicher an den Heap zurückzugeben.

Um sich selbst davon zu überzeugen, ändern Sie die Größe des Arrays in den Zeilen 26, 29 und 34 von 500 auf 12. Entfernen Sie außerdem die Kommentarzeichen vor der cout-Anweisung in Zeile 21. Erreicht das Programm Zeile 43 und zerstört das Array, wird der Destruktor für jedes CAT-Objekt aufgerufen.

Wenn man mit new ein einzelnes Element auf dem Heap erzeugt, ruft man zum Löschen des Elements und zur Freigabe des zugehörigen Speichers immer den delete-Operator auf. Wenn man ein Array mit new <class>[size] erzeugt, schreibt man delete[], um dieses Array zu löschen und dessen Speicher freizugeben. Die eckigen Klammern signalisieren dem Compiler, daß ein Array zu löschen ist.

Wenn man die Klammern wegläßt, wird nur das erste Objekt im Array gelöscht. Sie können das selbst nachprüfen, indem Sie die eckigen Klammern in Zeile 38 entfernen. Zeile 21 sollte auch hier keine Kommentarzeichen enthalten, damit sich der Destruktor meldet. Beim Programmlauf stellen Sie dann fest, daß nur ein einziges CAT-Objekt zerstört wird. Herzlichen Glückwunsch! Gerade haben Sie eine Speicherlücke erzeugt.

Was Sie tun sollten	**... und was nicht**
Denken Sie daran, daß ein Array mit *n* Elementen von 0 bis *n*-1 numeriert ist.	Verwechseln Sie nicht ein Array von Zeigern mit einem Zeiger auf ein Array.
Verwenden Sie die Array-Indizierung für Zeiger, die auf Arrays verweisen.	Schreiben oder lesen Sie nicht über das Ende eines Array hinaus.

char-Arrays

Ein String ist eine Folge einzelner Zeichen. Die bisher gezeigten Strings waren ausnahmslos unbenannte String-Konstanten in `cout`-Anweisungen wie zum Beispiel

```
cout << "hello world.\n";
```

Ein String in C++ ist ein Array mit Elementen vom Typ `char` und einem Null-Zeichen zum Abschluß. Man kann einen String genauso deklarieren und initialisieren wie jedes andere Array. Dazu folgendes Beispiel:

```
char Gruss[] = { 'H', 'e', 'l', 'l', 'o', ' ', 'W','o','r','l','d', '\0' };
```

Das letzte Zeichen, `'\0'`, ist das Null-Zeichen, das viele Funktionen in C++ als Abschlußzeichen eines Strings erkennen. Obwohl diese zeichenweise Lösung funktioniert, ist sie umständlich einzugeben und bietet viel Spielraum für Fehler. C++ erlaubt daher die Verwendung einer Kurzform für die obige Codezeile:

```
char Gruss[] = "Hello World";
```

Bei dieser Syntax sind zwei Punkte zu beachten:

- Statt der in Apostrophe eingeschlossenen, durch Kommata getrennten und von geschweiften Klammern umgebenen Zeichen ist die gesamte Zeichenfolge in Anführungszeichen zu setzen und ohne Kommata sowie ohne geschweifte Klammern zu schreiben.
- Das Null-Zeichen braucht man nicht hinzuzufügen, da der Compiler dies automatisch erledigt.

Der String `Hello World` hat eine Länge von 12 Byte: `Hello` mit 5 Byte, ein Leerzeichen mit 1 Byte, `World` mit 5 Byte und das abschließende Null-Zeichen mit 1 Byte.

Man kann auch nicht initialisierte Zeichen-Arrays erzeugen. Wie bei allen Arrays darf man nur so viele Zeichen in den Puffer stellen, wie Platz dafür reserviert ist.

Listing 12.8 zeigt die Verwendung eines nicht initialisierten Puffers.

Listing 12.8: Ein Array füllen

```
// Listing 12.8 Puffer für Zeichen-Array

#include <iostream.h>

int main()
{
   char buffer[80];
```

```
8:         cout << "Geben Sie den String ein: ";
9:         cin >> buffer;
10:        cout << "Inhalt des Puffers:  " << buffer << endl;
11:      return 0;
12:     }
```

Ausgabe

```
Geben Sie den String ein: Hello World
Inhalt des Puffers: Hello
```

Analyse

Zeile 7 deklariert einen Puffer für 80 Zeichen. Diese Größe genügt, um eine Zeichenfolge mit 79 Zeichen und dem abschließenden Null-Zeichen aufzunehmen.

Die Anweisung in Zeile 8 fordert den Anwender zur Eingabe einer Zeichenfolge auf, die das Programm in Zeile 9 in den Puffer übernimmt. `cin` schreibt nach der eingegebenen Zeichenfolge ein abschließendes Null-Zeichen in den Puffer.

Das Programm in Listing 12.8 weist zwei Probleme auf. Erstens: Wenn der Anwender mehr als 79 Zeichen eingibt, schreibt `cin` über das Ende des Puffers hinaus. Zweitens: Wenn der Anwender ein Leerzeichen eingibt, nimmt `cin` das Ende des Strings an und beendet die Eingabe in den Puffer.

Um diese Probleme zu lösen, muß man die `cin`-Methode `get()` aufrufen, die drei Parameter übernimmt:

- den zu füllenden Puffer,
- die maximale Anzahl der zu übernehmenden Zeichen,
- das Begrenzerzeichen, das die Eingabe abschließt.

Der Standardbegrenzer ist `newline` (Zeichen für neue Zeile). Listing 12.9 zeigt dazu ein Beispiel.

Listing 12.9: Ein Array füllen

```
// Listing 12.9 Arbeiten mit cin.get()

#include <iostream.h>

int main()
{
 char buffer[80];
```

```
8:      cout << "Geben Sie den String ein: ";
9:      cin.get(buffer, 79); // Maximal 79 Zeichen oder bis newline einlesen
10:     cout << "Inhalt des Puffers:  " << buffer << endl;
11:     return 0;
12:   }
```

Ausgabe

```
Geben Sie den String ein: Hello World
Inhalt des Puffers: Hello World
```

Analyse

Zeile 9 ruft die Methode `get()` von `cin` auf und übergibt den in Zeile 7 deklarierten Puffer als erstes Argument. Das zweite Argument gibt die maximal zu holenden Zeichen an. In diesem Fall muß dieser Wert gleich 79 sein, um Platz für das abschließende Null-Zeichen zu lassen. Auf die Angabe eines Zeichens für das Ende der Eingabe kann man verzichten, da der Standardwert `newline` unseren Ansprüchen genügt.

strcpy() und strncpy()

C++ erbt von C eine Funktionsbibliothek für die Behandlung von Strings. Unter den zahlreichen Funktionen finden sich zwei für das Kopieren eines Strings in einen anderen: `strcpy()` und `strncpy()`. Die Funktion `strcpy()` kopiert den gesamten Inhalt eines Strings in den angegebenen Puffer. Listing 12.10 zeigt hierfür ein Beispiel.

Listing 12.10: Die Funktion strcpy()

```
#include <iostream.h>
#include <string.h>
int main()
{
   char String1[] = "Keiner lebt fuer sich allein.";
   char String2[80];

   strcpy(String2,String1);

   cout << "String1: " << String1 << endl;
   cout << "String2: " << String2 << endl;
 return 0;
}
```

```
String1: Keiner lebt fuer sich allein.
String2: Keiner lebt fuer sich allein.
```

Zeile 2 bindet die Header-Datei `STRING.H` ein. Diese Datei enthält den Prototyp der Funktion `strcpy()`. Als Parameter übernimmt die Funktion `strcpy()` zwei Zeichen-Arrays – ein Ziel und anschließend eine Quelle. Wenn die Quelle größer als das Ziel ist, schreibt `strcpy()` über das Ende des Puffers hinaus.

Mit der Funktion `strncpy()` aus der Standardbibliothek kann man sich dagegen schützen. Diese Version übernimmt die Maximalzahl der zu kopierenden Zeichen. Die Funktion `strncpy()` kopiert bis zum ersten Null-Zeichen oder bis zu der als Argument übergebenen Maximalzahl von Zeichen in den Zielpuffer.

Listing 12.11 zeigt die Verwendung von `strncpy()`.

Listing 12.11: Die Funktion strncpy()

```
#include <iostream.h>
#include <string.h>
int main()
{
   const int MaxLength = 80;
   char String1[] = "Keiner lebt fuer sich allein.";
   char String2[MaxLength+1];


   strncpy(String2,String1,MaxLength);

   cout << "String1: " << String1 << endl;
   cout << "String2: " << String2 << endl;
 return 0;
}
```

```
String1: Keiner lebt fuer sich allein.
String2: Keiner lebt fuer sich allein.
```

Analyse

In Zeile 10 wurde der Aufruf von `strcpy()` in `strncpy()` geändert. Hinzugekommen ist im Aufruf ein dritter Parameter: die maximale Anzahl der zu kopierenden Zeichen. Der Puffer `String2` ist für die Aufnahme von `MaxLength+1` Zeichen deklariert. Der zusätzliche Platz ist für das Null-Zeichen reserviert, das sowohl `strcpy()` als auch `strncpy()` automatisch an das Ende des Strings anfügt.

String-Klassen

Zu den meisten C++-Compilern gehört eine umfangreiche Bibliothek mit Klassen für die Manipulation von Daten. Zu den Standardkomponenten dieser Bibliotheken gehört auch eine `String`-Klasse.

C++ hat zwar den Null-terminierten String und die Funktionsbibliothek mit der Funktion `strcpy()` von C geerbt, allerdings fügen sich diese Funktionen nicht in das objektorientierte Konzept ein. Eine `String`-Klasse stellt einen abgekapselten Satz von Daten und Funktionen für die Manipulation dieser Daten sowie Zugriffsfunktionen bereit, so daß die Daten selbst gegenüber den Klienten der `String`-Klasse verborgen sind.

Wenn zu Ihrem Compiler noch keine `String`-Klasse gehört (oder deren Implementierung unbefriedigend ist), sollten Sie sich eine eigene zusammenbauen. Im Anschluß an diesen Abschnitt werden der Entwurf und die teilweise Implementierung von `String`-Klassen diskutiert.

Das mindeste, was eine `String`-Klasse leisten sollte, ist, die grundlegenden Beschränkungen von Zeichen-Arrays aufzuheben. Wie alle Arrays sind auch Zeichen-Arrays statisch. Damit ist ihre Größe von vornherein festgelegt, und sie belegen immer den gleichen Platz im Speicher, auch wenn man ihn überhaupt nicht nutzt. Das Schreiben über das Ende des Array hinaus hat verheerende Folgen.

Eine gute `String`-Klasse reserviert nur soviel Speicher wie nötig. Kann die Klasse nicht genügend Speicher für einen aufzunehmenden String reservieren, sollte die Klasse darauf in angemessener Weise reagieren.

Listing 12.12 zeigt eine erste Annäherung an eine `String`-Klasse.

Listing 12.12: Verwendung einer String-Klasse

```
//Listing 12.12

#include <iostream.h>
```

```
#include <string.h>

// Rudimentaere String-Klasse
class String
{
   public:
      // Konstruktoren
      String();
      String(const char *const);
      String(const String &);
      ~String();

      // Ueberladene Operatoren
      char & operator[](unsigned short offset);
      char operator[](unsigned short offset) const;
      String operator+(const String&);
      void operator+=(const String&);
      String & operator= (const String &);

      // Allgemeine Zugriffsfunktionen
      unsigned short GetLen()const { return itsLen; }
      const char * GetString() const { return itsString; }

   private:
      String (unsigned short);         // privater Konstruktor
      char * itsString;
      unsigned short itsLen;
};

// Standardkonstruktor erzeugt einen String von 0 Byte
String::String()
{
   itsString = new char[1];
   itsString[0] = '\0';
   itsLen=0;
}

// privater (Hilfs-)Konstruktor, wird nur von
// Klassenmethoden verwendet, um einen neuen Null-String
// von erforderlicher Groesse zu erzeugen.
String::String(unsigned short len)
{
   itsString = new char[len+1];
   for (unsigned short i = 0; i<=len; i++)
      itsString[i] = '\0';
   itsLen=len;
}
```

```

// Konvertiert ein Zeichenarray in einen String
String::String(const char * const cString)
{
   itsLen = strlen(cString);
   itsString = new char[itsLen+1];
   for (unsigned short i = 0; i<itsLen; i++)
      itsString[i] = cString[i];
   itsString[itsLen]='\0';
}

// Kopierkonstruktor
String::String (const String & rhs)
{
   itsLen=rhs.GetLen();
   itsString = new char[itsLen+1];
   for (unsigned short i = 0; i<itsLen;i++)
      itsString[i] = rhs[i];
   itsString[itsLen] = '\0';
}

// Destruktor, gibt zugewiesenen Speicher frei
String::~String ()
{
   delete [] itsString;
   itsLen = 0;
}

// Selbstzuweisung pruefen, Speicher freigeben,
// dann String und Groesse kopieren
String& String::operator=(const String & rhs)
{
   if (this == &rhs)
      return *this;
   delete [] itsString;
   itsLen=rhs.GetLen();
   itsString = new char[itsLen+1];
   for (unsigned short i = 0; i<itsLen;i++)
      itsString[i] = rhs[i];
   itsString[itsLen] = '\0';
   return *this;
}

// Nicht-konstanter Offset-Operator, gibt
// Referenz auf Zeichen zurueck, so dass es
// geaendert werden kann!
```

```
char & String::operator[](unsigned short offset)
{
   if (offset > itsLen)
      return itsString[itsLen-1];
   else
      return itsString[offset];
}

// konstanter Offset-Operator für konstante
// Objekte (siehe Kopierkonstruktor!)
char String::operator[](unsigned short offset) const
{
   if (offset > itsLen)
      return itsString[itsLen-1];
   else
      return itsString[offset];
}

// erzeugt einen neuen String, indem er rhs den
// aktuellen String hinzufügt
String String::operator+(const String& rhs)
{
   unsigned short  totalLen = itsLen + rhs.GetLen();
   String temp(totalLen);
      unsigned short i;
   for ( i= 0; i<itsLen; i++)
      temp[i] = itsString[i];
   for (unsigned short j = 0; j<rhs.GetLen(); j++, i++)
      temp[i] = rhs[j];
   temp[totalLen]='\0';
   return temp;
}

// aendert aktuellen String, gibt nichts zurueck
void String::operator+=(const String& rhs)
{
   unsigned short rhsLen = rhs.GetLen();
   unsigned short totalLen = itsLen + rhsLen;
   String  temp(totalLen);
       unsigned short i;
   for (i = 0; i<itsLen; i++)
      temp[i] = itsString[i];
   for (unsigned short j = 0; j<rhs.GetLen(); j++, i++)
      temp[i] = rhs[i-itsLen];
   temp[totalLen]='\0';
   *this = temp;
```

```
}

int main()
{
   String s1("Erster Test");
   cout << "S1:\t" << s1.GetString() << endl;

   char * temp = "Hello World";
   s1 = temp;
   cout << "S1:\t" << s1.GetString() << endl;

   char tempTwo[20];
   strcpy(tempTwo,"; schoen hier zu sein!");
   s1 += tempTwo;
   cout << "tempTwo:\t" << tempTwo << endl;
   cout << "S1:\t" << s1.GetString() << endl;

   cout << "S1[4]:\t" << s1[4] << endl;
   s1[4]='x';
   cout << "S1:\t" << s1.GetString() << endl;

   cout << "S1[999]:\t" << s1[999] << endl;

   String s2(" Ein anderer String");
   String s3;
   s3 = s1+s2;
   cout << "S3:\t" << s3.GetString() << endl;

   String s4;
   s4 = "Warum funktioniert dies?";
   cout << "S4:\t" << s4.GetString() << endl;
  return 0;
}
```

Ausgabe

```
S1:         initial test
S1:         Hello world
tempTwo:           ; schoen hier zu sein!
S1:         Hello world; schoen hier zu sein!
S1[4]:      o
S1:         Hello World; schoen hier zu sein!
S1[999]:           !
S3:         Hello World; schoen hier zu sein! Ein anderer String
S4:         Warum funktioniert dies?
```

Analyse

Die Zeilen 7 bis 31 enthalten die Deklaration einer einfachen `String`-Klasse. Die Zeilen 11 bis 13 deklarieren drei Konstruktoren: den Standardkonstruktor, den Kopierkonstruktor und einen Konstruktor, der einen existierenden, Null-terminierten String (C-Stil) übernimmt.

Unsere `String`-Klasse überlädt den Offset-Operator (`[]`), den Plus-Operator (+) und den Plus-Gleich-Operator(+=). Der Offset-Operator wird zweimal überladen: einmal als konstante Funktion, die ein `char` zurückliefert, und einmal als nicht-konstante Funktion, die eine Referenz auf einen `char` zurückliefert.

Die nicht-konstante Version wird in Anweisungen wie

```
SomeString[4]='x';
```

in Zeile 161 verwendet. Damit wird der direkte Zugriff auf jedes der Zeichen im String möglich. Es wird eine Referenz auf das Zeichen zurückgeliefert, so daß die aufrufende Funktion dieses manipulieren kann.

Die konstante Funktion wird eingesetzt, wenn auf ein konstantes `String`-Objekt zugegriffen wird, wie zum Beispiel bei der Implementierung des Kopierkonstruktors (Zeile 63). Beachten Sie, daß der Zugriff auf `rhs[i]` erfolgt, aber `rhs` als `const String &` deklariert ist. Es ist nicht zulässig, auf dieses Objekt mit einer nicht-konstanten Elementfunktion zuzugreifen. Deshalb muß der Offset-Operator für den konstanten Zugiff überladen werden.

Ist das zurückgegebene Objekt groß, wollen Sie vielleicht den Rückgabewert als konstante Referenz deklarieren. Da `char` jedoch nur ein Byte groß ist, besteht dafür kein Anlaß.

Die Zeilen 33 bis 39 implementieren den Standardkonstruktor. Er erzeugt einen String der Länge 0. In unserer `String`-Klasse gilt die Regel, daß bei Angabe der Länge des Strings das abschließende Null-Zeichen nicht mitgezählt wird. Der Standardstring enthält lediglich das Null-Zeichen.

Die Zeilen 63 bis 70 implementieren den Kopierkonstruktor. Er setzt die Länge des neuen Strings auf die Länge des existierenden Strings plus 1 für das abschließende Null-Zeichen. Er kopiert jedes Zeichen des existierenden Strings in den neuen String, der dann mit dem Null-Zeichen abgeschlossen wird.

Die Zeilen 53 bis 60 implementieren den Konstruktor, der einen existierenden C-Stil-String übernimmt. Dieser Konstruktor ist dem Kopierkonstruktor ähnlich. Die Länge des existierenden Strings wird durch einen Aufruf der Standardfunktion `strlen()` aus der `String`-Bibliothek eingerichtet.

Zeile 28 deklariert einen weiteren Konstruktor, `String(unsigned short)`, als private Elementfunktion. Die `private`-Deklaration soll sicherstellen, daß keine Client-Klasse je einen String von beliebiger Länge erzeugt. Dieser Konstruktor dient lediglich dazu, die interne Erzeugung von Strings zu unterstützen, wie sie zum Beispiel vom +=-Operator in Zeile 131 benötigt werden. Doch darauf werden wir später im Zusammenhang mit dem +=-Operator noch näher eingehen.

Der Konstruktor `String(unsigned short)` füllt jedes Element seines Array mit dem Null-Zeichen. Deshalb testet die `for`-Schleife auf `i<=len` und nicht auf `i<len`.

Der in den Zeilen 73 bis 77 implementierte Destruktor löscht den Zeichenstring, der von der Klasse verwaltet wird. Vergessen Sie nicht die eckigen Klammern mit in den Aufruf des `delete`-Operators aufzunehmen, so daß jedes Element des Array und nicht nur das erste Element gelöscht wird.

Der Zuweisungsoperator prüft zuerst, ob die rechte Seite der Zuweisung mit der linken identisch ist. Wenn nicht, wird der aktuelle String gelöscht, der neue String wird erzeugt und der übergebene String kopiert. Mit einer Referenz als Rückgabewert ermöglicht man Zuweisungen wie

```
String1 = String2 = String3;
```

Der Offset-Operator wird zweimal überladen. In beiden Versionen wird eine rudimentäre Begrenzungsprüfung ausgeführt. Wenn der Benutzer versucht, auf ein Zeichen an einer Position hinter dem Array-Ende zuzugreifen, wird das letzte Zeichen – das heißt `len-1` – zurückgeliefert.

Die Zeilen 117 bis 128 implementieren den Plus-Operator (+) als Verkettungsoperator. Dies ermöglicht die bequeme Aneinanderreihung von Strings:

```
String3 = String1 + String2;
```

Um dies zu erreichen, berechnet die Operatorfunktion die Gesamtlänge der beiden String-Operanden und erzeugt den temporären String `temp`. Dazu wird der private Konstruktor aufgerufen, der einen Integer übernimmt und einen mit Null-Zeichen gefüllten String erzeugt. Die Null-Zeichen werden dann durch den Inhalt der beiden Strings ersetzt. Zuerst wird der linke String (`*this`) kopiert und anschließend der rechte String (`rhs`).

Die erste `for`-Schleife durchläuft den linken String und schreibt die einzelnen Zeichen in den neuen String. Die zweite `for`-Schleife durchläuft den rechten String. Beachten Sie, daß `i` auch in der `for`-Schleife für den `rhs`-String weiter inkrementiert wird, um die Einfügeposition in den neuen String vorzurücken.

Der Plus-Operator liefert den `temp`-String als Wert zurück, der dem String links des Zuweisungsoperators (`string1`) zugewiesen werden kann. Der +=-Operator operiert auf dem bestehenden String auf der linken Seite der Anweisung `string1 += string2`. Er funktioniert genauso wie der +-Operator, mit der Ausnahme, daß der `temp`-Wert dem aktuellen String (`*this = temp`) zugewiesen wird (Zeile 142).

Die `main()`-Funktion (Zeile 145 bis 175) fungiert als Testrahmen für die `String`-Klasse. Zeile 147 erzeugt ein `String`-Objekt unter Verwendung des Konstruktors, der einen C-Stil-String mit abschließendem Null-Zeichen übernimmt. Zeile 148 gibt dessen Inhalt mit Hilfe der Zugriffsmethode `GetString()` aus. Zeile 150 erzeugt einen weiteren C-Stil-String. Zeile 151 testet den Zuweisungsoperator und Zeile 152 gibt die Ergebnisse aus.

Zeile 154 erzeugt einen dritten C-Stil-String, `tempTwo`. Zeile 155 ruft `strcpy()` auf, um den Puffer mit den Zeichen `; schön hier zu sein!` aufzufüllen. Zeile 156 ruft den +=-Operator auf und verknüpft `tempTwo` mit dem bestehenden String `s1`. Zeile 158 gibt das Ergebnis aus.

In Zeile 160 wird das fünfte Zeichen in `s1` ausgegeben. In Zeile 161 wird dem Zeichen ein neuer Wert zugewiesen. Damit wird der nicht-konstante Offset-Operator (`[]`) aufgerufen. Zeile 162 zeigt das Ergebnis, aus dem ersichtlich wird, daß sich der Wert tatsächlich geändert hat.

Zeile 164 versucht, auf ein Zeichen hinter dem Ende des Array zuzugreifen. Es wird, wie es der Entwurf vorsieht, das letzte Zeichen des Array zurückgeliefert.

Die Zeilen 166 und 167 erzeugen zwei weitere `String`-Objekte, und Zeile 168 ruft den Additionsoperator auf. Das Ergebnis wird in Zeile 169 ausgegeben.

Zeile 171 erzeugt das neues `String`-Objekt `s4`. Zeile 172 ruft den Zuweisungsoperator auf. Zeile 173 gibt das Ergebnis aus. Vielleicht fragen Sie sich, warum es zulässig ist, daß der Zuweisungsoperator, dessen Definition in Zeile 21 die Übernahme einer konstanten `String`-Referenz vorsieht, hier vom Programm einen C-Stil-String übernimmt.

Die Antwort lautet, daß der Compiler ein `String`-Objekt erwartet, aber ein Zeichen-Array erhält. Deshalb prüft er, ob er aus dem, was ihm gegeben wurde, ein `String`-Objekt erzeugen kann. In Zeile 12 haben Sie einen Konstruktor deklariert, der `String`-Objekte aus Zeichen-Arrays erzeugten. Der Compiler erzeugt ein temporäres `String`-Objekt aus dem Zeichen-Array und übergibt es dem Zuweisungsoperator. Dies wird auch als implizite Typumwandlung oder Promotion bezeichnet. Hätten Sie keinen Konstruktor definiert, der ein Zeichen-Array übernimmt, hätte diese Zuweisung einen Kompilierfehler zur Folge gehabt.

Verkettete Listen und andere Strukturen

Arrays lassen sich in vielerlei Hinsicht mit Tupperware vergleichen. Es sind hervorragende Behälter, sie besitzen aber eine feste Größe. Wählt man einen zu großen Behälter, verschwendet man Platz im Kühlschrank. Nimmt man einen zu kleinen Behälter, quillt der Inhalt über.

Zur Lösung dieses Problems bietet sich eine verkettete Liste an. Dabei handelt es sich um eine Datenstruktur aus kleinen Behältern, die aneinander»gekoppelt« werden. Der Grundgedanke besteht darin, eine Klasse zu schreiben, die genau ein Objekt der Daten enthält – etwa ein `CAT`- oder ein `Rectangle`-Objekt – und auf den nächsten Behälter in der Liste zeigen kann. Dann erzeugt man einen Behälter für jedes zu speichernde Objekt und verkettet die Behälter.

Die Behälter heißen Knoten. Den ersten Knoten in der Liste bezeichnet man als Kopf.

Man unterscheidet bei Listen drei grundlegende Formen. Von der einfachsten zur komplexesten sind das

- einfach verkettete Listen,
- doppelt verkettete Listen,
- Bäume.

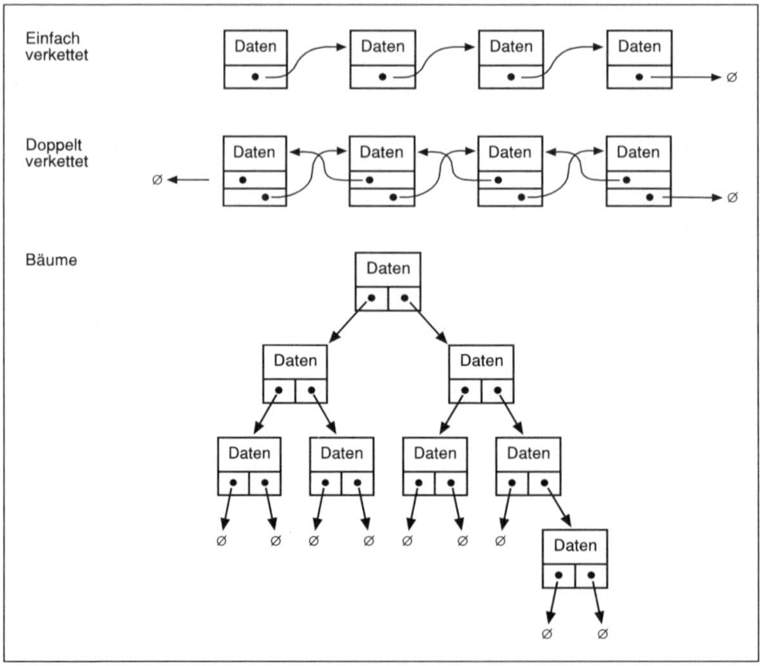

Abbildung 12.5: Verkettete Listen

In einer einfach verketteten Liste zeigt jeder Knoten auf den nächsten, jedoch nicht auf den vorhergehenden. Um einen bestimmten Knoten zu finden, beginnt man am Anfang der Liste und tastet sich wie bei einer Schnitzeljagd (»der nächste Knoten liegt unter dem Sofa«) von Knoten zu Knoten. Eine doppelt verkettete Liste kann man sowohl in Vorwärts- als auch in Rückwärtsrichtung durchlaufen. Ein Baum ist eine komplexe Struktur, die sich aus Knoten aufbaut. Jeder Knoten kann in zwei oder drei Richtungen zeigen. Abbildung 12.5 zeigt diese drei fundamentalen Strukturen.

Fallstudie zu den verketteten Listen

In diesem Abschnitt untersuchen wir anhand einer Fallstudie zum Aufbau einer verketteten Liste, wie man komplexe Strukturen erzeugt und wie man große Projekte mit Vererbung, Polymorphie und Kapselung verwaltet.

Delegierung von Verantwortlichkeit

Eine grundlegende Prämisse der objektorientierten Programmierung besteht darin, daß jedes Objekt genau *eine* Aufgabe erledigt und alles, was nicht zu seinem »Kerngeschäft« gehört, an andere Objekte delegiert.

Ein Auto ist ein gutes Beispiel für dieses Konzept: Die Aufgabe des Motors besteht in der Leistungserzeugung. Die Verteilung dieser Leistung gehört nicht zu den Aufgaben des Motors, sondern kommt den Einrichtungen der Kraftübertragung zu. Weder die Rollbewegung noch die Kraftübertragung gehören zum Job des Motors, diese Aufgabe wird an die Räder weitergereicht.

Eine gut konzipierte Maschine besteht aus einer Menge kleiner Teile mit genau umrissenen Aufgaben, die in ihrer Gesamtheit die vorgesehene Funktionalität realisieren. Das gleiche gilt für ein gut konzipiertes Programm: jede Klasse arbeitet still vor sich hin, zusammengenommen bilden sie die eierlegende Wollmilchsau.

Die einzelnen Komponenten

Die verkettete Liste besteht aus Knoten. Die Knotenklasse selbst ist abstrakt, die eigentliche Arbeit wird in drei Untertypen geleistet. Es gibt einen Kopfknoten, der den Kopf der Liste verwaltet, einen Endknoten und Null oder mehrere interne Knoten. Die internen Knoten verwahren die eigentlich in die Liste aufzunehmenden Daten.

Beachten Sie, daß die Daten und die Liste zwei verschiedene Paar Schuhe sind. Man kann theoretisch jeden beliebigen Datentyp in einer Liste speichern. Nicht die Daten sind verkettet, sondern die Knoten, die die Daten aufnehmen.

Das Rahmenprogramm bekommt von den Knoten nichts mit. Es arbeitet mit der Liste. Die Liste führt allerdings kaum Aufgaben aus, sondern delegiert sie einfach an die Knoten.

Listing 12.13 zeigt den Code, den wir eingehend untersuchen werden.

Listing 12.13: Eine verkettete Liste

```
// **********************************************
//    Datei:       Listing 12.13
//
//    Zweck:       Demonstriert verkettete Liste
//    Hinweise:
//
//    COPYRIGHT:   Copyright (C) 1997 Liberty Associates, Inc.
//                 All Rights Reserved
//
// Zeigt objektorientierte Loesung fuer verkettete Listen.
// Die Liste delegiert die eigentliche Arbeit an die
// Knoten. Die Knoten sind abstrakte Datentypen. Es gibt
// drei Knotentypen: Kopfknoten, Endknoten und interne
// Knoten. Nur die internen Knoten nehmen Daten auf.
//
// Die Klasse Data dient als Objekt, das in der
// verketteten Liste gespeichert wird.
//
// **********************************************


  #include <iostream.h>

  enum { kIsSmaller, kIsLarger, kIsSame};

// Data-Klasse für die Speicherung in der Liste
// Jede Klasse in dieser Liste muss zwei Methoden unterstuetzen:
// Show (zeigt den Wert an) und Compare (gibt relative Position zurück)
  class Data
  {
  public:
      Data(int val):myValue(val){}
      ~Data(){}
      int Compare(const Data &);
```

```
        void Show() { cout << myValue << endl; }
    private:
        int myValue;
    };

    // Compare entscheidet, wohin ein bestimmtes Objekt
    // in der Liste gehoert.
    int Data::Compare(const Data & theOtherData)
    {
        if (myValue < theOtherData.myValue)
            return kIsSmaller;
        if (myValue > theOtherData.myValue)
            return kIsLarger;
        else
            return kIsSame;
    }

    // Vorwaertsdeklarationen
    class Node;
    class HeadNode;
    class TailNode;
    class InternalNode;

    // ADT, der das Knotenobjekt in der Liste darstellt
    // Alle abgeleiteten Klassen müssen Insert und Show redefinieren
    class Node
    {
    public:
        Node(){}
        virtual ~Node(){}
        virtual Node * Insert(Data * theData)=0;
        virtual void Show() = 0;
    private:
    };

    // Dieser Knoten nimmt das eigentliche Objekt auf.
    // Hier hat das Objekt den Typ Data.
    // Bei Besprechung der Templates wird eine
    // moegliche Verallgemeinerung vorgestellt.
    class InternalNode: public Node
    {
    public:
        InternalNode(Data * theData, Node * next);
        ~InternalNode(){ delete myNext; delete myData; }
        virtual Node * Insert(Data * theData);
     virtual void Show() {myData->Show(); myNext->Show();} //delegieren!
```

```

  private:
          Data * myData;  // Die Daten selbst
          Node * myNext;  // Zeigt auf naechsten Knoten in der Liste
  };

  // Der Konstruktor fuehrt nur Initialisierungen aus.
  InternalNode::InternalNode(Data * theData, Node * next):
  myData(theData),myNext(next)
  {
  }

  // Der Kern der Listenkonstruktion. Fuegt man ein
  // neues Objekt in die Liste ein, wird es an den Knoten
  // weitergereicht. Dieser ermittelt, wohin das Objekt
  // gehört, und fügt es in die Liste ein.
  Node * InternalNode::Insert(Data * theData)
  {

      // Ist das neue Objekt groesser oder kleiner als ich?
       int result = myData->Compare(*theData);


       switch(result)
       {
  // Ist das neue gleich gross, kommt es per Konvention vor das aktuelle
       case kIsSame:   // Gleich zum naechsten case-Zweig
       case kIsLarger: // Neue Daten vor mir einordnen
           {
             InternalNode * dataNode = new InternalNode(theData, this);
             return dataNode;
           }

           // Groesser als ich, also an naechsten Knoten
           // weiterreichen. ER soll sich drum kuemmern.
       case kIsSmaller:
               myNext = myNext->Insert(theData);
               return this;
       }
       return this;  // Tribut an MSC
   }


   // Endknoten ist einfach eine Markierung

   class TailNode : public Node
```

```
{
public:
    TailNode(){}
    ~TailNode(){}
    virtual Node * Insert(Data * theData);
    virtual void Show() { }

private:

};

// Wenn Daten zu mir kommen, muessen sie vor mir eingefuegt werden,
// da ich der Endknoten bin und NICHTS nach mir kommt.
Node * TailNode::Insert(Data * theData)
{
    InternalNode * dataNode = new InternalNode(theData, this);
    return dataNode;
}

// Kopfknoten enthaelt keine Daten, sondern zeigt einfach
// auf den Beginn der Liste.
class HeadNode : public Node
{
public:
    HeadNode();
    ~HeadNode() { delete myNext; }
    virtual Node * Insert(Data * theData);
    virtual void Show() { myNext->Show(); }
private:
    Node * myNext;
};

// Nach Erzeugen des Kopfknotens erzeugt dieser
// sofort den Endknoten.
HeadNode::HeadNode()
{
    myNext = new TailNode;
}

// Vor dem Kopf kommt nichts, also die Daten einfach
// an den naechsten Knoten weiterreichen
Node * HeadNode::Insert(Data * theData)
{
    myNext = myNext->Insert(theData);
    return this;
}
```

```
// Ich stehe im Mittelpunkt, mache aber gar nichts.
class LinkedList
{
public:
    LinkedList();
    ~LinkedList() { delete myHead; }
    void Insert(Data * theData);
    void ShowAll() { myHead->Show(); }
private:
    HeadNode * myHead;
};

// Bei Geburt erzeuge ich den Kopfknoten.
// Er erzeugt den Endknoten.
// Eine leere Liste zeigt damit auf den Kopf, dieser
// zeigt auf das Ende, dazwischen ist nichts.
LinkedList::LinkedList()
{
    myHead = new HeadNode;
}

// Delegieren, delegieren, delegieren
void LinkedList::Insert(Data * pData)
{
    myHead->Insert(pData);
}

// Rahmenprogramm zum Testen
int main()
{
    Data * pData;
    int val;
    LinkedList ll;

    // Anwender zum Erzeugen von Werten auffordern.
    // Diese Werte in die Liste stellen.
    for (;;)
    {
        cout << "Welcher Wert? (0 zum Beenden): ";
        cin >> val;
        if (!val)
            break;
        pData = new Data(val);
        ll.Insert(pData);
    }
```

```
218:
219:         // Jetzt Liste durchlaufen und Daten zeigen.
220:         ll.ShowAll();
221:         return 0;  // ll verliert Gueltigkeitsbereich und wird zerstoert!
222:    }
```

Ausgabe

```
Welcher Wert? (0 zum Beenden): 5
Welcher Wert? (0 zum Beenden): 8
Welcher Wert? (0 zum Beenden): 3
Welcher Wert? (0 zum Beenden): 9
Welcher Wert? (0 zum Beenden): 2
Welcher Wert? (0 zum Beenden): 10
Welcher Wert? (0 zum Beenden): 0
2
3
5
8
9
10
```

Analyse

Als erstes fällt ein Aufzählungstyp auf, der drei konstante Werte bereitstellt: `kIsSmaller`, `kIsLarger` und `kIsSame` (kleiner, größer, gleich). Jedes Objekt, das sich in der verketteten Liste speichern läßt, muß eine `Compare()`-Methode (Vergleichen) unterstützen. Diese Konstanten repräsentieren die von der Methode `Compare()` zurückgegebenen Werte.

Die Zeilen 28 bis 37 erzeugen zu Demonstrationszwecken die Klasse `Data`. Die Implementierung der Methode `Compare()` steht in den Zeilen 39 bis 49. Ein `Data`-Objekt nimmt einen Wert auf und kann sich selbst mit anderen `Data`-Objekten vergleichen. Außerdem unterstützt es eine Methode `Show()`, um den Wert des `Data`-Objekts anzuzeigen.

Am besten läßt sich die Arbeitsweise der verketteten Liste anhand eines Beispiels verstehen. Zeile 201 deklariert ein Rahmenprogramm, Zeile 203 einen Zeiger auf ein `Data`-Objekt, und Zeile 205 definiert eine lokale verkettete Liste.

Beim Erzeugen der verketteten Liste wird der Konstruktor in Zeile 189 aufgerufen. Der Konstruktor hat einzig die Aufgabe, ein `HeadNode`-Objekt (Kopfknoten) zu reservieren und die Adresse dieses Objekts dem in der verketteten Liste gespeicherten Zeiger (siehe Zeile 182) zuzuweisen.

Für die Speicherallokation und Erzeugung des `HeadNode`-Objekts wird der in den Zeilen 160 bis 163 implementierte `HeadNode`-Konstruktor aufgerufen. Dieser wiederum erzeugt ein `TailNode`-Objekt (Endknoten) und weist dessen Adresse dem Zeiger `myNext` (Zeiger auf nächsten Knoten) des Kopfknotens zu. Die Erzeugung des `TailNode`-Objekts ruft den `TailNode`-Konstruktor auf (Zeile 128), der `inline` deklariert ist und keine Aktionen ausführt.

Durch einfaches Reservieren einer verketteten Liste auf dem Stack werden somit die Liste erzeugt, die Kopf- und Endknoten erstellt und verknüpft. Die sich daraus ergebende Struktur zeigt Abbildung 12.6.

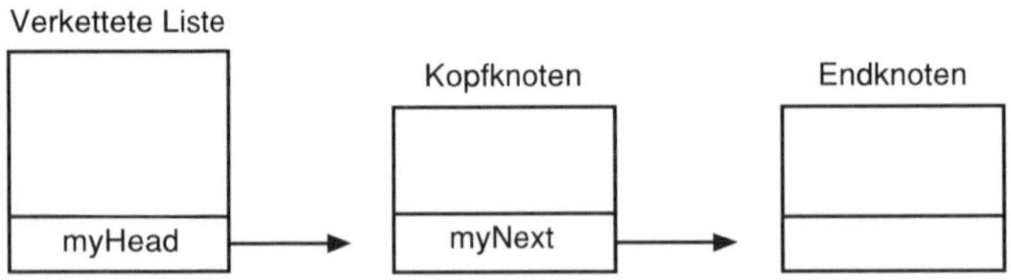

Abbildung 12.6: Die verkettete Liste nach der Erzeugung

Zeile 209 leitet eine Endlosschleife ein. Der Anwender kann jetzt Werte eingeben, die in die verkettete Liste aufgenommen werden. Er kann beliebig viele Werte eingeben, mit einer `Null` zeigt er das Ende der Eingabe an. Der Code in Zeile 213 wertet die eingegebenen Daten aus. Bei einer `Null` verläßt das Programm die Schleife.

Ist der Wert ungleich 0, erzeugt Zeile 215 ein neues `Data`-Objekt, das Zeile 216 in die Liste einfügt. Nehmen wir zu Demonstrationszwecken an, daß der Anwender den Wert `15` eingibt. Das bewirkt den Aufruf der Methode `Insert()` aus Zeile 195.

Die verkettete Liste delegiert sofort die Verantwortlichkeit für das Einfügen des Objekts an ihren Kopfknoten. Das führt zum Aufruf der Methode `Insert()` aus Zeile 167. Der Kopfknoten übergibt die Verantwortlichkeit sofort an den Knoten, auf den `myNext` momentan zeigt. In diesem (ersten) Fall zeigt er auf den Endknoten. (Erinnern Sie sich: Beim Erzeugen des Kopfknotens hat dieser einen Verweis auf einen Endknoten angelegt.) Das zieht den Aufruf der Methode `Insert()` aus Zeile 139 nach sich.

Die Methode `TailNode::Insert()` weiß, daß das übernommene Objekt unmittelbar vor sich selbst einzufügen ist – das heißt, das neue Objekt kommt direkt vor dem Endknoten in die Liste. Daher erzeugt die Methode in Zeile 141 ein neues `InternalNode`-Objekt und übergibt die Daten und einen Zeiger auf sich selbst. Dies wiederum führt zum Aufruf des Konstruktors für das `InternalNode`-Objekt aus Zeile 87.

Der `InternalNode`-Konstruktor initialisiert lediglich seinen `Data`-Zeiger mit der Adresse des übergebenen `Data`-Objekts und seinen `myNext`-Zeiger mit der Adresse des übergebenen Knotens. In diesem Fall zeigt der Knoten auf den Endknoten. (Der Endknoten hat seinen eigenen `this`-Zeiger übergeben.)

Nachdem nun der InternalNode-Knoten erstellt ist, wird die Adresse dieses internen Knotens in Zeile 141 an den Zeiger dataNode zugewiesen und dieser wird wiederum von der Methode TailNode::Insert() zurückgegeben. Das bringt uns zurück zu HeadNode::Insert(), wo die Adresse des InternalNode-Knotens dem Zeiger myNext von HeadNode (in Zeile 169) zugewiesen wird. Schließlich wird die Adresse von HeadNode an die verkettete Liste zurückgegeben und (in Zeile 197) verworfen. (Das Programm stellt nichts damit an, da die verkettete Liste bereits die Adresse des Kopfknotens kennt.)

Warum schlägt man sich mit der Rückgabe der Adresse herum, wenn man sie überhaupt nicht verwendet? Die Methode Insert() ist in der Basisklasse – Node – deklariert. Den Rückgabewert benötigen andere Implementierungen. Wenn man den Rückgabewert von HeadNode::Insert() ändert, erhält man einen Compiler-Fehler. Es ist einfacher, den HeadNode zurückzugeben und die Adresse von der verketteten Liste verwerfen zu lassen.

Was ist bisher geschehen? Die Daten wurden in die Liste eingefügt. Die Liste hat sie an den Kopf übergeben. Der Kopf hat diese Daten blindlings dorthin weitergereicht, wohin der Kopf gerade verweist. In diesem (ersten) Fall hat der Kopf auf das Ende gezeigt. Der Endknoten hat sofort einen neuen internen Knoten erzeugt und den neuen Knoten mit einem Verweis auf das Ende initialisiert. Dann hat der Endknoten die Adresse des neuen Knotens an den Kopf zurückgegeben, und der Kopf hat diesen Zeiger auf den neuen Knoten in seinen Zeiger myNext eingetragen. Die Daten in der Liste befinden sich nun am richtigen Platz, wie es Abbildung 12.7 verdeutlicht.

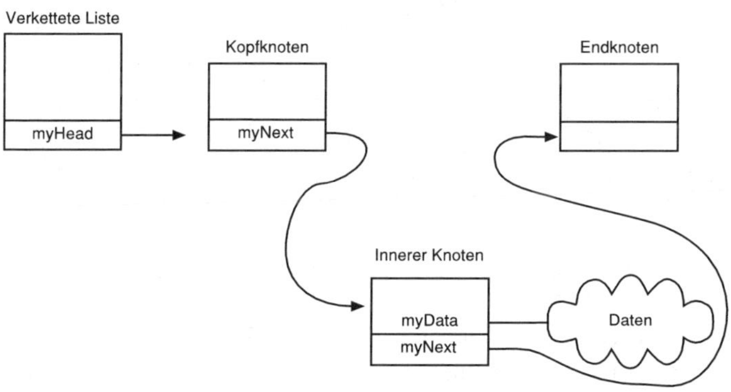

Abbildung 12.7: Die verkettete Liste nach Einfügen des ersten Knotens

Nach dem Einfügen des ersten Knotens setzt das Programm mit Zeile 211 fort, nimmt einen weiteren Wert entgegen und testet ihn. Nehmen wir an, daß der Anwender den Wert 3 eingegeben hat. Daraufhin erzeugt Zeile 215 ein neues Data-Objekt, das Zeile 216 in die Liste einfügt.

Auch hier übergibt die Liste in Zeile 197 die Daten an ihren Kopfknoten (HeadNode). Die Methode HeadNode::Insert() übergibt ihrerseits den neuen Wert an den Knoten, auf den myNext momentan zeigt. Wie wir wissen, verweist dieser Zeiger jetzt auf den Knoten mit dem Data-Objekt, dessen Wert gleich 15 ist. Es schließt sich der Aufruf der Methode InternalNode::Insert() aus Zeile 96 an.

In Zeile 100 veranlaßt InternalNode über den eigenen Zeiger myData, daß das gespeicherte Data-Objekt (mit dem Wert 15) seine Methode Compare() aufruft und dabei das neue Data-Objekt (mit dem Wert 3) übergeben wird. Das führt zum Aufruf der in Zeile 41 dargestellten Methode Compare().

Die Methode Compare() vergleicht beide Werte. Da myValue gleich 15 und der Wert theOtherData.myValue gleich 3 ist, gibt die Methode den Wert kIsLarger zurück. Daraufhin verzweigt das Programm zu Zeile 109.

Für das neue Data-Objekt wird ein neuer InternalNode erzeugt. Der neue Knoten zeigt auf das aktuelle InternalNode-Objekt, und die Methode InternalNode::Insert() gibt die Adresse des neuen InternalNode an HeadNode zurück. Dementsprechend wird der neue Knoten, dessen Objektwert kleiner als der Objektwert des aktuellen Knotens ist, in die Liste eingefügt. Die Liste entspricht nun Abbildung 12.8.

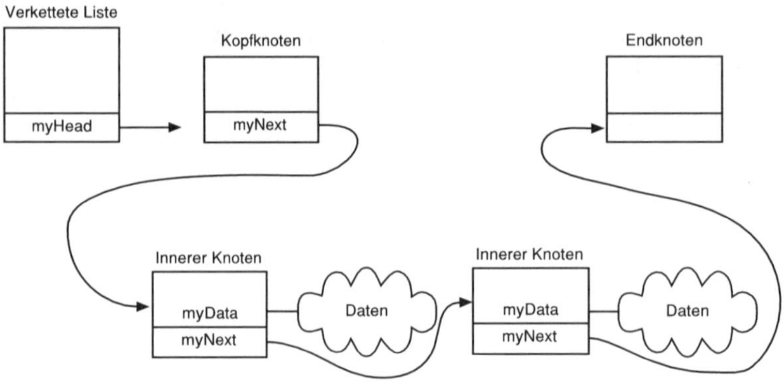

Abbildung 12.8: Die verkettete Liste nach Einfügen des zweiten Knotens

Für den dritten Schleifendurchlauf nehmen wir an, daß der Anwender den Wert 8 eingegeben hat. Dieser Wert ist größer als 3, aber kleiner als 15 und sollte demnach zwischen den beiden vorhandenen Knoten eingefügt werden. Der Ablauf entspricht zunächst genau dem vorherigen Beispiel. Der Vergleich liefert jetzt aber kIsSmaller statt kIsLarger (weil das Objekt mit dem Wert 3 kleiner als das neue Objekt mit dem Wert 8 ist).

Daraufhin verzweigt die Methode InternalNode::Insert() zu Zeile 116. Statt einen neuen Knoten zu erzeugen und einzufügen, übergibt InternalNode einfach die neuen Daten an die Methode Insert() desjenigen Objekts, auf das der Zeiger myNext gerade zeigt. In diesem Fall erfolgt der Aufruf von InsertNode() für den InternalNode, dessen Data-Objektwert gleich 15 ist.

Nach einem erneuten Vergleich wird ein neuer `InternalNode` erzeugt. Dieser zeigt auf den `InternalNode`, dessen `Data`-Objektwert gleich `15` ist. Die Adresse des eingefügten internen Knotens reicht das Programm an den `InternalNode` weiter, dessen `Data`-Objektwert `3` ist (Zeile 116).

Unterm Strich wird der neue Knoten an der richtigen Stelle in die Liste eingefügt.

Wenn Sie die Möglichkeit haben, können Sie schrittweise das Einfügen von Knoten mit Ihrem Debugger nachvollziehen. Dabei läßt sich beobachten, wie diese Methoden einander aufrufen und die Zeiger geeignet angepaßt werden.

Was haben wir gelernt?

Das hier vorgestellte Konzept unterscheidet sich grundlegend von der prozeduralen Programmierung. Bei einem herkömmlichen prozeduralen Programm würde eine steuernde Funktion die Daten untersuchen und die betreffenden Funktionen aufrufen.

In diesem objektorientierten Ansatz erhält jedes Objekt einen genau festgelegten Satz von Verantwortlichkeiten. Die verkettete Liste ist für die Verwaltung des Kopfknotens zuständig. Der Kopfknoten übergibt sofort die neuen Daten dorthin, wohin er gerade zeigt, ohne sich darum zu kümmern, wo das wohl sein könnte.

Sobald der Endknoten Daten erhält, erzeugt er einen neuen Knoten und fügt ihn ein. Der Endknoten handelt nach der Devise: »Wenn diese Daten zu mir gelangen, muß ich sie direkt vor mir einfügen.«

Interne Knoten sind kaum komplizierter. Sie fordern das gespeicherte Objekt auf, sich selbst mit dem neuen Objekt zu vergleichen. Je nach Ergebnis fügen sie entweder das neue Objekt ein oder geben es einfach weiter.

Beachten Sie, daß der interne Knoten *keine Ahnung* hat, wie der Vergleich auszuführen ist. Die Realisierung des Vergleichs bleibt dem Objekt selbst überlassen. Der interne Knoten fordert die Objekte lediglich zum Vergleich auf und erwartet eine von drei möglichen Antworten. Bei einer bestimmten Antwort wird das Objekt eingefügt, andernfalls reicht es der Knoten weiter und weiß nicht, wohin es schließlich gelangt.

Wer ist also verantwortlich? In einem gut konzipierten objektorientierten Programm ist niemand verantwortlich. Jedes Objekt werkelt still vor sich hin, und im Endeffekt hat man eine gut funktionierende Maschine vor sich.

Array-Klassen

Das Aufsetzen eigener Array-Klassen ist in vieler Hinsicht vorteilhafter, als die vordefinierten Arrays zu verwenden. Zum einen kann man damit das Überlaufen des Array verhindern. Vielleicht erwägen Sie auch, eine Array-Klasse mit dynamischer Größenanpassung zu implementieren: Zur Zeit seiner Erzeugung hat es nur ein Element, deren Anzahl kann aber im Laufe des Programms zunehmen.

Vielleicht wollen Sie die Elemente des Array sortieren oder anderweitig anordnen. Oder Sie überlegen sich eine ganze Reihe von Array-Varianten. Zu den populärsten gehören:

- Geordnete Kollektion: Die Elemente werden sortiert.
- Menge: Jedes Element kommt nur einmal vor.
- Wörterbuch: Speichert Wertepaare, aus dem eigentlichen Wert und einem Schlüssel, über den die Wertepaare im Wörterbuch gefunden werden.
- Sparsame Arrays: Diese erlauben Indizes aus einem großen Wertebereich, reservieren jedoch nur für die Positionen Speicher, in denen auch wirklich Werte abgelegt werden. So können Sie in `SparseArray[5]` oder `SparseArray[200]` schreiben, ohne daß tatsächlich Speicher für 5 oder 200 Werte reserviert wurde.
- Bag (Tasche): Eine ungeordnete Kollektion, für die Einfügen und Zugreifen in zufälliger Reihenfolge erfolgen.

Durch das Überladen des Index-Operators (`[]`) können Sie eine verkettete Liste in eine geordnete Kollektion umwandeln. Durch Ausschluß von doppelten Einträgen, können Sie eine Kollektion in eine Menge umwandeln. Wenn die Objekte in der Liste aus Wertepaaren bestehen, können Sie eine verkettete Liste dazu verwenden, ein Wörterbuch oder ein sparsames Array aufzubauen.

Zusammenfassung

In diesem Kapitel haben Sie gelernt, wie man in C++ Arrays erzeugt. Ein Array ist eine in der Größe festgelegte Sammlung von Objekten, die alle vom gleichen Typ sind.

Arrays führen keine Bereichsprüfung durch. Daher ist es zulässig, über das Ende eines Array hinauszulesen oder -zuschreiben. Allerdings kann das verheerende Folgen haben. Die Indizierung von Arrays beginnt bei 0. Ein häufiger Fehler besteht darin, bei einem Array mit `n` Elementen in das Element mit dem Index `n` zu schreiben.

Arrays können eindimensional oder mehrdimensional sein. Für beide Typen von Arrays lassen sich die Elemente des Arrays initialisieren, sofern das Array vordefinierte Typen wie `int` oder Objekte einer Klasse mit Standardkonstruktor enthält.

Arrays und ihre Inhalte kann man auf dem Heap oder auf dem Stack anlegen. Wenn man ein Array im Heap löscht, sollte man die eckigen Klammern im Aufruf von `delete` nicht vergessen.

Array-Namen sind konstante Zeiger auf das jeweils erste Element des Array. Zeiger und Arrays arbeiten mit Zeigerarithmetik, um das nächste Element in einem Array zu lokalisieren.

Sie können verkettete Listen erstellen, um Kollektionen zu verwalten, deren Größe Sie zur Kompilierzeit noch nicht kennen. Aufbauend auf einer verketteten Liste können Sie eine beliebige Anzahl von komplexen Datenstrukturen erzeugen.

Strings sind Arrays von Zeichen oder Variablen vom Typ `char`. C++ stellt spezielle Funktionen für die Verwaltung von `char`-Arrays bereit. Dazu gehört die Initialisierung der Strings mit Zeichenfolgen, die in Anführungszeichen eingeschlossen sind.

Fragen und Antworten

F Was passiert, wenn ich in das Element 25 eines 24-elementigen Array schreibe?

A *Der Schreibvorgang findet in einem außerhalb des Array liegenden Speicherbereich statt und kann damit verheerende Folgen im Programm haben.*

F Was ist in einem nicht initialisierten Array-Element gespeichert?

A *Jeweils das, was sich gerade im Speicher befindet. Die Ergebnisse bei der Verwendung dieses Elements ohne vorherige Zuweisung eines Wertes sind nicht vorhersehbar.*

F Kann ich Arrays zusammenfassen?

A *Ja. Einfache Arrays kann man mit Hilfe von Zeigern zu einem neuen, größeren Array kombinieren. Bei Strings kann man mit den integrierten Funktionen wie zum Beispiel* `strcat()` *arbeiten, um Zeichenfolgen zu verketten.*

F Warum soll ich eine verkettete Liste erzeugen, wenn auch ein Array funktioniert?

A *Ein Array muß eine feste Größe haben, während sich eine verkettete Liste dynamisch zur Laufzeit in der Größe ändern kann.*

F Warum sollte ich jemals vordefinierte Arrays verwenden, wenn ich selbst eine bessere Array-Klasse implementieren kann?

A *Vordefinierte Arrays lassen sich schnell und problemlos einsetzen.*

F Muß eine String-Klasse einen char * verwenden, um den Inhalt eines Strings aufzunehmen?

A *Nein. Sie kann jeden beliebigen vom Entwickler vorgesehenen Speicherplatz verwenden.*

Workshop

Der Workshop enthält Quizfragen, die Ihnen helfen sollen, Ihr Wissen zu festigen, und Übungen, die Sie anregen sollen, das eben Gelernte umzusetzen und eigene Erfahrungen zu sammeln. Versuchen Sie, das Quiz und die Übungen zu beantworten und zu verstehen, bevor Sie die Lösungen in Anhang D lesen und zur Lektion des nächsten Tages übergehen.

Quiz

1. Wie lauten die ersten und letzten Elemente von `EinArray[25]`?
2. Wie deklariert man ein mehrdimensionales Array?
3. Initialisieren Sie die Elemente des Array aus Frage 2.
4. Wie viele Elemente enthält das Array `EinArray[10][5][20]`?
5. Wie lautet die maximale Anzahl von Elementen, die Sie einer verketteten Liste hinzufügen können?
6. Können Sie die Index-Notation für eine verkettete Liste verwenden?
7. Wie lautet das letzte Zeichen in dem String »Barbie ist eine nette Lady«?

Übungen

1. Deklarieren Sie ein zweidimensionales Array, das ein Tic-Tac-Toe-Brett darstellt.
2. Schreiben Sie einen Code, der alle Elemente in dem Array aus Übung 1 mit `0` initialisiert.
3. Schreiben Sie die Deklaration für eine `Node`-Klasse, die Integer-Werte aufnimmt.

4. FEHLERSUCHE: Was ist falsch an folgendem Codefragment?

```
unsigned short EinArray[5][4];
for (int i = 0; i<4; i++)
     for (int j = 0; j<5; j++)
          EinArray[i][j] = i+j;
```

5. FEHLERSUCHE: Was ist falsch an folgendem Codefragment?

```
unsigned short EinArray[5][4];
for (int i = 0; i<=5; i++)
     for (int j = 0; j<=4; j++)
          EinArray[i][j] = 0;
```

Polymorphie

Woche 2

Vorgestern haben Sie gelernt, wie man virtuelle Funktionen in abgeleiteten Klassen implementiert. Diese bilden den Grundpfeiler der Polymorphie: der Fähigkeit, zur Laufzeit spezialisierte, abgeleitete Klassenobjekte an Zeiger der Basisklassen zu binden. Heute lernen Sie,

- was Mehrfachvererbung ist und wie man sie einsetzt,
- was virtuelle Vererbung ist,
- was abstrakte Datentypen sind,
- was reine virtuelle Funktionen sind.

Probleme bei der einfachen Vererbung

Angenommen, Sie arbeiten schon seit einiger Zeit mit Tierklassen und haben Ihre Klassenhierarchie in `Birds` (Vögel) und `Mammals` (Säugetiere) aufgeteilt. Die `Bird`-Klasse verfügt über die Elementfunktion `Fly()`. Die `Mammal`-Klasse wurde unterteilt in eine Reihe von `Mammals`, einschließlich `Horse` (Pferd). `Horse` verfügt über die Elementfunktionen `Whinny()` und `Gallop()`.

Plötzlich stellen Sie fest, daß Sie ein `Pegasus`-Objekt benötigen – eine Kreuzung zwischen `Horse` und `Bird`. Ein `Pegasus` kann fliegen (`Fly()`), er kann wiehern (`Whinny()`) und er kann galoppieren (`Gallop()`). Mit einfacher Vererbung kommen Sie da nicht weiter.

Sie können `Pegasus` zu einer `Bird`-Klasse machen, doch dann könnte er weder wiehern noch galoppieren. Oder Sie deklarieren ihn als `Horse`-Klasse, dann jedoch könnte er nicht fliegen.

Eine Lösung wäre, die Methode `Fly()` in die `Pegasus`-Klasse zu kopieren und `Pegasus` von `Horse` abzuleiten. Das funktioniert auch problemlos, hat allerdings den Nachteil, daß `Fly()`jetzt in zwei Klassen vorhanden ist (`Bird` und `Pegasus`). Wenn Sie Änderungen an der einen Methode vornehmen, müssen Sie auch daran denken, die andere Methode zu ändern. Selbstverständlich muß der Programmierer, der Monate oder Jahre später die Aufgabe hat, Ihren Code zu überholen, ebenfalls wissen, daß der Code an zwei Stellen zu ändern ist.

Über kurz oder lang wird noch ein weiteres Problem auftauchen, dann nämlich, wenn Sie eine Liste von `Horse`-Objekten und eine Liste von `Bird`-Objekten erstellen und in beide Listen `Pegasus`-Objekte einfügen möchten. Wenn aber `Pegasus` von `Horse` abgeleitet wurde, können Sie es nicht in die Liste der `Bird`-Objekte aufnehmen.

Es gibt für solche Probleme eine ganze Reihe von möglichen Lösungen. Sie könnten die `Horse`-Methode `Gallop()` in `Move()` umbenennen und dann `Move()` in Ihrem `Pegasus` überschreiben, so daß es die Arbeit von `Fly()` ausführt. In Ihren anderen `Horse`-

Objekten würden Sie `Move()` dann ebenfalls überschreiben, so daß es die Arbeit von `Gallop()` ausführt. Vielleicht ist `Pegasus` schlau genug, nur kurze Strecken zu galoppieren und längere Strecken zu fliegen.

```
Pegasus::Move(long distance)
{
if (distance > veryFar)
fly(distance);
else
gallop(distance);
}
```

Ein solcher Ansatz ist allerdings sehr beschränkt, was später zu Problemen führen kann. Was ist, wenn Pegasus eines Tages eine kurze Strecke fliegen und eine lange Strecke galoppieren möchte? Ihr nächster Lösungsvorschlag könnte vorsehen, `Move()`, wie in Listing 13.1 demonstriert, nach oben in die `Klasse` Horse auszulagern. Dann haben Sie allerdings das Problem, daß die meisten Pferde nicht fliegen können und die Methode so implementiert werden muß, daß sie nur für `Pegasus`-Objekte Code ausführt.

Listing 13.1: Wenn Pferde fliegen könnten ...

```
// Listing 13.1. Wenn Pferde fliegen könnten...
// Fly() in Horse auslagern

#include <iostream.h>

class Horse
{
public:
   void Gallop(){ cout << "Galoppiert...\n"; }
   virtual void Fly() { cout << "Pferde koennen nicht fliegen.\n" ; }
private:
   int itsAge;
};

class Pegasus : public Horse
{
public:
 virtual void Fly() {cout <<"Ich kann fliegen! Ich kann fliegen!\n";}
};

const int NumberHorses = 5;
int main()
{
```

```
24:        Horse* Ranch[NumberHorses];
25:        Horse* pHorse;
26:        int choice,i;
27:        for (i=0; i<NumberHorses; i++)
28:        {
29:           cout << "(1)Pferd (2)Pegasus: ";
30:           cin >> choice;
31:           if (choice == 2)
32:              pHorse = new Pegasus;
33:           else
34:              pHorse = new Horse;
35:           Ranch[i] = pHorse;
36:        }
37:        cout << "\n";
38:        for (i=0; i<NumberHorses; i++)
39:        {
40:           Ranch[i]->Fly();
41:           delete Ranch[i];
42:        }
43:      return 0;
44:    }
```

Ausgabe

```
(1)Pferd (2)Pegasus: 1
(1)Pferd (2)Pegasus: 2
(1)Pferd (2)Pegasus: 1
(1)Pferd (2)Pegasus: 2
(1)Pferd (2)Pegasus: 1

Pferde koennen nicht fliegen.
Ich kann fliegen! Ich kann fliegen!
Pferde koennen nicht fliegen.
Ich kann fliegen! Ich kann fliegen!
Pferde koennen nicht fliegen.
```

Analyse

Es läßt sich nicht leugnen: Das Programm funktioniert. Wenn auch zu Lasten der `Horse`-Klasse, die jetzt eine `Fly()`-Methode aufweist (Zeile 10). In einer echten Anwendung würde man die `Fly()`-Methode in `Horse` so implementieren, daß sie eine Fehlermeldung ausgibt oder zumindest, ohne weitere Probleme zu verursachen, abbricht. In Zeile 18 überschreibt die `Pegasus`-Klasse die `Fly()`-Methode, um die Methode an ihre eigenen Bedürfnisse anzupassen: in unserem Falle, um eine Freudenbotschaft auszugeben.

Das Array von `Horse`-Zeigern in Zeile 24 wird benötigt, um zu zeigen, daß je nach Laufzeitbindung an ein `Horse`- oder ein Pegasus-Objekt stets die korrekte `Fly()`-Methode für die Zeiger aufgerufen wird.

Hinweis

Diese Beispiele wurden bis zum Kern abgespeckt, um die Betrachtung auf das Wesentliche zu konzentrieren. Auf Konstruktoren, virtuelle Destruktoren und so weiter wurde verzichtet, um den Code möglichst einfach zu halten.

Elemente in Basisklassen auslagern

Es ist absolut üblich, zur Lösung solcher Probleme die erforderlichen Funktionen in der Klassenhierarchie von unten nach oben durchzureichen. Die Basisklasse läuft dabei allerdings Gefahr, zum globalen Namensbereich für alle Funktionen zu mutieren, die eventuell von einer der abgeleiteten Klassen verwendet werden. Dies kann das Klassenprinzip von C++ ernsthaft unterminieren und zu großen und unhandlichen Basisklassen führen.

Generell liegt der Sinn der Auslagerung in Basisklassen darin, gemeinsame Funktionalität in der Hierarchie hochzureichen. Wenn also zwei Klassen eine gemeinsame Basisklasse haben (z.B. `Horse` und `Bird` beide von `Animal` abgeleitet sind) und ihnen eine Funktion gemeinsam ist (beispielsweise essen sowohl Pferde als auch Vögel), würde man diese Funktionalität in die Basisklasse auslagern und eine virtuelle Funktion einrichten.

Sie sollten jedoch vermeiden, Schnittstellenelemente (wie `Fly()`) an Basisklassen durchzureichen, in denen sie nichts zu suchen haben, nur damit diese Funktion dann für einige wenige abgeleitete Klassen zur Verfügung steht.

Abwärts gerichtete Typumwandlung

Eine Alternative zu obigem Ansatz, die ebenfalls noch mit den Mitteln der Einfachvererbung auskommt, bestünde darin, `Fly()` innerhalb von `Pegasus` zu halten und sie nur aufzurufen, wenn der Zeiger tatsächlich auf ein `Pegasus`-Objekt zeigt. Damit das funktioniert, müssen Sie befähigt sein, Ihren Zeiger zur Laufzeit zu befragen, auf welchen Typ er nun eigentlich zeigt. Man bezeichnet das auch als Laufzeit-Typidentifizierung (RTTI). RTTI ist erst seit kurzem offizieller Bestandteil von C++.

Wenn Ihr Compiler RTTI nicht unterstützt, können Sie RTTI simulieren, indem Sie eine Methode in jede der Klassen aufnehmen, die einen Aufzählungstyp zurückliefert. Sie können dann diesen Typen zur Laufzeit abfragen und `Fly()` aufrufen, wenn `Pegasus` zurückgeliefert wird.

Hinweis: Die Zufluchtnahme zu RTTI kann ein Indiz für ein schlecht konzipiertes Programm sein. Erwägen Sie statt dessen den Einsatz von virtuellen Funktionen, Templates oder Mehrfachvererbung.

Um `Fly()`aufrufen zu können, müssen Sie den Typ des Zeigers umwandeln, damit er weiß, daß das Objekt, auf das er zeigt, ein `Pegasus`-Objekt und kein `Horse`-Objekt ist. Dies nennt man abwärts gerichtete Typumwandlung, da Sie den Typ des `Horse`-Objekts in einen abgeleiteten Typ umwandeln.

C++ unterstützt mittlerweile offiziell, wenn vielleicht auch etwas widerstrebend, die abwärts gerichtete Typumwandlung und stellt dazu den neuen Operator `dynamic_cast` zur Verfügung. Dies funktioniert so:

Wenn Sie einen Zeiger auf eine Basisklasse wie `Horse` haben, und sie dem Zeiger einen Zeiger auf eine abgeleitete Klasse wie `Pegasus` zuweisen, können Sie den `Horse`-Zeiger polymorph verwenden. Um dabei über diesen Zeiger auf das `Pegasus`-Objekt zuzugreifen, müssen Sie den Zeiger mit Hilfe des `dynamic_cast`-Operator in einen `Pegasus`-Zeiger umwandeln.

Zuerst wird der Basiszeiger zur Laufzeit geprüft. Ist die Umwandlung zulässig, können Sie mit Ihrem neuen `Pegasus`-Zeiger wie gewünscht weiterarbeiten. Ist die Umwandlung unzulässig, z.B. wenn Sie überhaupt kein `Pegasus`-Objekt haben, erhalten Sie einen Null-Zeiger. Listing 13.2 soll dies veranschaulichen.

Listing 13.2: Abwärts gerichtete Typumwandlung

```
// Listing 13.2 Der Operator dynamic_cast.
// Verwendung von rtti

#include <iostream.h>
enum TYPE { HORSE, PEGASUS };

class Horse
{
public:
   virtual void Gallop(){ cout << "Galoppiert...\n"; }

private:
   int itsAge;
};

class Pegasus : public Horse
{
public:

```

```
      virtual void Fly() {cout <<"Ich kann fliegen! Ich kann fliegen!\n";}
   };

   const int NumberHorses = 5;
   int main()
   {
      Horse* Ranch[NumberHorses];
      Horse* pHorse;
      int choice,i;
      for (i=0; i<NumberHorses; i++)
      {
         cout << "(1)Pferd (2)Pegasus: ";
         cin >> choice;
         if (choice == 2)
            pHorse = new Pegasus;
         else
            pHorse = new Horse;
         Ranch[i] = pHorse;
      }
      cout << "\n";
      for (i=0; i<NumberHorses; i++)
      {
         Pegasus *pPeg = dynamic_cast< Pegasus *> (Ranch[i]);
         if (pPeg)
            pPeg->Fly();
         else
            cout << "Nur ein Pferd\n";

         delete Ranch[i];
      }
 return 0;
}
```

```
(1)Pferd (2)Pegasus: 1
(1)Pferd (2)Pegasus: 2
(1)Pferd (2)Pegasus: 1
(1)Pferd (2)Pegasus: 2
(1)Pferd (2)Pegasus: 1
```

Ausgabe

```
Nur ein Pferd
Ich kann fliegen! Ich kann fliegen!
Nur ein Pferd
Ich kann fliegen! Ich kann fliegen!
Nur ein Pferd
```

Frage

Beim Kompilieren habe ich von Microsoft Visual C++ eine Warnung erhalten: »warning C4541: 'dynamic_cast' fuer polymorphen Typ 'class Horse' mit /GR- verwendet; unvorhersehbares Verhalten moeglich«. Was soll ich machen?

Antwort: Dies ist eine der verwirrendsten Fehlermeldungen der MFC. Beheben Sie den Fehler folgendermaßen:

1. Rufen Sie für Ihr Projekt den Befehl Projekt/Einstellungen auf.
2. Gehen Sie zu der Registerkarte C++.
3. Wählen Sie die Kategorie: Programmiersprache C++ aus.
4. Setzen Sie die Option Run-Time-Type-Informationen (RTTI) aktivieren.
5. Kompilieren Sie das gesamt Projekt neu.

Analyse

Diese Lösung funktioniert ebenfalls. `Fly()` wird aus der `Horse`-Klasse herausgehalten und nicht für `Horse`-Objekte aufgerufen. Wenn sie jedoch für `Pegasus`-Objekte aufgerufen werden soll, muß explizit eine Typumwandlung erfolgen, denn `Horse`-Objekte verfügen ja über keine `Fly()`-Methode. Dem Zeiger muß daher mitgeteilt werden, daß er auf ein `Pegasus`-Objekt zeigt, bevor er verwendet werden kann.

Die Notwendigkeit, eine Typumwandlung für das `Pegasus`-Objekt vorzunehmen, sollte Ihnen eine Warnung sein, daß eventuell mit Ihrem Design etwas nicht stimmt. Ein solches Programm untergräbt die Polymorphie virtueller Funktionen, da es darauf beruht, daß der Typ des Objekts zur Laufzeit umgewandelt wird.

In zwei Listen aufnehmen

Ein anderes Manko dieser Lösungsansätze ist, daß sie `Pegasus` als vom Typ `Horse` deklariert haben – mit der Konsequenz, daß Sie `Pegasus`-Objekte nicht in `Bird`-Listen aufnehmen können. Obwohl Sie also den Preis bezahlt haben, entweder `Fly()` nach oben an `Horse` durchzureichen oder eine Typumwandlung des Zeigers vorzunehmen, erhalten Sie dennoch nicht die volle Funktionalität, die Sie benötigen.

Einen weiteren Ansatz zur Lösung des Problems mittels einfacher Vererbung gäbe es noch. Sie könnten `Fly()`, `Whinny()` und `Gallop()` alle in eine gemeinsame Basisklasse von `Bird` und `Horse`, z.B. `Animal`, verschieben. Anstatt jetzt eine Liste von `Horse` und eine von `Bird` anzulegen, haben Sie eine gemeinsame Liste von `Animal`. Das funktioniert ohne Frage, verlagert aber noch mehr Funktionalität in die Basisklassen.

Alternativ könnten Sie die Methoden dort lassen, wo sie sind, und statt dessen für den Zugriff auf die `Horse`-, `Bird`- und `Pegasus`-Objekte zur Laufzeit die Typen der Basisklassenzeiger umwandeln, doch das ist sogar noch schlimmer.

Was Sie tun sollten	... und was nicht
Verschieben Sie Funktionalität in der Vererbungshierarchie nach oben. Vermeiden Sie, den Laufzeittyp des Objekts zu wechseln – verwenden Sie statt dessen lieber virtuelle Methoden, Templates und Mehrfachvererbung.	Verschieben Sie Schnittstellenelemente nicht in der Vererbungshierarchie nach oben. Wandeln Sie den Typ von Zeigern auf Basisobjekte nicht in Typen von abgeleiteten Objekten um.

Mehrfachvererbung

Es ist möglich, eine neue Klasse von mehr als einer Basisklasse abzuleiten. Dies wird auch als Mehrfachvererbung bezeichnet. Um die Ableitung von mehr als einer Basisklasse zu deklarieren, müssen Sie die einzelnen Basisklasse in der Klassendefinition durch Kommata getrennt angeben. Listing 13.3 zeigt Ihnen, wie Sie `Pegasus` deklarieren, so daß es sowohl von der `Horse`-Klasse als auch von der `Bird`-Klasse erbt. Anschließend nimmt das Programm die `Pegasus`-Objekte in beide Listentypen auf.

Listing 13.3: Mehrfachvererbung

```
// Listing 13.3. Mehrfachvererbung.
// Mehrfachvererbung

#include <iostream.h>

class Horse
{
public:
   Horse() { cout << "Horse-Konstruktor... "; }
   virtual ~Horse() { cout << "Horse-Destruktor... "; }
   virtual void Whinny() const { cout << "Wieher!... "; }
private:
   int itsAge;
};

class Bird
```

```
{
public:
   Bird() { cout << "Bird-Konstruktor... "; }
   virtual ~Bird() { cout << "Bird-Destruktor... "; }
   virtual void Chirp() const { cout << "Chirp... ";  }
   virtual void Fly() const
   {
      cout <<"Ich kann fliegen! Ich kann fliegen! Ich kann fliegen!";
   }
private:
   int itsWeight;
};

class Pegasus : public Horse, public Bird
{
public:
   void Chirp() const { Whinny(); }
   Pegasus() { cout << "Pegasus-Konstruktor... "; }
   ~Pegasus() { cout << "Pegasus-Destruktor...  "; }
};

const int MagicNumber = 2;
int main()
{
   Horse* Ranch[MagicNumber];
   Bird* Aviary[MagicNumber];
   Horse * pHorse;
   Bird * pBird;
   int choice,i;
   for (i=0; i<MagicNumber; i++)
   {
      cout << "\n(1)Pferd (2)Pegasus: ";
      cin >> choice;
      if (choice == 2)
         pHorse = new Pegasus;
      else
         pHorse = new Horse;
      Ranch[i] = pHorse;
   }
   for (i=0; i<MagicNumber; i++)
   {
      cout << "\n(1)Vogel (2)Pegasus: ";
      cin >> choice;
      if (choice == 2)
         pBird = new Pegasus;
      else
```

```
63:             pBird = new Bird;
64:          Aviary[i] = pBird;
65:       }
66:
67:       cout << "\n";
68:       for (i=0; i<MagicNumber; i++)
69:       {
70:          cout << "\nRanch[" << i << "]: " ;
71:          Ranch[i]->Whinny();
72:          delete Ranch[i];
73:       }
74:
75:       for (i=0; i<MagicNumber; i++)
76:       {
77:          cout << "\nVogelhaus[" << i << "]: " ;
78:          Aviary[i]->Chirp();
79:          Aviary[i]->Fly();
80:          delete Aviary[i];
81:       }
82:     return 0;
83:   }
```

Ausgabe

```
(1)Pferd (2)Pegasus: 1
Horse-Konstruktor...
(1)Pferd (2)Pegasus: 2
Horse-Konstruktor... Bird-Konstruktor... Pegasus-Konstruktor...
(1)Vogel (2)Pegasus: 1
Bird-Konstruktor...
(1)Vogel (2)Pegasus: 2
Horse-Konstruktor... Bird-Konstruktor... Pegasus-Konstruktor...

Ranch[0]: Wieher!... Horse-Destruktor...
Ranch[1]: Wieher!... Pegasus-Destruktor...  Bird-Destruktor...
Horse-Destruktor...
Vogelhaus[0]: Chirp... Ich kann fliegen! Ich kann fliegen! Ich kann fliegen! Bird-
Destruktor...
Vogelhaus[1]: Wieher!... Ich kann fliegen! Ich kann fliegen! Ich kann fliegen!
Pegasus-Destruktor... Bird-Destruktor... Horse-Destruktor...
```

Analyse

In den Zeilen 6 bis 14 wird die `Horse`-Klasse deklariert. Der Konstruktor und der Destruktor geben eine Nachricht und die `Whinny()`-Methode das Wort `Wieher!` aus.

Die Zeilen 16 bis 28 deklarieren die `Bird`-Klasse. Zusätzlich zu dem Konstruktor und dem Destruktor weist die Klasse zwei Methoden auf: `Chirp()` und `Fly()`, die beide eine Nachricht ausgeben, anhand deren man erkennen kann, welche Methode aufgerufen wurde. In einem richtigen Programm könnten sie zum Beispiel den Lautsprecher ansprechen oder eine Animation ablaufen lassen.

Zuletzt wird in den Zeilen 30 bis 36 die Klasse `Pegasus` deklariert. Sie wird sowohl von `Horse` als auch von `Bird` abgeleitet. Die `Pegasus`-Klasse überschreibt die `Chirp()`-Methode mit `Whinny()`, die sie von `Horse` geerbt hat.

In der `main()`-Funktion werden zwei Listen erzeugt: `Ranch` in Zeile 41 mit Zeigern auf `Horse`, und `Aviary` (Vogelhaus) in Zeile 42 mit Zeigern auf `Bird`. Die Zeilen 46 bis 55 hängen `Horse`- und `Pegasus`-Objekte an die `Ranch`-Liste an und die Zeilen 56 bis 65 `Bird`- und `Pegasus`-Objekte an die `Aviary`-Liste.

Wenn jetzt über `Bird`- oder `Horse`-Zeiger die virtuellen Methoden aufgerufen werden, werden auch für `Pegasus`-Objekte die korrekten Befehle ausgeführt. So werden zum Beispiel in Zeile 78 die Zeiger im `Aviary`-Array durchlaufen, um für die verschiedenen Objekte, auf die die Zeiger weisen, die `Chirp()`-Methode aufzurufen. Die `Bird`-Klasse deklariert `Chirp()` als virtuelle Methode, so daß für jedes Objekt die richtige Funktion aufgerufen wird.

Beachten Sie, daß jedes Mal, wenn ein `Pegasus`-Objekt erzeugt wird, die Ausgabe widerspiegelt, daß dabei sowohl ein `Bird`- als auch ein `Horse`-Teil erzeugt werden. Wird ein `Pegasus`-Objekt zerstört, werden die `Bird`- und `Horse`-Teile dank der virtuellen Destruktoren korrekt aufgelöst.

Syntax

Deklaration der Mehrfachvererbung

Für die Deklaration eines Objekts, das von mehr als einer Klasse erben soll, müssen Sie nach dem Doppelpunkt, der auf den Klassennamen folgt, die Basisklassen getrennt durch Kommata angeben.

Beispiel 1:

```
class Pegasus : public Horse, public Bird
```

Beispiel 2:

```
class Schnudel : public Schnauzer, public Pudel
```

Die Teile eines mehrfach vererbten Objekts

Wenn das `Pegasus`-Objekt im Speicher erzeugt wird, erzeugen beide Basisklassen im `Pegasus`-Objekt eigene Kompartimente (siehe Abbildung 13.1).

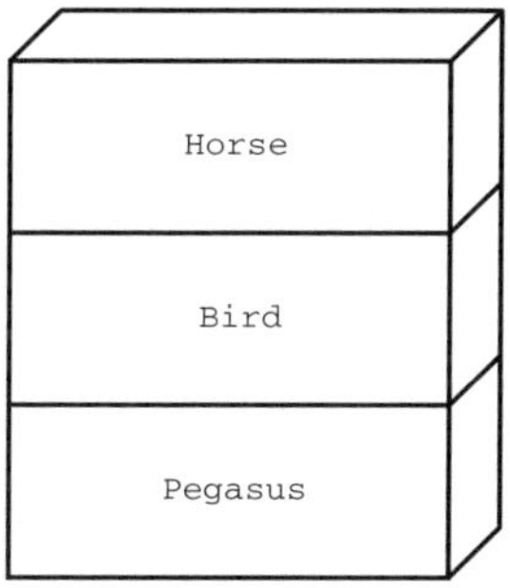

Abbildung 13.1: Mehrfach vererbte Objekte

Im Zusammenhang mit Objekten, die sich von mehreren Basisklassen ableiten, stellen sich etliche Fragen. Was geschieht zum Beispiel, wenn zwei Basisklassen, die den gleichen Namen tragen, virtuelle Funktionen oder Daten aufweisen? Wie werden Konstruktoren von mehreren Basisklassen initialisiert? Was passiert, wenn mehrere Basisklassen von der gleichen Klasse abgeleitet wurden? Im nächsten Abschnitt möchte ich auf diese Fragen eingehen und zeigen, wie Mehrfachvererbung in der Praxis genutzt werden kann.

Konstruktoren in mehrfach vererbten Objekten

Wenn sich `Pegasus` von `Bird` und `Horse` ableitet und jede dieser Basisklassen über Konstruktoren verfügt, die Parameter übernehmen, werden diese Konstruktoren von der `Pegasus`-Klasse aufgerufen. Listing 13.4 veranschaulicht dies.

Listing 13.4: Mehrere Konstruktoren aufrufen

```
    // Listing 13.4
    // Mehrere Konstruktoren aufrufen
    #include <iostream.h>
    typedef int HANDS;
    enum COLOR { Red, Green, Blue, Yellow, White, Black, Brown } ;

    class Horse
    {
  public:
       Horse(COLOR color, HANDS height);
       virtual ~Horse() { cout << "Horse-Destruktor...\n"; }
```

```
      virtual void Whinny()const { cout << "Wieher!... "; }
      virtual HANDS GetHeight() const { return itsHeight; }
      virtual COLOR GetColor() const { return itsColor; }
   private:
      HANDS itsHeight;
      COLOR itsColor;
   };

   Horse::Horse(COLOR color, HANDS height):
      itsColor(color),itsHeight(height)
   {
      cout << "Horse-Konstruktor...\n";
   }

   class Bird
   {
   public:
      Bird(COLOR color, bool migrates);
      virtual ~Bird() {cout << "Bird-Destruktor...\n";  }
      virtual void Chirp()const { cout << "Chirp... ";  }
      virtual void Fly()const
      {
         cout <<"Ich kann fliegen! Ich kann fliegen! Ich kann fliegen!";
      }
      virtual COLOR GetColor()const { return itsColor; }
      virtual bool GetMigration() const { return itsMigration; }

   private:
      COLOR itsColor;
      bool itsMigration;
   };

   Bird::Bird(COLOR color, bool migrates):
      itsColor(color), itsMigration(migrates)
   {
      cout << "Bird-Konstruktor...\n";
   }

   class Pegasus : public Horse, public Bird
   {
   public:
      void Chirp()const { Whinny(); }
      Pegasus(COLOR, HANDS, bool,long);
      ~Pegasus() {cout << "Pegasus-Destruktor...\n";}
      virtual long GetNumberBelievers() const
       {
```

```
          return  itsNumberBelievers;
       }

  private:
     long itsNumberBelievers;
  };

  Pegasus::Pegasus(
      COLOR aColor,
      HANDS height,
      bool migrates,
      long NumBelieve):
  Horse(aColor, height),
  Bird(aColor, migrates),
  itsNumberBelievers(NumBelieve)
  {
     cout << "Pegasus-Konstruktor...\n";
  }

  int main()
  {
     Pegasus *pPeg = new Pegasus(Red, 5, true, 10);
     pPeg->Fly();
     pPeg->Whinny();
     cout << "\nIhr Pegasus ist " << pPeg->GetHeight();
     cout << " cm groß und ";
     if (pPeg->GetMigration())
        cout << "geht auf Wanderschaft.";
     else
        cout << "geht nicht auf Wanderschaft.";
     cout << "\nInsgesamt " << pPeg->GetNumberBelievers();
     cout << " Leute glauben, er existiert.\n";
     delete pPeg;
   return 0;
  }
```

```
Horse-Konstruktor...
Bird-Konstruktor...
Pegasus-Konstruktor...
Ich kann fliegen! Ich kann fliegen! Ich kann fliegen! Wieher!...
Ihr Pegasus ist 50 cm groß und geht auf Wanderschaft.
Insgesamt 10 Leute glauben, er existiert.

Pegasus-Destruktor...
Bird-Destruktor...
Horse-Destruktor...
```

Die Zeilen 7 bis 18 deklarieren die Klasse `Horse`. Der Konstruktor übernimmt zwei Parameter: einen Aufzählungstypen, der in Zeile 5 deklariert ist, und einen `typedef`-Alias-Typen, deklariert in Zeile 4. Die Implementierung des Konstruktors in den Zeilen 20 bis 24 initialisiert lediglich die Elementvariablen und gibt eine Meldung aus.

Die Zeilen 26 bis 42 deklarieren die `Bird`-Klasse, deren Konstruktor in den Zeilen 45 bis 49 implementiert wird. Die `Bird`-Klasse übernimmt zwei Parameter. Interessant hieran ist, daß sowohl der `Horse`-Konstruktor als auch der `Bird`-Konstruktor je einen `color`-Parameter übernehmen. Dies führt zu einem Problem, wie Sie im nächsten Beispiel feststellen werden.

Die Deklaration der `Pegasus`-Klasse erfolgt in den Zeilen 50 bis 63 und die des dazugehörigen Konstruktors in den Zeilen 65 bis 75. Die Initialisierung des `Pegasus`-Objekts umfaßt drei Anweisungen. Zuerst wird der `Horse`-Konstruktor mit `color` und `height` initialisiert. Dann wird der `Bird`-Konstruktor mit `color` und einem Boole'schen Wert initialisiert. Zum Schluß erfolgt die Initialisierung der `Pegasus`-Elementvariablen `itsNumberBelievers`. Nachdem dies alles erledigt ist, wird der Rumpf des `Pegasus`-Konstruktors aufgerufen.

In `main()` wird ein `Pegasus`-Zeiger erzeugt, der dazu dient, auf die Elementfunktionen der Basisobjekte zuzugreifen.

Auflösung von Mehrdeutigkeiten

In Listing 13.4 verfügen sowohl die `Horse`-Klasse als auch die `Bird`-Klasse über eine Methode namens `GetColor()`. Wenn Sie in die Verlegenheit kommen, das `Pegasus`-Objekt aufzufordern, seine Farbe (`color`) zurückzugeben, haben Sie ein Problem: Die `Pegasus`-Klasse erbt von beiden, der `Horse`- und der `Bird`-Klasse. Beide haben eine Farbe und beide verwenden Methoden gleichen Namens und gleicher Signatur, um die Farbe abzufragen. Dies führt zu Mehrdeutigkeiten für den Compiler, die Sie erst auflösen müssen.

Wenn Sie nur schreiben

```
COLOR currentColor = pPeg->GetColor();
```

erhalten Sie den Compiler-Fehler:

```
Member ist ambiguous: 'Horse::GetColor' and 'Bird::GetColor'
```

Diese Doppeldeutigkeit läßt sich durch einen direkten Aufruf der Funktion, die gewünscht wird, vermeiden:

```
COLOR currentColor = pPeg->Horse::GetColor();
```

Immer wenn Sie genau angeben müssen, von welcher Klasse eine Elementfunktion oder ein Datenelement erben, müssen Sie beim Aufruf den vollen Qualifizierer angeben, indem Sie den Klassennamen vor das Datenelement oder die Funktion der Basisklasse stellen.

Beachten Sie, daß für den Fall, daß `Pegasus` diese Funktion überschreiben sollte, das Problem in die Elementfunktion von `Pegasus` verschoben wird:

```
virtual COLOR GetColor()const { return Horse::GetColor(); }
```

Das verbirgt das Problem vor den Klienten der `Pegasus`-Klasse und kapselt die Information, von welcher Basisklasse `color` geerbt werden soll, in `Pegasus`. Ein Klient hat dann aber immer noch die Möglichkeit, einen bestimmten Aufruf zu erzwingen:

```
COLOR currentColor = pPeg->Bird::GetColor();
```

Von einer gemeinsamen Basisklasse erben

Was passiert, wenn `Bird` und `Horse` von einer gemeinsamen Basisklasse, wie zum Beispiel `Animal` erben? Abbildung 13.2 veranschaulicht die Abhängigkeiten.

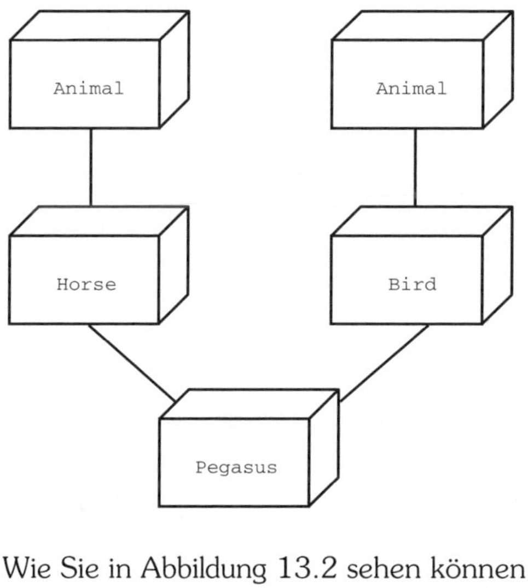

Abbildung 13.2: Gemeinsame Basisklassen

Wie Sie in Abbildung 13.2 sehen können, gibt es zwei Basisklassenobjekte. Wird eine Funktion oder ein Datenelement in der gemeinsamen Basisklasse aufgerufen, führt das zu einer weiteren Mehrdeutigkeit. Angenommen `Animal` deklariert die Elementvariable itsAge und die Elementfunktion GetAge(). Wenn Sie jetzt pPeg->GetAge() aufrufen, stellt sich die Frage, ob Sie die Funktion GetAge() aufrufen möchten, die Sie über Horse von Animal geerbt haben oder ob Sie die GetAge()-Funktion aufrufen möchten, die Sie über Bird von Animal geerbt haben Auch diese Mehrdeutigkeit müssen Sie auflösen. Einen Lösungsweg zeigt Ihnen Listing 13.5.

Listing 13.5: Gemeinsame Basisklassen

```
// Listing 13.5
// Gemeinsame Basisklassen
#include <iostream.h>

typedef int HANDS;
enum COLOR { Red, Green, Blue, Yellow, White, Black, Brown } ;

class Animal        // gemeinsame Basis fuer horse und bird
{
public:
   Animal(int);
   virtual ~Animal() { cout << "Animal-Destruktor...\n"; }
   virtual int GetAge() const { return itsAge; }
   virtual void SetAge(int age) { itsAge = age; }
private:
   int itsAge;
};

Animal::Animal(int age):
itsAge(age)
{
   cout << "Animal-Konstruktor...\n";
}

class Horse : public Animal
{
public:
   Horse(COLOR color, HANDS height, int age);
   virtual ~Horse() { cout << "Horse-Destruktor...\n"; }
   virtual void Whinny()const { cout << "Wieher!... "; }
   virtual HANDS GetHeight() const { return itsHeight; }
   virtual COLOR GetColor() const { return itsColor; }
protected:
   HANDS itsHeight;
   COLOR itsColor;
};

```

```
Horse::Horse(COLOR color, HANDS height, int age):
   Animal(age),
   itsColor(color),itsHeight(height)
{
   cout << "Horse-Konstruktor...\n";
}

class Bird : public Animal
{
public:
   Bird(COLOR color, bool migrates, int age);
   virtual ~Bird() {cout << "Bird-Destruktor...\n";  }
   virtual void Chirp()const { cout << "Chirp... ";  }
   virtual void Fly()const
      { cout << "Ich kann fliegen! Ich kann fliegen! "; }
   virtual COLOR GetColor()const { return itsColor; }
   virtual bool GetMigration() const { return itsMigration; }
protected:
   COLOR itsColor;
   bool itsMigration;
};

Bird::Bird(COLOR color, bool migrates, int age):
   Animal(age),
   itsColor(color), itsMigration(migrates)
{
   cout << "Bird-Konstruktor...\n";
}

class Pegasus : public Horse, public Bird
{
public:
   void Chirp()const { Whinny(); }
   Pegasus(COLOR, HANDS, bool, long, int);
   virtual ~Pegasus() {cout << "Pegasus-Destruktor...\n";}
   virtual long GetNumberBelievers() const
      { return  itsNumberBelievers; }
   virtual COLOR GetColor()const { return Horse::itsColor; }
   virtual int GetAge() const { return Horse::GetAge(); }
private:
   long itsNumberBelievers;
};

Pegasus::Pegasus(
   COLOR aColor,
   HANDS height,
```

```
84:        bool migrates,
85:        long NumBelieve,
86:        int age):
87:     Horse(aColor, height,age),
88:     Bird(aColor, migrates,age),
89:     itsNumberBelievers(NumBelieve)
90:     {
91:        cout << "Pegasus-Konstruktor...\n";
92:     }
93:
94:     int main()
95:     {
96:        Pegasus *pPeg = new Pegasus(Red, 5, true, 10, 2);
97:        int age = pPeg->GetAge();
98:        cout << "Dieser Pegasus ist " << age << " Jahre alt.\n";
99:       delete pPeg;
100:      return 0;
101:    }
```

Ausgabe

```
Animal-Konstruktor...
Horse-Konstruktor...
Animal-Konstruktor...
Bird-Konstruktor...
Pegasus-Konstruktor...
Dieser Pegasus ist 2 Jahre alt.
Pegasus-Destruktor...
Bird-Destruktor...
Animal-Destruktor...
Horse-Destruktor...
Animal-Destruktor...
```

Analyse

Dieses Listing weist einige interessante Besonderheiten auf. Die Zeilen 8 bis 17 deklarieren die `Animal`-Klasse. `Animal` enthält eine Elementvariable namens `itsAge` und zwei Zugriffsfunktionen, `GetAge()` und `SetAge()`.

Zeile 25 deklariert die Klasse `Horse` als Ableitung von `Animal`. Der `Horse`-Konstruktor übernimmt in diesem Fall einen dritten Parameter, `age`, den er seiner Basisklasse `Animal` übergibt. Beachten Sie, daß die `Horse`-Klasse `GetAge()` nicht überschreibt, sondern einfach nur erbt.

Zeile 45 deklariert die von `Animal` abgeleitete `Bird`-Klasse. Deren Konstruktor übernimmt ebenfalls den Parameter `age` und verwendet ihn, um die Basisklasse `Animal` zu initialisieren. Auch `Bird` erbt `GetAge()`, ohne die Methode zu überschreiben.

`Pegasus` erbt sowohl von `Bird` als auch von `Animal` und weist damit zwei `Animal`-Klassen in seiner Vererbungskette auf. Wenn Sie `GetAge()` für ein `Pegasus`-Objekt aufzurufen hätten, müßten Sie die gewünschte Methode, falls sie nicht von `Pegasus` überschrieben wurde, durch entsprechende Qualifizierung disambiguieren.

Die Lösung dazu finden Sie in Zeile 76. Dort überschreibt das `Pegasus`-Objekt die Methode `GetAge()`, damit sie lediglich als Kettenglied fungiert – das heißt, die gleichnamige Methode in der Basisklasse aufruft.

Das geschieht aus zwei Gründen: Zum einen soll, wie in diesem Falle, geklärt werden, welche Basisklasse aufzurufen ist; zum anderen, um eine Arbeit auszuführen und dann die Arbeit von der Funktion in der Basisklasse weiterführen zu lassen. In manchen Fällen ist es besser, erst die Arbeit zu machen und dann zu verketten; es ist aber auch möglich, erst zu verketten und die Arbeit zu machen, wenn die Funktion der Basisklasse zurückkehrt.

Der `Pegasus`-Konstruktor übernimmt fünf Parameter: die Farbe der Kreatur, seine Größe (in HANDS), seine Zugbereitschaft, wie viele daran glauben und das Alter. Der Konstruktor initialisiert den `Horse`-Teil von `Pegasus` mit der Farbe, der Größe und dem Alter (Zeile 87). Er initialisiert den `Bird`-Teil mit Farbe, Zugbereitschaft und Alter in Zeile 88. Zeile 89 initialisiert zum Schluß `itsNumberBelievers`.

Der Aufruf des `Horse`-Konstruktors in Zeile 87 führt den Code aus Zeile 38 aus. Der `Horse`-Konstruktor initialisiert mit dem `age`-Parameter den `Animal`-Teil vom `Horse`-Teil des `Pegasus`. Daraufhin initialisiert er die beiden Elementvariablen von `Horse` – `itsColor` und `itsHeight`.

Der Aufruf des `Bird`-Konstruktors in Zeile 88 führt den Code aus Zeile 60 aus. Auch hier wird mit dem `age`-Parameter der `Animal`-Teil von `Bird` initialisiert.

Beachten Sie, daß der `color`-Parameter von `Pegasus` dazu dient, die Elementvariablen in `Horse` und `Bird` zu initialisieren. Beachten Sie ebenfalls, daß mit `age` die Elementvariable `itsAge` in der `Animal`-Basisklasse von `Horse` und der `Animal`-Basisklasse von `Bird` initialisiert wird.

Virtuelle Vererbung

Im Listing 13.5 betrieb die `Pegasus`-Klasse einigen Aufwand, um die Mehrdeutigkeiten in Hinblick auf die aufzurufenden `Animal`-Basisklassen aufzulösen. Meistens jedoch ist die Entscheidung, welche verwendet werden sollte, ziemlich egal – denn schließlich haben `Horse` und `Bird` die gleiche Basisklasse.

Es ist möglich, in C++ anzugeben, daß Sie keine zwei Kopien einer gemeinsamen Basisklasse (wie in Abbildung 13.2) wünschen, sondern lieber eine einzige gemeinsame Basisklasse hätten (Abbildung 13.3).

Um dies zu erreichen, müssen Sie `Animal` zu einer virtuellen Basisklasse von `Horse` und `Bird` machen. Die `Animal`-Klasse ändert sich dadurch nicht. Für die Klassen `Horse` und `Bird` ändert sich nur die Deklaration, die um das Schlüsselwort `virtual` erweitert wird. `Pegasus` hingegen, ist wesentlich von dieser Änderung betroffen.

Normalerweise initialisiert der Konstruktor einer Klasse nur seine eigenen Variablen und seine direkte Basisklasse. Virtuell geerbte Basisklassen stellen jedoch eine Ausnahme dar. Sie werden von der Klasse initialisiert, die in der Vererbungskette ganz hinten steht. Demnach wird `Animal` nicht von `Horse` oder `Bird`, sondern von `Pegasus` initialisiert. `Horse` und `Bird` müssen `Animal` zwar ebenfalls in ihren Konstruktoren initialisieren, doch werden diese Initialisierungen ignoriert, wenn ein `Pegasus`-Objekt erzeugt wird.

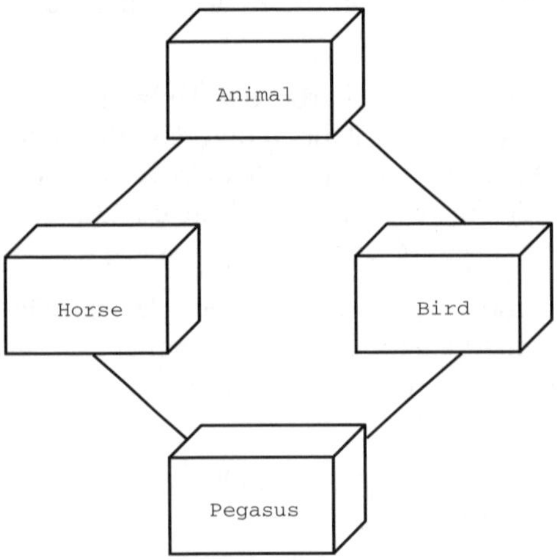

Abbildung 13.3: Diamantförmige Vererbung

Listing 13.6 ist eine Neufassung von Listing 13.5, die die Vorteile der virtuellen Ableitung nutzt.

Listing 13.6: Einsatz der virtuellen Vererbung

```
// Listing 13.6
// Virtuelle Vererbung
#include <iostream.h>

typedef int HANDS;
enum COLOR { Red, Green, Blue, Yellow, White, Black, Brown } ;
```

```
class Animal        // gemeinsame Basis fuer horse und bird
{
public:
   Animal(int);
   virtual ~Animal() { cout << "Animal-Destruktor...\n"; }
   virtual int GetAge() const { return itsAge; }
   virtual void SetAge(int age) { itsAge = age; }
private:
   int itsAge;
};

Animal::Animal(int age):
itsAge(age)
{
   cout << "Animal-Konstruktor...\n";
}

class Horse : virtual public Animal
{
public:
   Horse(COLOR color, HANDS height, int age);
   virtual ~Horse() { cout << "Horse-Destruktor...\n"; }
   virtual void Whinny()const { cout << "Wieher!... "; }
   virtual HANDS GetHeight() const { return itsHeight; }
   virtual COLOR GetColor() const { return itsColor; }
protected:
   HANDS itsHeight;
   COLOR itsColor;
};

Horse::Horse(COLOR color, HANDS height, int age):
   Animal(age),
   itsColor(color),itsHeight(height)
{
   cout << "Horse-Konstruktor...\n";
}

class Bird : virtual public Animal
{
public:
   Bird(COLOR color, bool migrates, int age);
   virtual ~Bird() {cout << "Bird-Destruktor...\n";  }
   virtual void Chirp()const { cout << "Chirp... ";  }
   virtual void Fly()const
      { cout << "Ich kann fliegen! Ich kann fliegen! "; }
```

```
      virtual COLOR GetColor()const { return itsColor; }
      virtual bool GetMigration() const { return itsMigration; }
   protected:
      COLOR itsColor;
      bool itsMigration;
   };

   Bird::Bird(COLOR color, bool migrates, int age):
      Animal(age),
      itsColor(color), itsMigration(migrates)
   {
      cout << "Bird-Konstruktor...\n";
   }

   class Pegasus : public Horse, public Bird
   {
   public:
      void Chirp()const { Whinny(); }
      Pegasus(COLOR, HANDS, bool, long, int);
      virtual ~Pegasus() {cout << "Pegasus-Destruktor...\n";}
      virtual long GetNumberBelievers() const
         { return  itsNumberBelievers; }
      virtual COLOR GetColor()const { return Horse::itsColor; }
   private:
      long itsNumberBelievers;
   };

   Pegasus::Pegasus(
      COLOR aColor,
      HANDS height,
      bool migrates,
      long NumBelieve,
      int age):
   Horse(aColor, height,age),
   Bird(aColor, migrates,age),
   Animal(age*2),
   itsNumberBelievers(NumBelieve)
   {
      cout << "Pegasus-Konstruktor...\n";
   }

   int main()
   {
      Pegasus *pPeg = new Pegasus(Red, 5, true, 10, 2);
      int age = pPeg->GetAge();
      cout << "Dieser Pegasus ist " << age << " Jahre alt.\n";
```

```
99:        delete pPeg;
100:       return 0;
101:   }
```

```
Animal-Konstruktor...
Horse-Konstruktor...
Bird-Konstruktor...
Pegasus-Konstruktor...
Dieser Pegasus ist 4 Jahre alt.
Pegasus-Destruktor...
Bird-Destruktor...
Horse-Destruktor...
Animal-Destruktor...
```

In Zeile 25 deklariert die `Horse`-Klasse, daß sie nur virtuell von `Animal` erben will, und in Zeile 45 macht `Bird` die gleiche Deklaration. Beachten Sie, daß die Konstruktoren von `Bird` und `Animal` weiterhin das `Animal`-Objekt initialisieren.

`Pegasus` erbt von `Bird`, von `Horse` und – als letztem Objekt in der Ableitungshierarchie – von `Animal`. Zur Initialisierung des `Animal`-Objekts wird die Initialisierung von `Pegasus` verwendet und die Aufrufe des `Animal`-Konstruktors in `Bird` und `Horse` werden ignoriert. Sie erkennen dies daran, daß für das Alter der Wert `2` übergeben wird, den `Horse` und `Bird` unverändert an `Animal` weitergeben, während `Pegasus` den Wert verdoppelt. Das Ergebnis `4` zeigt sich in der Ausgabe von Zeile 98.

`Pegasus` muß den Aufruf von `GetAge()` nicht länger eindeutig auflösen und kann diese Funktion einfach von `Animal` zu erben. Beachten Sie, daß `Pegasus` immer noch die Mehrdeutigkeiten beim Aufruf von `GetColor()` lösen muß, da diese Funktion in beiden Basisklassen, jedoch nicht in `Animal` vorkommt.

Klassen mit virtueller Vererbung deklarieren

Um sicherzustellen, daß abgeleitete Klassen nur eine Instanz gemeinsamer Basisklassen erhalten, deklarieren Sie für die dazwischenliegenden Klassen die Vererbung der Basisklasse als virtuell.

Beispiel 1:

```
class Horse : virtual public Animal
class Bird : virtual public Animal
class Pegasus : public Horse, public Bird
```

Beispiel 2:

```
class Schnauzer : virtual public Dog
class Pudel : virtual public Dog
class Schnudel : public Schnauzer, public Pudel
```

Probleme bei der Mehrfachvererbung

Trotzdem die Mehrfachvererbung im Vergleich zur Einfachvererbung etliche Vorteile bietet, zögern viele C++-Programmierer, sie einzusetzen. Als Gründe führen Sie an, daß viele Compiler die Mehrfachvererbung noch nicht unterstützen, daß das Debuggen schwieriger wird und daß fast alles, was mit Mehrfachvererbung gelöst werden kann, auch ohne geht.

Diese Bedenken sind begründet, und Sie sollten sich davor hüten, Ihre Programme unnötig komplex zu machen. Einige Debugger haben große Schwierigkeiten mit Mehrfachvererbung und einige Designs werden dadurch unnötig kompliziert.

Was Sie tun sollten	... und was nicht
Verwenden Sie Mehrfachvererbung, wenn eine neue Klasse Funktionen und Merkmale von mehr als einer Basisklasse benötigt. Verwenden Sie virtuelle Vererbung, wenn die Klassen am Ende der Ableitungshierarchie nur eine Instanz der gemeinsamen Basisklasse haben dürfen. Lassen Sie die gemeinsame Basisklasse von der Klasse am Ende der Ableitungshierarchie aus initialisieren, wenn Sie virtuelle Basisklassen verwenden.	Verzichten Sie auf Mehrfachvererbung, wenn sich das Problem auch mit einfacher Vererbung lösen läßt.

Mixin-Klassen

Wer einen Mittelweg zwischen Mehrfach- und Einfachvererbung einschlagen möchte, kann die sogenannten *Mixins* verwenden. Angenommen Sie hätten eine `Horse`-Klasse, die sich von `Animal` und von `Displayable` ableitet. `Displayable` würde nur wenige Methoden zur Verfügung stellen, mit deren Hilfe man beliebige Objekte auf dem Bildschirm ausgeben kann.

Eine Mixin-Klasse ist eine Klasse, die zwar Funktionalität, aber möglichst wenig oder sogar gar keine Daten bereitstellt.

Hinweis

Der Begriff *Mixin* hat seinen Ursprung in einer Eisdiele in Sommersville, Massachusetts, wo er für eine neue Eissorte verwendet wurde, die Süßigkeiten und Kekse unter die Haupteissorten mischte. Einige Programmierern, die beruflich mit der objektorientierten Programmiersprache SCOOPS arbeiteten und gerade dort ihre Sommerferien verbrachten, erschien dieser Begriff als eine geeignete Metapher.

Mixin-Klassen werden wie andere Klassen auch durch öffentliche Vererbung in die abgeleitete Klasse »aufgenommen«. Der einzige Unterschied zu normalen Klassen besteht darin, daß Mixin-Klassen kaum oder keine Daten enthalten. Zugegeben, dies ist eine willkürliche Unterscheidung, die letztlich nur der Tatsache Ausdruck verleiht, daß man manchmal eben nur bestimmte Fähigkeiten in die Klasse aufnehmen möchte, ohne die Arbeit mit der abgeleiteten Klasse dadurch unnötig zu komplizieren.

Einige Debugger haben weniger Schwierigkeiten damit, Mixins zu debuggen als komplizierte Objekte der Mehrfachvererbung. Außerdem besteht eine geringere Gefahr der Mehrdeutigkeit beim Zugriff auf die Daten in der anderen Haupt-Basisklasse.

Wenn zum Beispiel `Horse` von `Animal` und von `Displayable` abgeleitet ist, wäre `Displayable` die Basisklasse ohne Daten und `Animal` wäre so wie immer. Demnach wären alle Daten in `Horse` direkt von `Animal` abgeleitet, die Funktionen jedoch von beiden.

Abstrakte Datentypen (ADTs)

Häufig bildet man gleich in sich abgeschlossene Hierarchien von Klassen. Beispielsweise erzeugt man eine Klasse `Shape` (Form) und leitet davon `Rectangle` (Rechteck) und `Circle` (Kreis) ab. Als Spezialfall des Rechtecks läßt sich von `Rectangle` die Klasse `Square` (Quadrat) ableiten.

Alle abgeleiteten Klassen überschreiben die Methoden `Draw()` (Zeichnen), `GetArea()` (Fläche ermitteln) und andere. Listing 13.7 zeigt das Grundgerüst der Implementierung einer `Shape`-Klasse und die davon abgeleiteten Klassen `Circle` und `Rectangle`.

Listing 13.7: Shape-Klassen

```
// Listing 13.7. Shape-Klassen

#include <iostream.h>


```

```
class Shape
{
public:
  Shape(){}
   virtual ~Shape(){}
   virtual long GetArea() { return -1; }
   virtual long GetPerim() { return -1; }
   virtual void Draw() {}
private:
};

class Circle : public Shape
{
public:
      Circle(int radius):itsRadius(radius){}
      ~Circle(){}
      long GetArea() { return 3 * itsRadius * itsRadius; }
      long GetPerim() { return 6 * itsRadius; }
      void Draw();
private:
   int itsRadius;
   int itsCircumference;
};

void Circle::Draw()
{
   cout << "Routine zum Zeichnen eines Kreises!\n";
}


class Rectangle : public Shape
{
public:
      Rectangle(int len, int width):
         itsLength(len), itsWidth(width){}
      virtual ~Rectangle(){}
      virtual long GetArea() { return itsLength * itsWidth; }
      virtual long GetPerim() {return 2*itsLength + 2*itsWidth; }
      virtual int GetLength() { return itsLength; }
      virtual int GetWidth() { return itsWidth; }
      virtual void Draw();
private:
   int itsWidth;
   int itsLength;
};

```

```
void Rectangle::Draw()
{
   for (int i = 0; i<itsLength; i++)
   {
      for (int j = 0; j<itsWidth; j++)
         cout << "x ";

      cout << "\n";
   }
}

class Square : public Rectangle
{
public:
      Square(int len);
      Square(int len, int width);
      ~Square(){}
      long GetPerim() {return 4 * GetLength();}
};

Square::Square(int len):
   Rectangle(len,len)
{}

Square::Square(int len, int width):
   Rectangle(len,width)

{
   if (GetLength() != GetWidth())
      cout << "Fehler, kein Quadrat... ein Rechteck?\n";
}

int main()
{
   int choice;
   bool fQuit = false;
   Shape * sp;

   while ( ! fQuit )
   {
      cout << "(1)Kreis (2)Rechteck (3)Quadrat (0)Beenden: ";
      cin >> choice;

      switch (choice)
      {
         case 0: fQuit = true;
```

```
98:             break;
99:            case 1: sp = new Circle(5);
100:             break;
101:             case 2: sp = new Rectangle(4,6);
102:             break;
103:             case 3: sp = new Square(5);
104:             break;
105:             default: cout << "Zahl zwischen 0 und 3 eingeben" << endl;
106:             continue;
107:             break;
108:          }
109:          if(! fQuit)
110:          sp->Draw();
111:           delete sp;
112:          cout << "\n";
113:       }
114:     return 0;
115:  }
```

Ausgabe

```
(1)Kreis (2)Rechteck (3)Quadrat (0)Beenden: 2
x x x x x x
x x x x x x
x x x x x x
x x x x x x
(1)Kreis (2)Rechteck (3)Quadrat (0)Beenden: 3
x x x x x
x x x x x
x x x x x
x x x x x
x x x x x
(1)Kreis (2)Rechteck (3)Quadrat (0)Beenden: 0
```

Analyse

Die Zeilen 6 bis 15 deklarieren die Klasse `Shape`. Die Methoden `GetArea()` und `GetPerim()` liefern einen Fehlerwert zurück, `Draw()` führt keine Aktionen aus. Eine unbestimmte Form kann man schließlich auch schlecht zeichnen? Nur bestimmte Formen (Kreise, Rechtecke usw.) lassen sich zeichnen, Formen als Abstraktion sind nicht darstellbar.

`Circle` leitet sich von `Shape` ab und überschreibt die drei virtuellen Methoden. Beachten Sie, daß es keinen Grund gibt, das Schlüsselwort `virtual` hinzuzufügen, da es Bestandteil der Vererbung virtueller Methoden ist. Allerdings schadet es auch nichts, wenn man es trotzdem angibt, wie es in der Klasse `Rectangle` auf den Zeilen 42, 43 und 46 zu sehen ist. Es empfiehlt sich, den Begriff `virtual` als Erinnerung oder eine Form der Dokumentation aufzunehmen.

`Square` leitet sich von `Rectangle` ab, überschreibt ebenfalls die Methode `GetPerim()` und erbt die restlichen Methoden, die in `Rectangle` definiert sind.

Da es Probleme gibt, wenn ein Klient ein `Shape`-Objekt instantiiert, wäre es wünschenswert, dieses zu verhindern. Die Klasse `Shape` existiert nur, um eine Schnittstelle für die davon abgeleiteten Klassen bereitzustellen. Als solches handelt es sich um einen abstrakten Datentyp (ADT).

Ein abstrakter Datentyp repräsentiert ein Konzept (wie `Shape`) und nicht ein Objekt (wie `Circle`). In C++ ist ein ADT immer die Basisklasse für andere Klassen, und es ist nicht erlaubt, Instanzen eines ADT zu erzeugen.

Abstrakte Funktionen

Abstrakte oder »rein virtuelle« Funktionen lassen sich in C++ erzeugen, indem man die Funktion als `virtual` deklariert und mit `0` initialisiert:

```
virtual void Draw() = 0;
```

Jede Klasse mit einer oder mehreren abstrakten Funktionen ist ein abstrakter Datentyp. Es ist verboten, ein Objekt von einer als ADT fungierenden Klasse zu instantiieren. Der Versuch führt bereits zu einem Compiler-Fehler. Bringt man eine abstrakte Funktion in einer Klasse unter, signalisiert man den Klienten der Klasse zwei Dinge:

- Erzeuge kein Objekt dieser Klasse, sondern leite von dieser Klasse ab.
- Überschreibe auf jeden Fall die abstrakte Funktion.

Von einem ADT abgeleitete Klassen erben die abstrakten Funktionen in ihrer »reinen« Form. Aus diesem Grund muß man die geerbten abstrakten Funktionen überschreiben, wenn man Objekte der abgeleiteten Klasse instantiieren möchte. Wenn also `Rectangle` von `Shape` erbt und `Shape` über drei abstrakte Funktionen verfügt, muß `Rectangle` alle drei abstrakte Funktionen überschreiben – oder `Rectangle` ist ebenfalls ein ADT. In Listing 13.8 liegt die Klasse `Shape` in einer neuen Fassung als abstrakter Datentyp vor. Um Platz zu sparen, sei auf die Wiederholung des restlichen Teils von Listing 13.7 verzichtet. Ersetzen Sie bitte die Deklaration von `Shape` in den Zeilen 6 bis 16 aus Listing 13.7 durch die Deklaration von `Shape` in Listing 13.8, und starten Sie das Programm erneut.

Listing 13.8: Abstrakte Datentypen

```
class Shape
{
public:
      Shape(){}
      ~Shape(){}
      virtual long GetArea() = 0;
      virtual long GetPerim()= 0;
      virtual void Draw() = 0;
private:
};
```

```
(1)Kreis (2)Rechteck (3)Quadrat (0)Beenden: 2
x x x x x x
x x x x x x
x x x x x x
x x x x x x
(1)Kreis (2)Rechteck (3)Quadrat (0)Beenden: 3
x x x x x
x x x x x
x x x x x
x x x x x
x x x x x
(1)Kreis (2)Rechteck (3)Quadrat (0)Beenden: 0
```

Wie Sie feststellen, hat sich die Arbeitsweise des Programms überhaupt nicht geändert. Der einzige Unterschied ist, daß man nun keine Objekte der Klasse `Shape` erzeugen kann.

Abstrakte Datentypen

Eine Klasse deklariert man als abstrakten Datentyp, indem man eine oder mehrere abstrakte Funktionen in die Klassendeklaration aufnimmt. Deklarieren Sie eine abstrakte Funktion, indem Sie `= 0` hinter die Funktionsdeklaration schreiben.

Dazu ein Beispiel:

```
class Shape
{
virtual void Draw() = 0;     // abstrakt
};
```

Abstrakte Funktionen implementieren

Normalerweise werden abstrakte Funktionen in einer abstrakten Basisklasse überhaupt nicht implementiert. Da niemals Objekte dieses Typs erzeugt werden, gibt es keinen Anlaß, Implementierungen bereitzustellen. Der ADT arbeitet damit ausschließlich als Definition einer Schnittstelle für Objekte, die sich von ihm ableiten.

Es ist allerdings möglich, eine Implementierung für eine abstrakte Funktion anzugeben. Die Funktion läßt sich dann von Objekten aufrufen, die vom ADT abgeleitet sind, etwa um allen überschriebenen Funktionen eine gemeinsame Funktionalität zu verleihen. Listing 13.9 bringt eine Neuauflage von Listing 13.7 in der `Shape` als ADT realisiert und mit einer Implementierung für die abstrakte Funktion `Draw()` ausgestattet ist. Die Klasse `Circle` überschreibt `Draw()` wie erforderlich, greift dann aber auch auf die Funktionalität aus der Basisklasse zurück.

In diesem Beispiel besteht die zusätzliche Funktionalität einfach in einer weiteren Ausgabe auf den Bildschirm. Die Basisklasse könnte aber auch einen gemeinsam genutzten Zeichenmechanismus bereitstellen, der zum Beispiel ein Fenster einrichtet, mit dem alle abgeleiteten Klassen arbeiten.

Listing 13.9: Abstrakte Funktionen implementieren

```
// Abstrakte Funktionen implementieren

#include <iostream.h>

class Shape
{
public:
  Shape(){}
virtual ~Shape(){}
    virtual long GetArea() = 0;
    virtual long GetPerim()= 0;
    virtual void Draw() = 0;
private:
};

 void Shape::Draw()
{
    cout << "Abstrakter Zeichenmechanismus!\n";
}

class Circle : public Shape
{
public:
```

```
           Circle(int radius):itsRadius(radius){}
virtual ~Circle(){}
           long GetArea() { return 3 * itsRadius * itsRadius; }
           long GetPerim() { return 9 * itsRadius; }
           void Draw();
    private:
       int itsRadius;
       int itsCircumference;
    };

    void Circle::Draw()
    {
       cout << "Zeichenroutine fuer Kreis!\n";
       Shape::Draw();
    }


    class Rectangle : public Shape
    {
    public:
          Rectangle(int len, int width):
             itsLength(len), itsWidth(width){}
virtual ~Rectangle(){}
          long GetArea() { return itsLength * itsWidth; }
          long GetPerim() {return 2*itsLength + 2*itsWidth; }
          virtual int GetLength() { return itsLength; }
          virtual int GetWidth() { return itsWidth; }
          void Draw();
    private:
       int itsWidth;
       int itsLength;
    };

    void Rectangle::Draw()
    {
       for (int i = 0; i<itsLength; i++)
       {
          for (int j = 0; j<itsWidth; j++)
             cout << "x ";

          cout << "\n";
       }
       Shape::Draw();
    }


```

```
   class Square : public Rectangle
   {
   public:
         Square(int len);
         Square(int len, int width);
virtual ~Square(){}
         long GetPerim() {return 4 * GetLength();}
   };

   Square::Square(int len):
      Rectangle(len,len)
   {}

   Square::Square(int len, int width):
      Rectangle(len,width)

   {
      if (GetLength() != GetWidth())
         cout << "Fehler, kein Quadrat... ein Rechteck?\n";
   }

   int main()
   {
      int choice;
      bool fQuit = false;
      Shape * sp;

      while (1)
     {
        cout << "(1)Kreis (2)Rechteck (3)Quadrat (0)Beenden: ";
         cin >> choice;

         switch (choice)
         {
            case 1: sp = new Circle(5);
            break;
            case 2: sp = new Rectangle(4,6);
            break;
            case 3: sp = new Square (5);
            break;
            default: fQuit = true;
            break;
         }
         if (fQuit)
            break;

```

```
116:          sp->Draw();
117:           delete sp;
118:          cout << "\n";
119:        }
120:     return 0;
121:  }
```

```
(1)Kreis (2)Rechteck (3)Quadrat (0)Beenden: 2
x x x x x x
x x x x x x
x x x x x x
x x x x x x
Abstrakter Zeichenmechanismus!
(1)Kreis (2)Rechteck (3)Quadrat (0)Beenden: 3
x x x x x
x x x x x
x x x x x
x x x x x
x x x x x
Abstrakter Zeichenmechanismus!
(1)Kreis (2)Rechteck (3)Quadrat (0)Beenden: 0
```

Die Zeilen 5 bis 14 deklarieren den abstrakten Datentyp `Shape`. Hier sind alle drei Zugriffsmethoden als abstrakt deklariert – ich möchte noch einmal darauf hinweisen, daß es auch genügt hätte, nur eine Methode als abstrakt zu deklarieren. Wenn irgendeine Methode als abstrakt deklariert ist, wird die gesamte Klasse zu einem ADT.

Die Methoden `GetArea()` und `GetPerim()` sind nicht implementiert, `Draw()` hat dagegen eine Implementierung. `Circle` und `Rectangle` überschreiben `Draw()` und rufen die Basismethode auf, um die – beiden zur Verfügung stehende – Funktionalität der Basisklasse zu nutzen.

Komplexe Abstraktionshierarchien

Manchmal leitet man ADTs von anderen ADTs ab, um zum Beispiel einige der abgeleiteten abstrakten Funktionen zu implementieren und andere abstrakt zu belassen.

So könnte man eine Klasse `Animal` erzeugen, die `Eat()` (Essen), `Sleep()` (Schlafen), `Move()` (Bewegen) und `Reproduce()` (Fortpflanzen) als abstrakte Funktionen deklarieren. Von `Animal` leitete man vielleicht `Mammal` (Säugetier) und `Fish` (Fisch) ab.

Da sich die Säugetiere in der gleichen Weise fortpflanzen, implementieren Sie `Mammal::Reproduce()`, belassen aber `Eat()`, `Sleep()` und `Move()` als abstrakte Funktionen.

Von `Mammal` leiten Sie `Dog` ab, und `Dog` muß die drei restlichen abstrakten Funktionen überschreiben und implementieren, damit sich Objekte vom Typ `Dog` erzeugen lassen.

Als Klassendesigner haben Sie damit gesagt, daß sich keine `Animal`s oder `Mammal`s instantiieren lassen, aber daß alle `Mammal`s die bereitgestellte Methode `Reproduce()` erben können, ohne sie überschreiben zu müssen.

Listing 13.10 verdeutlicht diese Technik anhand einer skizzenhaften Implementierung der oben aufgeführten Klassen.

Listing 13.10: ADTs von anderen ADTs ableiten

```
// Listing 13.10
// ADTs von anderen ADTs ableiten
#include <iostream.h>

enum COLOR { Red, Green, Blue, Yellow, White, Black, Brown } ;

class Animal        // Gemeinsame Basisklasse sowohl für Horse
                    // als auch Fish
{
public:
   Animal(int);
   virtual ~Animal() { cout << "Animal-Destruktor...\n"; }
   virtual int GetAge() const { return itsAge; }
   virtual void SetAge(int age) { itsAge = age; }
   virtual void Sleep() const = 0;
   virtual void Eat() const = 0;
   virtual void Reproduce() const = 0;
   virtual void Move() const = 0;
   virtual void Speak() const = 0;
private:
   int itsAge;
};

Animal::Animal(int age):
itsAge(age)
{
   cout << "Animal-Konstruktor...\n";
}

class Mammal : public Animal
{
public:
```

```
    Mammal(int age):Animal(age)
       { cout << "Mammal-Konstruktor...\n";}
    virtual ~Mammal() { cout << "Mammal-Destruktor...\n";}
    virtual void Reproduce() const
       { cout << "Mammal-Fortpflanzung...\n"; }
};

class Fish : public Animal
{
public:
    Fish(int age):Animal(age)
       { cout << "Fish-Konstruktor...\n";}
    virtual ~Fish() {cout << "Fish-Destruktor...\n";  }
    virtual void Sleep() const { cout << "Fisch schlummert...\n"; }
    virtual void Eat() const { cout << "Fisch fuettern...\n"; }
    virtual void Reproduce() const
       { cout << "Fisch legt Eier...\n"; }
    virtual void Move() const
       { cout << "Fisch schwimmt...\n";    }
    virtual void Speak() const { }
};

class Horse : public Mammal
{
public:
    Horse(int age, COLOR color ):
    Mammal(age), itsColor(color)
          { cout << "Horse-Konstruktor...\n"; }
    virtual ~Horse() { cout << "Horse-Destruktor...\n"; }
    virtual void Speak()const { cout << "Wieher!... \n"; }
    virtual COLOR GetItsColor() const { return itsColor; }
    virtual void Sleep() const
       { cout << "Pferd schlaeft...\n"; }
    virtual void Eat() const { cout << "Pferd fuettern...\n"; }
    virtual void Move() const { cout << "Pferd laeuft...\n";}

protected:
    COLOR itsColor;
};

class Dog : public Mammal
{
public:
    Dog(int age, COLOR color ):
       Mammal(age), itsColor(color)
          { cout << "Dog-Konstruktor...\n"; }
```

```
      virtual ~Dog() { cout << "Dog-Destruktor...\n"; }
      virtual void Speak()const { cout << "Wuff!... \n"; }
      virtual void Sleep() const { cout << "Hund schlaeft...\n"; }
      virtual void Eat() const { cout << "Hund frisst...\n"; }
      virtual void Move() const  { cout << "Hund laeuft...\n"; }
      virtual void Reproduce() const
         { cout << "Hunde pflanzen sich fort...\n"; }

   protected:
      COLOR itsColor;
   };

   int main()
   {
      Animal *pAnimal=0;
      int choice;
      bool fQuit = false;

      while (1)
      {
         cout << "(1)Hund (2)Pferd (3)Fisch (0)Beenden: ";
         cin >> choice;

          switch (choice)
          {
             case 1: pAnimal = new Dog(5,Brown);
             break;
             case 2: pAnimal = new Horse(4,Black);
             break;
            case 3: pAnimal = new Fish (5);
            break;
            default: fQuit = true;
            break;
         }
         if (fQuit)
            break;

         pAnimal->Speak();
         pAnimal->Eat();
         pAnimal->Reproduce();
         pAnimal->Move();
         pAnimal->Sleep();
         delete pAnimal;
         cout << "\n";
      }
     return 0;
   }
```

Ausgabe

```
(1)Hund (2)Pferd (3)Fisch (0)Beenden: 1
Animal-Konstruktor...
Mammal-Konstruktor...
Dog-Konstruktor...
Wuff!...
Hund frisst...
Hunde pflanzen sich fort....
Hund laeuft...
Hund schlaeft...
Dog-Destruktor...
Mammal-Destruktor...
Animal-Destruktor...
(1)Hund (2)Pferd (3)Fisch (0)Beenden: 0
```

Analyse

Die Zeilen 7 bis 21 deklarieren den abstrakten Datentyp `Animal`. Die Zugriffsfunktionen für `itsAge` sind nicht abstrakt. Alle `Animal`-Objekte nutzen diese Funktionen. Weiterhin gibt es die fünf abstrakten Funktionen `Sleep()`, `Eat()`, `Reproduce()`, `Move()` und `Speak()`.

Die Deklaration der von `Animal` abgeleiteten Klasse `Mammal` folgt in den Zeilen 29 bis 37. Die Klasse fügt keine neuen Daten hinzu. Allerdings überschreibt `Mammal` die Funktion `Reproduce()`, um eine allgemeine Form der Fortpflanzung für alle Säugetiere bereitzustellen. `Fish` muß `Reproduce()` überschreiben, da sich `Fish` direkt von `Animal` ableitet und nicht die Fortpflanzung von Säugetieren nutzen kann. (Logisch, oder?)

`Mammal`-Klassen brauchen nun nicht mehr die Funktion `Reproduce()` zu überschreiben, können es aber bei Bedarf tun, wie zum Beispiel `Dog` in Zeile 83. `Fish`, `Horse` und `Dog` überschreiben alle geerbten abstrakten Funktionen, so daß sich Objekte dieser Typen instantiieren lassen.

Im Rumpf des Programms wird ein `Animal`-Zeiger verwendet, um auf die verschiedenen abgeleiteten Objekte der Reihe nach zuzugreifen. Beim Aufruf der virtuellen Methoden wird gemäß der Laufzeitbindung des Zeigers stets die korrekte Methode der abgeleiteten Klasse aufgerufen.

Versucht man, ein `Animal` oder ein `Mammal` zu instantiieren, erhält man einen Compiler-Fehler, da beides abstrakte Datentypen sind.

Welche Typen sind abstrakt?

In einem Programm ist die Klasse `Animal` abstrakt, in einem anderen nicht. Wann soll man eine Klasse zu einer abstrakten Klasse machen?

Diese Frage läßt sich nicht global beantworten. Es hängt immer davon ab, was für das jeweilige Programm sinnvoll ist. In einem Programm für einen Bauernhof oder einen Zoo deklariert man `Animal` zum Beispiel als abstrakten Datentyp und `Dog` als Klasse, von der man Objekte instantiieren kann.

Wenn man andererseits einen Hundezwinger erstellt, kann man `Dog` als abstrakten Datentyp deklarieren und nur Hunderassen instantiieren: Retriever, Terrier usw. Die Abstraktionsebene ist davon abhängig, wie fein man die Typen unterscheiden muß.

Was Sie tun sollten	... und was nicht
Verwenden Sie abstrakte Typen, um gemeinsame Funktionalität für mehrere Klassen bereitzustellen. Überschreiben Sie alle abstrakten Funktionen. Deklarieren Sie alle Funktionen, die in den abgeleiteten Klassen überschrieben werden sollen, als abstrakt.	Versuchen Sie nicht, ein Objekt eines abstrakten Datentyps zu instantiieren.

Das Überwachungsmuster

Ein besonders heißer Trend in C++ ist derzeit die Erstellung und Verbreitung von Entwurfsmustern. Dabei handelt es sich um gut dokumentierte Lösungen zu allgemeinen Problemen von C++-Programmierern. So löst zum Beispiel das Überwachungsmuster ein allgemeines Problem bei der Vererbung.

Angenommen Sie entwickeln eine `Zeitgeber`-Klasse, die die verstrichenen Sekunden zählen kann. So eine Klasse könnte über ein Integer-Klassenelement `Sekunden` und Methoden zum Setzen, Auslesen und Inkrementieren von `Sekunden` verfügen.

Lassen Sie uns weiterhin annehmen, Ihr Programm möchte jedes Mal darüber informiert werden, wenn das Element `Sekunden` des Zeitgebers inkrementiert wurde. Eine naheliegende Lösung wäre, eine Benachrichtigungsmethode in die `Zeitgeber`-Klasse aufzunehmen. Benachrichtigung ist jedoch kein essentieller Bestandteil der Zeitmessung und der komplexe Code zur Registrierung der Klassen, die informiert werden müssen, wenn die Uhr inkrementiert wird, gehört eigentlich nicht in Ihre `Zeitgeber`-Klasse.

Noch wichtiger: Wenn Sie einmal die Logik für die Registrierung und Benachrichtigung all der Klassen, die an diesen Änderungen interessiert sind, ausgearbeitet haben, möchten Sie sicherlich diese Funktionalität in einer eigenen abstrakten Klasse zusammenfassen. Diese könnten Sie dann bei anderen Klassen, die auf die gleiche Weise »observiert« werden sollen, wiederverwenden.

Deshalb ist es die bessere Lösung, eine eigene `Beobachter`-Klasse zu erzeugen. Machen Sie diese Klasse zu einem abstrakten Datentyp mit der abstrakten Funktion `Aktualisieren()`.

Erzeugen Sie dann einen zweiten abstrakten Datentyp namens `Subjekt`. `Subjekt` hält einen Array von `Beobachter`-Objekten und stellt zwei Methoden bereit: `Registrieren()` (mit dem `Beobachter`-Objekte der Liste hinzugefügt werden) und `Benachrichtigen()`, die aufgerufen wird, wenn es etwas zu berichten gibt.

Die Klassen, die von den Änderungen Ihres Zeitgebers informiert werden wollen, werden von `Beobachter` abgeleitet. `Zeitgeber` selbst wird von `Subjekt` abgeleitet. Die `Beobachter`-Klasse registriert sich in der `Subjekt`-Klasse. Die `Subjekt`-Klasse ruft `Benachrichtigen()` auf, wenn sie sich ändert (in diesem Falle, wenn der `Zeitgeber` aktualisiert wird).

Abschließend stellen wir fest, daß nicht jeder Klient von `Zeitgeber` observiert werden möchte. Deshalb erzeugen wir eine neue Klasse namens `BeobachteterZeitgeber`, die von `Zeitgeber` und von `Subjekt` abgeleitet ist. Damit erhält `BeobachteterZeitgeber` die Merkmale von `Zeitgeber` und die Fähigkeit, beobachtet zu werden.

Ein Wort zu Mehrfachvererbung, abstrakten Datentypen und Java

Viele C++-Programmierer wissen, daß Java zu einem großen Teil auf C++ basiert, und trotzdem haben die Java-Entwickler bewußt auf Mehrfachvererbung verzichtet. Sie waren der Meinung, daß Mehrfachvererbung Java unnötig verkompliziert und damit der leichten Anwendbarkeit dieser Programmiersprache entgegenwirkt. Sie glauben, daß 90 % der Funktionalität der Mehrfachvererbung mit der Verwendung von sogenannten Schnittstellen abgedeckt werden kann.

Eine Schnittstelle ähnelt sehr stark einem abstrakten Datentyp. Sie definiert einen Satz an Funktionen, die nur in einer abgeleiteten Klasse implementiert werden können. Bei Schnittstellen leitet man jedoch nicht direkt von der Schnittstelle, sondern von einer anderen Klasse ab und implementiert die Schnittstelle, fast vergleichbar der Mehrfachvererbung. Diese Kombination aus abstraktem Datentyp und Mehrfachvererbung erfüllt in etwa die Aufgabe einer Mixin-Klasse, ohne die Komplexität oder den Overhead der Mehrfachvererbung. Außerdem besteht kein Bedarf mehr an virtueller Vererbung, da Schnittstellen weder Implementierungen noch Elementdaten aufweisen.

Ob dies ein Manko oder ein Merkmal ist, liegt am Betrachter. Wenn Sie jedoch Mehrfachvererbung und abstrakte Datentypen in C++ verstehen, haben Sie eine gute Ausgangsbasis, um die etwas fortschrittlicheren Merkmale von Java einzusetzen, sollten Sie eines Tages den Entschluß fassen, diese Sprache auch zu lernen.

Zusammenfassung

Heute haben Sie gelernt, wie man einige der Beschränkungen der einfachen Vererbung umgeht. Sie wissen jetzt, wo die Gefahren liegen, wenn Sie Schnittstellen in der Vererbungshierarchie hochreichen, und welche Risiken es birgt, abwärts gerichtete Typumwandlungen vorzunehmen. Sie haben gelernt, wie man Mehrfachvererbung einsetzt, welche Probleme sich in diesem Zusammenhang stellen und wie man sie mit virtueller Vererbung löst.

Sie haben gesehen, wie man abstrakte Datentypen mit Hilfe von abstrakten Funktionen erzeugt, und wie, wann und warum man abstrakte Funktionen implementiert. Abschließend wurde Ihnen gezeigt, wie Sie das Überwachungsmuster mit Hilfe der Mehrfachvererbung und abstrakten Datentypen implementieren.

Fragen und Antworten

F Was bedeutet es, Funktionalität hochzureichen?

A *Gemeint ist die Verlagerung von Funktionalität in eine darüberliegende, gemeinsame Basisklasse. Wenn mehrere Klassen eine Funktion gemeinsam nutzen, ist es sinnvoll, eine gemeinsame Basisklasse zu suchen, in der sich diese Funktion unterbringen läßt.*

F Ist das Hochreichen von Funktionalität immer empfehlenswert?

A *Ja, wenn man gemeinsam genutzte Funktionalität nach oben verschiebt. Nein, wenn man lediglich die Schnittstelle nach oben bringt. Das heißt, wenn nicht alle abgeleiteten Klassen die Methode verwenden können, ist es ein Mißgriff, diese Funktion in eine gemeinsam genutzte Basisklasse zu verlagern. Wenn man es doch tut, muß man den Laufzeittyp des Objekts aktivieren, bevor man entscheidet, ob man die Funktion aufrufen kann.*

F Warum ist die Aufschlüsselung des Objekttyps zur Laufzeit nicht zu empfehlen?

A *In großen Programmen werden die* `switch`*-Anweisungen groß und schwer zu warten. Virtuelle Funktionen werden eingesetzt, damit die virtuelle Tabelle und nicht der Programmierer den Laufzeittyp des Objekts bestimmt.*

F Warum ist Typenumwandlung nicht zu empfehlen?

A *Gegen Typumwandlung ist nichts einzuwenden, solange sie typensicher durchgeführt werden. Wird eine Funktion aufgerufen, die weiß, daß das Objekt von einem bestimmten Typ sein muß, ist die Umwandlung in diesen Typ in Ordnung. Typumwandlung kann aber zur Untergrabung der strengen Typenprüfung in C++ führen, und dies gilt es zu vermeiden. Wenn Sie den Code nach dem Laufzeittyp des Objekts auftrennen und dann mit Typumwandlungen von Zeigern arbeiten, kann dies ein Zeichen dafür sein, daß etwas mit Ihrem Code nicht stimmt.*

F Warum deklariert man nicht alle Funktionen als virtuell?

A *Virtuelle Funktionen werden durch virtuelle Tabellen realisiert, die die Größe und die Ausführungsgeschwindigkeit des Programms beeinträchtigen. Die Methoden kleinerer Klassen, die vermutlich nie als Basisklassen eingesetzt werden, wird man kaum als* `virtual` *deklarieren wollen.*

F Wann sollte ein virtueller Destruktor definiert werden?

A *Immer dann, wenn Sie eine Klasse aufsetzen, die als Basisklasse fungieren könnte, und Sie annehmen, daß Zeiger auf die Basisklasse für den Zugriff auf Objekte der abgeleiteten Klasse verwendet werden. Als allgemeine Regel kann man sich merken: »Wenn Sie irgendeine Funktion in Ihrer Klasse als virtuell deklariert haben, deklarieren Sie auch den Destruktor als virtuell«.*

F Warum soll man sich mit abstrakten Datentypen herumschlagen? Man könnte doch die nicht abstrakte Form beibehalten und einfach das Erzeugen von Objekten dieses Typs vermeiden.

A *Der Zweck vieler Konventionen in C++ besteht darin, den Compiler bei der Fehlersuche heranzuziehen, um Laufzeitfehler aus dem Code (den man schließlich verkaufen möchte) zu verbannen. Wenn man eine Klasse mit abstrakten Funktionen ausstattet und damit abstrakt macht, weist der Compiler mit einer entsprechenden Fehlermeldung auf alle Objekte hin, die man aus diesem abstrakten Typ erzeugen möchte.*

Workshop

Der Workshop enthält Quizfragen, die Ihnen helfen sollen, Ihr Wissen zu festigen, und Übungen, die Sie anregen sollen, das eben Gelernte umzusetzen und eigene Erfahrungen zu sammeln. Versuchen Sie, das Quiz und die Übungen zu beantworten und zu verstehen, bevor Sie die Lösungen in Anhang D lesen und zur Lektion des nächsten Tages übergehen.

Quiz

1. Was ist eine abwärts gerichtete Typenumwandlung?
2. Was ist der »v-ptr«?
3. Stellen Sie sich vor, Sie haben eine Klasse `RoundRect` für Rechtecke mit abgerundeten Ecken, die sowohl von `Rectangle` als auch von `Circle` abgeleitet ist. `Rectangle` und `Circle` sind ihrerseits von `Shape` abgeleitet. Wie viele `Shape`s werden dann bei der Instantiierung eines `RoundRect`s erzeugt?
4. Wenn `Horse` und `Bird` von der Klasse `Animal` als `public virtual` Basisklasse abgeleitet sind, rufen dann ihre Konstruktoren den `Animal`-Konstruktor auf? Wenn `Pegasus` sowohl von `Horse` als auch von `Bird` abgeleitet ist, wie kann `Pegasus` den `Animal`-Konstruktor aufrufen?
5. Deklarieren Sie eine Klasse `Vehicle`, und machen Sie die Klasse zu einem abstrakten Datentyp.
6. Wenn eine Basisklasse einen ADT darstellt und drei abstrakte Funktionen beinhaltet, wie viele dieser Funktionen müssen dann in den abgeleiteten Klassen überschrieben werden?

Übungen

1. Setzen Sie die Deklaration für eine Klasse `JetPlane` auf, die von `Rocket` und `Airplane` abgeleitet ist.
2. Setzen Sie die Deklaration für eine Klasse `747` auf, die von der Klasse `JetPlane` aus Übung 1 abgeleitet ist.
3. Schreiben Sie ein Programm, das die Klassen `Car` und `Bus` von der Klasse `Vehicle` ableitet. Deklarieren Sie `Vehicle` als ADT mit zwei abstrakten Funktionen. `Car` und `Bus` sollen keine abstrakten Datentypen sein.
4. Ändern Sie das Programm aus Übung 3 dahingehend, daß die Klasse `Car` ein abstrakter Datentyp ist, von dem die Klassen `SportsCar` und `Coupe` abgeleitet werden. Die Klasse `Car` soll für eine der abstrakten Funktionen von `Vehicle` einen Anweisungsteil vorsehen, so daß die Funktion nicht mehr abstrakt ist.

14

Spezielle Themen zu Klassen und Funktionen

Woche 2

C++ bietet eine Reihe von Möglichkeiten, um den Gültigkeitsbereich und den Einfluß von Variablen und Zeigern einzuschränken. So wissen Sie bereits, wie man globale Variablen, lokale Variablen in Funktionen, Zeiger auf Variablen und Elementvariablen erzeugt. Heute lernen Sie,

- was statische Elementvariablen und statische Elementfunktionen sind,
- wie man statische Elementvariablen und statische Elementfunktionen verwendet,
- wie man Zeiger auf Funktionen und Zeiger auf Elementfunktionen erzeugt und manipuliert,
- wie man mit Arrays von Zeigern auf Funktionen arbeitet.

Statische Datenelemente

Bis jetzt haben Sie die Daten von Klassen wahrscheinlich nur als einzigartig zu den einzelnen Objekten und nicht als gemeinsam genutzte Daten zwischen mehreren Objekten einer Klasse gesehen. Wenn man zum Beispiel fünf `Cat`-Objekte erzeugt hat, verfügt jedes Objekt über eigene Variablen für Alter, Gewicht und andere Daten. Das Alter des einen Objekts beeinflußt nicht das Alter eines anderen Objekts.

Manchmal möchte man aber Daten verwalten, die alle Objekte einer Klasse gemeinsam nutzen. Vielleicht möchten Sie festhalten, wie viele Objekte einer bestimmten Klasse bis zu einem gegebenen Zeitpunkt erzeugt wurden und wie viele es noch gibt. Im Gegensatz zu normalen Elementvariablen werden statische Elementvariablen von allen Instanzen einer Klasse gemeinsam genutzt. Sie bilden einen Kompromiß zwischen globalen Daten, die allen Teilen eines Programms zur Verfügung stehen, und Datenelementen, die normalerweise nur dem einzelnen Objekt verfügbar sind.

Man kann sich das so erklären, daß ein statisches Element zur Klasse und nicht zum Objekt gehört. Normale Datenelemente sind je einmal pro Objekt vorhanden, während statische Elemente nur einmal pro Klasse auftreten. Listing 14.1 deklariert ein `Cat`-Objekt mit dem statischen Datenelement `HowManyCats`. In dieser Variable wird die aktuelle Anzahl der erzeugten `Cat`-Objekte festgehalten, wozu die Klasse die statische Variable `HowManyCats` bei jeder Erzeugung inkrementiert und bei jeder Zerstörung dekrementiert.

Listing 14.1: Statische Datenelemente

```
// Listing 14.1 Statische Datenelemente

#include <iostream.h>

```

```
class Cat
{
public:
   Cat(int age):itsAge(age){HowManyCats++; }
   virtual ~Cat() { HowManyCats--; }
   virtual int GetAge() { return itsAge; }
   virtual void SetAge(int age) { itsAge = age; }
   static int HowManyCats;

private:
   int itsAge;

};

int Cat::HowManyCats = 0;

int main()
{
   const int MaxCats = 5; int i;
   Cat *CatHouse[MaxCats];
   for (i = 0; i<MaxCats; i++)
      CatHouse[i] = new Cat(i);

   for (i = 0; i<MaxCats; i++)
   {
      cout << "Es bleiben ";
      cout << Cat::HowManyCats;
      cout << " Katzen uebrig!\n";
      cout << "Diejenige loeschen, die ";
      cout << CatHouse[i]->GetAge();
      cout << " Jahre alt ist.\n";
      delete CatHouse[i];
      CatHouse[i] = 0;
   }
 return 0;
}
```

```
Es bleiben 5 Katzen uebrig!
Diejenige loeschen, die 0 Jahre alt ist.
Es bleiben 4 Katzen uebrig!
Diejenige loeschen, die 1 Jahre alt ist.
Es bleiben 3 Katzen uebrig!
Diejenige loeschen, die 2 Jahre alt ist.
Es bleiben 2 Katzen uebrig!
Diejenige loeschen, die 3 Jahre alt ist.
Es bleiben 1 Katzen uebrig!
Diejenige loeschen, die 4 Jahre alt ist.
```

Analyse

In den Zeilen 5 bis 17 wird eine einfache `Cat`-Klasse deklariert. In Zeile 12 wird `HowManyCats` als statische Elementvariable vom Typ `int` deklariert.

Die Deklaration von `HowManyCats` definiert noch kein Integer-Objekt. Es wird damit auch kein Speicher reserviert. Anders als bei nicht-statischen Elementen wird auch kein Speicher reserviert, wenn man ein `Cat`-Objekt instantiiert, da sich die statische Elementvariable (im Beispiel `HowManyCats`) nicht im Objekt befindet. Aus diesem Grund wird die Variable in Zeile 19 definiert und initialisiert.

Es ist ein verbreiteter Fehler, die Definition der statischen Elementvariablen von Klassen zu vergessen. Achten Sie darauf, daß Ihnen das nicht passiert! Natürlich kommt es trotzdem irgendwann vor, und der Linker reagiert daraufhin mit einer Fehlermeldung wie der folgenden:

```
error LNK2001: Nichtaufgeloestes externes Symbol "public: static int  Cat::HowManyCats"
```

Für die Variable `itsAge` ist keine derartige Definition erforderlich, da es sich um eine nicht-statische Elementvariable handelt. Diese wird definiert, sobald man ein `Cat`-Objekt erzeugt, wie es im Beispiel in Zeile 26 geschieht.

Der Konstruktor für `Cat` inkrementiert die statische Elementvariable in Zeile 8. Der Destruktor dekrementiert sie in Zeile 9. Dadurch steht in `HowMayCats` zu jedem Zeitpunkt die Anzahl der erzeugten und noch nicht zerstörten `Cat`-Objekte.

Das Rahmenprogramm in den Zeilen 21 bis 40 instantiiert fünf Katzen und legt sie in einem Array ab. Die Instantiierung ist mit fünf Aufrufen von `Cat`-Konstruktoren verbunden. Demzufolge wird `HowManyCats` fünfmal vom Anfangswert `0` aus inkrementiert.

Das Programm durchläuft dann alle fünf Positionen im Array und gibt den Wert von `HowManyCats` aus, bevor der aktuelle `Cat`-Zeiger gelöscht wird. Die Ausgabe zeigt, daß der Anfangswert gleich `5` ist (schließlich wurden fünf Objekte konstruiert) und daß nach jedem Schleifendurchlauf ein `Cat`-Objekt weniger übrigbleibt.

Beachten Sie, daß `HowManyCats` öffentlich ist und `main()` direkt darauf zugreift. Es gibt keinen Grund, diese Elementvariable in dieser Form freizulegen. Besser ist es, sie mit den anderen Elementvariablen als privat zu deklarieren und eine öffentliche Zugriffsmethode bereitzustellen, solange man auf die Daten immer über eine Instanz von `Cat` zugreift. Will man andererseits auf diese Daten direkt zugreifen, ohne daß unbedingt ein `Cat`-Objekt verfügbar sein muß, gibt es zwei Möglichkeiten: die Variable öffentlich halten, wie in Listing 14.2 geschehen, oder eine statische Elementfunktion bereitstellen, eine Möglichkeit, die wir später noch besprechen werden.

Listing 14.2: Zugriff auf statische Elemente über die Klasse

```
//Listing 14.2 Statische Datenelemente

#include <iostream.h>

class Cat
{
public:
   Cat(int age):itsAge(age){HowManyCats++; }
   virtual ~Cat() { HowManyCats--; }
   virtual int GetAge() { return itsAge; }
   virtual void SetAge(int age) { itsAge = age; }
   static int HowManyCats;

private:
   int itsAge;

};

int Cat::HowManyCats = 0;

void TelepathicFunction();

int main()
{
   const int MaxCats = 5; int i;
   Cat *CatHouse[MaxCats];
   for (i = 0; i<MaxCats; i++)
   {
      CatHouse[i] = new Cat(i);
      TelepathicFunction();
   }

   for ( i = 0; i<MaxCats; i++)
   {
      delete CatHouse[i];
      TelepathicFunction();
   }
   return 0;
}

void TelepathicFunction()
{
   cout << "Es sind ";
```

```
        cout << Cat::HowManyCats << " Katzen am Leben!\n";
    }
```

```
Es sind 1 Katzen am Leben!
Es sind 2 Katzen am Leben!
Es sind 3 Katzen am Leben!
Es sind 4 Katzen am Leben!
Es sind 5 Katzen am Leben!
Es sind 4 Katzen am Leben!
Es sind 3 Katzen am Leben!
Es sind 2 Katzen am Leben!
Es sind 1 Katzen am Leben!
Es sind 0 Katzen am Leben!
```

Listing 14.2 ist bis auf die neue Funktion `TelepathicFunction()` identisch mit Listing 14.1. Diese neue Funktion erzeugt weder ein `Cat`-Objekt noch übernimmt sie ein `Cat`-Objekt als Parameter. Ihre Aufgabe ist es, auf die Elementvariable `HowManyCats` zuzugreifen. Es sollte jedoch erwähnt werden, daß diese Elementvariable sich nicht in einem bestimmten Objekt befindet, sondern in der Klasse als Ganzes; falls öffentlich, kann jede Funktion im Programm darauf zugreifen.

Die Alternative zu einer öffentlichen Elementvariablen wäre, die Variable privat zu machen. In diesem Falle können Sie nur über eine Elementfunktion darauf zugreifen, wofür Sie allerdings ein Objekt dieser Klasse erzeugen müssen. Dieser Ansatz wird in Listing 14.3 verfolgt. Direkt nach der Analyse von 14.3 schließt sich die Betrachtung der Alternative statischer Elementfunktionen an.

Listing 14.3: Zugriff auf statische Elemente mittels nicht-statischer Elementfunktionen

```
//Listing 14.3 private statische Datenelemente

#include <iostream.h>

class Cat
{
public:
   Cat(int age):itsAge(age){HowManyCats++; }
   virtual ~Cat() { HowManyCats--; }
   virtual int GetAge() { return itsAge; }
   virtual void SetAge(int age) { itsAge = age; }
```

```
      virtual int GetHowMany() { return HowManyCats; }


   private:
      int itsAge;
      static int HowManyCats;
   };

   int Cat::HowManyCats = 0;

   int main()
   {
      const int MaxCats = 5; int i;
      Cat *CatHouse[MaxCats];
      for (i = 0; i<MaxCats; i++)
         CatHouse[i] = new Cat(i);

      for (i = 0; i<MaxCats; i++)
      {
         cout << "Es sind ";
         cout << CatHouse[i]->GetHowMany();
         cout << " Katzen uebrig!\n";
         cout << "Diejenige loeschen, die ";
         cout << CatHouse[i]->GetAge()+2;
         cout << " Jahre alt ist\n";
         delete CatHouse[i];
         CatHouse[i] = 0;
      }
    return 0;
   }
```

```
Es sind 5 Katzen übrig!
Diejenige löschen, die 2 Jahre alt ist.
Es sind 4 Katzen übrig!
Diejenige löschen, die 3 Jahre alt ist.
Es sind 3 Katzen übrig!
Diejenige löschen, die 4 Jahre alt ist.
Es sind 2 Katzen übrig!
Diejenige löschen, die 5 Jahre alt ist.
Es sind 1 Katzen übrig!
Diejenige löschen, die 6 Jahre alt ist.
```

Analyse

Zeile 17 deklariert `HowManyCats` als statische Elementvariable mit privatem Zugriff. Über eine Nicht-Elementfunktion wie `TelepathicFunction()` aus dem vorangehenden Listing können Sie nicht mehr auf diese Variable zugreifen.

Auch wenn `HowManyCats` statisch ist, befindet sie sich dennoch im Gültigkeitsbereich der Klasse. Jede Klassenfunktion, wie beispielsweise `GetHowMany()`, kann darauf zugreifen, vergleichbar den Elementfunktionen, die auf alle Datenelemente zugreifen können. Bedingung ist jedoch, daß die Funktion, die `GetHowMany()` aufruft, ein Objekt haben muß, auf dem sie die Funktion aufruft.

Was Sie tun sollten	... und was nicht
Verwenden Sie statische Elementvariablen, um gemeinsame Daten für alle Instanzen einer Klasse einzurichten. Machen Sie statische Elementvariablen `protected` oder `privat`, wenn Sie den Zugriff auf die Variablen beschränken wollen.	Verwenden Sie keine statischen Elementvariablen, um Daten für ein Objekt zu speichern. Statische Datenelemente werden von allen Objekten der Klasse geteilt.

Statische Elementfunktionen

Statische Elementfunktionen sind vergleichbar mit statischen Elementvariablen: Sie existieren nicht in einem Objekt, sondern im Gültigkeitsbereich der Klasse. Demzufolge kann man sie aufrufen, ohne ein Objekt der Klasse verfügbar haben zu müssen. Listing 14.4 zeigt dazu ein Beispiel.

Listing 14.4: Statische Elementfunktionen

```
// Listing 14.4 Statische Elementfunktionen

#include <iostream.h>

class Cat
{
public:
   Cat(int age):itsAge(age){HowManyCats++; }
```

```
      virtual ~Cat() { HowManyCats--; }
      virtual int GetAge() { return itsAge; }
      virtual void SetAge(int age) { itsAge = age; }
      static int GetHowMany() { return HowManyCats; }
   private:
      int itsAge;
      static int HowManyCats;
   };

   int Cat::HowManyCats = 0;

   void TelepathicFunction();

   int main()
   {
      const int MaxCats = 5;
      Cat *CatHouse[MaxCats]; int i;
      for (i = 0; i<MaxCats; i++)
      {
         CatHouse[i] = new Cat(i);
         TelepathicFunction();
      }

      for ( i = 0; i<MaxCats; i++)
      {
         delete CatHouse[i];
         TelepathicFunction();
      }
    return 0;
   }

   void TelepathicFunction()
   {
      cout << "Es sind " << Cat::GetHowMany() << " Katzen am Leben!\n";
   }
```

```
Es sind 1 Katzen am Leben.
Es sind 2 Katzen am Leben.
Es sind 3 Katzen am Leben.
Es sind 4 Katzen am Leben.
Es sind 5 Katzen am Leben.
Es sind 4 Katzen am Leben.
Es sind 3 Katzen am Leben.
Es sind 2 Katzen am Leben.
Es sind 1 Katzen am Leben.
Es sind 0 Katzen am Leben.
```

Analyse

Zeile 15 der Cat-Deklaration deklariert die statische Elementvariable HowManyCats für den privaten Zugriff. Zeile 12 deklariert die Zugriffsfunktion GetHowMany() als öffentlich und als statisch.

Da GetHowMany() öffentlich ist, kann man darauf aus jeder Funktion zugreifen. Wegen ihres statischen Charakters benötigt man kein Objekt vom Typ Cat, um die Funktion aufzurufen. Demzufolge kann die Funktion TelepathicFunction() die öffentliche Zugriffsfunktion aufrufen (Zeile 42), obwohl sie selbst keinen Zugriff auf ein Cat-Objekt hat. Natürlich könnte man GetHowMany() auch über die in main() verfügbaren Cat-Objekte aufrufen – genau wie bei allen anderen Zugriffsfunktionen.

Hinweis

Statische Elementfunktionen haben keinen this-Zeiger. Demzufolge kann man sie nicht als const deklarieren. Da außerdem der Zugriff auf Datenelemente in Elementfunktionen mittels des Zeigers this erfolgt, bleibt den statischen Elementfunktionen der Zugriff auf nicht statische Elementvariablen verwehrt!

Tip

Statische Elementfunktionen

Statische Elementfunktionen können entweder über ein Objekt der Klasse (wie jede andere Elementfunktion auch), oder ohne ein Objekt durch vollständige Angabe der Klasse und des Funktionsnamens aufgerufen werden.

Beispiel:

```
    class Cat
    {
    public:
    static int GetHowMany() { return HowManyCats; }
    private:
    static int HowManyCats;
    };
    int Cat::HowManyCats = 0;
    int main()
    {
    int howMany;
    Cat theCat;                       // Cat definieren
    howMany = theCat.GetHowMany();   // Zugriff über Objekt
    howMany = Cat::GetHowMany();     // Zugriff ohne Objekt
}
```

Zeiger auf Funktionen

Genau wie ein Array-Name ein konstanter Zeiger auf das erste Element des Arrays ist, stellt ein Funktionsname einen konstanten Zeiger auf die Funktion dar. Es ist auch möglich, eine Zeigervariable als Zeiger auf eine Funktion zu deklarieren und die Funktion mit Hilfe dieses Zeigers aufzurufen. Damit kann man Programme schreiben, die erst zur Laufzeit – etwa in Abhängigkeit von einer Benutzereingabe – entscheiden, welche Funktion aufzurufen ist.

Eine knifflige Sache bei der Programmierung mit Funktionszeigern ist allerdings die korrekte Angabe des Objekttyps, auf den man zeigen möchte. Ein Zeiger auf `int` verweist auf eine Integer-Variable, und ein Zeiger auf eine Funktion muß auf eine Funktion des passenden Rückgabetyps und der passenden Signatur zeigen.

In der Deklaration

```
long (* fktZeiger) (int);
```

wird `fktZeiger` als Zeiger deklariert (beachten Sie das `*` vor dem Namen). Er zeigt auf eine Funktion, die einen Integer-Parameter übernimmt und einen Wert vom Typ `long` zurückgibt. Die Klammern um `* fktZeiger` sind erforderlich, da die Klammern um `int` enger binden – das heißt, einen höheren Vorrang als der Indirektionsoperator (`*`) haben. Ohne die ersten Klammern würde diese Anweisung eine Funktion deklarieren, die einen Integer übernimmt und einen Zeiger auf einen `long` zurückgibt. (Denken Sie daran, daß Leerzeichen hier bedeutungslos sind.)

Sehen Sie sich die folgenden Deklarationen an:

```
long * Funktion (int);
long (* fktZeiger) (int);
```

Die erste Deklaration, `Funktion()`, ist eine Funktion, die einen Integer übernimmt und einen Zeiger auf eine Variable vom Typ `long` zurückgibt. Die zweite Deklaration, `fktZeiger`, ist ein Zeiger auf eine Funktion, die einen Integer übernimmt und eine Variable vom Typ `long` zurückgibt.

Die Deklaration eines Funktionszeigers schließt immer den Rückgabetyp und die Klammern zur Kennzeichnung der Parametertypen (falls vorhanden) ein. Listing 14.5 demonstriert die Deklaration und Verwendung von Funktionszeigern.

Listing 14.5: Zeiger auf Funktionen

```
// Listing 14.5 Zeiger auf Funktionen

#include <iostream.h>

```

```
void Square (int&,int&);
void Cube (int&, int&);
void Swap (int&, int &);
void GetVals(int&, int&);
void PrintVals(int, int);

int main()
{
   void (* pFunc) (int &, int &);
   bool fQuit = false;

   int valOne=1, valTwo=2;
   int choice;
   while (fQuit == false)
   {
      cout << "(0)Beenden (1)Werte aendern (2)Quadrat "
              "(3)Dritte Potenz (4)Vertauschen: ";
      cin >> choice;
      switch (choice)
      {
         case 1: pFunc = GetVals; break;
         case 2: pFunc = Square; break;
         case 3: pFunc = Cube; break;
         case 4: pFunc = Swap; break;
         default : fQuit = true; break;
      }

      if (fQuit)
         break;

      PrintVals(valOne, valTwo);
      pFunc(valOne, valTwo);
      PrintVals(valOne, valTwo);
   }
 return 0;
}

void PrintVals(int x, int y)
{
   cout << "x: " << x << " y: " << y << endl;
}

void Square (int & rX, int & rY)
{
   rX *= rX;
   rY *= rY;
```

```
}

void Cube (int & rX, int & rY)
{
   int tmp;

   tmp = rX;
   rX *= rX;
   rX = rX * tmp;

   tmp = rY;
   rY *= rY;
   rY = rY * tmp;
}

void Swap(int & rX, int & rY)
{
   int temp;
   temp = rX;
   rX = rY;
   rY = temp;
}

void GetVals (int & rValOne, int & rValTwo)
{
   cout << "Neuer Wert fuer ValOne: ";
   cin >> rValOne;
   cout << "Neuer Wert fuer ValTwo: ";
   cin >> rValTwo;
}
```

```
(0)Beenden (1)Werte aendern (2)Quadrat (3)Dritte Potenz (4)Vertauschen: 1
x: 1 y: 2
Neuer Wert fuer ValOne: 2
Neuer Wert fuer ValTwo: 3
x: 2 y: 3
(0)Beenden (1)Werte aendern (2)Quadrat (3)Dritte Potenz (4)Vertauschen: 3
x: 2 y: 3
x: 8 y: 27
(0)Beenden (1)Werte aendern (2)Quadrat (3)Dritte Potenz (4)Vertauschen: 2
x: 8 y: 27
x:64 y: 729
(0)Beenden (1)Werte aendern (2)Quadrat (3)Dritte Potenz (4)Vertauschen: 4
x:64 y: 729
x:729 y: 64
(0)Beenden (1)Werte aendern (2)Quadrat (3)Dritte Potenz (4)Vertauschen: 0
```

Analyse

Die Zeilen 5 bis 8 deklarieren vier Funktionen mit gleichem Rückgabetyp und gleicher Signatur. Diese Funktionen geben `void` zurück und übernehmen zwei Referenzen auf Integer.

In Zeile 14 wird `pFunc` als Zeiger auf eine Funktion deklariert, die `void` zurückgibt und zwei Referenzen auf `int` als Parameter übernimmt. Damit läßt sich mit `pFunc` auf die eingangs erwähnten vier Funktionen zeigen. Der Anwender hat mehrmals die Auswahl unter den aufzurufenden Funktionen. Nach dieser Auswahl wird die entsprechende Funktion an `pFunc` zugewiesen. Die Zeilen 34 bis 36 geben die aktuellen Werte der beiden Ganzzahlen aus, rufen die momentan zugewiesene Funktion auf und geben dann die Werte erneut aus.

Syntax

Zeiger auf Funktionen

Ein Funktionszeiger wird genauso aufgerufen wie die Funktion, auf die er zeigt, mit dem Unterschied, daß man den Namen des Funktionszeigers und nicht den Namen der Funktion verwendet.

Um einen Funktionszeiger auf eine spezielle Funktion zu richten, weisen Sie dem Zeiger den Funktionsnamen ohne Klammern zu. Der Funktionsname ist ein konstanter Zeiger auf die Funktion selbst. Verwenden Sie den Funktionszeiger genauso wie den Funktionsnamen. Ein Zeiger auf Funktionen muß im Rückgabetyp und Signatur mit der Funktion, der er zugewiesen wird, übereinstimmen.

Beispiel:

```
long (*pFktEins) (int, int);
long EineFunktion (int, int);
pFktEins = EineFunktion;
pFktEins (5,7);
```

Warum sollte man Funktionszeiger einsetzen?

Sie könnten das Programm aus Listing 14.5 auch ohne weiteres ohne Funktionszeiger schreiben. Doch die Verwendung dieser Zeiger macht Absicht und Ziel des Programms deutlicher: Wähle eine Funktion aus einer Liste und rufe sie dann auf.

Listing 14.6 verwendet die Funktionsprototypen und Definitionen aus Listing 14.5, aber keine Funktionszeiger. Schauen Sie sich die Unterschiede zwischen diesen zwei Listings an.

Listing 14.6: Neufassung von Listing 14.5 ohne Funktionszeiger

```
// Listing 14.6 Ohne Funktionszeiger

#include <iostream.h>

void Square (int&,int&);
void Cube (int&, int&);
void Swap (int&, int &);
void GetVals(int&, int&);
void PrintVals(int, int);

int main()
{
   bool fQuit = false;
   int valOne=1, valTwo=2;
   int choice;
   while (fQuit == false)
   {
      cout << "(0)Beenden (1)Werte aendern (2)Quadrat "
               "(3)Dritte Potenz (4)Vertauschen:";
      cin >> choice;
      switch (choice)
      {
         case 1:
            PrintVals(valOne, valTwo);
            GetVals(valOne, valTwo);
            PrintVals(valOne, valTwo);
            break;

         case 2:
            PrintVals(valOne, valTwo);
            Square(valOne,valTwo);
            PrintVals(valOne, valTwo);
            break;

         case 3:
            PrintVals(valOne, valTwo);
            Cube(valOne, valTwo);
            PrintVals(valOne, valTwo);
            break;

         case 4:
            PrintVals(valOne, valTwo);
            Swap(valOne, valTwo);
            PrintVals(valOne, valTwo);
```

```
                break;

            default :
                fQuit = true;
                break;
        }

        if (fQuit)
            break;
    }
 return 0;
}

void PrintVals(int x, int y)
{
   cout << "x: " << x << " y: " << y << endl;
}

void Square (int & rX, int & rY)
{
   rX *= rX;
   rY *= rY;
}

void Cube (int & rX, int & rY)
{
   int tmp;

   tmp = rX;
   rX *= rX;
   rX = rX * tmp;

   tmp = rY;
   rY *= rY;
   rY = rY * tmp;
}

void Swap(int & rX, int & rY)
{
   int temp;
   temp = rX;
   rX = rY;
   rY = temp;
}

void GetVals (int & rValOne, int & rValTwo)
```

```
    {
        cout << "Neuer Wert fuer ValOne: ";
        cin >> rValOne;
        cout << "Neuer Wert fuer ValTwo: ";
        cin >> rValTwo;
    }
```

Ausgabe

```
(0)Beenden (1)Werte aendern (2)Quadrat (3)Dritte Potenz (4)Vertauschen: 1
x: 1 y: 2
Neuer Wert fuer ValOne: 2
Neuer Wert fuer ValTwo: 3
(0)Beenden (1)Werte aendern (2)Quadrat (3)Dritte Potenz (4)Vertauschen: 3
x: 2 y: 3
x: 8 y: 27
(0)Beenden (1)Werte aendern (2)Quadrat (3)Dritte Potenz (4)Vertauschen: 2
x: 8 y: 27
x: 64 y: 729
(0)Beenden (1)Werte aendern (2)Quadrat (3)Dritte Potenz (4)Vertauschen: 4
x: 64 y: 729
x: 729 y: 64
(0)Beenden (1)Werte aendern (2)Quadrat (3)Dritte Potenz (4)Vertauschen: 0
```

Analyse

Wie Sie sehen, hat sich an der Ausgabe nichts geändert, aber der Rumpf des Programms hat sich von 22 auf 46 Zeilen vergrößert. Die Aufrufe von `PrintVals()` müssen für jeden Fall (Case) wiederholt werden.

Ich war stark in Versuchung, `PrintVals()`an den Anfang der `while`-Schleife und an das Ende zu setzen, statt die Funktion in jede `case`-Anweisung aufzunehmen. Doch damit würde `PrintVals()` auch für den Fall des Abbruchs aufgerufen, und das war nicht Teil der Spezifikation.

Abgesehen von dem etwas umfangreicheren Code und den wiederholten Aufrufen zur Ausführung des immer gleichen Befehls, hat das Programm an Klarheit verloren. Dies ist jedoch nur ein Beispielprogramm, um zu zeigen, wie Zeiger auf Funktionen arbeiten. Unter praxisnahen Bedingungen sind die Vorteile deutlicher zu sehen: Mit Funktionszeigern können Sie doppelten Code entfernen, Ihr Programm klarer gestalten und Tabellen von Funktionen anlegen, die in Abhängigkeit von Laufzeitbedingungen aufgerufen werden.

Tip

Verkürzter Aufruf

Zeiger auf Funktionen muß man nicht dereferenzieren, obwohl dies möglich ist. Angenommen, `pFunktion` ist ein Zeiger auf eine Funktion, die einen Integer übernimmt und eine Variable vom Typ `long` zurückgibt, und man hat `Funktion` eine passende Funktion zugewiesen, so kann man diese Funktion entweder mit

```
pFunktion(x);
```

oder mit

```
(*pFunktion)(x);
```

aufrufen. Beide Formen sind identisch. Die erste ist nur eine Kurzversion der zweiten.

Arrays mit Zeigern auf Funktionen

Genau wie man ein Array mit Zeigern auf Integer deklarieren kann, läßt sich auch ein Array mit Zeigern auf Funktionen deklarieren, die einen bestimmten Werttyp zurückgeben und mit einer bestimmten Signatur versehen sind. Listing 14.7 ist ebenfalls eine Neufassung von Listing 14.5 und verwendet ein Array, um alle ausgewählten Funktionen direkt hintereinander in einer Schleife aufzurufen.

Listing 14.7: Ein Array von Zeigern auf Funktionen

```
// Listing 14.7 Array mit Zeigern auf Funktionen

#include <iostream.h>

void Square (int&,int&);
void Cube (int&, int&);
void Swap (int&, int &);
void GetVals(int&, int&);
void PrintVals(int, int);

int main()
{
   int valOne=1, valTwo=2;
   int choice, i;
   const MaxArray = 5;
   void (*pFuncArray[MaxArray])(int&, int&);

   for (i=0;i<MaxArray;i++)
   {
```

```
        cout << "(1)Werte aendern (2)Quadrat "
                "(3)Dritte Potenz (4)Vertauschen: ";
        cin >> choice;
        switch (choice)
        {
           case 1:pFuncArray[i] = GetVals; break;
           case 2:pFuncArray[i] = Square; break;
           case 3:pFuncArray[i] = Cube; break;
           case 4:pFuncArray[i] = Swap; break;
           default:pFuncArray[i] = 0;
        }
     }

     for (i=0;i<MaxArray; i++)
     {
        if ( pFuncArray[i] == 0 )
            continue;
        pFuncArray[i](valOne,valTwo);
        PrintVals(valOne,valTwo);
     }
   return 0;
  }

  void PrintVals(int x, int y)
  {
     cout << "x: " << x << " y: " << y << endl;
  }

  void Square (int & rX, int & rY)
  {
     rX *= rX;
     rY *= rY;
  }

  void Cube (int & rX, int & rY)
  {
     int tmp;

     tmp = rX;
     rX *= rX;
     rX = rX * tmp;

     tmp = rY;
     rY *= rY;
     rY = rY * tmp;
  }
```

```
65:
66:   void Swap(int & rX, int & rY)
67:   {
68:      int temp;
69:      temp = rX;
70:      rX = rY;
71:      rY = temp;
72:   }
73:
74:   void GetVals (int & rValOne, int & rValTwo)
75:   {
76:      cout << "Neuer Wert fuer ValOne: ";
77:      cin >> rValOne;
78:      cout << "Neuer Wert fuer ValTwo: ";
79:      cin >> rValTwo;
80:   }
```

Ausgabe

```
(1)Werte aendern (2)Quadrat (3)Dritte Potenz (4)Vertauschen: 1
(1)Werte aendern (2)Quadrat (3)Dritte Potenz (4)Vertauschen: 2
(1)Werte aendern (2)Quadrat (3)Dritte Potenz (4)Vertauschen: 3
(1)Werte aendern (2)Quadrat (3)Dritte Potenz (4)Vertauschen: 4
(1)Werte aendern (2)Quadrat (3)Dritte Potenz (4)Vertauschen: 2
Neuer Wert fuer ValOne: 2
Neuer Wert fuer ValTwo: 3
x: 2 y: 3
x: 4 y: 9
x: 64 y: 729
x: 729 y: 64
x: 531441 y:4096
```

Analyse

Zeile 16 deklariert das Array `pFuncArray` als Array mit fünf Zeigern auf Funktionen, die `void` zurückgeben, und zwei Integer-Referenzen als Parameter übernehmen.

In der Schleife in den Zeilen 18 bis 30 wählt der Anwender die aufzurufenden Funktionen aus. Den Elementen des Arrays wird die Adresse der entsprechenden Funktion zugewiesen. Die Schleife in den Zeilen 32 bis 38 ruft die Funktionen der Reihe nach auf. Das Ergebnis erscheint nach jedem Aufruf auf dem Bildschirm.

Zeiger auf Funktionen an andere Funktionen übergeben

Zeiger auf Funktionen (und übrigens auch Arrays mit Zeigern auf Funktionen) kann man an andere Funktionen übergeben, die Aktionen ausführen und dann die richtige Funktion unter Verwendung des Zeigers aufrufen.

Beispielsweise kann man Listing 14.5 verbessern, indem man den gewählten Funktionszeiger an eine andere Funktion (außerhalb von `main()`) übergibt. Diese Funktion gibt dann die Werte aus, ruft die gewählte Funktion auf und zeigt die Werte erneut an. Listing 14.8 zeigt diese Variante.

Listing 14.8: Übergabe von Zeigern auf Funktionen als Funktionsargumente

```
// Listing 14.8 Ohne Funktionszeiger

#include <iostream.h>

void Square (int&,int&);
void Cube (int&, int&);
void Swap (int&, int &);
void GetVals(int&, int&);
void PrintVals(void (*)(int&, int&),int&, int&);

int main()
{
   int valOne=1, valTwo=2;
   int choice;
   bool fQuit = false;

   void (*pFunc)(int&, int&);

   while (fQuit == false)
   {
      cout << "(0)Beenden (1)Werte aendern (2)Quadrat "
              "(3)Dritte Potenz (4)Vertauschen: ";
      cin >> choice;
      switch (choice)
      {
         case 1:pFunc = GetVals; break;
         case 2:pFunc = Square; break;
         case 3:pFunc = Cube; break;
         case 4:pFunc = Swap; break;
         default:fQuit = true; break;
      }
      if (fQuit == true)
```

```
            break;
          PrintVals ( pFunc, valOne, valTwo);
    }

    return 0;
  }

  void PrintVals( void (*pFunc)(int&, int&),int& x, int& y)
  {
     cout << "x: " << x << " y: " << y << endl;
     pFunc(x,y);
     cout << "x: " << x << " y: " << y << endl;
  }

  void Square (int & rX, int & rY)
  {
     rX *= rX;
     rY *= rY;
  }

  void Cube (int & rX, int & rY)
  {
     int tmp;

     tmp = rX;
     rX *= rX;
     rX = rX * tmp;

     tmp = rY;
     rY *= rY;
     rY = rY * tmp;
  }

  void Swap(int & rX, int & rY)
  {
     int temp;
     temp = rX;
     rX = rY;
     rY = temp;
  }

  void GetVals (int & rValOne, int & rValTwo)
  {
     cout << "Neuer Wert fuer ValOne: ";
     cin >> rValOne;
     cout << "Neuer Wert fuer ValTwo: ";
```

```
78:       cin >> rValTwo;
79:    }
```

```
(0)Beenden (1)Werte aendern (2)Quadrat (3)Dritte Potenz (4)Vertauschen: 1
x: 1 y: 2
Neuer Wert fuer ValOne: 2
Neuer Wert fuer ValTwo: 3
x: 2 y: 3
(0)Beenden (1)Werte aendern (2)Quadrat (3)Dritte Potenz (4)Vertauschen: 3
x: 2 y: 3
x: 8 y: 27
(0)Beenden (1)Werte aendern (2)Quadrat (3)Dritte Potenz (4)Vertauschen: 2
x: 8 y: 27
x: 64 y: 729
(0)Beenden (1)Werte aendern (2)Quadrat (3)Dritte Potenz (4)Vertauschen: 4
x: 64 y: 729
x: 729 y: 64
(0)Beenden (1)Werte aendern (2)Quadrat (3)Dritte Potenz (4)Vertauschen: 0
```

Zeile 17 deklariert `pFunc` als Zeiger auf eine Funktion, die `void` zurückgibt und zwei Referenzen auf `int` als Parameter übernimmt. Zeile 9 deklariert `PrintVals()` als Funktion mit drei Parametern. Der erste ist ein Zeiger auf eine Funktion, die `void` zurückgibt und zwei Integer-Referenzen als Parameter übernimmt. Die beiden anderen Argumente an `PrintVals()` sind Integer-Referenzen. Der Anwender wählt wieder aus, welche Funktion aufzurufen ist. In Zeile 33 wird dann `PrintVals()` aufgerufen.

Fragen Sie doch mal einen C++-Programmierer, was die folgende Deklaration bedeutet:

```
void PrintVals(void (*)(int&, int&),int&, int&);
```

Diese Art von Deklaration werden Sie selten verwenden und wahrscheinlich jedesmal im Buch nachsehen, wenn Sie sie brauchen. Manchmal rettet aber gerade eine derartige Deklaration Ihren Programmentwurf.

typedef bei Zeigern auf Funktionen

Die Konstruktion `void (*)(int&, int&)` ist bestenfalls unbequem. Das ganze läßt sich mit `typdef` vereinfachen. Man deklariert einen Typ `VPF` als Zeiger auf eine Funktion, die `void` zurückgibt und zwei Integer-Referenzen übernimmt. In Listing 14.9 ist der erste Teil von Listing 14.8 unter Verwendung von `typedef` neu geschrieben.

Listing 14.9: Einsatz von typedef, um einen Code mit Zeiger auf Funktionen lesbarer zu machen

```
 // Listing 14.9 Einsatz von typedef

 #include <iostream.h>

void Square (int&,int&);
void Cube (int&, int&);
void Swap (int&, int &);
void GetVals(int&, int&);
typedef  void (*VPF) (int&, int&) ;
 void PrintVals(VPF,int&, int&);

 int main()
 {
 int valOne=1, valTwo=2;
 int choice;
 bool fQuit = false;

 VPF pFunc;

 while (fQuit == false)
 {
 cout << "(0)Beenden (1)Werte aendern (2)Quadrat "
         "(3)Dritte Potenz (4)Vertauschen: ";
 cin >> choice;
 switch (choice)
 {
 case 1:pFunc = GetVals; break;
 case 2:pFunc = Square; break;
 case 3:pFunc = Cube; break;
 case 4:pFunc = Swap; break;
 default:fQuit = true; break;
 }
 if (fQuit == true)
 break;
 PrintVals ( pFunc, valOne, valTwo);
 }
 return 0;
 }

 void PrintVals( VPF pFunc,int& x, int& y)
 {
 cout << "x: " << x << " y: " << y << endl;
 pFunc(x,y);
```

```
cout << "x: " << x << " y: " << y << endl;
}

 void Square (int & rX, int & rY)
 {
    rX *= rX;
    rY *= rY;
 }

 void Cube (int & rX, int & rY)
 {
    int tmp;

    tmp = rX;
    rX *= rX;
    rX = rX * tmp;

    tmp = rY;
    rY *= rY;
    rY = rY * tmp;
 }

 void Swap(int & rX, int & rY)
 {
    int temp;
    temp = rX;
    rX = rY;
    rY = temp;
 }

 void GetVals (int & rValOne, int & rValTwo)
 {
    cout << "Neuer Wert fuer ValOne: ";
    cin >> rValOne;
    cout << "Neuer Wert fuer ValTwo: ";
    cin >> rValTwo;
 }
```

Ausgabe

```
(0)Beenden (1)Werte aendern (2)Quadrat (3)Dritte Potenz (4)Vertauschen: 1
x: 1 y: 2
Neuer Wert fuer ValOne: 2
Neuer Wert fuer ValTwo: 3
x: 2 y: 3
(0)Beenden (1)Werte aendern (2)Quadrat (3)Dritte Potenz (4)Vertauschen: 3
x: 2 y: 3
x: 8 y: 27
```

```
(0)Beenden (1)Werte aendern (2)Quadrat (3)Dritte Potenz (4)Vertauschen: 2
x: 8 y: 27
x: 64 y: 729
(0)Beenden (1)Werte aendern (2)Quadrat (3)Dritte Potenz (4)Vertauschen: 4
x: 64 y: 729
x: 729 y: 64
(0)Beenden (1)Werte aendern (2)Quadrat (3)Dritte Potenz (4)Vertauschen: 0
```

Analyse

In Zeile 9 wird `VPF` mittels `typedef` vom Typ »Funktion, die `void` zurückgibt und zwei Referenzen auf `int` als Parameter übernimmt« deklariert.

Zeile 10 deklariert die Funktion `PrintVals()` mit drei Parametern: einem Parameter vom Typ `VPF` und zwei Referenzen auf `int`. Zeile 18 deklariert nun `pFunc` vom Typ `VPF`.

Nach Einführung des Typs `VPF` sind alle folgenden Deklarationen von `pFunc` und `PrintVals()` wesentlich besser zu lesen.

Zeiger auf Elementfunktionen

Bis jetzt haben wir nur Funktionszeiger für allgemeine Funktionen, die nicht zu Klassen gehören, erzeugt. Genausogut kann man Zeiger auf Funktionen erzeugen, die Elemente von Klassen sind.

Für Zeiger auf Elementfunktionen verwendet man die gleiche Syntax wie bei Zeigern auf Funktionen, schließt aber den Klassennamen und den Zugriffsoperator (::) ein. Zeigt zum Beispiel `pFunc` auf eine Elementfunktion `Shape()`, die zwei Integer übernimmt und `void` zurückgibt, lautet die Deklaration für `pFunc` folgendermaßen:

```
void (Shape::*pFunc) (int, int);
```

Zeiger auf Elementfunktionen setzt man in genau der gleichen Weise ein wie Zeiger auf Funktionen. Allerdings erfordern sie ein Objekt der richtigen Klasse, auf dem sie aufgerufen werden. Listing 14.10 zeigt die Verwendung von Zeigern auf Elementfunktionen.

Listing 14.10: Zeiger auf Elementfunktionen

```
// Listing 14.10 Zeiger auf Elementfunktionen

```

```
#include <iostream.h>

class Mammal
{
public:
   Mammal():itsAge(1) {  }
  virtual ~Mammal() { }
   virtual void Speak() const = 0;
   virtual void Move() const = 0;
protected:
   int itsAge;
};

class Dog : public Mammal
{
public:
   void Speak()const { cout << "Wuff!\n"; }
   void Move() const { cout << "Bei Fuß gehen ...\n"; }
};


class Cat : public Mammal
{
public:
   void Speak()const { cout << "Miau!\n"; }
   void Move() const { cout << "Schleichen...\n"; }
};


class Horse : public Mammal
{
public:
   void Speak()const { cout << "Wieher!\n"; }
   void Move() const { cout << "Gallopieren...\n"; }
};


int main()
{
   void (Mammal::*pFunc)() const =0;
   Mammal* ptr =0;
   int Animal;
   int Method;
   bool fQuit = false;

   while (fQuit == false)
```

```
49:       {
50:          cout << "(0)Beenden (1)Hund (2)Katze (3)Pferd: ";
51:          cin >> Animal;
52:          switch (Animal)
53:          {
54:             case 1: ptr = new Dog; break;
55:             case 2: ptr = new Cat; break;
56:             case 3: ptr = new Horse; break;
57:             default: fQuit = true; break;
58:          }
59:          if (fQuit)
60:             break;
61:
62:          cout << "(1)Sprechen  (2)Bewegen: ";
63:          cin >> Method;
64:          switch (Method)
65:          {
66:             case 1: pFunc = Mammal::Speak; break;
67:             default: pFunc = Mammal::Move; break;
68:          }
69:
70:          (ptr->*pFunc)();
71:          delete ptr;
72:       }
73:    return 0;
74: }
```

```
(0)Beenden (1)Hund (2)Katze (3)Pferd: 1
(1)Sprechen (2)Bewegen: 1
Wuff!
(0)Beenden (1)Hund (2)Katze (3)Pferd: 2
(1)Sprechen (2)Bewegen: 1
Miau!
(0)Beenden (1)Hund (2)Katze (3)Pferd: 3
(1)Sprechen (2)Bewegen: 2
Galoppieren...
(0)Beenden (1)Hund (2)Katze (3)Pferd: 0
```

Die Zeilen 5 bis 14 deklarieren den abstrakten Datentyp `Mammal` mit den zwei abstrakten Methoden `Speak()` und `Move()`. Von `Mammal` leiten sich die Klassen `Dog`, `Cat` und `Horse` ab, die jeweils `Speak()` und `Move()` überschreiben.

Das Rahmenprogramm in `main()` fordert den Anwender auf, ein Tier auszuwählen. Dann erzeugt es auf dem Heap eine neues Unterklassenobjekt von `Animal` und weist es in den Zeilen 54 bis 56 an `ptr` zu.

Der Anwender wird nun aufgefordert, die aufzurufende Methode auszuwählen. Diese wird dem Zeiger `pFunc` zugewiesen. In Zeile 70 ruft das erzeugte Objekt die gewählte Methode auf. Dabei wird der Zeiger `ptr` für den Zugriff auf das Objekt und `pFunc` für den Zugriff auf die Funktion verwendet.

Schließlich wird in Zeile 71 `delete` aufgerufen, um den für das Objekt im Heap reservierten Speicher zurückzugeben. Ein Aufruf von `delete` auf `pFunc` ist nicht erforderlich, da es sich um einen Zeiger auf den Code und nicht auf ein Objekt im Heap handelt. Ein entsprechender Versuch erzeugt sogar einen Compiler-Fehler.

Arrays mit Zeigern auf Elementfunktionen

Genau wie Zeiger auf Funktionen lassen sich auch Zeiger auf Elementfunktionen in Arrays speichern. Das Array kann mit den Adressen der verschiedenen Elementfunktionen initialisiert werden, und diese können durch Indizierung des Array aufgerufen werden. Listing 14.11 verdeutlicht diese Technik.

Listing 14.11: Array mit Zeigern auf Elementfunktionen

```
   // Listing 14.11 Array mit Zeigern auf Elementfunktionen

   #include <iostream.h>

  class Dog
  {
  public:
    void Speak()const { cout << "Wuff!\n"; }
    void Move() const { cout << "Laufen...\n"; }
     void Eat() const { cout << "Fressen...\n"; }
     void Growl() const { cout << "Grrrrr\n"; }
     void Whimper() const { cout << "Heulen...\n"; }
     void RollOver() const { cout << "Herumwaelzen...\n"; }
     void PlayDead() const { cout <<"Ist dies das Ende von Caesar?\n"; }
  };

  typedef void (Dog::*PDF)()const ;
  int main()
  {
     const int MaxFuncs = 7;
     PDF DogFunctions[MaxFuncs] =
```

```
          { Dog::Speak,
            Dog::Move,
            Dog::Eat,
            Dog::Growl,
            Dog::Whimper,
            Dog::RollOver,
            Dog::PlayDead };

      Dog* pDog =0;
      int Method;
      bool fQuit = false;

      while (!fQuit)
      {
       cout <<"(0)Beenden (1)Sprechen (2)Bewegen (3)Fressen (4)Knurren";
       cout << " (5)Winseln (6)Herumwaelzen (7)Totstellen: ";
         cin >> Method;
         if (Method == 0)
         {
            fQuit = true;
         }
         else
         {
            pDog = new Dog;
            (pDog->*DogFunctions[Method-1])();
            delete pDog;
         }
      }
    return 0;
  }
```

Ausgabe

```
(0)Beenden (1)Sprechen (2)Bewegen (3)Fressen (4)Knurren (5)Winseln (6)Herumwaelzen
(7)Totstellen: 1
Wuff!
(0)Beenden (1)Sprechen (2)Bewegen (3)Fressen (4)Knurren (5)Winseln (6)Herumwaelzen
(7)Totstellen: 4
Grrrrr
(0)Beenden (1)Sprechen (2)Bewegen (3)Fressen (4)Knurren (5)Winseln (6)Herumwaelzen
(7)Totstellen: 7
Ist dies das Ende von Caesar?
(0)Beenden (1)Sprechen (2)Bewegen (3)Fressen (4)Knurren (5)Winseln (6)Herumwaelzen
(7)Totstellen: 0
```

Analyse

Die Zeilen 5 bis 15 erzeugen die Klasse `Dog` mit sieben Elementfunktionen. Rückgabetyp und Signatur sind bei allen Funktionen gleich. Zeile 17 deklariert `PDF` mit Hilfe von `typedef` als Zeiger auf eine Elementfunktion von `Dog`, die keine Parameter übernimmt, keine Werte zurückgibt und konstant ist – entsprechend der Signatur der sieben Elementfunktionen von `Dog`.

In den Zeilen 21 bis 28 wird das Array `DogFunctions` für die Aufnahme von sieben derartigen Elementfunktionen deklariert und mit den Adressen dieser Funktionen initialisiert.

Die Zeilen 36 und 37 fordern den Anwender zur Auswahl einer Methode auf. Je nach Auswahl – außer bei `Beenden` – wird ein neues `Dog`-Objekt auf dem Heap erzeugt und dann die gewünschte Methode aus dem Array aufgerufen (Zeile 46). Die folgende Zeile können Sie ebenfalls einem eingefleischten C++-Programmierer in Ihrer Firma vorlegen und ihn um eine Erklärung bitten:

```
(pDog->*DogFunctions[Method-1])();
```

Diese etwas esoterische Konstruktion läßt sich insbesondere bei Tabellen mit Elementfunktionen hervorragend einsetzen. Das Programm ist dadurch besser zu lesen und verständlicher.

Was Sie tun sollten	... und was nicht
Rufen Sie Zeiger auf Elementfunktionen über spezielle Objekte der Klasse auf.	Verwenden Sie keine Zeiger auf Elementfunktionen, wenn es einfachere Lösungen gibt.
Verwenden Sie `typedef`, um Zeiger auf Deklarationen von Elementfunktionen besser lesbar zu machen.	

Zusammenfassung

Heute haben Sie gelernt, wie man statische Elementvariablen in einer Klasse erzeugt. Statische Elementvariablen gibt es einmal pro Klasse statt einmal für jedes Objekt. Falls das statische Element für den öffentlichen Zugriff deklariert ist, kann man auf diese Elementvariable durch Angabe des vollständigen Namens auch ohne ein Objekt des Klassentyps zugreifen.

Statische Elementvariablen lassen sich als Zähler für Klasseninstanzen einsetzen. Da sie nicht zum Objekt gehören, reserviert die Deklaration keinen Speicher. Statische Elementvariablen sind außerhalb der Klassendeklaration zu definieren und zu initialisieren.

Statische Elementfunktionen sind wie die statischen Elementvariablen Teil der Klasse. Für den Zugriff auf statische Elementfunktionen ist kein Objekt der entsprechenden Klasse erforderlich, und man kann mit diesen Funktionen auf statische Datenelemente zugreifen. Da statische Elementfunktionen keinen `this`-Zeiger haben, bleibt der Zugriff auf nicht statische Datenelemente verwehrt.

Aus dem gleichen Grund kann man statische Elementfunktionen auch nicht als konstant deklarieren. `const` in einer Elementfunktion zeigt an, daß der `this`-Zeiger konstant ist.

Außerdem haben Sie gelernt, wie man Zeiger auf Funktionen und Zeiger auf Elementfunktionen deklariert und verwendet. Es wurde Ihnen gezeigt, wie man Arrays dieser Zeiger erzeugt und wie man sie an Funktionen übergibt.

Zeiger auf Funktionen und Zeiger auf Elementfunktionen können genutzt werden, um Tabellen von Funktionen anzulegen, die zur Laufzeit ausgewählt werden. Damit erhält Ihr Programm eine Flexibilität, die Sie anders nicht so leicht erhalten.

Fragen und Antworten

F Warum verwendet man statische Daten, wenn man auch mit globalen Daten arbeiten kann?

A *Der Gültigkeitsbereich von statischen Daten beschränkt sich auf die Klasse. Demzufolge sind die Daten nur über ein Objekt der Klasse zugänglich, über einen expliziten und vollständigen Aufruf unter Verwendung des Klassennamens (bei öffentlichen Daten) oder über eine statische Elementfunktion. Allerdings sind statische Daten an den Klassentyp gebunden. Durch den eingeschränkten Zugriff und die strenge Typisierung sind statische Daten sicherer als globale Daten.*

F Warum setzt man statische Elementfunktionen ein, wenn man globale Funktionen verwenden kann?

A *Der Gültigkeitsbereich statischer Elementfunktionen ist auf die Klasse beschränkt. Man kann diese Funktionen nur mit Hilfe eines Objekts der Klasse oder einer expliziten und vollständigen Spezifikation (wie zum Beispiel* `KlassenName::FunktionsName`*) aufrufen.*

F Ist es häufig der Fall, daß man Zeiger auf Funktionen und Zeiger auf Elementfunktionen einsetzt?

A *Nein. Sie haben ihren speziellen Anwendungsbereich, gehören aber nicht zu den häufig verwendeten Konstrukten. Viele komplexe und leistungsstarke Programme kommen ohne solche Zeiger aus.*

Workshop

Der Workshop enthält Quizfragen, die Ihnen helfen sollen, Ihr Wissen zu festigen, und Übungen, die Sie anregen sollen, das eben Gelernte umzusetzen und eigene Erfahrungen zu sammeln. Versuchen Sie, das Quiz und die Übungen zu beantworten und zu verstehen, bevor Sie die Lösungen in Anhang D lesen und zur Lektion des nächsten Tages übergehen.

Quiz

1. Können statische Elementvariablen `privat` sein?
2. Geben Sie die Deklaration für eine statische Elementvariable an.
3. Geben Sie die Deklaration für eine statische Funktion an.
4. Geben Sie die Deklaration für einen Zeiger auf eine Funktion, die `long` zurückgibt und zwei `int`-Parameter übernimmt.
5. Modifizieren Sie den Zeiger in Frage 4 so, daß er ein Zeiger auf eine Elementfunktion der Klasse `Car` ist.
6. Geben Sie die Deklaration für ein Array von zehn Zeigern an, die wie in Frage 5 definiert sind.

Übungen

1. Schreiben Sie ein kurzes Programm, das eine Klasse mit einer Elementvariablen und einer statischen Elementvariablen deklariert. Der Konstruktor soll die Elementvariable initialisieren und die statische Elementvariable inkrementieren. Der Destruktor soll die Elementvariable dekrementieren.
2. Verwenden Sie das Programm aus Übung 1, schreiben Sie ein kleines Rahmenprogramm, das drei Objekte erzeugt und dann den Inhalt der Elementvariablen und der statischen Elementvariablen anzeigt. Zerstören Sie danach jedes Objekt und zeigen Sie die Auswirkung auf die statische Elementvariable.

3. Modifizieren Sie das Programm aus Übung 2, indem Sie eine statische Elementfunktion für den Zugriff auf die statische Elementvariable verwenden. Machen Sie die statische Elementvariable `privat`.
4. Schreiben Sie einen Zeiger auf Elementfunktionen, der auf die nicht statischen Datenelemente des Programm aus Übung 3 zugreift, und verwenden Sie den Zeiger, um den Wert der Elemente auszugeben.
5. Ergänzen Sie die Klasse aus der vorigen Frage um zwei Elementvariablen. Fügen Sie Zugriffsfunktionen hinzu, die den gleichen Rückgabewert und die gleiche Signatur aufweisen und die die Werte dieser Elementvariablen auslesen. Greifen Sie auf diese Funktionen über einen Zeiger auf Elementfunktionen zu.

2 Woche Rückblick

In dem Programm für den Rückblick auf die zweiten Woche sind viele der Techniken vereint, die Sie im Laufe der letzten 14 Tage kennengelernt haben – entsprechend leistungsstark ist das Programm.

Das Programm demonstriert die Implementierung verketteter Listen und verwendet dazu virtuelle Funktionen, abstrakte Funktionen, überschriebene Funktionen, Polymorphie, öffentliche Vererbung, überladene Funktionen, Endlosschleifen, Zeiger, Referenzen und vieles mehr. Beachten Sie, daß diese verkettete Liste sich von der vorher vorgestellten unterscheidet. In C++ führen viele Wege nach Rom.

Das Ziel dieses Programms ist die Erstellung einer verketteten Liste. Die Knoten der Liste sind so konzipiert, daß man in ihnen Teile (Parts), wie sie in einer Fabrik vorkommen könnten, speichern kann. Obwohl dieses Programm noch keine endgültige Fassung darstellt, veranschaulicht es die anspruchsvolle Datenstruktur bereits recht gut. Der Code hat einen Umfang von 311 Zeilen. Versuchen Sie, den Code erst einmal selbst durchzugehen, bevor sie die Analyse im Anschluß an die Ausgabe lesen.

Listing R2.1 Rückblick auf die zweite Woche

```
// ******************************************
//
// Titel:       Rueckblick auf die zweite Woche
//
// Datei:       Week2
//
// Beschreibung:   Demonstrationsprogramm zu verketteten Listen
//
// Klassen:      PART - enthaelt die Teilenummern und eventuell andere
 //                     Informationen ueber die Teile
 //
 //              PartNode - fungiert als Knoten in einer PartsList
 //
 //              PartsList - stellt die Mechanismen fuer eine
 //                      verkettete Liste von Teilen bereit
 //
 // **************************************************

 #include <iostream.h>



 // *************** Teile ***********

 // Abstrakte Basisklasse fuer die Teile
 class Part
 {
 public:
    Part():itsPartNumber(1) {}
    Part(int PartNumber):itsPartNumber(PartNumber){}
    virtual ~Part(){};
    int GetPartNumber() const { return itsPartNumber; }
    virtual void Display() const =0;  // muss ueberschrieben werden
 private:
    int itsPartNumber;
 };

 // Implementierung einer abstrakten Funktion, damit
```

```
// abgeleitete Klassen die Funktion ueberschreiben
void Part::Display() const
{
    cout << "\nTeilenummer: " << itsPartNumber << endl;
}

// **************** Autoteile ************

class CarPart : public Part
{
public:
   CarPart():itsModelYear(94){}
   CarPart(int year, int partNumber);
   virtual void Display() const
   {
     Part::Display(); cout << "Baujahr: ";
     cout << itsModelYear << endl;
   }
private:
   int itsModelYear;
};

CarPart::CarPart(int year, int partNumber):
   itsModelYear(year),
   Part(partNumber)
{}


// **************** Flugzeugteile ************

class AirPlanePart : public Part
{
public:
   AirPlanePart():itsEngineNumber(1){};
   AirPlanePart(int EngineNumber, int PartNumber);
   virtual void Display() const
   {
     Part::Display(); cout << "Motor-Nr.: ";
     cout << itsEngineNumber << endl;
   }
private:
   int itsEngineNumber;
};

AirPlanePart::AirPlanePart(int EngineNumber, int PartNumber):
   itsEngineNumber(EngineNumber),
```

```
      Part(PartNumber)
   {}

   // *************** Teile-Knoten ***********
   class PartNode
   {
   public:
      PartNode (Part*);
      ~PartNode();
      void SetNext(PartNode * node) { itsNext = node; }
      PartNode * GetNext() const;
      Part * GetPart() const;
   private:
      Part *itsPart;
      PartNode * itsNext;
    };

    // Implementierungen von PartNode ...

    PartNode::PartNode(Part* pPart):
    itsPart(pPart),
    itsNext(0)
    {}

    PartNode::~PartNode()
    {
       delete itsPart;
       itsPart = 0;
       delete itsNext;
       itsNext = 0;
    }

    // Liefert NULL zurueck, wenn kein naechster PartNode vorhanden
    PartNode * PartNode::GetNext() const
    {
          return itsNext;
    }

    Part * PartNode::GetPart() const
    {
       if (itsPart)
          return itsPart;
       else
          return NULL; // Fehler
    }

```

```
// **************** Teileliste ************
class PartsList
{
public:
   PartsList();
   ~PartsList();
   // benötigt Kopierkonstruktor und Zuweisungsoperator!
   Part*      Find(int & position, int PartNumber)  const;
   int      GetCount() const { return itsCount; }
   Part*      GetFirst() const;
   static     PartsList& GetGlobalPartsList()
 {
    return  GlobalPartsList;
 }
   void       Insert(Part *);
   void       Iterate(void (Part::*f)()const) const;
   Part*      operator[](int) const;
private:
   PartNode * pHead;
   int itsCount;
   static PartsList GlobalPartsList;
};

PartsList PartsList::GlobalPartsList;

// Implementierungen fuer Liste...

PartsList::PartsList():
   pHead(0),
   itsCount(0)
   {}

PartsList::~PartsList()
{
   delete pHead;
}

Part*   PartsList::GetFirst() const
{
   if (pHead)
      return pHead->GetPart();
   else
      return NULL;  // Fehler auffangen
}

Part *  PartsList::operator[](int offSet) const
```

```
{
   PartNode* pNode = pHead;

   if (!pHead)
      return NULL; // Fehler auffangen

   if (offSet > itsCount)
      return NULL; // error

   for (int i=0;i<offSet; i++)
      pNode = pNode->GetNext();

  return   pNode->GetPart();
}

Part*   PartsList::Find(int & position, int PartNumber)  const
{
   PartNode * pNode = 0;
   for (pNode = pHead, position = 0;
         pNode!=NULL;
         pNode = pNode->GetNext(), position++)
   {
      if (pNode->GetPart()->GetPartNumber() == PartNumber)
         break;
   }
   if (pNode == NULL)
      return NULL;
   else
      return pNode->GetPart();
}

void PartsList::Iterate(void (Part::*func)()const) const
{
   if (!pHead)
      return;
   PartNode* pNode = pHead;
   do
      (pNode->GetPart()->*func)();
   while (pNode = pNode->GetNext());
}

void PartsList::Insert(Part* pPart)
{
   PartNode * pNode = new PartNode(pPart);
   PartNode * pCurrent = pHead;
   PartNode * pNext = 0;
```

```
       int New =  pPart->GetPartNumber();
       int Next = 0;
       itsCount++;

       if (!pHead)
       {
          pHead = pNode;
          return;
       }

       // ist dieser kleiner als head
       // dann ist dies der neue head
       if (pHead->GetPart()->GetPartNumber() > New)
       {
          pNode->SetNext(pHead);
          pHead = pNode;
          return;
       }

       for (;;)
       {
          // gibt es keinen naechsten Knoten, den neuen anhaengen
          if (!pCurrent->GetNext())
          {
             pCurrent->SetNext(pNode);
             return;
          }

          // gehört der Knoten zwischen diesen und den naechsten,
          // dann hier einfuegen, ansonsten zu naechstem Knoten
          pNext = pCurrent->GetNext();
          Next = pNext->GetPart()->GetPartNumber();
          if (Next > New)
          {
             pCurrent->SetNext(pNode);
             pNode->SetNext(pNext);
             return;
          }
          pCurrent = pNext;
       }
    }

    int main()
    {
       PartsList&pl = PartsList::GetGlobalPartsList();
```

```
      Part * pPart = 0;
      int PartNumber;
      int value;
      int choice;

      while (1)
      {
         cout << "(0)Beenden (1)Auto (2)Flugzeug: ";
         cin >> choice;

         if (!choice)
            break;

         cout << "Neue Teilenummer?: ";
         cin >>  PartNumber;

         if (choice == 1)
         {
            cout << "Baujahr?: ";
            cin >> value;
            pPart = new CarPart(value,PartNumber);
         }
         else
         {
            cout << "Motor-Nummer?: ";
            cin >> value;
            pPart = new AirPlanePart(value,PartNumber);
         }

         pl.Insert(pPart);
      }
      void (Part::*pFunc)()const = Part::Display;
      pl.Iterate(pFunc);
     return 0;
   }
```

```
(0)Beenden (1)Auto (2)Flugzeug: 1
Neue Teilenummer?: 2837
Baujahr? 90
(0)Beenden (1)Auto (2)Flugzeug: 2
Neue Teilenummer?: 378
Motor-Nummer?: 4938
(0)Beenden (1)Auto (2)Flugzeug: 1
Neue Teilenummer?: 4499
Baujahr? 94
(0)Beenden (1)Auto (2)Flugzeug: 1
Neue Teilenummer?: 3000
```

```
Baujahr? 93
(0)Beenden (1)Auto (2)Flugzeug: 0

Teilenummer: 378
Motor-Nr.: 4938

Teilenummer: 2837
Baujahr: 90

Teilenummer: 3000
Baujahr: 93

Teilenummer: 4499
Baujahr: 94
```

Das Listing aus dem Rückblick auf die zweite Woche zeigt die Implementierung einer verketteten Liste für `Part`-Objekte. Eine verkettete Liste ist eine dynamische Datenstruktur. Sie ähnelt einem Array, kann jedoch in der Größe angepaßt werden, wenn Objekte hinzugefügt oder gelöscht werden.

Die verkettete Liste aus obigem Programm soll Objekte der Klasse `Part` aufnehmen, wobei `Part` ein abstrakter Datentyp ist, der als Basisklasse für alle Objekte mit einer Teilenummer dient. In diesem Beispiel gibt es zu `Part` die Unterklassen `CarPart` und `AirPlanePart`.

Die Klasse `Part` wird in den Zeilen 26 bis 36 deklariert und besteht aus einer Teilenummer und einigen Zugriffsfunktionen. Man könnte diese Klasse weiter ausbauen, um andere wichtige Informationen über die Teile aufzunehmen, wie zum Beispiel, in welchen Komponenten die Teile eingebaut werden, wie viele davon auf Lager sind, und so weiter. `Part` ist ein abstrakter Datentyp, denn er enthält die abstrakte Funktion `Display()`.

Beachten Sie, daß es für `Display()` in den Zeilen 40 bis 43 eine Implementierung gibt. Der Entwickler der Klasse erzwingt damit, daß für abgeleitete Klassen eigene `Display()`-Methode aufgesetzt werden müssen, und erlaubt gleichzeitig, dabei auf den Code der bereits implementierten Funktion zurückzugreifen.

Die Zeilen 47 bis 59 und 69 bis 87 deklarieren zwei einfache abgeleitete Klassen, `CarPart` und `AirPlanePart`. Jede verfügt über eine überschriebene `Display()`-Methode, die in der Tat die `Display()`-Methode der Basisklasse verwenden.

Die Klasse `PartNode` dient als Schnittstelle zwischen der Klasse `Part` und der Klasse `PartList`. Sie enthält einen Zeiger auf ein `Part`-Objekt und einen Zeiger auf den nächsten Knoten in der Liste. Ihre Methoden haben lediglich die Aufgabe, den nächsten Knoten in der Liste einzulesen und zu setzen und das `Part`-Objekt zurückzuliefern, auf das der Knoten zeigt.

Die eigentliche Listenfunktionalität findet sich in der Klasse PartsList, deren Deklaration in den Zeilen 132 bis 152 erfolgt. PartsList enthält einen Zeiger auf das erste Element in der Liste (pHead) und nutzt dieses Element, um die Liste durchzugehen und dabei auf alle anderen Knoten zuzugreifen. Das Durchgehen der Liste sieht so aus, daß jeder Knoten in der Liste nach dem nächsten Knoten gefragt wird, bis ein Knoten erreicht wird, dessen nächster Zeiger NULL ist.

Sie sehen hier nur eine partielle Implementierung. Eine vollständig implementierte Liste würde entweder weitreichendere Zugriffsmöglichkeiten auf ihren ersten und letzten Knoten bieten oder ein Iterator-Objekt bereitstellen, mit dem Klienten leicht die Liste durchgehen können.

PartsList verfügt nichtsdestotrotz über eine Reihe interessanter Methoden, die in alphabetischer Reihenfolge aufgeführt sind. Dies ist durchaus empfehlenswert, da man so die Funktionen leichter wiederfinden kann.

Find() übernimmt eine PartNumber und einen int. Wurde das Teil (Part-Objekt), das mit PartNumber übereinstimmt, gefunden, wird ein Zeiger auf Part zurückgeliefert und dem int-Parameter wird die Position des Teils in der Liste zugewiesen. Wurde PartNumber nicht gefunden, wird NULL zurückgeliefert und die Position ist ohne Bedeutung.

GetCount() liefert die Anzahl der Elemente in der Liste. PartsList speichert diese Zahl als Elementvariable itsCount, auch wenn es diese Zahl jederzeit wieder durch Abarbeiten der Liste ermitteln könnte.

GetFirst() liefert einen Zeiger auf das erste Part-Objekt in der Liste zurück, oder NULL, wenn die Liste leer ist.

GetGlobalPartsList() liefert eine Referenz auf die statische Elementvariable GlobalPartsList. Dabei handelt es sich um die statische Instanz dieser Klasse. Jedes Programm mit einer PartsList weist auch eine GlobalPartsList-Liste auf. Darüber hinaus steht es dem Programm jedoch frei, weitere PartsList-Listen anzulegen. Eine vollständige Implementierung dieser Idee würde den Konstruktor von Part modifizieren, um sicherzustellen, daß jedes Teil auch in die GlobalPartsList aufgenommen würde.

Insert() übernimmt einen Zeiger auf Part, erzeugt einen PartNode und fügt das Part-Objekt gemäß seiner PartNumber in die Liste ein.

Iterate() übernimmt einen Zeiger auf eine Elementfunktion von Part, die keine Parameter übernimmt, void zurückliefert und const ist. Iterate() ruft diese Funktion für jedes Part-Objekt in der Liste auf. In dem Beispielprogramm wird die Funktion Display() übergeben. Dabei handelt es sich um eine virtuelle Funktion, so daß die Display()-Methode auf der Basis des Laufzeittyps des aktuellen Part-Objekts aufgerufen wird.

Operator[] erlaubt den direkten Zugriff auf das Part-Objekt am gegebenen Offset. Es wird eine rudimentäre Bereichsprüfung durchgeführt. Wenn die Liste NULL ist oder der angeforderte Offset größer als die Liste, wird NULL als Fehlerwert zurückgeliefert.

Beachten Sie, daß in einem richtigen Programm diese Kommentare zu der Funktion in die Klassendeklaration geschrieben worden wären.

Das Hauptprogramm befindet sich in den Zeilen 266 bis 303. Zeile 268 deklariert eine Referenz auf PartsList und initialisiert sie mit GlobalPartsList. Beachten Sie, daß GlobalPartsList bereits in Zeile 154 initialisiert wurde. Dies ist notwendig, da die Deklaration einer statischen Elementvariablen keine Definition beinhaltet. Die Definition muß außerhalb der Deklaration einer Klasse erfolgen.

In den Zeilen 274 bis 299 wird der Anwender wiederholt aufgefordert, anzugeben, ob ein Autoteil oder ein Flugzeugteil in die Liste aufgenommen werden soll. In Abhängigkeit von der Wahl des Anwenders wird ein entsprechender Wert angefordert und das entsprechende Teil erzeugt. Nachdem das Teil erzeugt wurde, wird es in Zeile 298 in die Liste eingefügt.

Die Implementierung der Insert()-Methode von PartsList befindet sich in den Zeilen 218 bis 264. Nachdem die erste Teilenummer, 2837, eingegeben wurde, wird ein CarPart-Objekt mit dieser Teilenummer und dem Baujahr 90 erzeugt und LinkedList::Insert() übergeben.

Zeile 220 erzeugt einen neuen PartNode für das Teil, und die Variable New wird mit der Teilenummer initialisiert. Zeile 226 inkrementiert die Elementvariable itsCount von PartsList.

In Zeile 228 wird der Test, ob pHead NULL ergibt, als true ausgewertet. Da es sich um den ersten Knoten handelt, stimmt es, daß der pHead-Zeiger von PartsList gleich Null ist. Entsprechend wird in Zeile 230 pHead so gesetzt, daß er auf den neuen Knoten zeigt, und die Funktion kehrt zurück.

Der Anwender wird zur Eingabe eines zweiten Teils aufgefordert und diesmal wird ein AirPlane-Teil mit der Teilenummer 37 und der Motor-Nummer 4938 eingegeben. Es wird erneut PartsList::Insert() aufgerufen und pNode wird mit dem neuen Knoten initialisiert. Die statische Elementvariable itsCount wird auf 2 inkrementiert und pHead getestet. Da pHead das letzte Mal zugewiesen wurde, ist es nicht länger Null und der Test schlägt fehl.

Zeile 236 vergleicht die Teilenummer von pHead, 2837, mit der aktuellen Teilenummer 378. Da die neue Teilenummer kleiner ist als die von pHead, wird der neue Knotenzeiger zum neuen Kopfzeiger und der Test in Zeile 236 ergibt true.

In Zeile 238 wird der neue Knoten so gesetzt, daß er auf den Knoten zeigt, auf den gegenwärtig `pHead` weist. Beachten Sie, daß damit der neue Knoten nicht auf `pHead` weist, sondern auf den Knoten, auf den `pHead` zeigte! In Zeile 239 wird `pHead` so gesetzt, daß er auf den neuen Knoten zeigt.

Beim dritten Durchlauf durch die Schleife gibt der Anwender die Teilenummer `4499` für ein Auto (`Car`) des Baujahrs `94` ein. Der Zähler wird inkrementiert, und die Zahl ist diesmal nicht kleiner als die Zahl, auf die `pHead` zeigte. Deshalb wird in die `for`-Schleife, die in Zeile 243 beginnt, eingetreten.

Der Wert, auf den `pHead` zeigte, lautet `378`. Der Wert, auf den der zweite Knoten zeigte, beträgt `2837`. Der aktuelle Wert liegt bei `4499`. Der Zeiger `pCurrent` zeigt auf den gleichen Knoten wie `pHead` und hat deshalb einen Folgeknoten `next`. `pCurrent` zeigt auf den zweiten Knoten und aus diesem Grund schlägt der Test in Zeile 246 fehl.

Der Zeiger `pCurrent` wird auf den nächsten Knoten gesetzt und die Schleife wird noch einmal durchlaufen. Diesmal ist der Test in Zeile 246 erfolgreich. Es gibt kein weiteres Element. Deshalb wird der aktuellen Knoten angewiesen, auf den neuen Knoten zu zeigen (Zeile 248) und die Einfüge-Operation ist beendet.

Beim vierten Durchlauf wird die Teilenummer `3000` eingegeben. Dabei wird wie bei der vorigen Iteration vorgegangen. Wenn der aktuelle Knoten auf `2837` und der nächste Knoten auf `4499` zeigt, liefert der Test in Zeile 256 `true` zurück und der neue Knoten wird an seiner Position eingefügt.

Wenn der Anwender zum Schluß die `0` drückt, ergibt der Test in Zeile 279 `true` und die `while(1)`-Schleife endet. Zeile 300 weist dem Elementfunktionszeiger `pFunc` die Elementfunktion `Display()`zu. In einem realen Programm würde diese Zuweisung auf der Grundlage der Benutzerauswahl dynamisch erfolgen.

Der Zeiger auf die Elementfunktion wird der Methode `Iterate()` von `PartsList` übergeben. In Zeile 208 stellt `Iterate()` sicher, daß die Liste nicht leer ist. Danach wird in den Zeilen 213 bis 215 für jedes Teil der Liste die Funktion aufgerufen, auf die der Funktionszeiger weist – letztendlich also an die `Display()`-Methode des jeweiligen Teil, wie in der Ausgabe zu sehen.

Woche

Überblick

Auf einen Blick

Jetzt haben Sie bereits die zweite Woche mit C++ hinter sich. Inzwischen sollten Sie bereits mit einigen der anspruchsvolleren Aspekte der objektorientierten Programmierung, beispielsweise der Kapselung und der Polymorphie, vertraut sein.

Aufbau der dritten Woche

Die letzte Woche beginnt mit einer Diskussion einiger weiterführenden Aspekte zum Thema Vererbung. Kapitel 16 macht Sie eingehend mit dem Stream-Konzept von C++ vertraut, und in Kapitel

17 erfahren Sie, wie Sie mit Namensbereichen arbeiten. In Kapitel 18, »Objektorientierte Analyse und objektorientiertes Design«, begeben Sie sich etwas auf Abwege: Ihr Augenmerk gilt hier nicht so sehr der Syntax der Sprache, sondern vielmehr widmen wir uns einen Tag ganz der objektorientierten Analyse und dem Entwurf. Kapitel 19 führt dann die Templates ein, und Kapitel 20 erläutert, was Exceptions sind und wie man sie nutzt. Im letzten Kapitel »Die nächsten Schritte«, finden Sie ein Sammelsurium von Themen, die in die anderen Kapitel nicht so recht reinpaßten. Abgeschlossen wird das Buch mit einer Diskussion der nächsten Schritte, die vor Ihnen liegen, wenn Sie ein C++-Guru werden wollen.

Vererbung – weiterführende Themen

Woche 3

Bis jetzt haben Sie mit Einfach- und Mehrfachvererbung gearbeitet, um eine *ist-ein*-Beziehung herzustellen. Heute lernen Sie,

- was Einbettung (Containment) ist und wie sie implementiert wird,
- was man unter Delegierung versteht und wie man sie nutzt,
- wie man eine Klasse mit Hilfe einer anderen implementiert,
- wie man private Vererbung einsetzt.

Einbettung (Containment)

Wie Sie schon in einigen der bisher besprochenen Beispielen sehen konnten, kann man auf dem Weg über die Datenelemente einer Klasse Objekte einer anderen Klasse einbinden. C++-Programmierer sprechen in diesem Zusammenhang davon, daß die äußere Klasse die innere Klasse enthält (englisch: contain – enthalten). Demzufolge kann beispielsweise eine `Employee`-Klasse sowohl `String`-Objekte (für den Namen der Mitarbeiter) als auch Integer-Werte (für das Gehalt der Mitarbeiter) enthalten.

Listing 15.1 zeigt eine rudimentäre, aber nützliche `String`-Klasse. Zu dem Listing gibt es keine Ausgabe, aber den vorgestellten Code werden wir noch in nachfolgenden Listings verwenden.

Listing 15.1: Die Klasse String

```
#include <iostream.h>
#include <string.h>

class String
{
   public:
      // Konstruktoren
      String();
      String(const char *const);
      String(const String &);
      ~String();

      // ueberladene Operatoren
      char & operator[](int offset);
      char operator[](int offset) const;
      String operator+(const String&);
      void operator+=(const String&);
      String & operator= (const String &);
```

```

      // Allgemeine Zugriffsfunktionen
      int GetLen()const { return itsLen; }
      const char * GetString() const { return itsString; }
      // static int ConstructorCount;

   private:
      String (int);         // Privater Konstruktor
      char * itsString;
      unsigned short itsLen;

};

// Standardkonstruktor erzeugt String von 0 Bytes Laenge
String::String()
{
   itsString = new char[1];
   itsString[0] = '\0';
   itsLen=0;
   // cout << "\tString-Standardkonstruktor\n";
   // ConstructorCount++;
}

// Privater (Hilfs-) Konstruktor, der nur von Methoden
// der Klasse zum Erzeugen neuer Null-Strings der
// erforderlichen Groeße verwendet wird.
String::String(int len)
{
   itsString = new char[len+1];
   for (i = 0; i<=len; i++)
      itsString[i] = '\0';
   itsLen=len;
   // cout << "\tString(int)-Konstruktor \n";
   // ConstructorCount++;
}

//Konvertiert ein Zeichen-Array in einen String
String::String(const char * const cString)
{
   itsLen = strlen(cString);
   itsString = new char[itsLen+1];
   for (i = 0; i<itsLen; i++)
      itsString[i] = cString[i];
   itsString[itsLen]='\0';
   // cout << "\tString(char*)-Konstruktor\n";
   // ConstructorCount++;
```

```
}

// Kopierkonstruktor
String::String (const String & rhs)
{
   itsLen=rhs.GetLen();
   itsString = new char[itsLen+1];
   for (int i = 0; i<itsLen;i++)
      itsString[i] = rhs[i];
   itsString[itsLen] = '\0';
   // cout << "\tString(String&)-Konstruktor\n";
   // ConstructorCount++;
}

// Destruktor, gibt zugewiesenen Speicher frei
String::~String ()
{
   delete [] itsString;
   itsLen = 0;
   // cout << "\tString-Destruktor\n";
}

// Zuweisungsoperator, gibt vorhandenen Speicher frei,
// kopiert dann String und Groeße
String& String::operator=(const String & rhs)
{
   if (this == &rhs)
      return *this;
   delete [] itsString;
   itsLen=rhs.GetLen();
   itsString = new char[itsLen+1];
   for (int i = 0; i<itsLen;i++)
      itsString[i] = rhs[i];
   itsString[itsLen] = '\0';
   return *this;
   // cout << "\tString-Operator=\n";
}

// Nicht konstanter Offset-Operator, gibt Referenz
// auf Zeichen zurueck, das sich damit aendern
// laeßt!
char & String::operator[](int offset)
{
   if (offset > itsLen)
      return itsString[itsLen-1];
   else
```

```
        return itsString[offset];
}

// Konstanter Offset-Operator fuer konstante
// Objekte (siehe Kopierkonstruktor!)
char String::operator[](int offset) const
{
   if (offset > itsLen)
      return itsString[itsLen-1];
   else
      return itsString[offset];
}

// Erzeugt einen neuen String durch Anfuegen von
// rhs an den aktuellen Strings
String String::operator+(const String& rhs)
{
   int  totalLen = itsLen + rhs.GetLen();
   String temp(totalLen);
   int i,j;
   for (i = 0; i<itsLen; i++)
      temp[i] = itsString[i];
   for (j = 0; j<rhs.GetLen(); j++, i++)
      temp[i] = rhs[j];
   temp[totalLen]='\0';
   return temp;
}

// Aendert aktuellen String, gibt nichts zurueck
void String::operator+=(const String& rhs)
{
   unsigned short rhsLen = rhs.GetLen();
   unsigned short totalLen = itsLen + rhsLen;
   String  temp(totalLen);
    int i, j;
   for (i = 0; i<itsLen; i++)
      temp[i] = itsString[i];
   for (j = 0; j<rhs.GetLen(); j++, i++)
      temp[i] = rhs[i-itsLen];
   temp[totalLen]='\0';
   *this = temp;
}

// int String::ConstructorCount = 0;
```

Dieses Programm hat keine Ausgabe.

Listing 15.1 stellt eine String-Klasse bereit, die stark der Klasse in Listing 12.12 aus Kapitel 12, »Arrays und verkettete Listen«, ähnelt. Der Hauptunterschied liegt darin, daß die Ausgabe-Anweisungen in den Konstruktoren und einigen anderen Funktionen in Listing 15.1 auskommentiert sind. Diese Funktionen kommen in späteren Beispielen noch zur Anwendung.

In Zeile 23 wird die statische Elementvariable ConstructorCount deklariert, die in Zeile 154 initialisiert wird. In jedem String-Konstruktor wird diese Variable inkrementiert. Derzeit ist dieser Code noch auskommentiert, er wird aber in einem späteren Listing benötigt

Listing 15.2 zeigt eine Employee-Klasse, die drei String-Objekte enthält.

Listing 15.2: Die Klasse Employee und das Rahmenprogramm

```
#include "String.hpp"

class Employee
{

public:
   Employee();
   Employee(char *, char *, char *, long);
   ~Employee();
    Employee(const Employee&);
    Employee & operator= (const Employee &);

   const String & GetFirstName() const
      { return itsFirstName; }
   const String & GetLastName() const { return itsLastName; }
   const String & GetAddress() const { return itsAddress; }
   long GetSalary() const { return itsSalary; }

   void SetFirstName(const String & fName)
       { itsFirstName = fName; }
   void SetLastName(const String & lName)
      { itsLastName = lName; }
   void SetAddress(const String & address)
```

```
            { itsAddress = address; }
    void SetSalary(long salary) { itsSalary = salary; }
private:
    String    itsFirstName;
    String    itsLastName;
    String    itsAddress;
    long      itsSalary;
};

Employee::Employee():
    itsFirstName(""),
    itsLastName(""),
    itsAddress(""),
    itsSalary(0)
{}

Employee::Employee(char * firstName, char * lastName,
    char * address, long salary):
    itsFirstName(firstName),
    itsLastName(lastName),
    itsAddress(address),
    itsSalary(salary)
{}

Employee::Employee(const Employee & rhs):
    itsFirstName(rhs.GetFirstName()),
    itsLastName(rhs.GetLastName()),
    itsAddress(rhs.GetAddress()),
    itsSalary(rhs.GetSalary())
{}

Employee::~Employee() {}

Employee & Employee::operator= (const Employee & rhs)
{
    if (this == &rhs)
        return *this;

    itsFirstName = rhs.GetFirstName();
    itsLastName = rhs.GetLastName();
    itsAddress = rhs.GetAddress();
    itsSalary = rhs.GetSalary();

    return *this;
}

```

```
70:   int main()
71:   {
72:      Employee Edie("Jane","Doe","1461 Shore Parkway", 20000);
73:      Edie.SetSalary(50000);
74:      String LastName("Levine");
75:      Edie.SetLastName(LastName);
76:      Edie.SetFirstName("Edythe");
77:
78:      cout << "Name: ";
79:      cout << Edie.GetFirstName().GetString();
80:      cout << " " << Edie.GetLastName().GetString();
81:      cout << ".\nAdresse: ";
82:      cout << Edie.GetAddress().GetString();
83:      cout << ".\nGehalt: " ;
84:      cout << Edie.GetSalary();
85:      return 0;
86:   }
```

Hinweis Speichern Sie den Code aus Listing 15.1 in einer Datei namens `STRING.HPP`. Wenn Sie dann die `String`-Klasse benötigen, können Sie Listing 15.1 mittels der `#include`-Anweisung einbinden.

Aus praktischen Erwägungen habe ich hier Deklaration und Implementierung der Klasse in einem Listing zusammengenommen. In einem realen Programm würden Sie die Klassendeklaration in `String.HPP` und die Implementierung in `String.CPP` abspeichern. Sie würden dann `String.CPP` (mittels ADD- oder MAKE-Dateien) in ihr Programm aufnehmen und `String.HPP` mit Hilfe der `#include`-Direktive in `String.CPP` einbinden.

Ausgabe

```
Name: Edythe Levine.
Adresse: 1461 Shore Parkway.
Gehalt: 50000
```

Analyse

Listing 15.2 zeigt die Klasse `Employee` (Angestellte), die drei `String`-Objekte enthält: `itsFirstName` (Vorname), `itsLastName` (Nachname) und `itsAddress` (Adresse).

Zeile 72 erzeugt ein `Employee`-Objekt und übergibt ihm vier Werte zur Initialisierung. In Zeile 73 wird die `Employee`-Zugriffsfunktion `SetSalary()` (Gehalt festlegen) mit dem konstanten Wert `50000` aufgerufen. Beachten Sie, daß man an dieser Stelle in einem realen Programm entweder einen dynamischen Wert (zur Laufzeit berechnet) oder eine Konstante übergeben würde.

Zeile 74 erzeugt einen String und initialisiert ihn mit einer C++-String-Konstanten. Dieses String-Objekt wird dann als Argument an SetLastName()übergeben, um den Nachnamen zu ändern (Zeile 75).

In Zeile 76 wird die Employee-Funktion SetFirstName() (Vorname festlegen) mit einer String-Konstanten als Argument aufgerufen. Sicherlich ist Ihnen bereits ausgefallen, daß Employee gar nicht über eine Funktion SetFirstName() verfügt, die eine Zeichenfolge als Argument übernimmt – SetFirstName() erfordert eine konstante String-Referenz.

Der Compiler kann diese Umwandlung einer konstanten Zeichenfolge in einen String selbständig vornehmen – die Anleitung dazu findet er in Zeile 9 aus Listing 15.1.

Auf Elemente der enthaltenen Klasse zugreifen

Employee-Objekte haben keinen speziellen Zugriff auf die Elementvariablen von String. Wenn das Employee-Objekt Edie versucht, auf die Elementvariable itsLen seiner eigenen Elementvariablen itsFirstName zuzugreifen, erhält man einen Compiler-Fehler. Allerdings ist das kein großes Problem. Die Zugriffsfunktionen der String-Klasse bieten eine passende Schnittstelle, und die Employee-Klasse braucht sich um die Details der Implementierung genauso wenig zu kümmern, wie um die Art der Speicherung von Informationen in der Integer-Variablen itsSalary.

Zugriff auf enthaltene Elemente

Die String-Klasse stellt den Operator operator+ bereit. Der Designer der Employee-Klasse hat aber den Zugriff auf den Operator operator+ für Aufrufe über Employee-Objekte blockiert, weil er alle String-Zugriffsfunktionen wie zum Beispiel GetFirstName() so deklariert hat, daß diese eine konstante Referenz zurückliefern. Da operator+ keine konstante Funktion ist (und auch nicht sein kann, da der Operator das Objekt verändert, für das er aufgerufen wird), führen Versuche wie die folgende Anweisung zu einem Compiler-Fehler:

```
String buffer = Edie.GetFirstName() + Edie.GetLastName();
```

GetFirstName() gibt ein konstantes String-Objekt zurück, und operator+ kann man nicht für ein konstantes Objekt aufrufen.

Um dieses Problem zu lösen, überladen Sie GetFirstName() mit einer nicht konstanten Version:

```
const String & GetFirstName() const { return itsFirstName; }
String & GetFirstName()  { return itsFirstName; }
```

Beachten Sie, daß weder der Rückgabewert noch die Elementfunktion selbst konstant sind. Die Änderung des Rückgabewertes ist nicht ausreichend, um den Funktionsnamen zu überladen, auch die `const`-Deklaration der Funktion selbst muß aufgehoben werden.

Nachteile der Einbettung

Es sei darauf hingewiesen, daß jedes der in `Employee`-Klasse enthaltenen `String`-Objekte seinen Preis hat, und ein Programmierer, der die `Employee`-Klasse verwendet, zahlt diesen Preis, wenn ein `String`-Konstruktor aufgerufen oder eine Kopie von `Employee` angelegt wird.

Entfernt man die Kommentare vor den `cout`-Anweisungen in Listing 15.1 (Zeilen 38, 51, 63, 75, 84 und 100), zeigt sich, wie oft diese Aufrufe stattfinden.

Hinweis: Zum Kompilieren dieses Listings entfernen Sie einfach die Kommentare in den Zeilen 38, 51, 63, 75, 84 und 100 in Listing 15.1.

Listing 15.3: Konstruktoraufrufe für enthaltene Klassen

```
#include "String.hpp"

class Employee
{

public:
   Employee();
   Employee(char *, char *, char *, long);
   ~Employee();
    Employee(const Employee&);
    Employee & operator= (const Employee &);

   const String & GetFirstName() const
      { return itsFirstName; }
   const String & GetLastName() const { return itsLastName; }
   const String & GetAddress() const { return itsAddress; }
   long GetSalary() const { return itsSalary; }

   void SetFirstName(const String & fName)
       { itsFirstName = fName; }
   void SetLastName(const String & lName)
      { itsLastName = lName; }
   void SetAddress(const String & address)
```

```
            { itsAddress = address; }
      void SetSalary(long salary) { itsSalary = salary; }
   private:
      String    itsFirstName;
      String    itsLastName;
      String    itsAddress;
      long      itsSalary;
   };

   Employee::Employee():
      itsFirstName(""),
      itsLastName(""),
      itsAddress(""),
      itsSalary(0)
   {}

   Employee::Employee(char * firstName, char * lastName,
      char * address, long salary):
      itsFirstName(firstName),
      itsLastName(lastName),
      itsAddress(address),
      itsSalary(salary)
   {}

   Employee::Employee(const Employee & rhs):
      itsFirstName(rhs.GetFirstName()),
      itsLastName(rhs.GetLastName()),
      itsAddress(rhs.GetAddress()),
      itsSalary(rhs.GetSalary())
   {}

   Employee::~Employee() {}

   Employee & Employee::operator= (const Employee & rhs)
   {
      if (this == &rhs)
         return *this;

      itsFirstName = rhs.GetFirstName();
      itsLastName = rhs.GetLastName();
      itsAddress = rhs.GetAddress();
      itsSalary = rhs.GetSalary();

      return *this;
   }

    int main()
```

```
    {
       cout << "Edie erzeugen...\n";
       Employee Edie("Jane","Doe","1461 Shore Parkway", 20000);
       Edie.SetSalary(20000);
       cout << "SetFirstName mit char * aufrufen...\n";
       Edie.SetFirstName("Edythe");
       cout << "Temporaeren String LastName erzeugen...\n";
       String LastName("Levine");
      Edie.SetLastName(LastName);

      cout << "Name: ";
      cout << Edie.GetFirstName().GetString();
      cout << " " << Edie.GetLastName().GetString();
      cout << "\nAdresse: ";
      cout << Edie.GetAddress().GetString();
      cout << "\nGehalt: " ;
      cout << Edie.GetSalary();
      cout << endl;
    return 0;
  }
```

Ausgabe

```
1:   Edie erzeugen...
2:          String(char*)-Konstruktor
3:          String(char*)-Konstruktor
4:          String(char*)-Konstruktor
5:   SetFirstName mit char * aufrufen...
6:          String(char*)-Konstruktor
7:          String-Destruktor
8:   Temporaeren String LastName erzeugen...
9:          String(char*)-Konstruktor
10:  Name: Edythe Levine
11:  Adresse: 1461 Shore Parkway
12:  Gehalt: 20000
13:         String-Destruktor
14:         String-Destruktor
15:         String-Destruktor
16:         String-Destruktor
```

Analyse

Listing 15.3 verwendet die gleichen Klassendeklarationen wie Listing 15.1 und 15.2. Die Kommentarzeichen vor den cout-Anweisungen wurden jedoch entfernt. Die Ausgabe von Listing 15.3 wurde numeriert, um die Bezugnahme bei der Analyse zu erleichtern.

In Zeile 72 von Listing 15.3 wird die Anweisung `Edie erzeugen...` ausgegeben, was sich in der Ausgabezeile 1 widerspiegelt. Zeile 73 erzeugt ein `Employee`-Objekt `Edie` mit vier Parametern. Die Ausgabe zeigt, daß der Konstruktor für `String` wie erwartet drei Mal aufgerufen wird.

Zeile 75 gibt eine rein informative Meldung aus, und in Zeile 76 steht die Anweisung `Edie.SetFirstName("Edythe")`. Diese Anweisung erzeugt aus dem Zeichen-String `"Edythe"` einen temporären String, was man an den Ausgabezeilen 6 und 7 ablesen kann. Beachten Sie, daß der temporäre String sofort nach seiner Verwendung in der Zuweisungsanweisung wieder zerstört wird.

Zeile 78 erzeugt ein `String`-Objekt. Der Programmierer macht damit explizit das, was der Compiler implizit schon in der Anweisung davor gemacht hat. Diesmal sehen Sie den Konstruktoraufruf (Ausgabezeile 9), jedoch keinen Destruktor. Das Objekt wird erst zerstört, wenn es am Ende der Funktion seinen Gültigkeitsbereich verliert.

In den Zeilen 89 und 90 werden die Strings des `Employee`-Objekt aufgelöst, da dieses seinen Gültigkeitsbereich verliert. Der String `LastName`, der in Zeile 78 erzeugt wurde, wird ebenfalls zerstört, wenn er seinen Gültigkeitsbereich verliert.

Als Wert kopieren

Listing 15.3 zeigte, daß die Erzeugung eines `Employee`-Objekts den Aufruf von fünf String-Konstruktoren zur Folge hat. 15.4 enthält nochmals eine Neufassung des Programms, in der die Auskommentierung des Codes für die statische Elementvariable `ConstructorCount` der `String`-Klasse aufgehoben wurde.

Listing 15.1 kann man entnehmen, daß `ConstructorCount` jedes Mal inkrementiert wird, wenn ein String-Konstruktor aufgerufen wird. Das Rahmenprogramm in Listing 15.4 ruft zwei Ausgabefunktionen auf, denen es das `Employee`-Objekt – zuerst als Referenz und dann als Wert – übergibt. `ConstructorCount` merkt sich, wie viele String-Objekte bei der Übergabe der `Employee`-Objekte erzeugt werden.

Hinweis

Um dieses Listing zu kompilieren, sollten Sie die Zeilen in Listing 15.1, von denen Sie in Listing 15.3 die Kommentarzeichen entfernt haben, so belassen und zusätzlich die Auskommentierung der Zeilen 23, 39, 52, 64, 76 und 154 aus Listing 15.1 aufheben.

Listing 15.4: Übergabe als Wert

```
#include "String.hpp"

class Employee
{
```

```
public:
   Employee();
   Employee(char *, char *, char *, long);
   ~Employee();
    Employee(const Employee&);
    Employee & operator= (const Employee &);

   const String & GetFirstName() const
      { return itsFirstName; }
   const String & GetLastName() const { return itsLastName; }
   const String & GetAddress() const { return itsAddress; }
   long GetSalary() const { return itsSalary; }

   void SetFirstName(const String & fName)
       { itsFirstName = fName; }
   void SetLastName(const String & lName)
      { itsLastName = lName; }
   void SetAddress(const String & address)
        { itsAddress = address; }
   void SetSalary(long salary) { itsSalary = salary; }
private:
   String    itsFirstName;
   String    itsLastName;
   String    itsAddress;
   long      itsSalary;
};

Employee::Employee():
   itsFirstName(""),
   itsLastName(""),
   itsAddress(""),
   itsSalary(0)
{}

Employee::Employee(char * firstName, char * lastName,
   char * address, long salary):
   itsFirstName(firstName),
   itsLastName(lastName),
   itsAddress(address),
   itsSalary(salary)
{}

Employee::Employee(const Employee & rhs):
   itsFirstName(rhs.GetFirstName()),
   itsLastName(rhs.GetLastName()),
```

```
      itsAddress(rhs.GetAddress()),
      itsSalary(rhs.GetSalary())
   {}

   Employee::~Employee() {}

   Employee & Employee::operator= (const Employee & rhs)
   {
      if (this == &rhs)
         return *this;

      itsFirstName = rhs.GetFirstName();
      itsLastName = rhs.GetLastName();
      itsAddress = rhs.GetAddress();
      itsSalary = rhs.GetSalary();

      return *this;
   }

    void PrintFunc(Employee);
    void rPrintFunc(const Employee&);

    int main()
    {
       Employee Edie("Jane","Doe","1461 Shore Parkway", 20000);
       Edie.SetSalary(20000);
       Edie.SetFirstName("Edythe");
       String LastName("Levine");
      Edie.SetLastName(LastName);

      cout << "Konstruktorzaehlung: " ;
      cout << String::ConstructorCount << endl;
      rPrintFunc(Edie);
      cout << "Konstruktorzaehlung: ";
       cout << String::ConstructorCount << endl;
      PrintFunc(Edie);
      cout << "Konstruktorzaehlung: ";
       cout << String::ConstructorCount << endl;
    return 0;
   }
   void PrintFunc (Employee Edie)
   {

      cout << "Name: ";
      cout << Edie.GetFirstName().GetString();
      cout << " " << Edie.GetLastName().GetString();
```

```
       cout << ".\nAdresse: ";
       cout << Edie.GetAddress().GetString();
       cout << ".\nGehalt: " ;
        cout << Edie.GetSalary();
        cout << endl;

    }

    void rPrintFunc (const Employee& Edie)
    {
        cout << "Name: ";
        cout << Edie.GetFirstName().GetString();
        cout << " " << Edie.GetLastName().GetString();
        cout << "\nAdresse: ";
        cout << Edie.GetAddress().GetString();
        cout << "\nGehalt: " ;
        cout << Edie.GetSalary();
        cout << endl;
    }
```

Ausgabe

```
String(char*) constructor
        String(char*)-Konstruktor
        String(char*)-Konstruktor
        String(char*)-Konstruktor
        String-Destruktor
        String(char*)-Konstruktor
Konstruktorzaehlung: 5
Name: Edythe Levine
Adresse: 1461 Shore Parkway
Gehalt: 20000
Konstruktorzaehlung: 5
        String(String&)-Konstruktor
        String(String&)-Konstruktor
        String(String&)-Konstruktor
Name: Edythe Levine.
Adresse: 1461 Shore Parkway.
Gehalt: 20000
        String-Destruktor
        String-Destruktor
        String-Destruktor
Konstruktorzaehlung: 8
String-Destruktor
        String-Destruktor
        String-Destruktor
        String-Destruktor
```

Analyse

Die Ausgabe zeigt, daß im Zuge der Erzeugung eines `Employee`-Objekts fünf String-Objekte erzeugt werden. Wenn ein `Employee`-Objekt als Referenz an `rPrintFunc()`übergeben wird, werden keine weiteren `Employee`-Objekte erzeugt und demzufolge auch keine weiteren String-Objekte. (Diese werden auch als Referenz übergeben.)

Wenn das `Employee`-Objekt als Wert an `PrintFunc()` übergeben wird (Zeile 86), wird eine Kopie von `Employee` erstellt und drei weitere String-Objekte werden erzeugt (durch Aufruf des Kopierkonstruktors).

Vererbung, Einbettung und Delegierung

Gelegentlich kommt es vor, daß man für die Implementierung einer Klasse gerne auf die Attribute einer anderen Klasse zurückgreifen würde. Angenommen Sie müssen eine Klasse `PartsCatalog` erzeugen. Ihrer Spezifikation zufolge ist `PartsCatalog` eine Sammlung von Teilen (`Parts`), die alle über eine eindeutige Teilenummer verfügen. Die Klasse `PartsCatalog` erlaubt den Zugriff auf einzelne Teile über die Teilenummer und verhindert, daß Teile doppelte eingetragen werden.

Im Listing aus der Wochenrückschau zur zweiten Woche finden Sie die Klasse `PartsList`. Diese Klasse ist erprobt und von Ihnen verstanden, und Sie würden für Ihre eigene Klasse `PartsCatalog` gerne auf dieser Basis aufbauen, statt bei Entwurf und Implementierung Ihrer Klasse ganz von vorne anfangen zu müssen.

Sie könnten eine neue `PartsCatalog`-Klasse erzeugen, die ein `PartsList`-Objekt enthält. `PartsCatalog` könnte dann die Verwaltung der verketteten Teileliste an das in ihr eingebettete `PartsList`-Objekt delegieren.

Eine andere Alternative wäre, die Klasse `PartsCatalog` von `PartsList` abzuleiten und damit deren Eigenschaften zu erben. Denken Sie jedoch daran, daß öffentliche Vererbung eine *ist-eine*-Beziehung herstellt. Deshalb sollten Sie sich fragen, ob `PartsCatalog` wirklich eine Art von `PartsList` ist.

Eine Möglichkeit zu entscheiden, ob `PartsCatalog` eine Art `PartsList` ist, besteht darin anzunehmen, daß `PartsList` die Basisklasse und `PartsCatalog` die abgeleitete Klasse sei, und sich dann die folgenden Fragen zu stellen:

Gibt es irgend etwas in der Basisklasse, was nicht in die abgeleitete Klasse gehört? Weist zum Beispiel die Basisklasse `PartsList` Funktionen auf, die für die `PartsCatalog`-Klasse nicht geeignet sind? Wenn ja, wollen Sie sicherlich keine öffentliche Vererbung.

Benötigt die Klasse, die Sie erzeugen wollen, mehr als ein Objekt der Basisklasse? Benötigt zum Beispiel `PartsCatalog` zwei `PartsList`-Listen in jedem Objekt? Wenn ja, werden Sie mit großer Sicherheit auf Einbettung zurückgreifen.

Müssen Sie von der Basisklasse erben, so daß Sie virtuelle Funktionen nutzen oder auf geschützte Elemente zugreifen können? Wenn ja, sollten Sie mit öffentlicher oder privater Vererbung arbeiten.

Je nachdem zu welcher Antwort Sie kommen, müssen Sie zwischen öffentlicher Vererbung (die *ist-ein*-Beziehung) und entweder privater Vererbung (wird weiter hinter erklärt) oder Einbettung wählen.

- Eingebettet – Ein Objekt vom Typ einer Klasse, das in einer anderen Klasse als Datenelement deklariert ist.
- Delegierung – Die Attribute einer eingebetteten Klasse werden genutzt, um Operationen auszuführen, die der Klasse ansonsten nicht zur Verfügung stünden.
- Implementiert mit Hilfe von – Bei der Implementierung einer Klasse auf die Fähigkeiten einer anderen Klasse zurückgreifen, ohne sich dabei der öffentlichen Vererbung zu bedienen.

Delegierung

Warum sollte man `PartsCatalog` nicht von `PartsList` ableiten? `PartsCatalog` ist keine `PartsList`, da es sich bei `PartsList`-Objekten um geordnete Sammlungen handelt, in denen jedes Element der Sammlung mehrfach vorliegen kann. Ein `PartsCatalog`-Objekt enthält nur eindeutige Einträge, die nicht geordnet sind. Das fünfte Element in `PartsCatalog` hat nicht automatisch die Teilenummer 5.

Sicher wäre es auch möglich gewesen, öffentlich von `PartsList` zu erben und dann `Insert()` und den Offset-Operator (`[]`) zu überschreiben, aber dann hätten Sie das Wesen der Klasse `PartsList` geändert. Statt dessen wollen Sie eine `PartsCatalog`-Klasse schaffen, die keinen Offset-Operator hat, doppelte Einträge verbietet und den `operator+` definiert, um zwei Sammlungen zu kombinieren.

Die erste Möglichkeit, dies zu erreichen, setzt auf Einbettung. `PartsCatalog` delegiert die Listenverwaltung an das enthaltene `PartsList`-Objekt. Listing 15.5 setzt diesen Ansatz um.

Listing 15.5: Delegierung an ein eingebettetes PartsList-Objekt

```
#include <iostream.h>

// **************** Teile ************

// Abstrakte Basisklasse fuer die Teile
class Part
{
public:
   Part():itsPartNumber(1) {}
    Part(int PartNumber):
        itsPartNumber(PartNumber){}
    virtual ~Part(){}
    int GetPartNumber() const
        { return itsPartNumber; }
    virtual void Display() const =0;
 private:
    int itsPartNumber;
 };

 // Implementierung einer abstrakten Funktion, damit
 // abgeleitete Klassen die Funktion ueberschreiben
 void Part::Display() const
 {
     cout << "\nTeilenummer: " << itsPartNumber << endl;
 }

 // **************** Autoteile ************

 class CarPart : public Part
 {
 public:
    CarPart():itsModelYear(94){}
    CarPart(int year, int partNumber);
    virtual void Display() const
    {
        Part::Display();
        cout << "Baujahr: ";
        cout << itsModelYear << endl;
    }
 private:
    int itsModelYear;
 };

 CarPart::CarPart(int year, int partNumber):
```

```
      itsModelYear(year),
      Part(partNumber)
   {}


   // **************** Flugzeugteile ************

   class AirPlanePart : public Part
   {
   public:
      AirPlanePart():itsEngineNumber(1){};
      AirPlanePart
          (int EngineNumber, int PartNumber);
      virtual void Display() const
      {
          Part::Display();
          cout << "Motor-Nr.: ";
          cout << itsEngineNumber << endl;
      }
   private:
      int itsEngineNumber;
   };

   AirPlanePart::AirPlanePart
       (int EngineNumber, int PartNumber):
      itsEngineNumber(EngineNumber),
      Part(PartNumber)
   {}

   // **************** Teile-Knoten ************
   class PartNode
   {
   public:
      PartNode (Part*);
      ~PartNode();
      void SetNext(PartNode * node)
         { itsNext = node; }
      PartNode * GetNext() const;
      Part * GetPart() const;
   private:
      Part *itsPart;
      PartNode * itsNext;
   };
    // PartNode Implementierungen...

    PartNode::PartNode(Part* pPart):
```

```
      itsPart(pPart),
      itsNext(0)
      {}

      PartNode::~PartNode()
      {
         delete itsPart;
         itsPart = 0;
         delete itsNext;
          itsNext = 0;
       }

       // Liefert NULL zurueck, falls kein naechster PartNode vorhanden
       PartNode * PartNode::GetNext() const
       {
             return itsNext;
       }

       Part * PartNode::GetPart() const
       {
          if (itsPart)
             return itsPart;
          else
             return NULL; //Fehler
       }



      // **************** Teileliste ************
      class PartsList
      {
      public:
         PartsList();
         ~PartsList();
         // benoetigt Kopierkonstruktor und Zuweisungsoperator!
         void     Iterate(void (Part::*f)()const) const;
         Part*    Find(int & position, int PartNumber)  const;
         Part*    GetFirst() const;
         void     Insert(Part *);
         Part*    operator[](int) const;
         int    GetCount() const { return itsCount; }
         static    PartsList& GetGlobalPartsList()
         {
             return  GlobalPartsList;
         }
      private:
```

```
      PartNode * pHead;
      int itsCount;
      static PartsList GlobalPartsList;
   };

   PartsList PartsList::GlobalPartsList;


    PartsList::PartsList():
       pHead(0),
       itsCount(0)
       {}

    PartsList::~PartsList()
    {
       delete pHead;
    }

    Part*   PartsList::GetFirst() const
    {
       if (pHead)
          return pHead->GetPart();
       else
          return NULL;  // Fehler auffangen
    }

    Part *  PartsList::operator[](int offSet) const
    {
       PartNode* pNode = pHead;

       if (!pHead)
          return NULL; // Fehler auffangen

       if (offSet > itsCount)
          return NULL; // Fehler

       for (int i=0;i<offSet; i++)
          pNode = pNode->GetNext();

      return   pNode->GetPart();
    }

    Part*   PartsList::Find(
        int & position,
        int PartNumber)  const
    {
```

```
        PartNode * pNode = 0;
        for (pNode = pHead, position = 0;
              pNode!=NULL;
              pNode = pNode->GetNext(), position++)
        {
           if (pNode->GetPart()->GetPartNumber() == PartNumber)
              break;
        }
        if (pNode == NULL)
           return NULL;
        else
           return pNode->GetPart();
    }

    void PartsList::Iterate(void (Part::*func)()const) const
    {
       if (!pHead)
          return;
       PartNode* pNode = pHead;
       do
          (pNode->GetPart()->*func)();
       while (pNode = pNode->GetNext());
    }

    void PartsList::Insert(Part* pPart)
    {
       PartNode * pNode = new PartNode(pPart);
       PartNode * pCurrent = pHead;
       PartNode * pNext = 0;

       int New =  pPart->GetPartNumber();
       int Next = 0;
       itsCount++;

       if (!pHead)
       {
          pHead = pNode;
          return;
       }

       // Ist dieser kleiner als head
       // dann ist dies der neue head
       if (pHead->GetPart()->GetPartNumber() > New)
       {
          pNode->SetNext(pHead);
          pHead = pNode;
```

```
         return;
      }

      for (;;)
      {
         // gibt es keinen naechsten Knoten, den neuen anhaengen
         if (!pCurrent->GetNext())
         {
            pCurrent->SetNext(pNode);
            return;
         }

         // gehoert der Knoten zwischen diesen und den naechsten,
         // dann hier einfuegen, ansonsten zu naechstem Knoten gehen
         pNext = pCurrent->GetNext();
         Next = pNext->GetPart()->GetPartNumber();
         if (Next > New)
         {
            pCurrent->SetNext(pNode);
            pNode->SetNext(pNext);
            return;
         }
         pCurrent = pNext;
      }
  }



class PartsCatalog
{
public:
   void Insert(Part *);
   int Exists(int PartNumber);
   Part * Get(int PartNumber);
   operator+(const PartsCatalog &);
   void ShowAll() { thePartsList.Iterate(Part::Display); }
private:
   PartsList thePartsList;
};

void PartsCatalog::Insert(Part * newPart)
{
   int partNumber =  newPart->GetPartNumber();
   int offset;

   if (!thePartsList.Find(offset, partNumber))
```

```

            thePartsList.Insert(newPart);
        else
        {
            cout << partNumber << " war der ";
            switch (offset)
            {
                case 0:  cout << "erste "; break;
                case 1:  cout << "zweite "; break;
                case 2:  cout << "dritte "; break;
                default: cout << offset+1 << "-te ";
            }
            cout << "Eintrag. Abgelehnt!\n";
        }
    }

    int PartsCatalog::Exists(int PartNumber)
    {
        int offset;
        thePartsList.Find(offset,PartNumber);
            return offset;
    }

    Part * PartsCatalog::Get(int PartNumber)
    {
        int offset;
        Part * thePart = thePartsList.Find(offset, PartNumber);
        return thePart;
    }


    int main()
    {
        PartsCatalog pc;
        Part * pPart = 0;
        int PartNumber;
        int value;
        int choice;

        while (1)
        {
            cout << "(0)Beenden (1)Auto (2)Flugzeug: ";
            cin >> choice;

            if (!choice)
                break;
```

```

         cout << "Neue Teilenummer?: ";
         cin >>  PartNumber;

         if (choice == 1)
         {
            cout << "Baujahr?: ";
            cin >> value;
            pPart = new CarPart(value,PartNumber);
         }
         else
         {
            cout << "Motor-Nummer?: ";
            cin >> value;
            pPart = new AirPlanePart(value,PartNumber);
         }
         pc.Insert(pPart);
      }
      pc.ShowAll();
     return 0;
   }
```

Ausgabe

```
(0)Beenden (1)Auto (2)Flugzeug:  1
Neue Teilenummer?: 1234
Baujahr?: 94
(0)Beenden (1)Auto (2)Flugzeug:  1
Neue Teilenummer?: 4434
Baujahr?: 93
(0)Beenden (1)Auto (2)Flugzeug:  1
Neue Teilenummer?: 1234
Baujahr?: 94
1234 war der erste Eintrag. Abgelehnt!
(0)Beenden (1)Auto (2)Flugzeug:  1
Neue Teilenummer?: 2345
Baujahr?: 93
(0)Beenden (1)Auto (2)Flugzeug:  0

Neue Teilenummer: 1234
Baujahr: 94

Neue Teilenummer: 2345
Baujahr: 93

Neue Teilenummer: 4434
Baujahr: 93
```

Hinweis

Einige Compiler haben Probleme mit der Zeile 264, obwohl sie den Regeln von C++ entspricht. Macht auch Ihr Compiler Schwierigkeiten, ändern Sie die Zeile in

```
264: void ShowAll() { thePartsList.Iterate(&Part::Display); }
```

(Beachten Sie das kaufmännische Und vor `Part::Display`.) Läßt sich dieser Code ausführen, rufen Sie umgehend Ihren Compiler-Händler an und beschweren Sie sich.

Analyse

Listing 15.5 reproduziert die Klassen `Part`, `PartNode` und `PartsList` aus der Rückschau zur zweiten Woche.

Die Zeilen 257 bis 267 deklarieren eine neue Klasse namens `PartsCatalog`. `PartsCatalog` enthält `PartsList` als Datenelement, an das es die Listenverwaltung delegiert. Man kann auch sagen, daß `PartsCatalog` mit Hilfe von `PartsList` implementiert wird.

Beachten Sie, daß die Klienten von `PartsCatalog` keinen direkten Zugriff auf `PartsList` haben. Der Zugriff erfolgt immer über `PartsCatalog`, die das Verhalten von `PartsList` auf diesem Weg dramatisch ändert. So erlaubt zum Beispiel die Methode `PartsCatalog::Insert()` keine doppelten Einträge in `PartsList`.

Die Implementierung von `PartsCatalog::Insert()` beginnt in Zeile 269. Für das `Part`-Objekt, das als Parameter übergeben wird, wird der Wert der Elementvariablen `itsPartNumber` abgefragt. Dieser Wert wird an die `Find()`-Methode von `PartsList` weitergereicht, und wenn keine Übereinstimmung gefunden wird, wird die Nummer eingefügt. Im anderen Fall wird eine Fehlermeldung ausgegeben.

Beachten Sie, daß `PartsCatalog` zum eigentlichen Einfügen die Methode `Insert()` seiner Elementvariable `pl` (also seines `PartsList`-Objekts) aufruft. Für das Einfügen, die Wartung der verketteten Liste sowie Such- und Ausleseoperationen ist das in `PartsCatalog` eingebettete `PartsList`-Element verantwortlich. Es besteht kein Grund für `PartsCatalog`, diesen Code zu reproduzieren. Die Klasse kann vielmehr die Vorteile einer gut definierten Schnittstelle ausschöpfen.

Das ist der Kern der Wiederverwertbarkeit in C++. `PartsCatalog` kann den `PartsList`-Code wiederverwerten und der Entwickler von `PartsCatalog` muß sich nicht um die Implementierungsdetails von `PartsList` kümmern. Die Schnittstelle von `PartsList` (das ist die Klassendeklaration) stellt alle Informationen, die vom Entwickler der `PartsCatalog`-Klasse benötigt werden, bereit.

Private Vererbung

Würde die Klasse PartsCatalog Zugriff auf die geschützten Elemente von PartsList (zur Zeit gibt es keine) benötigen oder müßte sie eine der PartsList-Methoden überschreiben, dann müßte PartsCatalog von PartsList abgeleitet werden.

Da PartsCatalog kein PartsList-Objekt ist und Sie nicht das ganze Spektrum der Funktionalität von PartsList den Klienten von PartsCatalog zur Verfügung stellen wollen, würden Sie PartsList als private Basisklasse von PartsCatalog deklarieren (private Vererbung).

Zuerst sollten Sie sich darüber im klaren sein, daß bei der privaten Vererbung alle Elementvariablen und -funktionen der Basisklasse so behandelt werden, als seien sie privat deklariert – unabhängig von den eigentlichen in der Basisklasse festgelegten Zugriffsrechten. Damit kann keine Funktion, die nicht Elementfunktion von PartsCatalog ist, auf die von PartsList geerbten Funktionen zugreifen. Wichtig zu merken ist: Bei der privaten Vererbung wird nicht die Schnittstelle, sondern nur die Implementierung vererbt.

Für die Klienten der PartsCatalog-Klasse ist die PartsList-Klasse unsichtbar. Keine ihrer Schnittstellen ist für die Klienten verfügbar, sie können keine ihrer Methoden aufrufen. Sie können jedoch die Methoden von PartsCatalog aufrufen und die wiederum können auf die gesamte Klasse PartsList zugreifen, da PartsCatalog von PartsList abgeleitet ist. Wichtig dabei ist, daß PartsCatalog keine PartsList ist, wie das bei öffentlicher Vererbung der Fall wäre. PartsCatalog ist mit Hilfe von PartsList implementiert – wie bei der Einbettung. Private Vererbung stellt nur eine bequeme Alternative dar.

Listing 15.6 zeigt ein Beispiel für private Vererbung. Die Klasse PartsCatalog wird als private Ableitung von PartsList deklariert.

Listing 15.6: Private Vererbung

```
//listing 15.6 Private Vererbung
#include <iostream.h>

// **************** Teile ************

// Abstrakte Basisklasse fuer die Teile
class Part
{
public:
    Part():itsPartNumber(1) {}
    Part(int PartNumber):
        itsPartNumber(PartNumber){}
```

```
      virtual ~Part(){}
      int GetPartNumber() const
         { return itsPartNumber; }
      virtual void Display() const =0;
   private:
      int itsPartNumber;
   };

   // Implementierung einer abstrakten Funktion, damit
   // abgeleitete Klassen die Funktion ueberschreiben
   void Part::Display() const
   {
       cout << "\nTeilenummer: " << itsPartNumber << endl;
   }

   // **************** Autoteile ************

   class CarPart : public Part
   {
   public:
      CarPart():itsModelYear(94){}
      CarPart(int year, int partNumber);
      virtual void Display() const
      {
         Part::Display();
         cout << "Baujahr: ";
         cout << itsModelYear << endl;
      }
   private:
      int itsModelYear;
   };

   CarPart::CarPart(int year, int partNumber):
      itsModelYear(year),
      Part(partNumber)
   {}


   // **************** Flugzeugteile ************

   class AirPlanePart : public Part
   {
   public:
      AirPlanePart():itsEngineNumber(1){};
      AirPlanePart
         (int EngineNumber, int PartNumber);
```

```
        virtual void Display() const
        {
            Part::Display();
            cout << "Motor-Nr.: ";
            cout << itsEngineNumber << endl;
        }
    private:
        int itsEngineNumber;
    };

    AirPlanePart::AirPlanePart
        (int EngineNumber, int PartNumber):
        itsEngineNumber(EngineNumber),
        Part(PartNumber)
    {}

    // **************** Teile-Knoten ************
    class PartNode
    {
    public:
        PartNode (Part*);
        ~PartNode();
        void SetNext(PartNode * node)
            { itsNext = node; }
        PartNode * GetNext() const;
        Part * GetPart() const;
    private:
        Part *itsPart;
        PartNode * itsNext;
    };
    // PartNode Implementierungen...

    PartNode::PartNode(Part* pPart):
    itsPart(pPart),
    itsNext(0)
    {}

    PartNode::~PartNode()
    {
        delete itsPart;
        itsPart = 0;
        delete itsNext;
        itsNext = 0;
    }

    // Liefert NULL zurueck, wenn kein naechster PartNode vorhanden
```

```
   PartNode * PartNode::GetNext() const
   {
        return itsNext;
   }

   Part * PartNode::GetPart() const
   {
      if (itsPart)
         return itsPart;
      else
         return NULL; //Fehler
   }



// **************** Teile-Liste ************
class PartsList
{
public:
   PartsList();
   ~PartsList();
   // benoetigt Kopierkonstruktor und Zuweisungsoperator!
   void     Iterate(void (Part::*f)()const) const;
   Part*    Find(int & position, int PartNumber)  const;
   Part*    GetFirst() const;
   void     Insert(Part *);
   Part*    operator[](int) const;
   int    GetCount() const { return itsCount; }
   static    PartsList& GetGlobalPartsList()
   {
       return  GlobalPartsList;
   }
private:
   PartNode * pHead;
   int itsCount;
   static PartsList GlobalPartsList;
};

PartsList PartsList::GlobalPartsList;


 PartsList::PartsList():
    pHead(0),
    itsCount(0)
    {}

```

```
PartsList::~PartsList()
{
   delete pHead;
}

Part*   PartsList::GetFirst() const
{
   if (pHead)
      return pHead->GetPart();
   else
      return NULL;  // Fehler auffangen
}

Part *  PartsList::operator[](int offSet) const
{
   PartNode* pNode = pHead;

   if (!pHead)
      return NULL; // Fehler auffangen

   if (offSet > itsCount)
      return NULL; // Fehler

   for (int i=0;i<offSet; i++)
      pNode = pNode->GetNext();

  return   pNode->GetPart();
}

Part*   PartsList::Find(
    int & position,
    int PartNumber)  const
{
   PartNode * pNode = 0;
   for (pNode = pHead, position = 0;
         pNode!=NULL;
         pNode = pNode->GetNext(), position++)
   {
      if (pNode->GetPart()->GetPartNumber() == PartNumber)
         break;
   }
   if (pNode == NULL)
      return NULL;
   else
      return pNode->GetPart();
}
```

```

void PartsList::Iterate(void (Part::*func)()const) const
{
   if (!pHead)
      return;
   PartNode* pNode = pHead;
   do
      (pNode->GetPart()->*func)();
   while (pNode = pNode->GetNext());
}

void PartsList::Insert(Part* pPart)
{
   PartNode * pNode = new PartNode(pPart);
   PartNode * pCurrent = pHead;
   PartNode * pNext = 0;

   int New =  pPart->GetPartNumber();
   int Next = 0;
   itsCount++;

   if (!pHead)
   {
      pHead = pNode;
      return;
   }

   // Ist dieser kleiner als head
   // dann ist dies der neue head
   if (pHead->GetPart()->GetPartNumber() > New)
   {
      pNode->SetNext(pHead);
      pHead = pNode;
      return;
   }

   for (;;)
   {
      // gibt es keinen naechsten, den neuen anhaengen
      if (!pCurrent->GetNext())
      {
         pCurrent->SetNext(pNode);
         return;
      }

      // gehoert der Knoten zwischen diesen und den naechsten,
```

```
            // dann hier einfuegen, ansonsten zu naechstem Knoten gehen
            pNext = pCurrent->GetNext();
            Next = pNext->GetPart()->GetPartNumber();
            if (Next > New)
            {
               pCurrent->SetNext(pNode);
               pNode->SetNext(pNext);
               return;
            }
            pCurrent = pNext;
         }
      }



    class PartsCatalog : private PartsList
    {
    public:
      void Insert(Part *);
      int Exists(int PartNumber);
      Part * Get(int PartNumber);
      operator+(const PartsCatalog &);
      void ShowAll() { Iterate(Part::Display); }
   private:
   };

   void PartsCatalog::Insert(Part * newPart)
   {
      int partNumber =  newPart->GetPartNumber();
      int offset;

      if (!Find(offset, partNumber))
         PartsList::Insert(newPart);
      else
      {
         cout << partNumber << " war der ";
         switch (offset)
         {
            case 0:  cout << "erste "; break;
            case 1:  cout << "zweite "; break;
            case 2:  cout << "dritte "; break;
            default: cout << offset+1 << "th ";
         }
         cout << "Eintrag. Abgelehnt!\n";
      }
   }
```

```
int PartsCatalog::Exists(int PartNumber)
{
   int offset;
   Find(offset,PartNumber);
   return offset;
}

Part * PartsCatalog::Get(int PartNumber)
{
   int offset;
   return (Find(offset, PartNumber));

}

int main()
{
   PartsCatalog pc;
   Part * pPart = 0;
   int PartNumber;
   int value;
   int choice;

   while (1)
   {
      cout << "(0)Beenden (1)Auto (2)Flugzeug: ";
      cin >> choice;

      if (!choice)
         break;

      cout << "Neue Teilenummer?: ";
      cin >>  PartNumber;

      if (choice == 1)
      {
         cout << "Baujahr?: ";
         cin >> value;
         pPart = new CarPart(value,PartNumber);
      }
      else
      {
         cout << "Motor-Nummer?: ";
         cin >> value;
         pPart = new AirPlanePart(value,PartNumber);
      }
```

```
335:         pc.Insert(pPart);
336:      }
337:      pc.ShowAll();
338:    return 0;
339: }
```

Ausgabe

```
(0)Beenden (1)Auto (2)Flugzeug:  1
Neue Teilenummer?: 1234
Baujahr?: 94
(0)Beenden (1)Auto (2)Flugzeug:  1
Neue Teilenummer?: 4434
Baujahr?: 93
(0)Beenden (1)Auto (2)Flugzeug:  1
Neue Teilenummer?: 1234
Baujahr?: 94
1234 war der erste Eintrag. Abgelehnt!
(0)Beenden (1)Auto (2)Flugzeug:  1
Neue Teilenummer?: 2345
Baujahr?: 93
(0)Beenden (1)Auto (2)Flugzeug:  0

Teilenummer: 1234
Baujahr: 94

Teilenummer: 2345
Baujahr: 93

Teilenummer: 4434
Baujahr: 93
```

Analyse

Listing 15.6 enthält eine geänderte Schnittstelle zu `PartsCatalog` und ein umgeschriebenes Rahmenprogramm. Die Schnittstellen zu den anderen Klassen sind unverändert aus Listing 15.5 übernommen.

Zeile 258 deklariert `PartsCatalog` als private Ableitung von `PartsList`. Die Schnittstelle zu `PartsCatalog` ist die gleiche wie in Listing 15.5, auch wenn sie ab jetzt natürlich kein Objekt vom Typ `PartsList` als Datenelement benötigt.

Die `PartsCatalog`-Funktion `ShowAll()` ruft die `PartsList`-Funktion `Iterate()` mit einem Zeiger auf die verantwortliche Elementfunktion der Klasse `Part` als Argument auf. `ShowAll()` fungiert als öffentliche Schnittstelle zu `Iterate()`. Sie sorgt für einen korrekten Aufruf und verhindert, daß Klient-Klassen `Iterate()` direkt aufrufen. Mit `Parts-`

List mag es möglich sein, daß andere Funktionen an Iterate() übergeben werden, mit PartsCatalog nicht.

Die Funktion Insert() hat sich ebenfalls geändert. Beachten Sie, daß Find() wegen der Ableitungsbeziehung nun direkt aufgerufen werden kann (Zeile 274). Der Aufruf von Insert() in Zeile 275 muß vollständig qualifiziert sein, da er ansonsten endlos wiederholt wird.

Kurz gesagt, wenn Methoden von PartsCatalog Methoden von PartsList aufrufen wollen, kann dies jetzt auf direktem Wege erfolgen. Lediglich wenn PartsCatalog die Methode überschrieben hat und die Version von PartsList benötigt wird, muß der Funktionsname vollständig qualifiziert sein.

Dank der privaten Vererbung kann die PartsCatalog-Klasse erben, was sie benötigt, während der Zugriff auf Insert() und andere Methoden, zu denen Klient-Klassen keinen direkten Zugriff haben sollen, eingeschränkt und von PartsCatalog kontrolliert werden kann.

Was Sie tun sollten	... und was nicht
Arbeiten Sie mit öffentlicher Vererbung, wenn das abgeleitete Objekt auch als Objekt der Basisklasse angesehen werden kann. Entscheiden Sie sich für Einbettung, wenn Sie Funktionalität an eine andere Klasse delegieren wollen, Sie aber keinen Zugriff auf ihre geschützten Elemente benötigen. Arbeiten Sie mit privater Vererbung, wenn Sie eine Klasse mit Hilfe einer anderen implementieren möchten und gleichzeitig Zugriff auf die geschützten Elemente der Basisklasse benötigen.	Verzichten Sie auf private Vererbung, wenn Sie mehr als ein Basisklassenobjekt benötigen. Entscheiden Sie sich dann lieber für Einbettung. Wenn zum Beispiel PartsCatalog zwei PartsList-Objekte benötigt, können Sie nicht mit privater Vererbung arbeiten. Verwenden Sie keine öffentliche Vererbung, wenn Elemente der Basisklasse den Klienten der abgeleiteten Klasse nicht zur Verfügung stehen sollen.

Friend-Klassen

Manchmal erzeugt man Klassen in Paaren oder Gruppen, weil die Klassen in bestimmter Weise zusammengehören und zusammenarbeiten. So stellen zum Beispiel PartNode und PartsList ein Paar dar und es wäre äußerst praktisch gewesen, wenn PartsList, den Part-Zeiger itsPart von PartNode direkt hätte lesen können.

Dabei liegt es gar nicht in Ihrem Interesse, itsPart öffentlich (public) oder geschützt (protected) zu machen, schließlich handelt es sich um ein Implementierungsdetail von PartNode, daß man weiterhin private belassen sollte. Sie würden jedoch gerne PartsList den direkten Zugriff gestatten.

Um private Datenelemente oder Elementfunktionen für eine andere Klasse freizugeben, muß man diese Klasse als *Friend* (Freund) deklarieren. Dadurch erweitert man die Schnittstelle einer Klasse um die Deklaration der Friend-Klasse.

Nachdem PartNode die Klasse PartsList als Friend deklariert, sind alle Datenelemente und Elementfunktionen aus Sicht von PartsList öffentlich.

Es ist wichtig herauszustreichen, daß Freundschaft nicht übertragbar ist. Nur weil du mein Freund bist und Joe dein Freund ist, bedeutet das nicht, daß Joe mein Freund ist. Freundschaft wird darüber hinaus auch nicht vererbt. Auch hier eine Analogie: Nur weil du mein Freund bist und ich mit dir meine Geheimnisse teile, heißt das noch nicht, daß ich meine Geheimnisse auch deinen Kindern anvertrauen möchte.

Schließlich ist Freundschaft nicht kommutativ. Die Zuweisung von KlasseEins als Friend von KlasseZwei macht KlasseZwei nicht zu einem Friend von KlasseEins. Nur weil du mir deine Geheimnisse mitteilen willst, bedeutet das nicht, daß ich dir auch meine Geheimnisse erzählen will.

Listing 15.7 veranschaulicht Freundschaft anhand einer Neufassung des Beispiels aus Listing 15.6. In diesem Beispiel wird PartsList ein Friend von PartNode. Beachten Sie, daß dadurch nicht automatisch PartNode ein Friend von PartsList wird.

Listing 15.7: Beispiel für eine Friend-Klasse

```
#include <iostream.h>

// **************** Teile ************

// Abstrakte Basisklasse fuer die Teile
class Part
  {
  public:
     Part():itsPartNumber(1) {}
     Part(int PartNumber):
         itsPartNumber(PartNumber){}
     virtual ~Part(){}
     int GetPartNumber() const
         { return itsPartNumber; }
```

```
      virtual void Display() const =0;
   private:
      int itsPartNumber;
   };

  // Implementierung einer abstrakten Funktion, damit
  // abgeleitete Klassen die Funktion ueberschreiben
   void Part::Display() const
   {
        cout << "\nTeilenummer: ";
        cout << itsPartNumber << endl;
   }

   // **************** Autoteile ************

   class CarPart : public Part
   {
   public:
      CarPart():itsModelYear(94){}
      CarPart(int year, int partNumber);
      virtual void Display() const
      {
          Part::Display();
          cout << "Baujahr: ";
          cout << itsModelYear << endl;
      }
   private:
      int itsModelYear;
   };

   CarPart::CarPart(int year, int partNumber):
      itsModelYear(year),
      Part(partNumber)
   {}


   // **************** Flugzeugteile ************

   class AirPlanePart : public Part
   {
   public:
      AirPlanePart():itsEngineNumber(1){};
      AirPlanePart
          (int EngineNumber, int PartNumber);
      virtual void Display() const
      {
```

```
            Part::Display();
            cout << "Motor-Nr.: ";
            cout << itsEngineNumber << endl;
        }
     private:
        int itsEngineNumber;
     };

     AirPlanePart::AirPlanePart
         (int EngineNumber, int PartNumber):
        itsEngineNumber(EngineNumber),
        Part(PartNumber)
     {}

   // **************** Teile-Knoten ************
   class PartNode
   {
   public:
      friend class PartsList;
      PartNode (Part*);
      ~PartNode();
      void SetNext(PartNode * node)
          { itsNext = node; }
      PartNode * GetNext() const;
      Part * GetPart() const;
   private:
      Part *itsPart;
      PartNode * itsNext;
   };


        PartNode::PartNode(Part* pPart):
        itsPart(pPart),
        itsNext(0)
        {}

         PartNode::~PartNode()
         {
             delete itsPart;
             itsPart = 0;
             delete itsNext;
             itsNext = 0;
          }

          // Liefert NULL zurueck, wenn kein naechster PartNode vorhanden
          PartNode * PartNode::GetNext() const
```

```
        {
            return itsNext;
        }

        Part * PartNode::GetPart() const
        {
           if (itsPart)
              return itsPart;
           else
              return NULL; //Fehler
        }


// **************** Teile-Liste ************
class PartsList
{
public:
   PartsList();
   ~PartsList();
   // benoetigt Kopierkonstruktor und Zuweisungsoperator!
   void     Iterate(void (Part::*f)()const) const;
   Part*    Find(int & position, int PartNumber) const;
   Part*    GetFirst() const;
   void       Insert(Part *);
   Part*    operator[](int) const;
   int    GetCount() const { return itsCount; }
   static    PartsList& GetGlobalPartsList()
         {
            return  GlobalPartsList;
         }
private:
   PartNode * pHead;
   int itsCount;
   static PartsList GlobalPartsList;
};

PartsList PartsList::GlobalPartsList;

// Implementierungen fuer Lists...

PartsList::PartsList():
   pHead(0),
   itsCount(0)
   {}

PartsList::~PartsList()
```

```
    {
       delete pHead;
    }

    Part*   PartsList::GetFirst() const
    {
       if (pHead)
          return pHead->itsPart;
       else
          return NULL;  // Fehler auffangen
    }

    Part * PartsList::operator[](int offSet) const
    {
       PartNode* pNode = pHead;

       if (!pHead)
          return NULL; // Fehler auffangen

       if (offSet > itsCount)
          return NULL; // Fehler

       for (int i=0;i<offSet; i++)
          pNode = pNode->itsNext;

      return   pNode->itsPart;
    }

  Part* PartsList::Find(int & position, int PartNumber) const
    {
       PartNode * pNode = 0;
       for (pNode = pHead, position = 0;
             pNode!=NULL;
             pNode = pNode->itsNext, position++)
       {
          if (pNode->itsPart->GetPartNumber() == PartNumber)
             break;
       }
       if (pNode == NULL)
          return NULL;
       else
          return pNode->itsPart;
    }

    void PartsList::Iterate(void (Part::*func)()const) const
    {
```

```
        if (!pHead)
            return;
        PartNode* pNode = pHead;
        do
            (pNode->itsPart->*func)();
        while (pNode = pNode->itsNext);
    }

    void PartsList::Insert(Part* pPart)
    {
        PartNode * pNode = new PartNode(pPart);
        PartNode * pCurrent = pHead;
        PartNode * pNext = 0;

        int New =  pPart->GetPartNumber();
        int Next = 0;
        itsCount++;

        if (!pHead)
        {
            pHead = pNode;
            return;
        }

         // Ist dieser kleiner als head
         // dann ist dies der neue head
        if (pHead->itsPart->GetPartNumber() > New)
        {
            pNode->itsNext = pHead;
            pHead = pNode;
            return;
        }

        for (;;)
        {
            // gibt es keinen next, den neuen anhaengen
            if (!pCurrent->itsNext)
            {
                pCurrent->itsNext = pNode;
                return;
            }

              // gehoert der Knoten zwischen diesen und den naechsten,
              // dann hier einfuegen, ansonsten zu naechstem Knoten gehen
            pNext = pCurrent->itsNext;
            Next = pNext->itsPart->GetPartNumber();
```

```
            if (Next > New)
            {
               pCurrent->itsNext = pNode;
               pNode->itsNext = pNext;
               return;
            }
            pCurrent = pNext;
         }
      }

      class PartsCatalog : private PartsList
      {
      public:
         void Insert(Part *);
         int Exists(int PartNumber);
         Part * Get(int PartNumber);
         operator+(const PartsCatalog &);
         void ShowAll() { Iterate(Part::Display); }
      private:
      };

      void PartsCatalog::Insert(Part * newPart)
      {
         int partNumber =  newPart->GetPartNumber();
         int offset;

         if (!Find(offset, partNumber))
            PartsList::Insert(newPart);
         else
         {
            cout << partNumber << " war der ";
            switch (offset)
            {
               case 0:  cout << "erste "; break;
               case 1:  cout << "zweite "; break;
               case 2:  cout << "dritte "; break;
               default: cout << offset+1 << "th ";
            }
            cout << "Eintrag. Abgelehnt!\n";
         }
      }

      int PartsCatalog::Exists(int PartNumber)
      {
         int offset;
         Find(offset,PartNumber);
```

```
   return offset;
}

Part * PartsCatalog::Get(int PartNumber)
{
   int offset;
   return (Find(offset, PartNumber));

}

int main()
{
   PartsCatalog pc;
   Part * pPart = 0;
   int PartNumber;
   int value;
   int choice;

   while (1)
   {
      cout << "(0)Beenden (1)Auto (2)Flugzeug: ";
      cin >> choice;

      if (!choice)
         break;

      cout << "Neue Teilenummer?: ";
      cin >>  PartNumber;

      if (choice == 1)
      {
         cout << "Baujahr?: ";
         cin >> value;
         pPart = new CarPart(value,PartNumber);
      }
      else
      {
         cout << "Motor-Nummer?: ";
         cin >> value;
         pPart = new AirPlanePart(value,PartNumber);
      }
      pc.Insert(pPart);
   }
   pc.ShowAll();
  return 0;
}
```

```
(0)Beenden (1)Auto (2)Flugzeug:  1
Neue Teilenummer?: 1234
Baujahr?: 94
(0)Beenden (1)Auto (2)Flugzeug:  1
Neue Teilenummer?: 4434
Baujahr?: 93
(0)Beenden (1)Auto (2)Flugzeug:  1
Neue Teilenummer?: 1234
Baujahr?: 94
1234 war der erste Eintrag. Abgelehnt!
(0)Beenden (1)Auto (2)Flugzeug:  1
Neue Teilenummer?: 2345
Baujahr?: 93
(0)Beenden (1)Auto (2)Flugzeug:  0

Teilenummer: 1234
Baujahr: 94

Teilenummer: 2345
Baujahr: 93

Teilenummer: 4434
Baujahr: 93
```

Zeile 82 deklariert die Klasse `PartsList` als Friend von `PartNode`.

Im Beispiel befindet sich die Friend-Deklaration in dem öffentlichen Abschnitt. Dies ist aber nicht erforderlich, Sie können sie auch an einer beliebigen anderen Stelle in der Klassendeklaration einfügen, ohne daß die Bedeutung der Anweisung sich dadurch ändert. Aufgrund der Friend-Deklaration sind alle privaten Datenelemente und -funktionen für die Elementfunktionen der Klasse `PartsList` verfügbar.

In Zeile 160 spiegelt die Implementierung der Elementfunktion `GetFirst()` diese Änderung wider. Anstatt `pHead->GetPart()` zurückzuliefern, kann diese Funktion jetzt die ansonsten privaten Datenelemente mit der Anweisung `pHead->itsPart` zurückgeben. Entsprechend kann `Insert()` statt `pNode->SetNext(pHead)` jetzt `pNode->itsNext = pHead` schreiben.

Dies sind zugegebenermaßen unwesentliche Änderungen und es gibt auch keinen wirklich guten Grund, um `PartsList` zum Friend von `PartNode` zu machen, aber sie veranschaulichen doch ausreichend, wie man das Schlüsselwort `friend` verwendet.

Deklarationen von Friend-Klassen sollte man mit äußerster Vorsicht verwenden. Wenn zwei Klassen durch und durch verflochten sind und man häufig auf Daten in der anderen zugreifen muß, gibt es gute Gründe, diese Deklaration zu verwenden. Trotzdem sollte man sparsam damit umgehen. Es ist oftmals genauso einfach, die öffentlichen Zugriffsmethoden zu nutzen. Letzterer Ansatz hat außerdem den Vorteil, daß man eine Klasse ändern kann, ohne die andere neu kompilieren zu müssen.

Hinweis

Oftmals beklagen sich Neueinsteiger in die C++-Programmierung darüber, daß Friend-Deklarationen die für die objektorientierte Programmierung so bedeutsame Kapselung untergraben. Offen gesagt ist das blanker Unsinn. Die Friend-Deklaration macht den deklarierten Freund zum Teil der Klassenschnittstelle und ist genausowenig ein Unterwandern der Kapselung wie eine öffentliche Ableitung.

Syntax

Friend-Klasse

Um eine Klasse als Friend einer anderen zu deklarieren, führen Sie die Klasse zusammen mit dem Schlüsselwort `friend` in der Klasse, die die Zugriffsrechte einräumt, auf. Ich kann sozusagen Sie als meinen Freund deklarieren, Sie aber können sich nicht selbst als mein Freund ausgeben.

Beispiel:

```
class PartNode{
public:
friend class PartsList;  // deklariert PartsList als Freund
                         // von PartNode
};
```

Friend-Funktionen

Manchmal will man den freundschaftlichen Zugriff nicht für eine gesamte Klasse, sondern nur für eine oder zwei Funktionen dieser Klasse gewähren. Das läßt sich realisieren, indem man die Elementfunktionen der anderen Klasse und nicht die gesamte Klasse als Friend deklariert. In der Tat kann man jede Funktion als Friend-Funktion deklarieren, ob sie nun eine Elementfunktion einer anderen Klasse ist oder nicht.

Friend-Funktionen und das Überladen von Operatoren

Listing 15.1 stellte eine `String`-Klasse bereit, die den Operator `operator+` überschrieb. Zusätzlich wurde ein Konstruktor deklariert, der einen konstanten `char`-Zeiger übernahm, so daß es möglich war, aus C-Strings String-Objekte zu erzeugen. Auf diese Weise konnten Sie einen String erzeugen und ihm einen C-String anhängen.

Hinweis

C-Strings sind Zeichen-Arrays mit einem abschließenden Null-Zeichen, wie `char mystring[] = "Hello World".`

Was jedoch nicht möglich war: einen C-String (einen Zeichenstring) zu erzeugen und ihm ein String-Objekt wie im folgenden Beispiel anzuhängen:

```
char cString[] = {"Hello"};
String sString(" world");
String sStringTwo = cString + sString;  //Fehler
```

C-Strings haben keinen überladenen `operator+`. Wie Sie bereits in Kapitel 10, »Funktionen – weiterführende Themen«, gelernt haben, verbirgt sich hinter dem Aufruf `cString + sString` im Grunde genommen der Aufruf `cString.operator+(sString)`. Da Sie `operator+` jedoch nicht für einen C-String aufrufen können, wird ein Compiler-Fehler gemeldet.

Dieses Problem läßt sich lösen, indem Sie in String eine Friend-Funktion deklarieren, die `operator+` überlädt und zwei String-Objekte als Argumente übernimmt. Der C-String wird von dem entsprechenden Konstruktor in ein String-Objekt konvertiert und anschließend wird `operator+` mit den beiden String-Objekte aufgerufen.

Listing 15.8: Der freundliche +-Operator

```
//Listing 15.8 - Friend-Operatoren

#include <iostream.h>
#include <string.h>

// Rudimentaere String-Klasse
class String
{
   public:
      // Konstruktoren
      String();
      String(const char *const);
      String(const String &);
      ~String();
```

```

        // Ueberladene Operatoren
        char & operator[](int offset);
        char operator[](int offset) const;
        String operator+(const String&);
        friend String operator+(const String&, const String&);
        void operator+=(const String&);
        String & operator= (const String &);

        // Allgemeine Zugriffsfunktionen
        int GetLen()const { return itsLen; }
        const char * GetString() const { return itsString; }

     private:
        String (int);         // privater Konstruktor
        char * itsString;
        unsigned short itsLen;
  };

  // Standardkonstruktor erzeugt String von 0 Byte
  String::String()
  {
     itsString = new char[1];
     itsString[0] = '\0';
     itsLen=0;
     // cout << "\tString-Standardkonstruktor\n";
     // ConstructorCount++;
  }

  // Privater (Hilfs-) Konstruktor, der nur von Methoden
  // der Klasse zum Erzeugen neuer Null-Strings der
  // erforderlichen Groeße verwendet wird.
  String::String(int len)
  {
     itsString = new char[len+1];
     for (int i = 0; i<=len; i++)
        itsString[i] = '\0';
     itsLen=len;
     // cout << "\tString(int)-Konstruktor\n";
     // ConstructorCount++;
  }

  //Konvertiert einen Zeichen-Array in einen String
  String::String(const char * const cString)
  {
     itsLen = strlen(cString);
```

```
      itsString = new char[itsLen+1];
      for (int i = 0; i<itsLen; i++)
         itsString[i] = cString[i];
      itsString[itsLen]='\0';
      // cout << "\tString(char*)-Konstruktor\n";
      // ConstructorCount++;
   }

   // Kopierkonstruktor
   String::String (const String & rhs)
   {
      itsLen=rhs.GetLen();
      itsString = new char[itsLen+1];
      for (int i = 0; i<itsLen;i++)
         itsString[i] = rhs[i];
      itsString[itsLen] = '\0';
      // cout << "\tString(String&)-Konstruktor\n";
      // ConstructorCount++;
   }

   // Destruktor, gibt zugewiesenen Speicher frei
   String::~String ()
   {
      delete [] itsString;
      itsLen = 0;
      // cout << "\tString-Destruktor\n";
   }

   // Zuweisungsoperator, gibt vorhandenen Speicher frei,
   // kopiert dann String und Groeße
   String& String::operator=(const String & rhs)
   {
      if (this == &rhs)
         return *this;
      delete [] itsString;
      itsLen=rhs.GetLen();
      itsString = new char[itsLen+1];
      for (int i = 0; i<itsLen;i++)
         itsString[i] = rhs[i];
       itsString[itsLen] = '\0';
       return *this;
      // cout << "\tString-Operator=\n";
   }

   // Nicht konstanter Offset-Operator, gibt Referenz
   // auf Zeichen zurueck, das sich damit aendern
```

```
// laesst!
char & String::operator[](int offset)
{
   if (offset > itsLen)
      return itsString[itsLen-1];
   else
      return itsString[offset];
}

// Konstanter Offset-Operator fuer konstante
// Objekte (siehe Kopierkonstruktor!)
char String::operator[](int offset) const
{
   if (offset > itsLen)
      return itsString[itsLen-1];
   else
      return itsString[offset];
}
// Erzeugt einen neuen String durch Anfuegen von rhs
// an den aktuellen String
 String String::operator+(const String& rhs)
 {
    int  totalLen = itsLen + rhs.GetLen();
    String temp(totalLen);
    int i, j;
    for (i = 0; i<itsLen; i++)
       temp[i] = itsString[i];
    for (j = 0, i = itsLen; j<rhs.GetLen(); j++, i++)
       temp[i] = rhs[j];
    temp[totalLen]='\0';
    return temp;
 }

 // erzeugt einen neuen String, indem ein String
 // an einen anderen String gehaengt wird
 String operator+(const String& lhs, const String& rhs)
 {
    int  totalLen = lhs.GetLen() + rhs.GetLen();
    String temp(totalLen);
    int i, j;
    for (i = 0; i<lhs.GetLen(); i++)
       temp[i] = lhs[i];
    for (j = 0, i = lhs.GetLen();; j<rhs.GetLen(); j++, i++)
       temp[i] = rhs[j];
    temp[totalLen]='\0';
    return temp;
```

```
153:    }
154:
155:    int main()
156:    {
157:       String s1("String Eins ");
158:       String s2("String Zwei ");
159:       char *c1 = { "C-String Eins " } ;
160:       String s3;
161:       String s4;
162:       String s5;
163:
164:       cout << "s1: " << s1.GetString() << endl;
165:       cout << "s2: " << s2.GetString() << endl;
166:       cout << "c1: " << c1 << endl;
167:       s3 = s1 + s2;
168:       cout << "s3: " << s3.GetString() << endl;
169:       s4 = s1 + c1;
170:       cout << "s4: " << s4.GetString() << endl;
171:       s5 = c1 + s2;
172:       cout << "s5: " << s5.GetString() << endl;
173:     return 0;
174:    }
```

Ausgabe

```
s1: String Eins
s2: String Zwei
c1: C-String Eins
s3: String Eins String Zwei
s4: String Eins C-String Eins
s5: C-String Eins String Zwei
```

Analyse

Bis auf `operator+` wurden die Implementierungen der String-Methoden unverändert aus Listing 15.1 übernommen. Zeile 20 überlädt einen neuen `operator+`, der zwei konstante String-Referenzen übernimmt und einen String zurückgibt. Diese Funktion wird als Friend deklariert.

Beachten Sie, daß `operator+` keine Elementfunktion dieser oder einer anderen Klasse ist. Die Deklaration der Operatorfunktion in der String-Klasse dient lediglich dazu, sie als Friend zu kennzeichnen. Da sie aber nun einmal deklariert wird, wird kein anderer Funktionsprototyp benötigt.

Die Implementierung von operator+ befindet sich in den Zeilen 142 bis 153. Beachten Sie, daß sie der Implementierung des früheren +-Operators sehr ähnlich ist. Hier übernimmt die Funktion jedoch zwei Strings und manipuliert diese ausnahmslos über deren öffentliche Zugriffsfunktionen.

Das Rahmenprogramm veranschaulicht den Einsatz dieser Funktion (Zeile 171). Dort wird operator+ auf einen C-String angewendet.

Syntax

Friend-Funktionen

Die Deklaration einer Friend-Funktion erfolgt mittels des Schlüsselwortes friend und der vollständigen Spezifikation der Funktion. Eine Funktion, die als friend deklariert wurde, erhält keinen Zugriff auf den this-Zeiger der Klasse, sie hat jedoch vollen Zugriff auf alle privaten und geschützten Datenelemente und -funktionen.

Beispiel:

```
class PartNode
{   // ...
   // Elementfunktion einer anderen Klasse als friend deklarieren
   friend void PartsList::Insert(Part *);
   // eine globale Funktion als friend deklarieren
   friend int SomeFunction();
   // ...
};
```

Überladung des Ausgabe-Operators

Jetzt sind Sie soweit, Ihre String-Klasse so auszustatten, daß String-Objekte, wie Objekte der elementaren Datentypen mit cout ausgegeben werden können. Bis jetzt mußten Sie, um einen String auszugeben, folgenden Code aufsetzen:

```
cout << einString.GetString();
```

Besser wäre aber folgende Schreibweise:

```
cout << einString;
```

Um dies zu erreichen, müssen Sie den Ausgabe-Operator operator<<() überladen. In Kapitel 16, »Streams«, erfahren Sie Näheres zur Arbeit mit iostreams. Hier soll Listing 15.9 zeigen, wie operator<< mit Hilfe einer friend-Funktion überladen werden kann.

Listing 15.9: Überladen des Ausgabe-Operators <<

```
#include <iostream.h>
#include <string.h>

class String
{
   public:
      // Konstruktoren
      String();
       String(const char *const);
       String(const String &);
      ~String();

      // Ueberladene Operatoren
      char & operator[](int offset);
      char operator[](int offset) const;
      String operator+(const String&);
      void operator+=(const String&);
      String & operator= (const String &);
      friend ostream& operator<<
         ( ostream& theStream,String& theString);
      // Allgemeine Zugriffsfunktionen
      int GetLen()const { return itsLen; }
      const char * GetString() const { return itsString; }

   private:
      String (int);         // privater Konstruktor
      char * itsString;
      unsigned short itsLen;
};


// Standardkonstruktor erzeugt String von 0 Byte Laenge
String::String()
{
   itsString = new char[1];
   itsString[0] = '\0';
   itsLen=0;
   // cout << "\tString-Standardkonstruktor\n";
   // ConstructorCount++;
}

// Privater (Hilfs-) Konstruktor, der nur von Methoden
// der Klasse zum Erzeugen eines neuen Null-Strings der
// erforderlichen Groeße verwendet wird.
```

```
String::String(int len)
{
   itsString = new char[len+1];
   for (int i = 0; i<=len; i++)
      itsString[i] = '\0';
   itsLen=len;
   // cout << "\tString(int)-Konstruktor\n";
   // ConstructorCount++;
}

// Konvertiert einen Zeichen-Array in einen String
String::String(const char * const cString)
{
   itsLen = strlen(cString);
   itsString = new char[itsLen+1];
   for (int i = 0; i<itsLen; i++)
      itsString[i] = cString[i];
   itsString[itsLen]='\0';
   // cout << "\tString(char*)-Konstruktor\n";
   // ConstructorCount++;
}

// Kopierkonstruktor
String::String (const String & rhs)
{
   itsLen=rhs.GetLen();
   itsString = new char[itsLen+1];
   for (int i = 0; i<itsLen;i++)
      itsString[i] = rhs[i];
   itsString[itsLen] = '\0';
   // cout << "\tString(String&)-Konstruktor\n";
   // ConstructorCount++;
}

// Destruktor, gibt zugewiesenen Speicher frei
String::~String ()
{
   delete [] itsString;
   itsLen = 0;
   // cout << "\tString-Destruktor\n";
}

// Zuweisungsoperator, gibt vorhandenen Speicher frei,
// kopiert dann String und Groeße
String& String::operator=(const String & rhs)
{
```

```
    if (this == &rhs)
       return *this;
    delete [] itsString;
    itsLen=rhs.GetLen();
    itsString = new char[itsLen+1];
    for (int i = 0; i<itsLen;i++)
       itsString[i] = rhs[i];
    itsString[itsLen] = '\0';
    return *this;
    // cout << "\tString-Operator=\n";
 }

 // Nicht konstanter Offset-Operator, gibt Referenz
 // auf Zeichen zurueck, das sich damit aendern
 // laeßt!
 char & String::operator[](int offset)
 {
    if (offset > itsLen)
       return itsString[itsLen-1];
    else
       return itsString[offset];
 }

 // Konstanter Offset-Operator fuer konstante
 // Objekte (siehe Kopierkonstruktor!)
 char String::operator[](int offset) const
 {
    if (offset > itsLen)
       return itsString[itsLen-1];
    else
       return itsString[offset];
 }

 // Erzeugt einen neuen String durch Anfuegen von rhs
 // an den aktuellen String
 String String::operator+(const String& rhs)
 {
    int  totalLen = itsLen + rhs.GetLen();
    String temp(totalLen);
    int i, j;
    for (i = 0; i<itsLen; i++)
       temp[i] = itsString[i];
    for (j = 0; j<rhs.GetLen(); j++, i++)
       temp[i] = rhs[j];
    temp[totalLen]='\0';
    return temp;
```

```
137:  }
138:
139:  // aendert aktuellen String, liefert nichts zurueck
140:  void String::operator+=(const String& rhs)
141:  {
142:     unsigned short rhsLen = rhs.GetLen();
143:     unsigned short totalLen = itsLen + rhsLen;
144:     String  temp(totalLen);
145:     int i, j;
146:     for (i = 0; i<itsLen; i++)
147:        temp[i] = itsString[i];
148:     for (j = 0, i = 0; j<rhs.GetLen(); j++, i++)
149:        temp[i] = rhs[i-itsLen];
150:     temp[totalLen]='\0';
151:     *this = temp;
152:  }
153:
154:  // int String::ConstructorCount =
155:   ostream& operator<< ( ostream& theStream,String& theString)
156:   {
157:       theStream << theString.itsString;
158:       return theStream;
159:   }
160:
161:   int main()
162:   {
163:      String theString("Hello world.");
164:      cout << theString;
165:    return 0;
166:   }
```

```
Hello world.
```

Zeile 19 deklariert `operator<<` als `friend`-Funktion, die eine `ostream`-Referenz und eine `String`-Referenz übernimmt und eine `ostream`-Referenz zurückgibt. Beachten Sie, daß es sich dabei nicht um eine Elementfunktion von `String` handelt. Der Operator liefert eine Referenz auf ein `ostream`-Objekt zurück, damit Aufrufe von `operator<<` wie folgt verkettet werden können:

```
cout << "meinAlter: " << itsAge << " Jahre.";
```

Die Implementierung der `friend`-Funktion finden Sie in den Zeilen 155 bis 159. Der Code verbirgt lediglich die Weiterleitung des Strings an `ostream`, und genau das soll ja auch erreicht werden. In Kapitel 16 werden Sie mehr zur Überladung der Operatoren und des Operator>> `erfahren`.

Zusammenfassung

Heute haben Sie gelernt, wie man funktionelle Aufgaben an eingebettete Objekte delegiert. Sie haben auch gesehen, wie man eine Klasse mit Hilfe einer anderen (durch Einbettung oder private Vererbung) implementiert. Die Einbettung ist insofern eingeschränkt, als die neue Klasse keinen Zugriff auf geschützte Elemente der eingebetteten Klasse hat und sie auch nicht die Elementfunktionen des eingebetteten Objekts überschreiben kann. Einbettung ist einfacher anzuwenden als private Vererbung und sollte möglichst den Vorzug erhalten.

Weiterhin wurde erläutert, wie man sowohl Friend-Funktionen als auch Friend-Klassen deklariert. Am Beispiel des Ausgabe-Operators haben Sie gesehen, wie man eine Friend-Funktion definiert und wie man Objekte selbst definierter Klassen über `cout` ausgeben kann.

Denken Sie daran, daß öffentliche Vererbung eine *ist-ein*-Beziehung, Einbettung eine *hat-ein*-Beziehung und private Vererbung *implementiert mit Hilfe von* ausdrückt. Die Beziehung *delegiert an* kann sowohl durch Einbettung als auch durch private Vererbung ausgedrückt werden. Einbettung ist jedoch gebräuchlicher.

Fragen und Antworten

F Warum ist es so wichtig, zwischen *ist-ein*, *hat-ein* und *implementiert mit Hilfe von* zu differenzieren?

A *Das Ziel von C++ ist die Implementierung gut konzipierter objektorientierten Programme. Durch Auseinanderhalten dieser Beziehungen können Sie leichter sicherstellen, daß Ihr Entwurf auch mit der abzubildenden Wirklichkeit übereinstimmt. Außerdem führt ein gut konzipierter Entwurf häufig auch zu einem leichter verständlichen Code.*

F Warum sollte man die Einbettung der privaten Vererbung vorziehen?

A *Eine der Herausforderungen der modernen Programmierung ist, der zunehmenden Komplexität Herr zu werden. Je weniger Gedanken Sie sich bei der Arbeit mit den Objekten Ihrer Klassen um die Details von deren Implementie-*

rung machen müssen, um so mehr Komplexität können Sie in Ihren Programmen bewältigen. Enthaltene Klassen verbergen ihre Details, durch private Vererbung werden die Implementierungsdetails bloßgelegt.

F Warum macht man nicht alle Klassen zu Freunden aller Klassen, die sie verwenden?

A *Wenn man eine Klasse zum Friend einer anderen macht, legt man die Details der Implementierung frei und verringert die Kapselung. Im Idealfall sollte man möglichst viele Details jeder Klasse vor allen anderen Klassen verbergen.*

F Wenn eine Funktion überladen wurde, müssen Sie dann alle überladenen Versionen der Funktion als friend deklarieren?

A *Ja. Wenn Sie eine Funktion überladen und sie als Friend einer anderen deklarieren, müssen Sie jede andere Version, der Sie ebenfalls diesen Zugriff einräumen wollen, ebenfalls als* `friend` *deklarieren.*

Workshop

Der Workshop enthält Quizfragen, die Ihnen helfen sollen, Ihr Wissen zu festigen, und Übungen, die Sie anregen sollen, das eben Gelernte umzusetzen und eigene Erfahrungen zu sammeln. Versuchen Sie, das Quiz und die Übungen zu beantworten und zu verstehen, bevor Sie die Lösungen in Anhang D lesen und zur Lektion des nächsten Tages übergehen.

Quiz

1. Wie erzeugt man eine *ist-ein*-Beziehung?
2. Wie erzeugt man eine *hat-ein*-Beziehung?
3. Was ist der Unterschied zwischen Einbettung und Delegierung?
4. Was ist der Unterschied zwischen Delegierung und *implementiert mit Hilfe von*?
5. Was ist eine `friend`-Funktion?
6. Was ist eine `friend`-Klasse?
7. Wenn `Dog` ein Friend von `Boy` ist, ist `Boy` dann auch ein Friend von `Dog`?
8. Wenn `Dog` ein Friend von `Boy` ist und `Terrier` sich von `Dog` ableitet, ist `Terrier` dann auch ein Friend von `Boy`?

9. Wenn Dog ein Friend von Boy ist und Boy ein Friend von House ist, ist Dog dann auch ein Friend von House?

10. Wo innerhalb einer Klassendeklaration sollte man eine friend-Funktion deklarieren?

Übungen

1. Setzen Sie die Deklaration einer Klasse Animal auf, die ein String-Objekt als Datenelement enthält.
2. Deklarieren Sie eine Klasse BoundedArray, die ein Array darstellt.
3. Wie deklariert man eine Klasse Menge auf der Grundlage der Klasse Array.
4. Erweitern Sie Listing 15.1 um einen Eingabe-Operator (>>) fuer die String-Klasse.
5. FEHLERSUCHE: Was ist falsch an folgendem Programm?

```
#include <iostream.h>

class Animal;

void setValue(Animal& , int);


class Animal
{
public:
   int GetWeight()const { return itsWeight; }
   int GetAge() const { return itsAge; }
private:
   int itsWeight;
   int itsAge;
};

void setValue(Animal& theAnimal, int theWeight)
{
   friend class Animal;
   theAnimal.itsWeight = theWeight;
}

int main()
{
   Animal peppy;
   setValue(peppy,5);
}
```

6. Beheben Sie den Fehler in Übung 5, so daß sich der Code kompilieren läßt.
7. FEHLERSUCHE: Was ist falsch an diesem Code?

```
#include <iostream.h>

class Animal;

void setValue(Animal& , int);
void setValue(Animal& ,int,int);

class Animal
{
friend void setValue(Animal& ,int);
private:
   int itsWeight;
   int itsAge;
};

void setValue(Animal& theAnimal, int theWeight)
{
    theAnimal.itsWeight = theWeight;
}


void setValue(Animal& theAnimal, int theWeight, int theAge)
{
   theAnimal.itsWeight = theWeight;
   theAnimal.itsAge = theAge;
}

int main()
{
   Animal peppy;
   setValue(peppy,5);
   setValue(peppy,7,9);
}
```

8. Beheben Sie den Fehler in Übung 7, so daß sich der Code kompilieren läßt.

16

Streams

Woche 3

Bisher haben Sie mit `cout` auf den Bildschirm geschrieben und mit `cin` von der Tastatur eingelesen, ohne eine genaue Vorstellung davon zu haben, was sich dahinter verbirgt. Heute lernen Sie,

- was Streams sind und wie man sie verwendet,
- wie man Ein- und Ausgabe mittels Streams verwaltet,
- wie man mit Hilfe von Streams in Dateien schreibt oder aus Dateien ausliest.

Streams – ein Überblick

Wie man in C++ Daten auf dem Bildschirm ausgibt oder in eine Datei schreibt oder wie Daten in ein Programm eingelesen werden, ist nicht in der Sprachspezifikation festgelegt. Dies fällt vielmehr in den Bereich der Arbeit mit C++. Dafür enthält die C++-Standardbibliothek die `iostream`-Bibliothek, mit der die Ein- und Ausgabe (E/A) erleichtert wird.

Der Vorteil, die Ein- und Ausgabe von der Sprache zu trennen und in Bibliotheken unterzubringen, liegt darin, daß die Sprache so leichter »plattformunabhängig« gemacht werden kann. Für Sie bedeutet dies, daß C++-Programme, die auf einem PC geschrieben wurden, nach erneuter Kompilierung auf einer Sun-Workstation ausgeführt werden können. Der Compiler-Hersteller stellt die entsprechende Bibliothek bereit und alles läuft problemlos. Soweit zumindest die Theorie.

Hinweis

Eine Bibliothek ist eine Sammlung von .obj-Dateien, die in Ihr Programm eingebunden werden können und ihm zusätzliche Funktionalität verleihen. Dies ist die einfachste Form der Wiederverwertung von einem Code. Es gibt sie, seit die Programmierer begonnen haben Einsen und Nullen in die Wände ihrer Höhlen zu meißeln.

Kapselung

Für die `iostream`-Klassen ist der Datenfluß von Ihrem Programm zum Bildschirm ein Strom (engl. stream) von Daten, bei dem ein Byte dem anderen folgt. Ist das Ziel des Stream eine Datei oder der Bildschirm, ist die Quelle in der Regel Teil Ihres Programms. Wird die Richtung des Stream umgekehrt, können die Daten von der Tastatur oder einer Datei kommen und »ergießen« sich in Ihren Datenvariablen.

Eines der Hauptziele von Streams ist es, den Datenaustausch mit der Festplatte oder dem Bildschirm zu kapseln. Nachdem ein Stream erzeugt wurde, arbeitet das Programm nur noch mit diesem Stream, dem die Verantwortung für den korrekten Datentransfer obliegt. Den Grundgedanken dahinter entnehmen Sie Abbildung 16.1.

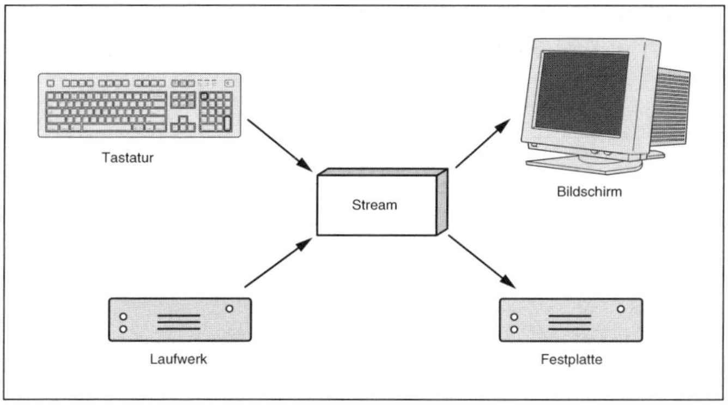

Abbildung 16.1: Kapselung durch Streams

Pufferung

Auf die Festplatte (und im geringeren Maße auch auf den Bildschirm) zu schreiben ist sehr »teuer«. Im Vergleich zu anderen Operationen dauert das Schreiben von Daten auf die Festplatte oder das Lesen von der Festplatte ziemlich lange, und die Programmausführung wird für diese Zeitdauer im allgemeinen angehalten. Um dieses Problem zu umgehen, werden Streams »gepuffert«. Die Daten werden in den Stream geschrieben, der jedoch noch nicht sofort auf die Platte zurückgeschrieben wird. Statt dessen füllt sich der Streampuffer stetig, und wenn er voll ist, schreibt er seinen Inhalt auf einmal auf die Platte.

Stellen Sie sich vor, daß Wasser oben in ein Becken läuft und dieses kontinuierlich füllt. Es läuft jedoch unten kein Wasser ab. Sehen Sie dazu Abbildung 16.2.

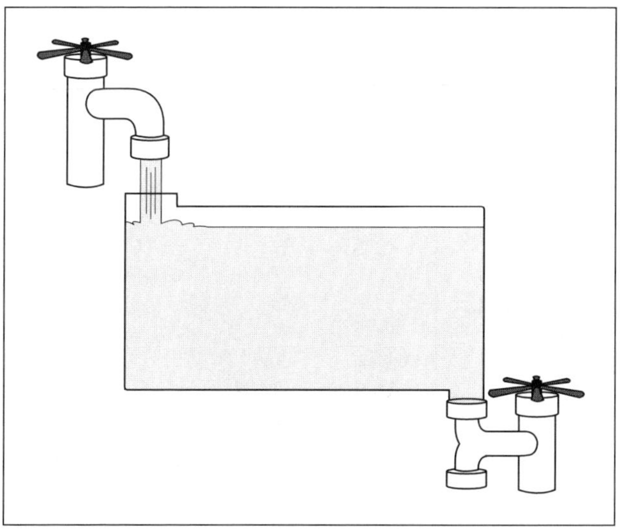

Abbildung 16.2: Den Puffer füllen

Wenn das Wasser (sprich: die Daten) den oberen Rand erreicht hat, öffnet sich unten das Ventil und das Wasser fließt in einem Rutsch ab. Abbildung 16.3 soll dieses illustrieren.

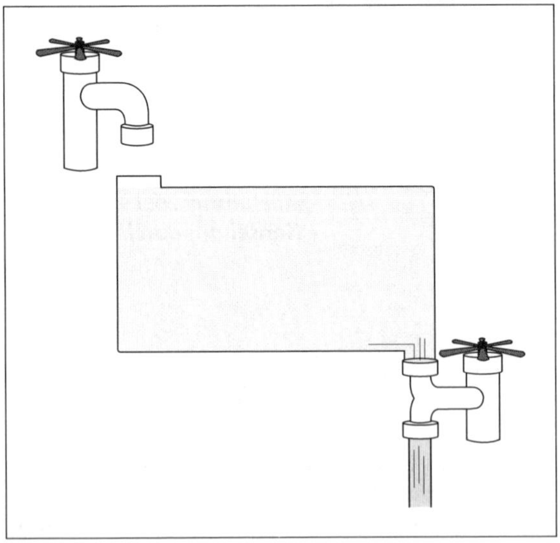

Abbildung 16.3: Den vollen Puffer leeren

Nachdem der Puffer geleert ist, wird das Ventil am Boden wieder geschlossen und neues Wasser fließt in das Wasserbecken. (Abbildung 16.4).

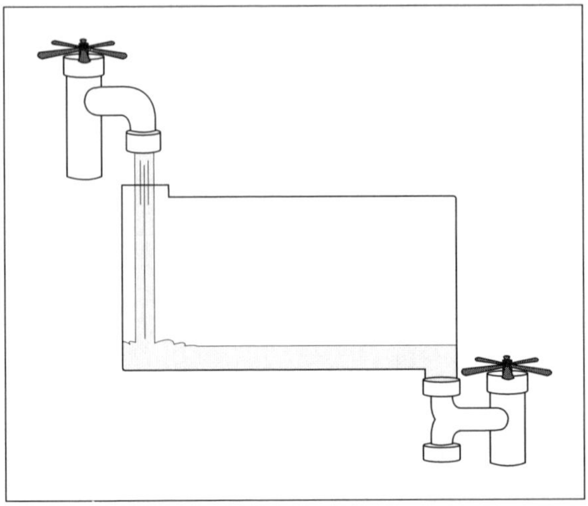

Abbildung 16.4: Den Puffer erneut füllen

Ab und zu müssen Sie das Wasser aus dem Becken ablassen, auch wenn es noch nicht voll ist. Dies nennt man auch »den Puffer leeren«. (Abbildung 16.5).

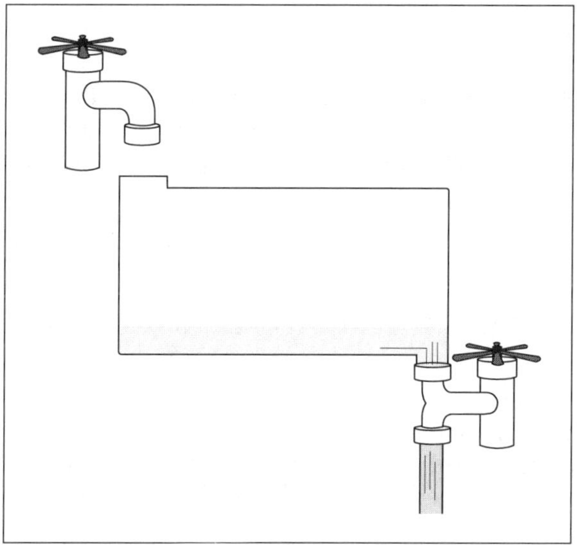

Abbildung 16.5: Den teilweise gefüllten Puffer leeren

Streams und Puffer

Wie nicht anders zu erwarten, werden in C++ Streams und Puffer objektorientiert implementiert.

- Die Klasse `streambuf` verwaltet den Puffer, und ihre Elementfunktionen übernehmen das Füllen, das vollständige oder teilweise Leeren sowie anderweitige Manipulationen des Puffers.
- Die Klasse `ios` ist die Basisklasse für die Ein- und Ausgabe-Streamklassen. Die `ios`-Klasse verfügt über ein `streambuf`-Objekt als Elementvariable.
- Die `istream`- und `ostream`-Klassen leiten sich von `ios` ab und sind für das Verhalten von Eingabe- beziehungsweise Ausgabe-Streams spezialisiert.
- Die Klasse `iostream` leitet sich von `istream` und von `ostream` ab und stellt Ein- und Ausgabe-Methoden zur Verfügung, um Daten auf dem Bildschirm auszugeben.
- Die `fstream`-Klassen unterstützen die Eingabe und Ausgabe von und in Dateien.

Standard-E/A-Objekte

Wenn ein C++-Programm, das die `iostream`-Klassen einbindet, ausgeführt wird, werden vier Objekte erzeugt und initialisiert.

Hinweis

Die `iostream`-Klassenbibliothek wird vom Compiler automatisch in Ihr Programm mit eingebunden. Alles, was Sie machen müssen, ist, die entsprechende `include`-Anweisung an den Anfang Ihres Programmlistings zu stellen.

- `cin` ist verantwortlich für die Eingabe von dem Standardeingabegerät, der Tastatur.
- `cout` ist verantwortlich für die Ausgabe auf das Standardausgabegerät, den Bildschirm.
- `cerr` ist verantwortlich für die ungepufferte Ausgabe auf das Standardausgabegerät, den Bildschirm. Da es sich hier um eine ungepufferte Ausgabe handelt, wird alles, was an `cerr` geschickt wird, sofort auf das Standardausgabegerät ausgegeben, ohne darauf zu warten, daß das Becken gefüllt oder ein Entleerungsbefehl empfangen wird.
- `clog` ist verantwortlich für gepufferte Fehlermeldungen; die Standardfehlerausgabe erfolgt auf dem Bildschirm. Fehlermeldungen dieser Art werden in der Regel in eine Protokolldatei »umgeleitet«, siehe folgenden Abschnitt.

Umleitung

Jedes der Standardgeräte, d.h. für Eingabe, Ausgabe und Fehler, kann auf ein anderes Gerät umgeleitet werden. Die Standardfehlerausgabe wird häufig in Dateien umgeleitet, die Standardein- und -ausgaben können mit Hilfe von Betriebssystembefehlen in Dateien gelenkt werden.

Umleiten bedeutet, die Ausgabe (oder Eingabe) nicht an das Standardziel zu schicken, sondern zu einem anderen Ziel zu dirigieren. Die Umleitungsoperatoren für DOS und UNIX lauten < für das Umleiten der Eingabe und > für das Umleiten der Ausgabe.

Beim Piping wird die Ausgabe eines Programms als Eingabe eines anderen verwendet.

DOS liefert rudimentäre Umleitungsbefehle wie (>) und (<). Unter UNIX sind die Umleitungsmöglichkeiten wesentlich umfangreicher. Die Idee jedoch ist dieselbe: Man nehme die Ausgabe, die für den Bildschirm bestimmt ist, und schreibe sie in eine Datei oder lenke sie in ein anderes Programm. Entsprechend kann die Eingabe für ein Programm von einer Datei extrahiert und nicht von der Tastatur eingelesen werden.

Die Umleitung ist eher eine Funktion des Betriebssystems als der `iostream`-Bibliotheken. In C++ haben Sie nur Zugriff auf die vier Standardgeräte. Es steht dem Anwender allerdings frei, die Umleitung je nach Bedarf an ein beliebiges anderes Gerät vorzunehmen.

Eingabe mit cin

Das globale Objekt `cin` ist verantwortlich für die Eingabe und steht Ihrem Programm automatisch zur Verfügung, wenn Sie die Header-Datei `iostream.h` einbinden. In den bisherigen Beispielen haben Sie den überladenen Eingabe-Operator (>>) verwendet, um Daten in Ihren Programmvariablen aufzunehmen. Wie funktioniert das? Die Syntax, wie Sie sich vielleicht erinnern, sieht folgendermaßen aus:

```
int eineVariable;
cout << "Geben Sie eine Zahl ein: ";
cin >> eineVariable;
```

Das globale Objekt `cout` übergehen wir erst einmal. Es wird in diesem Kapitel weiter hinten besprochen. Konzentrieren wir uns auf die dritte Zeile: `cin >> eineVariable;`. Was läßt sich über `cin` sagen?

Offensichtlich handelt es sich um ein globales Objekt, da Sie es nicht in Ihrem Code definiert haben. Aus früheren Erfahrungen mit Operatoren können Sie schließen, daß `cin` den Eingabe-Operator (>>) überladen hat, mit der Folge, daß alles, was im Puffer von `cin` steht, in Ihre lokale Variable `eineVariable` geschrieben wird.

Was vielleicht nicht so deutlich zu erkennen ist: `cin` überlädt den Eingabe-Operator für eine Vielzahl von Parametern, unter anderem `int&`, `short&`, `long&`, `double&`, `float&`, `char&`, `char*` und so weiter. In unserem Beispiel `cin >> eineVariable;` wird der Typ von `eineVariable` vom Compiler geschätzt. Da es sich um einen `int`-Wert handelt, wird die folgende Funktion aufgerufen:

```
istream & operator>> (int &)
```

Beachten Sie, daß der Parameter als Referenz übergeben wird. Deshalb kann der Eingabe-Operator auf der originalen Variablen operieren. Listing 16.1 demonstriert die Verwendung von `cin`.

Listing 16.1: cin arbeitet mit unterschiedlichen Datentypen

```
//Listing 16.1 - Zeichenstrings und cin

#include <iostream.h>

```

```
5:   int main()
6:   {
7:      int myInt;
8:      long myLong;
9:      double myDouble;
10:     float myFloat;
11:     unsigned int myUnsigned;
12:
13:     cout << "int: ";
14:     cin >> myInt;
15:     cout << "Long: ";
16:     cin >> myLong;
17:     cout << "Double: ";
18:     cin >> myDouble;
19:     cout << "Float: ";
20:     cin >> myFloat;
21:     cout << "Unsigned: ";
22:     cin >> myUnsigned;
23:
24:     cout << "\n\nInt:\t" << myInt << endl;
25:     cout << "Long:\t" << myLong << endl;
26:     cout << "Double:\t" << myDouble << endl;
27:     cout << "Float:\t" << myFloat << endl;
28:     cout << "Unsigned:\t" << myUnsigned << endl;
29:   return 0;
30:  }
```

Ausgabe

```
int: 2
Long: 70000
Double: 987654321
Float: 3.33
Unsigned: 25

Int:    2
Long:   70000
Double: 9.87654e+08
Float:  3.33
Unsigned:       25
```

Analyse

Die Zeilen 7 bis 11 deklarieren Variablen unterschiedlichen Typs. In den Zeilen 13 bis 22 wird der Anwender aufgefordert, Werte für diese Variablen einzugeben, und die Ergebnisse werden (mit cout) in den Zeilen 24 bis 28 ausgegeben.

Die Ausgabe zeigt, daß den Variablen der richtige Datentyp zugeordnet wurde und das Programm wie erwartet abläuft.

Strings

`cin` verarbeitet auch Zeiger auf Zeichenketten (`char*`) als Argument. Sie können also einen Zeichenpuffer erzeugen und ihn mit `cin` füllen. Sie könnten beispielsweise schreiben:

```
char IhrName[50]
cout << "Bitte geben Sie Ihren Namen ein: ";
cin >> IhrName;
```

Wenn Sie Jesse eingeben, wird die Variable `IhrName` mit den Zeichen J, e, s, s, e, \0 gefüllt. Das letzte Zeichen ist eine Null. `cin` beendet den String automatisch mit einem Nullzeichen. Ihr Puffer muß groß genug sein, um den gesamten String plus das Nullzeichen zu fassen. Diese Null signalisiert den Standardbibliotheksfunktionen, die in Kapitel 21 diskutiert werden, »das Ende des String«.

Probleme mit Strings

Nachdem Sie gesehen haben, wie vielseitig `cin` ist, werden Sie vielleicht überrascht sein, wenn Sie versuchen, einen vollständigen Namen in einen String einzugeben. Für `cin` ist ein Leerzeichen gleich einem Trennzeichen. Stößt `cin` auf ein Leerzeichen oder auf ein Zeichen für den Zeilenumbruch, geht es davon aus, daß die Eingabe für diesen Parameter abgeschlossen ist, und fügt im Falle von Strings direkt ein Nullzeichen an das Ende. Listing 16.2 veranschaulicht das Problem.

Listing 16.2: Mehr als ein Wort mit cin einlesen

```
//Listing 16.2 - Zeichenstrings und cin

#include <iostream.h>

int main()
{
   char YourName[50];
   cout << "Ihr Vorname: ";
   cin >> YourName;
   cout << "Er lautet: " << YourName << endl;
   cout << "Ihr voller Name: ";
   cin >> YourName;
   cout << "Er lautet: " << YourName << endl;
```

```
14:     return 0;
15:   }
```

Ausgabe

```
Ihr Vorname: Jesse
Er lautet: Jesse
Ihr voller Name: Jesse Liberty
Er lautet: Jesse
```

Analyse

Zeile 7 erzeugt einen Array, der die Eingabe des Anwenders aufnimmt. Zeile 8 fragt den Anwender nach einem Namen, der dann, wie die Ausgabe zeigt, ordnungsgemäß abgelegt wird.

Zeile 11 fordert den Anwender auf, diesmal den vollständigen Namen einzugeben. `cin` liest die Eingabe, und wenn `cin` auf das Leerzeichen zwischen den Namen trifft, setzt es ein Nullzeichen hinter das erste Wort und beendet die Eingabe. Dies lag jedoch nicht in Ihrer Absicht.

Um zu verstehen, warum das so ist, sollten Sie Listing 16.3 genau untersuchen, da dort die Eingabe für mehrere Felder gezeigt wird.

Listing 16.3: Mehrfacheingabe

```
//Listing 16.3 - Zeichenstrings und cin

#include <iostream.h>

int main()
{
   int myInt;
   long myLong;
   double myDouble;
   float myFloat;
   unsigned int myUnsigned;
   char myWord[50];

   cout << "int: ";
   cin >> myInt;
   cout << "Long: ";
   cin >> myLong;
   cout << "Double: ";
   cin >> myDouble;
   cout << "Float: ";
```

```
        cin >> myFloat;
        cout << "Word: ";
        cin >> myWord;
        cout << "Unsigned: ";
        cin >> myUnsigned;

        cout << "\n\nInt:\t" << myInt << endl;
        cout << "Long:\t" << myLong << endl;
        cout << "Double:\t" << myDouble << endl;
        cout << "Float:\t" << myFloat << endl;
        cout << "Word: \t" << myWord << endl;
        cout << "Unsigned:\t" << myUnsigned << endl;

        cout << "\n\nInt, Long, Double, Float, Word, Unsigned: ";
        cin >> myInt >> myLong >> myDouble;
        cin >> myFloat >> myWord >> myUnsigned;
        cout << "\n\nInt:\t" << myInt << endl;
        cout << "Long:\t" << myLong << endl;
        cout << "Double:\t" << myDouble << endl;
        cout << "Float:\t" << myFloat << endl;
        cout << "Word: \t" << myWord << endl;
        cout << "Unsigned:\t" << myUnsigned << endl;


    return 0;
  }
```

```
Int: 2
Long: 30303
Double: 393939397834
Float: 3.33
Word: Hello
Unsigned: 85

Int:     2
Long:    30303
Double:  3.93939e+11
Float:   3.33
Word:    Hello
Unsigned:        85

Int, Long, Double, Float, Word, Unsigned: 3 304938 393847473 6.66 bye -2

Int:     3
Long:    304938
Double:  3.93847e+08
```

```
Float:  6.66
Word:   bye
Unsigned: 4294967294
```

Auch hier werden wieder mehrere Variablen eingerichtet, diesmal einschließlich eines `char`-Array. Der Anwender wird aufgefordert, eine umfangreichere Eingabe zu machen, die danach wortgetreu ausgegeben wird.

Analyse

Zeile 34 fordert den Anwender auf, alles auf einmal einzugeben. Jedes »Wort« der Eingabe wird der entsprechenden Variablen zugeordnet. Zur Erleichterung dieser Art von Mehrfachzuweisung muß `cin` jedes Wort der Eingabe als vollständige Eingabe für eine Variable betrachten. Würde `cin` die gesamte Eingabe als Eingabe für eine Variable betrachten, wäre diese Art der verketteten Eingabe nicht möglich.

Beachten Sie, daß in Zeile 42 das letzte angeforderte Objekt ein vorzeichenloser Integer war, der Anwender hingegen -2 eingegeben hat. Da `cin` davon ausgeht, daß es in einen vorzeichenloses Integer schreibt, wird das Bitmuster von -2 als vorzeichenloser Integer interpretiert und bei der Ausgabe mit `cout` erscheint der Wert 4294967294. Der vorzeichenlose Wert 4294967294 hat genau das gleiche Bitmuster wie der Wert -2. Weiter hinten werden Sie lernen, wie man einen ganzen String in einen Puffer schreibt, einschließlich mehrerer Worte. Jetzt beschäftigt uns aber erst einmal die Frage, »Wie gelingt dem Eingabe-Operator der Trick mit der Verkettung?«.

Der Operator >> liefert eine Referenz auf ein istream-Objekt zurück

Der Rückgabewert von `cin` ist eine Referenz auf ein `istream`-Objekt. Da `cin` selbst ein `istream`-Objekt ist, kann der Rückgabewert einer Einleseoperation als Eingabe für die nächste Einleseoperation verwendet werden.

```
int varEins, varZwei, varDrei;
cout << "Geben Sie drei Zahlen ein: "
cin >> varEins >> varZwei >> varDrei;
```

Wenn Sie `cin >> varEins >> varZwei >> varDrei;` schreiben, wird zuerst `(cin >> VarEins)` eingelesen. Der Rückgabewert davon ist ebenfalls ein `istream`-Objekt und dessen Eingabe-Operator liest die Variable `varZwei` ein. Genauso gut hätten Sie auch

```
((cin >> varEins) >> varZwei) >> varDrei;
```

schreiben können. Auf diese Technik gehen wir später im Zusammenhang mit `cout` noch näher ein.

Weitere Elementfunktionen von cin

Zusätzlich zu dem überladenen >>-Operator, verfügt `cin` noch über eine Reihe weiterer Elementfunktionen. Sie kommen zum Einsatz, wenn Sie eine genauere Kontrolle über die Eingabe wünschen.

Eingabe einzelner Zeichen

Ein >>-Operator, der eine Zeichenreferenz übernimmt, kann dazu verwendet werden, einzelne Zeichen aus der Standardeingabe einzulesen. Auch mit der Elementfunktion `get()` kann man einzelne Zeichen einlesen und dies sogar auf zwei Wegen: `get()` gibt es ohne Parameter, in welchem Falle der Rückgabewert verwendet wird, oder mit einer Referenz auf ein Zeichen.

Die Funktion get() ohne Parameter

Die erste Form von `get()` weist keine Parameter auf. Diese Version liefert den Wert des gefundenen Zeichens zurück beziehungsweise EOF (End of file), wenn das Ende der Datei erreicht wurde. Diese Form von `get()` ohne Parameter kommt selten zur Anwendung. Es ist hiermit nicht möglich, mehrere Eingaben zu verketten, da der Rückgabewert kein `iostream`-Objekt ist. Aus diesem Grund ist folgende Zeile nicht möglich:

```
cin.get() >>varEins >> varZwei; //   ungueltig
```

Der Rückgabewert von `cin.get() >> varEins` ist ein Integer und kein `iostream`-Objekt.

Eine typische Anwendung für `get()` ohne Parameter sehen Sie in Listing 16.4.

Listing 16.4: get() ohne Parameter

```
// Listing 16.4 - get ohne Parameter
#include <iostream.h>

int main()
{
   char ch;
   while ( (ch = cin.get()) != EOF)
   {
      cout << "ch: " << ch << endl;
   }
   cout << "\nFertig!\n";
 return 0;
}
```

Um dieses Programm zu beenden, müssen Sie von der Tastatur aus das Dateiende-Zeichen eingeben. Auf DOS-PCs lautet der Befehl Strg+Z und auf UNIX-PCs Strg+D.

```
Hello
ch: H
ch: e
ch: l
ch: l
ch: o
ch:

World
ch: W
ch: o
ch: r
ch: l
ch: d
ch:

 (Strg-z)
Fertig!
```

Zeile 6 deklariert eine lokale Zeichenvariable. Die `while`-Schleife weist die von `cin.get()` eingelesenen Eingaben `ch` zu. Solange nicht EOF eingelesen wird, wird der Meldungsstring ausgegeben. Allerdings wird die Ausgabe bis zum nächsten Zeilenende-Zeichen gepuffert. Trifft das Programm auf EOF (eingegeben als Strg+Z unter DOS oder Strg+D unter UNIX), wird die Schleife verlassen.

Beachten Sie, daß nicht jede Implementierung von `istream` diese Version von `get()` unterstützt, auch wenn sie inzwischen zum ANSI-Standard gehört.

Die Funktion get() mit einer Zeichen-Referenz als Parameter

Wenn ein Zeichen als Argument an `get()` übergeben wird, wird dieses Zeichen mit dem nächsten Zeichen im Eingabestrom gefüllt. Der Rückgabewert ist ein `iostream`-Objekt. Deshalb kann diese Form von `get()` verkettet werden. Sehen Sie dazu Listing 16.5.

Listing 16.5: get() mit Parametern

```
1:     // Listing 16.5 - get mit Parametern
2:     #include <iostream.h>
3:
4:     int main()
5:     {
6:        char a, b, c;
7:
8:        cout << "Geben Sie drei Buchstaben ein: ";
9:
10:       cin.get(a).get(b).get(c);
11:
12:       cout << "a: " << a << "\nb: " << b << "\nc: " << c << endl;
13:     return 0;
14:    }
```

```
Geben Sie drei Buchstaben ein: elf
a: e
b: l
c: f
```

Zeile 6 erzeugt drei Zeichenvariablen. In Zeile 10 wird `cin.get()` dreimal verkettet aufgerufen. Zuerst ergeht der Aufruf an `cin.get(a)`. Damit wird der erste Buchstabe in `a` abgelegt und `cin` kehrt zurück. Anschließend wird `cin(b)` aufgerufen und der nächste Buchstabe wird in `b` abgelegt. Zum Schluß wird `cin.get(c)` aufgerufen und der dritte Buchstabe in `c` abgelegt.

Da `cin.get(a)` als `cin` ausgewertet wird, hätten Sie auch folgendes schreiben können:

```
cin.get(a) >> b;
```

In dieser Form wird `cin.get(a)` als `cin` ausgewertet, so daß der zweite Teil `cin >> b;` lautet.

Was Sie tun sollten

Verwenden Sie den Eingabe-Operator (>>), wenn Sie Leerzeichen überspringen wollen.

Verwenden Sie `get()` mit einem Zeichenparameter, wenn Sie jedes Zeichen einschließlich Leerzeichen überprüfen wollen.

Strings von der Standardeingabe einlesen

Statt mit den Elementfunktionen `get()` und `getline()` kann man auch mit dem Eingabe-Operator (>>) ein Zeichen-Array füllen.

Die letzte Form von `get()` übernimmt drei Parameter. Der erste Parameter ist ein Zeiger auf einen Zeichen-Array, der zweite Parameter die maximale Anzahl der einzulesenden Zeichen plus eins und der dritte Parameter das Terminierungszeichen.

Wenn Sie als zweiten Parameter 20 eingeben, wird `get()` 19 Zeichen einlesen und den String, der im ersten Parameter gespeichert wird, mit dem Nullzeichen abschließen. Bei dem dritten Parameter, dem Terminierungszeichen, handelt es sich standardmäßig um das Zeichen für eine neue Zeile (`'\n'`). Stößt das Programm auf ein Terminierungszeichen, bevor die maximale Anzahl an Zeichen eingelesen wurde, wird eine Null geschrieben und das Terminierungszeichen bleibt im Puffer stehen.

Listing 16.6 zeigt, wie diese Form von `get()` eingesetzt wird.

Listing 16.6: get mit einem Zeichen-Array verwenden

```
// Listing 16.6 - get mit einem Zeichen-Array verwenden
#include <iostream.h>

int main()
{
   char stringOne[256];
   char stringTwo[256];

   cout << "Ersten String eingeben: ";
   cin.get(stringOne,256);
   cout << "stringOne: " << stringOne << endl;

   cout << " Zweiten String eingeben: ";
   cin >> stringTwo;
   cout << "StringTwo: " << stringTwo << endl;
 return 0;
}
```

Ausgabe

```
Ersten String eingeben: Die Zeit ist gekommen
stringOne: Die Zeit ist gekommen
Zweiten String eingeben: Fuer alle guten
StringTwo: Fuer
```

Die Zeilen 6 und 7 erzeugen zwei Zeichen-Arrays. In Zeile 9 wird der Anwender aufgefordert, einen String einzugeben. Zeile 10 ruft `cin.get()` auf. Der erste Parameter ist der zu füllende Puffer und der zweite Parameter die maximale Anzahl der Zeichen, die `get()` akzeptiert, plus 1 für den zusätzlichen Speicherplatz des Nullzeichens (`'\0'`). Der vorgegebene dritte Parameter ist das Zeichen für die neue Zeile.

Der Anwender gibt ein »Die Zeit ist gekommen.« Da der Anwender seine Eingabe mit einem Zeilenumbruch abschließt, wird diese Zeile in der Variablen `stringOne` mit einer abschließenden Null abgelegt.

Zeile 13 fordert den Anwender auf, einen weiteren String einzugeben. Diesmal wird der Eingabe-Operator verwendet. Da der Eingabe-Operator alles bis zum nächsten Leerzeichen einliest, wird in dem zweiten String nur der String »Fuer« mit einem abschließenden Zeichen gespeichert. Dies war jedoch nicht Ihre ursprüngliche Absicht.

Dies Problem läßt sich auch mit `getline()` lösen, wie Listing 16.7 zeigt.

Listing 16.7: getline()

```
1:    // Listing 16.7 - getline
2:    #include <iostream.h>
3:
4:    int main()
5:    {
6:       char stringOne[256];
7:       char stringTwo[256];
8:       char stringThree[256];
9:
10:      cout << "Ersten String eingeben: ";
11:      cin.getline(stringOne,256);
12:      cout << "stringOne: " << stringOne << endl;
13:
14:      cout << "Zweiten String eingeben: ";
15:      cin >> stringTwo;
16:      cout << "stringTwo: " << stringTwo << endl;
17:
18:      cout << "Dritten String eingeben: ";
19:      cin.getline(stringThree,256);
20:      cout << "stringThree: " << stringThree << endl;
21:     return 0;
22:   }
```

```
Ersten String eingeben: eins zwei drei
stringOne: eins zwei drei
Zweiten String eingeben: vier fuenf sechs
stringTwo: vier
Dritten String eingeben: stringThree: fuenf sechs
```

Untersuchen Sie dieses Beispiel sorgfältig, es birgt einige Überraschungen. Die Zeilen 6 bis 8 deklarieren drei Zeichen-Arrays.

In Zeile 10 wird der Anwender aufgefordert, einen String einzugeben, der dann von `getline()` eingelesen wird. Wie `get()` übernimmt `getline()` einen Puffer und die maximale Anzahl der einzulesenden Zeichen. Während jedoch bei `get()` das abschließende Zeichen für die neue Zeile im Eingabepuffer gelassen wird, wird es bei `getline()` gelesen und gleich verworfen.

Zeile 14 enthält erneut eine Aufforderung zur Eingabe, diesmal unter Verwendung des Eingabe-Operators. Der Anwender gibt »vier fünf sechs« ein, und das erste Wort »vier« wird in `stringTwo` abgelegt. Anschließend wird die Aufforderung »Dritten String eingeben« angezeigt und `getline()` zum Einlesen aufgerufen. Da »fuenf sechs« noch im Eingabepuffer stehen, wird dieser Reststring bis zum Zeichen für die neue Zeile ausgelesen. Damit wird `getline()` beendet, und der String in `stringThree` wird in Zeile 20 ausgegeben.

Der Anwender bekommt keine Chance, den dritten String einzugeben, da der zweite Aufruf von `getline()` den Reststring im Eingabepuffer einliest, der nach dem Aufruf des Eingabe-Operators in Zeile 15 im Puffer verblieben ist.

Der Eingabe-Operator (`>>`) liest die Zeichen bis zum ersten Leerzeichen ein und legt das Wort im Zeichen-Array ab.

Die Elementfunktion `get()` ist überladen. In einer Version übernimmt sie keine Parameter und liefert den Wert des Zeichens zurück, das sie empfängt. In der zweiten Version übernimmt sie eine Referenz auf ein einzelnes Zeichen und liefert das `istream`-Objekt als Referenz zurück.

In der dritten und letzten Version übernimmt `get()` ein Zeichen-Array, die Anzahl der einzulesenden Zeichen und ein Terminierungszeichen (standardmäßig das Zeichen für die neue Zeile). Diese Version von `get()` liest solange Zeichen in das Array, bis die maximale Anzahl der übergebenen Zeichenzahl minus eins oder das Terminierungszeichen erreicht wurde. Trifft `get()` auf das Terminierungszeichen, bleibt das Zeichen im Eingabepuffer und die Einleseoperation wird beendet.

Die Elementfunktion `getline()` übernimmt drei Parameter: den zu füllenden Puffer, ein Zeichen mehr als die maximale Anzahl der Zeichen und das Terminierungszeichen. Die `getline()`-Funktion arbeitet genauso wie `get()` mit den gleichen Parametern. Der einzige Unterschied ist, daß `getline()` das Terminierungszeichen liest und verwirft.

cin.ignore()

Gelegentlich werden Sie die verbleibenden Zeilen einer Zeile (oder einer Datei) ignorieren wollen. Dies läßt sich mit der Elementfunktion `ignore()` realisieren. `ignore()` übernimmt zwei Parameter: die maximale Anzahl der Zeichen, die ignoriert werden sollen und das Terminierungszeichen. Wenn Sie `ignore(80,'\n')` schreiben, werden alle, maximal aber 80 Zeichen, auf dem Weg zum nächsten Neue-Zeile-Zeichen verworfen. Das Zeichen für die neue Zeile wird ebenfalls verworfen und die `ignore()`-Anweisung endet. Sehen Sie dazu das Listing 16.8.

Listing 16.8: ignore()

```
// Listing 16.8 - ignore()
#include <iostream.h>

int main()
{
   char stringOne[255];
   char stringTwo[255];

   cout << "Ersten String eingeben:";
   cin.get(stringOne,255);
   cout << "stringOne: " << stringOne << endl;

   cout << "Zweiten String eingeben: ";
   cin.getline(stringTwo,255);
   cout << "stringTwo: " << stringTwo << endl;

   cout << "\n\nNeuer Versuch...\n";

   cout << "Ersten String eingeben: ";
   cin.get(stringOne,255);
   cout << "stringOne: " << stringOne<< endl;

   cin.ignore(255,'\n');

   cout << "Zweiten String eingeben: ";
   cin.getline(stringTwo,255);
```

```
27:        cout << "stringTwo: " << stringTwo<< endl;
28:      return 0;
29:    }
```

```
Ersten String eingeben: Es war einmal
stringOne: Es war einmal
Zweiten String eingeben: stringTwo:

Neuer Versuch...
Ersten String eingeben:  Es war einmal
stringOne: Es war einmal
Zweiten String eingeben: ein wunderschoenes
stringTwo: ein wunderschoenes
```

Die Zeilen 6 und 7 erzeugen zwei Zeichen-Arrays. Zeile 9 fordert den Anwender zur Eingabe auf. Der Anwender tippt »Es war einmal« ein und betätigt die Eingabetaste. In Zeile 10 wird dieser String mit `get()` eingelesen. `get()` füllt `stringOne` und endet mit der neuen Zeile. Das Zeichen für die neue Zeile bleibt im Eingabepuffer.

Zeile 13 enthält eine weitere Aufforderung zur Eingabe, aber `getline()` in Zeile 14 liest das Zeichen für neue Zeile, das im Puffer steht, und bricht direkt danach ab, bevor der Anwender eine Eingabe vornehmen kann.

In Zeile 19 wird der Anwender erneut zu einer Eingabe aufgefordert, die in diesem Fall aus der gleichen ersten Zeile besteht. Diesmal wird jedoch in Zeile 23 `ignore()` verwendet, um das Zeichen für die neue Zeile »aufzufressen«. Aus diesem Grund ist der Eingabepuffer bei dem Aufruf von `getline()` in Zeile 26 leer und der Anwender kann mit der Eingabe seiner Geschichte fortfahren.

peek() und putback()

Das Eingabe-Objekt `cin` weist noch zwei weitere Methoden auf, die gelegentlich ganz nützlich sein können: `peek()` und `putback()`. `peek()` betrachtet das nächste Zeichen aber liest es nicht ein, und `putback()` schreibt ein Zeichen in den Eingabestrom. In Listing 16.9 sehen Sie, wie sich diese Methoden anwenden lassen.

Listing 16.9: peek() und putback()

```
1:    // Listing 16.9 - peek() und putback()
2:    #include <iostream.h>
3:
4:    int main()
5:    {
6:       char ch;
7:       cout << "Geben Sie einen Satz ein: ";
8:       while ( cin.get(ch) )
9:       {
10:         if (ch == '!')
11:            cin.putback('$');
12:         else
13:            cout << ch;
14:         while (cin.peek() == '#')
15:            cin.ignore(1,'#');
16:      }
17:     return 0;
18:   }
```

Ausgabe

```
Geben Sie einen Satz ein: Jetzt!ist#es!Zeit#fuer!ein#wenig!Spass#!
Jetzt$istes$Zeitfuer$einwenig$Spass$
```

Analyse

Zeile 6 deklariert eine Zeichenvariable `ch` und Zeile 7 fordert den Anwender auf, einen Satz einzugeben. Der Zweck dieses Programms ist es, alle Ausrufezeichen (`!`) in Dollar-Zeichen (`$`) umzuwandeln und die Pfund-Zeichen (`#`) zu entfernen.

Dies Programm durchläuft eine Schleife, aus der es erst austritt, wenn es das Zeichen EOF einliest (Strg+C unter Windows und Strg+Z oder Strg+D unter anderen Betriebssystemen). Denken Sie jedoch daran, daß `cin.get()` eine `0` für EOF zurückliefert. Ist das aktuelle Zeichen ein Ausrufezeichen, wird es verworfen und statt dessen ein `$`-Zeichen in den Eingabepuffer gestellt, das beim nächsten Mal eingelesen wird. Ist das aktuelle Zeichen kein Ausrufezeichen, wird es ausgegeben. Danach wird das nächste Zeichen untersucht, und wenn es sich dabei um ein Pfund-Zeichen handelt, wird es gelöscht.

Dieser Weg ist zwar nicht unbedingt der effizienteste (und es wird auch kein Pfund-Symbol gefunden, das als erstes Zeichen auftritt), aber das Beispiel zeigt zumindest, wie diese Methoden funktionieren. Sie sind relativ schwer zu durchschauen. Deshalb sollten Sie sich jetzt nicht allzu viele Gedanken darum machen, sondern sie in Ihrer Trickkiste verstauen, bis Sie sie vielleicht eines Tages gebrauchen können.

Hinweis

`peek()` und `putback()` werden in der Regel zum Parsen von Strings oder anderer Daten eingesetzt, zum Beispiel beim Schreiben eines Compilers.

Ausgabe mit cout

Bisher haben Sie `cout` zusammen mit dem überladenen Ausgabe-Operator (<<) verwendet, um Strings, Integer und andere numerische Daten auf dem Bildschirm auszugeben. Es ist dabei möglich, die Daten zu formatieren, spaltenweise auszurichten und numerische Zahlen in dezimaler und hexadezimaler Schreibweise auszugeben. In diesem Abschnitt möchte ich Ihnen zeigen, wie das geht.

Die Ausgabe leeren

Sie haben bereits sehen können, daß bei der Ausgabe von `endl` der Ausgabepuffer geleert wird. `endl` ruft die `cout`-Elementfunktion `flush()` auf, die alle im Puffer abgelegten Daten ausgibt. Sie können `flush()` auch direkt aufrufen, indem Sie die Elementfunktion `flush()` aufrufen oder an `cout` schicken:

```
cout << flush
```

Dies kann ganz nützlich sein, wenn Sie sicherstellen wollen, daß der Ausgabepuffer leer ist und auf dem Bildschirm ausgegeben wurde.

Verwandte Funktionen

Genau wie der Eingabe-Operator mit `get()` und `getline()` ergänzt werden kann, gibt es für den Ausgabe-Operator die Funktionen `put()` und `write()`.

Mit Hilfe der Funktion `put()` wird ein einzelnes Zeichen auf dem Ausgabegerät ausgegeben. Da `put()` eine `ostream`-Referenz zurückliefert und `cout` ein `ostream`-Objekt ist, können Sie `put()` verketten wie beim Ausgabe-Operator. Listing 16.10 veranschaulicht dies Konzept.

Listing 16.10: put()

```
1:     // Listing 16.10 - put()
2:     #include <iostream.h>
3:
4:     int main()
5:     {
6:        cout.put('H').put('e').put('l').put('l').put('o').put('\n');
7:     return 0;
8:     }
```

Ausgabe

```
Hello
```

Hinweis

Einige Compiler haben Schwierigkeiten, auf diese Weise Text auszugeben. Wenn Ihr Compiler das Wort Hello nicht ausgibt, sollten Sie dieses Listing einfach überspringen.

Analyse

Zeile 6 wird wie folgt ausgewertet: `cout.put('H')` gibt den Buchstaben `H` auf dem Bildschirm aus und liefert das `cout`-Objekt zurück. Was übrigbleibt, ist:

```
cout.put('e').put('l').put('l').put('o').put('\n');
```

Als nächstes wird der Buchstabe `e` ausgegeben und `cout.put('l')` bleibt übrig. So geht es weiter. Die Buchstaben werden ausgegeben und `cout` wird jedes Mal zurückgegeben, bis das letzte Zeichen (`'\n'`) ausgegeben ist und die Funktion zurückkehrt.

Die Funktion `write()` ist fast identisch zum Ausgabe-Operator, mit der Ausnahme, daß sie einen Parameter übernimmt, der der Funktion die maximale Anzahl der auszugebenden Zeichen mitteilt. Ein Beispiel finden Sie in Listing 16.11.

Listing 16.11: write()

```
// Listing 16.11 - write()
#include <iostream.h>
#include <string.h>

int main()
{
   char One[] = "Einer fuer alle";
```

```
8:
9:
10:
11:        int fullLength = strlen(One);
12:        int tooShort = fullLength -4;
13:        int tooLong = fullLength + 6;
14:
15:        cout.write(One,fullLength) << "\n";
16:        cout.write(One,tooShort) << "\n";
17:        cout.write(One,tooLong) << "\n";
18:      return 0;
19:    }
```

Ausgabe

```
Einer fuer alle
Einer fuer
Einer fuer alle i?!
```

Hinweis

Die letzte Zeile der Ausgabe kann bei Ihrem Computer zuerst erscheinen.

Analyse

Zeile 7 erzeugt einen Satz. Zeile 11 setzt den Integer-Wert `fullLength` auf die Länge dieses Satzes. `tooShort` erhält diese Länge von `fullLength` minus vier Zeichen und `tooLong` die Länge von `fullLength` plus sechs Zeichen.

Zeile 15 gibt den kompletten Satz mit Hilfe von `write()` aus. Die Länge der Ausgabe wird auf die eigentliche Länge des Satzes gesetzt und der Satz korrekt ausgegeben.

Zeile 16 gibt den Satz erneut aus. Diesmal ist die Ausgabe jedoch vier Zeichen kürzer als der Originalsatz.

Zeile 17 gibt ebenfalls den Satz aus, wobei `write()` angewiesen wird, zusätzliche sechs Zeichen auszugeben. Zusätzlich zu dem Satz werden auf dem Bildschirm die nächsten 6 Byte des angrenzenden Speicherplatzes ausgegeben.

Manipulatoren, Flags und Formatierungsanweisungen

Der Ausgabestrom verfügt über eine Reihe von Statusflags, die festlegen, welche Basis (dezimal oder hexadezimal) verwendet wird, wie groß die Felder werden müssen und mit welchem Zeichen die Felder aufgefüllt werden. Ein Statusflag ist ein Byte, dessen einzelnen Bits jeweils eine eigene Bedeutung zugewiesen wird. In Kapitel 21 werden wir noch genauer diskutieren, wie Sie solche Bits manipulieren können. Die `ostream`-Flags können mit Elementfunktionen und Manipulatoren gesetzt werden.

cout.width()

Die Standardbreite einer Ausgabe ist immer gerade so groß, daß die Zahl, das Zeichen oder der String im Ausgabepuffer vollständig ausgegeben werden kann. Sie können die Breite mit `width()` ändern. Da `width()` eine Elementfunktion ist, muß sie über ein `cout`-Objekt aufgerufen werden, wodurch allerdings nur die Breite des nächsten Ausgabefeldes geändert wird. Danach gilt wieder der Standardwert. Zur Veranschaulichung schauen Sie sich Listing 16.12 an.

Listing 16.12: Die Breite der Ausgabe anpassen

```
// Listing 16.12 - Breite der Ausgabe anpassen
#include <iostream.h>

int main()
{
   cout << "Start >";
   cout.width(25);
   cout << 123 << "< Ende\n";

   cout << "Start >";
   cout.width(25);
   cout << 123<< "< Weiter >";
   cout << 456 << "< Ende\n";

   cout << "Start >";
   cout.width(4);
   cout << 123456 << "< Ende\n";

 return 0;
}
```

```
Start >                 123< Ende
Start >                 123< Weiter >456< Ende
Start >123456< Ende
```

Die erste Ausgabe in den Zeilen 6 bis 8 gibt die Zahl 123 in einem Feld aus, dessen Länge in Zeile 7 auf 25 festgesetzt wurde. Das Ergebnis sehen Sie in der ersten Ausgabezeile.

Die zweite Ausgabezeile gibt den Wert 123 in dem gleichen Feld (Größe 25) aus. Anschließend erfolgt die Ausgabe des Wertes 456. Beachten Sie, daß 456 in einem Feld steht, das auf eine Breite zurückgesetzt wurde, die genau paßt. Wie bereits oben erwähnt, gilt die `width()`-Anweisung nur für die nächste Ausgabe.

Die letzte Ausgabe zeigt, daß Sie zwar eine Breite angeben können, die kleiner als die Ausgabe ist, der Aufruf der `width()`-Methode dann aber ohne Wirkung bleibt.

Füllzeichen setzen

Normalerweise füllt `cout` den leeren Raum, der durch einen Aufruf von `width()` erzeugt wurde, wie oben gezeigt mit Leerzeichen. Vielleicht wünschen Sie jedoch diesen Bereich mit anderen Zeichen zu füllen, zum Beispiel Sternchen. Dazu müssen Sie `fill()` aufrufen und das gewünschte Füllzeichen als Parameter übergeben. Ein Beispiel hierfür sehen Sie in Listing 16.13.

Listing 16.13: fill()

```
// Listing 16.13 - fill()

#include <iostream.h>

int main()
{
   cout << "Start >";
   cout.width(25);
   cout << 123 << "< Ende\n";


   cout << "Start >";
   cout.width(25);
   cout.fill('*');
```

```
15:         cout << 123 << "< Ende\n";
16:        return 0;
17:     }
```

```
Start >                  123< Ende
Start >******************123< Ende
```

Die Zeilen 7 bis 9 zeigen die gleiche Funktionalität wie das vorige Beispiel. Das Ganze wird dann in den Zeilen 12 bis 15 wiederholt. Diesmal wird jedoch in Zeile 14 ein Sternchen als Füllzeichen festgesetzt. Das Ergebnis sehen Sie in der Ausgabe.

Flags setzen

`iostream`-Objekte halten ihren Status in Flags fest. Sie können diese Flags durch den Aufruf von `setf()` und die Übergabe einer der vordefinierten Aufzählungskonstanten setzen.

Man spricht davon, daß Objekte einen Status haben, wenn einige oder alle Daten des Objekts eine Bedingung darstellen, die sich im Laufe des Programms ändern kann.

So können Sie zum Beispiel angeben, daß Nachkommanullen angezeigt werden sollen (so daß 20,00 nicht zu 20 abgekürzt wird). Um Nachkommanullen einzuschalten, geben Sie folgenden Befehl ein `setf(ios::showpoint)`.

Der Gültigkeitsbereich der Aufzählungskonstanten beschränkt sich auf die `iostream`-Klasse (`ios`). Deshalb werden sie mit voller Qualifizierung `ios::flagname` aufgerufen (z.B. `ios::showpoint`).

Um vor positiven Zahlen das Plus-Zeichen (+) anzeigen zu lassen, verwenden Sie `ios::showpos`. Um die Ausrichtung der Ausgabe zu ändern, verwenden Sie `ios::left`, `ios::right` oder `ios::internal`.

Und schließlich können Sie die Basis der anzuzeigenden Zahlen mit `ios::dec` (dezimal), `ios::oct` (oktal – Basis acht), oder `ios::hex` (hexadezimal – Basis sechszehn) setzen. Diese Flags können auch direkt an den Ausgabe-Operator geschickt werden – siehe Listing 16.14. Zusätzlich stellt Ihnen das Listing den Manipulator `setw()` vor, der die Ausgabebreite festlegt und darüber hinaus mit dem Ausgabe-Operator verkettet werden kann.

Listing 16.14: setf()

```
// Listing 16.14 - setf
#include <iostream.h>
#include <iomanip.h>

int main()
{
   const int number = 185;
   cout << "Die Zahl lautet " << number << endl;

   cout << "Die Zahl lautet " << hex <<  number << endl;

   cout.setf(ios::showbase);
   cout << "Die Zahl lautet " << hex <<  number << endl;

   cout << "Die Zahl lautet " ;
   cout.width(10);
   cout << hex << number << endl;

   cout << "Die Zahl lautet " ;
   cout.width(10);
   cout.setf(ios::left);
   cout << hex << number << endl;

   cout << "Die Zahl lautet " ;
   cout.width(10);
   cout.setf(ios::internal);
   cout << hex << number << endl;

   cout << "Die Zahl lautet:" << setw(10) << hex << number << endl;
 return 0;
}
```

```
Die Zahl lautet 185
Die Zahl lautet b9
Die Zahl lautet 0xb9
Die Zahl lautet       0xb9
Die Zahl lautet 0xb9
Die Zahl lautet 0x       b9
Die Zahl lautet:0x       b9
```

Analyse

Zeile 7 initialisiert die konstante `int`-Zahl mit dem Wert `185`. Die Ausgabe erfolgt in Zeile 8.

In Zeile 10 wird der Wert erneut angezeigt. Diesmal wird jedoch der Manipulator `hex` angehängt, wodurch der Wert in hexadezimaler Schreibweise als `b9` ausgegeben wird. (Der hexadezimale Wert `b` steht für 11. 11 mal 16 ist gleich 176. Addieren Sie dazu 9, erhalten sie einen Gesamtwert von 185.)

Zeile 12 setzt das Flag `showbase`. Damit wird der Präfix `0x`, wie in der Ausgabe zu sehen, an alle hexadezimalen Zahlen angehängt.

Zeile 16 setzt die Größe auf 10, und der Wert wird ganz nach rechts verschoben. Zeile 20 setzt die Größe erneut auf 10, doch diesmal erfolgt die Ausrichtung am linken Rand (Zeile 21) und die Zahl wird linksbündig ausgegeben.

Zeile 25 setzt die Größe auf 10 und die Ausrichtung auf `internal`. Als Ergebnis wird `0x` linksbündig ausgegeben und die Zahl `b9` steht am rechten Rand.

Zum Schluß wird in Zeile 29 der Verkettungsoperator `setw()` verwendet, um die Breite auf 10 zu setzen. Danach wird der Wert erneut ausgegeben.

Streams und die Funktion printf()

Die meisten C++-Implementierungen stellen auch die Standard-E/A-Bibliotheken von C einschließlich der `printf()`-Anweisung zur Verfügung. Doch auch wenn die Funktion `printf()` in einigen Fällen einfacher anzuwenden ist als `cout`, ist von ihrem Gebrauch dennoch abzuraten.

So bietet `printf()` keine Typensicherheit. Leicht vertut man sich und läßt einen Integer als Zeichen anzeigen und umgekehrt. Außerdem unterstützt `printf()`keine Klassen. Deshalb können Sie der Funktion auch nicht beibringen, wie Ihre Klassendaten auszugeben sind; statt dessen müssen Sie jedes Klassenelement einzeln mit `printf()` ausgeben.

Auf der anderen Seite fällt das Formatieren mit `printf()`wesentlich leichter, da Sie die Formatierungszeichen direkt in die `printf()`-Anweisung aufnehmen können. Da `printf()` also durchaus seine Anwendungsbereiche hat und viele Programmierer noch häufig diese Funktion einsetzen, werde ich sie in diesem Abschnitt kurz beschreiben.

Für die Verwendung von `printf()` müssen Sie sicherstellen, daß Sie die Header-Datei `stdio.h` eingebunden haben. In seiner einfachsten Form übernimmt `printf()`als ersten Parameter einen Formatierungsstring und dazu eine Reihe von Werten für die verbleibenden Parameter.

Der Formatierungsstring besteht aus Text und Konvertierungsspezifizierern. Alle Konvertierungsspezifizierer müssen mit einem Prozentzeichen (%) beginnen. Die geläufigsten Konvertierungsspezifizierer sind in Tabelle 16.1 zusammengefaßt.

Spezifizierer	**Verwendet für**
%s	Strings
%d	Integer
%l	long integer
%ld	double
%f	float

Tabelle 16.1: Häufig verwendete Konvertierungsspezifizierer

Jeder dieser Konvertierungsspezifizierer kann durch eine Größen- und Genauigkeitsangabe ergänzt werden. Diese werden als Fließkommazahl angegeben, wobei die Stellen links des Dezimalzeichens die Größe und die Stellen rechts des Dezimalzeichens die Genauigkeit angeben. So lautet der Spezifizierer für einen 5stelligen Integer-Wert `%5d`. Und mit `%15.5f` definieren Sie den Spezifizierer für eine 15stellige Fließkommazahl, bei der die letzten fünf Stellen dem Dezimalanteil gewidmet sind. Listing 16.15 zeigt mehrere Anwendungsbeispiele für `printf()`.

Listing 16.15: Ausgabe mit printf()

```
#include <stdio.h>
int main()
{
   printf("%s","hello world\n");

   char *phrase = "Hello again!\n";
   printf("%s",phrase);

   int x = 5;
   printf("%d\n",x);

   char *phraseTwo = "Hier einige Werte: ";
   char *phraseThree = " und dann diese: ";
   int y = 7, z = 35;
   long longVar = 98456;
```

```
16:        float floatVar =  8.8f;
17:
18:        printf("%s %d %d %s %ld %f\n",phraseTwo,y,z,
                                         phraseThree,longVar,floatVar);
19:
20:        char *phraseFour = "Formatiert: ";
21:        printf("%s %5d %10d  %10.5f\n",phraseFour,y,z,floatVar);
22:     return 0;
23:   }
```

Ausgabe

```
hello world
Hello again!
5
Hier einige Werte: 7 35  und dann diese: 98456 8.800000
Formatiert:       7         35      8.800000
```

Analyse

Die erste `printf()`-Anweisung in Zeile 4 erfolgt in der Standardform: `printf()` gefolgt von einem Konvertierungsspezifizierer in Anführungszeichen (hier `%s`) und einem Wert (hier der String), der in den Konvertierungsspezifizierer eingefügt werden soll.

Mit `%s` geben Sie zu verstehen, daß es um einen String geht; der Wert für diesen String ist in diesem Falle das String-Literal »hello world«.

Die zweite `printf()`-Anweisung ist zu der ersten identisch. Allerdings wird hier ein Zeiger auf `char` statt eines String-Literals verwendet.

Die dritte `printf()`-Anweisung in Zeile 10 verwendet den Konvertierungsspezifizierer für Integer-Werte und erhält als Wert die Integer-Variable `x`. Die vierte `printf()`-Anweisung in Zeile 18 ist etwas komplizierter. Hierbei werden sechs Werte aneinandergehängt. Zuerst werden die jeweiligen Konvertierungsspezifizierer angegeben und anschließend, durch Kommata getrennt, die dazugehörigen Werte.

In Zeile 21 schließlich werden Formatspezifikationen verwendet, um die Größe und die Genauigkeit festzulegen. Wie Sie sehen können, geht das alles etwas einfacher als die Arbeit mit Manipulatoren.

Wie jedoch bereits erwähnt, findet für `printf()` leider keine Typenprüfung statt, und die Funktion kann auch nicht als `friend` oder Elementfunktion einer Klasse deklariert werden. Wenn Sie also die verschiedenen Datenelemente einer Klasse ausgeben wollen, müssen Sie der `printf()`-Anweisung jede Zugriffsmethode explizit übergeben.

Frage

Können Sie zusammenfassen, wie man die Ausgabe manipulieren kann?

Antwort: Um die Ausgabe in C++ zu formatieren, verwendet man eine Kombination aus Sonderzeichen, Ausgabemanipulatoren und Flags.

Die folgenden Sonderzeichen werden in den Ausgabe-String mit eingeschlossen, der mit dem Ausgabe-Operator an `cout` gesendet wird.

`\n` – neue Zeile

`\r` – Zeilenrücklauf

`\t` – Tabulator

`\\` – Backslash

`\ddd` (Oktalzahl) – ASCII-Zeichen

`\a` – Signal (Alarmzeichen)

Beispiel:

cout << "\aEin Fehler ist aufgetreten\t"

Es ertönt ein Signal, eine Fehlermeldung wird ausgegeben und es erfolgt ein Sprung zum nächsten Tab-Stop. Manipulatoren werden zusammen mit dem `cout`-Operator verwendet. Für Manipulatoren, die Argumente übernehmen, müssen Sie die Header-Datei `iomanip.h` in Ihre Datei mit einbinden.

Die folgende Liste führt die Manipulatoren auf, die keine Argumente übernehmen:

`flush` – leert den Ausgabe-Puffer

`endl` – fügt eine neue Zeile ein und leert den Ausgabe-Puffer

`oct` – setzt die Basis der Ausgabe auf oktal

`dec` – setzt die Basis der Ausgabe auf dezimal

`hex` – setzt die Basis der Ausgabe auf hexadezimal

Die folgenden Manipulatoren übernehmen Argumente (aus `iomanip.h`):

`setbase` (base) – setzt die Ausgabebasis (0 = dezimal, 8 = oktal, 10 = dezimal, 16 = hexadezimal)

`setw` (Größe) – setzt die minimale Größe des Ausgabefeldes

`setfill` (ch) – das zu verwendende Füllzeichen, wenn die Größe definiert wird

`setprecision` (p) – setzt die Genauigkeit für Fließkommazahlen `setiosflags` (f) – setzt ein oder mehrere `ios`-Flags

`resetiosflags` (f) – setzt ein oder mehrere `ios`-Flags neu

Beispiel:

cout << setw(12) << setfill('#') << hex << x << endl;

In diesem Beispiel wird die Feldbreite auf 12 gesetzt, als Füllzeichen wird '#' gewählt, die Ausgabe erfolgt hexadezimal und ausgegeben wird der Wert von 'x'. Das Zeichen für eine neue Zeile wird im Puffer abgelegt und der Puffer wird geleert. Alle Manipulatoren bis auf `flush`, `endl` und `setw` bleiben solange gültig, bis sie geändert werden, oder das Ende des Programms erreicht wurde. `setw()` nimmt nach dem aktuellen `cout` wieder den Standardwert an.

Die folgenden `ios`-Flags können zusammen mit den Manipulatoren `setiosflags` und `resetiosflags` verwendet werden:

`ios::left` – richtet die Ausgabe innerhalb der angegebenen Feldbreite links aus

`ios::right` – richtet die Ausgabe innerhalb der angegebenen Feldbreite rechts aus

`ios::internal` – Vorzeichen wird links ausgerichtet, Wert rechts

`ios::dec` – dezimale Ausgabe

`ios::oct` – oktale Ausgabe

`ios::hex` – hexadezimale Ausgabe

`ios::showbase` – fügt `0x` an hexadezimale Zahlen und `0` an oktale Zahlen an

`ios::showpoint` – fügt gegebenenfalls Nachkomma-Nullen für die Kennzeichnung der gewünschten Genauigkeit an

`ios::uppercase` – Zahlen der hexadezimalen und wissenschaftlichen Schreibweise in Großbuchstaben ausgeben

`ios::showpos` – das +-Zeichen für positive Zahlen anzeigen

`ios::scientific` – Fließkommazahlen in wissenschaftlicher Schreibweise

`ios::fixed` – Fließkommazahlen in dezimaler Schreibweise

Weitere Informationen entnehmen Sie bitte der Header-Datei `ios.h` und Ihren Compiler-Handbüchern.

Eingabe und Ausgabe für Dateien

Streams stellen eine Möglichkeit dar, Daten, die von der Tastatur oder der Festplatte eingelesen und auf dem Bildschirm oder in eine Datei auf der Festplatte ausgegeben werden, einheitlich zu behandeln. In beiden Fällen können Sie die Eingabe- und Ausgabe-Operatoren oder die zugehörigen Funktionen und Manipulatoren verwenden. Um Dateien zu öffnen und zu schließen, können Sie wie in den folgenden Abschnitten beschrieben, `ifstream`- und `ofstream`-Objekte verwenden.

ofstream

Die Objekte, mit denen man von Dateien liest oder in Dateien schreibt, werden als `ofstream`-Objekte bezeichnet. Sie leiten sich von den bisher verwendeten `iostream`-Objekten ab.

Bevor Sie in eine Datei schreiben können, müssen Sie zuerst ein `ofstream`-Objekt erstellen und dann dieses Objekt mit einer bestimmten Datei auf Ihrer Festplatte verbinden. Damit Sie `ofstream`-Objekte verwenden können, müssen Sie sicherstellen, daß Sie die Header-Datei `fstream.h` in Ihr Programm einbinden.

Hinweis

Da `iostream.h` in `fstream.h` bereits enthalten ist, müssen Sie `iostream` nicht mehr explizit mit aufnehmen.

Streamstatus

`iostream`-Objekte enthalten Flags, die Ihnen Auskunft über den Status Ihrer Eingabe und Ausgabe geben. Sie können diese Flags mit den Boole'schen Funktionen `eof()`, `bad()`, `fail()` und `good()` abfragen. Die Funktion `eof()` liefert `true` zurück, wenn das `iostream`-Objekt auf das Ende der Datei (EOF) gestoßen ist. Die Funktion `bad()` liefert `true` zurück, wenn Sie eine ungültige Operation versuchen. `fail()` liefert immer dann `true` zurück, wenn `bad()` ebenfalls `true` ist oder eine Operation fehlgeschlagen ist. Und schließlich gibt es noch die Funktion `good()`, die jedes Mal `true` zurückliefert, wenn alle drei anderen Funktionen zu `false` ausgewertet werden.

Dateien für die Eingabe und die Ausgabe öffnen

Um die Datei `meineDatei.cpp` mit einem `ofstream`-Objekt zu öffnen, müssen Sie eine Instanz eines `ofstream`-Objekts deklarieren und den Dateinamen als Parameter übergeben.

```
ofstream fout("meineDatei.cpp");
```

Um die Datei für die Eingabe zu öffnen, gehen Sie auf genau die gleichen Art und Weise vor, verwenden aber ein `ifstream`-Objekt.

```
ifstream fin("meineDatei.cpp");
```

Beachten Sie, daß `fin` und `fout` Namen sind, die Sie selbst vergeben. In diesem Fall wurden die Bezeichner `fout` und `fin` gewählt, um die Beziehung zu `cout` beziehungsweise `cin` widerzuspiegeln.

Eine wichtige Funktion für Dateistreams ist `close()`. Jedes Dateistream-Objekt, das Sie erzeugen, öffnet eine Datei – entweder zum Lesen oder zum Schreiben (oder für beides). Achten Sie daher darauf, daß Sie die Datei mit `close()` schließen, nachdem Sie die Lese- oder Schreiboperationen beendet haben. Damit stellen Sie sicher, daß die Datei nicht beschädigt wird und daß die ausgegebenen Daten auf die Festplatte geschrieben werden.

Nachdem die Streamobjekte mit Dateien verbunden wurden, können Sie wie alle anderen Streamobjekte verwendet werden. Sehen Sie dazu Listing 16.16.

Listing 16.16: Dateien zum Lesen und Schreiben öffnen

```
#include <fstream.h>
int main()
{
   char fileName[80];
   char buffer[255];    // fuer die Benutzereingabe
   cout << "Dateiname: ";
   cin >> fileName;

   ofstream fout(fileName);  // zum Schreiben oeffnen
   fout << "Diese Zeile wird direkt in die Datei geschrieben...\n";
   cout << "Bitte Text fuer die Datei eingeben: ";
   cin.ignore(1,'\n');  // Neue Zeile nach dem Dateinamen entfernen
   cin.getline(buffer,255);  // Benutzereingabe einlesen
   fout << buffer << "\n";   // und in die Datei schreiben
   fout.close();       // Datei schliessen, bereit zum erneuten Oeffnen

   ifstream fin(fileName);    // zum Lesen erneut oeffnen
```

```
18:       cout << "So lautet der Inhalt der Datei:\n";
19:       char ch;
20:       while (fin.get(ch))
21:          cout << ch;
22:
23:       cout << "\n***Ende des Dateiinhalts.***\n";
24:
25:       fin.close();            // Ordnungssinn zahlt sich aus
26:     return 0;
27:   }
```

```
Dateiname: test1
Bitte Text für die Datei eingeben: Dieser Text wird in die Datei geschrieben!
So lautet der Inhalt der Datei:
Diese Zeile wird direkt in die Datei geschrieben...
Dieser Text wird in die Datei geschrieben!

***Ende des Dateiinhalts.***
```

Zeile 4 richtet einen Puffer für den Dateinamen ein und Zeile 5 einen weiteren Puffer für die Benutzereingabe. Zeile 6 fordert den Anwender auf, einen Dateinamen einzugeben, der dann in den Puffer `filename` geschrieben wird. Zeile 9 erzeugt das `ofstream`-Objekt `fout`, das mit dem neuen Dateinamen verbunden ist. Damit wird die Datei geöffnet. Existiert die Datei bereits, wird ihr Inhalt verworfen.

In Zeile 10 wird Textstring direkt in die Datei geschrieben. Zeile 11 fordert den Anwender zur Eingabe auf. Das Zeichen für Neue Zeile, das von der Eingabe des Dateinamens übrig geblieben ist, wird in Zeile 12 gelöscht und die Benutzereingabe wird vorerst in einem Puffer gespeichert (Zeile 13). In Zeile 14 wird die Eingabe dann zusammen mit dem Zeichen für eine Neue Zeile in die Datei geschrieben. Zeile 15 schließt die Datei.

In Zeile 17 wird die Datei erneut geöffnet – diesmal jedoch im Lesemodus – und der Inhalt wird zeichenweise in den Zeilen 20 und 21 eingelesen.

Das Standardverhalten von ofstream beim Öffnen ändern

Standardmäßig wird eine Datei, die noch nicht existiert, beim Öffnen erst einmal erzeugt. Existiert sie bereits, wird ihr Inhalt gänzlich gelöscht. Wenn Sie von diesem Standardverhalten abweichen wollen, müssen Sie explizit ein zweites Argument an den Konstruktor Ihres `ofstream`-Objekts übergeben.

Gültige Argumente sind:

- `ios::app` – hängt sich an das Ende der bestehenden Dateien an, anstatt deren Inhalt zu löschen.
- `ios::ate` – springt zum Ende der Datei, gleichwohl Sie überall in die Datei Daten schreiben können.
- `ios::trunc` – die Vorgabe. Bereits bestehende Dateien werden vorab gelöscht.
- `ios::nocreate` – wenn die Datei nicht existiert, schlägt der Öffnen-Befehl fehl.
- `ios::noreplace` – wenn die Datei bereits existiert, schlägt der Öffnen-Befehl fehl.

Beachten Sie, daß `app` kurz für `append` (anhängen) steht, `ate` für `at end` (am Ende) und `trunc` für `truncate` (abschneiden). Listing 16.17 zeigt, wie `append` verwendet wird, indem die Datei aus Listing 16.16 neu geöffnet und dann etwas angehängt wird.

Listing 16.17: An das Ende einer Datei anhängen

```
#include <fstream.h>
int main()   // liefert bei Fehler 1 zurueck
{
   char fileName[80];
   char buffer[255];
   cout << "Bitte Dateiname erneut eingeben: ";
   cin >> fileName;

   ifstream fin(fileName);
   if (fin)                   // existiert bereits?
   {
      cout << "Aktueller Dateiinhalt:\n";
      char ch;
      while (fin.get(ch))
         cout << ch;
      cout << "\n***Ende des Dateiinhalts.***\n";
   }
   fin.close();

   cout << "\nDie Datei " << fileName <<
           " im Anhaenge-Modus oeffnen...\n";

   ofstream fout(fileName,ios::app);
   if (!fout)
   {
      cout << "Es ist nicht moeglich, " << fileName <<
              " zum Anhaengen zu oeffnen.\n";
      return(1);
```

```
    }

    cout << "\nBitte Text fuer die Datei eingeben: ";
    cin.ignore(1,'\n');
    cin.getline(buffer,255);
    fout << buffer << "\n";
    fout.close();

    fin.open(fileName);  // bestehendes fin-Objekt erneut verwenden!
    if (!fin)
    {
       cout << "Es ist nicht moeglich, " << fileName <<
               " zum Lesen zu oeffnen.\n";
       return(1);
    }
    cout << "\nSo lautet der Inhalt der Datei:\n";
    char ch;
    while (fin.get(ch))
       cout << ch;
    cout << "\n***Ende des Dateiinhalts.***\n";
    fin.close();
    return 0;
 }
```

Ausgabe

```
Bitte Dateiname erneut eingeben: test1
Aktueller Dateiinhalt:
Diese Zeile wird direkt in die Datei geschrieben...
Dieser Text wird in die Datei geschrieben!

***Ende des Dateiinhalts.***

Die Datei test1 im Anhaenge-Modus oeffnen

Bitte Text für die Datei eingeben: Mehr Text für die Datei!

So lautet der Inhalt der Datei:
Diese Zeile wird direkt in die Datei geschrieben...
Dieser Text wird in die Datei geschrieben!
Mehr Text für die Datei!

***Ende des Dateiinhalts.***
```

Analyse

Der Anwender wird erneut aufgefordert, den Dateinamen einzugeben. Diesmal wird in Zeile 9 ein `ifstream`-Objekt zum Schreiben in die Datei erzeugt. In Zeile 10 wird getestet, ob die Datei geöffnet werden konnte, und wenn die Datei bereits existiert, wird ihr Inhalt in den Zeilen 12 bis 16 ausgegeben. Beachten Sie, daß `if(fin)` identisch ist zu `if (fin.good())`.

Danach wird die Eingabedatei geschlossen und die gleiche Datei wird in Zeile 22 erneut geöffnet, diesmal jedoch im Anhänge-Modus. Wie nach jedem Öffnen-Vorgang üblich, wird die Datei auch hier wieder überprüft, um sicherzustellen, daß die Datei korrekt geöffnet wurde. Beachten Sie, daß `if(!fout)` gleichbedeutend ist `mit if (fout.fail())`. Vom Anwender wird eine Texteingabe angefordert und in Zeile 33 wird die Datei erneut geschlossen.

Zum Schluß wird, wie in Listing 16.16, die Datei im Lese-Modus geöffnet. Diesmal muß jedoch `fin` nicht noch einmal deklariert werden, es braucht lediglich der Dateiname erneut zugewiesen zu werden. Auch hier wird der Öffnen-Vorgang getestet (in Zeile 36), und wenn alles korrekt ist, wird der Inhalt der Datei auf dem Bildschirm ausgegeben und die Datei endgültig geschlossen.

Was Sie tun sollten	... und was nicht
Prüfen Sie jedes Öffnen einer Datei, um sicherzugehen, daß sie ordnungsgemäß geöffnet wurde. Verwenden Sie bereits existierende `ifstream`- und `ofstream`-Objekte. Schließen Sie alle `fstream`-Objekte, wenn Sie sie nicht mehr benötigen.	Versuchen Sie nicht, `cin` oder `cout` zu schließen oder neu zuzuweisen.

Binärdateien und Textdateien

Einige Betriebssysteme wie DOS unterscheiden zwischen Textdateien und binären Dateien. Textdateien speichern alles als Text (wie der Name bereits verrät). Demzufolge werden große Zahlen wie 54.325 als ein numerischer String `('5', '4', '.', '3', '2', '5')` gespeichert. Dies mag nicht sehr effizient sein, hat aber den Vorteil, daß der Text von einfachen Programmen, wie unter DOS üblich, gelesen werden kann.

Damit das Dateisystem besser zwischen Textdateien und binären Dateien unterscheiden kann, gibt es in C++ das Flag `ios::binary`. Auf vielen Systemen wird dieses Flag ignoriert, da alle Daten im binären Format abgelegt werden. In einigen eher empfindlichen Systemen ist das Flag `ios::binary` nicht gültig und läßt sich nicht kompilieren!

Binäre Dateien können nicht nur Integer und Strings speichern, sondern auch ganze Datenstrukturen. Sie können alle Daten auf einmal mit der Methode `write()` von `fstream` ausgeben.

Haben Sie `write()` verwendet, können Sie die Daten mit `read()` wieder zurückholen. Jede dieser Funktionen erwartet jedoch einen Zeiger auf ein Zeichen, so daß Sie die Adresse Ihrer Klasse erst zu einem Zeiger auf `char` umwandeln müssen.

Das zweite Argument zu diesen Funktionen ist die Anzahl der Zeichen, die geschrieben werden sollen. Diese Angabe können Sie mit `sizeof` ermitteln. Beachten Sie, daß die Daten und nicht die Methoden ausgegeben werden. Zurückgeholt werden ebenfalls nur die Daten. Listing 16.18 zeigt, wie der Inhalt einer Klasse in eine Datei geschrieben wird.

Listing 16.18: Eine Klasse in eine Datei schreiben

```
#include <fstream.h>

class Animal
{
public:
   Animal(int weight, long days):itsWeight(weight),
          itsNumberDaysAlive(days){}
   ~Animal(){}

   int GetWeight()const { return itsWeight; }
   void SetWeight(int weight) { itsWeight = weight; }

   long GetDaysAlive()const { return  itsNumberDaysAlive; }
   void SetDaysAlive(long days) { itsNumberDaysAlive = days; }

private:
   int itsWeight;
   long itsNumberDaysAlive;
};

int main()   // liefert bei Fehler 1 zurueck
{
   char fileName[80];
```

```
    cout << "Bitte Dateinamen eingeben: ";
    cin >> fileName;
    ofstream fout(fileName,ios::binary);
    if (!fout)
    {
       cout << "Es ist nicht moeglich, " << fileName <<
                " zum Schreiben zu oeffnen.\n";
       return(1);
    }

    Animal Bear(50,100);
    fout.write((char*) &Bear,sizeof Bear);

    fout.close();

    ifstream fin(fileName,ios::binary);
    if (!fin)
    {
       cout << "Es ist nicht moeglich, " << fileName <<
                " zum Lesen zu oeffnen.\n";
       return(1);
    }

    Animal BearTwo(1,1);

    cout << "BearTwo Gewicht: " << BearTwo.GetWeight() << endl;
    cout << "BearTwo Tage: " << BearTwo.GetDaysAlive() << endl;

    fin.read((char*) &BearTwo, sizeof BearTwo);

    cout << "BearTwo Gewicht: " << BearTwo.GetWeight() << endl;
    cout << "BearTwo Tage: " << BearTwo.GetDaysAlive() << endl;
    fin.close();
    return 0;
 }
```

Ausgabe

```
Bitte Dateinamen eingeben: Animals
BearTwo Gewicht: 1
BearTwo Tage: 1
BearTwo Gewicht: 50
BearTwo Tage: 100
```

Die Zeilen 3 bis 18 deklarieren eine einfache `Animal`-Klasse. Die Zeilen 22 bis 32 erzeugen eine Datei und öffnen sie im binären Modus. In Zeile 34 wird ein Tier (ein `Animal`-Objekt) mit einem Gewicht von 50 erzeugt, das 100 Tage alt ist. Diese Daten werden in Zeile 35 in die Datei geschrieben.

Zeile 37 schließt die Datei, und Zeile 39 öffnet sie wieder zum Lesen im Binärmodus. In Zeile 46 wird ein zweites Tier mit dem Gewicht von 1 erzeugt, das nur einen Tag alt ist. Die Daten von der Datei werden in das neue `Animal`-Objekt eingelesen und überschreiben damit die bereits bestehenden Daten (Zeile 51).

Befehlszeilenverarbeitung

In vielen Betriebssystemen, wie zum Beispiel DOS oder UNIX, hat der Anwender die Möglichkeit, bereits zu Programmbeginn Parameter an Ihr Programm zu übergeben. Diese werden auch als Befehlszeilenoptionen bezeichnet und werden in der Regel durch Leerzeichen in der Befehlszeile getrennt. Zum Beispiel:

```
EinProgramm Param1 Param2 Param3
```

Diese Parameter werden nicht direkt an `main()` übergeben. Statt dessen wird der `main()`-Funktion eines jeden Programms zwei Parameter übergeben. Der erste Parameter ist die Anzahl der Argumente in der Befehlszeile. Da der Programmname selbst mitzählt, hat jedes Programm mindestens einen Parameter. Die als Beispiel gedachte Befehlszeile über diesem Absatz hat demnach vier Parameter. (Der Name `EinProgramm` plus die drei Parameter ergeben zusammen vier Befehlszeilenargumente).

Der zweite Parameter, der an `main()` übergeben wird, ist ein Array von Zeigern auf Zeichenstrings. Da ein Array-Name ein konstanter Zeiger auf das erste Element im Array ist, können Sie dieses Argument als Zeiger auf einen Zeiger auf `char`, als Zeiger auf einen Array von `char` oder als ein Array von Arrays von `char` deklarieren.

In der Regel wird das erste Argument als `argc` (argument count = Argumentenzähler) bezeichnet. Sie können aber auch einen beliebigen anderen Namen wählen. Das zweite Argument trägt oft den Namen `argv` (argument vector = Argumentenvektor). Aber auch dies ist nur Konvention.

Es ist üblich, `argc` zu prüfen, um sicherzustellen, daß Sie die erwartete Anzahl von Argumenten erhalten haben, und `argv` zu benutzen, um auf die Strings selbst zuzugreifen. Beachten Sie, daß `argv[0]` der Name des Programms ist und `argv[1]` der erste

Parameter für das Programm, dargestellt als ein String. Wenn Ihr Programm zwei Zahlen als Argumente übernimmt, müssen Sie diese Zahlen in Strings umwandeln. Listing 16.19 veranschaulicht die Verwendung von Befehlszeilenargumenten.

Listing 16.19: Befehlszeilenargumente

```
1:  #include <iostream.h>
2:  int main(int argc, char **argv)
3:  {
4:     cout << "Uebergeben wurden " << argc << " Argumente...\n";
5:     for (int i=0; i<argc; i++)
6:        cout << "Argument " << i << ": " << argv[i] << endl;
7:  return 0;
8:  }
```

Ausgabe

```
TestProgram C++ in 21 Tagen
Uebergeben wurden 5 Argumente...
Argument 0: TestProgram.exe
Argument 1: C++
Argument 2: in
Argument 3: 21
ArgumeNT 4: Tagen
```

Hinweis

Sie müssen diesen Code entweder von der Befehlszeile aus starten (das heißt vom DOS-Fenster aus) oder die Befehlszeilenparameter in Ihrem Compiler setzen (schlagen Sie dazu in Ihrer Compiler-Dokumentation nach).

Analyse

Die Funktion `main()` deklariert zwei Argumente: `argc` ist ein Integer, der die Anzahl der Befehlszeilenargumente enthält, und `argv` ist ein Zeiger auf ein Array von Strings. Jeder String in dem Array, auf den `argv` zeigt, ist ein Befehlszeilenargument. Beachten Sie, daß `argv` genausogut als `char *argv[]` oder `char argv[][]` deklariert werden könnte. Es ist eine Frage des Programmierstils, wie Sie `argv` deklarieren. Auch wenn es in diesem Programm als ein Zeiger auf einen Zeiger deklariert ist, werden Array-Indizes benutzt, um auf die einzelnen Strings zuzugreifen.

Zeile 4 verwendet `argc`, um die Anzahl der Befehlszeilenargumente auszugeben: insgesamt fünf einschließlich des Programmnamens.

In den Zeilen 5 und 6 werden die Befehlszeilenargumente nacheinander ausgegeben, wobei die nullterminierten Strings über Array-Indizes angesprochen und an `cout` übergeben werden.

Häufiger werden Befehlszeilenargumente jedoch dazu verwendet, einen Dateinamen als Befehlszeilenargument zu übernehmen. Sehen Sie dazu Listing 16.18 in geänderter Fassung.

Listing 16.20: Befehlszeilenargumente

```
#include <fstream.h>

class Animal
{
public:
   Animal(int weight, long days):itsWeight(weight),
          itsNumberDaysAlive(days){}
   ~Animal(){}

   int GetWeight()const { return itsWeight; }
   void SetWeight(int weight) { itsWeight = weight; }

   long GetDaysAlive()const { return  itsNumberDaysAlive; }
   void SetDaysAlive(long days) { itsNumberDaysAlive = days; }

private:
   int itsWeight;
   long itsNumberDaysAlive;
};

 int main(int argc, char *argv[])   // liefert bei Fehler 1 zurueck
 {
    if (argc != 2)
    {
       cout << "Aufruf: " << argv[0] << " <dateiname>" << endl;
       return(1);
    }

   ofstream fout(argv[1],ios::binary);
   if (!fout)
   {
      cout << "Es ist nicht moeglich, " << argv[1] <<
               " zum Schreiben zu oeffnen.\n";
      return(1);
   }

```

```
35:      Animal Bear(50,100);
36:      fout.write((char*) &Bear,sizeof Bear);
37:
38:      fout.close();
39:
40:      ifstream fin(argv[1],ios::binary);
41:      if (!fin)
42:      {
43:         cout << "Es ist nicht moeglich, " << argv[1] <<
                  " zum Lesen zu oeffnen.\n";
44:         return(1);
45:      }
46:
47:      Animal BearTwo(1,1);
48:
49:      cout << "BearTwo Gewicht: " << BearTwo.GetWeight() << endl;
50:      cout << "BearTwo Tage: " << BearTwo.GetDaysAlive() << endl;
51:
52:      fin.read((char*) &BearTwo, sizeof BearTwo);
53:
54:      cout << "BearTwo Gewicht: " << BearTwo.GetWeight() << endl;
55:      cout << "BearTwo Tage: " << BearTwo.GetDaysAlive() << endl;
56:      fin.close();
57:      return 0;
58:   }
```

Ausgabe

```
BearTwo Gewicht: 1
BearTwo Tage: 1
BearTwo Gewicht: 50
BearTwo Tage: 100
```

Analyse

Die Deklaration der `Animal`-Klasse entspricht der aus Listing 16.18. Diesmal wird der Anwender jedoch nicht im Programm aufgefordert, einen Dateinamen einzugeben, statt dessen werden Befehlszeilenargumente verwendet. Zeile 2 deklariert `main()` mit zwei Parametern: der Anzahl der Befehlszeilenargumente und einem Zeiger auf das Array mit den Strings der Befehlszeilenargumente.

In den Zeilen 22 bis 26 stellt das Programm sicher, daß die erwartete Anzahl an Argumenten (exakt zwei) empfangen wurden. Wenn der Anwender es versäumt, einen Dateinamen anzugeben (oder mehr als einen Dateinamen übergibt), wird eine Fehlermeldung ausgegeben:

```
Aufruf: TestProgramm <dateiname>
```

Dann wird das Programm verlassen. Beachten Sie, daß Sie Dank der Verwendung von `argv[0]` anstelle eines hartkodierten Programmnamens dieses Programm mit jedem Namen kompilieren können. Die Fehlermeldung ist immer korrekt.

In Zeile 28 versucht das Programm, die angegebene Datei für die binäre Ausgabe zu öffnen. Es gibt keinen Grund, den Dateinamen dazu in einen lokalen temporären Puffer zu kopieren. Er kann direkt durch den Zugriff auf `argv[1]` verwendet werden.

Diese Technik kommt in Zeile 40 erneut zum Einsatz, wenn die gleiche Datei zur Eingabe erneut geöffnet wird, und sie wird ebenfalls in den Zeilen 31 und 43 in den Anweisungen zu den Fehlerbedingungen verwendet, wenn die Dateien nicht geöffnet werden können.

Zusammenfassung

Heute habe ich Ihnen erklärt, was Streams sind, und Ihnen die globalen Objekte `cout` und `cin` beschrieben. Das Ziel der `istream`- und `ostream`-Objekte ist es, die Arbeit, die beim Schreiben an die Gerätetreiber und beim Puffern der Ein- und Ausgabe anfällt, zu kapseln.

In jedem Programm werden vier Standardstreamobjekte erzeugt: `cout`, `cin`, `cerr` und `clog`. Diese Objekte können von vielen Betriebssystemen »umgeleitet« werden.

Das `istream`-Objekt `cin` wird für die Eingabe verwendet und meist zusammen mit dem überladenen Eingabe-Operator (>>) eingesetzt. Das `ostream`-Objekt `cout` wird für die Ausgabe verwendet und meist zusammen mit dem überladenen Ausgabe-Operator (<<) eingesetzt.

Jedes dieser Objekte verfügt über eine Vielzahl von Elementfunktionen wie `get()` und `put()`. Da die am häufigsten verwendete Version dieser Methoden eine Referenz auf ein Streamobjekt zurückliefert, lassen sich diese Operatoren und Funktionen problemlos miteinander verketten.

Der Status der Streamobjekte kann mit Hilfe von Manipulatoren verändert werden. Diese können die Einstellungen für die Formatierung und Anzeige verändern und verschiedene andere Attribute der Streamobjekte setzen.

Für die Ein- und Ausgabe in und aus Dateien sind die `fstream`-Klassen verantwortlich, die sich von den Stream-Klassen ableiten. Dabei unterstützen diese Objekte nicht nur die normalen Eingabe- und Ausgabe-Operatoren, sondern auch `read()` und `write()` zum Speichern und Zurückholen großer binärer Objekte.

Fragen und Antworten

F Woher wissen Sie, wann Sie den Ausgabe- oder den Eingabe-Operator verwenden müssen und wann die anderen Elementfunktionen der `stream`-Klassen zum Einsatz kommen?

A *Im allgemeinen ist es einfacher den Eingabe- und den Ausgabe-Operator zu verwenden. Man gibt ihnen den Vorzug, wenn genau ihr Verhalten gewünscht wird. In den eher seltenen Fällen, wo diese Operatoren nicht ausreichen (wie z.B. einen String aus mehreren Wörtern einzulesen), können die anderen Funktionen eingesetzt werden.*

F Was ist der Unterschied zwischen `cerr` und `clog`?

A `cerr` *wird nicht gepuffert. Alles, was an* `cerr` *geschrieben wird, wird direkt ausgegeben.* `cerr` *bietet sich vor allem bei Fehlern an, die auf dem Bildschirm ausgegeben werden. Allerdings kann es etwas auf Kosten der Leistung gehen, Protokolle auf die Festplatte zu schreiben.* `clog` *puffert seine Ausgabe und kann deshalb effizienter eingesetzt werden.*

F Wozu hat man das Stream-Konzept entwickelt, wo doch `printf()` so gut funktioniert hat?

A `printf()` *unterstützt leider weder das strenge Typensystem von C++ noch benutzerdefinierte Klassen.*

F In welchem Fall kommt `putback()` zum Einsatz?

A *Wenn man mit einer Lese-Operation prüfen möchte, ob ein Zeichen gültig ist, das Zeichen selbst aber für eine andere Lese-Operation (vielleicht ein anderes Objekt) im Puffer belassen werden soll. Am häufigsten wird dies beim Parsen einer Datei der Fall sein. So ist es beispielsweise gut möglich, daß der C++-Compiler* `putback()` *verwendet.*

F In welchen Fällen kommt `ignore()` zum Einsatz?

A `ignore()` *wird meist nach* `get()` *verwendet. Da* `get()` *das Terminierungszeichen im Puffer läßt, ist es nicht unüblich, direkt an den Aufruf von* `get()` *einen Aufruf von* `ignore(1, '\1')` *anzuschließen. Auch dies ist häufig beim Parsen der Fall.*

F Meine Freunde verwenden `printf()` in ihren C++-Programmen. Kann ich das auch?

A *Aber sicher. Dadurch wird einiges einfacher, leider aber zu Lasten der Typensicherheit.*

Workshop

Der Workshop enthält Quizfragen, die Ihnen helfen sollen, Ihr Wissen zu festigen, und Übungen, die Sie anregen sollen, das eben Gelernte umzusetzen und eigene Erfahrungen zu sammeln. Versuchen Sie, das Quiz und die Übungen zu beantworten und zu verstehen, bevor Sie die Lösungen in Anhang D lesen und zur Lektion des nächsten Tages übergehen.

Quiz

1. Was ist der Ausgabe-Operator, und wozu dient er?
2. Was ist der Eingabe-Operator, und wozu dient er?
3. Wie lauten die drei Formen von `cin.get()`, und wo liegen die Unterschiede?
4. Was ist der Unterschied zwischen `cin.read()` und `cin.getline()`?
5. Wie groß ist die Standardbreite für die Ausgabe eines Integers vom Typ `long` mit Hilfe des Ausgabe-Operators?
6. Wie lautet der Rückgabewert des Ausgabe-Operators?
7. Welche Parameter übernimmt der Konstruktor eines `ofstream`-Objekts?
8. Was bewirkt das Argument `ios::ate`?

Übungen

1. Schreiben Sie ein Programm, das die vier Standardstreamobjekte `cin`, `cout`, `cerr` und `clog` verwendet.
2. Schreiben Sie ein Programm, das den Anwender auffordert, seinen vollständigen Namen einzugeben, und diesen dann auf dem Bildschirm ausgibt.
3. Schreiben Sie eine Neufassung von Listing 16.9, die zwar das gleiche bewirkt, jedoch ohne `putback()` und `ignore()` auskommt.
4. Schreiben Sie ein Programm, das einen Dateinamen als Parameter übernimmt und die Datei zum Lesen öffnet. Lesen Sie jedes Zeichen der Datei und lassen Sie nur die Buchstaben und Zeichensetzungssymbole auf dem Bildschirm ausgeben. (Ignorieren Sie alle nicht-druckbaren Zeichen.) Schließen Sie dann die Datei und beenden Sie das Programm.
5. Schreiben Sie ein Programm, das seine Befehlszeilenargumente in umgekehrter Reihenfolge und den Programmnamen überhaupt nicht anzeigt.

Namensbereiche

Woche
3

Namensbereiche sind neu in ANSI C++. Sie helfen den Programmierern, Namenskonflikte zu vermeiden, wenn mehr als eine Bibliothek verwendet wird. Heute lernen Sie,

- wie Funktionen und Klassen über vollständige Namen angesprochen werden,
- wie ein Namensbereich erzeugt wird,
- wie ein Namensbereich eingesetzt wird,
- wie der Standard-Namensbereich `std` eingesetzt wird.

Zum Einstieg

Namenskonflikte sind schon seit jeher für C- und C++-Programmierer eine Quelle des Ärgers. Durch die Einführung der *Namensbereiche* bietet der ANSI-Standard nun eine Möglichkeit, diese Probleme zu umgehen, doch ist zu beachten, daß Namensbereiche noch nicht von allen Compilern unterstützt werden.

Ein Namenskonflikt liegt vor, wenn ein Name in zwei Teilen Ihres Programms im gleichen Gültigkeitsbereich auftaucht. Am häufigsten tritt dieser Fall auf, wenn mehrere Bibliotheken verwendet werden. So wird zum Beispiel eine Bibliothek von Container-Klassen mit größter Wahrscheinlichkeit eine `List`-Klasse deklarieren und implementieren. (Näheres zu Container-Klassen in Kapitel 19, »Templates«).

Es ist ebenfalls keine Überraschung, eine `List`-Klasse in einer Bibliothek für grafische Fensteroberflächen zu finden. Angenommen, Sie wollen in ihrer Anwendung eine Reihe von Fenster verwalten. Und weiterhin angenommen, Sie verwenden dazu die `List`-Klasse aus der Container-Klassen-Bibliothek. Sie deklarieren eine Instanz der `List`-Klasse aus der Fenster-Bibliothek, um Ihre Fenster aufzunehmen. Überrascht stellen Sie fest, daß die Elementfunktionen, die Sie aufrufen wollen, nicht verfügbar sind. Der Compiler hat Ihre `List`-Deklaration mit dem `List`-Container in der Standard-Bibliothek abgeglichen, dabei wollten Sie eigentlich die `List`-Klasse aus der Fenster-Bibliothek Ihres Drittanbieters verwenden

Namensbereiche werden dazu benutzt, um globale Namensbereiche aufzuteilen und Namenskonflikte zu eliminieren oder zumindest zu reduzieren. Namensbereiche sind in etlicher Hinsicht den Klassen ähnlich, vor allem in der Syntax.

Elemente, die in einem Namensbereich deklariert wurden, sind »Besitz« des Namensbereichs. Alle Elemente innerhalb eines Namensbereichs sind öffentlich sichtbar. Namensbereiche können ineinander verschachtelt werden. Funktionen können innerhalb und außerhalb des Rumpfs eines Namensbereichs definiert werden. Wird die Funktion außerhalb definiert, muß der Name des Namensbereichs explizit angegeben werden.

Funktionen und Klassen werden über den Namen aufgelöst

Während der Compiler den Quellcode parst und eine Liste der Funktions- und Variablennamen erstellt, versucht er, eventuelle Namenskonflikte aufzudecken.

Der Compiler kann jedoch keine Namenskonflikte aufdecken, die über die Grenzen von Übersetzungseinheiten (zum Beispiel Objektdateien) hinausgehen. Dazu ist der Linker da. Aus diesem Grunde gibt der Compiler auch keine Fehlermeldung aus.

Es kommt nicht selten vor, daß der Linker Sie mit der Fehlermeldung `Identifier multiply defined` darauf aufmerksam macht, daß etwas mehrfach definiert wurde (`Identifier` ist irgendein benannter Typ). Sie erhalten diese Linker-Meldung, wenn Sie den gleichen Namen, man spricht auch von Bezeichnern, im gleichen Gültigkeitsbereich in verschiedenen Übersetzungseinheiten definiert haben. Sie erhalten einen Compiler-Fehler, wenn Sie einen Namen innerhalb einer einzigen Datei im gleichen Gültigkeitsbereich neu definieren. Das folgende Beispiel wird nach dem Kompilieren und Linken eine Fehlermeldung des Linkers verursachen:

```
// Datei first.cpp
int integerWert = 0 ;
int main( ) {
    int integerWert = 0 ;
    // . . .
    return 0 ;
} ;

// Datei second.cpp
int integerWert = 0 ;
// Ende von second.cpp
```

Mein Linker hat mir für obiges Programm folgende Diagnose gestellt: `in second.obj integerWert already defined in first.obj`. Wären diese Namen in unterschiedlichen Gültigkeitsbereichen definiert, würden sich weder Compiler noch Linker beschweren.

Es ist auch möglich, daß Sie eine Warnung vom Compiler erhalten, die besagt, daß ein Name verdeckt wird. Der Compiler weist Sie in diesem Falle darauf hin, daß die Variable `integerWert` in der `main()`-Funktion von `first.cpp` die globale Variable gleichen Namens versteckt.

Um die außerhalb von `main()` deklarierte `integerWert`-Variable verwenden zu können, müssen Sie explizit den Gültigkeitsbereich der Variablen angeben. Betrachten Sie folgendes Beispiel, in welchem dem `integerWert` außerhalb (nicht innerhalb) von `main()` der Wert `10` zugewiesen wird:

```
// Datei first.cpp
int integerWert = 0 ;
int main( )
{
    int integerWert = 0 ;
    ::integerWert = 10 ; // der globalen Variable zuweisen
    // . . .
    return 0 ;
} ;

// Datei second.cpp
int integerWert = 0 ;
// Ende von second.cpp
```

Hinweis

Beachten Sie den Einsatz des Gültigkeitsbereichauflösungsoperators `::`, der Ihnen zeigt, daß die betreffende Variable `integerWert` global und nicht lokal ist.

Das Problem mit den beiden globalen Integer-Variablen, die außerhalb der Funktionen definiert sind, ist, daß sie den gleichen Namen und die gleiche Sichtbarkeit haben und deshalb einen Linker-Fehler auslösen.

Neuer Begriff

Der Begriff *Sichtbarkeit* bezeichnet den Gültigkeitsbereich eines definierten Objekts, sei es eine Variable, eine Klasse oder eine Funktion. So ist zum Beispiel der Gültigkeitsbereich einer Variablen, die außerhalb aller Funktionen definiert und deklariert wurde, *global*, das heißt, er erstreckt sich über die ganze Datei. Die Sichtbarkeit der Variablen beginnt mit ihrer Definition und reicht bis zum Ende der Datei. Eine Variable mit *lokalem* Gültigkeitsbereich ist in einem Block definiert. Am häufigsten sind diese Variablen innerhalb von Funktionen zu finden. Das folgende Beispiel verwendet Variablen in verschiedenen Gültigkeitsbereichen:

```
int globalerInt  = 5 ;
void f( )
{
    int lokalerInt = 10 ;
}
int main( )
{
    int lokalerInt = 15 ;
    {
        int auchLokal = 20 ;
```

```
        int lokalerInt = 30 ;
    }
    return 0 ;
}
```

Die erste `int`-Variable, `globalerInt`, ist innerhalb der Funktionen `f()` und in `main()` sichtbar. Die nächste Definition, `lokalerInt`, steht in der Funktion `f()`. Diese Variable hat lokalen Gültigkeitsbereich, das heißt, sie ist nur in dem Block sichtbar, in dem sie definiert wurde.

`main()` kann nicht auf die Variable `lokalerInt` aus der Funktion `f()` zugreifen. Wenn die Funktion zurückkehrt, verliert `lokalerInt` ihren Gültigkeitsbereich. Die dritte Definition von `lokalerInt` befindet sich in `main()`. Ihr Gültigkeitsbereich ist ebenfalls lokal.

Beachten Sie, daß es nicht zu Konflikten zwischen `lokalerInt` von `main()` und `lokalerInt` von f() kommt! Die nächsten zwei Definitionen, `auchLokal` und `lokalerInt` sind beide lokal gültig. Sobald die schließende Klammer erreicht ist, sind diese zwei Variablen nicht mehr sichtbar.

Ich möchte Sie darauf aufmerksam machen, daß diese `lokalerInt` im innersten Block die `lokalerInt`-Variable verdeckt, die vor der öffnenden Klammer definiert wurde (also die zweite `lokalerInt`-Variable in diesem Programm). Hinter der schließenden Klammer wird die zweite `lokalerInt`-Variable wieder sichtbar. Alle Änderungen, die sich auf die innerhalb der Klammern definierte `lokalerInt`-Variable beziehen, haben keine Auswirkungen auf den Inhalt der äußeren Variablen mit gleichem Namen.

Neuer Begriff

Namen können *externe* und *interne Bindung* aufweisen. Diese zwei Begriffe beziehen sich auf die Verwendung oder die Verfügbarkeit eines Namens innerhalb eines einzigen oder über mehrere Übersetzungseinheiten hinweg. So kann zum Beispiel eine Variable, die mit interner Bindung definiert wurde, nur von den Funktionen innerhalb ihrer Übersetzungseinheit genutzt werden. Namen mit externer Bindung stehen auch anderen Übersetzungseinheiten zur Verfügung. Das folgende Beispiel veranschaulicht beide Formen der Bindung:

```
// Datei: first.cpp
int externerInt = 5 ;
const int j = 10 ;
int main()
{
    return 0 ;
}
```

```
// Datei: second.cpp
extern int externerInt ;
int einExternerInt = 10 ;
const int j = 10 ;
```

Die in `first.cpp` definierte Variable `externerInt` hat externe Bindung. Auch wenn sie in `first.cpp` definiert wurde, kann `second.cpp` darauf zugreifen. Die beiden Variablen `j`, die in beiden Dateien als `const` definiert wurden, haben standardmäßig interne Bindung. Sie können die `const`-Vorgabe überschreiben, indem Sie wie folgt explizit eine externe Bindung deklarieren:

```
// Datei: first.cpp
extern const int j = 10 ;

// Datei: second.cpp
extern const int j ;
#include <iostream>
int main()
{
    std::cout << "j ist " << j << std::endl ;
    return 0 ;
}
```

Beachten Sie, daß der Aufruf von `cout` über die Namensbereichangabe `std` erfolgt. Auf diese Weise kann man auf alle »Standard«-Objekte in der ANSI-Standard-Bibliothek zugreifen. Wird dieses Code-Beispiel ausgeführt, produziert es folgendes Ergebnis:

```
j ist 10
```

Das Standardisierungskomitee hat folgende Schreibweise für veraltet erklärt:

```
static int staticInt = 10 ;
int main()
{
    //...
}
```

Von der Verwendung von `static` zur Einschränkung des Gültigkeitsbereichs externer Variablen wird abgeraten. Sie ist wahrscheinlich bald nicht mehr zulässig. Sie sollten statt dessen lieber auf Namensbereiche zurückgreifen.

Was Sie tun sollten	**... und was nicht**
Verwenden Sie möglichst nicht das Schlüsselwort `static` für Variablen mit globalen Gültigkeitsbereich.	Verwenden Sie statt dessen Namensbereiche.

Namensbereiche einrichten

Die Syntax einer Namensbereichdeklaration ähnelt sehr der Syntax einer Struktur- oder Klassendeklaration. Zuerst kommt das Schlüsselwort namespace gefolgt von einem optionalen Bezeichner für den Namensbereich und einer öffnenden geschweiften Klammer. Beendet wird der Namensbereich mit einer schließenden geschweiften Klammer, jedoch ohne Semikolon.

Beispiel:

```
namespace Window
{
    void move( int x, int y) ;
}
```

Der Bezeichner Window dient der eindeutigen Identifizierung des Namensbereichs. Einen einmal eingerichteten Namensbereich können Sie mehrfach verwenden. Dabei ist es egal, ob dies innerhalb einer Datei oder über mehrere Übersetzungseinheiten hinweg geschieht. Der Namensbereich std der C++-Standardbibliothek ist vielleicht das beste Beispiel dafür. Daß die Elemente der Standardbibliothek in einem Namensbereich zusammengefaßt sind, ist insofern sinnvoll, als die Standardbibliothek eine logische Zusammenstellung von Funktionalität darstellt.

Das den Namensbereichen zugrundeliegende Konzept besteht darin, zusammengehörige Elemente in einem spezifizierten (bezeichneten) Bereich zusammenzufassen. Hier ein kleines Beispiel für einen Namensbereich, der sich über mehrere Header-Dateien erstreckt:

```
// header1.h
namespace Window
{
    void move( int x, int y) ;
}

// header2.h
namespace Window
{
    void resize( int x, int y ) ;
}
```

Typen deklarieren und definieren

Sie können innerhalb von Namensbereichen Typen und Funktionen sowohl deklarieren als auch definieren. Das ist natürlich eine Frage des Entwurfs. Für einen guten Entwurf empfiehlt es sich, Schnittstelle und Implementierung zu trennen. Diesem

Prinzip sollten Sie nicht nur bei Klassen, sondern auch bei den Namensbereichen folgen. Als Negativ-Beispiel möchte ich Ihnen einen schlecht konzipierten, unübersichtlichen Namensbereich vorstellen:

```
namespace Window {
    // . . . sonstige Deklarationen und Variablendefinitionen
    void move( int x, int y) ; // Deklarationen
    void resize( int x, int y ) ;
    // . . . weitere Deklarationen und Variablendefinitionen

    void move( int x, int y )
    {
        if( x < MAX_SCREEN_X  && x > 0 )
            if( y < MAX_SCREEN_Y  && y > 0 )
                platform.move( x, y ) ; // spezielle Routine
    }

    void resize( int x, int y )
    {
        if( x < MAX_SIZE_X  && x > 0 )
            if( y < MAX_SIZE_Y  && y > 0 )
                platform.resize( x, y ) ; // spezielle Routine
    }
    // . . . weitere Definitionen
}
```

Hier können Sie sehen, wie schnell ein Namensbereich unübersichtlich werden kann. Dabei ist das obige Beispiel nur 20 Zeilen lang. Vielleicht können Sie sich vorstellen, wie es aussehen würde, wenn der Namensbereich viermal so lang wäre.

Funktionen außerhalb von Namensbereichen definieren

Sie sollten Namensbereichfunktionen außerhalb des Namensbereichrumpfs definieren. Damit erreichen Sie eine klare Trennung zwischen Deklaration einer Funktion und ihrer Definition – und halten Ihren Namensbereich übersichtlich. Indem Sie die Funktionsdefinition von dem Namensbereich trennen, können Sie den Namensbereich und die darin enthaltenen Deklarationen in eine Header-Datei aufnehmen und die Definitionen in einer Implementierungsdatei unterbringen.

Beispiel:

```
// Datei header.h
namespace Window {
    void move( int x, int y) ;
    // weitere Deklarationen
}
```

```
// Datei impl.cpp
void Window::move( int x, int y )
{
    // Code zum Verschieben des Fensters
}
```

Neue Elemente aufnehmen

Um neue Elemente in einen Namensbereich aufzunehmen, muß man sie im Rumpf des Namensbereichs aufführen. Sie können keine neuen Elemente mit Hilfe der Qualifizierer-Syntax (`NameDesNamensbereichs::NameDesElements`) aufnehmen. Von dieser Art der Definition können sie höchstens eine Warnung vom Compiler erwarten. Das folgende Beispiel zeigt diesen Fehler:

```
namespace Window {
    // viele Deklarationen
}
//einiger Code
int Window::newIntegerInNamespace ; // das geht leider nicht
```

Der obige Code ist nicht zulässig. Ihr Compiler wird eine Fehlerbeschreibung ausgeben. Um den Fehler zu korrigieren – oder ihn gänzlich zu vermeiden – müssen Sie die Deklaration in den Rumpf des Namensbereichs verschieben.

Alle Elemente innerhalb eines Namensbereichs sind öffentlich. Der folgende Code läßt sich demzufolge nicht kompilieren.

```
namespace Window {
    private:
        void move( int x, int y ) ;
}
```

Namensbereiche verschachteln

Namensbereiche lassen sich verschachteln. Und daß man sie verschachteln kann, liegt daran, daß die Definition eines Namensbereichs auch gleichzeitig eine Deklaration ist. Bei verschachtelten Namensbereichen müssen Sie jeden Namensbereich durch einen eigenen eindeutigen Namen qualifizieren. Im folgenden Beispiel sehen Sie einen bezeichneten Namensbereich innerhalb eines anderen bezeichneten Namensbereichs:

```
namespace Window {
    namespace Pane {
        void size( int x, int y ) ;
    }
}
```

Um auf die Funktion `size()` von außerhalb des Namensbereichs `Window` zuzugreifen, müssen Sie die Funktion mit beiden der sie umschließenden Namensbereichen qualifizieren. Die Qualifizierung würde damit wie folgt aussehen:

```
int main( )
{
    Window::Pane::size( 10, 20 ) ;
    return 0 ;
}
```

Namensbereiche einsetzen

Betrachten wir ein Beispiel für den Einsatz eines Namensbereichs und den dazugehörigen Gültigkeitsbereichsauflösungsoperator. Zuerst werde ich alle im Beispiel zum Einsatz kommenden Typen und Funktionen im Namensbereich `Window` deklarieren. Nachdem ich alles Notwendige definiert habe, definiere ich die deklarierten Elementfunktionen. Diese Elementfunktionen werden außerhalb des Namensbereichs definiert. Die Namen werden explizit mit Hilfe des Gültigkeitsbereichsauflösungsoperators identifiziert. Listing 17.1 zeigt, wie man Namensbereiche verwendet.

Listing 17.1: Verwendung eines Namensbereichs

```
#include <iostream>

namespace Window
{
    const int MAX_X = 30 ;
    const int MAX_Y = 40 ;
    class Pane
    {
        public:
            Pane() ;
            ~Pane() ;
            void size( int x, int y ) ;
            void move( int x, int y ) ;
            void show( ) ;
        private:
            static int cnt ;
            int x ;
            int y ;
    };
}

```

```
int Window::Pane::cnt = 0 ;
Window::Pane::Pane() : x(0), y(0) { }
Window::Pane::~Pane() { }

void Window::Pane::size( int x, int y )
{
    if( x < Window::MAX_X  &&  x > 0 )
        Pane::x = x ;
    if( y < Window::MAX_Y  &&  y > 0 )
        Pane::y = y ;
}
void Window::Pane::move( int x, int y )
{
    if( x < Window::MAX_X  &&  x > 0 )
        Pane::x = x ;
    if( y < Window::MAX_Y  &&  y > 0 )
        Pane::y = y ;
}
void Window::Pane::show( )
{
    std::cout << "x " << Pane::x ;
    std::cout << " y " << Pane::y << std::endl ;
}

int main( )
{
    Window::Pane pane ;

    pane.move( 20, 20 ) ;
    pane.show( ) ;

    return 0 ;
}
```

Ausgabe

```
x 20 y 20
```

Analyse

Beachten Sie, daß die Klasse `Pane` innerhalb des Namensbereichs `Window` deklariert ist. Deshalb müssen Sie bei Zugriffen auf `Pane` den Qualifizierer `Window::` verwenden.

Die statische Variable cnt, die in Pane in Zeile 16 deklariert wird, wird wie gewohnt definiert. Beachten Sie auch, daß die Konstanten MAX_X und MAX_Y in der Funktion Pane::size() (Zeilen 26 bis 32) vollständig qualifiziert werden. Das liegt daran, daß der aktuelle Gültigkeitsbereich in der Funktion der Gültigkeitsbereich von Pane ist. Würden Sie auf die Qualifizierung verzichten, würde der Compiler eine Fehlermeldung ausgeben. Gleiches gilt für die Funktion Pane::move().

Interessant ist auch die Qualifizierung von Pane::x und Pane::y in den beiden Funktionsdefinitionen. Warum, werden Sie sich fragen? Würden Sie die Funktion Pane::move() folgendermaßen aufsetzen, hätten Sie ein Problem:

```
void Window::Pane::move( int x, int y )
{
    if( x < Window::MAX_X  &&  x > 0 )
        x = x ;
    if( y < Window::MAX_Y  &&  y > 0 )
        y = y ;
    Platform::move( x, y ) ;
}
```

Sehen Sie das Problem? Die Fehlermeldung Ihres Compilers wird mit Sicherheit nicht sehr aufschlußreich sein, falls Sie überhaupt eine Meldung erhalten.

Das Problem liegt in den Argumenten der Funktion. Die Argumente x und y verdekken die privaten Instanzvariablen x und y, die in der Klasse Pane deklariert wurden. Demzufolge weisen die Anweisungen x und y sich selbst zu:

```
x = x ;
y = y ;
```

Das Schlüsselwort using

Das Schlüsselwort using wird für die using-Direktive und die using-Deklaration verwendet. Die Syntax des using-Aufrufs legt dabei fest, ob es sich um die Direktive oder die Deklaration handelt.

Die using-Direktive

Die using-Direktive stellt alle Namen, die in einem Namensbereich deklariert wurden, in den aktuellen Gültigkeitsbereich. Sie können auf die Namen Bezug nehmen, ohne sie mit ihrem entsprechenden Namensbereichsnamen qualifizieren zu müssen. Das folgende Beispiel verdeutlicht den Einsatz der using-Direktive:

```
namespace Window {
    int wert1 = 20 ;
    int wert2 = 40 ;
}
. . .
Window::wert1 = 10 ;

using namespace Window ;
wert2 = 30 ;
```

Der Gültigkeitsbereich der `using`-Direktive beginnt mit ihrer Deklaration und erstreckt sich bis zum Ende des aktuellen Gültigkeitsbereichs. Beachten Sie, daß `wert1` qualifiziert werden muß, während für die Variable `wert2` keine Qualifizierung mehr benötigt wird, da die `using`-Direktive zuvor alle Namen des Namensbereichs in den aktuellen Namensbereich eingeführt hat.

Die `using`-Direktive kann auf jeder Gültigkeitsebene verwendet werden. Das heißt, Sie können die Direktive auch innerhalb eines Blocks verwenden. Wenn der Block seine Gültigkeit verliert, gilt das auch für alle Namen innerhalb des Namensbereichs. Sehen Sie dazu ein Beispiel:

```
namespace Window {
    int wert1 = 20 ;
    int wert2 = 40 ;
}
//. . .
void f()
{
    {
        using namespace Window ;
        wert2 = 30 ;
    }
    wert2 = 20 ; // Fehler!
}
```

Die letzte Codezeile in `f()`, `wert2 = 20 ;` ist ein Fehler, da `wert2` nicht definiert ist. Im darübergelegenen Block ist der Zugriff auf den Namen möglich, weil die Direktive den Namen in den Block einführt. Verliert der Block seinen Gültigkeit, gilt das auch für die Namen im Namensbereich `Window`.

Lokal deklarierte Variablennamen verdecken alle gleichnamigen Namen eines Namensbereichs, der im gleichen Gültigkeitsbereich eingebunden wurde. Das Verhalten ist vergleichbar mit lokalen Variablen, die globale Variablen verdecken. Auch wenn Sie den Namensbereich nach der lokalen Variablen einführen, hat die lokale Variable den Vorrang. Sehen Sie dazu folgendes Beispiel:

```
namespace Window {
    int wert1 = 20 ;
    int wert2 = 40 ;
}
//. . .
void f()
{
   int wert2 = 10 ;
   using namespace Window ;
   std::cout << wert2 << std::endl  ;
}
```

Die Ausgabe dieser Funktion ist `10` und nicht `40`. Damit wird bestätigt, daß `wert2` aus dem Namensbereich `Window` durch die Variable `wert2` in `f()` verdeckt ist. Wenn Sie einen Namen aus einem Namensbereich benötigen, müssen Sie den Namen mit dem Namen des Namensbereichs qualifizieren.

Mehrdeutigkeiten können auftreten, wenn Sie einen Namen verwenden, der sowohl global als auch innerhalb eines Namensbereichs definiert ist. Diese Mehrdeutigkeit tritt nicht automatisch bei Einbindung eines Namensbereichs zutage, sondern erst, wenn der Name benutzt wird. Zur Veranschaulichung betrachten Sie folgendes Codefragment:

```
namespace Window {
    int wert1 = 20 ;
}
//. . .
using namespace Window ;
int wert1 = 10 ;
void f( )
{
   wert1 = 10 ;
}
```

Die Mehrdeutigkeit liegt in der Funktion `f()` vor. Die Direktive führt `Window::wert1` in den globalen Namensbereich ein. Da `wert1` aber bereits global definiert ist, führt die Verwendung von `wert1` in `f()` zu einem Fehler. Würden Sie die Codezeile aus `f()` entfernen, gäbe es keinen Fehler mehr.

Die using-Deklaration

Die `using`-Deklaration ist der `using`-Direktiven ähnlich, läßt Ihnen jedoch mehr Kontrolle darüber, welche Namen aus einem Namensbereich eingeführt werden sollen. Genauer gesagt, wird die `using`-Deklaration verwendet, um nur einen bestimmten Namen (eines Namensbereichs) in den aktuellen Gültigkeitsbereich einzubinden. Danach müssen Sie für den Zugriff auf das spezifizierte Objekt lediglich den Namen angeben. Folgendes Beispiel veranschaulicht die Verwendung der using-Deklaration:

```
namespace Window {
    int wert1 = 20 ;
    int wert2 = 40 ;
    int wert3 = 60 ;
}
//. . .
using Window::wert2 ; // stellt wert2 in den aktuellen Gueltigkeitsbereich
Window::wert1 = 10 ;  // wert1 muss qualifiziert werden
value2 = 30 ;
Window::wert3 = 10 ;  // wert3 muss qualifiziert werden
```

Die using-Deklaration führt den spezifizierten Namen in den aktuellen Gültigkeitsbereich ein. Die Deklaration hat keinen Einfluß auf die anderen Namen innerhalb des Namensbereichs. Im vorherigen Beispiel kann auf wert2 ohne weitere Qualifizierung Bezug genommen werden. wert1 und wert3 hingegen müssen weiter qualifiziert werden. Mit der using-Deklaration können Sie also explizit auswählen, welche Namen eines Namensbereichs Sie in einen Gültigkeitsbereich einführen wollen. Darin unterscheidet sich die Deklaration von der Direktive, die alle Namen eines Namensbereichs auf einmal einführt.

Nachdem ein Name in einen Gültigkeitsbereich eingeführt wurde, ist er bis zum Ende dieses Gültigkeitsbereichs sichtbar. Dies Verhalten entspricht dem aller anderen Deklarationen. Eine using-Deklaration ist im globalen Namensbereich aber auch in allen lokalen Gültigkeitsbereichen möglich.

Es führt zu einem Fehler, wenn man einen Namen in einem lokalen Gültigkeitsbereich definiert, in dem bereits ein gleichlautender Namen eines Namensbereichs deklariert wurde. Der umgekehrte Fall würde ebenfalls einen Fehler zur Folge haben. Sehen Sie dazu folgendes Beispiel:

```
namespace Window {
    int wert1 = 20 ;
    int wert2 = 40 ;
}
//. . .
void f()
{
   int wert2 = 10 ;
   using Window::wert2 ; // Mehrfachdeklaration
   std::cout << wert2 << std::endl  ;
}
```

Die zweite Zeile in f() führt zu einem Compiler-Fehler, da der Name wert2 bereits definiert wurde. Der gleiche Fehler würde gemeldet, wenn die using-Deklaration vor der Definition der lokalen Variablen wert2 stünde.

Jeder Name, der mit einer using-Deklaration in einen lokalen Gültigkeitsbereich eingebunden wird, verdeckt alle Bezeichner außerhalb dieses Gültigkeitsbereichs. Als Beispiel betrachten wir folgendes Code-Fragment:

```
namespace Window {
    int wert1 = 20 ;
    int wert2 = 40 ;
}
int value2 = 10 ;
//. . .
void f()
{
    using Window::wert2 ;
    std::cout << wert2 << std::endl  ;
}
```

Die using-Deklaration in f() verbirgt wert2 aus dem globalen Namensbereich.

Wie bereits zuvor erwähnt, haben Sie mit der using-Deklaration eine bessere Kontrolle über die Namen, die Sie aus einem Namensbereich einbinden wollen. Eine using-Direktive führt alle Namen eines Namensbereichs in den aktuellen Gültigkeitsbereich ein. Sie sollten die Deklaration der Direktiven vorziehen, denn die Direktive steht im Gegensatz zum eigentlichen Zweck des Namensbereich-Mechanismus. Eine Deklaration ist bestimmter, da Sie explizit angeben, welcher Name in einen Gültigkeitsbereich eingebunden werden soll. Die using-Deklaration führt auch nicht so schnell zur Verstopfung des globalen Namensbereichs, wie das bei einer using-Direktive der Fall ist (es sei denn, Sie deklarieren alle Namen eines Namensbereichs). Verdeckte Namen, verstopfte globale Namensbereiche und Mehrdeutigkeiten werden alle mit der using-Deklaration auf ein beherrschbares Maß reduziert.

Aliase für Namensbereich

Namensbereich-*Aliase* bieten Ihnen die Möglichkeit, andere Namen für Ihre benannten Namensbereiche anzugeben. Mit einem Alias schaffen Sie eine Kurzbegriff, mit dem Sie auf den Namensbereich Bezug nehmen können. Das ist besonders dann von Vorteil, wenn die Namen der Namensbereiche sehr lang sind. Der Alias hilft Ihnen dabei, langwierige, sich ständig wiederholende Eingaben zu reduzieren. Hierzu ein Beispiel:

```
namespace die_Software_Firma {
    int wert ;
    // . . .
}
die_Software_Firma::wert = 10 ;
. . .
namespace dSF = die_Software_Firma;
dSF::wert = 20 ;
```

Es besteht allerdings die Gefahr, daß ein Alias mit einem bereits bestehenden Namen übereinstimmt. In einem solchen Falle wird der Compiler den Konflikt auffangen und Ihnen die Gelegenheit geben, den Alias umzubenennen.

Der unbenannte Namensbereich

Ein unbenannter Namensbereich ist ein Namensbereich ohne Bezeichnung. Üblicherweise setzt man unbenannte Namensbereiche ein, um globale Daten vor potentiellen Namenskonflikten zwischen Übersetzungseinheiten zu schützen. Jede Übersetzungseinheit hat ihren eigenen einzigartigen unbenannten Namensbereich. Jeder im unbenannten Namensbereich (einer Übersetzungseinheit) definierte Name kann ohne explizite Qualifizierung angesprochen werden. Im folgenden sehen Sie ein Beispiel für zwei unbenannte Namensbereiche in zwei getrennten Dateien:

```
// Datei: one.cpp
namespace {
    int wert ;
    char p( char *p ) ;
    //. . .
}

// Datei: two.cpp
namespace {
    int wert ;
    char p( char *p ) ;
    //. . .
}
int main( )
{
    char c = p( ptr ) ;
}
```

In obigem Beispiel stehen die Namen `wert` und Funktion `p` in beiden Dateien für jeweils eigenständige, unterscheidbare Elemente. Einen Namen aus einem unbenannten Namensbereich kann man innerhalb seiner Übersetzungseinheit ohne Qualifizierung verwenden (siehe Aufruf der Funktion p()). Diese Verwendung deutet auf eine interne using-Direktive für Objekte aus dem unbenannten Namensbereich hin. Aus diesem Grunde können Sie auf Elemente eines unbenannten Namensbereichs nicht aus anderen Übersetzungseinheiten zugreifen. Das Verhalten eines unbenannten Namensbereichs entspricht dem eines static-Objekts mit externer Bindung. Dazu folgendes Beispiel:

```
static int wert = 10;
```

Denken Sie daran, daß von der Verwendung des Schlüsselwortes static vom Standardisierungskomitee abgeraten wird. Um den obigen Code zu ersetzen, gibt es jetzt die Namensbereiche. Sie können sich unbenannte Namensbereiche auch als globale Variablen mit interner Bindung vorstellen.

Der Standardnamensbereich std

Das beste Beispiel für einen Namensbereich finden Sie in der C++-Standardbibliothek. Die Standardbibliothek ist komplett eingebettet in den Namensbereich std. Alle Funktionen, Klassen, Objekte und Templates werden innerhalb des Namensbereichs std deklariert.

Sie werden ohne Zweifel auf einen Code wie den folgenden treffen:

```
#include <iostream>
using namespace std ;
```

Zur Erinnerung: Die using-Direktive führt alle Namen aus dem benannten Namensbereich ein. Es ist schlechter Stil, die using-Direktive zusammen mit der Standardbibliothek zu verwenden. Warum? Weil damit der Einsatz eines Namensbereichs seinen Sinn verliert. Der globale Namensbereich wird durch all die Namen im Header »verunreinigt«. Denken Sie daran, daß alle Header-Dateien Namensbereiche verwenden. Wenn Sie also mehrere Standard-Header-Dateien einbinden und die using-Direktive verwenden, steht alles, was in den Headern deklariert wurde, auch im globalen Namensbereich. Ich möchte Sie auch darauf aufmerksam machen, daß fast alle Beispiele dieses Buches diese Regel verletzen. Damit möchte ich Sie nicht dazu anhalten, die Regel zu verletzen, sondern es geschieht nur aus dem Grunde, um die Beispiele kurz zu halten. Statt dessen sollten Sie die using-Deklaration verwenden:

```
#include <iostream>
using std::cin ;
using std::cout ;
using std::endl ;
int main( )
{
```

```
    int wert = 0 ;
    cout << "Wie viele Eier, sagten Sie, wollten Sie?" << endl ;
    cin >> wert ;
    cout << wert << " Eier als Spiegelei!" << endl ;
    return( 0 ) ;
}
```

So sähe das obige Programm bei der Ausführung aus:

```
Wie viele Eier, sagten Sie, wollten Sie?
4
4 Eier als Spiegelei!
```

Als Alternative könnten Sie die Namen, wie im folgenden Codebeispiel, vollständig qualifizieren:

```
#include <iostream>
int main( )
{
    int wert = 0 ;
    std::cout << "Wie viele Eier möchten Sie?" << std::endl ;
    std::cin >> wert ;
    std::cout << wert << " Eier als Spiegelei!" << std::endl ;
    return( 0 ) ;
}
```

So sähe eine Ausgabe dieses Programms aus:

```
Wie viele Eier möchten Sie?
4
4 Eier als Spiegelei!
```

Das ist vielleicht für kürzere Programme eine Lösung. Aber sobald die Programme länger werden, kann das recht lästig werden. Stellen Sie sich einmal vor, Sie müssen jedem Namen, den Sie in der Standardbibliothek finden, `std::` voranstellen.

Zusammenfassung

Die Erzeugung eines Namensbereichs ist einer Klassendeklaration sehr ähnlich. Auf einige Unterschiede möchte ich Sie jedoch hinweisen. Zum einen folgt auf die schließende geschweifte Klammer eines Namensbereichs kein Semikolon. Zweitens ist ein Namensbereich erweiterbar, während eine Klasse abgeschlossen ist. Sie können die Definition eines Namensbereichs in einer anderen Datei oder in anderen Abschnitten der gleichen Datei erweitern.

Alles, was deklariert werden kann, kann auch in einen Namensbereich gestellt werden. Wenn Sie Klassen für eine wiederverwendbare Bibliothek entwerfen, sollten Sie mit Namensbereichen arbeiten. Funktionen, die innerhalb eines Namensbereichs deklariert werden, sollten außerhalb des Rumpfes des Namensbereichs definiert werden. Damit unterstützen Sie die Trennung von Schnittstelle und Implementierung und verhindern, daß der Namensbereich unübersichtlich wird.

Namensbereiche können verschachtelt werden. Namensbereiche sind Deklarationen und lassen sich demzufolge auch verschachteln. Vergessen Sie nicht, daß Sie Namen verschachtelter Namensbereiche vollständig qualifizieren müssen.

Die `using`-Direktive dient dazu, alle Namen eines Namensbereichs in den aktuellen Gültigkeitsbereich aufzunehmen. Dadurch wird der globale Namensbereich allerdings oftmals mit nicht benötigten Namen aus dem benannten Namensbereich überschwemmt. Allgemein wird es als schlechter Stil betrachtet, die `using`-Direktive zu verwenden, besonders im Zusammenhang mit der Standardbibliothek. Verwenden Sie statt dessen lieber die `using`-Deklaration.

Die `using`-Deklaration dient dazu, einen speziellen Namen eines Namensbereichs in den aktuellen Gültigkeitsbereich aufzunehmen. Danach können Sie auf das Objekt durch einfache Angabe des Namens zugreifen.

Ein Alias für einen Namensbereich entspricht ungefähr einer `typedef`-Deklaration. Mit einem Alias können Sie einen zweiten Namen für einen benannten Namensbereich festlegen. Das ist besonders nützlich, wenn Sie Namensbereiche mit extrem langen Namen verwenden.

Jede Datei kann einen unbenannten Namensbereich enthalten. Ein unbenannter Namensbereich ist, wie der Name schon andeutet, ein Namensbereich ohne Namen. Ein unbenannter Namensbereich gibt Ihnen die Möglichkeit, die Namen innerhalb des Namensbereichs ohne Qualifizierung zu verwenden. Er trägt dafür Sorge, daß die Namen des Namensbereichs lokal zur Übersetzungseinheit sind. Unbenannte Namensbereiche sind das gleiche wie die Deklaration einer globalen Variablen mit dem Schlüsselwort `static`.

Die C++-Standardbibliothek ist von dem Namensbereich `std` eingeschlossen. Verwenden Sie möglichst nicht die `using`-Direktive zusammen mit der Standardbibliothek, sondern greifen Sie auf die `using`-Deklaration zurück.

Fragen und Antworten

F Muß ich Namensbereiche verwenden?

A *Nein. Insbesondere in einfachen Programmen können Sie auf Namensbereiche gänzlich verzichten. Verwenden Sie dann aber die alten Header-Dateien zur Standardbibliothek (z.B.* `#include <string.h>`*) und nicht die neuen (z.B.* `#include <cstring>`*).*

F Welche zwei Anweisungen sind mit dem Schlüsselwort `using` möglich? Wo liegen die Unterschiede?

A *Das Schlüsselwort* `using` *kann für* `using`*-Direktiven und für* `using`*-Deklarationen verwendet werden. Die* `using`*-Direktive erlaubt es, alle Namen eines Namensbereichs wie normale Namen zu verwenden. Die* `using`*-Deklaration hingegen erlaubt es, einen bestimmten Namen eines Namensbereichs ohne Qualifizierung mit dem Namen des Namensbereichs zu verwenden.*

F Was sind unbenannte Namensbereiche? Wozu werden sie eingesetzt?

A *Unbenannte Namensbereiche sind Namensbereiche ohne Namen. Sie werden verwendet, um eine Sammlung von Deklarationen »einzuhüllen« und so gegen mögliche Namenskonflikte zu schützen. Namen in einem unbenannten Namensbereich können nicht außerhalb der Übersetzungseinheit, in der der Namensbereich deklariert ist, verwendet werden.*

Workshop

Der Workshop enthält Quizfragen, die Ihnen helfen sollen, Ihr Verständnis für die vorgestellten Themen zu festigen, und Übungen, anhand derer Sie lernen sollen, wie Sie das eben Gelernte anwenden können. Versuchen Sie, das Quiz und die Übungen zu beantworten und zu verstehen, bevor Sie die Lösung in Anhang D checken und zur Lektion des nächsten Tages übergehen.

Quiz

1. Kann ich Namen, die in einem Namensbereich definiert sind, ohne vorangehende `using`-Anweisung verwenden?
2. Was sind die Hauptunterschiede zwischen normalen und unbenannten Namensbereichen?
3. Was versteht man unter dem Standardnamensbereich?

Übungen

1. FEHLERSUCHE: Was ist falsch an diesem Programm?

```
#include <iostream>

int main()
{
    cout << "Hello world!" << end;
    return 0;
}
```

2. Geben Sie drei Möglichkeiten an, das Problem in Übung 1 zu beheben.

18

Objektorientierte Analyse und objektorientiertes Design

Woche 3

Nur allzu schnell kann es geschehen, daß man durch die Konzentration auf die Syntax von C++ den Blick für die Umsetzung der zu Verfügung stehenden Techniken bei der Programmerstellung aus dem Auge verliert. Heute werden Sie lernen,

- wie man die objektorientierte Analyse nutzt, um die Probleme, die man lösen will, besser zu verstehen,
- wie man mit Hilfe objektorientierten Designs zu robusten, erweiterbaren und sicheren Lösungen kommt,
- wie man mit Hilfe der Unified Modeling Language (UML) Analyse und Design dokumentiert.

Ist C++ objektorientiert?

C++ wurde als Brücke zwischen C, der weltweit führenden Programmiersprache zur Erstellung kommerzieller Software, und der objektorientierten Programmierung konzipiert. Das Ziel war, objektorientiertes Design und objektorientierte Konzepte für eine effiziente und bewährte Entwicklungsplattform zur Verfügung zu stellen.

C wurde als mittlerer Weg zwischen den höheren Anwendungssprachen, wie COBOL, und der ebenso leistungsfähigen wie schwer zu handhabenden Assemblersprache entwickelt. C sollte zudem zur »strukturierten« Programmierung erziehen, bei der Probleme in kleinere Teilprobleme aufgeschlüsselt und in Form von wiederverwertbaren Prozeduren gelöst wurden.

Die Programme, die wir heute, gegen Ende der Neunziger, erstellen, sind jedoch weit komplexer als die Programme, die noch zu Anfang des Jahrzehnts entwickelt wurden. Programme, die in prozeduralen Sprachen aufgesetzt werden, sind meist nur schwer zu verstehen, schwierig zu warten und kaum auszuweiten und anzupassen. Auf der anderen Seite stehen grafische Benutzeroberflächen, das Internet, digitales Fernsprechwesen und eine Reihe weiterer neuer Technologien, die die Komplexität unserer Programme drastisch erhöhen, sowie ständig steigende Anforderungen der Anwender an die Benutzerschnittstelle.

Angesichts der steigenden Komplexität der Programme warfen die Entwickler einen langen, prüfenden Blick auf den Stand ihrer Technik. Was sie sahen, war entmutigend, wenn nicht schockierend. Der größte Teil der Software war veraltet, bruchstückhaft zusammengeflickt, fehlerbehaftet, unzuverlässig und teuer. Daß Software-Projekte ihre Budgets sprengten und nur mit Verspätung auf den Markt kamen, war praktisch die Regel. Die Kosten zur Erstellung und Wartung dieser Projekte waren nahezu untragbar und ein Großteil des Geldes war schlichtweg verschwendet.

Die objektorientierte Software-Entwicklung bot einen Ausweg aus der Misere. Objektorientierte Programmiersprachen knüpfen eine enge Verbindung zwischen den Datenstrukturen und den Methoden, die diese Daten bearbeiten. Tatsächlich, und dies ist vielleicht das Wichtigste, zwingt uns die objektorientierte Programmierung nicht mehr länger, die unnatürliche Trennung von Datenstrukturen und bearbeitenden Funktionen aufrechtzuerhalten, sondern statt dessen in Objekten, in Dingen, zu denken.

Die Welt ist voller Dinge: Autos, Hunde, Bäume, Wolken, Blumen. Jedes Ding hat seine charakteristischen Eigenschaften (schnell, freundlich, braun, flockig, hübsch). Die meisten Dinge weisen ein bestimmtes Verhalten auf (bewegt sich, bellt, wächst, regnet, verwelkt). Wir sprechen nicht von den Daten einen Hundes und wie wir diese bearbeiten könnten, wir sehen einen Hund als ein Ding dieser Welt und beobachten, wie er ist und was er tut.

Modelle erstellen

Um mit komplexen Sachverhalten fertig zu werden, bedient man sich passender Modelle. Ziel des Modells ist es, die Realität so zu abstrahieren, daß das Modell einfacher ist als die reale Welt, aber immer noch genau genug, um mit Hilfe des Modells das Verhalten der Dinge in der realen Welt vorhersagen zu können.

Ein Schülerglobus ist ein klassisches Modell. Das Modell ist nicht das Ding selbst – niemand würde den Globus mit der Erde verwechseln –, aber es ist genau genug, daß wir durch Studium des Globus etwas über die Erde lernen können.

Natürlich gibt es signifikante Vereinfachungen. Auf dem Globus meiner Tochter regnet es nicht, es gibt keine Überflutungen, keine Erdbeben etc. Trotzdem kann ich mit Hilfe ihres Globus abschätzen, wie lange ich für den Flug von meiner Heimatstadt zum Sitz des Verlags benötige, falls die Redakteure wissen wollen, warum ich mein Manuskript so spät abgegeben habe.

Ein Modell, das keine Vereinfachung darstellt, ist keine große Hilfe. Steven Wright scherzte einmal über solche Modelle: »Ich habe eine Karte, auf der jeder Meter auf einen Meter abgebildet ist. Ich selbst lebe in Quadrat E5 der Karte.«

Objektorientiertes Software-Design bedeutet, gute Modelle zu finden. Es umfaßt zwei wichtige Aspekte: Modelliersprache und Vorgehensweise.

Software-Design: Die Modelliersprache

Die Modelliersprache ist sicherlich der unbedeutendere Aspekt bei der objektorientierten Analyse und dem objektorientierten Design, doch unglücklicherweise wird ihr oftmals die größte Aufmerksamkeit zuteil. Eine Modelliersprache ist nichts anderes als eine Konvention, wie wir unser Modell auf Papier zeichnen. So könnte man beispielsweise beschließen, Klassen als Dreiecke und Vererbungsbeziehungen als gepunktete Linien zu zeichnen. Ein Modell für eine Geranie sähe dann wie in Abbildung 18.1 aus.

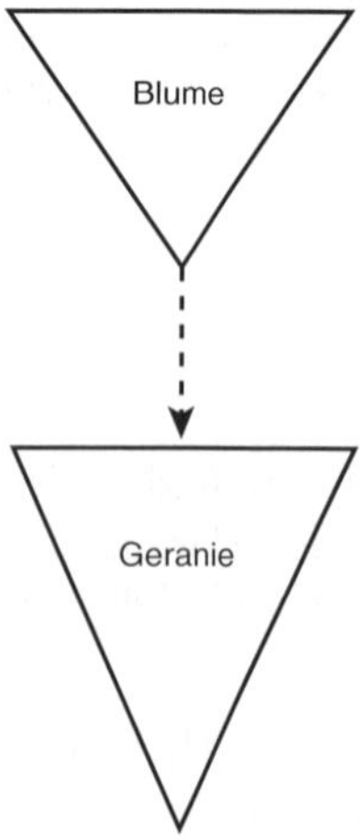

Abbildung 18.1: Generalisierung / Spezialisierung

Der Abbildung können Sie entnehmen, daß eine Geranie eine spezielle Art von Blume ist. Nachdem wir uns darüber geeinigt haben, unsere Vererbungsdiagramme immer auf diese Weise zu zeichnen, gibt es keine Mißverständnisse mehr bei der Interpretation der Diagramme. Mit der Zeit werden wir noch etliche weitere Beziehungen modellieren wollen und wir werden unser eigenes komplexes Regelwerk zum Zeichnen von Diagrammen formulieren.

Den Leuten, mit denen wir zusammenarbeiten, müssen wir unsere Zeichenkonventionen erklären, und jeder neue Angestellte oder Mitarbeiter muß diese Regeln erlernen. Es wird sich vielleicht ergeben, daß wir mit anderen Firmen zusammenarbeiten, die ihre eigenen Konventionen haben, und wir müssen einkalkulieren, daß es einige Zeit benötigen wird, bis ein gemeinsames Regelwerk erarbeitet und alle Mißverständnisse ausgeräumt sind.

Einfacher wäre es natürlich, wenn man sich in der Industrie auf eine gemeinsame Modelliersprache verständigen könnte (ebenso wie es praktisch wäre, wenn alle Menschen die gleiche Sprache sprechen würden). Die *Lingua Franca* der Software-Entwicklung heißt UML, die Unified Modeling Language. Aufgabe von UML ist es,

Fragen wie: »Wie sollen wir eine Vererbungsbeziehung zeichnen?« zu beantworten. Das Geranien-Diagramm aus Abbildung 18.1 würde in UML beispielsweise wie in Abbildung 18.2 zu sehen gezeichnet.

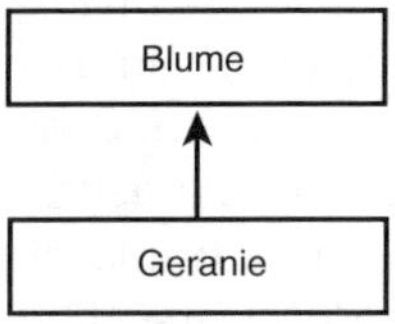

Abbildung 18.2: UML-Darstellung einer Spezialisierung

In UML werden Klassen als Rechtecke und Vererbungen als Pfeile dargestellt. Interessanterweise weist der Pfeil von der stärker spezialisierten Klasse zur allgemeineren Klasse. Für die meisten Leute widerspricht diese Darstellung der intuitiven Sichtweise, doch spielt dies letztlich keine Rolle, sofern man sich nur einig ist.

Ansonsten ist UML nicht schwer zu begreifen. Die Diagramme sind leicht zu verstehen, und ich werde Ihnen im weiteren Verlauf des Kapitels die Sprache UML anhand der Diagramme zum Text erklären. Zwar kann man zu UML auch ohne Mühe ganze Bücher schreiben, doch letztlich benötigt man als Programmierer in 90 % aller Fälle nur eine kleine Untermenge von UML und diese Untermenge ist leicht zu erlernen.

Software-Design: die Vorgehensweise

Wie man bei der objektorientierten Analyse und beim Software-Design vorgehen soll, ist ein weitaus wichtigerer und komplexerer Aspekt als die Auswahl einer Modelliersprache. Kein Wunder also, daß man über diesen Aspekt weit weniger hört. Hinzukommt, daß die Frage der Modelliersprache prinzipiell schon beantwortet ist: Die Industrie hat sich weitgehend auf UML geeinigt. Die Diskussion über die richtige Vorgehensweise dauert dagegen noch an.

Leute, die Methoden (Kombinationen aus Modelliersprache und Vorgehensweise) entwickeln oder studieren, bezeichnet man als Methodologen. Zu den führenden Methodologen gehören: Grady Booch, der die Booch-Methode entwickelte, Ivar Jacobson, der Erfinder des objektorientierten Software-Engineerings, und James Rumbaugh, auf den die Object-Modeling-Technologie (OMT) zurückgeht. Zusammen haben diese Männer Objectory entwickelt, eine Methode und das zugehörige Produkt, das von Rational Software vertrieben wird. Alle drei sind übrigens bei Rational Software angestellt, wo man sie liebevoll die drei »Amigos« nennt.

Dieses Kapitel folgt größtenteils der Objectory-Methode. Daß ich nicht ganz der Objectory-Methode folge, liegt daran, daß ich von der sklavische Bindung an akademische Theorien nicht viel halte – mir ist es wichtiger, ein Produkt zur Marktreife zu bringen, statt einer Theorie zu folgen. Andere Methoden haben auch ihre Vorteile und ich bin eher der eklektische Typ, der sich, was er braucht herauspickt und zu einem praktikablen Ganzen zusammenfaßt.

Software-Design ist ein *iterativer* Prozeß. Dies bedeutet, daß wir bei der Software-Entwicklung wiederholt den ganzen Prozeß von vorne bis hinten durchlaufen – in dem Bemühen, die Zusammenhänge und Anforderungen immer besser zu verstehen. Zwar soll das Design die Implementierung bestimmen, doch tauchen bei der Implementierung oft Details auf, die bis dahin weder erkannt noch berücksichtigt wurden und die dann rückwirkend in das Design einfließen. Wichtig ist, gar nicht erst den Versuch zu machen, größere Projekte in einem einzigen, wohlgeordneten und durchplanten Lauf zu realisieren; besser ist es, die einzelnen Abschnitte des Prozesses zu iterieren und dabei Design und Implementierung stetig zu verbessern.

Das Gegenteil der iterativen Entwicklung ist ein Verfahren, daß ich gerne die Wasserfall-Methode nenne. Bei diesem Verfahren wird das Ergebnis einer Stufe immer zum Input der nächsten Stufe – ein Zurück gibt es nicht (siehe Abbildung 18.3). Bei der Wasserfall-Methode werden die Anforderungen bis ins Detail festgelegt und der Kunde segnet sie ab (»Ja, das ist genau das, was ich haben möchte«). Die in Stein gemeißelten Anforderungen werden dann an den Designer übergeben. Der Designer erstellt das Design (was wirklich eine Leistung ist) und reicht es weiter an den Programmierer, der mit der Implementierung beginnt. Der Programmierer wiederum reicht seinen Code an einen Software-Tester weiter und liefert es schließlich an den Kunden aus. Hört sich in der Theorie wunderbar an, ist in der Praxis aber meist ein einziges Desaster.

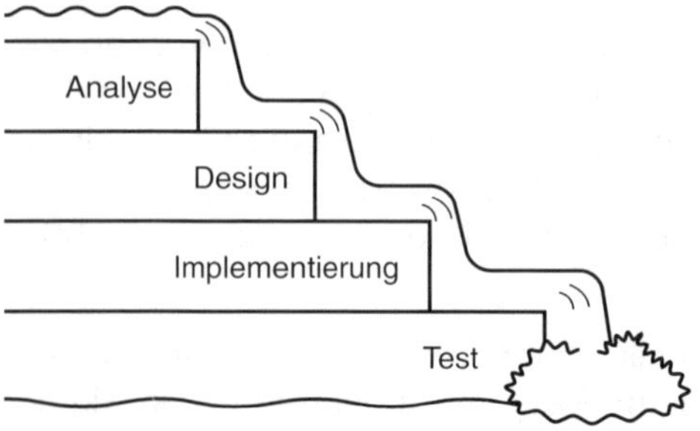

Abbildung 18.3: Die Wasserfall-Methode

Das iterative Design beginnt mit einem Konzept oder einer Vision, auf deren Grundlage wir die Anforderungen ausarbeiten. Während wir immer weiter in die Details hinabsteigen, gewinnt die Vision an Substantialität, bis die Anforderungen so weit ausformuliert sind, daß wir mit dem Design beginnen können – wobei uns vollkommen klar ist, daß Fragen, die beim Design auftauchen, Änderungen an den Anforderungen erforderlich machen können. Während wir an dem Design arbeiten, beginnen wir mit der Erstellung von Prototypen und der Implementierung des Produkts. Neue Aspekte, die sich während des Entwicklungsprozesses ergeben, finden Eingang in das Design und helfen uns unter Umständen sogar, die Anforderungen genauer zu spezifizieren. Dabei entwerfen und implementieren wir immer nur Teile des Endprodukts, während wir durch die Design- und Implementierungsphasen iterieren.

Leider läßt sich das iterative, in Zyklen ablaufende Verfahren nicht in gleicher Weise zu Papier bringen. Wenn ich also im folgenden die einzelnen Phasen nacheinander beschreibe, denken Sie bitte daran, daß alle diese Phasen im Laufe der Entwicklung eines einzigen Produktes mehrfach durchlaufen werden.

Zu den Phasen des iterativen Designs gehören:

1. Konzeptionierung
2. Analyse
3. Design
4. Implementierung
5. Testphase
6. Auslieferung

Konzeptionierung steht für die Vision, die geniale Idee, mit der alles beginnt. Die Analyse ist der Prozeß, in dem es darum geht, die Anforderungen zu verstehen. In der Design-Phase wird das Modell für die Klassen erstellt, auf dessen Grundlage der Code aufgesetzt wird. Implementierung bedeutet, das Modell in einen Code (beispielsweise C++) umzusetzen. Die Testphase soll sicherstellen, daß das Programm sich wie gewünscht verhält. Zum Schluß wird das Produkt an die Kunden ausgeliefert.

Tip

Kontroversen

Es gibt endlose Debatten darüber, was genau in den einzelnen Phasen des iterativen Designs zu geschehen hat und wie man die einzelnen Phasen am besten bezeichnen sollte. Hier ein Geheimnis: Es spielt keine Rolle. Die wesentlichen Phasen sind im Prinzip immer die gleichen: herausfinden, was benötigt wird, eine Lösung entwerfen, die Lösung umsetzen.

Auch wenn sich zahlreiche Newsgroups und mit objektorientierter Technologie befaßte Mailinglisten in ausgedehnten Haarspaltereien ergehen, so stehen die wesentlichen Grundzüge objektorientierter Analyse und objektorientierten Designs doch fest und sind leicht zu begreifen. Ich werde Ihnen in diesem Kapitel einen praktischen Ansatz vorstellen, nach dem Sie die Architektur Ihrer Anwendungen aufbauen können.

Ziel all´ dieser Bemühungen ist es, einen Code zu produzieren, der den aufgestellten Anforderungen entspricht, der sicher, erweiterbar und gut zu warten ist. Das wichtigste Ziel aber ist, einen qualitativ hochstehenden Code innerhalb der gesetzten Fristen und ohne Überziehung des Budgets zu entwickeln.

Konzeptionierung

Jedes gute Programm beginnt mit einer Vision. Irgend jemand hat eine Idee für ein Produkt, von dem er überzeugt ist, daß man es realisieren sollte. Selten sind es Komitees, die begeisternde Visionen entwickeln. Der erste Schritt bei der objektorientierten Software-Entwicklung besteht nun darin, diese Vision in einem einzigen Satz (höchstens einem Absatz) auszudrücken. Die Vision wird zum Leitprinzip für das Entwicklungsteam, das die Vision Realität werden lassen soll. Das Entwicklungsteam sollte sich immer wieder auf die Vision rückbesinnen und, falls nötig, die Formulierung der Vision im Zuge des Entwicklungsprozesses aktualisieren.

Die Vision sollte immer von einer einzigen Person kommen. Wurde die Vision von einem Komitee, beispielsweise beim Treffen der Marketingabteilung, formuliert, sollte eine Person zum Visionär auserkoren werden. Aufgabe des Visionärs ist es, den »Gral« zu hüten. Wenn im weiteren Verlauf die Anforderungen für die erste Iteration aufgesetzt und womöglich aus Zeitgründen oder zur Anpassung an die Marktbedingungen wieder und wieder überarbeitet werden, ist es seine Aufgabe, darauf zu achten, daß das angestrebte Produkt der Vision treu bleibt. Es ist seine unnachsichtige Bestimmtheit, seine passionierte Hingabe, die das Projekt zur Vollendung führt. Wenn man die Vision aus dem Auge verliert, ist das Projekt schon zum Scheitern verurteilt.

Analyse der Anforderungen

Die Phase der Konzeptionierung, in der die Vision in Worte gefaßt wird, ist üblicherweise recht kurz. Manchmal ist es nur ein einziger Geistesblitz und die Phase dauert nicht länger als der Visionär braucht, den Einfall zu Papier zu bringen. Oft werden Sie, als Experte für objektorientierte Programmierung, erst zu dem Projektteam hinzugebeten, wenn die Vision schon ausformuliert ist.

In manchen Firmen wird die Formulierung der Vision mit der Formulierung der Anforderungen durcheinandergebracht. Eine starke Vision ist absolut notwendig, aber sie ist nicht ausreichend. Um weiterzukommen, muß man verstehen, wie das Produkt eingesetzt werden wird und welche Aufgaben es erfüllen muß. Diese Fragen zu beantworten und als Anforderungen zu Papier zu bringen, ist das Ziel der Analyse-Phase. Das Ergebnis der Analyse ist das Anforderungspapier. Der erste Abschnitt des Anforderungspapiers umfaßt die Analyse der Nutzungsfälle (Englisch: use cases).

Die Nutzungsfälle (use cases)

Kern und treibender Motor von Analyse, Design und Implementierung sind die Nutzungsfälle. Ein Nutzungsfall ist nichts anderes als eine Beschreibung der Art und Weise, in der das Produkt genutzt wird. Die Nutzungsfälle dienen nicht nur der Analyse, sie beeinflussen auch das Design, helfen, die erforderlichen Klassen zu finden, und sind noch einmal von besonderer Bedeutung für das Testen des Produkt.

Die mit Abstand wichtigste Aufgabe bei der Analyse ist wohl die Erstellung eines verläßlichen und umfassenden Satzes von Nutzungsfällen. In dieser Phase ist die Hilfe der Bereichsexperten gefragt, denn diese kennen am besten die Bedürfnisse der Geschäftsbereiche, die das Produkt erobern soll.

Nutzungsfälle kümmern sich wenig um Benutzerschnittstellen oder die Interna des zu erstellenden Systems. Systeme und Personen, die mit dem System interagieren, werden als Aktoren bezeichnet.

Zusammengefaßt haben wir es mit folgenden Begriffen zu tun:

- Nutzungsfall – Beschreibung für den Einsatz der Software.
- Bereichsexperte – Leute, die in dem Geschäftsbereich (Domäne), den das Produkt abdecken soll, bewandert sind.
- Aktoren – Jede Person und jedes System, das mit dem zu entwickelnden System interagiert.

Nutzungsfälle beschreiben die Interaktion zwischen einem Aktor und dem System. Bei der Nutzungsfallanalyse wird das System als »black box« angesehen. Der Aktor »sendet eine Nachricht« an das System, woraufhin irgend etwas geschieht: Bestimmte Informationen werden zurückgeliefert, der Zustand des Systems ändert sich, das Raumschiff ändert den Kurs, was auch immer.

Identifizierung der Aktoren

Es ist wichtig, sich von dem Gedanken freizumachen, das Aktoren Menschen sein müßten. Systeme, die mit dem System, das Sie erstellen, interagieren, sind ebenfalls Aktoren. Würde man beispielsweise einen Bankautomaten entwickeln, wären nicht nur der Kunde und der Bankangestellte mögliche Aktoren, sondern auch die Systeme, an die Ihr System angeschlossen ist – beispielsweise Hypotheken- oder Darlehenssysteme. Die wesentlichen Eigenschaften eines Aktors sind:

- Er steht außerhalb des Systems.
- Er interagiert mit dem System.

Einen Einstieg zu finden, ist oft das Schwierigste an der Nutzungsfallanalyse. In solchen Fällen hilft es oft weiter, eine Teamsitzung einzuberufen und alles aufzuschreiben, was den Teammitgliedern einfällt.

Setzen Sie eine Liste der Personen und Systeme auf, die mit Ihrem neuen System interagieren. (Wenn ich hier von Personen rede, meine ich im Grunde Rollen: den Bankangestellten, den Manager, den Kunden und so weiter.)

Für das Beispiel unseres Bankautomaten könnte eine solche Liste folgende Rollen enthalten:

- der Kunde,
- das Bankpersonal,
- das Back-Office-System,
- der Angestellte, der den Bankautomat mit Geld füllt.

Für den Anfang reicht es vollkommen, nur die offensichtlichen Rollen in die Liste aufzunehmen. Drei oder vier Aktoren können vollkommen ausreichend sein, um in die Erstellung von Nutzungsfällen einzusteigen. Jeder der Aktoren interagiert mit dem System auf seine eigene Art und Weise. Diese Interaktionen wollen wir in den Nutzungsfällen auffangen.

Den ersten Nutzungsfall formulieren

Beginnen wir mit der Rolle des Kunden. In unserer Teamsitzung könnten folgende Nutzungsfälle für den Kunden zusammentragen worden sein:

- Der Kunde fragt seinen Kontostand ab.
- Der Kunde zahlt Geld auf sein Konto ein.
- Der Kunde hebt Geld von seinem Konto ab.
- Der Kunde überweist Geld von einem Konto auf ein anderes.
- Der Kunde eröffnet ein Konto.
- Der Kunde schließt ein Konto.

Sollten wir zwischen den Nutzungsfällen »Der Kunde zahlt Geld auf sein Girokonto ein« und »Der Kunde zahlt Geld auf sein Sparkonto ein« unterscheiden oder sollten wir beide Nutzungsfälle zu »Der Kunde zahlt Geld auf sein Konto ein« zusammenfassen (wie in obiger Liste geschehen)? Die Antwort hängt davon ab, ob diese Unterscheidung innerhalb der Domäne sinnvoll ist oder nicht.

Um zu entscheiden, ob für diese Aktionen ein oder zwei Nutzungsfälle aufzusetzen sind, müssen Sie sich die Frage stellen, ob die Abläufe (was macht der Kunde beim

Einzahlen) und die Ergebnisse (wie antwortet das System) für beide Fälle verschieden sind. In unserem Beispiel ist die Antwort in beiden Fällen »Nein«: Die Einzahlungen auf beide Konten laufen im wesentlichen identisch ab, und das Ergebnis ist auch grundsätzlich das gleiche (der Bankautomat erhöht den Kontostand um den eingezahlten Betrag).

Da Aktor und System sich bei Einzahlungen auf Giro- und Sparkonto im wesentlichen identisch verhalten und reagieren, handelt es sich tatsächlich um einen einzigen Nutzungsfall. Später, wenn wir für die Nutzungsfälle einzelne Szenarien ausarbeiten, können wir die beiden Varianten austesten, um zu sehen, ob es überhaupt einen Unterschied gibt.

Während Sie sich Gedanken um die Rolle der verschiedenen Aktoren machen, sollten Sie sich die folgenden Fragen stellen, die Ihnen helfen können, weitere Nutzungsfälle auszumachen:

- Warum nutzt der Aktor dieses System?
  Der Kunde nutzt das System, um Geld abzuheben, Geld einzuzahlen oder seinen Kontostand abzufragen.
- Welches Ergebnis erwartet der Aktor von den einzelnen Aktionen?
  Seinen Kontostand zu erhöhen oder Bargeld für den Einkauf zu erhalten.
- Was könnte den Aktor veranlaßt haben, das System zu nutzen?
  Er könnte Geld eingenommen haben, oder er möchte etwas käuflich erwerben.
- Was muß der Aktor tun, um das System nutzen zu können?
  Seine Kundenkarte in den dafür vorgesehenen Schlitz des Automaten einführen.
  Aha! Wir brauchen also einen Nutzungsfall für das Anmelden des Kunden im System.
- Welche Information verlangt das System von dem Aktor?
  Eingabe der persönlichen Geheimzahl (PIN).
  Aha! Wir brauchen also einen Nutzungsfall für das Eingeben der persönlichen Geheimzahl.
- Welche Informationen erhofft sich der Aktor von dem System?
  Kontostände etc.

Weitere Nutzungsfälle findet man meist, indem man sich auf die Attribute der Objekte in der Domäne konzentriert. Der Kunde verfügt beispielsweise über einen Namen, eine PIN, eine Kontonummer. Haben wir Nutzungsfälle zur Verwaltung dieser Objekte? Ein Konto besteht aus Kontonummer, Kontostand und der Aufzeichnung der vorgenommenen Transaktionen. Haben wir in unseren Nutzungsfällen an diese Elemente gedacht?

Nachdem wir die Nutzungsfälle für den Kunden zusammengetragen haben, überlegen wir uns in gleicher Weise Nutzungsfälle für die anderen Aktoren. Wie ein erster brauchbarer Satz von Nutzungsfällen für das Bankautomaten-Beispiel aussehen könnte, zeigt die folgende Liste:

- Der Kunde fragt seinen Kontostand ab.
- Der Kunde zahlt Geld auf sein Konto ein.
- Der Kunde hebt Geld von seinem Konto ab.
- Der Kunde überweist Geld von einem Konto auf ein anderes.
- Der Kunde eröffnet ein Konto.
- Der Kunde schließt ein Konto.
- Der Kunde meldet sich an.
- Der Kunde läßt sich die letzten Transaktionen anzeigen.
- Der Bankangestellte meldet sich auf einem speziellen Verwaltungskonto an.
- Der Bankangestellte ändert die Einstellungen für ein Kundenkonto.
- Ein Back-Office-System aktualisiert ein Kundenkonto auf der Grundlage einer externen Aktion.
- Änderungen für ein Kundenkonto werden dem Back-Office-System gemeldet.
- Der Bankautomat signalisiert, daß kein Bargeld mehr vorhanden ist.
- Der Banktechniker füllt den Bankautomat mit Bargeld.

Erstellung des Domänen-Modells

Ist der erste Satz von Nutzungsfällen aufgesetzt, können Sie darangehen, Ihr Anforderungspapier um ein detailliertes Domänen-Modell zu erweitern. Das *Domänen-Modell* ist ein Dokument, in dem Sie alles festhalten, was Sie über die betreffende Domäne (den Geschäftsbereich, um den es geht) wissen. Als Teil des Domänen-Modells erzeugen Sie Domänen-Objekte, die die Objekte aus Ihren Nutzungsfällen beschreiben. In unserem Bankautomaten-Beispiel gibt es derzeit die folgenden Objekte: Kunde, Bankpersonal, Back-Office-System, Girokonto, Sparkonto und so weiter.

Zu jedem dieser Objekte versuchen wir, die wichtigsten Daten zu erfassen: den Namen des Objekts (z.B. Kunde, Konto etc.), ob es sich bei dem Objekt um einen Aktor handelt, die wichtigsten Attribute und Verhaltensweisen des Objekts und so weiter. Viele Modellierungstools unterstützen das Zusammentragen dieser Informationen durch sogenannte »class«-Beschreibungen. In Abbildung 18.4 sehen Sie, wie diese Informationen in Rational Rose aufgenommen werden.

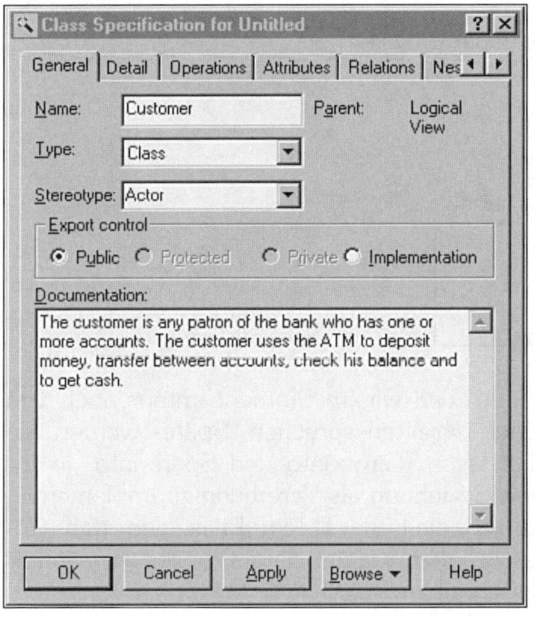

Abbildung 18.4: Rational Rose

Beachten Sie, daß wir hier *keine* Design-Objekte, sondern die Objekte der Domäne beschreiben. Wir dokumentieren, wie sich die reale Welt verhält, und nicht, wie unser System arbeitet.

Mit Hilfe von UML können wir für unser Bankautomaten-Beispiel die Beziehungen zwischen den Objekten der Domäne als Diagramm darstellen – also unter Verwendung der gleichen Diagrammkonventionen, die wir später zur Beschreibung der Beziehungen zwischen den Klassen der Domäne verwenden werden. Dies ist eine der großen Stärken von UML: Wir können das gleiche Tool in allen Phasen des Projekts verwenden.

Beispielsweise können wir mit Hilfe der UML-Konventionen festhalten, daß Girokonten und Sparkonten Spezialisierungen des allgemeineren Konzepts eines Bankkontos sind (siehe Abbildung 18.5)

In dem Diagramm aus Abbildung 18.5 repräsentieren die Rechtecke die verschiedenen Domänen-Objekte und die Pfeile stehen für Generalisierungen. UML schreibt vor, daß diese Pfeile von der spezialisierten Klasse zur allgemeinen »Basis-«Klasse gezeichnet werden. Aus diesem Grunde weisen Girokonto und Sparkonto auf Bankkonto.

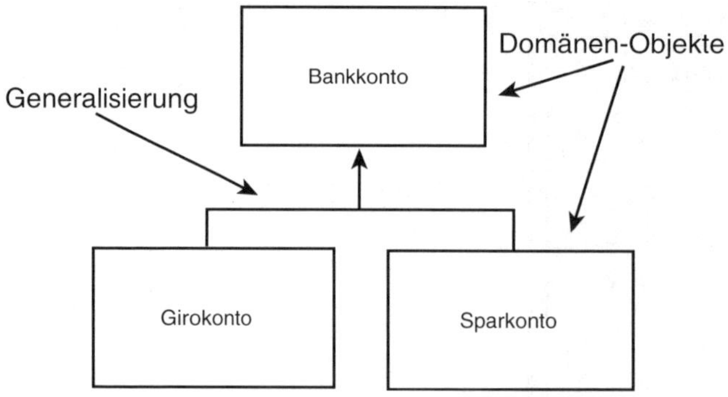

Abbildung 18.5: Spezialisierung

Hinweis: Ich möchte noch einmal betonen, daß wir im Moment immer noch von Beziehungen zwischen Domänen-Objekten sprechen. Später werden Sie vermutlich entscheiden, zwei Klassen, Girokonto und Sparkonto, in Ihr Design aufzunehmen und deren Beziehung als Vererbung zu implementieren, doch dies sind Entscheidungen, die in der Design-Phase getroffen werden. Während der Analyse beschränken wir uns darauf, unser Verständnis der Domänen-Objekte niederzuschreiben.

UML ist eine leistungsfähige Modellierungssprache, und Sie können beliebig viele Beziehungen definieren. Die wichtigsten Beziehungen, die bei der Analyse erfaßt werden, sind: Generalisierung (oder Spezialisierung), Einbettung und Assoziation.

Generalisierung

Generalisierung wird häufig mit »Vererbung« gleichgesetzt, doch es gibt einen wichtigen Unterschied. Generalisierung beschreibt die Beziehung, Vererbung die Implementierung der Generalisierung (wie die Generalisierung in Code umgewandelt wird).

Generalisierung impliziert, daß das abgeleitete Objekt ein Untertyp des Basisobjekts ist. Folglich ist ein Girokonto ein Bankkonto. Die Beziehung ist symmetrisch: Ein Bankkonto verallgemeinert das grundsätzliche Verhalten und die Attribute von Giro- und Sparkonten.

Während der Domänen-Analyse versuchen wir, diese Beziehungen, wie sie in der realen Welt existieren, zu erfassen.

Einbettung (Containment)

Häufig setzt sich ein Objekt aus mehreren Unterobjekten zusammen. So besteht ein Auto beispielsweise aus Steuerrad, Reifen, Türen, Radio und so weiter. Zu einem Girokonto gehören der Kontostand, die Liste der vorgenommenen Transaktionen, eine PIN und so weiter. Wir sprechen davon, daß das Girokonto diese Elemente enthält.

Die Einbettung modelliert diese Beziehung. In UML wird die Einbettung durch Linien mit einer Raute dargestellt, die von dem übergeordneten Objekt zum eingebetteten Objekt weisen (siehe Abbildung 18.6).

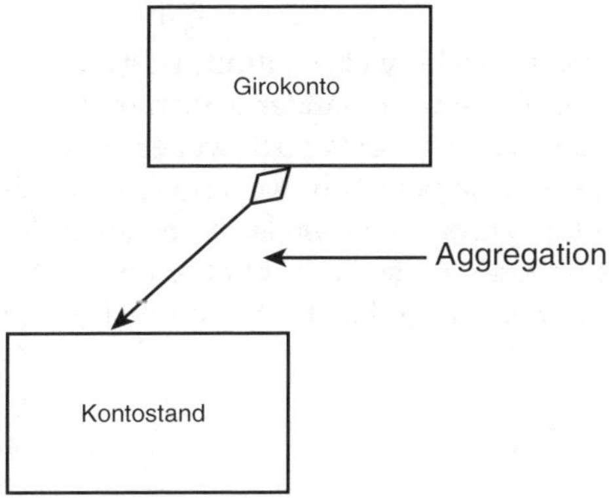

Abbildung 18.6: Einbettung

Das Diagramm aus Abbildung 18.6 besagt, daß ein Girokonto ein Kontostand-Element enthält. Aus den Diagrammen der Abbildungen 18.5 und 18.6 kann man schon ein recht komplexes Beziehungsgeflecht erstellen (siehe Abbildung 18.7).

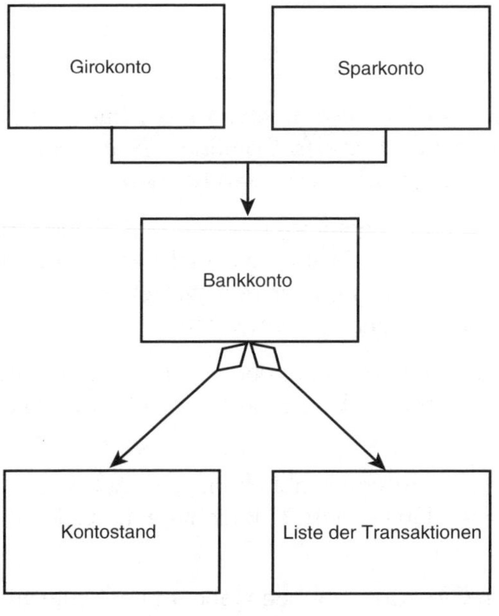

Abbildung 18.7: Beziehungen zwischen den Objekten

Das Diagramm aus Abbildung 18.7 besagt, daß Girokonto und Sparkonto beides Bankkonten sind und daß alle Bankkonten über einen Kontostand und eine Liste der bisherigen Transaktionen verfügen.

Assoziation

Die dritte Beziehung, die bei der Domänen-Analyse üblicherweise auftritt, ist die einfache Assoziation. Assoziation bedeutet, daß zwei Objekte voneinander wissen und in irgendeiner Weise interagieren. In der Design-Phase läßt sich dies noch weiter präzisieren; im Moment, da wir uns noch in der Analyse-Phase befinden, wollen wir dadurch nur ausdrücken, daß Objekt A und Objekt B interagieren, aber weder eines im anderen enthalten ist noch eine Spezialisierung des anderen darstellt. In UML wird die Assoziation durch eine einfache gerade Linie zwischen den Objekten dargestellt (siehe Abbildung 18.8).

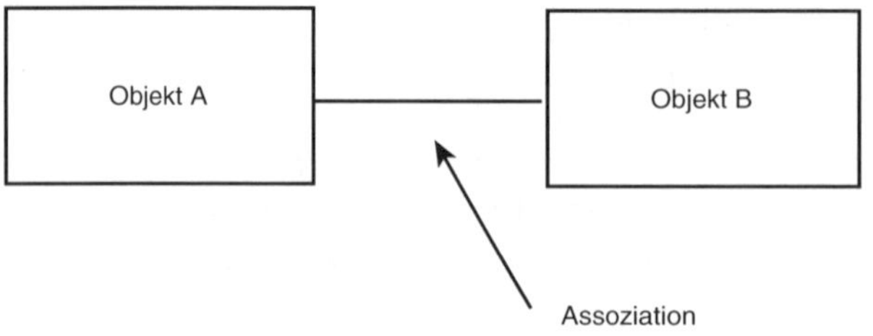

Abbildung 18.8: Assoziation

Szenarien entwerfen

Nachdem wir einen ersten Satz von Nutzungsfällen zusammengetragen haben und über die Tools zum Zeichnen der Beziehungen zwischen den Domänen-Objekten verfügen, sind wir soweit, daß wir die Nutzungsfälle weiter ausarbeiten können.

Für jeden Nutzungsfall kann eine Serie von Szenarien entworfen werden. Ein Szenario ist schlichtweg ein Satz spezieller Umstände, die das Zusammenspiel der einzelnen Elemente des Nutzungsfalls beeinflussen. So könnte man für den Nutzungsfall »Der Kunde hebt Geld von seinem Konto ab« folgende Szenarien entwerfen:

- Der Kunde möchte 300,- DM von seinem Girokonto abheben, der Automat gibt das Geld aus, und der Kunde nimmt es entgegen. Das System druckt eine Quittung.
- Der Kunde möchte 300,- DM von seinem Girokonto abheben, aber auf seinem Konto stehen nur 200,- DM. Der Kunde wird informiert, daß nicht genug Geld auf dem Konto ist.
- Der Kunde möchte 300,- DM von seinem Girokonto abheben, aber er hat heute bereits 100,- DM abgehoben, und sein Tageslimit beträgt 300,- DM. Der Kunde wird von dem Problem in Kenntnis gesetzt und beschließt, nur 200,- DM abzuheben.

Und so weiter. Jedes Szenario ist eine Variation des ursprünglichen Nutzungfalls. Viele dieser Variationen fangen Ausnahmebedingungen ab (nicht genug Geld auf dem Konto, nicht genug Geld im Automaten etc.). Manchmal erforschen die Variationen kleine Verschiebungen im Ablauf des Nutzungsfalls (»der Kunde möchte eine Überweisung tätigen, bevor er Geld abhebt«).

Nicht jedes denkbare Szenario muß auch wirklich erforscht werden. Konzentrieren Sie sich auf Szenarien, die die Grenzen des Systems ausloten und spezielle Interaktionen mit dem Aktor beleuchten.

Richtlinien ausarbeiten

Zur von Ihnen eingesetzten Methode gehört auch, daß Sie Richtlinien für die Dokumentation der einzelnen Szenarien aufstellen. Diese Richtlinien werden ebenfalls im Anforderungspapier festgehalten. Üblicherweise versucht man sicherzustellen, daß zu jedem Szenario folgende Angaben gemacht werden:

- Vorbedingungen – Was muß vor Beginn des Szenarios gegeben sein?
- Auslöser – Was führt dazu, daß das Szenario beginnt?
- Was machte der Aktor?
- Welche Ergebnisse oder Änderungen produzierte das System?
- Welche Rückmeldungen erhielt der Aktor?
- Gab es sich wiederholende Aktionen, was hat sie ausgelöst?
- Beschreibung des logischen Ablaufs des Szenarios.
- Was führt zur Beendigung des Szenarios?
- Nachbedingungen – Was muß nach Beendigung des Szenarios gegeben sein?

Zusätzlich werden Sie noch jedem Nutzungfall und jedem Szenario einen Namen geben wollen, so daß die Niederschrift eines Szenarios insgesamt wie folgt aussehen würde:

Nutzungsfall	Der Kunde hebt Geld ab.
Szenario	Erfolgreiche Abhebung vom Girokonto.
Vorbedingung	Der Kunde hat sich im System angemeldet.
Auslöser	Der Kunde fordert eine »Abhebung«.

Beschreibung	Der Kunde möchte Bargeld von seinem Girokonto abheben. Auf dem Konto ist genügend Geld vorhanden, im Automaten ist ausreichend Geld und Papier für Quittungen, das Netzwerk ist hochgefahren und am laufen. Der Bankautomat fordert den Kunden auf, den Betrag anzugeben, den er abheben möchte, und der Kunde verlangt 300,– DM, was zu dieser Zeit ein legaler Betrag ist. Der Automat gibt 300,– DM aus, der Kunde entnimmt das Geld. Das System druckt eine Quittung.
Nachbedingung	Das Kundenkonto wird mit 300,– DM belastet, der Kunde hat 300,– DM Bargeld.

Dieser Nutzungsfall kann durch ein extrem einfaches Diagramm versinnbildlicht werden (siehe Abbildung 18.9).

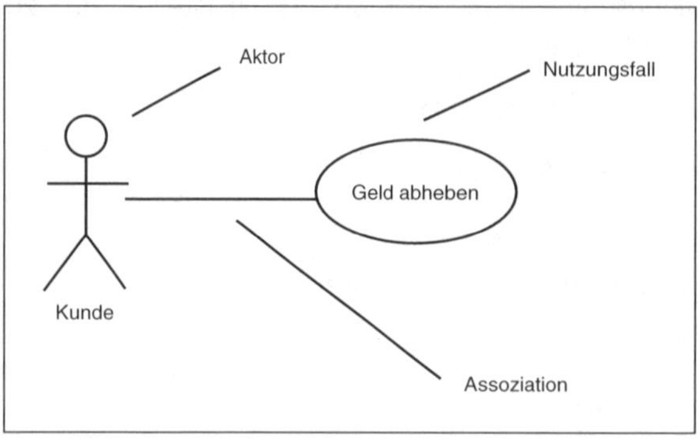

Abbildung 18.9: Nutzungsfalldiagramm

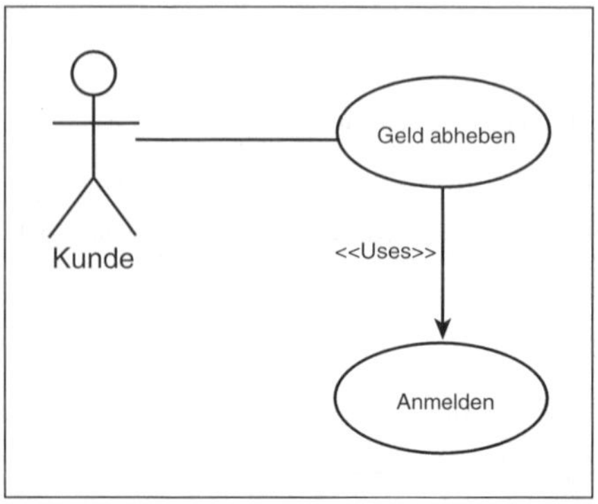

Abbildung 18.10: Der »uses«-Stereotyp

Das Diagramm aus Abbildung 18.9 zeigt wenig mehr als die starke Abstraktion einer Interaktion zwischen Aktor (dem Kunden) und dem System. Ein wenig interessanter wird es, wenn Interaktionen zwischen Nutzungsfällen in das Diagramm mit aufgenommen werden. Ich sage »ein wenig«, weil es zwei mögliche Interaktionen zwischen Nutzungsfällen gibt: »uses« und »extends«. Der »uses«-Stereotyp zeigt an, daß ein Nutzungsfall dem anderen übergeordnet ist. So ist es beispielsweise nicht möglich, Bargeld abzuheben, ohne sich zuvor bei dem System anzumelden. Man kann diese Beziehung durch das Diagramm aus Abbildung 18.10 verdeutlichen.

Abbildung 18.10 besagt, daß der »Geld abheben«-Nutzungsfall den »Anmelden«-Nutzungsfall verwendet (»uses«) und somit den »Anmelden«-Fall als Teil von »Geld abheben« vollständig durchführt.

Der »extends«-Nutzungsfall war dafür gedacht, konditionierte Beziehungen und so etwas Ähnliches wie die Vererbung anzuzeigen, doch es herrscht in der Objektmodellierungsgemeinde so viel Verwirrung über die korrekte Unterscheidung zwischen »uses« und »extends«, daß viele Entwickler einfach auf »extends« verzichten. Ich persönlich verwende »uses« in Fällen, wo ich ansonsten den ganzen Nutzungsfall an die betreffende Stelle kopieren würde, und »extends«, wenn ich den Nutzungsfall nur unter bestimmten, definierbaren Bedingungen verwenden würde.

Interaktionsdiagramme

Auch wenn das Diagramm des Nutzungsfalls für sich genommen nur von begrenztem Wert ist, können Sie durch die Verbindung von Diagrammen und Nutzungsfall die Dokumentation und Beschreibung der Interaktionen drastisch verbessern. So wissen wir beispielsweise, daß das »Geld abheben«-Szenario die Interaktionen zwischen den folgenden Domänen-Objekten darstellt: Kunde, Girokonto und Benutzerschnittstelle. Wir können diese Interaktion durch ein Interaktionsdiagramm verdeutlichen (siehe Abbildung 18.11).

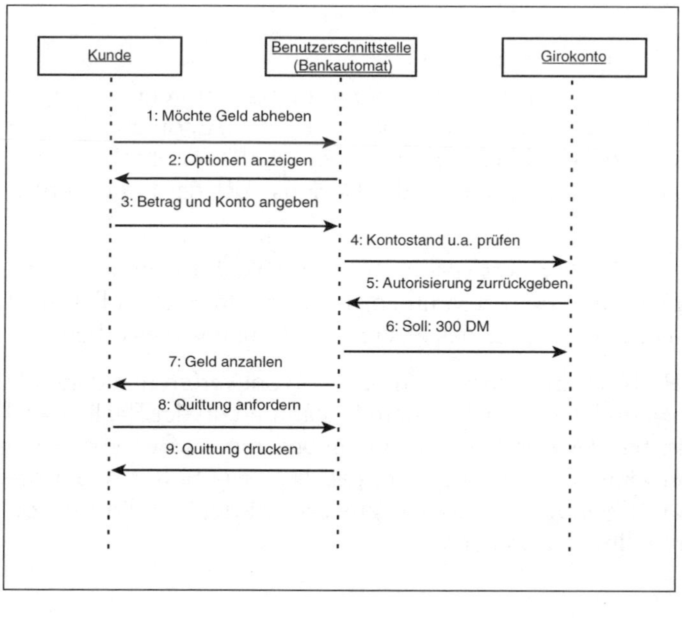

Abbildung 18.11: UML-Interaktionsdiagramm

Im Interaktionsdiagramm aus Abbildung 18.12 werden Details des Szenarios sichtbar, die beim Lesen des Textes nicht so deutlich zu erkennen sind. Die Objekte, die dabei interagieren, sind Domänen-Objekte, und die gesamte Benutzerschnittstelle des Bankautomaten wird als ein einziges Objekt aufgefaßt – lediglich das Bankkonto wird im Detail ausgearbeitet.

Unser recht einfaches Bankautomaten-Beispiel zeigt nur einige wenige Interaktionen. Aber gerade das Herausarbeiten der Spezifika dieser Interaktionen ist ein wichtiger Schritt, um die Probleme der Domäne und die Anforderungen an das neue System zu verstehen.

Pakete erstellen

Komplexere Probleme bedingen meist die Erstellung einer Vielzahl von Nutzungsfällen. UML erlaubt es Ihnen daher, Ihre Nutzungsfälle in Pakete zu bündeln.

Ein *Paket* ist wie ein Verzeichnis oder ein Ordner – es ist eine Ansammlung von Modellierungsobjekten (Klassen, Aktoren und so weiter). Um komplexe Nutzungsfälle besser verwalten zu können, haben Sie die Möglichkeit, Pakete nach beliebigen Gesichtspunkten zusammenzustellen. So können Sie Ihre Nutzungsfälle nach Kontotyp (alles, was Giro- und Sparkonto betrifft), nach Kreditaufnahme und Kontobelastung, nach Kundentyp oder nach beliebig anderen Kriterien zusammenstellen. Darüber hinaus kann ein einzelner Nutzungsfall in verschiedene Pakete aufgenommen werden, was Ihnen alle erdenkliche Freiheit bei der Zusammenstellung der Pakete läßt.

Anwendungsanalyse

Neben den von Ihnen erarbeiteten Nutzungsfällen gehören in das Anforderungspapier auch die Wünsche des Kunden, etwaige Beschränkungen, die Anforderungen an Hardware und Betriebssystem. Anwendungsanforderungen sind spezielle Vorgaben des Kunden – Dinge, die man ansonsten während des Designs oder der Implementierung entscheiden würde.

Anwendungsanforderungen ergeben sich oft aus der Notwendigkeit, mit einem bestehenden (eventuell übernommenen) System zusammenzuarbeiten. In solchen Fällen ist es wichtig, in der Analyse zu erarbeiten, was das System macht und wie es arbeitet.

Im Idealfall würde man das Problem analysieren, eine Lösung entwerfen und dann die am besten geeignete Plattform und das Betriebssystem bestimmen. In der Realität sind Idealfälle allerdings rar. Meist hat der Kunde bereits in ein bestimmtes Betriebssystem oder eine Hardware-Plattform investiert und möchte, daß die neue Software auf seinem bestehenden System läuft. Nehmen Sie diesen Wunsch frühzeitig in Ihre Anforderungsliste auf und richten Sie Ihr Design danach.

Systemanalyse

Manche Programme sind vollkommen eigenständig und interagieren nur mit dem Endanwender. Andere Programme müssen eine Schnittstelle zu einem bestehenden System einrichten. Bei der Systemanalyse werden alle Details über die Systeme zusammengetragen, mit denen Ihr Programm interagieren muß. Handelt es sich bei Ihrem neuen System um einen Server, der seine Dienste bestehenden Systemen zur Verfügung stellt, oder handelt es sich um eine Client-Anwendung? Können Sie die Schnittstelle zwischen den Systemen selbst mit ausarbeiten, oder müssen Sie sich an eine bestehende Schnittstellenspezifikation halten. Ist das andere System stabil oder müssen Sie mit Schwankungen rechnen?

Diese und andere Fragen müssen in der Analyse-Phase beantwortet werden. Versuchen Sie auch zu erarbeiten, welche Anforderungen und Beschränkungen die Interaktion mit anderen Systemen dem eigenen System aufbürdet. Wird die Schnelligkeit und Leistungsfähigkeit Ihres Systems belastet? Muß Ihr System große Mengen von Eingaben seitens der anderen Systeme verarbeiten und Zeit und Ressourcen dafür opfern?

Planungsdokumente

Nachdem Sie verstanden haben, was Ihr System leisten und wie es arbeiten soll, ist es an der Zeit, eine erste Zeit- und Kostenanalyse aufzusetzen. Der Fertigstellungstermin wird meist durch den Kunden vorgegeben: »In 18 Monaten muß das System laufen«. Im Idealfall würden Sie Ihren Anforderungskatalog durchsehen und abschätzen, wie lange Sie für das Design und die Implementierung des Programms benötigen. Dies ist der Idealfall; in der Realität werden Ihnen meist Zeit- und Kostenlimits vorgegeben, und das Problem ist abzuschätzen, wieviel der gewünschten Funktionalität in der zu Verfügung stehenden Zeit und ohne Überschreitung der zugebilligten Kosten realisiert werden kann.

Folgende Punkte sollten Sie bei der Erstellung des Kosten- und Zeitplans berücksichtigen:

- Wenn Sie Spielraum haben, nutzen Sie diesen voll aus.
- Liberty's Gesetz besagt, daß alles länger dauert als erwartet – selbst wenn man Liberty's Gesetz berücksichtigt hat.

Unter diesen Gegebenheiten ist es wichtig, einen sinnvollen Arbeitsplan zu erstellen. Fertig werden Sie nicht – das sollten Sie im Auge behalten. Kommt es soweit, daß Sie den Fertigstellungstermin verpassen, ist es wichtig, daß Ihr Programm, so weit es gediegen ist, funktions- und lauffähig ist und als erstes Release durchgehen kann. Stellen Sie sich vor, sie erbauen eine Brücke und haben das Zeitlimit überschritten. Wenn Sie es nicht mehr geschafft haben, den Fahrradweg über die Brücke einzurichten, ist das nicht so schlimm. Sie können die Brücke trotzdem eröffnen. Wenn Sie das Zeitlimit überschreiten, während die Brücke nur halb über den Fluß führt, ist das unvergleichlich unangenehmer.

Was Sie über Planungsdokumente unbedingt wissen sollten, ist, daß diese nie stimmen. So früh im Entwicklungsprozeß ist es praktisch unmöglich, auch nur eine halbwegs verläßliche Abschätzung des Zeitaufwands für das Projekt abzugeben. Ist der Anforderungskatalog fertiggestellt, können Sie ziemlich genau sagen, wie lange Sie für die Design-Phase brauchen werden, Sie können abschätzen, wie lange die Implementierung dauern wird und Sie können einen ungefähren Zeitraum für die Testphase angeben. Geben Sie dann noch zwischen 20 und 25 % Spielraum hinzu, und Sie sollten in etwa mit Ihrer Zeit hinkommen.

Hinweis

Die Zugabe von 20 bis 25 % Spielraum soll keine Entschuldigung dafür sein, bei der Erstellung der Planungsdokumente nachlässig zu sein. Doch selbst auf sorgfältig ausgearbeitete Zeit- und Kostenpläne sollte man nicht zu sehr vertrauen. Je weiter das Projekt voranschreitet, um so besser lernen Sie Ihr System verstehen und um so genauer lassen sich Zeit- und Kostenaufwand abschätzen.

Visualisierung

Zu guter Letzt wird das Anforderungspapier mit Diagrammen, Bildern, Bildschirmabbildungen, Prototyp-Skizzen und anderem grafischen Material ausgeschmückt, das Ihnen hilft, eine bessere Vorstellung vom Design der grafischen Benutzerschnittstelle des Produkts zu bekommen.

Für größere Projekte bietet es sich an, einen Prototypen zu entwickeln, der Ihnen (und Ihren Kunden) hilft, das System besser zu verstehen. Manche Teams verwenden einen Prototyp als lebendiges Anforderungspapier und realisieren das System als Implementierung der vom Prototyp angedeuteten Funktionalität.

Artefakte

Am Ende der Analyse- wie auch der Design-Phase setzen Sie eine Reihe von Dokumenten auf, die sogenannten Artefakte. In Tabelle 18.1 sehen Sie die Artefakte der Analyse-Phase aufgelistet. Anhand dieser Dokumente vergewissert sich der Kunde, daß Sie verstanden haben, was er benötigt, die Endanwender melden Verbesserungsvorschläge an das Team und das Team selbst benötigt die Dokumente für das Design und die Implementierung des Codes. Etliche dieser Dokumente sind auch unabdingbar für das Dokumentationsteam und die Qualitätssicherungsabteilung, die den Dokumenten entnehmen können, wie sich das System verhalten soll.

Artefakt	Beschreibung
Nutzungsfallbericht	Dokument mit den detaillierten Beschreibungen der Nutzungsfälle, Szenarien, Stereotypen, Vorbedingungen, Nachbedingungen und Visualisierungen.
Domänen-Analyse	Dokument und Diagramme zur Beschreibung der Beziehungen zwischen den Domänen-Objekten.
Kollaborationsanalyse	Kollaborationsdiagramme zur Beschreibung der Interaktionen zwischen den Objekten in der Domäne.
Aktivitätsanalyse	Aktivitätsdiagramme zur Beschreibung der Interaktionen zwischen den Objekten in der Domäne.
Systemanalyse	Berichte und Diagramme zur Beschreibung der Low-Level- und Hardwaresysteme, auf denen das Programm läuft.
Anwendungsanalyse	Berichte und Diagramme zur Beschreibung spezieller Anforderungen seitens des Kunden.
Betriebsbeschränkungen	Bericht über Leistungsmerkmale und Beschränkungen.
Zeit- und Kostenplanung	Bericht mit Gantt- und Pert-Diagrammen zu Zeitplan, Abschnittszielen und Kosten.

Tabelle 18.1: Artefakte, die während der Analyse-Phase der Projektentwicklung erstellt werden

Design

Während sich die Analyse auf die Ergründung des Problems konzentriert, geht es beim Design um die Ausarbeitung einer Lösung. Design bedeutet hierbei, unser Verständnis der Anforderungen in ein Modell umzusetzen, das als Software implementiert werden kann. Das Ergebnis dieses Prozesses ist die Fertigstellung eines Design-Dokuments.

Das Design-Dokument gliedert sich in zwei Abschnitte: Klassendesign und Architektur. Der Klassendesign-Abschnitt wiederum gliedert sich in Statisches Design (mit Details zu den verschiedenen Klassen, ihren Beziehungen und Charakteristika) und Dynamisches Design (mit Angaben zur Interaktion der Klassen).

Im Architektur-Abschnitt des Design-Dokuments halten Sie fest, wie Sie Objektpersistenz, verteilte Objektsysteme und anderes implementieren wollen. Der Rest dieses Kapitels ist dem Klassendesign-Abschnitt des Design-Dokuments gewidmet, in den weiteren Kapiteln dieses Buches finden Sie Informationen über die Implementierung verschiedener Architekturkonzepte.

Was sind Klassen?

Als C++-Programmierer sind Sie den Umgang mit Klassen natürlich gewohnt, doch für die weiteren Ausführungen müssen Sie zwischen den C++-Klassen und den Design-Klassen unterscheiden – auch wenn beide eng miteinander verwandt sind. Die C++-Klassen, die Sie in Ihrem Code aufsetzen, sind die Implementierungen Ihrer Design-Klassen. Dies ist eine isomorphe Abbildung: Jede Klasse aus Ihrem Design korrespondiert mit einer Klasse aus Ihrem Code. Trotzdem sollte man beide auseinanderhalten. So ist es durchaus möglich, die Design-Klassen in einer anderen Sprache zu implementieren oder die Syntax der Klassendefinition zu ändern.

Nachdem dies nun geklärt ist, möchte ich anmerken, daß wir im folgenden meist einfach über Klassen reden, ohne explizit zwischen beiden Erscheinungen einer Klasse zu trennen. Wenn es heißt, daß die `Katzen`-Klasse Ihres Modells eine `Miau()`-Methode hat, bedeutet dies auch, daß Ihre C++-Klasse eine `Miau()`-Methode erhalten soll.

Die Modellklassen werden in einem UML-Diagramm festgehalten, die C++-Klassen in einem Code, der kompiliert werden kann. Die Unterscheidung ist sinnvoll, wenn auch subtil.

Wie auch immer, die größte Hürde für Novizen ist, einen ersten Satz von Klassen zu finden und zu verstehen, was eine gut entworfene Design-Klasse auszeichnet. Eine simple Technik, diese Hürde zu nehmen, besteht darin, die Nutzungsfall-Szenarien niederzuschreiben und für jedes Substantiv eine Klasse zu erstellen. Betrachten wir das folgende Nutzungsfall-Szenario:

> Der *Kunde* möchte *Bargeld* von seinem *Girokonto* abheben. Auf dem *Konto* ist genügend Geld, der *Bankautomat* hat ausreichend Geld und *Quittungen*, das *Netzwerk* ist hochgefahren und läuft. Der Bankautomat fordert den Kunden auf, den *Betrag* für die *Abhebung* anzugeben und der Kunde fordert 300,- DM – ein zur Zeit legaler Betrag. Die *Maschine* gibt 300,- DM aus und druckt eine Quittung. Der Kunde nimmt das *Geld* und die Quittung.

Aus diesem Szenario lassen sich die folgenden Klasse ableiten:

- Kunde
- Bargeld
- Girokonto
- Konto
- Bankautomat
- Quittungen
- Netzwerk

- Betrag
- Abhebung
- Maschine
- Geld

Synonyme Eintragungen kann man zusammenfassen und erhält dann die folgende Liste, für deren einzelne Einträge man Klassen erstellt:

- Kunde
- Bargeld (Betrag, Abhebung, Geld)
- Girokonto
- Konto
- Bankautomat (Maschine)
- Quittungen
- Netzwerk

So weit ist dies kein schlechter Anfang. Als nächsten Schritt könnte man jetzt die offensichtlichen Beziehungen zwischen den einzelnen Einträgen der Klasse in ein Diagramm eintragen (siehe Abbildung 18.12).

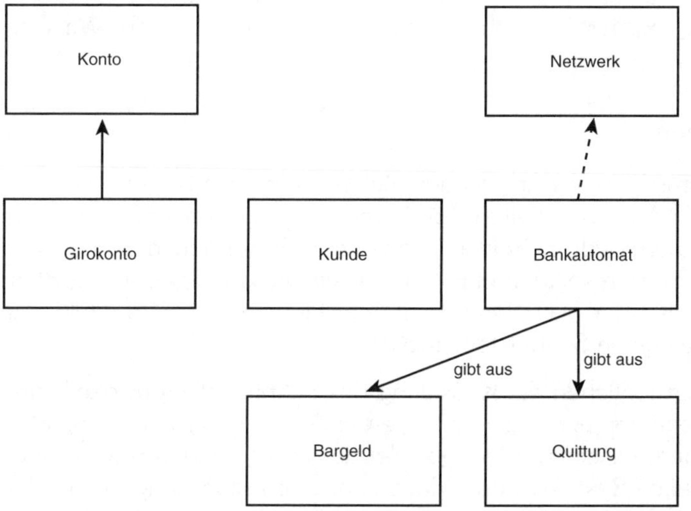

Abbildung 18.12: Erste Klassen

Transformationen

Womit wir im vorangehenden Abschnitt begonnen haben, war nur vordergründig die Aussortierung der Substantive aus dem Szenario. Tatsächlich haben wir damit begonnen, Objekte aus der Analyse-Domäne in Design-Objekte zu transformieren. Häufig verhält es sich nämlich so, daß es für viele Objekte in der Domäne korrespondierende Objekte (Surrogate oder Stellvertreter) im Design gibt. Von Surrogaten sprechen wir, um zwischen der eigentlichen physischen Empfangsbestätigung, die vom Bankautomat ausgegeben wird, und dem Objekt in unserem Design, das nur eine geistige, als Code implementierte Abstraktion ist, zu unterscheiden.

Vermutlich werden Sie feststellen, daß es für die meisten Domänen-Objekte eine isomorphe Repräsentation im Design gibt – daß also eine Eins-zu-Eins-Entsprechung zwischen den Domänen-Objekten und den Design-Objekten besteht. Es ist aber auch möglich, daß ein einziges Domänen-Objekt im Design durch eine ganze Reihe von Design-Objekten respräsentiert wird, und manchmal korrespondieren eine Reihe von Domänen-Objekten mit einem einzigen Design-Objekt.

Beachten Sie, daß wir in Abbildung 18.14 bereits der Tatsache Rechnung getragen haben, daß `Girokonto` eine Spezialisierung von `Konto` ist. Diese Beziehung ist so evident, daß wir ihr nicht erst groß nachspüren mußten. Von der Domänen-Analyse her wußten wir, daß der `Bankautomat` sowohl `Bargeld` als auch `Quittungen` ausgibt. Wir haben daher auch diesen Punkt direkt in unser Diagramm einfließen lassen.

Die Beziehung zwischen `Kunde` und `Girokonto` ist nicht so offensichtlich. Wir wissen, daß eine solche Beziehung existiert, aber ihre Details sind noch verborgen. Wir werden diese Beziehung später ausarbeiten.

Weitere Transformationen

Nachdem Sie die Domänen-Objekte transformiert haben, können Sie nach weiteren nützlichen Design-Objekten Ausschau halten. Ein guter Ausgangspunkt ist hierfür die Betrachtung der Schnittstellen. Jede Schnittstelle zwischen Ihrem neuen System und irgendeinem bestehenden System sollte in eine Schnittstellenklasse gekapselt werden. Wenn Sie beispielsweise mit einer Datenbank kommunizieren, ist diese zweifelsohne ein guter Kandidat für eine eigene Schnittstellenklasse.

Die Schnittstellenklassen ermöglichen die Kapselung des Schnittstellenprotokolls und schotten dadurch Ihren Code von Änderungen in den anderen Systemen ab. Schnittstellenklassen erlauben Ihnen, Ihr eigenes Design oder das Design anderer Systeme zu ändern, ohne daß der jeweilige Rest des Codes davon betroffen ist. Solange sich beide Systeme an die vereinbarte Schnittstellenspezifikation halten, können beide Systeme unabhängig voneinander weiterentwickelt werden.

Datenmanipulationen

Auch für Datenmanipulationen erstellen wir Klassen. Wenn Sie Daten von einem Format in ein anderes konvertieren müssen (etwa von Fahrenheit in Celsius oder von englischen Längenangaben ins metrische System), empfiehlt es sich, diese Manipulationen in eine eigene Klasse zu kapseln. Man kann diese Technik für die Aufbereitung von Daten für die Weitergabe an ein anderes System oder die Übertragung via Internet nutzen – praktisch jedes Mal, wenn man Daten in ein bestimmtes Format bringen muß, kapselt man das zugehörige Protokoll in eine Datenmanipulationsklasse.

Berichte

Jede »Ausgabe«, jeder »Bericht«, den Ihr System generiert, ist ein Kandidat für eine Klasse. Die Regeln, nach denen der Bericht erstellt wird (sowohl das Zusammentragen der Daten wie auch deren Präsentation), werden am sinnvollsten in einer eigenen Klasse gekapselt.

Geräte

Wenn Ihr System mit externen Geräten zusammenarbeitet oder diese manipuliert (Drucker, Modems, Scanner und so weiter), sollte das Geräteprotokoll in einer Klasse gekapselt werden. Auch hier gilt, daß Sie sich durch die Erstellung eigener Klassen für die Schnittstelle zu den Geräten die Überarbeitung des restlichen Programmcodes ersparen, wenn ein neues Gerät mit neuem Protokoll eingestöpselt wird; alles was Sie tun müssen, ist eine neue Schnittstellenklasse aufzusetzen, die die neue Schnittstelle unterstützt.

Statische Modelle

Nachdem ein erster Satz von Klassen gefunden wurde, kann man mit der Modellierung der Beziehungen und Interaktionen zwischen den Klassen beginnen. Um nicht unnötig Verwirrung zu stiften, werde ich zuerst das statische Modell und danach das dynamische Modell erklären, obwohl Sie während des Design-Prozesses frei zwischen statischer und dynamischer Modellierung hin- und herwechseln und neue Klassen gleich einzeichnen werden.

Das statische Modell konzentriert sich auf drei Punkte: Verantwortungsbereich, Attribute und Beziehungen. Der wichtigste Punkt – der, auf den Sie sich zuerst konzentrieren sollten – sind die Verantwortungsbereiche jeder Klasse. Dabei gilt, daß *»Jede Klasse für eine einzige Sache verantwortlich sein sollte«*.

Das soll nun nicht bedeuten, daß die einzelnen Klassen nur jeweils über eine Methode verfügen sollten. Weit gefehlt, viele Klasse werden Dutzende von Methoden haben. Aber alle diese Methoden müssen auf ein Ziel ausgerichtet sein, d.h., sie müssen alle in Beziehung zueinander stehen und dazu beitragen, daß die Klasse ihren einen Aufgabenbereich erfüllen kann.

In einem wohldurchdachten System ist jedes Objekt eine Instanz einer wohldefinierten und wohlverstandenen Klasse, die für eine bestimmte Aufgabe verantwortlich ist. Verwandte oder untergeordnete Aufgaben werden von den Klassen typischerweise an andere Klassen delegiert. Durch die Beschränkung der Klassen auf jeweils einen Verantwortungsbereich fördert man die Erstellung eines gut zu wartenden Codes.

Um herauszufinden, welches die Verantwortungsbereiche Ihrer Klassen sind, kann es hilfreich sein, die Design-Arbeit mit CRC-Karten zu beginnen.

CRC-Karten

CRC steht für Class (Klasse), Responsibility (Verantwortungsbereich) und Collaboration (Kollaboration). Eine CRC-Karte ist nichts anderes als eine Karteikarte. Mit diesem einfachen Hilfsmittel und ein paar Kollegen können Sie sich effektiv in die Verantwortungsbereiche Ihrer anfänglichen Klassen einarbeiten. Besorgen Sie sich einen Stapel von Karteikarten, und setzen Sie sich mit Ihren Kollegen für ein paar CRC-Kartensitzungen an einen Konferenztisch.

Durchführung von CRC-Sitzungen

An einer CRC-Sitzung sollten idealerweise drei bis sechs Leute teilnehmen. Mehr Teilnehmer machen das Verfahren unhandlich. Einer der Teilnehmer sollte die Sitzung leiten. Seine Aufgabe ist es, die Sitzung in Gang zu halten und den Teilnehmern beim Verarbeiten der gemachten Erfahrungen zu helfen. Zumindest einer der Teilnehmer sollte Software-Architekt sein, idealerweise jemand mit großer Erfahrung in objektorientierter Analyse und objektorientiertem Design. Des weiteren wird man mindestens zwei »Domänen-Experten« dazubitten, die die Systemanforderungen kennen und Ratschläge und Hinweise zum Ablauf der Szenarien geben können.

Das Wichtigste an einer CRC-Sitzung ist aber, daß keine übergeordneten Manager teilnehmen. CRC-Sitzungen sollten frei und kreativ sein und nicht davon beeinträchtigt werden, daß die Teilnehmer das Gefühl haben, ihren Boss beeindrucken zu müssen. Das Ziel der Sitzungen ist es, Erfahrungen zu machen, Risiken einzugehen, die Verantwortungsbereiche der Klassen auszuloten und besser verstehen zu lernen, wie die Klassen interagieren.

Die CRC-Sitzung beginnt damit, daß sich die Gruppe um den Konferenztisch versammelt. Auf dem Tisch liegt ein kleiner Stapel von Karteikarten. Oben auf die Vorderseite der Karten schreiben Sie die Klassennamen, auf jede Karte eine Klasse. Darunter ziehen Sie eine Linie von oben nach unten, die die Karte in zwei Hälften teilt. Die linke Hälfte überschreiben Sie mit Verantwortungen, die rechte Hälfte mit Kollaborationen.

Füllen Sie zuerst die Karten für die wichtigsten der identifizierten Klassen aus. Setzen Sie für jede Klasse ein Beschreibung (ein oder zwei Sätze) auf der Rückseite der Karte auf. Wenn Sie jetzt schon wissen, welche andere Klassen diese Klasse spezialisiert, können Sie auch diese Information festhalten. Legen Sie einfach unter dem Klassennamen eine Zeile »Basisklasse:« an und schreiben Sie den Namen der Klasse, von der die aktuelle Klasse abgeleitet ist, daneben.

Die Verantwortungen

Ziel der CRC-Sitzung ist die Identifizierung der Verantwortungsbereiche der einzelnen Klassen. Verschwenden Sie Ihre Energie nicht auf die Attribute, erfassen Sie während der Sitzung nur die offensichtlichen und wirklich wesentlichen Attribute – wichtig ist die Identifizierung der Verantwortungsbereiche. Ist eine Klasse bei der Erfüllung ihrer Aufgabe darauf angewiesen, Arbeiten an andere Klassen zu delegieren, halten Sie diese Information unter Kollaborationen fest.

Behalten Sie während des Verlaufs der Sitzung Ihre Verantwortungenliste im Auge. Wenn der Platz auf Ihrer Karteikarte nicht mehr ausreicht, sollten Sie sich fragen, ob diese Klasse nicht zuviel Aufgaben übernimmt. Denken Sie daran, daß jede Klasse grundsätzlich nur für einen Aufgabenbereich verantwortlich sein sollte und daß die aufgelisteten Verantwortungen alle zusammengehören sollten (d.h., die Klasse bei der Erfüllung Ihres Verantwortungsbereichs unterstützen sollten).

Die Beziehungen zwischen den Klassen, die Konzeptionierung der Klassenschnittstelle oder die Aufteilung in öffentliche und private Methoden interessieren uns zu diesem Zeitpunkt nicht. Konzentrieren Sie sich ganz darauf, was die einzelnen Klassen machen.

Anthropomorphismus und Nutzungsfälle

CRC-Karten sollten anthropomorph sein, das heißt, Sie sollten den einzelnen Klassen menschliche Züge zuweisen. Das funktioniert so: Nachdem Sie einen anfänglichen Satz von Klassen zusammengetragen haben, kehren Sie zurück zu Ihrem CRC-Szenario. Verteilen Sie die Karten zufällig auf die Teilnehmer, und spielen Sie das Szenario mit den anderen durch. Nehmen wir zum Beispiel noch einmal folgendes Szenario:

> Der Kunde möchte Bargeld von seinem Girokonto abheben. Auf dem Konto ist genügend Geld, der Bankautomat hat ausreichend Geld und Quittungen, das Netzwerk ist hochgefahren und läuft. Der Bankautomat fordert den Kunden auf, den Betrag für die Abhebung anzugeben und der Kunde fordert 300,- DM, ein zur Zeit legaler Betrag. Die Maschine gibt 300,- DM aus und druckt eine Quittung. Der Kunde nimmt das Geld und die Quittung.

Nehmen wir weiter an, es nehmen fünf Leute an unserer CRC-Sitzung teil: Amy, die Leiterin und objektorientierte Designerin, Barry, der Chefprogammierer, Charlie, der Kunde, Dorris, die Domänen-Expertin und Ed, ein Programmierer.

Amy hält eine CRC-Karte hoch, die die Klasse `Girokonto` repräsentiert, und sagt: »Ich informiere den Kunden darüber, wieviel Geld verfügbar ist. Der Kunde fordert mich auf, ihm 300,– DM auszugeben. Ich schicke eine Nachricht an die Ausgabe, mit der Aufforderung, dem Kunden 300,– DM auszuzahlen.« Barry hält seine Karte hoch und sagt: »Ich bin die Ausgabe. Ich spucke 300,– DM aus und sende Amy eine Nachricht mit der Aufforderung, den Kontostand um 300,– DM zu verringern. Wie aber teile ich der Maschine mit, daß sie jetzt 300,– DM weniger hat? Überwache ich selbst das Bargelddepot des Automaten?« Charlie sagt: »Ich denke, wir brauchen ein eigenes Objekt, das überwacht, wieviel Geld im Automaten ist.« Ed sagt: »Nein, die Ausgabe sollte den Geldbestand überwachen. Das ist ihre Aufgabe.« Amy ist damit nicht einverstanden: »Nein, irgend jemand muß die Ausgabe von Bargeld koordinieren. Die Ausgabe muß wissen, ob Bargeld verfügbar ist und ob der Kunde genügend Geld auf seinem Konto hat. Sie muß das Geld abzählen und ausgeben. Die Verantwortung für die Überwachung des Bargelddepots sollte sie delegieren – an irgendeine Art von internem Konto. Wer auch immer den Stand des Bargelddepots überwacht, kann dann das Back-Office-System informieren, wenn es Zeit ist, das Depot aufzufüllen. Für die Ausgabe ist das zuviel Verantwortung.«

So geht die Diskussion weiter. Durch Hochhalten der Karten und Interaktion mit den anderen, werden die Anforderungen und Delegationsmöglichkeiten ausgelotet. Jede Klasse wird quasi lebendig, ihre Verantwortungen treten klar zu Tage. Wenn die Gruppe in Design-Fragen steckenbleibt, kann der Leiter durch einen Schiedsspruch der Gruppe helfen, die Diskussion wieder aufzunehmen.

Grenzen der CRC-Karten

Auch wenn CRC-Karten ein äußerst nützliches Hilfsmittel sind, um mit dem Design zu beginnen, so haben sie doch ihre Grenzen. Das erste Problem liegt darin, daß sie für umfangreiche Projekte sehr unhandlich sind. Bei komplexen Systemen kann es schnell passieren, daß man von der Zahl der CRC-Karten überwältigt und es schwierig wird, alle Klassen im Auge zu behalten.

Zudem werden Beziehungen zwischen Klassen von den CRC-Karten nicht erfaßt. Es stimmt zwar, daß Kollaborationen notiert werden, doch wird deren Natur nur schlecht modelliert. Man kann beim Blick auf die Karten nicht erkennen, welche Klassen andere Klassen einschließen, welche Klasse eine andere erzeugt und so weiter. Schließlich sind CRC-Karten statisch. Sie können die Interaktionen zwischen den Klassen nachspielen, aber die CRC-Karten selbst erfassen diese Information nicht.

Zusammengefaßt bedeutet dies, daß die CRC-Karten Ihnen einen guten Start verschaffen, Sie aber danach noch die Klassen in UML überführen müssen, wenn Sie ein robustes und vollständiges Modell Ihres Designs erhalten wollen. Die Überführung in UML ist zwar nicht so schwierig, aber es ist eine Einbahnstraße. Nachdem Sie Ihre Klassen in UML-Diagramme eingebaut haben, gibt es kein Zurück. Sie legen die CRC-Karten beiseite und werden Sie nicht mehr aufnehmen, denn die Synchronisierung der beiden Modelle ist zu aufwendig.

Überführung der CRC-Karten in UML

Jede CRC-Karte läßt sich direkt in eine UML-modellierte Klasse umwandeln. Verantwortungen werden dabei zu Methoden, und die Attribute, die Sie bereits erfaßt haben, werden zu Datenelementen. Die Klassenbeschreibung auf der Rückseite der Karte wird zur Dokumentation der Klasse verwendet. Abbildung 18.13 verdeutlicht die Beziehung zwischen der CRC-Karte für das Girokonto und der aus der Karte erzeugten UML-Klasse.

Klasse: Girokonto

Basisklasse: Konto

Verantwortungen:

Kontostand verfolgen

Einzahlungen und Überweisungen akzeptieren

Schecks ausstellen

Bargeld ausgeben

Kontrollieren, wieweit das Tageslimit für Abhebungen ausgeschöpft wurde

Kollaborationen:

Andere Konten

Back-Office-Systeme

Bargeldausgabe

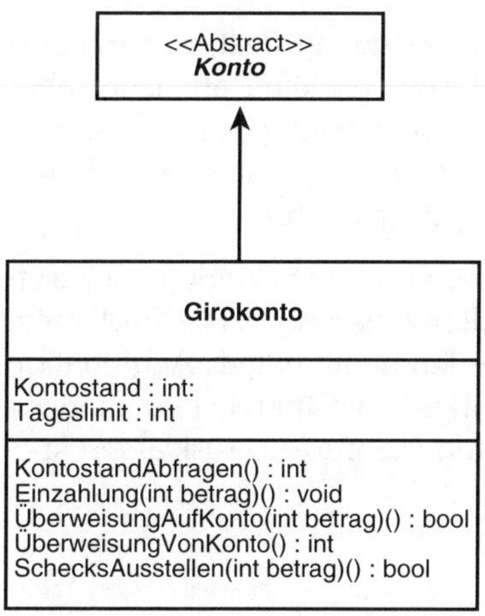

Abbildung 18.13: CRC-Karte

Klassenbeziehungen

Nach der Überführung der Klassen in UML kann man damit beginnen, die Beziehungen zwischen den verschiedenen Klasse herauszuarbeiten. Die wichtigsten Beziehungen, die man dabei modelliert sind:

- Generalisierung,
- Assoziation,
- Aggregation,
- Komposition.

Die Generalisierung wird in C++ durch die `public`-Vererbung implementiert. Während des Designs interessiert uns aber weniger der zugrundeliegende Mechanismus als vielmehr die Semantik: Was impliziert diese Beziehung?

Wir haben die Generalisierung schon einmal in der Analyse-Phase untersucht. Anders als bei der Analyse konzentrieren wir uns nicht mehr ausschließlich auf die Objekte in der Domäne, sondern auch auf die Design-Objekte. Allgemeine Funktionalität der Klassen lagern wir in Basisklassen aus, um in diesen die gemeinsame Verantwortungen zu kapseln.

Wenn Sie gemeinsame Funktionalität auslagern, verschieben Sie diese Funktionalität von den spezialisierten Klassen zu den allgemeineren Klassen. Wenn ich also bemerke, daß ich sowohl für mein Giro- wie auch mein Bankkonto Methoden zum Einzahlen und Abheben von Geld benötige, verschiebe ich die `TransferGeld()`-Methode in die Basisklasse `Konto`. Je mehr Funktionalität Sie aus den abgeleiteten Klassen in die Basisklassen verschieben, um so polymorpher wird Ihr Design.

Eine besondere Eigenschaft von C++, die Java nicht zur Verfügung stellt, ist die mehrfache Vererbung (Java kennt nur mehrfache Schnittstellen, die eine ähnliche, aber stärker eingeschränkte Technik darstellen). Die Mehrfachvererbung gestattet es, eine Klasse von mehreren Basisklassen abzuleiten, und dadurch die Elemente und Methoden von zwei oder mehr Klassen in eine abgeleitete Klasse einzuführen.

Die Erfahrung lehrt, die Mehrfachvererbung nur behutsam und wohlüberlegt einzusetzen, denn sie kompliziert sowohl Design als auch Implementierung. Viele Probleme, die früher durch Mehrfachvererbung gelöst wurden, werden heute mittels Aggregation gelöst. Dennoch ist die Mehrfachvererbung ein mächtiges Hilfsmittel, und manche Designs erfordern einfach, daß eine Klasse das Verhalten mehrerer Basisklassen spezialisiert.

Mehrfachvererbung versus Einbettung

Ist ein Objekt die Summe seiner Einzelteile? Ist es sinnvoll, wie in Abbildung 18.14, ein `Auto`-Objekt als eine Spezialisierung von `Steuerrad`, `Tuer` und `Reifen` zu modellieren?

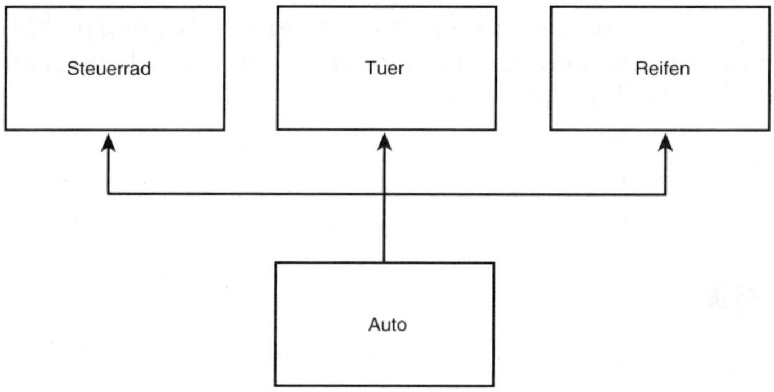

Abbildung 18.14: Falsche Vererbung

Hier ist es wichtig, sich auf die Grundlagen zu besinnen: `public`-Vererbung sollte stets eine Generalisierung modellieren. Allgemein sagt man, daß die Vererbung eine »Ist-ein«-Beziehung modelliert. Wenn Sie dagegen eine »hat-ein«-Beziehung vorliegen haben (wie zum Beispiel ein Auto ein Steuerrad enthält), bedienen Sie sich dazu der Aggregation (siehe Abbildung 18.15).

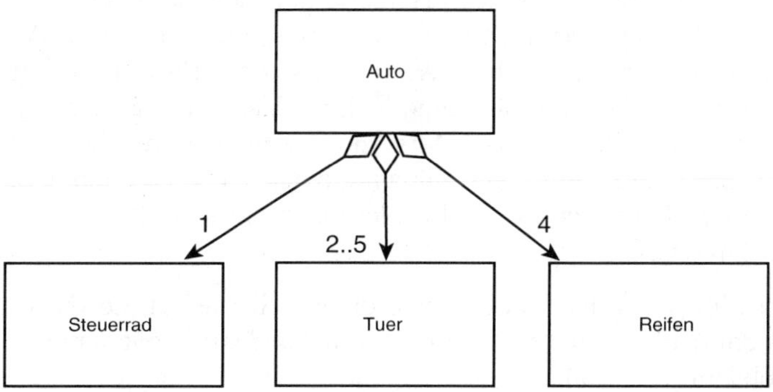

Abbildung 18.15: Aggregation

Das Diagramm aus Abbildung 18.15 verdeutlicht, daß ein Auto über ein Steuerrad, vier Reifen und zwei bis fünf Türen verfügt. Dies ist eine weit genauere Modellierung der Beziehung zwischen einem Auto und seinen Teilen. Beachten Sie, daß die Raute in dem Diagramm nicht ausgefüllt ist: Dies zeigt an, daß wir die Beziehung als Aggregation und nicht als Komposition modellieren. Komposition impliziert die Kontrolle über die gesamte Lebensdauer des Objekts. Obwohl ein Auto Reifen und Türen *hat*, können die Reifen und Türen existieren, bevor sie zu Teilen des Autos werden, und sie können auch noch weiterexistieren, wenn sie nicht mehr Teile des Autos sind.

Abbildung 18.16 modelliert die Komposition. Das Modell besagt, daß ein Körper nicht nur eine Aggregation von Kopf, zwei Armen und zwei Beinen ist, sondern daß diese Objekte (Kopf, Arme, Beine) zusammen mit dem Körper erzeugt werden und verschwinden, wenn der Körper verschwindet. Sie führen also keine unabhängige Existenz. Der Körper ist aus diesen Elementen zusammengesetzt, und die Lebensdauer der Elemente und des Körpers sind gekoppelt.

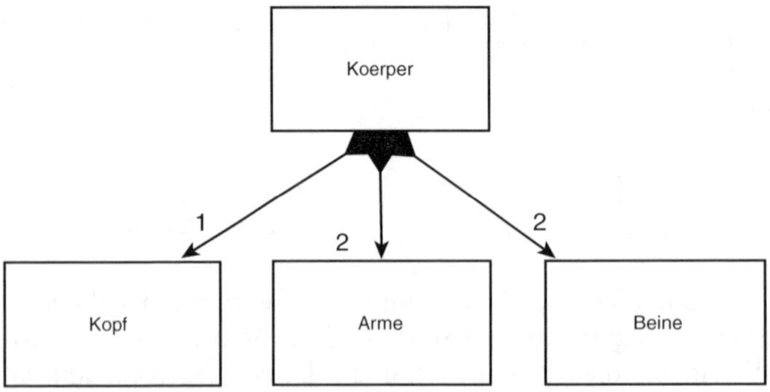

Abbildung 18.16: Komposition

Diskriminatoren und Powertypen

Wie würde ein Klassen-Design aussehen, daß die verschiedenen Modelle eines Automobilherstellers repräsentiert? Nehmen wir an, Sie wären von einem namhaften Automobilhersteller engagiert, der augenblicklich fünf Wagen in seinem Programm hat: den Pluto (ein langsamer, kompakter Wagen mit wenig PS), die Venus (eine viertürige Limousine mit durchschnittlicher PS-Stärke), den Mars (ein Sportcoupé mit kraftvollem Motor für maximale Leistung), den Jupiter (ein Minivan, ausgestattet mit dem gleichen Motor wie der Mars, aber für niedrigere Drehzahlen) und die Erde (ein Kombi mit weniger PS, aber hoher Drehzahl).

Sie könnten damit beginnen, für jedes der Modelle eine eigene Klasse von der Basisklasse `Auto` abzuleiten und dann für jeden Wagen, der vom Fließband rollt, eine Instanz zu erzeugen (siehe Abbildung 18.17).

Worin unterscheiden sich diese Modelle? Sie unterscheiden sich in der Leistung des Motors, in der Form und ihrem Fahrverhalten. Diese Eigenschaften können vermischt und zu neuen Modellen kombiniert werden. In UML kann man dies durch den Diskriminator-Stereotyp darstellen (siehe Abbildung 18.18).

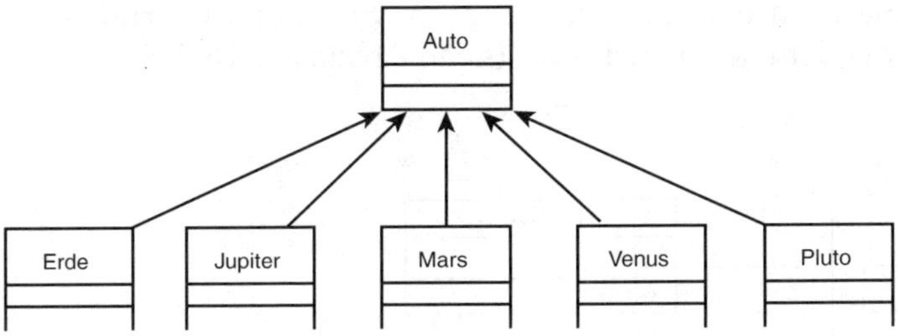

Abbildung 18.17: Modellierung abgeleiteter Typen

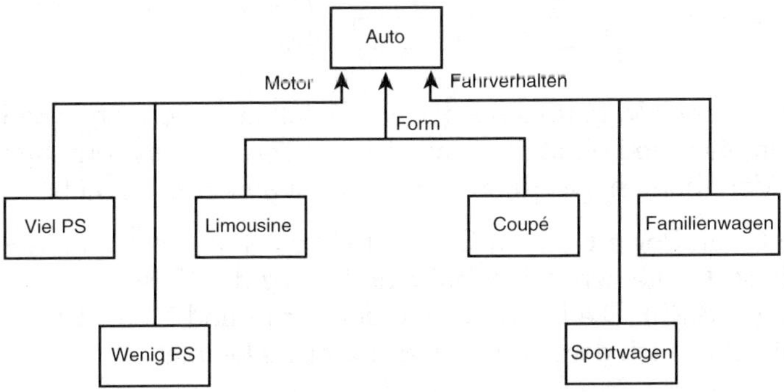

Abbildung 18.18: Modellierung der Diskriminatoren

Das Diagramm aus Abbildung 18.18 besagt, daß Klassen von der Basisklasse *Auto* durch Kombination der drei unterscheidenden (im Englischen: discriminating) Attribute abgeleitet werden können. Die PS-Zahl des Motors bestimmt, wie leistungsstark der Wagen ist, das Fahrverhalten beschreibt, wie sportlich der Wagen ist. So kann man einen leistungsstarken, sportlichen Kombi oder eine Familienlimousine mit geringer PS-Zahl oder irgendeinen anderen Wagen kreieren.

Die einzelnen Attribute können durch Aufzählungstypen (`enum`) implementiert werden. So könnte die Form des Wagens durch folgenden Code implementiert werden:

```
enum Form = { limousine, coupe, minivan, kombi };
```

Für manche Diskriminatoren ist die Umsetzung als einfacher Wert ungenügend. So dürfte beispielsweise das Fahrverhalten recht komplex sein. In so einem Fall modelliert man den Diskriminator als Klasse und kapselt die Unterschiede in Instanzen der Klasse.

Zur Modellierung des Fahrverhaltens könnte man einen eigenen Typ mit Informationen über Gangschaltung und maximale Drehzahl erstellen. Für Klassen, die Diskriminatoren kapseln und die benutzt werden können, um aus einer Klasse (Auto) Instanzen zu erzeugen, die logisch verschiedenen Typen angehören (beispielsweise Sportwagen versus Luxuswagen), dient in UML der Stereotyp »Powertyp«. In unserem Beispiel ist die Klasse `Fahreigenschaften` ein Powertyp für `Auto`. Wenn Sie ein Instanz der Klasse

Auto bilden, instantiieren Sie auch ein Fahreigenschaften-Objekt und verbinden das Fahreigenschaften-Objekt mit dem gegebenen Auto (siehe Abbildung 18.19).

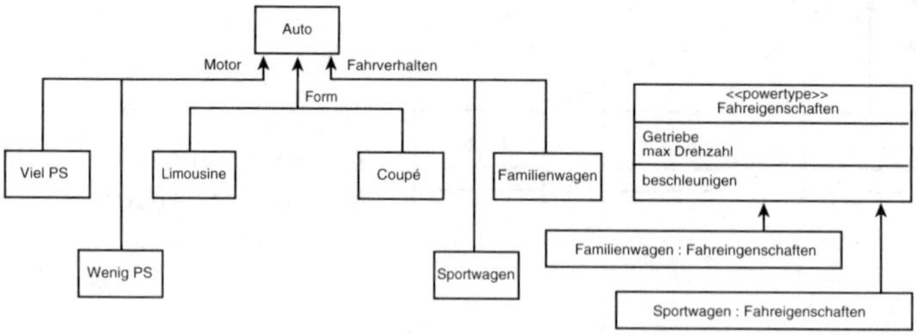

Abbildung 18.19: Diskriminator als Powertyp

Mit Hilfe der Powertypen lassen sich Variationen logischer Typen erzeugen, ohne daß man dazu die Vererbung bemühen und ohne daß man sich mit den kombinatorischen Verwicklungen, wie sie die Vererbung hervorrufen würde, auseinandersetzen muß.

Üblicherweise implementiert man Powertypen in C++ mit Hilfe von Zeigern. In unserem Beispiel enthält die Klasse Auto einen Zeiger auf eine Instanz der Klasse Fahreigenschaften (siehe Abbildung 18.20). Die Umwandlung der Form- und Motor-Diskriminatoren in Powertypen überlasse ich dem engagierten Leser als Übung.

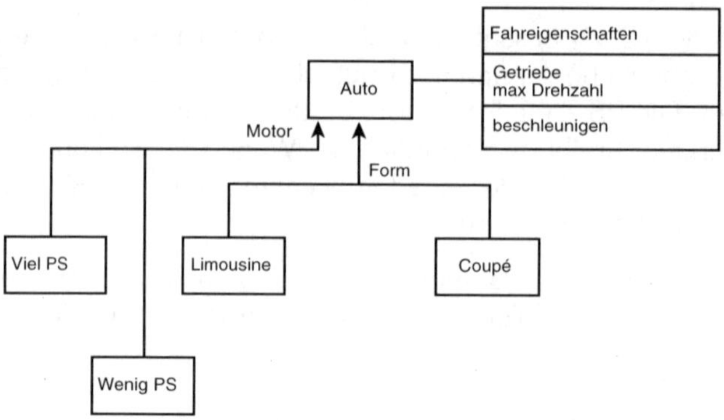

Abbildung 18.20: Beziehung zwischen einem Auto-Objekt und seinem Powertyp

```
Class Auto : public Fahrzeug
{
public:
    Auto();
    ~Auto();
    // weitere public-Methoden
private:
    Fahreigenschaften *pFahrverhalten;
};
```

Abschließend sei noch vermerkt, daß man mit Hilfe der Powertypen zur Laufzeit neue Typen (nicht bloß Instanzen) erzeugen kann. Da sich die logischen Typen nur durch die Attribute unterscheiden, die mit dem Powertyp verbunden sind, können diese Attribute als Parameter an den Konstruktor des Powertyps übergeben werden. Dies bedeutet, daß man zur Laufzeit neue Typen von Autos erzeugen kann. Indem Sie unterschiedliche Maschinengrößen und Getriebe an den Powertyp übergeben, können Sie definitiv neue Fahreigenschaften erzeugen. Indem Sie diese Fahreigenschaften an unterschiedliche Autos weitergeben, vergrößern Sie letztlich zur Laufzeit die Anzahl der verschiedenen Autotypen.

Dynamische Modelle

Nur die Beziehungen zwischen den Klassen zu modellieren reicht nicht aus, man muß auch festhalten, wie die Klassen zusammenarbeiten. So interagieren beispielsweise die Klassen `Girokonto`, `Bankautomat` und `Quittung` mit dem `Kunden`, um den Nutzungsfall »Geld abheben« zu verwirklichen. Wir kehren damit zu dem Sequenzdiagramm zurück, das wir zum ersten Mal bei der Analyse verwendet haben, und arbeiten das Diagramm auf der Grundlage der Methoden, die wir für die Klassen entwickelt haben, weiter aus (siehe Abbildung 18.21).

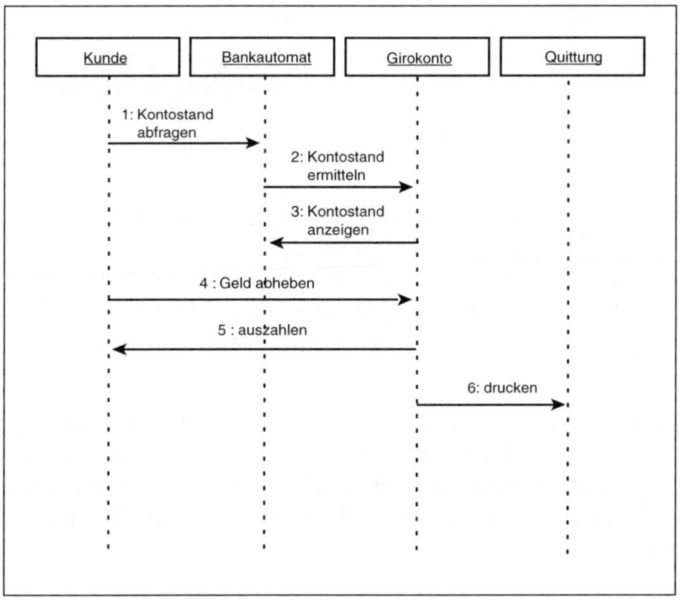

Abbildung 18.21: Sequenzdiagramm

Anhand des einfachen Diagramms aus Abbildung 18.21 kann man verfolgen, welche Interaktionen sich über die Zeit zwischen einer Reihe von Klassen abspielen. Das Diagramm deutet an, daß die `Bankautomat`-Klasse die Verantwortung für die Verwaltung des Kontostandes an die Klasse `Girokonto` delegiert, während letztere die `Bankautomat`-Klasse zur Anzeige des Kontostandes aufruft.

Es gibt zwei Typen von Interaktionsdiagrammen. Den ersten Typ, das sogenannte Sequenzdiagramm, sehen Sie in Abbildung 18.21. Eine andere Sicht der gleichen Informationen bietet das Kollaborationsdiagramm. Das Sequenzdiagramm streicht vor allem die Abfolge der Ereignisse über die Zeit heraus; das Kollaborationsdiagramm betont die Interaktionen zwischen den Klassen. Kollaborationsdiagramme können direkt aus Sequenzdiagrammen erzeugt werden; Hilfsprogramme wie Rational Rose tun dies auf Knopfdruck (siehe Abbildung 18.22).

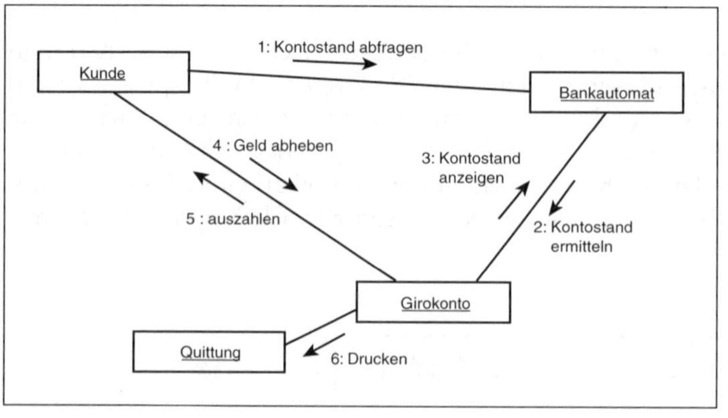

Abbildung 18.22: Kollaborationsdiagramm

Zustandsdiagramme

Nachdem wir nun schon einiges über die Interaktionen zwischen den Objekten gelernt haben, müssen wir uns noch den verschiedenen Zuständen widmen, die ein einzelnes Objekt einnehmen kann. Die Übergänge zwischen den verschiedenen Zuständen kann man in einem Zustandsdiagramm (oder Zustandübergangsdiagramm) modellieren. Abbildung 18.23 zeigt die verschiedenen Zustände der Girokonto-Klasse, wenn der Kunde sich auf dem System anmeldet.

Jedes Zustandsdiagramm beginnt mit einem einzigen Startzustand und endet mit Null oder mehr Endzuständen. Die einzelnen Zustände werden mit Namen dargestellt, die Übergänge zwischen den Zuständen werden beschriftet. Der Guard (Wächter) weist auf Bedingungen hin, die erfüllt sein müssen, bevor ein Objekt von einem Zustand zu einem anderen wechseln kann.

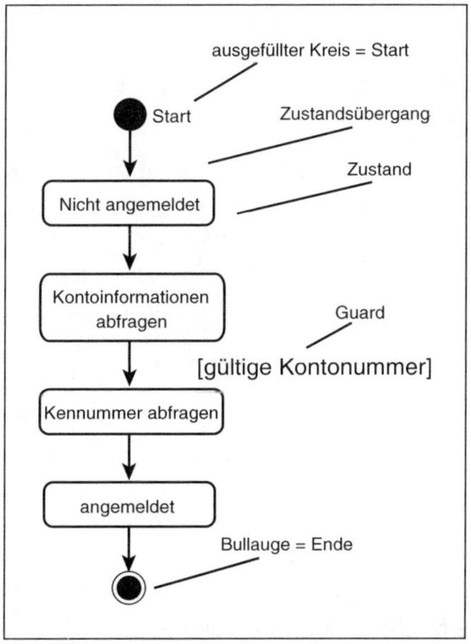

Abbildung 18.23: Kundenkonto-Zustände

Superzustände

Der Kunde kann jederzeit seine Absichten ändern und die Anmeldung abbrechen. Er kann dies tun, nachdem er seine Karte zur Identifizierung des Kontos eingeführt hat, er kann abbrechen, nachdem er seine Kennummer eingegeben hat. In beiden Fällen muß das System seinen Wunsch akzeptieren und in den »Nicht angemeldet«-Zustand zurückkehren.

Man kann erahnen, daß diese Behandlung des »Abgebrochen«-Zustands komplexere Diagramme schnell sehr unübersichtlich werden läßt. Dies ist um so ärgerlicher, als das Abbrechen eigentlich eine Ausnahmebedingung ist, die nicht zu sehr von dem eigentlichen Ablauf ablenken sollte. Durch die Einrichtung eines Superzustands, zu sehen in Abbildung 18.25, läßt sich das Diagramm allerdings vereinfachen.

Das Diagramm aus Abbildung 18.25 enthält die gleichen Informationen wie das Diagramm aus Abbildung 18.24, ist aber klarer strukturiert und leichter zu lesen. Von dem Moment an, da der Kunde mit der Anmeldung beginnt, bis zu dem Punkt, da das System die Anmeldung abschließt, kann der Prozeß abgebrochen werden. Wird abgebrochen, kehrt das System in den Zustand »Nicht angemeldet« zurück.

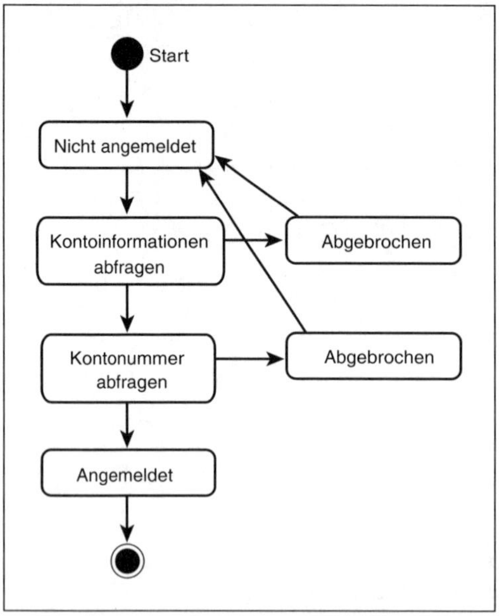

Abbildung 18.24:
Kunde bricht Anmeldung womöglich ab

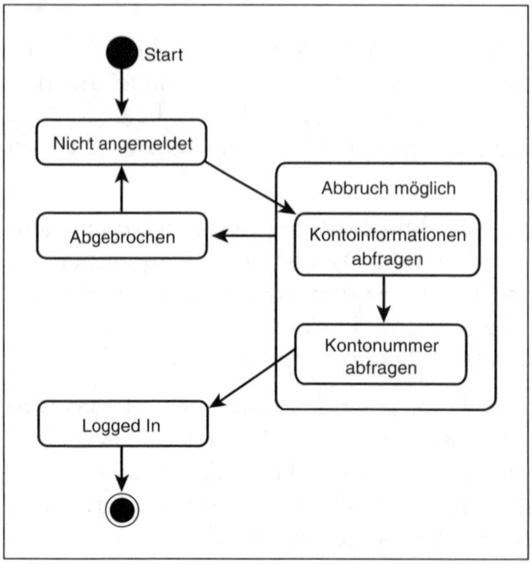

Abbildung 18.25:
Kundenkonto-Zustände

Zusammenfassung

Dieses Kapitel gewährte Ihnen einen Einblick in die Grundzüge der objektorientierten Analyse und des objektorientierten Designs. Die wesentlichen Schritte des vorgestellten Ansatzes waren: a) zu analysieren, wie ein System eingesetzt wird (Nutzungsfälle) und welche Aufgaben es erfüllen muß, und b) auf der Grundlage dieser Informationen die Klassen zu entwerfen und die Beziehungen und Interaktionen zwischen den Klassen zu modellieren.

Früher skizzierte man kurz, was man programmieren wollte, und begann dann mit dem Aufsetzen des Codes. Das Problem ist, daß komplexere Projekte auf diese Weise nie wirklich fertiggestellt werden und wenn sie doch einmal abgeschlossen werden, dann sind sie unzuverlässig und schwer zu warten. Heute investiert man vorab in die Analyse der Anforderungen und die Modellierung des Designs und stellt dadurch sicher, daß das fertige Produkt korrekt (entspricht dem Design), robust, verläßlich und erweiterbar ist.

Der Rest des Buches beschäftigt sich größtenteils mit Detailfragen zur Implementierung. Auf Fragen des Austestens und Vertriebs der Software kann im Rahmen dieses Buches nicht eingegangen werden. Ich möchte allerdings noch anmerken, daß der Testplan bereits während der Implementierung und unter Berücksichtigung des Anforderungspapiers erarbeitet wird.

Fragen und Antworten

F Inwiefern unterscheidet sich objektorientierte Analyse und objektorientiertes Design von anderen Ansätzen?

A *Vor der Entwicklung dieser objektorientierten Techniken wurden Programme als eine Sammlung von Funktionen angesehen, die Daten bearbeiteten. Die objektorientierte Programmierung basiert dagegen auf der Einheit von Daten und Funktionalität. So spricht man auch davon, daß Pascal- und C-Programme Sammlungen von Prozeduren sind, während C++-Programme Sammlungen von Klassen sind.*

F Ist die objektorientierte Programmierung die Lösung zu allen Problemen?

A *Nein, und sie wollte es auch nie sein. Objektorientierte Analyse, objektorientiertes Design und objektorientierte Programmierung sind allerdings Hilfsmittel, mit denen ein Programmierer Projekte von enormer Komplexität in einer Weise angehen kann, die früher nicht vorstellbar gewesen wäre.*

F Ist C++ die perfekte objektorientierte Sprache?

A *C++ hat im Vergleich zu anderen objektorientierten Sprachen viele Vor- und Nachteile. Ein Vorzug zeichnet C++ jedoch vor allen anderen Sprachen aus: C++ ist die mit Abstand am weitesten verbreitete objektorientierte Programmiersprache, die es gibt. Seien wir ehrlich: Die meisten Programmierer, die sich für C++ entscheiden, tun dies nicht nach erschöpfender Analyse der verschiedenen objektorientierten Programmiersprachen, sondern weil sie dem aktuellen Trend folgen – und der hieß in den Neunzigern: C++. Man soll diese Entscheidung nicht geringschätzen. C++ hat viel zu bieten, und es gibt umfangreiche Unterstützung für C++-Programmierer – ganz abgesehen von diesem Buch, daß auch nur deshalb existiert, weil C++ von so vielen Firmen favorisiert wird.*

Workshop

Der Workshop enthält Quizfragen, die Ihnen helfen sollen, Ihr Wissen zu festigen, und Übungen, die Sie anregen sollen, das eben Gelernte umzusetzen und eigene Erfahrungen zu sammeln. Versuchen Sie, das Quiz und die Übungen zu beantworten und zu verstehen, bevor Sie die Lösungen in Anhang D lesen und zur Lektion des nächsten Tages übergehen.

Quiz

1. Worin besteht der Unterschied zwischen objektorientierter und prozeduraler Programmierung?
2. Welche Phasen umfassen objektorientierte Analyse und Design?
3. In welcher Beziehung stehen Sequenz- und Kollaborationsdiagramme zueinander?

Übungen

1. Nehmen Sie an, Sie sollen die Kreuzung zweier großer Straßen (inklusive Ampeln und Fußgängerübergänge) simulieren. Ziel der Simulation ist es herauszufinden, ob die Ampeln so geschaltet werden können, daß ein fließender Verkehr möglich ist.

   Welche Objekte sollten in der Simulation modelliert werden? Welche Klassen benötigt man für die Simulation?

2. Nehmen Sie an, die Kreuzung aus Übung 1 läge in einem Vorort von Boston, einer Stadt, die nach Ansicht mancher Leute die unfreundlichsten Straßen in ganz Amerika enthält. Es gibt drei Typen von Bostonern Autofahrern:

   Ortsansässige, die auch über Ampeln fahren, wenn diese schon auf Rot geschaltet haben, Touristen, die langsam und vorsichtig fahren (meist in angemieteten Wagen), und Taxen, deren Fahrverhalten sich im wesentlichen danach richtet, welche Art von Kunde im Taxi sitzt.

   Daneben gibt es zwei Arten von Fußgängern: Ortsansässige, die nach Lust und Laune die Straße überqueren und selten Fußgängerübergänge benutzen, und Touristen, die immer die Fußgängerampeln benutzen.

   Schließlich gibt es noch die Fahrradfahrer, die auf keine Ampeln achten.

   Wie kann man diese Gegebenheiten in dem Modell berücksichtigen?

3. Sie werden gebeten, eine Konferenzplaner zu entwerfen. Die Software soll dabei helfen, Treffen einzelner Personen oder Gruppen zu arrangieren und Konferenzräume zu belegen. Identifizieren Sie die wichtigsten Untersysteme.

4. Entwerfen Sie die Schnittstellen für die Klassen zur Reservierung der Konferenzräume aus Übung 3.

Templates

Woche
3

Eines der leistungsfähigsten neuen Konzepte von C++ sind die »parametrisierten Typen« oder Templates (Schablonen, Vorlagen). Templates sind so nützlich, daß die Standard Template Library (STL) in die Spezifikation der Sprache C++ aufgenommen wurde. Heute lernen Sie,

- was Templates sind und wie man sie verwendet,
- wie man Klassentemplates erstellt,
- wie man Funktionstemplates erzeugt,
- was die Standard Template Library ist und wie man sie nutzt.

Was sind Templates?

Zum Ende der zweiten Woche haben Sie gesehen, wie man ein `PartsList`-Objekt erzeugt und zur Erstellung eines `PartCatalogs` nutzt. Wenn Sie ein `PartList`-Objekt zum Aufbau einer Liste von Katzen (`CAT`-Objekten) einrichten wollen, haben Sie ein Problem: `PartList` kennt sich nur mit `Part`-Objekten aus.

Zur Lösung des Problems könnte man eine Basisklasse `List` erstellen und davon die Klassen `PartsList` und `CatsList` ableiten. Dann kopiert man soviel wie möglich aus der Klasse `PartsList` in die neue `CatsList`-Deklaration. Sobald es Ihnen aber in den Sinn kommt, eine Liste mit `Car`-Objekten zu erstellen, müssen Sie wieder eine neue Klasse anlegen und wieder mit Ausschneiden und Einfügen arbeiten.

Daß dies keine zufriedenstellende Lösung ist, versteht sich von selbst. Mit der Zeit werden unter Umständen noch Anpassungen und Erweiterungen der `List`-Klasse und ihrer abgeleiteten Klassen erforderlich. Dann wird es zum Alptraum, alle Änderungen in allen verwandten Klassen auf den gleichen Stand zu bringen.

Templates bieten eine Lösung für dieses Problem, und durch die Aufnahme in den ANSI-Standard sind sie nun ein integraler Bestandteil der Sprache. Wie alles in C++ sind sie typensicher und sehr flexibel.

Parametrisierte Typen

Statt typenspezifische Listen zu erzeugen, teilt man dem Compiler mit Templates einfach mit, wie eine Liste für einen beliebigen Typ zu erzeugen ist. Eine `PartsList` ist eine Liste mit Bauteilen, eine `CatsList` eine Liste mit Katzen. Diese Listen unterscheiden sich einzig und allein durch die Typen der Objekte, die in der Liste verwaltet werden. Bei Templates wird der Typ des Objekts zu einem Parameter in der Definition der Klasse.

Nahezu jede C++-Bibliothek definiert in irgendeiner Form eine Array-Klasse. Wie Sie oben am Beispiel der Klasse `Lists` gesehen haben, ist es mühsam und ineffizient, wenn man für Integer, Fließkommazahlen und `Animal`-Objekte jeweils eigene Array-Klassen implementieren muß. Dank des Templates-Konzepts können Sie eine parametrisierte Array-Klasse aufsetzen und danach spezifizieren, welchen Typ von Objekten die einzelnen Instanzen des Array aufnehmen sollen. Im übrigen ist in der Standard Template Library ein Satz von standardisierten Container-Klassen enthalten, die Implementierungen von Arrays, Listen u.a. einschließen. Wir werden im folgenden der Frage nachgehen, was zu beachten ist, wenn man eigene Container schreiben will, so daß sie bis ins Detail verstehen lernen, wie Templates funktionieren. In der täglichen Praxis werden Sie es allerdings meist vorziehen, die STL-Klassen zu verwenden, statt eigene Implementierungen aufzusetzen.

Instanzen von Templates erzeugen

Das Erzeugen eines spezifischen Typs aus einem Template nennt man *Instantiierung*; die einzelnen Klassen heißen *Instanzen* des Templates.

Parametrisierte Templates bieten die Möglichkeit, allgemeine Klasse zu definieren. Durch die Übergabe von Typen als Parameter an diese Klasse lassen sich spezifische Instanzen erstellen.

Definition von Templates

Ein parametrisiertes `Array`-Objekt (ein Template für ein Array) erzeugt man wie folgt:

```
template <class T>    // die Template und den Parameter deklarieren
class Array           // die zu parametrisierende Klasse
{
   public:
     Array();
  // hier steht die vollstaendige Klassendeklaration
};
```

Jede Deklaration und Definition einer Templateklasse wird mit dem Schlüsselwort `template` eingeleitet. Die Parameter des Templates stehen nach diesem Schlüsselwort. Die Parameter sind die Elemente, die sich für jede Instanz ändern. Im obigen Codefragment ändert sich zum Beispiel der Typ der Objekte, die in dem Array gespeichert werden. Eine Instanz speichert vielleicht ein Feld von Integer-Werten, während eine andere ein Feld von `Animal`-Objekten aufnimmt.

Im Beispiel ist für den Parameter das Schlüsselwort `class` mit einem nachfolgenden `T` angegeben. Das Schlüsselwort `class` kennzeichnet den Parameter als Typ. Der Bezeichner `T` wird im restlichen Teil der Template-Definition als Platzhalter für den parametrisierten Typ verwendet. Eine Instanz der Klasse ersetzt `T` jeweils durch `int`, während eine andere Instanz den Platzhalter `T` durch ein `Cat`-Objekt ersetzt.

Um eine `int`- und eine `Cat`-Instanz der parametrisierten `Array`-Klasse zu erzeugen, schreibt man zum Beispiel:

```
Array<int> einIntArray;
Array<Cat> einCatArray;
```

Das Objekt `einIntArray` ist vom Typ »Array von Integern«, das Objekt `einCatArray` vom Typ »Array von `Cat`-Objekten«. Den Typ `Array<int>` können Sie jetzt überall dort verwenden, wo normalerweise eine Typangabe steht – beispielsweise beim Rückgabewert einer Funktion, als Parameter an eine Funktion und so weiter. Listing 19.1 zeigt die vollständige Deklaration des rudimentären `Array`-Templates.

Hinweis

Listing 19.1 enthält kein vollständiges Programm!

Listing 19.1: Template für eine Array-Klasse

```
// Listing 19.1 Template fuer eine Array-Klasse
   #include <iostream.h>
   const int DefaultSize = 10;

   template <class T>    // das Template und die Parameter deklarieren
   class Array           // die parametrisierte Klasse
   {
   public:
      // Konstruktoren
      Array(int itsSize = DefaultSize);
      Array(const Array &rhs);
      ~Array() { delete [] pType; }

      // Operatoren
      Array& operator=(const Array&);
      T& operator[](int offSet) { return pType[offSet]; }

      // Zugriff
      int getSize() { return itsSize; }

   private:
```

```
22:       T *pType;
23:       int  itsSize;
24:    };
```

Es gibt keine Ausgabe; dies ist ein unvollständiges Programm.

Die Definition des Templates beginnt in Zeile 5 mit dem Schlüsselwort `template` und dem nachfolgenden Parameter. In diesem Fall wird der Parameter durch das Schlüsselwort `class` als Typangabe identifiziert und der Bezeichner `T` repräsentiert den parametrisierten Typ.

Von Zeile 6 bis zum Ende des Templates in Zeile 24 gleicht die Deklaration jeder anderen Klassendeklaration. Der einzige Unterschied ist, daß überall wo üblicherweise der Typ des Objekts stehen würde, der Bezeichner `T` verwendet wird. Nehmen Sie zum Beispiel den Operator `[]`, der eine Referenz auf ein Objekt im Array zurückliefern sollte: Er deklariert als Rückgabetyp eine Referenz auf `T`.

Wird eine Instanz für ein Integer-Array deklariert, wird der Operator = für dieses Array eine Referenz auf einen Integer zurückliefern. Wird eine Instanz für ein Array von `Animal`-Objekten deklariert, wird der Operator = für dieses Array eine Referenz auf ein `Animal`-Objekt zurückliefern.

Verwendung des Template-Namens

Innerhalb der Klassendeklaration kann der Bezeichner `Array` ohne weitere Qualifizierung verwendet werden. Außerhalb der Klassendeklaration bezieht man sich auf die Klasse durch den Ausdruck `Array<T>`. Wenn Sie zum Beispiel den Konstruktor außerhalb der Klassendeklaration aufsetzen, müssen Sie schreiben:

```
template <class T>
Array<T>::Array(int size):
itsSize = size
{
    pType = new T[size];
    for (int i = 0; i<size; i++)
    pType[i] = 0;
}
```

Die Deklaration in der ersten Zeile des obigen Codefragments ist nötig, um den Typ (hier class T) zu identifizieren. Der Template-Name ist Array<T>, und die Funktion heißt Array(int size).

Der Rest der Funktion sieht genauso aus wie für jede andere Funktion, die nicht Teil eines Templates ist. Viele Programmierer gehen deshalb so vor, daß sie die betreffenden Klassen und Funktionen zuerst als normale Deklarationen aufsetzen und testen, bevor sie sie in Templates verwandeln.

Implementierung des Templates

Zur vollständigen Implementierung des Array-Templates müssen noch verschiedene Funktionen wie der Kopierkonstruktor, der =-Operator etc. aufgesetzt werden. Listing 19.2 enthält ein einfaches Testprogramm für die Template-Klasse.

Hinweis

Einige ältere Compiler unterstützen keine Templates. Templates sind jedoch Teil des ANSI-C++-Standards, und alle führenden Compiler-Hersteller unterstützen Templates in ihren aktuellen Versionen. Wenn Sie einen sehr alten Compiler verwenden, werden Sie die Übungen in diesem Kapitel weder kompilieren noch ausführen können. Sie sollten das Kapitel aber trotzdem zu Ende lesen. Die Übungen können Sie dann später durchgehen, wenn Sie sich eine aktuellere Compiler-Version beschafft haben.

Listing 19.2: Implementierung des Array-Templates

```
#include <iostream.h>

const int DefaultSize = 10;

// Deklaration einer einfachen Animal-Klasse, um spaeter
// ein Feld von Animals anlegen zu koennen

class Animal
{
public:
   Animal(int);
   Animal();
   ~Animal() {}
   int GetWeight() const { return itsWeight; }
   void Display() const  { cout << itsWeight; }
private:
   int itsWeight;
};

```

```
Animal::Animal(int weight):
itsWeight(weight)
{}

Animal::Animal():
itsWeight(0)
{}


template <class T>  // Das Template und den Parameter deklarieren
class Array            // die parametrisierte Klasse
{
public:
   // Konstruktoren
   Array(int itsSize = DefaultSize);
   Array(const Array &rhs);
   ~Array() { delete [] pType; }

   // Operatoren
   Array& operator=(const Array&);
   T& operator[](int offSet) { return pType[offSet]; }
   const T& operator[](int offSet) const
      { return pType[offSet]; }
   // Zugriffsfunktionen
   int GetSize() const { return itsSize; }

private:
   T *pType;
   int  itsSize;
};

// Implementierungen

// Konstruktor
template <class T>
Array<T>::Array(int size):
itsSize(size)
{
   pType = new T[size];
   for (int i = 0; i<size; i++)
      pType[i] = 0;
}

// Kopierkonstruktor
template <class T>
Array<T>::Array(const Array &rhs)
```

```
{
   itsSize = rhs.GetSize();
   pType = new T[itsSize];
   for (int i = 0; i<itsSize; i++)
      pType[i] = rhs[i];
}

// =-Operator
template <class T>
Array<T>& Array<T>::operator=(const Array &rhs)
{
   if (this == &rhs)
      return *this;
   delete [] pType;
   itsSize = rhs.GetSize();
   pType = new T[itsSize];
   for (int i = 0; i<itsSize; i++)
      pType[i] = rhs[i];
   return *this;
}

// Testprogramm
int main()
{
   Array<int> theArray;       // Array von Integern
   Array<Animal> theZoo;      // Array von Animals
   Animal *pAnimal;

   // Array fuellen
   for (int i = 0; i < theArray.GetSize(); i++)
   {
      theArray[i] = i*2;
      pAnimal = new Animal(i*3);
      theZoo[i] = *pAnimal;
         delete pAnimal;
   }
   // Inhalt des Array ausgeben
   for (int j = 0; j < theArray.GetSize(); j++)
   {
      cout << "dasArray[" << j << "]:\t";
      cout << theArray[j] << "\t\t";
      cout << "derZoo[" << j << "]:\t";
      theZoo[j].Display();
      cout << endl;
   }

```

```
112:     return 0;
113:  }
```

```
dasArray[0]:   0          derZoo[0]:   0
dasArray[1]:   2          derZoo[1]:   3
dasArray[2]:   4          derZoo[2]:   6
dasArray[3]:   6          derZoo[3]:   9
dasArray[4]:   8          derZoo[4]:   12
dasArray[5]:   10         derZoo[5]:   15
dasArray[6]:   12         derZoo[6]:   18
dasArray[7]:   14         derZoo[7]:   21
dasArray[8]:   16         derZoo[8]:   24
dasArray[9]:   18         derZoo[9]:   27
```

In den Zeilen 8 bis 26 ist eine rudimentäre Klasse `Animal` deklariert, die es uns ermöglicht, Objekte eines benutzerdefinierten Typs zu erzeugen und in das Array aufzunehmen.

Zeile 29 zeigt an, daß es sich bei der nachfolgenden Deklaration um ein Template handelt und daß es sich bei dem Parameter des Templates um einen Typ namens `T` handelt. Wie man sehen kann, definiert die Klasse `Array` zwei Konstruktoren, von denen der erste eine Größenangabe als Argument übernimmt und als Vorgabeargument die Integer-Konstante `DefaultSize` verwendet.

An Operatoren sind der Zuweisungs- und der Offset-Operator deklariert, wobei für den letzteren sowohl eine `const`- als auch eine nicht-`const`-Variante definiert ist. Die einzige vorgesehene Zugriffsfunktion ist `GetSize()`, die die Größe des Arrays zurückliefert.

Man könnte sich zweifelsohne eine umfangreichere Schnittstelle vorstellen, und – machen wir uns nichts vor – für jedes ernsthafte Array-Programm wäre die obige Implementierung unzureichend. Operatoren zum Löschen von Elementen, Optionen zum Erweitern oder Komprimieren des Array und anderes mehr wären das Minimum für eine realistische Implementierung. All diese Funktionen werden aber von den STL-Container-Klassen zur Verfügung gestellt, die wir uns gegen Ende dieses Kapitels näher anschauen werden.

Zu den privaten Daten gehören die Größe des Arrays und ein Zeiger auf die im Speicher abgelegten Objekte.

Template-Funktionen

Wenn Sie ein Array-Objekt an eine Funktion weiterreichen wollen, müssen Sie eine spezielle Instanz des Array, und nicht das Template, übergeben. Wenn Sie also beispielsweise eine Funktion `EineFunktion()` haben, die ein Integer-Array als Parameter erwartet, schreiben Sie:

```
void EineFunktion(Array<int>&);     // ok
```

Nicht korrekt wäre dagegen die Deklaration

```
void EineFunktion(Array<T>&);   // Fehler!
```

da nicht klar ist, was ein T& ist. Ebenfalls falsch, ist die folgende Schreibweise

```
void EineFunktion(Array &);      // Fehler!
```

denn es gibt keine Klasse `Array` – nur das Template und die Instanzen.

Für eine allgemeiner gehaltene Lösung muß man eine Template-Funktion deklarieren

```
template <class T>
void MeineTemplateFunktion(Array<T>&);     // ok
```

Hier wird die Funktion `MeineTemplateFunktion()` durch die erste Zeile als Templatefunktion ausgezeichnet. Templatefunktionen können im übrigen beliebige Namen haben, eben ganz wie die normalen Funktionen auch.

Templatefunktionen haben den Vorteil, daß man ihnen neben den Template-Instanzen auch die parametrisierte Form übergeben kann, beispielsweise:

```
template <class T>
void MeineAndereFunktion(Array<T>&, Array<int>&);    // ok
```

Beachten Sie, daß diese Funktion zwei Arrays übernimmt: ein parametrisiertes Array und ein Integer-Array. Das erste Array kann ein Array für einen beliebigen Objekttyp sein, das zweite ist immer ein Integer-Array.

Templates und Friends

Template-Klassen können drei Arten von Friends deklarieren:

- Friend-Klassen oder -Funktionen, die selbst keine Templates sind.
- Friend-Klassen oder -Funktionen, die selbst Templates sind.
- Friend-Klassen oder -Funktionen, die typspezifische Templates sind.

Friend-Klassen oder -Funktionen, die keine Templates sind

Sie können in Ihrer Template-Klasse jede beliebige Klasse oder Funktion als Friend deklarieren. Die einzelnen Instanzen der Templateklasse übernehmen die `friend`-Deklaration, so als wäre die Deklaration in der speziellen Instanz erfolgt. Listing 19.3 erweitert die Template-Definition der `Array`-Klasse um eine einfache `friend`-Funktion namens `Intrude()`. Im Testprogramm wird die Funktion aufgerufen. Da `Intrude()` eine `friend`-Funktion ist, kann sie auf die privaten Daten der `Array`-Klasse zugreifen, da sie aber selbst keine Template-Funktion ist, kann sie nur für Integer-Arrays aufgerufen werden.

Listing 19.3: friend-Funktion, die kein Template ist

```
// Listing 19.3 - Typenspezfische friend-Funktion in Template

#include <iostream.h>

const int DefaultSize = 10;

// Deklaration einer einfachen Animal-Klasse, um spaeter
// ein Feld von Animals anlegen zu koennen

 class Animal
 {
public:
   Animal(int);
   Animal();
   ~Animal() {}
   int GetWeight() const { return itsWeight; }
   void Display() const { cout << itsWeight; }
private:
   int itsWeight;
};

Animal::Animal(int weight):
itsWeight(weight)
{}

Animal::Animal():
itsWeight(0)
{}

  template <class T>  // Template und Parameter deklarieren
  class Array         // die parametrisierte Klasse
  {
  public:
```

```
      // Konstruktoren
      Array(int itsSize = DefaultSize);
      Array(const Array &rhs);
     ~Array() { delete [] pType; }

     // Operatoren
     Array& operator=(const Array&);
     T& operator[](int offSet) { return pType[offSet]; }
     const T& operator[](int offSet) const
         { return pType[offSet]; }
     // Zugriffsfunktionen
     int GetSize() const { return itsSize; }

    // friend-Funktion
    friend void Intrude(Array<int>);

  private:
     T *pType;
     int  itsSize;
  };

    // friend-Funktion. Kein Template, kann nur fuer Integer-Arrays
    // aufgerufen werden! Greift auf private Daten zu.
   void Intrude(Array<int> theArray)
   {
    cout << "\n*** Zugriff auf private Daten ***\n";
    for (int i = 0; i < theArray.itsSize; i++)
       cout << "i: " <<    theArray.pType[i] << endl;
    cout << "\n";
   }

// Implementierungen...

// Konstruktor
template <class T>
Array<T>::Array(int size):
itsSize(size)
{
   pType = new T[size];
   for (int i = 0; i<size; i++)
      pType[i] = 0;
}

// Kopierkonstruktor
template <class T>
Array<T>::Array(const Array &rhs)
```

```
{
   itsSize = rhs.GetSize();
   pType = new T[itsSize];
   for (int i = 0; i<itsSize; i++)
      pType[i] = rhs[i];
}

// =-Operator
template <class T>
Array<T>& Array<T>::operator=(const Array &rhs)
{
   if (this == &rhs)
      return *this;
   delete [] pType;
   itsSize = rhs.GetSize();
   pType = new T[itsSize];
   for (int i = 0; i<itsSize; i++)
      pType[i] = rhs[i];
   return *this;
}

  // Testprogramm
  int main()
  {
     Array<int> theArray;       // Array von Integern
     Array<Animal> theZoo;      // Array von Animals
     Animal *pAnimal;

     // Array fuellen
     for (int i = 0; i < theArray.GetSize(); i++)
     {
        theArray[i] = i*2;
        pAnimal = new Animal(i*3);
        theZoo[i] = *pAnimal;
     }

     int j;
     for (j = 0; j < theArray.GetSize(); j++)
     {
        cout << "derZoo[" << j << "]:\t";
        theZoo[j].Display();
        cout << endl;
     }
     cout << "Jetzt die friend-Funktion aufrufen, um ";
     cout << "die Elemente von Array<int> auszugeben";
     Intrude(theArray);
```

```
126:
127:        cout << "\n\nFertig.\n";
128:        return 0;
129:     }
```

```
derZoo[0]:     0
derZoo[1]:     3
derZoo[2]:     6
derZoo[3]:     9
derZoo[4]:     12
derZoo[5]:     15
derZoo[6]:     18
derZoo[7]:     21
derZoo[8]:     24
derZoo[9]:     27
Jetzt die friend-Funktion aufrufen, um die Elemente von Array<int> auszugeben
*** Zugriff auf private Daten ***
i: 0
i: 2
i: 4
i: 6
i: 8
i: 10
i: 12
i: 14
i: 16
i: 18

Fertig.
```

Die Deklaration des Array-Templates wurde um die Aufnahme der `friend`-Funktion `Intrude()` erweitert. Durch deren Deklaration wird festgelegt, daß jede Instanz des `Array`-Templates für `int`-Werte die Funktion `Intrude()` als `friend`-Funktion zu betrachten hat, so daß die Funktion auf die privaten Datenelemente und Funktionen der Array-Instanz zugreifen kann.

In Zeile 60 greift die Funktion `Intrude()`direkt auf `itsSize` und in Zeile 61 auf `pType` zu, um die Elemente im Array auszugeben. An sich hätten wir dazu keine `friend`-Funktion benötigt, denn die Array-Klasse stellt zu diesem Zweck eigene Funktionen zur Verfügung, aber es ist ein anschauliches Beispiel dafür, wie `friend`-Funktionen in Templates deklariert werden können.

Friend-Klassen oder -Funktionen, die selbst Templates sind

Für den Einsatz der `Array`-Klasse wäre es ganz nützlich, wenn wir einen Ausgabeoperator für `Array` definieren würden. Nun könnte man hingehen, und zu diesem Zweck für jeden möglichen Typ von Array einen eigenen Ausgabe-Operator deklarieren, doch widerspräche dies völlig den Überlegungen, die uns überhaupt zur Implementierung als Template geführt haben.

Was wir wirklich benötigen, ist ein Ausgabe-Operator, der jeden möglichen Typ von `Array` verarbeiten kann.

```
ostream& operator<< (ostream&, Array<T>&);
```

Um dies zu erreichen, müssen wir den Operator << als Funktionstemplate deklarieren.

```
template <class T> ostream& operator<< (ostream&, Array<T>&)
```

Nachdem der Operator << als Template deklariert ist, muß nur noch eine passende Implementierung aufgesetzt werden. Listing 19.4 erweitert das `Array`-Template um die Deklaration und Implementierung des <<-Operators.

Listing 19.4: Einsatz des ostream-Operators

```
#include <iostream.h>

const int DefaultSize = 10;

class Animal
{
public:
   Animal(int);
   Animal();
   ~Animal() {}
   int GetWeight() const { return itsWeight; }
   void Display() const { cout << itsWeight; }
private:
   int itsWeight;
};

Animal::Animal(int weight):
itsWeight(weight)
{}

Animal::Animal():
itsWeight(0)
{}
```

```

 template <class T>  // Template und Parameter deklarieren
 class Array            // die parametrisierte Klasse
 {
 public:
    // Konstruktoren
   Array(int itsSize = DefaultSize);
   Array(const Array &rhs);
   ~Array() { delete [] pType; }

   // Operatoren
   Array& operator=(const Array&);
   T& operator[](int offSet) { return pType[offSet]; }
   const T& operator[](int offSet) const
    { return pType[offSet]; }
   // Zugriffsfunktionen
   int GetSize() const { return itsSize; }

   friend ostream& operator<< (ostream&, Array<T>&);

private:
   T *pType;
   int  itsSize;
};

template <class T>
ostream& operator<< (ostream& output, Array<T>& theArray)
{
   for (int i = 0; i<theArray.GetSize(); i++)
     output << "[" << i << "] " << theArray[i] <<endl; return output;
}

// Implementierungen...

// Konstruktor
template <class T>
Array<T>::Array(int size):
itsSize(size)
{
   pType = new T[size];
   for (int i = 0; i<size; i++)
      pType[i] = 0;
}

// Kopierkonstruktor
template <class T>
```

```
Array<T>::Array(const Array &rhs)
{
   itsSize = rhs.GetSize();
   pType = new T[itsSize];
   for (int i = 0; i<itsSize; i++)
      pType[i] = rhs[i];
}

// =-Operator
template <class T>
Array<T>& Array<T>::operator=(const Array &rhs)
{
   if (this == &rhs)
      return *this;
   delete [] pType;
   itsSize = rhs.GetSize();
   pType = new T[itsSize];
   for (int i = 0; i<itsSize; i++)
      pType[i] = rhs[i];
   return *this;
}

int main()
{
   bool Stop = false;       // Flag fuer die Schleife
   int offset, value;
   Array<int> theArray;

   while (!Stop)
   {
       cout << "Offset (0-9) ";
       cout << "und Wert (-1 fuer Abbruch) eingeben: " ;
       cin >> offset >> value;

       if (offset < 0)
          break;

       if (offset > 9)
       {
          cout << "***Bitte Werte zwischen 0 und 9.***\n";
          continue;
       }

       theArray[offset] = value;
    }

```

```
116:        cout << "\nHier das vollstaendige Array:\n";
117:        cout << theArray << endl;
118:     return 0;
119:  }
```

Ausgabe

```
Offset (0-9) und Wert (-1 für Abbruch) eingeben: 1 10
Offset (0-9) und Wert (-1 für Abbruch) eingeben: 2 20
Offset (0-9) und Wert (-1 für Abbruch) eingeben: 3 30
Offset (0-9) und Wert (-1 für Abbruch) eingeben: 4 40
Offset (0-9) und Wert (-1 für Abbruch) eingeben: 5 50
Offset (0-9) und Wert (-1 für Abbruch) eingeben: 6 60
Offset (0-9) und Wert (-1 für Abbruch) eingeben: 7 70
Offset (0-9) und Wert (-1 für Abbruch) eingeben: 8 80
Offset (0-9) und Wert (-1 für Abbruch) eingeben: 9 90
Offset (0-9) und Wert (-1 für Abbruch) eingeben: 10 10
***Bitte Werte zwischen 0 und 9.***
Offset (0-9) und Wert (-1 für Abbruch) eingeben: -1 -1

Hier das vollständige Array:
[0] 0
[1] 10
[2] 20
[3] 30
[4] 40
[5] 50
[6] 60
[7] 70
[8] 80
[9] 90
```

Analyse

In Zeile 42 wird das Funktions-Template `operator<<()` als Friend des Klassen-Templates `Array` deklariert. Da `operator<<()` als Template-Funktion implementiert ist, verfügt automatisch jede Instanz des parametrisierten `Array`-Typs über einen eigenen <<-Operator. Die Implementierung des Operators beginnt in Zeile 49 und geht die Elemente des Arrays einzeln durch. Damit dies funktioniert, muß der Operator für jeden möglichen Typ von Objekt, das im Array gespeichert ist, definiert sein.

Template-Elemente

Template-Elemente kann man genauso wie jeden anderen Typ behandeln. Sie lassen sich als Parameter und Rückgabewerte von Funktionen sowohl als Referenz als auch als Wert übergeben. Listing 19.5 zeigt die Übergabe von Template-Objekten.

Listing 19.5: Template-Objekte an Funktionen übergeben und zurückliefern

```
#include <iostream.h>

const int DefaultSize = 10;

// Ein einfache Klasse zum Fuellen des Array
class Animal
{
public:
// Konstruktoren
     Animal(int);
     Animal();
     ~Animal();

     // Zugriffsfunktionen
     int GetWeight() const { return itsWeight; }
     void SetWeight(int theWeight) { itsWeight = theWeight; }

      // friend-Operator
     friend ostream& operator<< (ostream&, const Animal&);

private:
     int itsWeight;
};

// Ausgabeoperator fuer Animals
ostream& operator<<
    (ostream& theStream, const Animal& theAnimal)
{
theStream << theAnimal.GetWeight();
return theStream;
}

Animal::Animal(int weight):
itsWeight(weight)
{
   // cout << "Animal(int)\n";
}
```

```
Animal::Animal():
itsWeight(0)
{
   // cout << "Animal()\n";
}

Animal::~Animal()
{
  // cout << "Loest Animal auf...\n";
}

template <class T>  // Template und Parameter deklarieren
class Array            // die parametrisierte Klasse
{
public:
   Array(int itsSize = DefaultSize);
   Array(const Array &rhs);
   ~Array() { delete [] pType; }

   Array& operator=(const Array&);
   T& operator[](int offSet) { return pType[offSet]; }
   const T& operator[](int offSet) const
      { return pType[offSet]; }
   int GetSize() const { return itsSize; }

  // friend-Funktion
  friend ostream& operator<< (ostream&, const Array<T>&);

private:
   T *pType;
   int  itsSize;
};

template <class T>
ostream& operator<< (ostream& output, const Array<T>& theArray)
{
   for (int i = 0; i<theArray.GetSize(); i++)
      output << "[" << i << "] " << theArray[i] << endl;
   return output;
}

// Implementierungen...

// Konstruktor
template <class T>
```

```
Array<T>::Array(int size):
itsSize(size)
{
   pType = new T[size];
   for (int i = 0; i<size; i++)
      pType[i] = 0;
}

// Kopierkonstruktor
template <class T>
Array<T>::Array(const Array &rhs)
{
   itsSize = rhs.GetSize();
   pType = new T[itsSize];
   for (int i = 0; i<itsSize; i++)
      pType[i] = rhs[i];
}

void IntFillFunction(Array<int>& theArray);
void AnimalFillFunction(Array<Animal>& theArray);

int main()
{
   Array<int> intArray;
   Array<Animal> animalArray;
   IntFillFunction(intArray);
   AnimalFillFunction(animalArray);
   cout << "intArray...\n" << intArray;
   cout << "\nanimalArray...\n" << animalArray << endl;
   return 0;
}

void IntFillFunction(Array<int>& theArray)
{
   bool Stop = false;
   int offset, value;
   while (!Stop)
   {
      cout << "Offset (0-9) ";
      cout << "und Wert (-1 fuer Abbruch) eingeben: " ;
      cin >> offset >> value;
     if (offset < 0)
        break;
     if (offset > 9)
     {
        cout << "***Bitte Werte zwischen 0 und 9.***\n";
```

```
            continue;
         }
         theArray[offset] = value;
      }
   }


   void AnimalFillFunction(Array<Animal>& theArray)
   {
      Animal * pAnimal;
      for (int i = 0; i<theArray.GetSize(); i++)
      {
         pAnimal = new Animal;
         pAnimal->SetWeight(i*100);
         theArray[i] = *pAnimal;
         delete pAnimal;  // in Array steht Kopie
      }
   }
```

```
Offset (0-9) und Wert (-1 für Abbruch) eingeben: 1 10
Offset (0-9) und Wert (-1 für Abbruch) eingeben: 2 20
Offset (0-9) und Wert (-1 für Abbruch) eingeben: 3 30
Offset (0-9) und Wert (-1 für Abbruch) eingeben: 4 40
Offset (0-9) und Wert (-1 für Abbruch) eingeben: 5 50
Offset (0-9) und Wert (-1 für Abbruch) eingeben: 6 60
Offset (0-9) und Wert (-1 für Abbruch) eingeben: 7 70
Offset (0-9) und Wert (-1 für Abbruch) eingeben: 8 80
Offset (0-9) und Wert (-1 für Abbruch) eingeben: 9 90
Offset (0-9) und Wert (-1 für Abbruch) eingeben: 10 10
***Bitte Werte zwischen 0 und 9.***
Offset (0-9) und Wert (-1 für Abbruch) eingeben: -1 -1

intArray:...
[0] 0
[1] 10
[2] 20
[3] 30
[4] 40
[5] 50
[6] 60
[7] 70
[8] 80
[9] 90

animalArray:...
```

```
[0] 0
[1] 100
[2] 200
[3] 300
[4] 400
[5] 500
[6] 600
[7] 700
[8] 800
[9] 900
```

Analyse

Die Besprechung der `Array`-Klasse lasse ich zum größten Teil aus, um Platz zu sparen. Die `Animal`-Klasse ist in den Zeilen 6 bis 23 deklariert. Obwohl es sich dabei nur um eine rudimentäre und vereinfachte Klasse handelt, definiert sie doch ihren eigenen Ausgabe-Operator (<<), zum Ausgeben der `Animal`-Objekte. Ausgegeben wird dabei einfach das Gewicht der Tiere.

Beachten Sie, daß die Klasse `Animal` einen Standardkonstruktor besitzt. Dies muß so sein, denn beim Einfügen eines Objektes in ein Array wird der Standardkonstruktor des Objekts verwendet, um das Objekt zu erzeugen. Welche Komplikationen dies bereitet, werden Sie noch sehen.

In Zeile 101 ist die Funktion `IntFillFunction()` deklariert. Am Prototyp der Funktion kann man ablesen, daß diese Funktion ein Integer-`Array` als Argument übernimmt. `IntFillFunction()` ist kein Funktions-Template, sie erwartet daher einen ganz bestimmten Typ von Array – ein Integer-`Array`. In gleicher Weise ist in Zeile 102 die Funktion `AnimalFillFunction()` für `Animal`-Arrays deklariert.

Die Implementierungen der beiden Funktionen sind nicht identisch, da das Füllen eines Array mit Integer-Werten eine andere Vorgehensweise erfordert, als das Füllen eines Array mit `Animal`-Objekten.

Spezialisierte Funktionen

Wenn Sie in Listing 19.5 die Auskommentierung der Ausgabeanweisungen in den Konstruktoren und dem Destruktor der Klasse `Animal` aufheben, werden unerwartete Konstruktionen und Auflösungen von `Animal`-Objekten sichtbar.

Wenn ein Objekt in ein Array eingefügt wird, wird der Standardkonstruktor des Objekts aufgerufen. Danach weist der Array-Konstruktor noch jedem Objekt im Array den Wert 0 zu (vergleiche Zeilen 59 und 60 aus Listing 19.2).

Wenn Sie `einAnimal = (Animal) 0;` schreiben, rufen Sie den Standardzuweisungsoperator = für `Animal` auf. Dieser erzeugt ein temporäres `Animal`-Objekt, wozu er sich des Konstruktor bedient, der ein `int`-Argument akzeptiert. Das temporäre Objekt wird auf der rechten Seite des =-Operators verwendet und dann aufgelöst.

Dies ist allerdings unnötige Zeitverschwendung, denn das `Animal`-Objekt wurde ja bereits korrekt initialisiert. Sie können aber auch nicht einfach diese Zeile löschen, da Integer-Werte nicht automatisch mit dem Wert 0 initialisiert werden. Die Lösung besteht darin, dem Template mitzuteilen, daß es für `Animal`-Objekte einen speziellen Konstruktor verwenden soll.

Listing 19.6 zeigt, wie Sie eine spezielle Implementierung für die `Animal`-Klasse vorgeben können.

Listing 19.6: Template-Implementierungen spezialisieren

```
#include <iostream.h>

const int DefaultSize = 3;

// Einfache Klasse zum Fuellen des Array
  class Animal
  {
  public:
     // Konstruktoren
     Animal(int);
     Animal();
     ~Animal();

     // Zugriffsfunktionen
     int GetWeight() const { return itsWeight; }
     void SetWeight(int theWeight) { itsWeight = theWeight; }

     // friend-Operatoren
     friend ostream& operator<< (ostream&, const Animal&);

  private:
     int itsWeight;
  };

   // Operator zum Ausgeben von Animal-Objekten
  ostream& operator<<
      (ostream& theStream, const Animal& theAnimal)
  {
    theStream << theAnimal.GetWeight();
```

```
      return theStream;
    }

    Animal::Animal(int weight):
    itsWeight(weight)
    {
       cout << "animal(int) ";
    }

    Animal::Animal():
    itsWeight(0)
    {
       cout << "animal() ";
    }

    Animal::~Animal()
    {
      cout << "animal wird aufgeloest...";
    }

template <class T>  // Template und Parameter deklarieren
class Array           // die parametrisierte Klasse
{
public:
   Array(int itsSize = DefaultSize);
   Array(const Array &rhs);
   ~Array() { delete [] pType; }

   // Operatoren
   Array& operator=(const Array&);
   T& operator[](int offSet) { return pType[offSet]; }
   const T& operator[](int offSet) const
      { return pType[offSet]; }

   // Zugriffsfunktionen
   int GetSize() const { return itsSize; }

   // friend-Funktion
  friend ostream& operator<< (ostream&, const Array<T>&);

private:
   T *pType;
   int  itsSize;
};

template <class T>
```

```
Array<T>::Array(int size = DefaultSize):
itsSize(size)
{
   pType = new T[size];
   for (int i = 0; i<size; i++)
     pType[i] = (T)0;
}

template <class T>
Array<T>& Array<T>::operator=(const Array &rhs)
{
   if (this == &rhs)
      return *this;
   delete [] pType;
   itsSize = rhs.GetSize();
   pType = new T[itsSize];
   for (int i = 0; i<itsSize; i++)
      pType[i] = rhs[i];
   return *this;
}
template <class T>
Array<T>::Array(const Array &rhs)
{
   itsSize = rhs.GetSize();
   pType = new T[itsSize];
   for (int i = 0; i<itsSize; i++)
      pType[i] = rhs[i];
}


template <class T>
ostream& operator<< (ostream& output, const Array<T>& theArray)
{
   for (int i = 0; i<theArray.GetSize(); i++)
      output << "[" << i << "] " << theArray[i] << endl;
   return output;
}


Array<Animal>::Array(int AnimalArraySize):
itsSize(AnimalArraySize)
{
   pType = new Animal[AnimalArraySize];
}


```

```
void IntFillFunction(Array<int>& theArray);
void AnimalFillFunction(Array<Animal>& theArray);

int main()
{
   Array<int> intArray;
   Array<Animal> animalArray;
   IntFillFunction(intArray);
   AnimalFillFunction(animalArray);
   cout << "intArray...\n" << intArray;
   cout << "\nanimalArray...\n" << animalArray << endl;
  return 0;
}

void IntFillFunction(Array<int>& theArray)
{
   bool Stop = false;
   int offset, value;
   while (!Stop)
   {
       cout << "Offset (0-9) ";
       cout << "und Wert (-1 fuer Abbruch) eingeben: " ;
      cin >> offset >> value;
      if (offset < 0)
         break;
      if (offset > 9)
      {
         cout << "***Bitte Werte zwischen 0 und 9.***\n";
         continue;
      }
      theArray[offset] = value;
   }
}


void AnimalFillFunction(Array<Animal>& theArray)
{
   Animal * pAnimal;
   for (int i = 0; i<theArray.GetSize(); i++)
   {
      pAnimal = new Animal(i*10);
      theArray[i] = *pAnimal;
      delete pAnimal;
   }
}
```

Die Zeilennumerierung der Ausgabe wurde nachträglich hinzugefügt, damit Sie der Analyse besser folgen können. Wenn Sie das Programm ausführen, erfolgt die Ausgabe ohne Zeilennummern.

```
1: animal() animal() animal()
   Offset (0-9) und Wert (-1 für Abbruch) eingeben: 0 0
2: Offset (0-9) und Wert (-1 für Abbruch) eingeben: 1 1
3: Offset (0-9) und Wert (-1 für Abbruch) eingeben: 2 2
4: Offset (0-9) und Wert (-1 für Abbruch) eingeben: 3 3
5: Offset (0-9) und Wert (-1 für Abbruch) eingeben: -1 -1
6:  animal(int) animal wird aufgeloest...animal(int) animal wird
aufgeloest...animal(int) animal wird aufgeloest...initArray...
7: [0] 0
8: [1] 1
9: [2] 2
10:
11: animal array...
12: [0] 0
13: [1] 10
14: [2] 20
15:
16: animal wird aufgeloest... animal wird aufgeloest... animal wird aufgeloest...
17: <<< Zweiter Durchgang >>>
18: animal(int) animal wird aufgeloest...
19: animal(int) animal wird aufgeloest...
20: animal(int) animal wird aufgeloest...
21: Offset (0-9) und Wert (-1 für Abbruch) eingeben: 0 0
22: Offset (0-9) und Wert (-1 für Abbruch) eingeben: 1 1
23: Offset (0-9) und Wert (-1 für Abbruch) eingeben: 2 2
24: Offset (0-9) und Wert (-1 für Abbruch) eingeben: 3 3
25: animal(int)
26: animal wird aufgeloest...
27: animal(int)
28: animal wird aufgeloest...
29: animal(int)
30: animal wird aufgeloest...
31: initArray...
32: [0] 0
33: [1] 1
34: [2] 2
35:
36: animal array...
37: [0] 0
```

```
38: [1] 10
39: [2] 20
40:
41: animal wird aufgeloest...
42: animal wird aufgeloest...
43: animal wird aufgeloest...
```

Analyse

In Listing 19.6 sind beide Klassen ungekürzt, mit allen Kontrollausgaben, abgedruckt, so daß Sie nachvollziehen können, wie temporäre `Animal`-Objekte erzeugt und wieder aufgelöst werden. Der Wert der Konstante `DefaultSize` wurde auf 3 zurückgesetzt, um die Ausgabe übersichtlicher zu halten.

Die Konstruktoren und Destruktoren der Klasse Animal, Zeilen 33 bis 48, geben jeweils eine entsprechende Mitteilung aus, wenn sie aufgerufen werden.

In den Zeilen 74 bis 81 ist ein Template-Konstruktor für `Array` deklariert. Diesem zur Seite gestellt ist der spezialisierte Konstruktor für `Animal`-Arrays (Zeilen 114 bis 118). Beachten Sie, daß in diesem spezialisierten Konstruktor allein der Standardkonstruktor für die Initialisierung der einzelnen `Animal`-Objekte verwendet wird – eine zusätzliche Zuweisung erfolgt nicht mehr.

Beim Ausführen des Programms erzeugt dieses die oben abgedruckte Ausgabe. In Zeile 1 der Ausgabe sehen Sie die drei Standardkonstruktorenaufrufe beim Anlegen des Arrays. Der Anwender gibt vier Zahlen ein, und diese werden in das Integer-Array eingefügt.

Dann springt die Programmausführung zur Funktion `AnimalFillFunction()`. In der Funktion wird auf dem Heap ein temporäres `Animal`-Objekt erzeugt (Zeile 161) und dazu benutzt, eines der `Animal`-Objekte im Array zu modifizieren (Zeile 162). In Zeile 163 wird das temporäre Objekt wieder aufgelöst. Das Ganze wird für alle Elemente im Array wiederholt und spiegelt sich in Zeile 6 der Ausgabe wider.

Bei Beendigung des Programms werden die Arrays aufgelöst, und wenn die Destruktoren der Arrays aufgerufen werden, werden auch die Objekte in den Arrays aufgelöst (siehe Zeile 16 der Ausgabe).

Für den zweiten Teil der Ausgabe (Zeilen 18 bis 43) wurde die spezialisierte Implementierung des Array-Konstruktors aus den Zeilen 114 bis 118 des Programms auskommentiert. Wird das Programm danach ausgeführt, wird der Template-Konstruktor (Zeilen 74 bis 81) beim Anlegen des `Animal`-Array aufgerufen.

Dies führt dazu, daß in den Zeilen 79 und 80 des Programms für jedes Element des Array ein temporäres `Animal`-Objekt angelegt wird – was sich in der Ausgabe in den 18 bis 20 zeigt.

Ansonsten ist die Ausgabe für beide Läufe des Programms, wie zu erwarten, identisch.

Statische Elemente und Templates

Templates können auch statische Elemente deklarieren. Jede Instantiierung des Templates verfügt dann über seinen eigenen Satz von statischen Daten, sprich ein Satz pro Klassentyp. Wenn Sie also die `Array`-Klasse um ein statisches Datenelement erweitern (beispielsweise einen Zähler, in dem festgehalten wird, wie viele Arrays angelegt wurden), erhalten Sie für jeden Typ ein eigenes Datenelement: eines für alle `Animal`-Arrays, ein weiteres für alle Integer-Arrays. In Listings 19.7 wurde die `Array`-Klasse um ein statisches Datenelement und eine statische Funktion erweitert.

Listing 19.7: Statische Datenelemente und Funktionen in Templates

```
#include <iostream.h>

const int DefaultSize = 3;

// Einfache Klasse zum Fuellen des Arrays
  class Animal
  {
  public:
     // Konstruktoren
     Animal(int);
     Animal();
     ~Animal();

     // Zugriffsfunktionen
     int GetWeight() const { return itsWeight; }
     void SetWeight(int theWeight) { itsWeight = theWeight; }

     // friend-Operatoren
     friend ostream& operator<< (ostream&, const Animal&);

  private:
     int itsWeight;
  };

   // Ausgabeoperator
  ostream& operator<<
```

```
        (ostream& theStream, const Animal& theAnimal)
    {
      theStream << theAnimal.GetWeight();
      return theStream;
    }

    Animal::Animal(int weight):
    itsWeight(weight)
    {
       //cout << "animal(int) ";
    }

    Animal::Animal():
    itsWeight(0)
    {
       //cout << "animal() ";
    }

    Animal::~Animal()
    {
      //cout << "animal aufloesen...";
    }

   template <class T>  // Template und Parameter deklarieren
   class Array            // die parametrisierte Klasse
   {
   public:
      // Konstruktoren
      Array(int itsSize = DefaultSize);
      Array(const Array &rhs);
     ~Array() { delete [] pType;   itsNumberArrays-; }

     // Operatoren
     Array& operator=(const Array&);
     T& operator[](int offSet) { return pType[offSet]; }
     const T& operator[](int offSet) const
        { return pType[offSet]; }
     // Zugriffsfunktionen
     int GetSize() const { return itsSize; }
     static int GetNumberArrays() { return itsNumberArrays; }

     // friend-Funktion
    friend ostream& operator<< (ostream&, const Array<T>&);

  private:
     T *pType;
```

```
      int  itsSize;
      static int itsNumberArrays;
   };

   template <class T>
      int Array<T>::itsNumberArrays = 0;

   template <class T>
   Array<T>::Array(int size = DefaultSize):
   itsSize(size)
   {
      pType = new T[size];
      for (int i = 0; i<size; i++)
        pType[i] = (T)0;
      itsNumberArrays++;
   }

   template <class T>
   Array<T>& Array<T>::operator=(const Array &rhs)
   {
      if (this == &rhs)
         return *this;
      delete [] pType;
      itsSize = rhs.GetSize();
      pType = new T[itsSize];
      for (int i = 0; i<itsSize; i++)
         pType[i] = rhs[i];
   }

   template <class T>
   Array<T>::Array(const Array &rhs)
   {
      itsSize = rhs.GetSize();
      pType = new T[itsSize];
      for (int i = 0; i<itsSize; i++)
         pType[i] = rhs[i];
      itsNumberArrays++;
   }


   template <class T>
   ostream& operator<< (ostream& output, const Array<T>& theArray)
   {
      for (int i = 0; i<theArray.GetSize(); i++)
         output << "[" << i << "] " << theArray[i] << endl;
      return output;
```

```
    }



    int main()
    {

       cout << Array<int>::GetNumberArrays() << " Integer-Arrays\n";
       cout << Array<Animal>::GetNumberArrays();
       cout << " Animal-Arrays\n\n";
       Array<int> intArray;
       Array<Animal> animalArray;

       cout << intArray.GetNumberArrays() << " Integer-Arrays\n";
       cout << animalArray.GetNumberArrays();
       cout << " Animal-Arrays\n\n";

       Array<int> *pIntArray = new Array<int>;

       cout << Array<int>::GetNumberArrays() << " Integer-Arrays\n";
       cout << Array<Animal>::GetNumberArrays();
       cout << " Animal-Arrays\n\n";

       delete pIntArray;

      cout << Array<int>::GetNumberArrays() << " Integer-Arrays\n";
      cout << Array<Animal>::GetNumberArrays();
      cout << " Animal-Arrays\n\n";
     return 0;
   }
```

```
0 Integer-Arrays
0 Animal-Arrays

1 Integer-Arrays
1 Animal-Arrays

2 Integer-Arrays
1 Animal-Arrays

1 Integer-Arrays
1 Animal-Arrays
```

Analyse

Die Besprechung der `Animal`-Klasse lasse ich aus, um Platz zu sparen. Die `Array`-Klasse wurde um die Deklaration der statischen Variable `itsNumberArrays` erweitert (Zeile 74), und weil diese `private` ist, kommt in Zeile 66 noch eine statische `public`-Zugruffsfunktion `GetNumberArrays()` hinzu.

Für die Initialisierung der statischen Daten muß man über den vollständigen Template-Qualifizierer auf das Element zugreifen, so geschehen in den Zeilen 77 und 78. Die Konstruktoren und der Destruktor der Klasse `Array` wurden angepaßt, so daß in der statischen Variable festgehalten wird, wie viele Arrays gerade existieren.

Der Zugriff auf die statischen Elemente läuft genauso ab wie der Zugriff auf die statischen Elemente jeder normalen Klasse auch: entweder über ein existierendes Objekt (siehe Zeilen 132 und 133) oder durch Angabe des vollen Klassenspezifizierers (siehe Zeilen 126 und 127). Beachten Sie aber, daß Sie für den Zugriff auf die statischen Daten einen spezifischen Array-Typ verwenden müssen, da es ja für jeden Typ eine eigene Variable gibt.

Was Sie tun sollten
Nutzen Sie bei Bedarf statische Elemente in Templates.
Spezialisieren Sie das Verhalten eines Templates durch die Überschreibung von Template-Funktionen für einzelne Typen.
Nutzen Sie die Parameter von Template-Funktionen, um diese typensicher zu machen.

Die Standard Template Library

Zu den Neuerungen in C++ gehört die Aufnahme der *Standard Template Library* (STL) in den Standard. Alle bedeutenden Compiler-Hersteller bieten die STL an. Bei der STL handelt sich um eine Bibliothek aus Template-basierten Container-Klassen, einschließlich Vektoren, Listen, Warteschlangen und Stacks. Darüber hinaus enthält die STL auch eine Reihe allgemeiner Algorithmen, beispielsweise Routinen zum Sortieren und Suchen.

Die STL bietet Ihnen fertige Lösungen für viele typische Programmieraufgaben, so daß Sie nicht unbedingt jedes Mal das Rad neu zu erfinden brauchen. Die Bibliothek ist ausgetestet und fehlerbereinigt, bietet eine hohe Leistung und ist kostenlos! Der wichtigste Punkt ist die Wiederverwendbarkeit. Wenn man einmal den Umgang mit einem STL-Container beherrscht, kann man ihn in allen Programmen verwenden, ohne ihn neu erfinden zu müssen.

Container

Ein *Container* ist ein Objekt, in dem andere Objekte verwahrt werden können. Die Standard-C++-Bibliothek stellt eine ganze Reihe von Containern zur Verfügung, die für C++-Programmierer eine wertvolle Hilfe bei der Lösung vieler allgemeiner Programmieraufgaben sein können. Es gibt zwei Kategorien von Container-Klassen in der Standard Template Library (STL): sequentielle und assoziative. *Sequentielle* Container sind dafür konzipiert, daß man auf ihre Elemente sukzessive oder direkt durch Angabe einer Position zugreift. *Assoziative* Container sind für den Zugriff über Schlüssel optimiert. Wie auch die anderen Bestandteile der Standard-C++-Bibliothek ist die STL zwischen den verschiedenen Betriebssystemen portierbar. Alle STL-Containerklassen sind in dem Namensbereich `std` definiert.

Sequentielle Container

Die sequentiellen Container der Standard Template Library erlauben den schnellen sukzessiven oder direkten Zugriff auf eine Liste von Objekten. Die Standard-C++-Bibliothek kennt drei verschiedene sequentielle Container: `vector`, `list` und `deque`.

Der Vector-Container

Häufig verwendet man Arrays, um eine bestimmte Zahl von Elementen zu speichern und bei Bedarf auf die Elemente zuzugreifen. Alle Elemente in einem Array gehören einem gemeinsamen Typ an. Der Zugriff auf die Elemente erfolgt über einen Index. Die STL stellt uns eine Container-Klasse zur Verfügung, die sich wie ein Array verhält, dabei aber leistungsfähiger und sicherer einzusetzen ist.

Ein *vector* ist ein Container, der dafür optimiert ist, einzelne Elemente schnell über einen Index anzusprechen. Die Container-Klasse `vector` ist in der Header-Datei `<vector>` im Namensbereich `std` definiert (siehe Kapitel 17, »Namensbereiche«, für mehr Informationen zur Programmierung mit Namensbereichen). Ein `vector` wächst mit seinem Inhalt mit. Nehmen wir an, Sie haben einen `vector` für zehn Elemente erzeugt. Nachdem Sie in dem `vector` zehn Objekte abgelegt haben, ist dieser voll. Fügen Sie danach ein weiteres Objekt in den `vector` ein, erhöht dieser automatisch seine Aufnahmekapazität, so daß er das elfte Objekt entgegennehmen kann. Die Definition der `vector`-Klasse sieht wie folgt aus:

```
template <class T, class A = allocator<T>> class vector
{
    // Klassenelemente
};
```

Das erste Argument (`class T`) bezeichnet den Typ der Elemente, die im `vector` verwahrt werden. Das zweite Argument (`class A`) ist eine Allokator-Klasse. *Allokatoren* sind Speichermanager, die für die Reservierung und Freigabe des Speichers für die Elemente im Container verantwortlich sind. Wie man mit Allokatoren arbeitet und wie man sie implementiert, sind fortgeschrittene Themen, die nicht im Rahmen dieses Buches behandelt werden können.

Per Voreinstellung werden die Elemente mit Hilfe des Operators `new()` erzeugt und von dem Operator `delete()` freigegeben. Dies bedeutet, daß zur Erzeugung neuer Elemente der Standardkonstruktor der Klasse `T` aufgerufen wird. Wir hätten damit ein weiteres Argument, das dafür spricht, in den eigenen Klassen einen Standardkonstruktor zu definieren. Wenn Sie dies nicht tun, können Sie den `vector`-Container nicht zur Verwahrung von Instanzen Ihrer Klasse nutzen.

Wie man `vector`-Container für die Abspeicherung von Integer-Werten und Fließkommazahlen definiert, zeigen die folgenden Zeilen:

```
vector<int>      vInts;          // vector fuer Integer-Elemente
vector<float>    vFloats;        // vector fuer Fließkommazahlen
```

Meist hat man eine vage Vorstellung davon, wie viele Elemente ein Container aufnehmen soll. Nehmen wir an, in Ihrer Schule gibt es maximal 50 Schüler pro Klasse. Um alle Schüler einer Klasse in einer Datenstruktur zu verwalten, würden Sie einen `vector` definieren, der groß genug ist, um 50 Elemente aufzunehmen. Die `vector`-Klasse stellt hierfür einen Konstruktor zur Verfügung, der die Anzahl der Elemente als Parameter übernimmt, so daß man einen `vector` von 50 Schülern wie folgt definieren kann:

```
vector<Student> MathClass(50);
```

Ein Compiler wird für diese Definition Speicher für 50 Student-Objekte reservieren; die einzelnen Elemente werden mit Hilfe des Standardkonstruktors `Student::Student()` erzeugt.

Die Anzahl der Elemente im Container kann mit Hilfe der Elementfunktion `size()` abgefragt werden. In unserem Beispiel würde `vStudent.size()` den Wert 50 zurückliefern.

Eine andere Elementfunktion, `capacity()`, teilt uns mit, wie viele Elemente der Container noch aufnehmen kann, bevor seine Kapazität ausgedehnt werden muß. Mehr hierzu später.

Leer ist ein `vector` genau dann, wenn er keine Elemente enthält, das heißt, wenn seine Größe (`size()`) gleich Null ist. Die `vector`-Klasse stellt eine eigene Elementfunktion namens `empty()` zur Verfügung, mit der man schnell testen kann, ob ein Container leer ist oder nicht. Ist der Container leer, liefert die Elementfunktion den Wert `true` zurück.

Um ein `Student`-Objekt `Harry` in den `MathClass`-Container aufzunehmen, verwenden wir den Indexoperator `[]`:

```
MathClass[5] = Harry;
```

Die Indexierung beginnt mit dem Index 0. Die obige Zeile weist `Harry` dem sechsten Element im Container zu, wobei die Zuweisung – wie Ihnen vielleicht aufgefallen ist – durch den Zuweisungsoperator der `Student`-Klasse erfolgt. In gleicher Weise kann man auf das Element im Container zugreifen, um Harrys Alter herauszufinden:

```
MathClass[5].GetAge();
```

Wie ich schon erwähnt habe, wird der Speicherraum von `vector`-Containern automatisch angepaßt, wenn Sie mehr Elemente in einen Container einfügen, als dieser aufnehmen kann. Nehmen wir an, ein Kurs an Ihrer Schule wäre so populär geworden, daß die Anzahl der eingeschriebenen Schüler 50 übersteigt. Nun, für unsere Mathematikklasse ist dies wohl eher unwahrscheinlich, doch wer weiß, manchmal geschehen merkwürdige Dinge. Wenn der einundfünfzigste Schüler, `Sally`, in `MathClass` eingetragen wird, erweitert der Compiler den Container, so daß Sally aufgenommen werden kann.

Es gibt verschiedene Wege, um Elemente in einen `vector` aufzunehmen; einer führt über die Elementfunktion `push_back()`:

```
MathClass.push_back(Sally);
```

Diese Elementfunktion hängt das `Student`-Objekt `Sally` an das Ende des Vektors `MathClass` an. Jetzt haben wir 51 Elemente in `MathClass`, und `Sally` befindet sich an der Position `MathClass[50]`.

Damit die Elementfunktion `push_back()` verwendet werden kann, muß unsere `Student`-Klasse einen Kopierkonstruktor definieren. Ansonsten kann die Funktion keine Kopie des Objekts `Sally` anlegen.

Die STL gibt nicht an, wie viele Elemente maximal in einem `vector` abgelegt werden können. Den Compiler-Hersteller fällt es leichter, diesen Wert festzulegen. Die `vector`-Klasse definiert zu diesem Zweck eine eigene Elementfunktion, die Ihnen angibt, wie groß dieser magische Wert für Ihren Compiler ist: `max_size()`.

Listing 19.8 zeigt Ihnen, wie man die Elemente der Klasse `vector`, die wir bis hierher besprochen haben, eingesetzt werden. Um das Programm nicht unnötig durch aufwendige Stringmanipulationen komplizieren zu müssen, habe ich dabei auf die Klasse `string` zurückgegriffen. Wenn Sie sich näher über die Klasse `string` informieren wollen, schauen Sie im Handbuch Ihres Compilers nach.

Listing 19.8: Einrichtung eines vector-Containers und Zugriff auf die Elemente

```
#include <iostream>
#include <string>
#include <vector>
using namespace std;

class Student
{
public:
        Student();
        Student(const string& name, const int age);
        Student(const Student& rhs);
        ~Student();

        void    SetName(const string& name);
        string  GetName()      const;
        void    SetAge(const int age);
        int            GetAge()       const;

        Student& operator=(const Student& rhs);

private:
        string itsName;
        int itsAge;
};

Student::Student()
: itsName("Neuer Schueler"), itsAge(16)
{}

Student::Student(const string& name, const int age)
: itsName(name), itsAge(age)
{}

Student::Student(const Student& rhs)
: itsName(rhs.GetName()), itsAge(rhs.GetAge())
{}

```

```
Student::~Student()
{}

void Student::SetName(const string& name)
{
        itsName = name;
}

string Student::GetName() const
{
        return itsName;
}

void Student::SetAge(const int age)
{
        itsAge = age;
}

int Student::GetAge() const
{
        return itsAge;
}

Student& Student::operator=(const Student& rhs)
{
        itsName = rhs.GetName();
        itsAge = rhs.GetAge();
        return *this;
}

ostream& operator<<(ostream& os, const Student& rhs)
{
     os << rhs.GetName() << " ist " << rhs.GetAge() << " Jahre alt";
        return os;
}

template<class T>
void ShowVector(const vector<T>& v);  //vector-Eigenschaften anzeigen

typedef vector<Student>        SchoolClass;

int main()
{
        Student Harry;
        Student Sally("Sally", 15);
        Student Bill("Bill", 17);
```

```
        Student Peter("Peter", 16);

        SchoolClass   EmptyClass;
        cout << "Leere Klasse:\n";
        ShowVector(EmptyClass);

        SchoolClass GrowingClass(3);
        cout << "WachsendeKlasse(3):\n";
        ShowVector(GrowingClass);

        GrowingClass[0] = Harry;
        GrowingClass[1] = Sally;
        GrowingClass[2] = Bill;
        cout << "WachsendeKlasse(3) nach Zuweisung von Schuelern:\n";
        ShowVector(GrowingClass);

        GrowingClass.push_back(Peter);
        cout <<"WachsendeKlasse() nach Zuweisung des 4.Schuelers:\n";
        ShowVector(GrowingClass);

        GrowingClass[0].SetName("Harry");
        GrowingClass[0].SetAge(18);
        cout << "WachsendeKlasse() nach Eintragung des Namens\n:";
        ShowVector(GrowingClass);

        return 0;
}

//
// vector-Eigenschaften anzeigen
//
template<class T>
void ShowVector(const vector<T>& v)
{
        cout << "max_size() = " << v.max_size();
        cout << "\tsize() = " << v.size();
        cout << "\tcapacity() = " << v.capacity();
        cout << "\t" << (v.empty()? "leer": "nicht leer");
        cout << "\n";

        for (int i = 0; i < v.size(); ++i)
                cout << v[i] << "\n";

        cout << endl;
}

```

Ausgabe

```
Leere Klasse:
max_size() = 214748364  size() = 0      capacity() = 0 leer

WachsendeKlasse(3):
max_size() = 214748364  size() = 3      capacity() = 3  nicht leer
Neuer Student ist 16 Jahre alt
Neuer Student ist 16 Jahre alt
Neuer Student ist 16 Jahre alt

WachsendeKlasse(3) nach Zuweisung von Schuelern:
max_size() = 214748364  size() = 3      capacity() = 3  nicht leer
Neuer Student ist 16 Jahre alt
Sally ist 15 Jahre alt
Bill ist 17 Jahre alt

WachsendeKlasse() nach Zuweisung des 4.Schuelers:
max_size() = 214748364  size() = 4      capacity() = 6  nicht leer
Neuer Student ist 16 Jahre alt
Sally ist 15 Jahre alt
Bill ist 17 Jahre alt
Peter ist 16 Jahre alt

WachsendeKlasse() nach Eintragung des Namens:
max_size() = 214748364 size() = 4      capacity() = 6  nicht leer
Harry ist 18 Jahre alt
Sally ist 15 Jahre alt
Bill ist 17 Jahre alt
Peter ist 16 Jahre alt
```

Analyse

Unsere Student-Klasse ist in den Zeilen 6 bis 24 definiert, die Implementierung der zugehörigen Elementfunktionen steht in den Zeilen 26 is 66. Die Klasse ist einfach gestrickt und an die Verwendung in Zusammenhang mit vector-Containern angepaßt. Aus den weiter oben besprochenen Gründen haben wir einen Standardkonstruktor, einen Kopierkonstruktor und einen überladenen Zuweisungsoperator definiert. Beachten Sie auch, daß die Elementvariable itsName als eine Instanz der C++-Klasse string definiert ist. Wie man dem Listing entnehmen kann, ist die Programmierung mit C++-Strings wesentlich einfacher als mit C-Strings vom Typ char*.

Die Template-Funktion ShowVector() ist in den Zeilen 74 und 75 deklariert und in den Zeilen 115 bis 128 definiert. Sie demonstriert den Einsatz eine Reihe von Elementfunktionen des vector-Containers: max_size(), size(), capacity() und empty(). Wie

Sie der Ausgabe des Programms entnehmen können, beträgt die maximale Anzahl an `Student`-Objekten, die ein `vector` aufnehmen kann, für den Visual C++-Compiler 214.748.364. Für andere Elementtypen können sich andere Werte ergeben. So kann ein `vector`-Container für Integer-Werte beispielsweise 1.073.741.823 Elemente aufnehmen. Wenn Sie andere Compiler verwenden, werden diese unter Umständen andere Maximalwerte liefern.

In den Zeilen 124 und 125 gehen wir die einzelnen Element im `vector`-Container durch und geben die Werte mit Hilfe des Ausgabeoperators << aus, der in den Zeilen 68 bis 72 überladen ist.

In den Zeilen 81 bis 84 werden vier `Student`-Objekte erzeugt. In Zeile 86 wird ein leerer Vektor mit dem treffenden Namen `EmptyClass` erzeugt und vom Standardkonstruktor der `vector`-Klasse eingerichtet. Wird ein `vector`-Container auf diese Weise angelegt, reserviert der Compiler keinen Speicher für den Container. Wie man der Ausgabe der Funktion `ShowVector(EmptyClass)` entnehmen kann, sind Größe und Kapazität beide gleich Null.

In Zeile 90 wird ein `vector` für drei `Student`-Objekte definiert. Größe und Kapazität dieses Containers sind danach, wie erwartet, gleich 3. In den Zeilen 94 bis 96 werden den Elementen in `GrowingClass` mit Hilfe des Indexoperators `[]` `Student`-Objekte zugewiesen.

Der vierte Schüler, `Peter`, wird dem `vector`-Container in Zeile 100 hinzugefügt. Die Größe des `vector`-Containers beträgt danach 4. Interessanterweise wurde die Kapazität gleichzeitig auf 6 heraufgesetzt. Dies bedeutet, daß der Compiler für den Container genügend Speicher reserviert hat, um sechs `Student`-Objekte darin abzulegen. Da der Speicher für `vector`-Container als ein zusammengehörender Block reserviert werden muß, sind mit der Erweiterung des Speichers für einen Container eine ganze Reihe von Operationen erforderlich. Zuerst muß ein neuer Speicherblock reserviert werden, der groß genug ist, alle vier `Student`-Objekte aufzunehmen. Zweitens müssen die drei Elemente in den neu reservierten Speicherbereich kopiert und das vierte Element hinter dem dritten Element eingefügt werden. Schließlich muß der ursprüngliche Speicherblock freigegeben werden. Für eine große Anzahl von Elementen in einem Container können diese fortwährenden Reservierungs- und Freigabeoperationen sehr zeitraubend sein. Aus diesem Grund wendet der Compiler eine andere Strategie an, die den Bedarf an Speicherreservierungen reduziert. Für unser Beispiel bedeutet dies, daß wir noch ein oder zwei weitere Objekte in den `vector`-Container aufnehmen können, ohne daß dieser neuen Speicher allokieren muß.

In den Zeilen 104 und 105 wird wiederum der Indexoperator `[]` verwendet, um die Elementvariablen des ersten Objekts im `GrowingClass`-Container zu ändern.

Was Sie tun sollten

Definieren Sie einen Standardkonstruktor für Klassen, deren Instanzen womöglich in vector-Containern verwahrt werden sollen.

Definieren Sie für solche Klassen auch einen Kopierkonstruktor und einen überladenen Zuweisungsoperator.

Die vector-Containerklasse enthält noch weitere Elementfunktionen. Die Funktion front() liefert eine Referenz auf das erste Elemente in einer Liste zurück. Die Funktion back() liefert eine Referenz auf das letzte Elemente zurück. Die Funktion at() wird wie der Indexoperator [] eingesetzt, ist aber sicherer, da sie überprüft, ob der Index gültig ist, also auf ein Element im Container verweist. Ist der Index außerhalb des gültigen Bereichs, löst die Funktion eine out_of_range-Exception aus (Exceptions werden wir am morgigen Tag besprechen).

Die insert()-Funktion fügt einen oder mehrere Knoten an einer gegebenen Position in den vector ein. Die pop_back()-Funktion entfernt das letzte Element aus einem vector. Schließlich wäre da noch die Funktion remove(), die eines oder mehrere Element aus einem vector entfernt.

Der List-Container

Ein list-Container ist ein Container, der für häufiges Einfügen und Löschen von Elementen optimiert ist.

Die STL-Containerklasse list ist in der Header-Datei <list> im Namensbereich std definiert. Die list-Klasse ist als eine doppelt verkettete Liste implementiert, in der jeder Knoten mit dem vorangehenden und dem nachfolgenden Knoten verknüpft ist.

Die list-Klasse verfügt über alle Elementfunktionen, die auch von der vector-Klasse zur Verfügung gestellt werden. Wie Sie in der Rückschau auf die zweite Woche gesehen haben, können Sie eine Liste durchgehen, indem Sie den Links der einzelnen Knoten folgen. Die Links werden dabei üblicherweise mit Hilfe von Zeigern realisiert. Die STL-Containerklasse list verwendet zu dem gleichen Zweck das Konzept der Iteratoren.

Ein Iterator ist die Abstraktion eines Zeigers. Iteratoren können wie Zeiger dereferenziert werden, um auf den Knoten zuzugreifen, auf den der Iterator verweist. Listing 19.9 demonstriert, wie man mit Hilfe von Iteratoren auf die Knoten in einer Liste zugreifen kann.

Listing 19.9: Einen list-Container mit Hilfe von Iteratoren durchwandern

```
1:    #include <iostream>
2:    #include <list>
3:    using namespace std;
4:
5:    typedef list<int> IntegerList;
6:
7:    int main()
8:    {
9:            IntegerList    intList;
10:
11:           for (int i = 1; i <= 10; ++i)
12:                   intList.push_back(i * 2);
13:
14:           for (IntegerList::const_iterator ci = intList.begin();
15:                                        ci != intList.end(); ++ci)
16:                   cout << *ci << " ";
17:
18:           return 0;
19:   }
```

```
2 4 6 8 10 12 14 16 18 20
```

In Zeile 9 wird `intList` als ein `list`-Container für Integer-Werte definiert. Darunter werden in den Zeilen 11 und 12 die ersten zehn geraden Zahlen mit Hilfe der Funktion `push_back()` in die Liste eingetragen.

In den Zeilen 14 bis 16 greifen wir mit Hilfe eines const-Iterators auf die einzelnen Knoten in der Liste zu. Den const-Iterator verwenden wir, weil wir nicht beabsichtigen, die Knoten beim Zugriff über den Iterator zu verändern. Wollten wir den Knoten, auf den unser Iterator verweist, ändern, müßten wir einen nicht-const-Iterator verwenden:

```
intList::iterator
```

Die Elementfunktion `begin()` liefert einen Iterator zurück, der auf den ersten Knoten in der Liste verweist. Wie dem Listing zu entnehmen ist, kann man den ++-Operator verwenden, um einen Iterator auf den nächsten Knoten zu richten. Die Elementfunktion `end()` ist ein wenig merkwürdig – sie liefert einen Iterator, der *hinter* den letzten Knoten in der Liste verweist. Wir müssen daher darauf achten, unseren Iterator nicht bis `end()` laufen zu lassen.

Um den Knoten zurückliefern zu lassen, auf den der Iterator verweist, dereferenziert man den Iterator wie einen normaler Zeiger, zu sehen in Zeile 16.

Wir haben die Iteratoren zwar erst hier in Zusammenhang mit dem `list`-Container vorgestellt, doch werden Iteratoren auch von der `vector`-Klasse zur Verfügung gestellt. Zusätzlich zu den Funktionen, die die `list`-Klasse mit der `vector`-Klasse teilt, verfügt `list` noch über zwei weitere Funktionen: `push_front()` und `pop_front()`. Beide arbeiten ganz wie die Funktionen `push_back()` und `pop_back()`, nur daß sie Elemente nicht am Ende, sondern am Anfang der Liste einfügen oder löschen.

Der Deque-Container

Ein `deque`-Container ist ein doppelköpfiger `vector`-Container. Er erbt von der `vector`-Containerklasse die effizienten, sequentiellen Schreib- und Leseoperationen, stellt aber darüber hinaus optimierte Operationen für die beiden Enden des Containers zur Verfügung. Implementiert sind diese Operationen ähnlich wie für `list`-Container, wo Speicherreservierungen nur für neue Elemente erforderlich werden. Dieser Eigenschaft der `deque`-Klasse ist es zu verdanken, daß `deque`-Container nicht wie `vector`-Container reallokiert und an neue Speicherbereiche kopiert zu werden brauchen. Insgesamt gesehen sind `deque`-Container damit bestens geeignet für Anwendungen, in denen Einfüge- und Löschoperationen vornehmlich an den beiden Enden des Containers stattfinden und für die das sequentielle Durchgehen der Elemente wichtig ist. Ein Beispiel für eine solche Anwendung wäre etwa ein Simulationsprogramm für die Zusammenstellung von Zügen, bei dem die Waggons an beide Enden der Züge angehängt werden können.

Stacks

Eine der bei der Programmierung mit am häufigsten benötigten Datenstrukturen ist der Stack (zu deutsch: Stapel oder Keller). Allerdings ist der Stack in der STL nicht als eigene Container-Klasse implementiert, sondern vielmehr als eine Hüllklasse um einen anderen Container. Die Template-Klasse `stack` ist in der Header-Datei `<stack>` im Namensbereich `std` definiert.

Ein Stack oder Keller ist ein zusammenhängender Speicherblock, der am rückwärtigen Ende wachsen oder schrumpfen kann. Nur das jeweils letzte Elemente im Stack kann gelesen oder gelöscht werden. Ähnliche Charakteristika kennen Sie bereits von den sequentiellen Container, speziell von `vector` und `deque`. Tatsächlich kann jeder sequentielle Container, der die Operationen `back()`, `push_back()` und `pop_back()` unterstützt, als zugrundeliegender Container zur Implementierung eines Stack verwendet werden. Der größte Teil der restlichen Container-Methoden wird für die Realisierung eines Stack nicht benötigt und wird daher von der Stack-Klasse nicht zur Verfügung gestellt.

Die STL-Template-Klasse `stack` ist dafür konzipiert, Objekte jeden beliebigen Typs aufzunehmen. Die einzige Bedingung ist, daß alle Objekte vom gleichen Typ sind.

Ein Stack ist eine LIFO-Struktur (LIFO steht für »last in, first out«). Eine solche Struktur ist wie ein überfüllter Aufzug: Die erste Person, die den Aufzug betritt, wird gegen die Wand gedrückt, während die letzte Person direkt an der Tür steht. Wenn der Aufzug das gewünschte Stockwerk erreicht, verläßt die letzte Person den Aufzug zuerst. Möchte jemand den Aufzug schon ein Stockwerk früher verlassen, müssen alle anderen zwischen der Person und der Tür Platz machen – das heißt, den Aufzug kurz verlassen, um ihn danach gleich wieder zu betreten.

Das offene Ende des Stack wird per Konvention als »top« und die Operationen auf dem Stack-Ende als »push« und »pop« bezeichnet. Die `stack`-Klasse übernimmt diese Namenskonventionen.

Hinweis

Die STL-Klasse `stack` ist nicht identisch mit der Datenstruktur, die Compiler und Betriebssystem verwenden und in der Elemente verschiedenen Typs abgelegt werden können. Die zugrundeliegende Funktionsweise ist allerdings die gleiche.

Queues

Die Queue oder Warteschlange ist ebenfalls eine in der Programmierung sehr gebräuchliche Datenstruktur. Die Elemente werden am einen Ende der Queue eingefügt und am anderen Ende herausgenommen.

Es gibt eine fast schon klassische Analogie zur Erklärung der Datenstrukturen Stack und Queue: Ein Stack ist wie ein Stapel von Tellern an einer Salatbar. Sie erweitern den Stack, indem Sie weitere Teller auf den Stapel legen (wobei der Stack niedergedrückt wird, auf englisch: push). Sie verkleinern den Stack, indem Sie den zuletzt auf den Stapel abgelegten Teller herunternehmen (auf englisch: pop).

Eine Queue ist dagegen wie eine Warteschlange im Theater. Sie treten am hinteren Ende in die Schlange ein und verlassen Sie, wenn Sie ganz vorne angelangt sind. Man bezeichnet dies auch als FIFO-Struktur (FIFO steht für first in, first out), im Gegensatz zum Stack, der eine LIFO-Struktur (last in, first out) darstellt. Manchmal geschieht es natürlich auch, daß Sie der Vorletzte in einer langen Schlange an einer Supermarktkasse sind, wenn plötzlich eine Verkäuferin kommt, eine neue Kasse aufmacht und den letzten in der Schlange zu sich winkt. In diesem Fall verwandelt die Verkäuferin die FIFO-Queue in einen LIFO-Stack und läßt Sie frustriert und mit knirschenden Zähnen zurück.

Ebenso wie `stack` ist auch `queue` als Hüllklasse für Container implementiert. Die zugrundeliegenden Container müssen folgende Operationen unterstützen: `front()`, `back()`, `push_back()` und `pop_front()`.

Assoziative Container

Während die sequentiellen Container für den sequentiellen und direkten Zugriff über Indizes oder Iteratoren konzipiert sind, ermöglichen die assoziativen Container den schnellen direkten Zugriff über Schlüssel. Die Standard-C++-Bibliothek kennt vier verschiedene assoziative Container: `map`, `multimap` , `set` und `multiset`.

Der Map-Container

Wie Sie gesehen haben, ist ein `vector` eine fortgeschrittene Variante eines Array. Er verfügt über alle Charakteristika eines Array und noch über einige andere nützliche Merkmale. Unglücklicherweise krankt der `vector`-Container aber an einer bedeutenden Schwäche, die allen Arrays gemeinsam ist: Es gibt keine Möglichkeit, andere Schlüsselwerte außer Indizes oder Iteratoren für den direkten Zugriff auf die Elemente einzusetzen. Genau dies ermöglichen aber die assoziativen Container.

Die Standard-C++-Bibliothek kennt vier verschiedene assoziative Container: `map`, `multimap`, `set` und `multiset`. In Listing 19.10 sehen Sie noch einmal das Schulklassenbeispiel aus Listing 19.8, diesmal mit Hilfe eines `map`-Containers realisiert.

Listing 19.10: Ein map-Container

```
#include <iostream>
#include <string>
#include <map>
using namespace std;

class Student
{
public:
        Student();
        Student(const string& name, const int age);
        Student(const Student& rhs);
```

```
        ~Student();

        void    SetName(const string& name);
        string  GetName()      const;
        void    SetAge(const int age);
        int            GetAge()       const;

        Student& operator=(const Student& rhs);

    private:
        string itsName;
        int itsAge;
};

    Student::Student()
    : itsName("Neuer Student"), itsAge(16)
    {}

    Student::Student(const string& name, const int age)
    : itsName(name), itsAge(age)
    {}

    Student::Student(const Student& rhs)
    : itsName(rhs.GetName()), itsAge(rhs.GetAge())
    {}

    Student::~Student()
    {}

    void Student::SetName(const string& name)
    {
        itsName = name;
    }

    string Student::GetName() const
    {
        return itsName;
    }

    void Student::SetAge(const int age)
    {
        itsAge = age;
    }

    int Student::GetAge() const
    {
```

```
        return itsAge;
    }

    Student& Student::operator=(const Student& rhs)
    {
        itsName = rhs.GetName();
        itsAge = rhs.GetAge();
        return *this;
    }

    ostream& operator<<(ostream& os, const Student& rhs)
    {
        os << rhs.GetName() << " ist " << rhs.GetAge()
           << " Jahre alt";
        return os;
    }

    template<class T, class A>
    void ShowMap(const map<T, A>& v);    // map-Eigenschaften anzeigen

    typedef map<string, Student>    SchoolClass;

    int main()
    {
        Student Harry("Harry", 18);
        Student Sally("Sally", 15);
        Student Bill("Bill", 17);
        Student Peter("Peter", 16);

        SchoolClass    MathClass;
        MathClass[Harry.GetName()] = Harry;
        MathClass[Sally.GetName()] = Sally;
        MathClass[Bill.GetName()] = Bill;
        MathClass[Peter.GetName()] = Peter;

        cout << "Mathe-Klasse:\n";
        ShowMap(MathClass);

        cout << "Wir wissen:" << MathClass["Bill"].GetName()
                << " ist " << MathClass["Bill"].GetAge()
                << "Jahre alt\n";

        return 0;
    }

    //
```

```
102:   // map-Eigenschaften anzeigen
103:   //
104:   template<class T, class A>
105:   void ShowMap(const map<T, A>& v)
106:   {
107:         for (map<T, A>::const_iterator ci = v.begin();
108:                                        ci != v.end(); ++ci)
109:               cout << ci->first << ": " << ci->second << "\n";
110:
111:          cout << endl;
112:   }
```

```
Mathe-Klasse:
Bill: Bill ist 17 Jahre alt
Harry: Harry ist 18 Jahre alt
Peter: Peter ist 16 Jahre alt
Sally: Sally ist 15 Jahre alt

Wir wissen: Bill ist 17 Jahre alt
```

In Zeile 3 nehmen wir die Header-Datei `<map>` auf, da wir ja die Container-Klasse `map` verwenden wollen. Konsequenterweise definieren wir zu dem Container die Templatefunktion `ShowMap()`, um die Elemente in einem `map`-Container ausgeben zu können. In Zeile 77 wird `SchoolClass` als ein `map`-Container definiert, dessen Elemente aus (Schlüssel, Wert)-Paaren bestehen. Der erste Teil jedes Paares ist der Schlüssel. In unserer `SchoolClass` verwenden wir die Namen der Schüler als Schlüssel, der Typ der Schlüssel ist daher `string`. Die Schlüssel in einem `map`-Container müssen eindeutig sein, das heißt, keine zwei Elemente in dem Container dürfen den gleichen Schlüssel haben. Der zweite Teil des Paares ist das eigentliche Objekt, in unserem Beispiel also ein `Student`-Objekt. Für die Paare gibt es in der STL einen eigenen Datentyp `pair`, der als Struktur mit zwei Elementen definiert ist: `first` und `second`. Wir können diese Strukturelemente nutzen, um auf den Schlüssel und den Wert eines Knotens zuzugreifen.

Überspringen wir die `main()`-Funktion und schauen wir uns zuerst die Funktion `ShowMap()` an. Sie verwendet einen const-Iterator, um auf die `map`-Objekte zuzugreifen. In Zeile 109 weist `ci->first` auf den Schlüssel (den Namen des Schülers) und `ci->second` auf das `Student`-Objekt.

Weiter oben in den Zeilen 81 bis 84 werden vier `Student`-Objekte erzeugt. In Zeile 86 wird `MathClass` als eine Instanz von `SchoolClass` definiert. In den Zeilen 87 bis 90 nehmen wir unter Verwendung der folgenden Syntax

```
map_object[key_value] = object_value;
```

vier Studenten in die Mathe-Klasse auf.

Alternativ könnte man auch die Funktionen `push_back()` oder `insert()` verwenden, um (Schlüssel, Wert)-Paare in den `map`-Container einzufügen; mehr Informationen über die Verwendung dieser Funktionen finden Sie in der Dokumentation Ihres Compilers.

Nachdem alle `Student`-Objekte in den `map`-Container eingefügt wurden, können wir auf die Elemente über ihre Schlüssel zugreifen. In den Zeilen 95 und 96 verwenden wir die Syntax `MathClass["Bill"]`, um auf Bills Daten zuzugreifen.

Andere assoziative Container

Die Container-Klasse `multimap` ist eine `map`-Klasse, die nicht auf die Verwendung eindeutiger Schlüssel beschränkt ist. In einem `multimap`-Container können also mehrere Elemente den gleichen Schlüssel haben.

Die Container-Klasse `set` gleicht der `map`-Klasse. Der einzige Unterschied ist, daß die Elemente in einem `set`-Container keine (Schlüssel, Wert)-Paare sind, sondern nur aus dem Schlüssel bestehen.

Schließlich gibt es noch die Container-Klasse `multiset`, die nicht-eindeutige Schlüssel erlaubt.

Algorithmenklassen

Container stellen einen praktischen Aufbewahrungsort für eine Folge von Elementen dar. Alle Standard-Container verfügen darüber hinaus über Operationen, mit denen der Container und seine Elemente bearbeitet werden können. All diese Operationen für eigene Container zu implementieren, wäre allerdings ein recht mühsames und fehleranfälliges Unterfangen. Andererseits sind es zum großen Teil immer die gleichen Operationen, die auf die Elemente angewendet werden, so daß ein Satz von allgemeinen Algorithmen Ihnen die Mühe sparen kann, für jeden neuen Container eigene Operationen zu implementieren. In der Standardbibliothek sind ungefähr 60 Standardalgorithmen vorgesehen, die alle wichtigen Operationen auf Containern abdecken.

Die Standardalgorithmen sind in der Header-Datei `<algorithm>` im Namensbereich `std` definiert.

Um zu verstehen, wie die Standardalgorithmen arbeiten, muß man sich zuerst mit dem Konzept der Funktionsobjekte auseinandersetzen. Ein Funktionsobjekt ist eine Instanz einer Klasse, die den ()-Operator überlädt und daher wie eine Funktion aufgerufen werden kann. Listing 19.11 demonstriert den Einsatz eines Funktionsobjekts.

Listing 19.11: Ein Funktionsobjekt

```
1:     #include <iostream>
2:     using namespace std;
3:
4:     template<class T>
5:     class Print    {
6:     public:
7:         void operator()(const T& t)
8:         {
9:                     cout << t << " ";
10:              }
11:    };
12:
13:    int main()
14:    {
15:        Print<int> DoPrint;
16:        for (int i = 0; i < 5; ++i)
17:            DoPrint(i);
18:        return 0;
19:    }
```

Ausgabe

```
0 1 2 3 4
```

Analyse

In den Zeilen 4 bis 11 ist die Klasse `Print` definiert. Der überladene `()`-Operator aus den Zeilen 7 bis 11 übernimmt ein Objekt und schreibt es in die Standardausgabe. In Zeile 15 ist `DoPrint` als Instanz der Klasse `Print` definiert. Danach kann `DoPrint`, wie eine Funktion, zum Ausgeben von Integer-Werten verwendet werden, siehe Zeile 17.

Nicht verändernde, sequentielle Algorithmen

Nicht verändernde, sequentielle Algorithmen führen Operationen aus, die die Elemente, auf denen sie operieren, nicht verändern. Hierzu gehören Operationen wie `for_each()`, `find()`, `search()`, `count()` und so weiter. In Listing 19.12 sehen Sie, wie man mit Hilfe eines Funktionsobjekts und dem `for_each`-Algorithmus die Elemente eines `vector`-Containers ausgeben kann.

Listing 19.12: Einsatz des for_each()-Algorithmus

```
#include <iostream>
#include <vector>
#include <algorithm>
using namespace std;

template<class T>
class Print
{
public:
    void operator()(const T& t)
    {
        cout << t << " ";
    }
};

int main()
{
    Print<int>    DoPrint;
    vector<int>    vInt(5);

    for (int i = 0; i < 5; ++i)
        vInt[i] = i * 3;

    cout << "for_each()\n";
    for_each(vInt.begin(), vInt.end(), DoPrint);
    cout << "\n";

    return 0;
}
```

Ausgabe

```
for_each()
0 3 6 9 12
```

Analyse

Da alle C++-Standardalgorithmen in `<algorithm>` definiert sind, dürfen wir nicht vergessen, diese Header-Datei einzubinden. Ansonsten birgt das Programm keinerlei besondere Schwierigkeiten. In Zeile 25 wird die Funktion `for_each()` aufgerufen, um die Elemente im `vector`-Container `vInt` durchzugehen. Für jedes Element ruft die Funktion das Funktionsobjekt `DoPrint` auf und übergibt das Element an `DoPrint.operator()` – mit dem Ergebnis, daß das Element auf dem Bildschirm ausgegeben wird.

Verändernde, sequentielle Algorithmen

Verändernde, sequentielle Algorithmen führen Operationen aus, die die Elemente, auf denen sie operieren, verändern. Hierzu gehören Operationen zum Füllen oder Sortieren. Listing 19.13 demonstriert den Einsatz des `fill()`-Algorithmus.

Listing 19.13: Ein verändernder, sequentieller Algorithmus

```
#include <iostream>
#include <vector>
#include <algorithm>
using namespace std;

template<class T>
class Print
{
public:
    void operator()(const T& t)
    {
        cout << t << " ";
    }
};

int main()
{
    Print<int>    DoPrint;
    vector<int>    vInt(10);

    fill(vInt.begin(), vInt.begin() + 5, 1);
    fill(vInt.begin() + 5, vInt.end(), 2);

    for_each(vInt.begin(), vInt.end(), DoPrint);
    cout << "\n\n";
```

```
26:
27:        return 0;
28:    }
```

Ausgabe

```
1 1 1 1 1 2 2 2 2 2
```

Analyse

Neu an Listing 19.13 sind nur die Zeilen 21 und 22, in denen der `fill()`-Algorithmus aufgerufen wird. Dieser Algorithmus weist den Elementen einen gegebenen Wert zu. In Zeile 21 wird den ersten fünf Elemente aus `vInt` der Wert 1 zugewiesen. Den letzten fünf Elementen aus `vInt` wird der Wert 2 zugewiesen (Zeile 22).

Zusammenfassung

Heute haben Sie gelernt, wie man Templates erzeugt und verwendet. Templates sind in die Sprache C++ integriert. Mit ihrer Hilfe lassen sich parametrisierte Typen erzeugen. Diese Typen ändern ihr Verhalten entsprechend der bei der Erzeugung übergebenen Parameter. Templates erlauben die sichere und effektive Wiederverwendung von einem Code.

Die Definition des Templates bestimmt den parametrisierten Typ. Jede Instanz des Templates ist ein echtes Objekt, das sich wie jedes andere Objekt verwenden läßt – als Parameter an eine Funktion, als Rückgabewert usw.

Template-Klassen können drei Arten von `friend`-Funktionen deklarieren: Nicht-Template-Funktionen, Template-Funktionen und typspezifische Template-Funktionen. Templates können statische Datenelemente deklarieren, in welchem Fall jede Instanz des Templates seinen eigenen Satz von statischen Daten erhält.

Möchte man für einen bestimmten Datentyp das Verhalten einer Template-Funktion ändern, kann man die Template-Funktion für den speziellen Datentyp überschreiben. Gleiches funktioniert auch für Elementfunktionen.

Fragen und Antworten

F Warum verwendet man Templates, wenn man auch mit Makros auskommen könnte?

A *Templates sind typensicher und integraler Bestandteil der Sprache.*

F Worin liegt der Unterschied zwischen dem parametrisierten Typ einer Template-Funktion und den Parametern einer normalen Funktion?

A *Eine normale Funktion (keine Template) übernimmt Parameter, mit denen sie direkt arbeitet. Bei einer Template-Funktion läßt sich der Typ eines bestimmten Parameters der Funktion parametrisieren. Das heißt, man kann beispielsweise ein* `Array` *von* `Typ` *an eine Funktion übergeben und dann den* `Typ` *durch die Template-Instanz bestimmen lassen.*

F Wann verwendet man Templates und wann Vererbung?

A *Verwenden Sie Templates, wenn das gesamte – oder nahezu das gesamte – Verhalten gleich bleibt und sich nur der Typ des Elements, mit dem die Klasse arbeitet, verändert. Wenn man laufend Klassen kopiert und lediglich den Typ von Elementen der Klasse ändert, sollte man den Einsatz eines Templates in Betracht ziehen.*

F Wann verwendet man Templateklassen als Friends?

A *Wenn jede Instanz, unabhängig vom Typ, ein Freund der Klasse oder Funktion sein soll.*

F Wann verwendet man typspezifische Template-Klassen oder -Funktionen als Friends?

A *Wenn man eine 1:1-Beziehung zwischen zwei Klassen herstellen möchte. Beispielsweise, wenn* `array<int>` *mit* `iterator<int>`, *aber nicht mit* `iterator<Animal>` *zusammenarbeiten soll.*

F Welche zwei Kategorien von Standard-Containern gibt es?

A *Sequentielle und assoziative Container. Sequentielle Container bieten den optimierten sukzessiven und direkten Zugriff auf ihre Elemente. Assoziative Container bieten optimalen Zugriff auf die Elemente über Schlüssel.*

F Welche Attribute muß eine Klasse haben, um zusammen mit einem Standard-Container verwendet werden zu können?

A *Die Klasse muß einen Standardkonstruktor, einen Kopierkonstruktor und einen überladenen Zuweisungsoperator definieren.*

Workshop

Der Workshop enthält Quizfragen, die Ihnen helfen sollen, Ihr Wissen zu festigen, und Übungen, die Sie anregen sollen, das eben Gelernte umzusetzen und eigene Erfahrungen zu sammeln. Versuchen Sie, das Quiz und die Übungen zu beantworten und zu verstehen, bevor Sie die Lösungen in Anhang D lesen und zur Lektion des nächsten Tages übergehen.

Quiz

1. Worin besteht der Unterschied zwischen einem Template und einem Makro?
2. Worin besteht der Unterschied zwischen dem Parameter eines Templates und einer Funktion?
3. Worin besteht der Unterschied zwischen der Verwendung einer typspezifischen und einer allgemeinen Template-Klasse als Freund?
4. Ist es möglich, für eine bestimmte Instanz eines Templates ein spezielles Verhalten vorzusehen, daß sich von dem Verhalten für andere Instanzen unterscheidet?
5. Wie viele statische Variablen werden erzeugt, wenn Sie ein statisches Element in einer Template-Klasse definieren?
6. Was sind die Iteratoren, die in der C++-Standard-Bibliothek verwendet werden?
7. Was ist ein Funktionsobjekt?

Übungen

1. Setzen Sie ein Template auf, das auf der folgenden `List`-Klasse basiert:

```
class List
{
private:

public:
     List():head(0),tail(0),theCount(0) {}
     virtual ~List();
     void insert( int value );
     void append( int value );
     int is_present( int value ) const;
     int is_empty() const { return head == 0; }
     int count() const { return theCount; }
private:
     class ListCell
```

```
    {
    public:
        ListCell(int value, ListCell *cell = 0)
                :val(value),next(cell){}
        int val;
        ListCell *next;
    };
    ListCell *head;
    ListCell *tail;
    int theCount;
};
```

2. Setzen Sie eine Implementierung für die (Nicht-Template-Version der) Klasse `List` auf.
3. Setzen Sie eine Implementierung für die Template-Version auf.
4. Deklarieren Sie drei `List`-Objekte: eine Liste von Strings, eine Liste von `Cats` und eine Liste von Integern.
5. FEHLERSUCHE: Was stimmt nicht an dem nachfolgenden Code? (Gehen Sie davon aus, daß das `List`-Template definiert ist und mit `Cat` die Klasse aus den vorhergehenden Kapiteln des Buches gemeint ist.)

```
List<Cat> Cat_List;
Cat Felix;
CatList.append( Felix );
cout << "Felix ist " <<
    ( Cat_List.is_present( Felix ) ) ? "" : "nicht " << "da\n";
```

   Tip (denn dies ist eine schwierige Aufgabe): Was unterscheidet `Cat` von `int`?

6. Deklarieren Sie einen `friend`-Operator == für `List`.
7. Implementieren Sie den `friend`-Operator == für `List`.
8. Gibt es mit dem Operator == die gleichen Probleme wie in Übung 5?
9. Implementieren Sie eine Template-Funktion `swap()`, die zwei Variablen austauscht.
10. Implementieren Sie die Klasse `SchoolClass` aus Listing 19.8 als `list`-Container. Verwenden Sie die `push_back()`-Funktion, um vier Studenten in den `list`-Container aufzunehmen. Gehen Sie dann den Container durch, und setzen Sie das Alter der Schüler um jeweils ein Jahr herauf.
11. Erweitern Sie Übung 10 und verwenden Sie ein Funktionsobjekt, um die Daten der einzelnen Schüler auszugeben.

Exceptions und Fehlerbehandlung

Woche 3

Der Code, den Sie bisher in diesem Buch kennengelernt haben, diente nur Demonstrationszwecken. Fehlerbehandlungen waren nicht vorgesehen, um nicht von den jeweiligen Themen abzulenken. In echten Programmen muß man allerdings Fehlerbedingungen in Betracht ziehen. In der Tat kann die Vorwegnahme von Fehlern und die Fehlerbehandlung den größten Teil des Codes ausmachen!

Heute lernen Sie,

- was Exceptions sind,
- wie man Exceptions verwendet und welche Probleme sie aufwerfen,
- wie man Hierarchien von Exceptions aufbaut,
- wie sich Exceptions in das Gesamtkonzept der Fehlerbehandlung einordnen,
- was ein Debugger ist.

Bugs, Fehler, Irrtümer und Code Rot

Kein Programm ist fehlerfrei. Je größer das Programm, desto mehr Fehler hat es, und viele dieser Fehler verlassen auch die Softwareschmiede und finden sich in der fertigen, freigegebenen Programmversion wieder. Das stellt natürlich keinen Freibrief für die eigene Programmierung dar. Das Schreiben robuster, fehlerfreier Programme sollte höchste Priorität für jeden ernsthaften Programmierer haben.

Ein fehlerhafter, instabiler Code gehört zu den größten Problemen der Softwareindustrie, und die Kosten für Testen, Suchen und Beseitigen von Fehlern verschlingen einen Großteil des Budgets. Wer das Problem löst, wie man innerhalb des vorgegebenen Zeitrahmens gute, solide und kugelsichere Programme bei niedrigen Kosten schreibt, wird die Softwareindustrie revolutionieren.

Programmfehler lassen sich in verschiedene Kategorien gliedern. Die erste betrifft die Logik: Das Programm läuft zwar, die Algorithmen sind aber nicht ausreichend durchdacht. Zur zweiten Kategorie gehören die Syntaxfehler: falsche Anweisungen, Funktionen oder Strukturen. Die meisten Fehler fallen in diese beiden Gruppen, und hier suchen die Programmierer auch zuerst.

Untersuchungen und praktische Erfahrungen beweisen, daß die Beseitigung eines Problems um so mehr kostet, je später man im Entwicklungsprozeß darauf stößt. Am billigsten ist es, Fehler von vornherein zu vermeiden. Die nächsten Fehler auf der Kostenskala sind die Fehler, die der Compiler bemängelt. Entsprechend der C++-Standards werden in die Compiler immer mehr Mechanismen eingebaut, um Fehler schon zur Kompilierzeit aufzudecken.

Fehler, die sich zwar kompilieren lassen, aber bereits beim ersten Test zum Absturz des Programms führen, sind wiederum leichter und damit kostengünstiger zu beseitigen, als verborgene Fehler, die erst nach gewisser Zeit zum Crash führen.

Wesentlich schwerer sind Fehler zu finden, die sich erst bei unerwarteten Benutzerhandlungen zeigen. Diese kleinen logischen Bomben liegen auf der Lauer und warten nur darauf, daß jemand »auf die falsche Stelle tritt«. Bis dahin läuft alles wunderbar, dann aber explodiert das Programm.

Neben logischen und syntaktischen Fehlern stellt die Stabilität der Programme eines der größten Probleme dar. Solange sich der Anwender gegenüber dem Programm »anständig« verhält, läuft alles wie erwartet. Gibt er aber zum Beispiel bei einer angeforderten Zahl nicht nur Ziffern, sondern auch Buchstaben ein, hängt sich das Programm auf. Andere Abstürze sind beispielsweise auf Speicherüberlauf, eine fehlende Diskette im Floppy-Laufwerk oder eine gestörte Modemverbindung zurückzuführen.

Gegen diese Instabilitäten kämpfen Programmierer mit *kugelsicheren* Programmen an, die alle Eventualitäten zur Laufzeit des Programms behandeln können – angefangen bei seltsamen Benutzereingaben bis hin zur Speicherknappheit.

Programmfehler sind zu differenzieren in Syntaxfehler, die der Programmierer durch Verwendung syntaktisch falscher Strukturen produziert hat, logische Fehler, die ebenfalls auf den Programmierer zurückgehen, weil er das Problem mißverstanden hat oder nicht genau weiß, wie es zu lösen ist, und Exceptions (Ausnahmen), die ihre Ursache in ungewöhnlichen, aber vorhersehbaren Problemen wie knapp werdende Ressourcen (Speicher oder Festplattenplatz) haben.

Ausnahmen

Programmierer arbeiten mit leistungsfähigen Compilern und durchsetzen ihren Code mit `assert`-Anweisungen (siehe Tag 21), um Programmierfehler aufzuspüren. Logischen Fehlern rücken sie mit der Überprüfung des Entwurfs und ausgiebigen Testphasen zu Leibe.

Exceptions (Ausnahmen) sind etwas ganz anderes. Man kann unerwartete Umstände nicht ausschließen, muß sich aber darauf vorbereiten. Von Zeit zu Zeit kommt es beim Anwender zur Speicherknappheit. Was unternehmen Sie dann in Ihrem Programm? Die Auswahl ist ziemlich begrenzt:

- Das Programm abstürzen lassen.
- Den Anwender informieren und das Programm sanft herunterfahren.

- Den Anwender informieren und ihm die Möglichkeit bieten, den Fehler zu beheben und die Arbeit fortzusetzen.
- Korrigierend eingreifen und das Programm fortsetzen, ohne den Anwender zu belästigen.

Es ist zwar nicht erforderlich und auch nicht wünschenswert, für jeden Ausnahmezustand eine automatische Fehlerkorrektur vorzusehen, dennoch muß man sich etwas Besseres einfallen lassen, als einfach einen Programmabsturz in Kauf zu nehmen.

Die Exception-Behandlung in C++ bietet eine typensichere, in die Sprache integrierte Methode, um vorhersehbare aber ungewöhnliche Umstände während eines Programmlaufs zu meistern.

Code Rot

Mit »Code Rot« bezeichnet man das Phänomen, daß sich Software, die vernachlässigt wird, auf mysteriöse Weise verschlechtert. Selbst perfekt implementierte, gründlich debuggte Programme werden zu Mängelexemplaren, wenn sie nur ein paar Wochen beim Händler im Regal liegen. Nach einigen Monaten kann der Anwender feststellen, wie grüner Schimmel Ihre Programmierlogik bedeckt und Ihre Programmobjekte zerfallen.

Außer luftdicht versiegelten Verpackungen hilft da nur eines: Sie müssen Ihre Programme so aufsetzen, daß Sie jederzeit in der Lage sind, aufgetretene Fehler schnell und bequem zu identifizieren.

Hinweis

Code Rot ist ein Programmierer-Witz, der zu erklären versucht, wie ein Bug-freier Code plötzlich unzuverlässig und fehlerhaft wird. Er erinnert uns daran, daß Bugs und Fehler in komplexen Programmen für lange Zeit unentdeckt bleiben können. Um sich später Arbeit und Mühe zu sparen, sollten Sie daher darauf achten, einen leicht zu wartenden Code zu schreiben.

Exceptions

In C++ ist eine Exception (Ausnahme) ein Objekt, das aus dem Codebereich, in dem das Problem auftritt, an einen anderen Teil des Codes übergeben wird, in dem das Problem behandelt werden soll. Der Typ der Exception bestimmt, welcher Code die Behandlung übernimmt, und der Inhalt des ausgelösten Objekts (falls vorhanden) läßt sich für Rückmeldungen an den Anwender einsetzen.

Exceptions beruhen auf einem einfachen Konzept:

- Die eigentliche Zuweisung von Ressourcen (beispielsweise die Reservierung von Speicher oder das Sperren einer Datei) erfolgt in der Regel auf einer systemnahen Ebene des Programms.
- Die Programmlogik für die Reaktion auf eine gescheiterte Operation (Speicher läßt sich nicht zuweisen, die Datei läßt sich nicht sperren) ist normalerweise in einer höheren Ebene des Programms angesiedelt, die auch den Code für den Dialog mit dem Anwender enthält.
- Exceptions verkürzen den Weg vom Code, der die Zuweisung der Ressourcen übernimmt, zum Code, der den Fehlerzustand behandelt. Eventuell dazwischenliegende Funktionsebenen erhalten zwar die Möglichkeit, Speicherzuweisungen zu bereinigen, müssen sich aber um die Weiterleitung der Fehlerbedingung in keiner Weise kümmern.

Komponenten der Exception-Behandlung

Codebereiche, die ein Problem hervorrufen können, schließt man in `try`-Blöcke ein. Zum Beispiel:

```
try
{
EineGefaehrlicheFunktion();
}
```

`catch`-Blöcke behandeln die im `try`-Block aufgetretenen Exceptions. Zum Beispiel:

```
try
{
EineGefaehrlicheFunktion ();
}
catch(OutOfMemory)
{
// auf Exception reagieren
}
catch(FileNotFound)
{
// andere Aktionen unternehmen
}
```

Beim Einsatz von Exceptions sind folgende grundlegende Schritte auszuführen:

1. Die Programmbereiche ermitteln, in denen Operationen zu Exceptions führen können, und diese Bereiche in `try`-Blöcke einschließen.
2. `catch`-Blöcke aufsetzen, um eventuell ausgelöste Exceptions abzufangen, reservierten Speicher freizugeben und den Anwender in geeigneter Weise zu informieren. Listing 20.1 demonstriert die Verwendung von `try`- und `catch`-Blöcken.

Exceptions sind Objekte, die Informationen über ein Problem übermitteln.

Ein `try`-Block ist ein in geschweifte Klammern eingeschlossener Block, in dem Exceptions auftreten können.

Der `catch`-Block ist der unmittelbar auf einen `try`-Block folgende Block. Hier werden die Exceptions behandelt.

Nach dem Auslösen einer Exception geht die Programmsteuerung an den `catch`-Block über, der unmittelbar auf den aktuellen `try`-Block folgt.

Hinweis

Einige ältere Compiler unterstützen keine Exceptions. Exceptions sind jedoch Teil des ANSI-C++-Standards, und alle führenden Compiler-Hersteller unterstützen Exceptions in ihren aktuellen Versionen. Wenn Sie einen sehr alten Compiler verwenden, werden Sie die Übungen in diesem Kapitel weder kompilieren noch ausführen können. Sie sollten das Kapitel aber trotzdem zu Ende lesen. Die Übungen können Sie dann später durchgehen, wenn Sie sich eine aktuellere Compiler-Version beschafft haben.

Listing 20.1: Eine Exception auslösen

```
#include <iostream.h>

const int DefaultSize = 10;

class Array
{
public:
    // Konstruktoren
    Array(int itsSize = DefaultSize);
    Array(const Array &rhs);
    ~Array() { delete [] pType;}

    // Operatoren
    Array& operator=(const Array&);
    int& operator[](int offSet);
    const int& operator[](int offSet) const;

```

```
      // Zugriffsfunktionen
      int GetitsSize() const { return itsSize; }

      // Friend-Funktionen
     friend ostream& operator<< (ostream&, const Array&);

      class xBoundary {};  // Exception-Klasse definieren
   private:
      int *pType;
      int  itsSize;
   };


   Array::Array(int size):
   itsSize(size)
   {
      pType = new int[size];
      for (int i = 0; i<size; i++)
        pType[i] = 0;
   }


   Array& Array::operator=(const Array &rhs)
   {
      if (this == &rhs)
         return *this;
      delete [] pType;
      itsSize = rhs.GetitsSize();
      pType = new int[itsSize];
      for (int i = 0; i<itsSize; i++)
         pType[i] = rhs[i];
      return *this;
   }

   Array::Array(const Array &rhs)
   {
      itsSize = rhs.GetitsSize();
      pType = new int[itsSize];
      for (int i = 0; i<itsSize; i++)
         pType[i] = rhs[i];
   }


   int& Array::operator[](int offSet)
   {
      int size = GetitsSize();
```

```
   if (offSet >= 0 && offSet < GetitsSize())
      return pType[offSet];
   throw xBoundary();
   return pType[0]; // Tribut an MSC
}


const int& Array::operator[](int offSet) const
{
   int mysize = GetitsSize();
   if (offSet >= 0 && offSet < GetitsSize())
      return pType[offSet];
   throw xBoundary();
   return pType[0]; // Tribut an MSC
}

ostream& operator<< (ostream& output, const Array& theArray)
{
   for (int i = 0; i<theArray.GetitsSize(); i++)
      output << "[" << i << "] " << theArray[i] << endl;
   return output;
}

int main()
{
   Array intArray(20);
   try
   {
      for (int j = 0; j< 100; j++)
      {
         intArray[j] = j;
         cout << "intArray[" << j << "] OK..." << endl;
      }
   }
   catch (Array::xBoundary)
   {
      cout << "Kann Ihre Eingabe nicht verarbeiten.\n";
   }
   cout << "Fertig.\n";
   return 0;
}
```

Ausgabe

```
intArray[0] OK...
intArray[1] OK...
intArray[2] OK...
intArray[3] OK...
```

```
intArray[4] OK...
intArray[5] OK...
intArray[6] OK...
intArray[7] OK...
intArray[8] OK...
intArray[9] OK...
intArray[10] OK...
intArray[11] OK...
intArray[12] OK...
intArray[13] OK...
intArray[14] OK...
intArray[15] OK...
intArray[16] OK...
intArray[17] OK...
intArray[18] OK...
intArray[19] OK...
Kann Ihre Eingabe nicht verarbeiten.
Fertig.
```

Analyse

Listing 20.1 zeigt eine abgespeckte Version der `Array`-Klasse, die auf dem in Tag 19 entwickelten Template basiert.

Zeile 24 deklariert die neue Klasse `xBoundary` innerhalb der Deklaration der äußeren Klasse `Array`.

In der neuen Klasse gibt es keinerlei Merkmale, die sie als Exception-Klasse ausweisen. Es handelt sich einfach um eine Klasse wie jede andere, die im speziellen Fall sehr einfach gehalten ist und weder Daten noch Methoden hat. Dennoch ist es in jeder Beziehung eine gültige Klasse. Genaugenommen darf man gar nicht sagen, daß die Klasse keine Methoden hat, denn der Compiler weist ihr automatisch einen Standardkonstruktor, einen Destruktor, einen Kopierkonstruktor und den Zuweisungsoperator zu. Mithin besitzt die Klasse keine Daten, aber vier Methoden.

Die Deklaration dieser Klasse innerhalb der Klasse `Array` dient lediglich dazu, beide Klassen miteinander zu koppeln. Wie am Tag 15 dargelegt wurde, besitzt `Array` keinen speziellen Zugriff auf `xBoundary`, und auch `xBoundary` hat keinen bevorzugten Zugriff auf die Elemente von `Array`.

Die Zeilen 61 bis 68 und 71 bis 78 modifizieren die Offset-Operatoren, um den angeforderten Offset zu überwachen. Liegt der Offset außerhalb des zugelassenen Bereichs, wird die `xBoundary`-Klasse als Exception ausgelöst. Die Klammern sind erforderlich, um den Aufruf des `xBoundary`-Konstruktors von der Verwendung einer

Aufzählungskonstanten zu unterscheiden. Beachten Sie, daß bestimmte Microsoft-Compiler eine `return`-Anweisung in Übereinstimmung mit der Deklaration (in diesem Fall die Rückgabe einer Integer-Referenz) verlangen, auch wenn wie hier in Zeile 66 eine Ausnahme ausgelöst wird und der Programmablauf niemals bis zur Zeile 67 vordringt. Das ist eine Laune der Compilerbauer und beweist eigentlich nur, daß selbst Microsoft die ganze Angelegenheit schwierig und verwirrend findet!

In Zeile 90 leitet das Schlüsselwort `try` einen `try`-Block ein, der in Zeile 97 endet. Innerhalb des `try`-Blocks werden 100 Integer-Werte in das in Zeile 89 deklarierte Array eingefügt.

Der in Zeile 98 deklarierte `catch`-Block fängt die `xBoundary`-Exceptions ab.

Das Testprogramm in den Zeilen 87 bis 104 erzeugt einen `try`-Block, in dem jedes Element des Arrays initialisiert wird. Wenn in Zeile 92 die Variable `j` von 19 zu 20 inkrementiert wird, findet der Zugriff auf das Element mit dem Offset 20 statt. Damit scheitert der Test in Zeile 64, und der Operator `[]` löst in Zeile 66 eine `xBoundary`-Exception aus.

Das Programm verzweigt daraufhin zum `catch`-Block in Zeile 98. Die Exception-Behandlung in diesem Block besteht in der Ausgabe einer Fehlermeldung in Zeile 100. Der Programmablauf setzt sich dann nach dem Ende des `catch`-Blocks mit Zeile 102 fort.

Syntax

`try`-Blöcke

Ein `try`-Block ist eine Gruppe von Anweisungen, die mit dem Schlüsselwort `try` beginnt und in geschweifte Klammern eingefaßt ist.

Zum Beispiel:

```
try
{
Funktion();
};
```

Syntax

catch-Blöcke

Ein `catch`-Block beginnt mit dem Schlüsselwort `catch`, dem ein Exception-Typ in Klammern folgt. Daran schließt sich der in geschweifte Klammern gefaßte Anweisungsblock an.

Zum Beispiel:

```
try
{
Funktion();
};
```

```
Catch (OutOfMemory)
{
// auf Exception reagieren
}
```

try-Blöcke und catch-Blöcke einsetzen

Da es nicht immer ohne weiteres klar ist, welche Aktionen eine Exception auslösen könnten, gehört die Suche nach den geeigneten Stellen für `try`-Blöcke mit zu den schwierigsten Aufgaben beim Einsatz von Exceptions. Die nächste Frage ist, wo die Exceptions abzufangen sind. Beispielsweise könnte man Speicher-Exceptions dort auslösen, wo man den Speicher zuweist, und die Exceptions in einer höheren Ebene des Programms abfangen, wo die Routinen für die Benutzeroberfläche angesiedelt sind.

Kandidaten für `try`-Blöcke sind Routinen, die Speicher oder andere Ressourcen reservieren. Weiterhin sind Codebereiche ins Auge zu fassen, die Fehler bei Bereichsüberschreitungen, unzulässigen Eingaben oder ähnlichen Aktionen bewirken können.

Exceptions abfangen

Das Abfangen von Exceptions funktioniert folgendermaßen: Beim Eintreten eines Exception-Zustands wird der Aufruf-Stack untersucht. Im *Aufruf-Stack* sind die Funktionsaufrufe vermerkt, die zum aktuellen Code geführt haben.

Wenn `main()` die Funktion `Tier::Lieblingsfressen()` aufruft, die Funktion `Lieblingsfressen()` ihrerseits die Funktion `Tier::VorliebenNachschauen` aktiviert und diese Funktion schließlich einen Aufruf von `fstream::operator>>` vornimmt, stehen alle diese Funktionen auf dem Aufruf-Stack. Eine rekursive Funktion kann mehrmals im Aufruf-Stack erscheinen.

Die Exception wird im Aufruf-Stack zum jeweils nächsten umschließenden Block hinaufgereicht. Bei dieser Auflösung des Stacks werden die Destruktoren für lokale Objekte auf dem Stack aufgerufen und die Objekte zerstört.

Unter jedem `try`-Block befinden sich eine oder mehrere `catch`-Anweisungen. Entspricht die Exception einer dieser `catch`-Anweisungen, wird die Exception von dem zugehörigen `catch`-Block behandelt. Stimmt die Exception mit keiner `catch`-Anweisung überein, setzt sich die Auflösung des Stacks fort.

Wenn die Exception den ganzen Weg bis zum Anfang des Programms (`main()`) zurückgelegt hat und immer noch nicht abgefangen wurde, wird eine vordefinierte Behandlungsroutine aufgerufen, die das Programm beendet.

Das Weiterreichen einer Exception läßt sich mit einer Einbahnstraße vergleichen. In ihrem Verlauf findet die Auflösung des Stack und die Zerstörung der betreffenden Objekte statt. Es gibt kein Zurück: Nachdem eine Exception behandelt wurde, wird das Programm nach dem `try`-Block fortgesetzt, der zu der `catch`-Anweisung gehört, die die Exception behandelt hat.

In Listing 20.1 springt das Programm demnach zu Zeile 102, der ersten Zeile nach dem `try`-Block zu der `catch`-Anweisung, die die `xBoundary`-Exception behandelt hat. Denken Sie daran, daß sich der Programmablauf beim Auslösen einer Exception nach dem `catch`-Block fortsetzt und nicht nach dem Punkt, an dem die Exception ausgelöst wurde.

Mehrere catch-Spezifikationen

Zu einer Exception können mehrere Bedingungen führen. In diesem Fall lassen sich die `catch`-Anweisungen untereinander anordnen, wie man es von der `switch`-Anweisung kennt. Das Äquivalent der `default`-Anweisung ist die Anweisung »Fange alles ab«, die durch `catch(...)`gekennzeichnet ist.

Listing 20.2: Mehrere Exceptions

```
#include <iostream.h>

const int DefaultSize = 10;

class Array
{
public:
   // Konstruktoren
   Array(int itsSize = DefaultSize);
    Array(const Array &rhs);
    ~Array() { delete [] pType;}

    // Operatoren
    Array& operator=(const Array&);
    int& operator[](int offSet);
    const int& operator[](int offSet) const;

    // Zugriffsfunktionen
    int GetitsSize() const { return itsSize; }

    // Friend-Funktionen
   friend ostream& operator<< (ostream&, const Array&);

```

```
      // Exception-Klassen definieren
        class xBoundary {};
        class xTooBig {};
        class xTooSmall{};
        class xZero {};
        class xNegative {};
    private:
        int *pType;
        int  itsSize;
    };

        int& Array::operator[](int offSet)
        {
            int size = GetitsSize();
            if (offSet >= 0 && offSet < GetitsSize())
                return pType[offSet];
            throw xBoundary();
            return pType[0];  // Tribut an MFC
        }


        const int& Array::operator[](int offSet) const
        {
            int mysize = GetitsSize();
            if (offSet >= 0 && offSet < GetitsSize())
                return pType[offSet];
            throw xBoundary();

            return pType[0];  // Tribut an MFC
        }


    Array::Array(int size):
    itsSize(size)
    {
        if (size == 0)
            throw xZero();
        if (size < 10)
            throw xTooSmall();
        if (size > 30000)
            throw xTooBig();
        if (size < 1)
            throw xNegative();

        pType = new int[size];
        for (int i = 0; i<size; i++)
```

```
            pType[i] = 0;
    }



    int main()
    {

       try
       {
          Array intArray(0);
          for (int j = 0; j< 100; j++)
          {
             intArray[j] = j;
             cout << "intArray[" << j << "] OK...\n";
          }
       }
       catch (Array::xBoundary)
       {
          cout << "Kann Ihre Eingabe nicht verarbeiten.\n";
       }
       catch (Array::xTooBig)
       {
          cout << "Dieses Array ist zu groß...\n";
       }
       catch (Array::xTooSmall)
       {
          cout << "Dieses Array ist zu klein...\n";
       }
       catch (Array::xZero)
        {
           cout << "Sie haben ein Array mit";
           cout << " Null Objekten angefordert.\n";
        }
        catch (...)
        {
           cout << "Etwas ist schiefgelaufen.\n";
         }
          cout << "Fertig.\n";
        return 0;
       }
```

Ausgabe

```
Sie haben ein Array mit Null Objekten angefordert.
Fertig.
```

Analyse

Die Zeilen 26 bis 29 erzeugen vier neue Klassen: `xTooBig`, `xTooSmall`, `xZero` und `xNegative`. Der Konstruktor (Zeilen 56 bis 71) untersucht die übergebene Größe. Wenn dieser Wert zu groß, zu klein, negativ oder null ist, wird eine Ausnahme ausgelöst.

Der `try`-Block hat drei weitere `catch`-Anweisungen für die Bedingungen »zu groß«, »zu klein« und »Null« erhalten, die Behandlung der Exceptions für negative Größen übernimmt der Zweig »Fange alles ab« mit der Anweisung `catch(...)` in Zeile 104.

Probieren Sie dieses Listing mit verschiedenen Werten für die Größe des Array aus. Beim Wert `-5` könnte man den Aufruf von `xNegative` erwarten. Allerdings kommt es nicht dazu, weil es die Reihenfolge der Tests im Konstruktor verhindert: Vor der Auswertung von `size < 1` steht der Test `size < 10` (der bereits die negativen Werte abfängt). Vertauschen Sie also die Zeilen 61/62 mit den Zeilen 65/66, und kompilieren Sie das Programm neu.

Exception-Hierarchien

Exceptions sind Klassen und können demnach voneinander abgeleitet werden. Es kann durchaus vorteilhaft ein, eine Klasse `xSize` zu erstellen und davon die Klassen `xZero`, `xTooSmall`, `xTooBig` und `xNegative` abzuleiten. Somit könnten manche Funktionen einfach nur `xSize`-Fehler auffangen, während sich andere Funktionen um den speziellen Typ eines von `xSize` abgeleiteten Größenfehlers kümmern könnten. Diesen Gedanken soll Listing 20.3 verdeutlichen.

Listing 20.3: Klassenhierarchien und Exceptions

```
#include <iostream.h>

const int DefaultSize = 10;

class Array
{
public:
   // Konstruktoren
   Array(int itsSize = DefaultSize);
    Array(const Array &rhs);
    ~Array() { delete [] pType;}

    // Operatoren
    Array& operator=(const Array&);
    int& operator[](int offSet);
```

```
      const int& operator[](int offSet) const;

      // Zugriffsfunktionen
      int GetitsSize() const { return itsSize; }

      // Friend-Funktion
     friend ostream& operator<< (ostream&, const Array&);

   // Exception-Klassen definieren
      class xBoundary {};
      class xSize {};
      class xTooBig : public xSize {};
      class xTooSmall : public xSize {};
      class xZero  : public xTooSmall {};
      class xNegative  : public xSize {};
private:
   int *pType;
   int  itsSize;
};


Array::Array(int size):
itsSize(size)
{
   if (size == 0)
      throw xZero();
   if (size > 30000)
      throw xTooBig();
   if (size <1)
      throw xNegative();
   if (size < 10)
      throw xTooSmall();

   pType = new int[size];
   for (int i = 0; i<size; i++)
     pType[i] = 0;
}

    int& Array::operator[](int offSet)
 {
      int size = GetitsSize();
      if (offSet >= 0 && offSet < GetitsSize())
         return pType[offSet];
      throw xBoundary();
      return pType[0];  // Tribut an MFC
 }
```

```
    const int& Array::operator[](int offSet) const
    {
        int mysize = GetitsSize();
        if (offSet >= 0 && offSet < GetitsSize())
          return pType[offSet];
        throw xBoundary();

        return pType[0];  // Tribut an MFC
    }

  int main()
  {

    try
    {
      Array intArray(0);
      for (int j = 0; j< 100; j++)
      {
        intArray[j] = j;
        cout << "intArray[" << j << "] OK...\n";
      }
    }
    catch (Array::xBoundary)
    {
      cout << "Kann Ihre Eingabe nicht verarbeiten. \n";
    }
    catch (Array::xTooBig)
    {
      cout << "Dieses Array ist zu groß...\n";
    }

    catch (Array::xTooSmall)
    {
      cout << "Dieses Array ist zu klein...\n";
    }
    catch (Array::xZero)
    {
      cout << "Sie haben ein Array mit";
      cout << " Null Objekten angefordert.\n";
    }


    catch (...)
    {
```

```
108:         cout << " Etwas ist schiefgelaufen.\n";
109:       }
110:         cout << "Fertig.\n";
111:      return 0;
112:    }
```

```
Dieses Array ist zu klein...
Fertig.
```

Als bedeutende Änderung fällt das Einrichten der Klassenhierarchie in den Zeilen 27 bis 30 auf. Die Klassen `xTooBig`, `xTooSmall` und `xNegative` werden von `xSize` abgeleitet und `xZero` von `xTooSmall`.

Das `Array` wird mit der Größe Null erstellt. Aber was ist hier los? Es scheint, daß die falsche Exception ausgelöst wird! Ein genauer Blick auf den `catch`-Block zeigt jedoch, daß der Block zuerst nach einer Exception vom Typ `xTooSmall` sucht, bevor eine Exception vom Typ `xZero` an der Reihe ist. Da ein `xZero`-Objekt ausgelöst wird und dieses ein `xTooSmall`-Objekt ist, behandelt es die Routine für `xTooSmall`. Nach der Behandlung wird die Exception nicht an die anderen Behandlungsroutinen weitergeleitet, so daß der Aufruf der Routine für `xZero` niemals stattfindet.

Um dieses Problem zu umgehen, wählt man die Reihenfolge der Behandlungsroutinen so, daß das Programm die speziellsten Fälle zuerst und die weniger speziellen Fälle später behandelt. Im obigen Beispiel muß man dazu lediglich die Anordnung der Behandlungsroutinen für `xZero` und `xTooSmall` vertauschen.

Datenelemente in Exceptions und Benennung von Exception-Objekten

Um auf Fehler in geeigneter Weise reagieren zu können, genügt es meist nicht, nur den Typ der Exception zu kennen. Wie bereits erwähnt, unterscheiden sich Exception-Klassen nicht von anderen Klassen. Man kann daher ohne weiteres in den Exception-Klassen Datenelemente deklarieren, die Daten im Konstruktor initialisieren und diese Daten bei Bedarf auslesen. Listing 20.4 zeigt ein derartiges Vorgehen.

Listing 20.4: Daten aus einem Exception-Objekt holen

```
#include <iostream.h>

const int DefaultSize = 10;

class Array
{
public:
   // Konstruktoren
   Array(int itsSize = DefaultSize);
    Array(const Array &rhs);
    ~Array() { delete [] pType;}

    // Operatoren
    Array& operator=(const Array&);
    int& operator[](int offSet);
    const int& operator[](int offSet) const;

    // Zugriffsfunktionen
    int GetitsSize() const { return itsSize; }

    // Friend-Funktion
   friend ostream& operator<< (ostream&, const Array&);

  // Exception-Klassen definieren
    class xBoundary {};
    class xSize
    {
    public:
       xSize(int size):itsSize(size) {}
       ~xSize(){}
       int GetSize() { return itsSize; }
    private:
       int itsSize;
    };

    class xTooBig : public xSize
    {
    public:
       xTooBig(int size):xSize(size){}
    };

    class xTooSmall : public xSize
    {
    public:
```

```
          xTooSmall(int size):xSize(size){}
       };

       class xZero  : public xTooSmall
       {
       public:
          xZero(int size):xTooSmall(size){}
       };

       class xNegative : public xSize
       {
       public:
          xNegative(int size):xSize(size){}
       };

    private:
       int *pType;
       int  itsSize;
    };


    Array::Array(int size):
    itsSize(size)
    {
       if (size == 0)
          throw xZero(size);
       if (size > 30000)
          throw xTooBig(size);
       if (size <1)
          throw xNegative(size);
       if (size < 10)
          throw xTooSmall(size);

       pType = new int[size];
       for (int i = 0; i<size; i++)
         pType[i] = 0;
    }


    int& Array::operator[] (int offSet)
    {
        int size = GetitsSize();
        if (offSet >= 0 && offSet < GetitsSize())
          return pType[offSet];
        throw xBoundary();
        return pType[0];
```

```
   }

   const int& Array::operator[] (int offSet) const
   {
       int size = GetitsSize();
       if (offSet >= 0 && offSet < GetitsSize())
         return pType[offSet];
       throw xBoundary();
       return pType[0];
   }

   int main()
   {

      try
      {
         Array intArray(9);
         for (int j = 0; j< 100; j++)
         {
            intArray[j] = j;
            cout << "intArray[" << j << "] OK..." << endl;
         }
      }
      catch (Array::xBoundary)
      {
         cout << "Kann Ihre Eingabe nicht verarbeiten.\n";
      }
      catch (Array::xZero theException)
      {
         cout << "Array von null Objekten angefordert." << endl;
         cout << "Empfangen " << theException.GetSize() << endl;
      }
      catch (Array::xTooBig theException)
      {
         cout << "Dieses Array ist zu groß..." << endl;
         cout << "Empfangen " << theException.GetSize() << endl;
      }
      catch (Array::xTooSmall theException)
      {
         cout << "Dieses Array ist zu klein..." << endl;
         cout << "Empfangen " << theException.GetSize() << endl;
      }
      catch (...)
      {
         cout << "Etwas ist schiefgelaufen. Keine Ahnung, was!\n";
      }
```

```
137:        cout << "Fertig.\n";
138:        return 0;
139:    }
```

Ausgabe

```
Dieses Array ist zu klein...
Empfangen 9
Fertig.
```

Analyse

In die Deklaration von `xSize` wurde die Elementvariable `itsSize` (Zeile 33) und die Elementfunktion `GetSize()` (Zeile 31) aufgenommen. Außerdem hat die Klasse `xSize` einen Konstruktor erhalten, der eine Ganzzahl übernimmt und die Elementvariable initialisiert (Zeile 29).

Die abgeleitete Klasse deklariert einen Konstruktor, der lediglich die Basisklasse initialisiert. Andere Funktionen wurden nicht deklariert, unter anderem um das Listing übersichtlich zu halten.

Die `catch`-Anweisungen (Zeilen 114 bis 136) haben ebenfalls Änderungen erfahren: Sie benennen jetzt die von ihnen behandelte Exception `theException` und verwenden dieses Objekt, um auf den in `itsSize` gespeicherten Wert zuzugreifen.

Hinweis

Denken Sie daran, daß Sie eine Exception für einen zu erwartenden Fehler konstruieren. Gestalten Sie die Exception so, daß sie nicht zum gleichen Problem führt. Wenn Sie beispielsweise eine Exception zum Abfangen eines Fehlers bei Speichermangel erstellen, sollten Sie demnach keinen Speicher im Konstruktor der Exception-Klasse reservieren.

Es ist umständlich und fehleranfällig, die Ausgabe der passenden Meldung in jeder `catch`-Anweisung separat vorzunehmen. Diese Aufgabe fällt dem Objekt zu, das den Objekttyp und den empfangenen Wert kennt. Listing 20.5 zeigt eine objektorientierte Lösung mit virtuellen Methoden, so daß jede Exception »genau das Richtige tut«.

Listing 20.5: Übergabe als Referenz und virtuelle Methoden in Exceptions

```
#include <iostream.h>

const int DefaultSize = 10;

class Array
{
public:
```

```
        // Konstruktoren
        Array(int itsSize = DefaultSize);
         Array(const Array &rhs);
         ~Array() { delete [] pType;}

         // Operatoren
         Array& operator=(const Array&);
         int& operator[](int offSet);
         const int& operator[](int offSet) const;

         // Zugriffsfunktionen
         int GetitsSize() const { return itsSize; }

         // Friend-Funktion
        friend ostream& operator<<
            (ostream&, const Array&);

       // Exception-Klassen definieren
         class xBoundary {};
         class xSize
         {
         public:
            xSize(int size):itsSize(size) {}
            ~xSize(){}
            virtual int GetSize() { return itsSize; }
            virtual void PrintError()
            {
                cout << "Groessenfehler. Empfangen: ";
                cout << itsSize << endl;
            }
         protected:
            int itsSize;
         };

         class xTooBig : public xSize
         {
         public:
            xTooBig(int size):xSize(size){}
            virtual void PrintError()
            {
                cout << "Zu gross! Empfangen: ";
                cout << xSize::itsSize << endl;
            }
         };

         class xTooSmall : public xSize
```

```
      {
      public:
         xTooSmall(int size):xSize(size){}
         virtual void PrintError()
         {
            cout << "Zu klein! Empfangen: ";
            cout << xSize::itsSize << endl;
         }
      };

      class xZero  : public xTooSmall
      {
      public:
         xZero(int size):xTooSmall(size){}
         virtual void PrintError()
         {
            cout << "Null!!. Empfangen: " ;
            cout << xSize::itsSize << endl;
         }
      };

      class xNegative : public xSize76:         {
      public:
         xNegative(int size):xSize(size){}
         virtual void PrintError()
         {
            cout << "Negativ! Empfangen: ";
            cout << xSize::itsSize << endl;
         }
      };

   private:
      int *pType;
      int  itsSize;
   };

   Array::Array(int size):
   itsSize(size)
   {
      if (size == 0)
         throw xZero(size);
      if (size > 30000)
         throw xTooBig(size);
      if (size <1)
         throw xNegative(size);
      if (size < 10)
```

```
            throw xTooSmall(size);

        pType = new int[size];
        for (int i = 0; i<size; i++)
          pType[i] = 0;
    }

    int& Array::operator[] (int offSet)
    {
        int size = GetitsSize();
        if (offSet >= 0 && offSet < GetitsSize())
          return pType[offSet];
        throw xBoundary();
        return pType[0];
    }

    const int& Array::operator[] (int offSet) const
    {
        int size = GetitsSize();
        if (offSet >= 0 && offSet < GetitsSize())
          return pType[offSet];
        throw xBoundary();
        return pType[0];
    }

     int main()
     {

        try
        {
           Array intArray(9);
           for (int j = 0; j< 100; j++)
           {
              intArray[j] = j;
              cout << "intArray[" << j << "] OK...\n";
           }
        }
        catch (Array::xBoundary)
       {
          cout << "Kann Ihre Eingabe nicht verarbeiten.\n";
       }
       catch (Array::xSize& theException)
       {
          theException.PrintError();
       }
       catch (...)
```

```
147:        {
148:           cout << "Etwas ist schiefgelaufen.\n";
149:        }
150:        cout << "Fertig.\n";
151:       return 0;
152:    }
```

```
Zu klein! Empfangen: 9
Fertig.
```

Listing 20.5 deklariert in der Klasse `xSize` die virtuelle Methode `PrintError()`. Diese Methode gibt eine Fehlermeldung und die aktuelle Größe der Klasse aus. Jede abgeleitete Klasse redefiniert diese Methode.

In Zeile 142 ist das Exception-Objekt als Referenz deklariert. Bei Aufruf von `PrintError()` über eine Referenz auf ein Objekt sorgt die Polymorphie für den Aufruf der korrekten Version von `PrintError()`. Der Code ist übersichtlicher, verständlicher und leichter zu warten.

Exceptions und Templates

Wenn man Exceptions in Verbindung mit Templates erstellt, hat man die Wahl, ob man eine Exception für jede Instanz des Templates erzeugt oder mit Exception-Klassen arbeitet, die außerhalb der Template-Deklaration deklariert werden. Listing 20.6 demonstriert beide Verfahren.

Listing 20.6: Exceptions und Templates

```
#include <iostream.h>

const int DefaultSize = 10;
class xBoundary {};

template <class T>
class Array
{
public:
    // Konstruktoren
```

```
      Array(int itsSize = DefaultSize);
      Array(const Array &rhs);
      ~Array() { delete [] pType;}

      // Operatoren
      Array& operator=(const Array<T>&);
      T& operator[](int offSet);
      const T& operator[](int offSet) const;

      // Zugriffsfunktionen
      int GetitsSize() const { return itsSize; }

      // Friend-Funktion
     friend ostream& operator<< (ostream&, const Array<T>&);

    // Exception-Klassen definieren

      class xSize {};

   private:
      int *pType;
      int  itsSize;
   };

   template <class T>
   Array<T>::Array(int size):
   itsSize(size)
   {
      if (size <10 || size > 30000)
         throw xSize();
      pType = new T[size];
      for (int i = 0; i<size; i++)
        pType[i] = 0;
   }

   template <class T>
   Array<T>& Array<T>::operator=(const Array<T> &rhs)
   {
      if (this == &rhs)
         return *this;
      delete [] pType;
      itsSize = rhs.GetitsSize();
      pType = new T[itsSize];
      for (int i = 0; i<itsSize; i++)
         pType[i] = rhs[i];
   }
   template <class T>
```

```
Array<T>::Array(const Array<T> &rhs)
{
   itsSize = rhs.GetitsSize();
   pType = new T[itsSize];
   for (int i = 0; i<itsSize; i++)
      pType[i] = rhs[i];
}

template <class T>
T& Array<T>::operator[](int offSet)
{
   int size = GetitsSize();
   if (offSet >= 0 && offSet < GetitsSize())
      return pType[offSet];
   throw xBoundary();
   return pType[0];
}

template <class T>
const T& Array<T>::operator[](int offSet) const
{
   int mysize = GetitsSize();
   if (offSet >= 0 && offSet < GetitsSize())
      return pType[offSet];
   throw xBoundary();
}

template <class T>
ostream& operator<< (ostream& output, const Array<T>& theArray)
{
   for (int i = 0; i<theArray.GetitsSize(); i++)
      output << "[" << i << "] " << theArray[i] << endl;
   return output;
}


int main()
{

   try
   {
      Array<int> intArray(9);
       for (int j = 0; j< 100; j++)
       {
          intArray[j] = j;
          cout << "intArray[" << j << "] OK..." << endl;
```

```
104:            }
105:         }
106:         catch (xBoundary)
107:         {
108:            cout << "Kann Ihre Eingabe nicht verarbeiten.\n";
109:         }
110:         catch (Array<int>::xSize)
111:         {
112:            cout << "Falsche Groesse.\n";
113:         }
114:
115:         cout << "Fertig.\n";
116:        return 0;
117:     }
```

```
Falsche Groesse.
Fertig.
```

Zeile 4 deklariert die erste Exception, `xBoundary`, außerhalb der Template-Definition. Die zweite Exception, `xSize`, wird innerhalb der Template-Definition in Zeile 28 deklariert.

Die Exception `xBoundary` ist nicht an die Template-Klasse gebunden und läßt sich wie jede andere Klasse verwenden. Dagegen gehört die Exception `xSize` zum Template und muß über eine Instanz von `Array` aufgerufen werden. Der Unterschied zeigt sich in der Syntax der beiden `catch`-Anweisungen. Zeile 106 verwendet die Anweisung `catch (xBoundary)`, während in Zeile 110 der Aufruf `catch (Array<int>::xSize)` zu sehen ist. Der zweite Aufruf ist an die Instantiierung eines `Array` für `int`-Werte gebunden.

Exceptions ohne Fehler

Wenn sich C++-Programmierer nach getaner Arbeit zu einem virtuellen Bier in der Cyberspace-Bar treffen, diskutieren sie oftmals das Thema, ob man Exceptions für Standardbedingungen – das heißt im normalen Programmablauf – einsetzen sollte. Dabei beruft man sich auf die Natur dieses Sprachkonstrukts: Exceptions sollten den vorhersagbaren aber außergewöhnlichen Zuständen – also den Ausnahmezuständen (daher auch der Name) – vorbehalten bleiben. Diese Zustände muß der Programmierer zwar berücksichtigen, sie gehören aber nicht zur Standardverarbeitung des Codes.

Andere Programmierer weisen darauf hin, daß Exceptions eine mächtige und saubere Lösung darstellen, um einen Rücksprung über mehrere Ebenen von Funktionsaufrufen hinweg durchzuführen, ohne sich der Gefahr von Speicherlücken auszusetzen. Ein häufiges Beispiel: Der Anwender löst eine Aktion in der Benutzeroberfläche aus. Der Teil des Codes, der die Anforderung behandelt, muß eine Elementfunktion in einem Dialogfeld-Manager aufrufen, der seinerseits einen Code zur Verarbeitung der Anforderung aktiviert. Dieser Code entscheidet wiederum über das anzuzeigende Dialogfeld, und der jeweilige Entscheidungszweig bringt das Dialogfeld auf den Bildschirm. Der zugehörige Code verarbeitet letztendlich die Benutzereingabe. Wenn der Anwender die Aktion abbricht, muß der Code zur ersten aufrufenden Methode zurückspringen, wo die Anforderung ursprünglich behandelt wurde.

Die Lösung für dieses Problem besteht darin, den ursprünglichen Aufruf in einen `try`-Block einzuschließen und den Abbruch des Dialogs (`CancelDialog`) als Exception abzufangen. Das Auslösen der Exception läßt sich in der Behandlungsroutine für die Schaltfläche ABBRECHEN realisieren. Das ist zwar ein sicheres und effizientes Verfahren – das Klicken auf ABBRECHEN gehört aber zur Standardverarbeitung und stellt keinen Ausnahmefall dar.

Oftmals ist es einfach eine Glaubensfrage, welchen Standpunkt man vertritt. Eine rationale Entscheidung kann man auf der Basis folgender Fragen treffen: Ist der Code verständlicher oder schwerer zu durchschauen, wenn man Exceptions in dieser Weise einsetzt? Verringert sich die Gefahr von Speicherlücken, oder ist das Risiko größer? Läßt sich der Code schwerer oder leichter warten? Wie so oft in der Programmierung bleibt nach einer gründlichen Analyse nur die Wahl der besten Kompromißlösung, denn eine allgemeingültige Antwort gibt es nicht.

Fehler und Fehlersuche mit dem Debugger

Nahezu alle modernen Entwicklungsumgebungen bieten einen oder mehrere komfortable Debugger (Hilfsprogramm zur Fehlersuche). Der Einsatz eines Debuggers läuft nach folgendem Schema ab: Man startet den Debugger, der den Quellcode des Programms lädt, und führt dann das Programm in der Debugger-Umgebung aus. Auf diese Weise kann man die Ausführung jeder Programmanweisung verfolgen und den Einfluß auf die Variablen im Verlauf der Programmausführung untersuchen.

Jeder Compilern verfügt über Optionen, um den Code mit oder ohne Symbolen zu kompilieren. Bei der Kompilierung mit Symbolen erstellt der Compiler eine Abbildung – oder Zuordnung – zwischen dem Quellcode und dem ausführbaren Programm. Der Debugger benutzt diese Abbildung, um auf die Quellcodezeile für die nächste Aktion des Programms zu zeigen.

Symbolische Debugger, die im Vollbildmodus laufen, erleichtern die Fehlersuche ungemein. Wenn Sie den Debugger starten, liest er den gesamten Quellcode ein und zeigt ihn in einem Fenster an. Funktionen können Sie en bloc oder auch Zeile für Zeile ausführen.

Gewöhnlich gibt es eine Umschaltmöglichkeit zwischen dem Quellcode und einem Ausgabefenster, in dem Sie die Ergebnisse der Programmausführung verfolgen können. Leistungsfähige Debugger erlauben es, den Zustand jeder Variablen zu untersuchen, komplexe Datenstrukturen darzustellen, die Werte von Elementvariablen einer Klasse anzuzeigen sowie die tatsächlichen Werte im Speicher von Zeigern und anderen Speicherstellen auszugeben. Zu den Steuerungsfunktionen eines Debuggers gehören unter anderem Haltepunkte, Überwachungsausdrücke, die Untersuchung von Speicherinhalten und die Ausgabe von Assembleranweisungen.

Haltepunkte

Ein Haltepunkt ist eine Anweisung an den Debugger, beim Erreichen einer bestimmten Codezeile die Programmausführung vorübergehend zu stoppen. Damit können Sie Ihr Programm ungehindert – das heißt mit normaler Geschwindigkeit – bis zu einer bestimmten Codezeile ausführen und dann die aktuellen Zustände von Variablen unmittelbar vor und nach einer kritischen Codezeile analysieren.

Überwachte Ausdrücke

Man kann den Debugger anweisen, den Wert einer bestimmten Variablen anzuzeigen oder die Ausführung zu unterbrechen, wenn das Programm eine bestimmte Variable liest oder schreibt. Bei manchen Debuggern ist es auch möglich, den Wert einer Variablen bei laufendem Programm zu modifizieren.

Speicherinhalte

Hin und wieder muß man die tatsächlich im Hauptspeicher abgelegten Werte untersuchen. Moderne Debugger können diese Werte im Format des Datentyps der jeweiligen Variablen anzeigen – zum Beispiel Strings als Zeichen oder Werte vom Typ `long` als Zahlen statt als Folge von 4 Byte. Intelligente C++-Debugger sind sogar in der Lage, komplette Klassen darzustellen und die aktuellen Werte aller Elementvariablen einschließlich des Zeigers `this` anzuzeigen.

Assembleranweisungen

Die meisten Fehler lassen sich aufspüren, wenn man den Quelltext des Programms durchgeht. Manchmal hilft das aber nicht weiter, und man muß tiefer in den Programmcode einsteigen. Dann kann man den Debugger anweisen, den für jede Quellcodezeile generierten Assemblercode anzuzeigen. In diesem Modus lassen sich die Registerinhalte und Flags untersuchen, und Sie können sich ein Bild über die inneren Abläufe Ihres Programms machen.

Beschäftigen Sie sich eingehend mit Ihrem Debugger. Er kann die wirkungsvollste Waffe in Ihrem Kampf gegen Fehler sein. In der Regel sind Laufzeitfehler schwer aufzuspüren und zu beseitigen. Mit einem leistungsfähigen Debugger bekommen Sie diese Aufgabe in den Griff, auch wenn es nicht immer einfach ist, allen Fehlern auf den Leib zu rücken.

Zusammenfassung

Heute haben Sie gelernt, wie man Exceptions (Ausnahmen) erzeugt und anwendet. Exceptions sind Objekte, die in Abschnitten des Programms erstellt und ausgelöst werden können, wo der ausführende Code den aufgetretenen Fehler oder die Ausnahmebedingung nicht selbst behandeln kann. Andere Programmteile, die im Aufruf-Stack in höheren Ebenen angesiedelt sind, implementieren `catch`-Blöcke, die die Exceptions abfangen und in geeigneter Weise auf diese reagieren.

Bei den Exceptions handelt es sich um normale, vom Programmierer erzeugte Objekte, die sich als Wert oder als Referenz übergeben lassen. Exception-Objekte können Daten und Methoden enthalten, und der `catch`-Block kann anhand dieser Daten entscheiden, wie die Exception zu behandeln ist.

Es ist auch möglich, mehrere `catch`-Blöcke vorzusehen. Sobald aber eine Exception mit der Signatur eines `catch`-Blocks übereinstimmt, wird sie von diesem `catch`-Block abgefangen und verarbeitet, so daß darauffolgende `catch`-Blöcke nicht mehr zum Zuge kommen. Die Anordnung der `catch`-Blöcke spielt demnach eine wichtige Rolle. Die spezielleren `catch`-Blöcke müssen zuerst die Gelegenheit haben, eine Exception abzufangen, allgemeinere `catch`-Blöcke nehmen sich dann der noch nicht behandelten Exceptions an.

Dieses Kapitel hat sich mit den Grundzügen von symbolischen Debuggern beschäftigt, die unter anderem die Mechanismen der Haltepunkte und Überwachungsausdrücke bieten. Mit derartigen Werkzeugen können Sie den Fehlerursachen in Ihrem Programm auf die Spur kommen und sich die Werte von Variablen während der Programmausführung anzeigen lassen.

Fragen und Antworten

F Warum löst man Exceptions aus und behandelt die Fehler nicht gleich an Ort und Stelle?

A *Oftmals entstehen gleichartige Fehler in unterschiedlichen Teilen des Codes. Mit dem Mechanismus der Exceptions kann man die Fehlerbehandlung zentralisieren. Darüber hinaus ist der Code, der den Fehler verursacht hat, nicht immer der geeignete Platz, um die Art und Weise der Fehlerbehandlung zu bestimmen.*

F Warum generiert man ein Objekt und übergibt nicht einfach einen Fehlercode?

A *Objekte sind flexibler und leistungsfähiger als Fehlercodes. Zum einen können Objekte mehr Informationen übermitteln, zum anderen kann man im Konstruktor und Destruktor Ressourcen reservieren bzw. freigeben, wenn es für die geeignete Behandlung der Ausnahmebedingung erforderlich ist.*

F Warum setzt man Exceptions nicht für Bedingungen ein, die keine Fehler liefern? Wäre es nicht komfortabel, im Eiltempo zu vorherigen Programmteilen zu springen, selbst wenn keine Ausnahmebedingung vorliegt?

A *Manche C++-Programmierer setzen Exceptions für genau diesen Zweck ein. Dabei besteht allerdings die Gefahr, daß Speicherlücken entstehen, wenn der Stack abgebaut wird und einige Objekte ungewollt im Hauptspeicher verbleiben. Mit wohldurchdachten Programmen und einem guten Compiler läßt sich das gewöhnlich vermeiden. Andere Programmierer sind dagegen der Überzeugung, daß man Exceptions aufgrund ihrer Natur nicht für den normalen Programmablauf verwenden sollte.*

F Muß man eine Exception an derselben Stelle abfangen, wo sich der `try`-Block, der die Exception erstellt hat, befindet?

A *Nein. Eine Exception kann man an jeder beliebigen Stelle im Aufruf-Stack abfangen. Wenn das Programm den Stack abbaut, reicht es die Exception in die höheren Ebenen weiter, bis die Exception von einer passenden Routine behandelt wird.*

F Warum arbeitet man mit einem Debugger, wenn man auch die Anweisung `cout` in Verbindung mit der bedingten Kompilierung (`#ifdef debug`) nutzen kann?

A *Der Debugger stellt einen sehr leistungsfähigen Mechanismus für die Ausführung eines Programms in Einzelschritten und die Überwachung von Variablenwerten bereit, ohne daß man den Code mit Tausenden von Anweisungen zur Fehlersuche spicken muß.*

Workshop

Der Workshop enthält Quizfragen, die Ihnen helfen sollen, Ihr Wissen zu festigen, und Übungen, die Sie anregen sollen, das eben Gelernte umzusetzen und eigene Erfahrungen zu sammeln. Versuchen Sie, das Quiz und die Übungen zu beantworten und zu verstehen, bevor Sie die Lösungen in Anhang D lesen und zur Lektion des nächsten Tages übergehen.

Quiz

1. Was ist eine Exception?
2. Was ist ein `try`-Block?
3. Was ist eine `catch`-Anweisung?
4. Welche Informationen kann eine Exception enthalten?
5. Wann werden Exception-Objekte erzeugt?
6. Sollte man Exceptions als Wert oder als Referenz übergeben?
7. Fängt eine `catch`-Anweisung eine abgeleitete Exception ab, wenn sie nach der Basisklasse sucht?
8. In welcher Reihenfolge sind zwei `catch`-Anweisungen einzurichten, wenn die eine Objekte der Basisklasse und die andere Objekte der abgeleiteten Klasse abfängt?
9. Was bedeutet die Anweisung `catch(...)`?
10. Was ist ein Haltepunkt?

Übungen

1. Erstellen Sie einen `try`-Block, eine `catch`-Anweisung und eine einfache Exception.
2. Modifizieren Sie das Ergebnis aus Übung 1: Nehmen Sie in die Exception-Klasse Daten und eine passende Zugriffsfunktion auf. Verwenden Sie diese Elemente im `catch`-Block.
3. Wandeln Sie die Klasse aus Übung 2 in eine Hierarchie von Exception-Klassen um. Modifizieren Sie den `catch`-Block, um die abgeleiteten Objekte und die Basisobjekte zu benutzen.
4. Modifizieren Sie das Programm aus Übung 3, so daß es drei Ebenen für Funktionsaufrufe enthält.
5. FEHLERSUCHE: Wo verbirgt sich der Fehler in folgendem Code?

```
class xOutOfMemory
{
public:
        xOutOfMemory(){ theMsg = new char[20];
             strcpy(theMsg,"Speicherfehler");}
        ~xOutOfMemory(){ delete [] theMsg; cout
           << "Speicher wiederhergestellt." << endl; }
    char * Message()  { return theMsg; }
private:
        char * theMsg;
};

main()
{
     try
     {
          char * var = new char;
          if ( var == 0 )
          {
             xOutOfMemory * px =
             new xOutOfMemory;
             throw px;
          }
     }

     catch( xOutOfMemory * theException )
     {
         cout << theException->Message() <<endl;
         delete theException;
     }
        return 0;
}
```

So geht's weiter

Woche 3

Gratulation! Drei Wochen intensiver Einarbeitung in C++ liegen nun fast hinter Ihnen. In dieser Zeit haben Sie sich ein solides Fundament für die Programmierung in C++ geschaffen. Doch gerade im Bereich der modernen Programmierung muß man sich ständig auf dem laufenden halten. Dieses Kapitel bringt zunächst Ergänzungen zu bisher ausgeklammerten Themen und zeigt dann die Richtung für Ihre weiteren Studien auf.

Beim größten Teil Ihrer Quellcodedateien handelt es sich um C++-Anweisungen. Der Compiler interpretiert die Quellcodedateien und überführt sie in ein ausführbares Programm. Vorher läuft allerdings noch der Präprozessor, und dies ermöglicht bedingte Kompilierung. Heute lernen Sie,

- was bedingte Kompilierung ist und wie man sie handhabt,
- wie man mit Hilfe des Präprozessors Makros schreibt,
- wie man den Präprozessor bei der Fehlersuche einsetzt,
- wie man einzelne Bits manipuliert und sie als Flags verwendet,
- wie die nächsten Schritte aussehen, um C++ effektiv einzusetzen.

Präprozessor und Compiler

Bei jeder Ausführung des Compilers startet als erstes der Präprozessor. Dieser sucht nach Anweisungen, die mit einem Nummernzeichen (#) beginnen. Diese ändern den Quelltext, so daß im Endeffekt eine neue Quellcodedatei entsteht: eine temporäre Datei, die man normalerweise nicht zu Gesicht bekommt, die man aber vom Compiler speichern lassen kann, um sie bei Bedarf zu untersuchen.

Der Compiler liest und kompiliert nicht die originale Quellcodedatei, sondern die Ausgabe des Präprozessors. Sie kennen dies bereits von der Direktive `#include`. Diese Anweisung teilt dem Präprozessor mit, die Datei mit dem auf die `#include`-Direktive folgenden Namen zu suchen und sie an Stelle der Direktive in die Zwischendatei zu schreiben. Das verhält sich genauso, als hätten Sie selbst die gesamte Datei direkt in Ihre Quellcodedatei kopiert. Zu dem Zeitpunkt, zu dem der Compiler den Quellcode zu sehen bekommt, befindet sich die eingebundene Datei bereits an der richtigen Stelle.

Das Zwischenformat ansehen

Bei nahezu jedem Compiler kann man über einen Schalter veranlassen, daß der Compiler die Zwischendatei speichert. Diesen Schalter setzt man entweder in der integrierten Entwicklungsumgebung oder in der Befehlszeile. Eine Auflistung und Erläuterung der Schalter finden Sie im Handbuch zu Ihrem Compiler. Dort erfahren Sie auch, welcher Schalter für das Speichern der Zwischendatei in Frage kommt, falls Sie diese Datei untersuchen möchten.

Die Anweisung #define

Der Befehl `#define` definiert eine String-Ersetzung. Schreibt man zum Beispiel

```
#define BIG 512
```

hat man den Präprozessor angewiesen, alle Vorkommen des Strings `BIG` gegen den String `512` auszutauschen. Es handelt sich hier aber nicht um einen String im Sinne von C++. Die Zeichenfolge `512` wird im Quellcode an allen Stellen, wo das Token `BIG` erscheint, buchstabengetreu ersetzt. Ein *Token* ist eine Zeichenfolge, die sich überall dort einsetzen läßt, wo man einen String, eine Konstante oder eine andere Buchstabengruppe verwenden könnte. Schreibt man demzufolge

```
#define BIG 512
int meinArray[BIG];
```

steht in der vom Präprozessor produzierten Zwischendatei:

```
int meinArray[512];
```

Die `#define`-Anweisung ist also verschwunden. Die Anweisungen an den Präprozessor werden alle aus der Zwischendatei entfernt und erscheinen überhaupt nicht im endgültigen Quellcode.

Konstanten mit #define erzeugen

Mit `#define` lassen sich unter anderem Konstanten ersetzen. Allerdings ist das fast nie zu empfehlen, da `#define` lediglich eine String-Ersetzung vornimmt und keine Typenprüfung durchführt. Die Verwendung des Schlüsselwortes `const` bringt erhebliche Vorteile gegenüber `#define`.

Testen mittels #define

Man kann mit `#define` auch einfach eine bestimmte Zeichenfolge definieren. Zum Beispiel kann man schreiben:

```
#define BIG
```

Später prüft man auf die Definition von BIG und leitet entsprechende Aktivitäten ein. Die Präprozessor-Anweisungen #ifdef und #ifndef testen, ob ein String definiert bzw. nicht definiert wurde. Bei beiden Befehlen muß vor dem Blockende (das heißt, vor der nächsten schließenden geschweiften Klammer) ein abschließender #endif-Befehl erscheinen.

Der Befehl #ifdef liefert true, wenn die getestete Zeichenfolge bereits definiert ist. Man kann also schreiben:

```
#ifdef DEBUG
cout << "DEBUG definiert";
#endif
```

Trifft der Präprozessor auf #ifdef, durchsucht er eine von ihm angelegte Tabelle, ob die Zeichenfolge DEBUG definiert ist. Sollte das der Fall sein, liefert #ifdef das Ergebnis true, und alles bis zum nächsten #else oder #endif wird in die Zwischendatei für die Kompilierung geschrieben. Ergibt die Auswertung von #ifdef den Wert false, schreibt der Präprozessor keine der Anweisungen zwischen #ifdef DEBUG und #endif in die Zwischendatei, praktisch so, als hätten diese Anweisungen niemals in der Quelldatei gestanden.

Das logische Gegenstück zu #ifdef ist #ifndef. Diese Anweisung liefert true, wenn die Zeichenfolge bis zu diesem Punkt noch nicht in der Datei definiert wurde.

Der Präprozessor-Befehl #else

Wie Sie vielleicht erraten, läßt sich der Befehl #else zwischen #ifdef bzw. #ifndef und dem schließenden #endif einfügen. Listing 21.1 zeigt Einsatzbeispiele für diese Anweisungen.

Listing 21.1: Einsatz von #define

```
#define DemoVersion
#define NT_VERSION 5
#include <iostream.h>


int main()
{

cout << "Auf Definitionen von DemoVersion, NT_VERSION";
cout << " und WINDOWS_VERSION pruefen...\n";
#ifdef DemoVersion
   cout << "DemoVersion definiert.\n";
#else
```

```
14:       cout << "DemoVersion nicht definiert.\n";
15:    #endif
16:
17:    #ifndef NT_VERSION
18:       cout << "NT_VERSION nicht definiert!\n";
19:    #else
20:       cout << "NT_VERSION definiert als: " << NT_VERSION << endl;
21:    #endif
22:
23:    #ifdef WINDOWS_VERSION
24:       cout << "WINDOWS_VERSION definiert!\n";
25:    #else
26:       cout << "WINDOWS_VERSION wurde nicht definiert.\n";
27:    #endif
28:
29:     cout << "Fertig.\n";
30:     return 0;
31:    }
```

Ausgabe

```
Auf Definitionen von DemoVersion, NT_VERSION und WINDOWS_VERSION pruefen...
DemoVersion definiert.
NT_VERSION definiert als: 5
WINDOWS_VERSION wurde nicht definiert.
Fertig.
```

Analyse

Die Zeilen 1 und 2 definieren `DemoVersion` und `NT_VERSION`, wobei `NT_VERSION` mit dem String `5` definiert ist. Zeile 11 testet die Definition von `DemoVersion`. Da `DemoVersion` – wenn auch ohne Wert – definiert ist, liefert der Test das Ergebnis `true`, und Zeile 12 gibt den String aus.

Der Test in Zeile 17 prüft, ob `NT_VERSION` *nicht* definiert ist. Wie wir eben festgestellt haben, ist `NT_VERSION` aber definiert. Damit liefert der Test das Ergebnis `false`, und die Programmausführung springt zu Zeile 20. Hier findet die Ersetzung des Wortes `NT_VERSION` durch den String `5` statt. Dem Compiler stellt sich diese Zeile dann wie folgt dar:

```
cout << "NT_VERSION definiert als: " << 5 << endl;
```

Das erste Vorkommen von `NT_VERSION` in dieser Anweisung wird nicht ersetzt, da der String in Anführungszeichen steht. Die Substitution erfolgt nur für das zweite `NT_VERSION`. Damit findet der Compiler an dieser Stelle eine `5` vor, genauso, als hätte man diese Zahl direkt hier eingetippt.

Schließlich testet das Programm in Zeile 23 auf WINDOWS_VERSION. Da WINDOWS_VERSION nicht definiert ist, liefert der Test das Ergebnis false, und Zeile 26 gibt eine entsprechende Meldung aus.

Schutz vor Mehrfachdeklarationen

Projekte bestehen gewöhnlich aus einer größeren Anzahl von Dateien. Dabei kann jede Klasse eine eigene Header-Datei (zum Beispiel .HPP) mit der Klassendeklaration und eine Implementierungsdatei (zum Beispiel .CPP) mit dem Quellcode der Klassenmethoden erhalten.

Die main()-Funktion steht in einer separaten .CPP-Datei. Alle .CPP-Dateien werden zu .OBJ-Dateien kompiliert und mit dem Linker zu einem einzigen Programm gebunden.

Da Ihre Programme auf Methoden aus vielen Klassen zurückgreifen, sind in jede Datei mehrere Header-Dateien aufzunehmen. Außerdem müssen sich Header-Dateien oftmals untereinander einbinden. Beispielsweise muß die Header-Datei für die Deklaration einer abgeleiteten Klasse die Header-Datei für ihre Basisklasse einschließen.

Nehmen wir an, daß die Klasse Animal in der Datei ANIMAL.HPP deklariert ist. Die von Animal abgeleitete Klasse Dog muß die Datei ANIMAL.HPP in DOG.HPP einbinden, da sich Dog sonst nicht von Animal ableiten läßt. Die Header-Datei für die Klasse Cat schließt ANIMAL.CPP aus demselben Grund ein.

Wenn man eine Methode definiert, die sowohl Cat als auch Dog verwendet, läuft man Gefahr, ANIMAL.HPP zweimal einzubinden. Das Ganze führt zu einem Compiler-Fehler, da es nicht zulässig ist, eine Klasse (Animal) zweimal zu deklarieren, selbst wenn die Deklarationen identisch sind. Dieses Problem läßt sich mit entsprechenden Schutzvorkehrungen lösen. Am Beginn der Header-Datei ANIMAL.HPP schreiben Sie folgende Zeilen:

```
#ifndef ANIMAL_HPP
#define ANIMAL_HPP
...              // Hier steht der gesamte Inhalt der Datei
#endif
```

Diese Zeilen sagen aus: »Wenn der Begriff ANIMAL_HPP noch nicht definiert ist, dann definiere ihn jetzt.« Zwischen der #define-Anweisung und dem schließenden #endif steht der gesamte Inhalt der Datei.

Wenn das Programm erstmalig diese Datei einbindet und der Compiler die erste Zeile auswertet, liefert der Test true. Das heißt: ANIMAL_HPP ist noch nicht definiert. Demzufolge holt der Compiler jetzt die Definition von ANIMAL_HPP nach und bindet dann die gesamte Datei ein.

Wenn Ihr Programm die Datei `ANIMAL.HPP` ein zweites Mal einbindet, liefert die Auswertung der ersten Zeile das Ergebnis `false`, da `ANIMAL_HPP` nun definiert ist. Damit springt das Programm zur nächsten `#else`-Klausel (hier gibt es keine) oder zur nächsten `#endif`-Anweisung (am Ende der Datei) und übergeht damit den gesamten Inhalt der Datei. Die Klasse wird damit nicht zweimal deklariert.

Der tatsächliche Name des definierten Symbols (`ANIMAL_HPP`) spielt keine Rolle. Es ist üblich, den Dateinamen zu verwenden, ihn durchweg in Großbuchstaben zu schreiben und dabei den Punkt zwischen Dateiname und Erweiterung durch einen Unterstrich zu ersetzen. Allerdings ist das nur eine Konvention.

Hinweis

Es schadet nichts, Schutzmaßnahmen gegen Mehrfachdeklarationen vorzusehen. Oftmals spart man sich dadurch eine stundenlange Fehlersuche.

Makrofunktionen

Eine Makrofunktion ist ein Symbol, das mit Hilfe von `#define` erzeugt wird und in der Art einer Funktion ein Argument übernimmt. Der Präprozessor substituiert den Ersetzungsstring durch das jeweils übergebene Argument. Beispielsweise kann man das Makro `VERDOPPELN` wie folgt definieren:

```
#define VERDOPPELN(x) ( (x) * 2 )
```

Im Code schreibt man dann

```
VERDOPPELN(4)
```

Der gesamte String `VERDOPPELN (4)` wird entfernt und durch den Wert `8` ersetzt. Trifft der Präprozessor auf die `4`, setzt er dafür `( (4) * 2 )` ein, was dann zu `4 * 2` oder `8` ausgewertet wird.

Ein Makro kann über mehrere Parameter verfügen, wobei man jeden Parameter wiederholt im Ersetzungstext verwenden kann. Zwei häufig anzutreffende Makros sind `MAX` und `MIN`:

```
#define MAX(x,y) ( (x) > (y) ? (x) : (y) )
#define MIN(x,y) ( (x) < (y) ? (x) : (y) )
```

Beachten Sie, daß in einer Makro-Definition die öffnende Klammer für die Parameterliste unmittelbar auf den Makronamen folgen muß – ohne Leerzeichen dazwischen. Der Präprozessor ist nicht so nachsichtig mit Whitespace-Zeichen wie der Compiler.

Wenn man etwa schreibt

```
#define MAX (x,y) ( (x) > (y) ? (x) : (y) )
```

und anschließend versucht, MAX wie folgt zu verwenden

```
int x = 5, y = 7, z;
z = MAX(x,y);
```

erhält man den Zwischencode

```
int x = 5, y = 7, z;
z = (x,y) ( (x) > (y) ? (x) : (y) )(x,y)
```

Es findet eine einfache Textersetzung statt und nicht der Aufruf des Makros. Das Token MAX würde durch (x,y) ((x) > (y) ? (x) : (y)) substituiert, woran sich das nach MAX angegebene (x,y) anschließt.

Entfernt man das Leerzeichen zwischen MAX und (x,y), erhält man dagegen den folgenden Zwischencode:

```
int x = 5, y = 7, z;
z =7;
```

Warum so viele Klammern?

Vielleicht fragen Sie sich, warum in den bisher präsentierten Makros so viele Klammern vorkommen. Der Präprozessor ist nicht darauf angewiesen, daß Klammern um die Argumente in der Ersetzungszeichenfolge stehen. Allerdings helfen Ihnen die Klammern, unerwünschte Nebeneffekte zu vermeiden, wenn Sie komplizierte Werte an ein Makro übergeben. Wenn Sie zum Beispiel MAX als

```
#define MAX(x,y) x > y ? x : y
```

definieren und die Werte 5 und 7 übergeben, funktioniert das Makro wie erwartet. Die Übergabe komplizierterer Ausdrücke führt aber zu unerwarteten Ergebnissen wie es Listing 21.2 demonstriert.

Listing 21.2: Klammern in Makros

```
// Listing 21.2 Makro-Erweiterung
#include <iostream.h>

#define CUBE(a) ( (a) * (a) * (a) )
#define THREE(a) a * a * a

int main()
```

```
8:    {
9:        long x = 5;
10:       long y = CUBE(x);
11:       long z = THREE(x);
12:
13:       cout << "y: " << y << endl;
14:       cout << "z: " << z << endl;
15:
16:       long a = 5, b = 7;
17:       y = CUBE(a+b);
18:       z = THREE(a+b);
19:
20:       cout << "y: " << y << endl;
21:       cout << "z: " << z << endl;
22:     return 0;
23:   }
```

Ausgabe

```
y: 125
z: 125
y: 1728
z: 82
```

Analyse

Zeile 4 definiert das Makro `CUBE`. Bei jedem Aufruf dieses Makros wird das Argument `x` zwischen die Klammern eingefügt. Zeile 5 definiert das Makro `THREE` ohne Klammern.

Bei der ersten Verwendung dieser Makros übergibt man den Wert `5` als Parameter, und beide Makros arbeiten wie erwartet. `CUBE(5)` ergibt die Makro-Erweiterung `( (5) * (5) * (5) )` und liefert damit den Wert `125`. Die Erweiterung von `THREE(5)` führt zu `5 * 5 * 5` und wird ebenfalls zu `125` ausgewertet.

Bei der zweiten Verwendung in den Zeilen 16 bis 18 lautet der Parameter `5 + 7`. In diesem Fall liefert `CUBE(5+7)` die Erweiterung

```
( (5+7) * (5+7) * (5+7) )
```

die

```
( (12) * (12) * (12) )
```

entspricht und das Ergebnis 1728 liefert. Dagegen wird `THREE(5+7)` zu

```
5 + 7 * 5 + 7 * 5 + 7
```

erweitert. Da die Multiplikation einen höheren Vorrang als die Addition hat, ergibt sich

```
5 + (7 * 5) + (7 * 5) + 7
```

gleich

```
5 + (35) + (35) + 7
```

was schließlich das Ergebnis 82 liefert.

Makros, Funktionen und Templates

In C++ sind Makros mit einigen Problemen verbunden. Erstens werden große Makros unübersichtlich und sind schwer zu handhaben, da man das gesamte Makro auf einer Zeile definieren muß. Man kann zwar das Makro mit dem Backslash-Zeichen (\) auf einer neuen Zeile fortsetzen, das grundsätzliche Problem bleibt aber bestehen.

Zweitens werden Makros bei jedem Aufruf inline erweitert. Wenn man das Makro ein Dutzend Mal verwendet, erscheint die Substitution zwölfmal im Programm und nicht nur einmal wie bei einem Funktionsaufruf. Auf der anderen Seite ist ein Makro gewöhnlich schneller als eine Funktion, da es den Overhead des Funktionsaufrufs vermeidet.

Die Inline-Erweiterung führt zu einem dritten Problem: Das Makro erscheint nicht im Zwischencode, den der Compiler verarbeitet. Damit ist das Makro für die meisten Debugger nicht verfügbar, und die Fehlersuche in Makros wird zur kniffligen Angelegenheit.

Das letzte Problem ist allerdings das größte: Makros sind nicht typensicher. Es ist zwar bequem, absolut jedes Argument in einem Makro verwenden zu können, doch unterläuft dies vollständig die strenge Typisierung von C++. Für C++-Programmierer kommen Makros deshalb nicht in Frage. Wie Tag 19 gezeigt hat, läßt sich dieses Problem mit Templates beseitigen.

Inline-Funktionen

Oftmals ist es möglich, anstelle eines Makros eine Inline-Funktion zu deklarieren. Listing 21.3 verwendet zum Beispiel die Funktion `Cube()`, die das gleiche macht, wie das Makro `CUBE` in Listing 21.2 – jetzt allerdings auf eine typensichere Art und Weise.

Listing 21.3: Inline-Funktion statt Makro

```
#include <iostream.h>

inline unsigned long Square(unsigned long a) { return a * a; }
inline unsigned long Cube(unsigned long a)
    { return a * a * a; }
int main()
{
   unsigned long x=1 ;
   for (;;)
   {
      cout << "Bitte eine Zahl eingeben (0 = Beenden): ";
      cin >> x;
      if (x == 0)
         break;
      cout << "Ihre Eingabe: " << x;
      cout << ".  Quadrat(" << x << "): ";
      cout  << Square(x);
      cout<< ". Kubik(" << x << "): ";
      cout << Cube(x) << "." << endl;
   }
 return 0;
}
```

```
Bitte eine Zahl eingeben (0 = Beenden): 1
Ihre Eingabe: 1.  Quadrat(1): 1. Kubik(1): 1.
Bitte eine Zahl eingeben (0 = Beenden): 2
Ihre Eingabe: 2.  Quadrat(2): 4. Kubik(2): 8.
Bitte eine Zahl eingeben (0 = Beenden): 3
Ihre Eingabe: 3.  Quadrat(3): 9. Kubik(3): 27.
Bitte eine Zahl eingeben (0 = Beenden): 4
Ihre Eingabe: 4.  Quadrat(4): 16. Kubik(4): 64.
Bitte eine Zahl eingeben (0 = Beenden): 5
Ihre Eingabe: 5.  Quadrat(5): 25. Kubik(5): 125.
Bitte eine Zahl eingeben (0 = Beenden): 6
Ihre Eingabe: 6.  Quadrat(6): 36. Kubik(6): 216.
Bitte eine Zahl eingeben (0 = Beenden): 0
```

Analyse

Die Zeilen 3 und 4 definieren zwei Inline-Funktionen `Square()` und `Cube()`. Aufgrund der Inline-Deklaration wird jeder Aufruf der Funktion wie ein Makro erweitert und der Overhead eines Funktionsaufrufs entfällt.

Die Inline-Erweiterung bedeutet, daß jeder Funktionsaufruf in den Code durch den Inhalt der Funktion ersetzt wird (wie es beispielsweise in Zeile 17 geschieht). Da kein eigentlicher Aufruf einer Funktion stattfindet, entfällt der Overhead, um die Übergabeparameter und die Adresse für den Rücksprung aus der Funktion auf dem Stack abzulegen.

Zeile 17 ruft die Funktion `Square()` auf, Zeile 19 die Funktion `Cube()`. Durch die Inline-Deklaration der Funktionen sehen die Zeilen 16 bis 19 letztendlich genauso aus, als hätte man sie folgendermaßen formuliert:

```
16:          cout << ".  Quadrat(" << x << "): "
  << x * x << ".            Kubik (" << x << "): "
  << x * x * x << "." << endl;
```

String-Manipulation

Der Präprozessor stellt zwei spezielle Operatoren für die Manipulation von Strings in Makros bereit. Der Operator zur Zeichenkettenbildung (#) wandelt das übergebene Argument in eine Zeichenfolge um. Der Verkettungsoperator verbindet zwei Strings zu einem.

Zeichenkettenbildung

Der Operator zur Zeichenkettenbildung (#, stringizing operator) schließt alle Zeichen, die bis zum nächsten Whitespace auf den Operator folgen, in Anführungszeichen ein. Schreibt man also:

```
#define WRITESTRING(x) cout << #x
```

und ruft dann

```
WRITESTRING(Das ist ein String);
```

auf, wandelt das der Präprozessor wie folgt um:

```
cout << "Das ist ein String";
```

Der String »`Das ist ein String`« ist nun in Anführungszeichen eingeschlossen, wie es für `cout` erforderlich ist.

Verkettung

Mit dem Verkettungsoperator lassen sich mehrere Terme zu einem neuen Wort verbinden. Das neue Wort ist eigentlich ein Token, das man als Klassenname, Variablenname, Index in ein Array oder überall, wo eine Buchstabenfolge stehen darf, verwenden kann.

Nehmen wir an, Sie hätten fünf Funktionen `fEinsAusgabe()`, `fZweiAusgabe()`, `fDreiAusgabe()`, `fVierAusgabe()` und `fFuenfAusgabe()` benannt sind. Mit der Deklaration

```
#define fAUSGABE(x) f ## x ## Ausgabe
```

lassen sich dann mit `fAUSGABE(Zwei)` die Zeichenfolge `fZweiAusgabe` und mit `fAUSGABE(Drei)` die Zeichenfolge `fDreiAusgabe` generieren.

Am Ende von Woche 2 haben Sie die Klasse `PartsList` entwickelt. Diese Liste konnte allerdings nur Objekte vom Typ `List` behandeln. Nehmen wir an, daß diese Liste ausgezeichnet funktioniert. Allerdings wollen wir auch Listen mit Tieren, Autos, Computern usw. aufbauen.

Man könnte nun `AnimalList`, `CarList`, `ComputerList` usw. erzeugen, indem man die entsprechenden Codeabschnitte an Ort und Stelle per Ausschneiden und Einfügen mehrfach erzeugt. Das kann allerdings zum Alptraum ausarten, da jede Änderung an einer Liste in alle anderen zu übernehmen ist.

Als Alternative bieten sich hier Makros und der Verkettungsoperator an. Beispielsweise könnte man folgendes definieren:

```
#define Listof(Type)  class Type##List \
{ \
public: \
Type##List(){} \
private:          \
int itsLength; \
};
```

Das ist zwar ein sehr vereinfachtes Beispiel, zeigt aber das Konzept, das wir in alle erforderlichen Methoden und Daten übernehmen. Um eine `AnimalList` zu erzeugen, schreibt man:

```
Listof(Animal)
```

Das Ganze wird in die Deklaration der Klasse AnimalList umgewandelt. Bei diesem Verfahren gibt es einige Probleme, auf die Tag 19 bei der Behandlung von Templates im Detail eingegangen ist.

Vordefinierte Makros

Viele Compiler definieren eine Reihe nützlicher Makros. Dazu gehören __DATE__, __TIME__, __LINE__ und __FILE__. Vor und nach diesen Namen stehen jeweils zwei Unterstriche, um Konflikte mit anderen Namen, die Sie in Ihrem Programm vergeben, nach Möglichkeit zu vermeiden.

Trifft der Compiler auf eines dieser Makros, nimmt er die entsprechende Ersetzung vor. Für __DATE__ wird das aktuelle Datum eingefügt, für __TIME__ die aktuelle Uhrzeit. Die Makros __LINE__ und __FILE__ ersetzt der Compiler durch die Zeilennummern des Quellcodes bzw. den Dateinamen. Diese Substitution wird ausgeführt, wenn die Quelle vorkompiliert wird und nicht, wenn das Programm läuft. Wenn man im Programm die Ausgabe des Datums mit __DATE__ realisiert, erhält man nicht das aktuelle Datum bei Programmstart, sondern das Datum, zu dem das Programm kompiliert wurde. Bei der Fehlersuche stellen diese Makros eine wertvolle Hilfe dar.

assert

Das Makro assert liefert true zurück, wenn der Parameter zu true ausgewertet wird. Ergibt die Auswertung des Parameters den Wert false, brechen einige Compiler das Programm ab, andere lösen eine Ausnahme aus (siehe dazu Tag 20).

Ein leistungsfähiges Charakteristikum des Makros assert ist es, daß der Präprozessor überhaupt keinen Code dafür produziert, wenn DEBUG nicht definiert ist. Während der Entwicklungsphase ist das Makro eine große Hilfe, und wenn man das fertige Produkt vertreibt, gibt es weder eine Leistungseinbuße noch eine Vergrößerung der ausführbaren Programmdatei.

Statt sich auf das vom Compiler bereitgestellte assert zu stützen, kann man auch ein eigenes assert-Makro schreiben. Listing 21.4 zeigt dazu ein Beispiel.

Listing 21.4: Ein einfaches assert-Makro

```
// Listing 21.4 ASSERTS
#define DEBUG
#include <iostream.h>
```

```
4:
5:      #ifndef DEBUG
6:         #define ASSERT(x)
7:      #else
8:         #define ASSERT(x) \
9:               if (! (x)) \
10:              { \
11:              cout << "FEHLER!! Annahme " << #x << " nicht zutreffend\n"; \
12:              cout << " in Zeile " << __LINE__  << "\n"; \
13:              cout << " in Datei " << __FILE__ << "\n";  \
14:              }
15:     #endif
16:
17:
18:     int main()
19:     {
20:        int x = 5;
21:        cout << "Erste Annahme: \n";
22:        ASSERT(x==5);
23:        cout << "\nZweite Annahme: \n";
24:        ASSERT(x != 5);
25:        cout << "\nFertig.\n";
26:      return 0;
27:     }
```

```
Erste Annahme:
Zweite Annahme:
FEHLER!! Annahme x != 5 nicht zutreffend
 in Zeile 24
 in Datei test2104.cpp
```

Zeile 2 definiert den Begriff `DEBUG`. Normalerweise erledigt man das von der Befehlszeile (oder der IDE) zur Kompilierzeit, so daß man die Fehlersuche bei Bedarf ein- und ausschalten kann. Die Zeilen 8 bis 15 definieren das Makro `assert`. In der Regel schreibt man das Ganze in eine Header-Datei, und diesen Header (`ASSERT.HPP`) schließt man in alle Implementierungsdateien ein.

In Zeile 5 findet der Test des Begriffs `DEBUG` statt. Ist dieser Begriff nicht angegeben, stellt Zeile 6 eine Definition für `assert` bereit, die überhaupt keinen Code erzeugt. Ist `DEBUG` definiert, kommt die in den Zeilen 8 bis 14 definierte Funktionalität zum Tragen.

Das Makro `assert` selbst besteht aus einer einzigen langen Anweisung, die über sieben Quellcodezeilen verteilt ist. Zeile 9 testet den als Parameter übergebenen Wert. Liefert dieser Test das Ergebnis `false`, geben die Anweisungen in den Zeilen 11 bis 13 eine Fehlermeldung aus. Wenn der übergebene Wert das Ergebnis `true` liefert, finden keine Aktionen statt.

Fehlersuche mit assert

Wenn man ein Programm schreibt, ist man oft hundertprozentig sicher, daß bestimmte Bedingungen wahr sind: Eine Funktion liefert einen bestimmten Wert, ein Zeiger ist gültig und so weiter. Es liegt in der Natur der Fehler, daß diese Annahmen unter bestimmten Bedingungen nicht zutreffen. Beispielsweise stürzt ein Programm ab, obwohl man absolut sicher war, daß ein Zeiger gültig ist. Bei der Suche nach Fehlern dieser Art kann Sie `assert` unterstützen. Dazu müssen Sie es sich aber zur Gewohnheit machen, die `assert`-Anweisungen großzügig im Code vorzusehen. Bei jeder Zuweisung oder der Übergabe eines Zeigers als Parameter oder Rückgabewert einer Funktion sollten Sie mit `assert` prüfen, ob dieser Zeiger gültig ist. Ist ein Codeabschnitt von einem bestimmten Wert einer Variablen abhängig, verifizieren Sie mit `assert`, daß die Annahmen auch zutreffen.

Der häufige Einsatz von `assert`-Anweisungen zieht keine Leistungseinbußen nach sich. Man läßt diese Anweisungen nach abgeschlossener Fehlersuche durch eine `#undefine`-Anweisung aus dem Code entfernen. Darüber hinaus stellen diese Anweisungen eine gute interne Dokumentation dar, die den Leser darauf hinweisen, was der Programmierer an einem bestimmten Punkt im Programmablauf als wahr angenommen hat.

assert und Exceptions

Gestern haben Sie gesehen, wie man Fehlerbedingungen mit Exceptions abfängt. Beachten Sie bitte, daß `assert` nicht dafür vorgesehen ist, Laufzeitfehler durch ungültige Daten, Speichermangel, Verletzungen beim Dateizugriff oder ähnliche Bedingungen zu behandeln. Das Makro `assert` dient ausschließlich dazu, Programmierfehler aufzuspüren. Wenn sich also ein `assert`-Makro »bemerkbar macht«, wissen Sie, daß der Code einen Fehler enthält.

Im fertigen Code, den Sie an Ihre Kunden ausliefern, sind natürlich keine `assert`-Makros enthalten. Sie können sich nicht mehr darauf verlassen, daß `assert` ein Problem zur Laufzeit aufdeckt, weil es keine `assert`-Makros mehr gibt.

Ein häufiger Fehler ist es, mit `assert` den Rückgabewert einer Speicherzuweisung zu testen:

```
Animal *pCat = new Cat;
Assert(pCat);   // Falsche Nutzung von assert
pCat->EineFunktion();
```

Es handelt sich hier um einen klassischen Programmierfehler. Wenn der Entwickler das Programm ausführt, ist immer genügend Speicher vorhanden, und `assert` wird niemals aktiv. Immerhin hat der Programmierer seinem Computer ausreichend RAM spendiert, um zum Beispiel höhere Geschwindigkeiten beim Kompilieren oder beim Debuggen zu erreichen. Beim »armen« Kunden, der vielleicht nicht über die üppige Speicherausstattung verfügt, scheitert der Aufruf von `new` und gibt `NULL` zurück. Das `assert`-Makro ist im fertigen Programm nicht mehr präsent und kann mithin auch nicht anzeigen, daß der Zeiger auf `NULL` verweist. Sobald das Programm die Anweisung `pCat->EineFunktion();` erreicht, stürzt es ab.

Der Rückgabewert `NULL` bei einer Speicherzuweisung ist kein Programmierfehler, sondern eine Ausnahmebedingung. Das Programm muß in der Lage sein, sich aus diesem Zustand zu befreien, und sei es durch Auslösen einer Exception. Noch einmal zur Erinnerung: Die gesamte `assert`-Anweisung ist verschwunden, wenn `DEBUG` nicht mehr definiert ist. Exceptions wurden am Tag 20 ausführlich behandelt.

Nebeneffekte

Es ist nicht ungewöhnlich, daß sich ein Fehler erst zeigt, nachdem man die `assert`-Anweisungen aus dem Code entfernt hat. Fast immer hängt das mit unbeabsichtigten Nebeneffekten zusammen, die in `assert`-Anweisungen und anderen, ausschließlich für die Fehlersuche vorgesehenen Codeabschnitten, auftreten. Zum Beispiel erzeugt man mit der Anweisung

```
ASSERT (x = 5)
```

einen besonders üblen Fehler, da man eigentlich die Bedingung `x == 5` testen wollte.

Nehmen wir an, daß Sie unmittelbar vor dieser `assert`-Anweisung eine Funktion aufgerufen haben, die `x` gleich `0` gesetzt hat. Von der obigen `assert`-Anweisung nehmen Sie an, daß sie einen Test auf `x` gleich `5` vornimmt. Statt dessen setzen Sie `x` gleich `5`. Der Test liefert `true`, da `x = 5` nicht nur `x` auf `5` setzt, sondern auch den Wert `5` zurückgibt. Und da `5` ungleich Null ist, ergibt die Auswertung das Ergebnis `true`.

Unmittelbar nach der `assert`-Anweisung ist dann `x` wirklich gleich `5` (Sie haben es ja so gewollt!). Ihr Programm läuft wunderbar. Daher bereiten Sie es für den Vertrieb vor und schalten die Unterstützung für die Fehlersuche aus. Nun verschwindet die `assert`-

Anweisung, und x wird nicht mehr auf 5 gesetzt. Da x aber unmittelbar vor dieser assert-Anweisung den Wert 0 erhalten hat, bleibt dieser Wert auch 0, und das Programm stürzt an dieser Stelle ab (oder macht anderen Unsinn).

In Ihrer Verzweiflung schalten Sie die assert-Anweisungen wieder ein, und siehe da: Der Fehler hat sich verkrümelt. Mit der Zeit können derartige Dinge ganz schön auf die Nerven gehen. Achten Sie also in Ihrem Code zur Fehlersuche genau auf mögliche Nebeneffekte. Tritt ein Fehler nur dann auf, wenn diese Unterstützung abgeschaltet ist, sehen Sie sich den betreffenden Code an und halten Ausschau nach gemeinen Nebeneffekten.

Klasseninvarianten

In vielen Klassen gibt es Bedingungen, die auch nach Abschluß einer Elementfunktion immer true sein sollten. Diese Klasseninvarianten sind die unerläßlichen Bedingungen Ihrer Klasse. Zum Beispiel könnte die Forderung bestehen, daß ein CIRCLE-Objekt immer einen Radius größer als 0 hat oder daß das Alter eines ANIMAL-Objekts im Wertebereich zwischen 0 und 100 liegt.

In diesem Zusammenhang erweist sich eine Invariants()-Methode als hilfreich, die nur dann true zurückgibt, wenn alle diese Bedingungen noch wahr sind. Am Anfang und Ende jeder Klassenmethode baut man dann eine Assert(Invariants())-Anweisung ein. Lediglich vor Aufruf des Konstruktors und nach Abschluß des Destruktors kann man von der Invariants-Methode kein true-Ergebnis erwarten. Listing 21.5 demonstriert die Verwendung der Invariants()-Methode in einer trivialen Klasse.

Listing 21.5: Der Einsatz von Invarianten

```
#define DEBUG
#define SHOW_INVARIANTS
#include <iostream.h>
#include <string.h>

#ifndef DEBUG
#define ASSERT(x)
#else
#define ASSERT(x) \
         if (! (x)) \
         { \
         cout << "FEHLER!! Annahme " << #x << " nicht zutreffend\n"; \
         cout << " in Zeile " << __LINE__  << "\n"; \
         cout << " in Datei " << __FILE__ << "\n";  \
         }
 #endif
```

```


const int FALSE = 0;
const int TRUE = 1;
typedef int bool;


class String
{
   public:
      // Konstruktoren
      String();
      String(const char *const);
      String(const String &);
      ~String();

      char & operator[](int offset);
      char operator[](int offset) const;

      String & operator= (const String &);
      int GetLen()const { return itsLen; }
      const char * GetString() const { return itsString; }
      bool Invariants() const;

   private:
      String (int);          // Privater Konstruktor
      char * itsString;
     // unsigned short itsLen;
      int itsLen;
};

// Standardkonstruktor erzeugt String von 0 Byte Laenge
String::String()
{
   itsString = new char[1];
   itsString[0] = '\0';
   itsLen=0;
   ASSERT(Invariants());
}

// Privater (Hilfs-) Konstruktor, der nur von Methoden
// der Klasse fuer das Erzeugen von Null-Strings der
// erforderlichen Groeße verwendet wird.
String::String(int len)
{
   itsString = new char[len+1];
```

```
   for (int i = 0; i<=len; i++)
      itsString[i] = '\0';
   itsLen=len;
   ASSERT(Invariants());
}

// Konvertiert ein Zeichen-Array in einen String
String::String(const char * const cString)
{
   itsLen = strlen(cString);
   itsString = new char[itsLen+1];
   for (int i = 0; i<itsLen; i++)
      itsString[i] = cString[i];
   itsString[itsLen]='\0';
   ASSERT(Invariants());
}

// Kopierkonstruktor
String::String (const String & rhs)
{
   itsLen=rhs.GetLen();
   itsString = new char[itsLen+1];
   for (int i = 0; i<itsLen;i++)
      itsString[i] = rhs[i];
   itsString[itsLen] = '\0';
   ASSERT(Invariants());
}

// Destruktor, gibt reservierten Speicher frei
String::~String ()
{
   ASSERT(Invariants());
   delete [] itsString;
   itsLen = 0;
}

// Zuweisungsoperator, gibt vorhandenen Speicher frei,
// kopiert dann String und Groeße
String& String::operator=(const String & rhs)
{
   ASSERT(Invariants());
   if (this == &rhs)
      return *this;
   delete [] itsString;
   itsLen=rhs.GetLen();
   itsString = new char[itsLen+1];
```

```
      for (int i = 0; i<itsLen;i++)
         itsString[i] = rhs[i];
      itsString[itsLen] = '\0';
      ASSERT(Invariants());
      return *this;
   }

// Nicht konstanter Offset-Operator
  char & String::operator[](int offset)
 {
    ASSERT(Invariants());
    if (offset > itsLen)
    {
      ASSERT(Invariants());
      return itsString[itsLen-1];
    }
     else
    {
      ASSERT(Invariants());
      return itsString[offset];
    }
 }
   // Konstanter Offset-Operator
   char String::operator[](int offset) const
   {
      ASSERT(Invariants());
      char retVal;
      if (offset > itsLen)
         retVal = itsString[itsLen-1];
      else
         retVal = itsString[offset];
      ASSERT(Invariants());
      return retVal;
   }
   bool String::Invariants() const
   {
   #ifdef SHOW_INVARIANTS
      cout << " String OK ";
   #endif
       return ( (itsLen && itsString) ||
         (!itsLen && !itsString) );
    }
    class Animal
    {
    public:
       Animal():itsAge(1),itsName("John Q. Animal")
```

```
          {ASSERT(Invariants());}
      Animal(int, const String&);
     ~Animal(){}
     int GetAge() {  ASSERT(Invariants()); return itsAge;}
     void SetAge(int Age)
     {
          ASSERT(Invariants());
          itsAge = Age;
          ASSERT(Invariants());
     }
      String& GetName()
      {
            ASSERT(Invariants());
            return itsName;
      }
      void SetName(const String& name)
            {
            ASSERT(Invariants());
            itsName = name;
            ASSERT(Invariants());
      }
      bool Invariants();
   private:
      int itsAge;
      String itsName;
   };

   Animal::Animal(int age, const String& name):
   itsAge(age),
   itsName(name)
   {
      ASSERT(Invariants());
   }

   bool Animal::Invariants()
   {
   #ifdef SHOW_INVARIANTS
      cout << " Animal OK ";
   #endif
      return (itsAge > 0 && itsName.GetLen());
   }

   int main()
   {
      Animal sparky(5,"Sparky");
      cout << "\n" << sparky.GetName().GetString() << " ist ";
```

```
201:        cout << sparky.GetAge() << " Jahre alt.";
202:        sparky.SetAge(8);
203:        cout << "\n" << sparky.GetName().GetString() << " ist ";
204:        cout << sparky.GetAge() << " Jahre alt.";
205:        return 0;
206:    }
```

```
String OK  String OK  String OK  String OK
String OK  String OK  String OK String OK
String OK  Animal OK  String OK  Animal OK
Sparky ist  Animal OK 5 Jahre alt. Animal OK  Animal OK  Animal OK
Sparky ist  Animal OK 8 Jahre alt. String OK
```

Die Zeilen 9 bis 15 definieren das Makro `assert`. Ist `DEBUG` definiert, gibt dieses Makro eine Fehlermeldung aus, wenn es das Ergebnis `false` liefert.

Zeile 39 deklariert die Elementfunktion `Invariants()` der Klasse `String`. Die Definition steht in den Zeilen 143 bis 150. Der Konstruktor wird in den Zeilen 49 bis 55 deklariert. Nachdem das Objekt vollständig konstruiert ist, ruft Zeile 54 die Methode `Invariants()` auf, um die korrekte Konstruktion zu bestätigen.

Dieses Schema wiederholt sich bei den anderen Konstruktoren, und der Destruktor ruft `Invariants()`auf, bevor er sich an den Abbau des Objekts heranmacht. Die restlichen Klassenfunktionen rufen `Invariants()` einmal vor Ausführung einer Aktion und erneut vor der Rückkehr auf. Damit bestätigt und validiert man ein grundlegendes Prinzip von C++: Elementfunktionen (außer Konstruktoren und Destruktoren) sollten auf gültigen Objekten arbeiten und sie in einem gültigen Zustand belassen.

In Zeile 176 deklariert die Klasse `Animal` ihre eigene `Invariants()`-Methode. Die Implementierung steht in den Zeilen 189 bis 195. Beachten Sie in den Zeilen 155, 158, 161 und 163, daß auch Inline-Funktionen die `Invariants()`-Methode aufrufen können.

Zwischenwerte ausgeben

Neben der Prüfung von Bedingungen mit dem Makro `assert` möchte man bei Bedarf auch die aktuellen Werte von Zeigern, Variablen und Strings ausgeben. Das kann sehr hilfreich sein, wenn man Annahmen zum Verlauf des Programms überprüft oder in Schleifen nach Fehlern sucht, die mit Abweichungen von plus/minus 1 bei Zählerwerten zusammenhängen. Listing 21.6 verdeutlicht dieses Konzept.

Listing 21.6: Ausgabe von Werten im DEBUG-Modus

```
// Listing 21.6 - Werte im DEBUG-Modus ausgeben
#include <iostream.h>
#define DEBUG

#ifndef DEBUG
#define PRINT(x)
#else
#define PRINT(x) \
   cout << #x << ":\t" << x << endl;
#endif

enum BOOL { FALSE, TRUE } ;

int main()
{
   int x = 5;
   long y = 738981;
   PRINT(x);
   for (int i = 0; i < x; i++)
   {
      PRINT(i);
   }

   PRINT (y);
   PRINT("Hi.");
   int *px = &x;
   PRINT(px);
   PRINT (*px);
 return 0;
}
```

Ausgabe

```
x:        5
i:        0
i:        1
i:        2
i:        3
i:        4
y:        73898
"Hi.":    Hi.
px:       0x2100
*px:      5
```

Hinweis

Für `px:` kann bei Ihnen ein anderer Wert angezeigt werden (abhängig vom konkreten Computer).

Analyse

Das Makro in den Zeilen 5 bis 10 schreibt den aktuellen Wert des übergebenen Parameters auf den Bildschirm. Als erstes wird die mit Anführungszeichen versehene Version des Parameters in `cout` geschrieben. Wenn man also `x` übergibt, empfängt `cout` die Zeichenfolge `"x"`.

Als nächstes erhält `cout` den mit Anführungszeichen versehenen String `":\t"`, der die Ausgabe eines Doppelpunktes mit einem anschließenden Tabulator bewirkt. Als drittes wird an `cout` der Wert des Parameters (`x`) und schließlich das Zeichen `endl`, das eine neue Zeile ausgibt und den Puffer leert, übergeben.

Ebenen der Fehlersuche

In großen, komplexen Projekten möchte man den Debug-Modus differenzierter steuern, als lediglich `DEBUG` ein- und auszuschalten. Zu diesem Zweck definiert man verschiedene Ebenen der Fehlersuche. Im Programm schaltet man dann – je nachdem, welche Makros zu verwenden sind und welche unbeachtet bleiben sollen – die verschiedenen Ebenen ein oder aus.

Um eine Ebene zu definieren, schreiben Sie einfach nach der Anweisung `#define DEBUG` die entsprechende Zahl. Obwohl man eine beliebige Anzahl von Ebenen einführen kann, haben sich im allgemeinen vier Ebenen durchgesetzt: `HIGH`, `MEDIUM`, `LOW` und `NONE` (hoch, mittel, niedrig und keine). Listing 21.7 zeigt ein Beispiel, das die Klassen `String` und `Animal` aus Listing 21.5 verwendet.

Listing 21.7: Ebenen für die Fehlersuche

```
enum LEVEL { NONE, LOW, MEDIUM, HIGH };
const int FALSE = 0;
const int TRUE = 1;
typedef int bool;

 #define DEBUGLEVEL HIGH

 #include <iostream.h>
 #include <string.h>

```

```
#if DEBUGLEVEL < LOW  // Muß MEDIUM oder HIGH sein
#define ASSERT(x)
#else
#define ASSERT(x) \
    if (! (x)) \
    { \
       cout << "FEHLER!! Annahme " << #x << " nicht zutreffend\n"; \
       cout << " in Zeile " << __LINE__  << "\n"; \
       cout << " in Datei " << __FILE__ << "\n";  \
    }
#endif

#if DEBUGLEVEL < MEDIUM
#define EVAL(x)
#else
#define EVAL(x) \
  cout << #x << ":\t" << x << endl;
#endif

#if DEBUGLEVEL < HIGH
#define PRINT(x)
#else
#define PRINT(x) \
  cout << x << endl;
#endif


class String
{
   public:
      // Konstruktoren
      String();
      String(const char *const);
      String(const String &);
      ~String();

      char & operator[](int offset);
      char operator[](int offset) const;

      String & operator= (const String &);
      int GetLen()const { return itsLen; }
      const char * GetString() const
       { return itsString; }
      bool Invariants() const;

   private:
```

```
        String (int);         // Privater Konstruktor
        char * itsString;
        unsigned short itsLen;
 };

// Standardkonstruktor erzeugt String von 0 Byte Laenge
String::String()
{
   itsString = new char[1];
   itsString[0] = '\0';
   itsLen=0;
   ASSERT(Invariants());
}

// Privater (Hilfs-) Konstruktor, wird nur von Methoden
// der Klasse fuer das Erzeugen von Null-Strings der
// erforderlichen Groeße verwendet.
String::String(int len)
{
   itsString = new char[len+1];
   for (int i = 0; i<=len; i++)
      itsString[i] = '\0';
   itsLen=len;
   ASSERT(Invariants());
}

// Konvertiert ein Zeichen-Array in einen String
String::String(const char * const cString)
{
   itsLen = strlen(cString);
   itsString = new char[itsLen+1];
   for (int i = 0; i<itsLen; i++)
      itsString[i] = cString[i];
   itsString[itsLen]='\0';
   ASSERT(Invariants());
}

// Kopierkonstruktor
String::String (const String & rhs)
{
   itsLen=rhs.GetLen();
   itsString = new char[itsLen+1];
   for (int i = 0; i<itsLen;i++)
       itsString[i] = rhs[i];
    itsString[itsLen] = '\0';
    ASSERT(Invariants());
```

```
    }

    // Destruktor, gibt reservierten Speicher frei
    String::~String ()
    {
       ASSERT(Invariants());
       delete [] itsString;
       itsLen = 0;
    }

    // Zuweisungsoperator, gibt vorhandenen Speicher frei,
    // kopiert dann String und Groeße
    String& String::operator=(const String & rhs)
    {
       ASSERT(Invariants());
       if (this == &rhs)
          return *this;
       delete [] itsString;
       itsLen=rhs.GetLen();
       itsString = new char[itsLen+1];
       for (int i = 0; i<itsLen;i++)
          itsString[i] = rhs[i];
       itsString[itsLen] = '\0';
       ASSERT(Invariants());
       return *this;
    }

// Nicht konstanter Offset-Operator
  char & String::operator[](int offset)
 {
     ASSERT(Invariants());
     if (offset > itsLen)
     {
       ASSERT(Invariants());
       return itsString[itsLen-1];
     }
      else
     {
        ASSERT(Invariants());
       return itsString[offset];
     }
 }
    // Konstanter Offset-Operator
    char String::operator[](int offset) const
    {
       ASSERT(Invariants());
```

```
      char retVal;
      if (offset > itsLen)
         retVal = itsString[itsLen-1];
      else
         retVal = itsString[offset];
      ASSERT(Invariants());
      return retVal;
   }

   bool String::Invariants() const
   {
       PRINT("(String-Invariants ueberprueft)");
       return ( (bool) (itsLen && itsString) ||
          (!itsLen && !itsString) );
   }

   class Animal
   {
   public:
      Animal():itsAge(1),itsName("John Q. Animal")
         {ASSERT(Invariants());}

      Animal(int, const String&);
      ~Animal(){}

      int GetAge()
         {
            ASSERT(Invariants());
            return itsAge;
         }

      void SetAge(int Age)
         {
            ASSERT(Invariants());
            itsAge = Age;
            ASSERT(Invariants());
         }
      String& GetName()
         {
            ASSERT(Invariants());
            return itsName;
         }

      void SetName(const String& name)
         {
            ASSERT(Invariants());
```

```
            itsName = name;
            ASSERT(Invariants());
        }

    bool Invariants();
  private:
    int itsAge;
    String itsName;
  };

   Animal::Animal(int age, const String& name):
   itsAge(age),
   itsName(name)
   {
     ASSERT(Invariants());
   }

  bool Animal::Invariants()
  {
    PRINT("(Animal-Invariants ueberprueft)");
    return (itsAge > 0 && itsName.GetLen());
  }

  int main()
  {
    const int AGE = 5;
    EVAL(AGE);
    Animal sparky(AGE,"Sparky");
    cout << "\n" << sparky.GetName().GetString();
    cout << " ist ";
    cout << sparky.GetAge() << " Jahre alt.";
    sparky.SetAge(8);
    cout << "\n" << sparky.GetName().GetString();
    cout << " ist ";
    cout << sparky.GetAge() << " Jahre alt.";
    return 0;
  }
```

Ausgabe

```
AGE:     5
 (String-Invariants ueberprueft)
 (String-Invariants ueberprueft)
 (String-Invariants ueberprueft)
 (String-Invariants ueberprueft)
 (String-Invariants ueberprueft)
 (String-Invariants ueberprueft)
 (String-Invariants ueberprueft)
```

```
            (String-Invariants ueberprueft)
            (String-Invariants ueberprueft)
            (String-Invariants ueberprueft)


Sparky ist (Animal-Invariants ueberprueft)
5 Jahre alt. (Animal-Invariants ueberprueft)
 (Animal-Invariants ueberprueft)
 (Animal-Invariants ueberprueft)


Sparky ist (Animal-Invariants ueberprueft)
8 Jahre alt. (String-Invariants ueberprueft)
 (String-Invariants-ueberprueft)


// Erneuter Durchlauf mit DEBUG = MEDIUM


AGE:      5
Sparky ist 5 Jahre alt.
Sparky ist 8 Jahre alt.
```

Analyse

Die Definition des Makros `assert` in den Zeilen 11 bis 21 ist so ausgelegt, daß das Makro bei `DEBUGLEVEL` kleiner als `LOW` (das heißt, `DEBUGLEVEL` hat den Wert `NONE`) praktisch gelöscht wird. Ist irgendeine Ebene für die Fehlersuche aktiviert, nimmt das Makro seine Arbeit auf. Die Definition von `EVAL` in Zeile 24 ist so konzipiert, daß dieses Makro bei `DEBUG` kleiner als `MEDIUM` übergangen wird – also wenn `DEBUGLEVEL` die Werte `NONE` oder `LOW` aufweist.

Schließlich deklarieren die Zeilen 30 bis 35 das Makro `PRINT`. Es wird übergangen, wenn `DEBUGLEVEL` kleiner als `HIGH` ist. Das Makro `PRINT` kommt nur zum Einsatz, wenn `DEBUGLEVEL` gleich `HIGH` ist, und man kann dieses Makro ausblenden, indem man `DEBUGLEVEL` auf `MEDIUM` setzt. In diesem Fall bleiben die Makros `EVAL` und `assert` aktiv.

Das Makro `PRINT` kommt innerhalb der `Invariants()`-Methoden zum Einsatz, um informative Meldungen auszugeben. In Zeile 221 wertet das Programm mit dem Makro `EVAL` den aktuellen Wert der Integer-Konstanten `AGE` aus.

Was Sie tun sollten	... und was nicht
Schreiben Sie Makronamen durchgängig in Großbuchstaben. Da sich diese Konvention durchgesetzt hat, würde es andere Programmierer nur verwirren, wenn Sie andere Schreibweisen wählen. Setzen Sie die Argumente von Makros stets in Klammern.	Lassen Sie in Ihren Makros keine Nebeneffekte zu. Verzichten Sie darauf, aus einem Makro heraus Variablen zu inkrementieren oder ihnen Werte zuzuweisen.

Bitmanipulation

Häufig möchte man in einem Objekt Flags setzen, um den Zustand des Objekts zu verfolgen. (Befindet es sich im Alarmzustand? Wurde dieser Wert bereits initialisiert? Handelt es sich um den Eintritt in das oder den Austritt aus dem Objekt?)

Man kann das zwar mit benutzerdefinierten Booleschen Werten erreichen, doch wenn man viele Flags hat und der Speicherplatz kritisch ist, empfiehlt es sich, die Flags durch einzelne Bits zu implementieren.

Ein Byte besteht aus 8 Bit, so daß sich in einer 4-Byte-Zahl vom Typ `long` genau 32 individuelle Flags speichern lassen. Ein Bit gilt als gesetzt, wenn sein Wert gleich 1 ist, und als gelöscht oder zurückgesetzt, wenn es den Wert 0 aufweist. Beim Setzen eines Bits weist man ihm den Wert 1 zu, wenn man das Bit löscht, erhält es den Wert 0. Die Bits könnte man zwar setzen und löschen, indem man den Wert der `long`-Zahl als Ganzes verändert, das wäre aber umständlich und kaum zu überblicken.

Hinweis

Im Anhang C finden Sie weiterführende Informationen über die Manipulation im binären und hexadezimalen Zahlensystem.

In C++ lassen sich einzelne Bits mit den bitweisen Operatoren manipulieren. Diese Operatoren (siehe Tabelle 21.1) ähneln den logischen Operatoren und werden von Einsteigern in die C++-Programmierung oft mit diesen verwechselt.

Symbol	Operator
`&`	`AND`
`|`	`OR`

Tabelle 21.1: Bitweise Operatoren

Symbol	Operator
^	XOR (Exklusiv-OR)
~	Komplement

Tabelle 21.1: Bitweise Operatoren

AND

Der Operator für bitweises AND wird durch ein kaufmännisches Und-Zeichen (&) dargestellt, während der logische AND-Operator aus zwei kaufmännischen Und-Zeichen besteht. Bei einer AND-Verknüpfung von zwei Bits ist das Ergebnis nur dann 1, wenn beide Bits gleich 1 sind. Ist mindestens ein Bit gleich 0, ist auch das Ergebnis 0.

OR

Den bitweisen OR-Operator stellt man mit einem vertikalen Strich (|) dar, während es beim logischen OR-Operator zwei vertikale Striche sind. Bei einer OR-Verknüpfung von zwei Bits ist das Ergebnis 1, wenn mindestens ein Bit gesetzt ist. Nur wenn beide Bits gleich 0 sind, ist auch das Ergebnis 0.

Exklusiv-OR

Bei einer bitweisen XOR-Verknüpfung ist das Ergebnis 1, wenn beide Bits unterschiedliche Werte aufweisen. Der Exklusiv-OR-Operator wird durch den Zirkumflex (^) dargestellt.

Komplement

Den Komplementoperator schreibt man als Tilde (~). Der Operator löscht jedes gesetzte Bit und setzt jedes gelöschte Bit, schaltet also alle Bitwerte einer Zahl in den entgegengesetzten Zustand um. Wenn der aktuelle Wert der Zahl gleich 1010 0011 lautet, liefert das Komplement dieser Zahl den Wert 0101 1100.

Bits setzen

Mit sogenannten Maskierungsoperationen lassen sich einzelne Bits setzen oder löschen. Wenn Sie Flags in einer Zahl mit 4 Byte speichern und das Bit 8 auf `true` setzen wollen, verknüpfen Sie die Zahl durch eine bitweise OR-Operation mit dem Wert 128. Warum? Die binäre Darstellung der Zahl 128 lautet 1000 0000. Das achte Bit hat demnach den Wert 128. Bei einer OR-Verknüpfung mit dem Wert 128 spielt es keine Rolle, welche Werte die anderen Bits der Zahl haben, da diese Operation nur genau das eine Bit setzt und die Werte der übrigen Bits nicht verändert. Nehmen wir an, daß der aktuelle Wert einer 2-Byte-Zahl gleich 1010 0110 0010 0110 lautet. Eine bitweise OR-Verknüpfung mit dem Wert 128 sieht dann folgendermaßen aus:

```
     Bit:     9 8765 4321
     1010 0110 0010 0110   // Bit 8 ist geloescht
   | 0000 0000 1000 0000   // OR mit 128
     ===================
     1010 0110 1010 0110   // Bit 8 ist gesetzt
```

Binäre Zahlen stellt man normalerweise so dar, daß das niederwertigste Bit rechts steht und das höherwertigste links. Die Zählung der Bitpositionen erfolgt also von rechts nach links. In der Zahl 128 sind alle Bits bis auf das achte – das gesetzt werden soll – gelöscht. Die OR-Operation verändert demnach den Ausgangswert 1010 0110 0010 0110 nur an der achten Position, falls das Bit momentan gelöscht ist. Wenn das achte Bit bereits gesetzt ist, bleibt es gesetzt. Genau das haben wir mit der OR-Operation bezweckt.

Bits löschen

Um das achte Bit zu löschen, bilden Sie eine bitweise AND-Verknüpfung der Zahl mit dem Komplement von 128. Das Komplement von 128 erhalten Sie, indem Sie im Bitmuster der Zahl (1000 0000) jedes gelöschte Bit setzen und jedes gesetzte Bit löschen. Das Ergebnis lautet 0111 1111. (In einer Zahl mit mehreren Bytes sind die höherwertigen Bitpositionen mit 1 aufzufüllen.) Bei einer bitweisen AND-Verknüpfung mit diesem Wert bleiben alle Bits in der ursprünglichen Zahl unverändert, nur das achte Bit wird auf 0 gesetzt:

```
     1010 0110 1010 0110  // Bit 8 ist gesetzt
   & 1111 1111 0111 1111  // ~128 (Komplement zu 128)
     ===================
     1010 0110 0010 0110  // Bit 8 ist geloescht
```

Vollziehen Sie die Rechnung selbst nach. Wenn beide Bits an derselben Position gleich 1 sind, schreiben Sie eine 1 in das Ergebnis. Ist mindestens ein Bit gleich 0, kommt eine 0 an die entsprechende Bitposition im Ergebnis. Vergleichen Sie das Ergebnis mit dem Ausgangswert. Er hat sich nicht verändert, außer daß das achte Bit jetzt gelöscht ist.

Bits umschalten

Mit der bitweisen XOR-Verknüpfung können Sie schließlich den Zustand eines Bit umschalten, unabhängig davon, welchen Wert das Bit momentan hat. Um das achte Bit umzuschalten, bilden Sie eine XOR-Verknüpfung mit dem Wert 128:

```
  1010 0110 1010 0110  // Ausgangswert
^ 0000 0000 1000 0000  // Exklusiv-OR mit 128
  ===================
  1010 0110 0010 0110  // Achtes Bit umgeschaltet
^ 0000 0000 1000 0000  // Erneute XOR-Verknuepfung mit 128
  ===================
  1010 0110 1010 0110  // Bit wieder zurueckgeschaltet
```

Was Sie tun sollten
Setzen Sie Bits mit Hilfe von Masken und dem bitweisen OR-Operator.
Löschen Sie Bits mit Hilfe von Masken und dem bitweisen AND-Operator.
Schalten Sie Bits mit Hilfe von Masken und dem XOR-Operator (Exklusiv-OR) um.

Bitfelder

Unter bestimmten Umständen zählt jedes Byte, und wenn sich in einer Klasse 6 oder 8 Byte einsparen lassen, kann dadurch erst die Realisierung eines umfangreichen Programms möglich werden. Wenn Ihre Klasse oder Struktur eine Reihe von Boole'schen Variablen enthält oder die Variablen nur einen sehr begrenzten Bereich möglicher Werte annehmen können, läßt sich mit Bitfeldern etwas Platz einsparen.

Mit den Standarddatentypen von C++ kann man als kleinsten Typ in einer Klasse den Typ `char` verwenden, der genau 1 Byte beansprucht. Gewöhnlich setzt man einfach den Typ `int` ein, der aus 2 oder auch 4 Byte besteht. Wenn man mit Bitfeldern arbeitet, kann man 8 Binärwerte in einem `char` und 32 derartige Werte in einer Zahl vom Typ `long` speichern.

Bitfelder sind benannte Elemente, auf die man in der gleichen Weise zugreift wie auf jedes andere Element der Klasse. Der Typ von Bitfeldern ist immer als `unsigned int` deklariert. Nach dem Namen des Bitfeldes schreiben Sie einen Doppelpunkt und eine Zahl. Diese Zahl gibt dem Compiler an, wie viele Bits der Variablen zuzuweisen sind. Mit einem Bit (Zahl gleich 1) lassen sich zwei Werte darstellen: 0 und 1. Wenn Sie eine 2 angeben, können Sie insgesamt vier Werte – 0, 1, 2 und 3 – kodieren. Bei einem Feld aus 3 Bit sind es acht Werte und so weiter. Anhang C geht näher auf Binärzahlen ein. Listing 21.8 demonstriert den Einsatz von Bitfeldern.

Listing 21.8: Einsatz von Bitfeldern

```
#include <iostream.h>
#include <string.h>

enum STATUS { FullTime, PartTime } ;
enum GRADLEVEL { UnderGrad, Grad } ;
enum HOUSING { Dorm, OffCampus };
enum FOODPLAN { OneMeal, AllMeals, WeekEnds, NoMeals };

class student
 {
 public:
 student():
     myStatus(FullTime),
     myGradLevel(UnderGrad),
     myHousing(Dorm),
     myFoodPlan(NoMeals)
     {}
     ~student(){}
     STATUS GetStatus();
     void SetStatus(STATUS);
     unsigned GetPlan() { return myFoodPlan; }

 private:
    unsigned myStatus : 1;
    unsigned myGradLevel: 1;
    unsigned myHousing : 1;
    unsigned myFoodPlan : 2;
 };

 STATUS student::GetStatus()
 {
    if (myStatus)
       return FullTime;
    else
       return PartTime;
 }
 void student::SetStatus(STATUS theStatus)
 {
    myStatus = theStatus;
 }


 int main()
 {
```

```
45:       student Jim;
46:
47:       if (Jim.GetStatus()== PartTime)
48:          cout << "Jim studiert nebenbei" << endl;
49:       else
50:          cout << "Jim studiert ganztags" << endl;
51:
52:       Jim.SetStatus(PartTime);
53:
54:       if (Jim.GetStatus())
55:          cout << "Jim studiert nebenbei" << endl;
56:       else
57:          cout << "Jim studiert ganztags" << endl;
58:
59:       cout << "Jim steht auf dem " ;
60:
61:       char Plan[80];
62:       switch (Jim.GetPlan())
63:       {
64:          case  OneMeal: strcpy(Plan,"Eine Mahlzeit"); break;
65:          case  AllMeals: strcpy(Plan,"Alle Mahlzeiten"); break;
66:          case WeekEnds: strcpy(Plan,"Wochenende"); break;
67:          case NoMeals: strcpy(Plan,"Keine Mahlzeiten");break;
68:          default : cout << "Etwas ist schiefgegangen!\n"; break;
69:       }
70:       cout << Plan << " Speiseplan." << endl;
71:     return 0;
72:    }
```

Ausgabe

```
Jim studiert nebenbei
Jim studiert ganztags
Jim steht auf dem Keine Mahlzeiten Speiseplan.
```

Analyse

Die Zeilen 4 bis 7 definieren mehrere Aufzählungstypen. Damit werden die möglichen Werte für die Bitfelder in der Studiengruppe definiert.

In den Zeilen 9 bis 28 steht die Deklaration der Klasse `student`. Diese eigentlich triviale Klasse ist vor allem deshalb interessant, weil sie alle Daten in fünf Bits verpackt. Das erste Bit repräsentiert die Anwesenheit eines Studenten – ganztags oder nur zeitweise. Im zweiten Bit ist die akademische Laufbahn kodiert. Das dritte Bit gibt darüber Auskunft, ob der Student einen Wohnheimplatz beansprucht. In den beiden letzten Bits sind die vier möglichen Schemata für einen Speiseplan untergebracht.

Die Klassenmethoden sind genauso geschrieben wie bei jeder anderen Klasse. Es spielt also keine Rolle, daß die jeweiligen Werte Bitfelder und keine Integer-Zahlen oder Aufzählungstypen sind.

Die Elementfunktion `GetStatus()` liest den Boole'schen Bitwert und gibt einen Aufzählungstyp zurück, obwohl das eigentlich nicht notwendig ist. Man könnte auch den Wert des Bitfeldes direkt zurückgeben. Die Interpretation der Werte ist Sache des Compilers.

Wenn Sie das selbst ausprobieren wollen, ersetzen Sie die Implementierung von `GetStatus()` durch den folgenden Code:

```
STATUS student::GetStatus()
{
return myStatus;
}
```

Das sollte keinen Einfluß auf die Funktionsweise des Programms haben. Die Darstellungsform ist lediglich für die Verständlichkeit des Codes maßgebend. Dem Compiler ist das völlig egal.

Der Code in Zeile 47 soll den Status der Anwesenheit prüfen und dann die jeweilige Meldung ausgeben. Man könnte versucht sein, folgendes zu schreiben:

```
cout << "Jim ist " << Jim.GetStatus() << endl;
```

Damit erhält man aber nur folgendes Ergebnis:

```
Jim ist 0
```

Der Compiler hat keine Möglichkeit, die Aufzählungskonstante `PartTime` in einen verständlichen Text umzuwandeln.

In Zeile 62 wertet das Programm mit einer `switch`-Anweisung die möglichen Speisepläne aus und schreibt für jeden Wert eine verständliche Meldung in den Ausgabepuffer, dessen Inhalt Zeile 70 auf den Bildschirm ausgibt. Auch hier hätte man die `switch`-Anweisung in der folgenden Form schreiben können:

```
case  0: strcpy(Plan,"Eine Mahlzeit"); break;
case  1: strcpy(Plan,"Alle Mahlzeiten"); break;
case  2: strcpy(Plan,"Wochenende"); break;
case  3: strcpy(Plan,"Keine Mahlzeiten");break;
```

Der wichtigste Punkt beim Einsatz von Bitfeldern ist, daß sich der Benutzer der Klasse überhaupt keine Gedanken um die Implementierung der Datenspeicherung machen muß. Da die Bitfelder als privat deklariert sind, kann man sie bei Bedarf ändern, ohne daß das einen Einfluß auf die Schnittstelle der Klasse zum übrigen Programm hat.

Stil

An verschiedenen Stellen des Buchs wurde bereits darauf hingewiesen, daß der Aneignung eines einheitlichen Stils eine besondere Bedeutung zukommt, wenn es auch in vielerlei Hinsicht keine Rolle spielt, welchen Stil Sie wählen. Ein einheitlicher Stil läßt die Bedeutung bestimmter Codeabschnitte klar hervortreten. Beim Schreiben des Programms braucht man nicht ständig nachzusehen, ob man eine Funktion beim letzten Mal mit einem großen Anfangsbuchstaben geschrieben hat oder nicht.

Die folgenden Richtlinien sind willkürlich zusammengestellt. Sie basieren auf den Konzepten, die der Autor in eigenen Projekten realisiert hat und die sich als geeignet erwiesen haben. An diesen Richtlinien können Sie sich bei der Entwicklung eines eigenen Stils orientieren. Nachdem Sie sich auf einen Stil festgelegt haben, sollten Sie ihn strikt einhalten und so behandeln, als wäre er von den Programmiergöttern vorgegeben worden.

Einzüge

Tabulatorsprünge sollten über eine Distanz von vier Zeichen erfolgen. Richten Sie Ihren Editor so ein, daß er jedes Tabulatorzeichen in vier Leerzeichen umwandelt.

Geschweifte Klammern

Die Ausrichtung der geschweiften Klammern ist eines der kontroversesten Themen zwischen C- und C++-Programmierern. Hierzu einige Vorschläge:

- Zueinandergehörende Klammern sollten untereinander stehen.
- Der äußerste Satz geschweifter Klammern in einer Definition oder Deklaration sollte am linken Rand stehen. Die zugehörigen Anweisungen rückt man ein. Alle anderen Sätze von geschweiften Klammern sollten linksbündig zur jeweils führenden Anweisung stehen.
- Geschweifte Klammern sollten allein auf einer Zeile stehen. Zum Beispiel:

```
if (bedingung==true)
{
j = k;
EineFunktion();
}
m++;
```

Lange Zeilen

Schreiben Sie nur so viel auf eine Zeile, wie sich auf einem normalen Bildschirm anzeigen läßt. Ein Code, der über den rechten Bildschirmrand hinausreicht, wird oft übersehen, und der horizontale Bildlauf ist lästig. Teilt man eine Zeile, sollten die folgenden Zeilen mit einem Einzug beginnen. Nehmen Sie Zeilentrennungen an sinnvollen Stellen vor, und belassen Sie einen dazwischenliegenden Operator am Ende der vorhergehenden Zeile (und setzen Sie ihn nicht an den Beginn der folgenden Zeile). Damit ist klar, daß die Zeile nicht allein steht und noch etwas folgt.

In C++ sind Funktionen oftmals zwar kürzer als in C. Trotzdem gilt nach wie vor der gute alte Rat: Halten Sie Funktionen so kurz wie möglich, damit die gesamte Funktion auf eine Seite paßt.

switch-Anweisungen

Damit `switch`-Anweisungen die Breite einer Seite nicht überschreiten, können Sie sie wie folgt einrücken:

```
switch(variable)
{
    case WertEins:
        AktionA();
        break;
    case WertZwei:
        AktionB();
        break;
    default:
        assert("Unzulaessige Aktion");
        break;
}
```

Leerzeichen im Programmtext

Ein leicht zu erfassender Code läßt sich auch leichter warten. Beherzigen Sie folgende Tips:

- Gestalten Sie den Quelltext mit Whitespace-Zeichen.
- Verwenden Sie keine Leerzeichen innerhalb von Objektreferenzen (`.`, `->`, `[]`).
- Unäre Operatoren sind mit ihren Operanden verbunden. Schreiben Sie also kein Leerzeichen dazwischen. Sehen Sie ein Leerzeichen auf der dem Operanden abgewandten Seite des Operators vor. Zu den unären Operatoren gehören `!`, `~`, `++`, `–`, `*` (für Zeiger), `&` (Typumwandlungen) und `sizeof`.

- Binäre Operatoren sollten auf beiden Seiten ein Leerzeichen erhalten: +, =, *, /, %, >>, <<, <, >, ==, !=, &, |, &&, ||, ?:, =, += usw.
- Kennzeichnen Sie den Operatorvorrang nicht durch fehlende Leerzeichen (4+ 3*2).
- Setzen Sie ein Leerzeichen nach Kommata und Semikola, nicht davor.
- Klammern sollten auf beiden Seiten ein Leerzeichen erhalten.
- Schlüsselwörter wie `if` sollte man durch ein Leerzeichen absetzen: `if (a == b)`.
- Der eigentliche Kommentar sollte von den Zeichen // durch ein Leerzeichen getrennt sein.
- Setzen Sie das Kennzeichen für einen Zeiger oder eine Referenz neben den Typennamen und nicht den Variablennamen. Also wie folgt:

```
char* str;
int& einInt;
```

Statt so:

```
char *str;
int &einInt;
```

- Deklarieren Sie nicht mehr als eine Variable auf derselben Zeile.

Namen von Bezeichnern

Für Bezeichner sollte man folgende Regeln einhalten:

- Namen von Bezeichnern sollten aussagekräftig und nicht zu kurz sein.
- Vermeiden Sie kryptische Abkürzungen.
- Nehmen Sie sich die Zeit, alles auszuschreiben.
- Verzichten Sie auf die ungarische Notation. C++ ist streng typisiert, und es gibt keinen Grund, den Typ im Variablennamen zu wiederholen. Bei benutzerdefinierten Typen (Klassen) ist die ungarische Notation schnell am Ende. Ausnahmen von dieser Regel können Präfixe sein, die Sie vor die Namen von Zeigern (`p`), Referenzen (`r`) oder Elementvariablen einer Klasse (`m_`) setzen.
- Kurze Namen (`i`, `p`, `x` usw.) sollte man nur verwenden, wenn sich durch die Kürze der Code besser lesen läßt und wo der Gebrauch so offensichtlich ist, daß man auf einen aussagekräftigen Namen verzichten kann.
- Die Länge eines Variablennamens sollte proportional zum Gültigkeitsbereich der Variablen sein.

- Das Aussehen und der Klang von Namen sollte sich deutlich von anderen unterscheiden, um Verwechslungen zu vermeiden.
- Namen von Funktionen (oder Methoden) sind normalerweise Verben oder Kombinationen aus Verb und Substantiv: `Suchen()`, `Zuruecksetzen()`, `FindeAbsatz()`, `CursorZeigen()`. Namen von Variablen sind gewöhnlich abstrakte Substantive, eventuell mit einem ergänzenden Substantiv: `zaehler`, `status`, `windGeschwindigkeit`, `fensterHoehe`. Boole'sche Variablen sollten einen passenden Namen erhalten: `fensterMinimiert`, `dateiGeoeffnet`.

Schreibweise von Namen

Die Groß-/Kleinschreibung sollte man nicht übersehen, wenn man einen eigenen Stil entwickelt. Dazu folgende Hinweise:

- Verwenden Sie durchgängig Großbuchstaben und Unterstriche, um logische Wörter in Namen zu trennen, beispielsweise `QUELL_DATEI_TEMPLATE`. In C++ kommen diese allerdings selten vor. Derartige Bezeichner sollte man vor allem für Konstanten und Templates verwenden.
- Für alle anderen Bezeichner verwendet man die gemischte Schreibweise ohne Unterstriche. Namen von Funktionen, Methoden, Klassen, `typedef` und `struct` sollten mit einem Großbuchstaben beginnen. Datenelemente oder lokale Variablen beginnt man mit einem Kleinbuchstaben.
- Aufzählungskonstanten sollten mit wenigen Kleinbuchstaben als Abkürzung für die Aufzählung (`enum`) beginnen. Zum Beispiel:

```
enum TextStil
{
    tsNormal,
    tsFett,
    tsKursiv,
    tsUnterstrichen,
};
```

Kommentare

Mit Kommentaren läßt sich ein Programm wesentlich verständlicher gestalten. Wenn man an einem Programm mehrere Tage oder sogar Monate arbeitet, kann man leicht vergessen, was bestimmte Codeabschnitte bewirken oder warum man sie eingebunden hat. Probleme mit dem Verständnis des Codes können auch auftreten, wenn irgend jemand anderes Ihren Code liest. Einheitlich angewandte Kommentare in einem gut durchdachten Stil sind immer die Mühe wert. Hier einige Tips zur Verwendung von Kommentaren:

- Wo immer es möglich ist, sollten Sie die C++-Kommentare // und nicht die Form /* */ verwenden.
- Kommentare auf höherer Ebene sind unendlich wichtiger als Prozeßdetails. Fügen Sie Aussagen von Wert hinzu und wiederholen Sie nicht einfach den Code. Beispielsweise:

```
n++; // n wird um eins inkrementiert
```

- Dieser Kommentar ist nicht die Zeit wert, die Sie für die Eingabe benötigen. Konzentrieren Sie sich auf die Semantik von Funktionen und Codeblöcken. Sagen Sie, was eine Funktion bewirkt. Kennzeichnen Sie Nebeneffekte, Parametertypen und Rückgabewerte. Beschreiben Sie alle Annahmen, die Sie machen (oder nicht machen), wie etwa »angenommen, n ist nicht negativ« oder »liefert -1, wenn x ungültig ist«. In komplizierten Logikabschnitten kennzeichnen Sie mit Kommentaren die Zustände, die an diesem Punkt im Code existieren.
- Schreiben Sie vollständige Sätze mit korrekten Satzzeichen und mit Groß-/Kleinschreibung. Die zusätzlichen Eingaben lohnen sich. Seien Sie nicht zu kryptisch und kürzen Sie nicht ab. Was beim Schreiben des Codes noch klar auf der Hand zu liegen scheint, kann in wenigen Monaten schon völlig im dunklen schweben.
- Verwenden Sie Leerzeilen, um dem Leser die Abläufe verständlich zu machen. Trennen Sie Anweisungen in logische Gruppen.

Zugriff

Die Zugriffssteuerung sollte ebenfalls einheitlich sein. Einige Tips für den Zugriff:

- Verwenden Sie immer die Bezeichner `public:`, `private:`, und `protected:`. Verlassen Sie sich nicht auf die Standardeinstellungen.
- Führen Sie die öffentlichen Elemente zuerst, dann die geschützten und dann die privaten auf. Gruppieren Sie die Datenelemente nach den Methoden.
- Schreiben Sie den/die Konstruktor(en) gefolgt vom Destruktor in den passenden Codeabschnitt. Führen Sie überladene Methoden mit demselben Namen unmittelbar nacheinander auf. Fassen Sie Zugriffsfunktionen wenn möglich zu einer Gruppe zusammen.
- Ordnen Sie die Methodennamen innerhalb jeder Gruppe und die Variablennamen alphabetisch. Dateinamen in `include`-Anweisungen sollten Sie ebenfalls nach dem Alphabet ordnen.
- Selbst wenn das Schlüsselwort `virtual` beim Überschreiben optional ist, verwenden Sie es trotzdem. Es erinnert Sie daran, daß das Element virtuell ist und führt zu einer einheitlichen Deklaration.

Klassendefinitionen

Geben Sie die Definitionen von Methoden möglichst in derselben Reihenfolge wie die Deklarationen an. Man findet sie dann leichter.

Wenn Sie eine Funktion definieren, stellen Sie den Rückgabetyp und alle anderen Modifizierer in die vorangehende Zeile, damit der Klassenname und der Funktionsname am linken Rand beginnen. Damit lassen sich Funktionen leichter auffinden.

include-Dateien

Binden Sie nach Möglichkeit keine unnötigen Dateien in Header-Dateien ein. Im Idealfall benötigen Sie lediglich die Header-Datei der Basisklasse für die in der Datei abgeleitete Klasse. Zwingend erforderlich sind auch `include`-Anweisungen für Objekte, die Elemente der deklarierten Klasse sind. Für Klassen, auf die nur mit Zeigern oder Referenzen verwiesen wird, brauchen Sie nur Vorwärtsreferenzen.

Lassen Sie in der Header-Datei keine `include`-Datei weg, nur weil Sie annehmen, daß irgendeine `.CPP`-Datei die benötigte `include`-Datei einbindet.

Alle Header-Dateien sollten mit Schutzmechanismen gegen Mehrfachdeklaration ausgestattet sein.

assert()

Verwenden Sie `assert`-Anweisungen, sooft Sie wollen. Diese Anweisungen helfen Ihnen bei der Fehlersuche, zeigen dem Leser aber auch deutlich, von welchen Annahmen auszugehen ist. Außerdem denkt man beim Schreiben des Codes genauer darüber nach, was gültig ist und was nicht.

const

Verwenden Sie `const`, wo immer es angebracht ist: für Parameter, Variablen und Methoden. Häufig ist sowohl eine konstante als auch eine nicht konstante Version einer Methode erforderlich. Nehmen Sie das nicht als Entschuldigung, eine auszulassen. Achten Sie genau auf Typenumwandlungen von `const` in nicht-`const` und umgekehrt. Manchmal ist es die einzige Lösung. Prüfen Sie aber, ob es sinnvoll ist, und geben Sie einen Kommentar an.

Wie geht es weiter?

Nach drei Wochen harter Arbeit mit C++ sind Sie nun ein kompetenter C++-Programmierer. Der Lernprozeß hört aber nicht einfach an dieser Stelle auf. Auf Ihrem Weg vom Einsteiger in C++ zu einem Experten sollten Sie weitere Wissensquellen ausschöpfen.

Die folgenden Abschnitte bringen einige Quellenhinweise. Diese Empfehlungen spiegeln die persönliche Erfahrung und Meinung des Autors wider. Zu allen Themen gibt es Dutzende Werke. Informieren Sie sich eingehend, bevor Sie sich zum Kauf entschließen.

Hilfe und Rat

Als allererstes sollten Sie als C++-Programmierer in die eine oder andere C++-Diskussionsrunde in einem Online-Dienst einsteigen. Diese Gruppen gestatten direkten Kontakt mit Hunderten oder Tausenden von C++-Programmierern, die Ihre Fragen beantworten, Rat bieten und ein Sprachrohr für Ihre Ideen darstellen.

Ich nehme selbst an C++-Internet-Newsgroups teil (`comp.lang.c++` und `comp.lang.c++.moderated`) und empfehle sie als ausgezeichnete Quelle für Informationen und Unterstützung.

Vielleicht sollten Sie auch nach lokalen Benutzergruppen Ausschau halten. Vor allem in größeren Städten finden Sie C++-Interessentengruppen, wo Sie Ideen mit anderen Programmierern austauschen können.

Zeitschriften

Ihre Fertigkeiten können Sie auch vervollkommnen, indem Sie eine gute Fachzeitschrift zur C++-Programmierung abonnieren. Das absolut beste Magazin dieser Art ist nach Meinung des Autors *C++ Report* von SIGS Publications. Jede Ausgabe ist vollgepackt mit nützlichen Artikeln. Archivieren Sie diese. Was Sie heute noch nicht betrifft, kann morgen von entscheidender Bedeutung sein.

In Kontakt bleiben

Für Kommentare, Vorschläge oder Ideen zu diesem Buch oder anderen hat der Autor immer ein offenes Ohr. Schreiben Sie bitte an `jliberty@libertyassociates.com` oder besuchen Sie seine Webseite: `www.libertyassociates.com`. Er freut sich, von Ihnen zu hören.

Was Sie tun sollten	... und was nicht
Sehen Sie sich andere Bücher an. Es gibt noch viel zu lernen, und ein Buch allein kann Ihnen nicht alles beibringen. Abonnieren Sie eine gute C++-Zeitschrift, und werden Sie Mitglied in einer C++-Benutzergruppe.	Lesen Sie nicht einfach den Code. C++ erlernen Sie am besten, wenn Sie eigene Programme schreiben.

Zusammenfassung

Heute haben Sie weitere Einzelheiten zur Arbeit mit dem Präprozessor kennengelernt. Bei jedem Start des Compilers startet zuerst der Präprozessor und übersetzt die Präprozessor-Direktiven wie `#define` und `#ifdef`.

Der Präprozessor führt Textersetzungen aus, obwohl das bei Verwendung von Makros etwas kompliziert sein kann. Mit Hilfe von `#ifdef`, `#else` und `#ifndef` lassen sich bestimmte Abschnitte des Codes in Abhängigkeit von festgelegten Bedingungen kompilieren oder von der Kompilierung ausblenden. Dieses Vorgehen ist hilfreich, wenn man Programme für mehrere Plattformen schreibt. Die bedingte Kompilierung kommt häufig auch beim Einbinden von Informationen zur Fehlersuche zum Einsatz.

Makros erlauben komplexe Textersetzungen auf der Basis von Argumenten, die man an das Makro zur Kompilierzeit übergibt. Man sollte auf jeden Fall Klammern um die Argumente von Makros setzen, damit die korrekte Substitution gesichert ist.

Im allgemeinen haben Makros und der Präprozessor in C++ gegenüber C an Bedeutung verloren. C++ bietet eine Reihe von Sprachkonstrukten wie zum Beispiel konstante Variablen und Templates, die leistungsfähige Alternativen zum Präprozessor darstellen.

Weiterhin haben Sie erfahren, wie sich einzelne Bits setzen, löschen und testen lassen und wie man einem Klassenelement eine festgelegte Anzahl von Bits zuweist.

Gegen Ende dieses Tages ging es auch um stilistische Fragen, die das Erstellen der Quelltexte betreffen. Zu guter Letzt wurde noch auf Quellen für Ihre weiteren Studien hingewiesen.

Fragen und Antworten

F Wenn C++ bessere Alternativen als den Präprozessor bietet, warum gibt es dann diese Option noch?

A Erstens ist C++ abwärtskompatibel zu C, und alle wesentlichen Elemente von C muß C++ unterstützen. Zweitens gibt es einige Einsatzfälle des Präprozessors, auf die man in C++ weiterhin häufig zurückgreift. Dazu gehören zum Beispiel die Schutzmaßnahmen gegen Mehrfachdeklarationen.

F Warum setzt man Makros ein, wenn man eine normale Funktion verwenden kann?

A Makros sind erweiterte Inline-Funktionen und ersparen das wiederholte Eintippen gleichen Befehle mit kleineren Variationen. Dennoch bieten Templates eine bessere Alternative.

F Wie kann ich feststellen, ob ein Makro einer Inline-Funktion vorzuziehen ist?

A Oftmals spielt es keine Rolle, welche Version Sie wählen – nehmen Sie die einfachere. Makros bieten allerdings die Möglichkeit, Zeichen zu ersetzen sowie Strings zu manipulieren und zu verketten. Funktion erlauben das nicht.

F Welche Alternativen zum Präprozessor gibt es, um Zwischenwerte während der Fehlersuche auszugeben?

A: Am besten eignen sich `watch`-Anweisungen (Überwachte Ausdrücke) innerhalb eines Debuggers. Informationen zu `watch`-Anweisungen finden Sie in der Dokumentation zum Compiler bzw. dem Debugger.

F Wie entscheidet man, ob eine `assert`-Anweisung zu verwenden oder eine Exception auszulösen ist?

A Wenn eine zu testende Bedingung `true` sein kann, ohne daß ein Programmierfehler vorliegt, verwenden Sie eine Exception. Kann die Testbedingung ausschließlich bei einem Fehler im Programm das Ergebnis `true` liefern, nehmen Sie eine `assert`-Anweisung.

F Wann verwendet man Bitstrukturen statt einfacher Integer-Zahlen?

A Wenn die Größe des Objekts eine entscheidende Rolle spielt. Bei äußerst begrenztem Hauptspeicher oder bei Kommunikationsprogrammen gewährleistet unter Umständen erst die mit Bitfeldern erreichbare Einsparung den Erfolg eines Produkts.

F Warum werden Stilfragen so kontrovers diskutiert?

A *Programmierer sind Gefangene ihrer Gewohnheiten. Wenn Sie sich zum Beispiel an Einzüge der Art*

```
if (EineBedingung){
        // Anweisungen
}       // schließende Klammer
```

gewöhnt haben, fällt es schwer, sich einem alternativen Stil zuzuwenden. Neue Stile haben etwas Mystisches an sich und sind nicht gleich zu überblicken. Wenn Sie Langeweile haben, holen Sie bei einer Newsgroup Rat zu Stilen, geeigneten Editoren für C++ oder der besten Textverarbeitung. Nachdem Sie die entsprechenden Fragen in einer Newsgroup gestellt haben, brauchen Sie nur noch die Flut von sich widersprechenden Antworten abzuwarten.

F War das alles?

A *Ja! Sie beherrschen jetzt C++ – und doch wieder nicht. Vor zehn Jahren konnte eine einzige Person noch nahezu alles lernen, was über den Mikroprozessor bekannt war. Heutzutage wäre das ein aussichtsloses Unterfangen. Man kann nicht wirklich Schritt halten. Und selbst, wenn man es versucht – die Softwareindustrie ist immer etwas schneller. Hier hilft nur ständige Weiterbildung. Schöpfen Sie die entsprechenden Quellen – Fachzeitschriften und Online-Dienste – aus, um über den neuesten Stand informiert zu sein.*

Workshop

Der Workshop enthält Quizfragen, die Ihnen helfen sollen, Ihr Wissen zu festigen, und Übungen, die Sie anregen sollen, das eben Gelernte umzusetzen und eigene Erfahrungen zu sammeln. Versuchen Sie, das Quiz und die Übungen zu beantworten und zu verstehen, bevor Sie die Lösungen in Anhang D lesen und zur Lektion des nächsten Tages übergehen.

Quiz

1. Was versteht man unter dem Schutz vor Mehrfachdeklarationen?
2. Wie weisen Sie den Compiler an, den Inhalt der Zwischendatei auszugeben, um die Arbeit des Präprozessors zu kontrollieren?
3. Worin liegt der Unterschied zwischen `#define debug 0` und `#undef debug`?
4. Was bewirkt der Komplementoperator?
5. Wie unterscheiden sich die Verknüpfungen `OR` und `XOR`?
6. Worin unterscheiden sich die Operatoren `&` und `&&`?
7. Worin unterscheiden sich die Operatoren `|` und `||`?

Übungen

1. Schreiben Sie Anweisungen, um einen Schutz vor Mehrfachdeklarationen für die Header-Datei `STRING.H` zu realisieren.
2. Schreiben Sie ein `assert`-Makro, das eine Fehlermeldung zusammen mit dem Dateinamen und der Zeilennummer ausgibt, wenn für die Fehlersuche die Ebene 2 definiert ist, und das ausschließlich eine Fehlermeldung (ohne Dateinamen und Zeilennummer) ausgibt, wenn für die Fehlersuche die Ebene 1 festgelegt ist, und das bei Ebene 0 überhaupt nichts macht.
3. Schreiben Sie ein Makro `DPrint`, das auf die Definition von `DEBUG` testet. Wenn `DEBUG` definiert ist, soll das Makro den als Parameter übergebenen Wert anzeigen.
4. Schreiben Sie ein Programm, das zwei Zahlen addiert, ohne den Additionsoperator (+) zu verwenden. Hinweis: Arbeiten Sie mit Bitoperatoren.

Woche

Rückblick

Das folgende Programm vereint viele der fortschrittlicheren Techniken, die Sie in den letzten drei Wochen in harter Arbeit gelernt haben. Es implementiert auf der Basis von Templates eine verkettete Liste und die dazugehörige Fehlerbehandlung. Gehen Sie das Programm sorgfältig durch. Wenn Sie alles genau verstehen, sind Sie bereits zu einem C++-Programmierer gereift.

Warnung

Wenn Ihr Compiler Templates oder `try` und `catch` nicht unterstützt, können Sie dieses Listing nicht kompilieren und ausführen.

Listing R3.1 Rückblick auf die dritte Woche

```
// *********************************************
//
// Title:     Rückblick auf die dritte Woche
//
// File:      Week3
//
 // Beschreibung:   Programm, das anhand einer verketteten Liste den
 //                 Einsatz von Templates und Exceptions demonstriert

 // Klassen:      PART - enthält die Teilenummern und eventuell andere
 //                      Informationen über die Teile. Hilfsklasse zur
 //                      Demonstration der Liste
 //
 //                       Beachten Sie die Verwendung des <<-Operators
 //                       zur Ausgabe von Informationen über ein
 //                       Laufzeitobjekt
 //
 //               Node - fungiert als Knoten in List
 //
 //               List - Template-basierte Liste, die die Mechanismen
 //                      für eine verkettete Liste bereitstellt
 //
 //
 // Autor:    Jesse Liberty (jl)
 //
 // Entwickelt:   Pentium 200 Pro. 128MB RAM MVC 5.0
 //
 // Ziel:    Plattformunabhängig
 //
 // Rev History:  9/94 - First release (jl)
 //               4/97 - Updated (jl)
 // **************************************************

 #include <iostream.h>

 // Ausnahmeklassen
 class Exception {};
 class OutOfMemory :   public Exception{};
```

```
class NullNode :    public Exception{};
class EmptyList :   public Exception {};
class BoundsError :   public Exception {};


// **************** Teile ************
// // Abstrakte Basisklasse für die Teile
class Part
{
public:
 Part():itsObjectNumber(1) {}
 Part(int ObjectNumber):itsObjectNumber(ObjectNumber){}
 virtual ~Part(){};
 int GetObjectNumber() const { return itsObjectNumber; }
 virtual void Display() const =0;  // muss überschrieben werden

private:
 int itsObjectNumber;
};

  // Implementierung einer abstrakten Funktion, damit
  // abgeleitete Klassen die Funktion überschreiben
void Part::Display() const
{
  cout << "\nTeilenummer: " << itsObjectNumber << endl;
}

// Dieser eine <<-Operator wird für alle Part-Objekte aufgerufen.
// Er braucht kein Friend zu sein, da er nicht auf private Daten
// zugreift. Er ruft die polymorphe Funktion Display() auf. Es wäre
// schön, wenn man den Operator überschreiben und für den Laufzeittyp
// der Objekte aufrufen lassen könnte, aber in C++ geht das nicht
ostream& operator<<( ostream& theStream,Part& thePart)
{
 thePart.Display();  // virtuelle Kontravarianz!
 return theStream;
}

// **************** Autoteile ************
class CarPart : public Part
{
public:
 CarPart():itsModelYear(94){}
 CarPart(int year, int partNumber);
 int GetModelYear() const { return itsModelYear; }
 virtual void Display() const;
```

```
private:
 int itsModelYear;
};

CarPart::CarPart(int year, int partNumber):
 itsModelYear(year),
 Part(partNumber)
{}

void CarPart::Display() const
{
    Part::Display();
    cout << "Baujahr: " << itsModelYear << endl;
}

// **************** Flugzeugteile ************
 class AirPlanePart : public Part
 {
 public:
  AirPlanePart():itsEngineNumber(1){};
  AirPlanePart(int EngineNumber, int PartNumber);
  virtual void Display() const;
  int GetEngineNumber()const { return itsEngineNumber; }
 private:
  int itsEngineNumber;
 };

 AirPlanePart::AirPlanePart(int EngineNumber, int PartNumber):
  itsEngineNumber(EngineNumber),
  Part(PartNumber)
 {}

 void AirPlanePart::Display() const
 {
  Part::Display();
  cout << "Motor-Nr.: " << itsEngineNumber << endl;
 }

 // Vorwärtsdeklaration der Klasse List
 template <class T>
 class List;

 // ****************  Knoten ************
 // Allgemeiner Knoten, der in eine Liste eingefügt werden kann
 // ************************************
```

```
template <class T>
class Node
{
public:
 friend class List<T>;
 Node (T*);
 ~Node();
 void SetNext(Node * node) { itsNext = node; }
 Node * GetNext() const;
 T * GetObject() const;
private:
 T* itsObject;
 Node * itsNext;
};

// Implementierungen für Node...

template <class T>
Node<T>::Node(T* pOjbect):
itsObject(pOjbect),
itsNext(0)
{}

template <class T>
Node<T>::~Node()
{
 delete itsObject;
 itsObject = 0;
 delete itsNext;
 itsNext = 0;
}

// Liefert NULL zurück, wenn kein nächster PartNode vorhanden
template <class T>
Node<T> * Node<T>::GetNext() const
{
    return itsNext;
}

template <class T>
T * Node<T>::GetObject() const
{
 if (itsObject)
    return itsObject;
 else
    throw NullNode();
```

```
}

// ****************  List ************
// Generisches Listen-Template
// für beliebige indizierte Objekte
// **********************************
template <class T>
class List
{
public:
 List();
 ~List();

 T*        Find(int & position, int ObjectNumber)  const;
 T*      GetFirst() const;
 void      Insert(T *);
 T*      operator[](int) const;
 int      GetCount() const { return itsCount; }
private:
 Node<T> * pHead;
 int      itsCount;
};

// Implementierungen für List...
template <class T>
List<T>::List():
 pHead(0),
 itsCount(0)
 {}

template <class T>
List<T>::~List()
{
 delete pHead;
}

template <class T>
T*   List<T>::GetFirst() const
{
 if (pHead)
    return pHead->itsObject;
 else
    throw EmptyList();
}

template <class T>
```

```
T *  List<T>::operator[](int offSet) const
{
 Node<T>* pNode = pHead;

 if (!pHead)
    throw EmptyList();

 if (offSet > itsCount)
    throw BoundsError();

 for (int i=0;i<offSet; i++)
    pNode = pNode->itsNext;

return   pNode->itsObject;
}

// Finde Objekt in der Liste anhand seiner eindeutigen Nummer (ID)
template <class T>
T*   List<T>::Find(int & position, int ObjectNumber)  const
{
 Node<T> * pNode = 0;
 for (pNode = pHead, position = 0;
       pNode!=NULL;
       pNode = pNode->itsNext, position++)
 {
    if (pNode->itsObject->GetObjectNumber() == ObjectNumber)
       break;
 }
 if (pNode == NULL)
    return NULL;
 else
    return pNode->itsObject;
}

// Einfügen, wenn die Nummer des Objekts eindeutig ist
template <class T>
void List<T>::Insert(T* pObject)
{
 Node<T> * pNode = new Node<T>(pObject);
 Node<T> * pCurrent = pHead;
 Node<T> * pNext = 0;

 int New =  pObject->GetObjectNumber();
 int Next = 0;
 itsCount++;

```

```
 if (!pHead)
 {
    pHead = pNode;
    return;
 }

     // ist dieser kleiner als head
     // dann ist dies der neue head
 if (pHead->itsObject->GetObjectNumber() > New)
 {
    pNode->itsNext = pHead;
    pHead = pNode;
    return;
 }

 for (;;)
 {
    // gibt es keinen nächsten Knoten, den neuen anhängen
    if (!pCurrent->itsNext)
    {
       pCurrent->itsNext = pNode;
       return;
    }

        // gehört der Knoten zwischen diesen und den nächsten,
        // dann hier einfügen, ansonsten zu nächstem Knoten
    pNext = pCurrent->itsNext;
    Next = pNext->itsObject->GetObjectNumber();
    if (Next > New)
    {
       pCurrent->itsNext = pNode;
       pNode->itsNext = pNext;
       return;
    }
    pCurrent = pNext;
 }
}


int main()
{
 List<Part> theList;
 int choice;
 int ObjectNumber;
 int value;
 Part * pPart;
```

```
   while (1)
   {
      cout << "(0)Beenden (1)Auto (2)Flugzeug: ";
      cin >> choice;

      if (!choice)
         break;

      cout << "Neue Teilenummer?: ";
      cin >>  ObjectNumber;

      if (choice == 1)
      {
         cout << "Baujahr?: ";
         cin >> value;
         try
         {
            pPart = new CarPart(value,ObjectNumber);
         }
         catch (OutOfMemory)
         {
            cout << "Nicht genuegend Speicher; Aergerlich..." << endl;
            return 1;
         }
      }
      else
      {
         cout << "Motor-Nummer?: ";
         cin >> value;
         try
         {
            pPart = new AirPlanePart(value,ObjectNumber);
         }
         catch (OutOfMemory)
         {
            cout << "Nicht genuegend Speicher; Aergerlich..." << endl;
            return 1;
         }
      }
      try
      {
         theList.Insert(pPart);
      }
      catch (NullNode)
      {
         cout << "Die Liste ist defekt, der Knoten ist Null!" << endl;
```

```
            return 1;
         }
         catch (EmptyList)
         {
            cout << "Die Liste ist leer!" << endl;
            return 1;
         }
      }
      try
      {
         for (int i = 0; i < theList.GetCount(); i++ )
            cout << *(theList[i]);
      }
         catch (NullNode)
         {
            cout << "Die Liste ist defekt, der Knoten ist Null!" << endl;
            return 1;
         }
         catch (EmptyList)
         {
            cout << "Die Liste ist leer!" << endl;
            return 1;
         }
         catch (BoundsError)
         {
            cout << "Zugriff hinter das Ende der Liste!" << endl;
            return 1;
         }
     return 0;
     }
```

```
(0)Beenden (1)Auto (2)Flugzeug: 1
Neue Teilenummer?: 2837
Baujahr? 90

(0)Beenden (1)Auto (2)Flugzeug: 2
Neue Teilenummer?: 378
Motor-Nummer?: 4938

(0)Beenden (1)Auto (2)Flugzeug: 1
Neue Teilenummer?: 4499
Baujahr? 94

(0)Beenden (1)Auto (2)Flugzeug: 1
Neue Teilenummer?: 3000
Baujahr? 93

(0)Beenden (1)Auto (2)Flugzeug: 0
```

```
Teilenummer: 378
Motor-Nr. 4938

Teilenummer: 2837
Baujahr: 90

Teilenummer: 3000
Baujahr: 93

Teilenummer 4499
Baujahr: 94
```

Dieses Programm ist ein Neufassung des Programms aus dem Rückblick auf die zweite Woche. Hinzugekommen sind Templates, `ostream`-Verarbeitung und Exception-Behandlung. Die Ausgabe ist jedoch die gleiche geblieben.

Die Zeilen 36 bis 40 deklarieren eine Reihe von Exception-Klassen. In der etwas einfach gehaltenen Exception-Behandlung dieses Programms benötigen die Exceptions keine Daten oder Methoden. Sie dienen als Flags für die `catch`-Anweisungen, die eine einfache Warnung ausgeben und dann das Programm beenden. Ein etwas robusteres Programm würde diese Exceptions als Referenz übergeben und dann Kontextinformationen oder Daten aus den Exception-Objekten extrahieren, um zu versuchen, das Problem zu beheben.

Zeile 45 deklariert, wie in Woche 2, die abstrakte Basisklase `Part`. Die einzige interessante Änderung hier ist das Nicht-Klassenelement `operator<<()`, das in den Zeilen 70 bis 74 deklariert wird. Beachten Sie, daß es sich dabei weder um ein Element von `Part` noch um einen `friend` von `Part` handelt, es übernimmt lediglich eine Referenz auf `Part` als eines seiner Argumente.

Vielleicht kommen Sie auf die Idee, das es schön wäre, wenn man `operator<<` für Autoteile (`CarPart`) und Flugzeugteile (`AirPlanePart`) überladen könnte, in der Hoffnung, daß dann der korrekte `operator<<` aufgerufen wird, je nachdem ob ein Autoteil oder ein Flugzeugteil übergeben wird. Da das Programm jedoch einen Zeiger auf ein `Part`-Objekt übergibt, und nicht einen Zeiger auf ein Autoteil oder ein Flugzeugteil, müßte C++ die entsprechende Funktion auf der Basis des realen Typs eines Arguments der Funktion aufrufen. Man bezeichnet dies als Kontravarianz – ein Konzept, das von C++ nicht unterstützt wird.

Es gibt nur zwei Wege, in C++ Polymorphie zu erreichen: Funktionspolymorphie und virtuelle Funktionen. Funktionspolymorphie geht hier nicht, da sie in beiden Fällen die gleiche Signatur haben: eine Referenz auf `Part`.

Virtuelle Funktionen funktionieren hier aber auch nicht, da `operator<<` keine Elementfunktion von `Part` ist. Sie können `operator<<` nicht zu einer Elementfunktion von `Part` machen, da Sie

```
cout << thePart
```

aufrufen wollen, und das bedeutet, daß der eigentliche Aufruf an `cout.operator<<(Part&)` erfolgen würde, und `cout` hat keine Version von `operator<<`, die eine `Part`-Referenz übernimmt!

Um diese Beschränkung zu umgehen, verwendet das Programm der dritten Woche nur einen `operator<<`, der eine Referenz auf `Part` übernimmt. Dieser ruft dann die virtuelle Elementfunktion `Display()` auf, und so wird die korrekte Ausgabe erzeugt.

Die Zeilen 130 bis 143 definieren `Node` als Template-Klasse. Das Template hat die gleiche Funktion wie `Node` in dem Programm des Rückblicks auf die Woche 2. Diese Version von `Node` ist jedoch nicht an ein `Part`-Objekt gebunden. Sie kann vielmehr als Knoten für beliebigen Objekte fungieren.

Wenn Sie versuchen, auf das Objekt eines `Node`-Knotens zuzugreifen, für den es kein Objekt gibt, wird dies als Exception behandelt (Zeile 175).

Die Zeilen 182 bis 183 definieren eine generisches Klassentemplate `List`. Diese `List`-Klasse kann Knoten jedweder Objekte aufnehmen, die über eine eindeutige Identifikationsnummern verfügen, und sie in aufsteigender Reihenfolge ablegen. Jede der `List`-Funktionen prüft auf ungewöhnliche Umstände und löst die entsprechenden Exceptions aus.

Das Hauptprogramm erzeugt eine Liste für zwei Arten von `Part`-Objekten und gibt dann mit Hilfe des Standardstreammechanismus die Werte der Objekte in der Liste aus.

Frage

Bei der Besprechung des <<-Operators wurde erwähnt, daß C++ keine Kontravarianz unterstützt. Doch was ist Kontravarianz?

Antwort: Kontravarianz ist die Fähigkeit, einem Zeiger auf eine abgeleitete Klasse einen Zeiger auf eine Basisklasse zuzuweisen

Würde C++ Kontravarianz unterstützen, könnten wir die Funktion für die realen Typen überschreiben, die die Objekte zur Laufzeit haben. Listing R3.2 läßt sich in C++ nicht kompilieren. Würde C++ jedoch Kontravarianz unterstützen, wäre der Code kompilierbar.

Warnung

Dieses Listing läßt sich nicht kompilieren!

Listing R3.2 Ein Beispiel für Kontravarianz

```
#include<iostream.h>
class Animal
{
public:
        virtual void Speak() { cout << "Animal spricht\n"; }
};

class Dog : public Animal
{
public:
        void Speak() { cout << "Dog spricht\n"; }
};


class Cat : public Animal
{
public:
        void Speak() { cout << "Cat spricht\n"; }
};

void DoIt(Cat*);
void DoIt(Dog*);

int main()
{

        Animal * pA = new Dog;
        DoIt(pA);
        return 0;
}

void DoIt(Cat * c)
{
        cout << "Cat-Objekt uebergeben!\n" << endl;
        c->Speak();
}

void DoIt(Dog * d)
{
        cout << "Dog-Objekt uebergeben!\n" << endl;
        d->Speak();
}
```

Sie können das Problem jedoch teilweise lösen, indem Sie eine virtuelle Funktion verwenden.

```
#include<iostream.h>

class Animal
{
public:
   virtual void Speak() { cout << "Animal spricht\n"; }
};

class Dog : public Animal
{
public:
        void Speak() { cout << "Dog spricht\n"; }
};


class Cat : public Animal
{
public:
        void Speak() { cout << "Cat spricht\n"; }
};

void DoIt(Animal*);

int main()
{

        Animal * pA = new Dog;
        DoIt(pA);
        return 0;
}

void DoIt(Animal * c)
{
        cout << "Eine Art von Animal wurde uebergeben\n" << endl;
        c->Speak();
}
```

Operatorvorrang

Operatoren unterliegen bestimmten Vorrangregeln, die man zwar kennen, aber nicht auswendig lernen muß.

Unter *Vorrang* versteht man die Reihenfolge, nach der ein Programm die Operationen in einer Formel abarbeitet.

Operatoren mit höherem Vorrang »binden enger« als Operatoren mit geringerem Vorrang; demzufolge werden Operatoren mit höherem Vorrang zuerst ausgewertet. Je niedriger der Rang in der folgenden Tabelle, desto höher der Vorrang.

<table>
<tr><th>Rang</th><th>Bezeichnung</th><th>Operator</th></tr>
<tr><td>1</td><td>Bereichsauflösung</td><td>::</td></tr>
<tr><td>2</td><td>Elementauswahl, Indizierung, Funktionsaufrufe, Inkrement und Dekrement in Postfix-Notation</td><td>. ->
()
++ --</td></tr>
<tr><td>3</td><td>sizeof, Inkrement und Dekrement in Präfix-Notation, AND, NOT, unäres Minus und Plus, Adreßoperator und Dereferenz, new, new[], delete, delete[], Typumwandlung, sizeof</td><td>++ --
^ !
- +
& *
()</td></tr>
<tr><td>4</td><td>Elementauswahl für Zeiger</td><td>.* ->*</td></tr>
<tr><td>5</td><td>Multiplikation, Division, Modulo</td><td>* / %</td></tr>
<tr><td>6</td><td>Addition, Subtraktion</td><td>+ -</td></tr>
<tr><td>7</td><td>Verschiebung</td><td><< >></td></tr>
<tr><td>8</td><td>Vergleichsoperatoren</td><td>< <= > >=</td></tr>
<tr><td>9</td><td>Gleich, Ungleich</td><td>== !=</td></tr>
<tr><td>10</td><td>bitweises AND</td><td>&</td></tr>
<tr><td>11</td><td>bitweises XO</td><td>^</td></tr>
<tr><td>12</td><td>bitweises OR</td><td>|</td></tr>
<tr><td>13</td><td>logisches AND</td><td>&&</td></tr>
<tr><td>14</td><td>logisches OR</td><td>||</td></tr>
<tr><td>15</td><td>Bedingung</td><td>?:</td></tr>
<tr><td>16</td><td>Zuweisungsoperatoren</td><td>+= -= <<= >>=
&= |= ^=</td></tr>
<tr><td>17</td><td>throw-Operator</td><td>throw</td></tr>
<tr><td>18</td><td>Komma</td><td>,</td></tr>
</table>

Tabelle A.1: Operatorvorrang

B

C++-Schlüsselwörter

Schlüsselwörter sind für den Compiler als Sprachelemente reserviert und dürfen nicht als Namen von Klassen, Variablen und Funktionen verwendet werden. Die nachfolgende Liste erhebt keinen Anspruch auf Vollständigkeit, da manche Schlüsselwörter für bestimmte Compiler spezifisch sind.

```
auto
break
case
catch
char
class
const
continue
default
delete
do
double
else
enum
extern
float
for
friend
goto
if
int
long
mutable
new
operator
private
protected
public
register
return
short
signed
sizeof
static
struct
switch
template
this
throw
typedef
union
```

```
unsigned
virtual
void
volatile
while
```

Binäres und hexadezimales Zahlensystem

Die Grundlagen der Arithmetik haben wir so früh als Kinder in uns aufgesogen, daß es schwerfällt sich vorzustellen, wie es wäre, wenn wir diese Kenntnisse nicht verinnerlicht hätten. So verbinden wir beispielsweise die Zahl 145 ohne großes Nachdenken mit der Vorstellung von »einhundertfünfundvierzig«.

Um die Zahlensysteme zu verstehen, mit denen der Computer arbeitet, müssen wir die Zahl 145 unter einem anderen Blickwinkel untersuchen und sie nicht als Zahl, sondern als Code für eine Zahl betrachten.

Lassen Sie uns ganz von vorne an und zuerst die Beziehung zwischen der Zahl Drei und »3« ergründen. Die Ziffer »3« ist ein Zeichen auf einem Stück Papier; die Zahl Drei ist eine abstrakte Idee. Die Ziffer wird verwendet, um die Zahl zu repräsentieren.

Man kann sich den Unterschied verdeutlichen, indem man sich klarmacht, daß man die Idee der Drei genausogut durch 3, | | |, III oder *** ausdrücken könnte.

Im Dezimalsystem (zur Basis 10) lassen sich alle Zahlen mit den Zahlzeichen 0, 1, 2, 3, 4, 5, 6, 7, 8 und 9 schreiben. Wie wird nun die Zahl Zehn dargestellt?

Wir könnten die Zahl 10 durch den Buchstaben A ausdrücken oder als IIIIIIIIII schreiben. Die alten Römer verwendeten das Zeichen X. In dem bei uns gebräuchlichen arabischen Zahlensystem benutzen wir eine Kombination aus Zahlzeichen und dessen Position in der Zahl zur Darstellung von Werten. Die erste (ganz rechts stehende) Stelle ist für die Einer vorgesehen, die nächste für die Zehner. Die Zahl Fünfzehn wird demnach als 15 geschrieben (zu lesen als »eins, fünf«). Das heißt: ein Zehner und fünf Einer.

Es lassen sich bestimmte Regeln aufstellen, die man verallgemeinern kann:

1. Das Zahlensystem zur Basis 10 verwendet die Ziffern 0 bis 9.
2. Die Stellen sind Potenzen von Zehn: Einer, Zehner, Hunderter usw.
3. Lautet die dritte Stelle 100, ist der Wert 99 die größte Zahl, die sich mit zwei Stellen darstellen läßt. Allgemeiner formuliert: Mit *n* Stellen kann man die Werte 0 bis ($10^n - 1$) ausdrücken. Mit drei Stellen lassen sich demnach die Werte 0 bis ($10^3 - 1$) oder 0 bis 999 darstellen.

Andere Basen

Die Basis zehn verwenden wir nicht aus purem Zufall – wir haben zehn Finger. Allerdings sind auch andere Basen möglich. Die zur Basis 10 aufgestellten Regeln können wir für die Beschreibung der Basis 8 wie folgt abändern:

1. Das Zahlensystem zur Basis 8 verwendet die Ziffern 0 bis 7.
2. Die Stellen sind Potenzen von 8: Einer, Achter, Vierundsechziger usw.
3. Mit n Stellen kann man 0 bis (8^n – 1) Werte darstellen.

Zur Unterscheidung der Zahlen in den jeweiligen Basen schreibt man die Basis als Index neben die Zahl. Die Zahl 15 zur Basis 10 wird dann als 15_{10} geschrieben und als »eins, fünf, Basis zehn« gelesen.

Die Zahl 15_{10} schreibt man im Zahlensystem zur Basis 8 als 17_8 und liest »eins, sieben, Basis acht«. Man kann auch »Fünfzehn« sagen, da sich am eigentlichen Wert der Zahl nichts geändert hat.

Warum 17? Die 1 bedeutet ein Achter, und die sieben steht für sieben Einer. Ein Achter plus sieben Einer ergibt fünfzehn.

Schreiben wir diese Zahl in Form von fünfzehn Sternchen:

```
*****     *****
*****
```

Normalerweise bildet man zwei Gruppen – eine Gruppe mit zehn Sternchen und eine weitere mit fünf. Als Dezimalzahl wird das als 15 (1 Zehner und 5 Einer) dargestellt. Die Sternchen kann man auch wie folgt anordnen:

```
****      *******
****
```

Das heißt, acht Sternchen und sieben. Zur Basis 8 schreibt man das als 17_8 (ein Achter und sieben Einer).

Betrachtungen zu den Basen der Zahlensysteme

Die Zahl Fünfzehn kann man zur Basis Zehn als 15_{10}, zur Basis Neun als 16_9, zur Basis 8 als 17_8 und zur Basis 7 als 21_7 darstellen. Warum 21_7? In der Zahlenbasis 7 gibt es kein Zahlzeichen 8. Um den Wert fünfzehn auszudrücken, braucht man zwei Siebener und einen Einer.

Wie kann man dieses Verfahren verallgemeinern? Um eine Zahl aus der Basis 10 in die Basis 7 umzuwandeln, geht man von den einzelnen Stellen aus: in der Basis 7 gibt es Einer, Siebener, Neunundvierziger, Dreihundertdreiundvierziger usw. Diese Stellenwerte ergeben sich aus 7^0, 7^1, 7^2, 7^3 usw. Bauen Sie sich eine Tabelle auf:

4	3	2	1
7^3	7^2	7^1	7^0
343	49	7	1

In der ersten Zeile steht die Stellennummer. Die zweite Zeile gibt die Potenzen zu 7 wieder. In der dritten Zeile finden Sie die zugehörigen Werte als Dezimalzahl.

Um einen dezimalen Wert in die Basis 7 zu konvertieren, geht man folgendermaßen vor: Zunächst ermittelt man für die umzuwandelnde Zahl die höchstwertige Stelle (das heißt Spalte in der obigen Tabelle). Ist zum Beispiel 200 zu konvertieren, ist der Ergebniswert für Spalte 4 (343) gleich 0, da 343 nicht in 200 paßt.

Als nächstes bestimmt man, wie oft der Wert aus Spalte 3 (49) in 200 enthalten ist. Dazu dividiert man 200 durch 49. Das – ganzzahlige – Ergebnis lautet 4. Diesen Wert schreibt man in Stelle 3 der Zielzahl und arbeitet mit dem Rest der Division weiter: 4. Dieser Wert ist nicht durch 7 (Spalte 1 der Tabelle) teilbar, die Siebener-Stelle wird also zu 0. Der Wert 4 läßt sich mit vier Einern darstellen. In die Einer-Stelle kommt demnach eine 4. Die vollständige Antwort lautet 404_7.

Um die (Dezimal-) Zahl 968 in eine Zahl zur Basis 6 zu konvertieren, stellt man zunächst folgende Tabelle auf:

5	4	3	2	1
6^4	6^3	6^2	6^1	6^0
1296	216	36	6	1

Der Wert 1296 paßt nicht in 968. Stelle 5 erhält also eine 0. Die Division von 968 durch 216 liefert 4 mit einem Rest von 104. Stelle 4 ist demnach 4. Dividiert man den Rest 104 durch 36, erhält man 2 Rest 32. Die Stelle 3 ist also 2. Bei Division von 32 durch 6 erhält man 5 mit einem Rest von 2. Die umgewandelte Zahl lautet schließlich 4252_6.

5	4	3	2	1
6^4	6^3	6^2	6^1	6^0
1296	216	36	6	1
0	4	2	5	2

Die Konvertierung von einer Basis in eine andere (zum Beispiel Basis 6 in Basis 10) läßt sich durch Multiplikationen schneller durchführen:

```
4 * 216 = 864
2 * 36  =  72
5 * 6   =  30
2 * 1   =   2
Summe:    968
```

Das Binärsystem

Die Basis 2 ist die ultimative Erweiterung dieses Konzepts. Hier gibt es nur zwei Ziffern: 0 und 1. Die Stellen besitzen folgende Wertigkeiten:

Stelle:	8	7	6	5	4	3	2	1
Potenz:	2^7	2^6	2^5	2^4	2^3	2^2	2^1	2^0
Wert:	128	64	32	16	8	4	2	1

Um die Dezimalzahl 88 in eine Zahl zur Basis 2 umzuwandeln, verfährt man wie oben: Die Zahl ist nicht durch 128 teilbar, Stelle 8 ist daher 0. In 88 paßt einmal 64, Stelle 7 wird zu 1. Es bleibt ein Rest von 24. Dieser ist nicht durch 32 teilbar, so daß Stelle 6 zu 0 wird. 16 paßt einmal in 24, die Stelle 5 ist demnach 1. Der Rest ist 8. Das entspricht genau dem Wert von Stelle 4, die somit eine 1 erhält. Da bei Division durch 8 kein Rest bleibt, sind die übrigen Stellen 0.

```
0 1 0 1 1 0 0 0
```

Zur Kontrolle konvertieren wir die Zahl zurück:

```
1 * 64 = 64
0 * 32 =  0
1 * 16 = 16
1 *  8 =  8
0 *  4 =  0
0 *  2 =  0
0 *  1 =  0
Summe:   88
```

Warum die Basis 2?

Zahlen zur Basis 2 lassen sich von einem Computer problemlos verarbeiten. Eigentlich wissen Computer überhaupt nicht, ob es sich um Buchstaben, Ziffern, Anweisungen oder Programme handelt. Der Hauptteil eines Computers besteht aus elektronischen Schaltungen, die nur zwei Zustände unterscheiden: entweder es fließt viel Strom oder sehr wenig.

Im Gegensatz zu analogen Verfahren (mit unendlich vielen Zuständen) und digitalen Verfahren (mit mehreren diskreten Zuständen) verwendet man in der binären Schaltungstechnik keine relative Skala (wenig Strom, etwas Strom, mehr Strom, viel Strom, sehr viel Strom), sondern eine binäre Skala (»genug Strom« oder »nicht genug Strom«). Statt der Ausdrücke »genug« und »nicht genug« sagt man einfach »Ja« oder »Nein«. Die Werte Ja oder Nein bzw. TRUE (Wahr) oder FALSE (Falsch) lassen sich als 1 oder 0 darstellen. Es gilt meist die Zuordnung 1 für TRUE oder Ja. Allerdings handelt es sich nur um eine Konvention. Man könnte genausogut dem Wert 1 die Bedeutungen FALSE oder Nein zuordnen.

Aus diesen Erläuterungen wird die Leistung des Binärsystems deutlich: Mit Einsen und Nullen kann man die logischen Funktionen jedes Schaltkreises darstellen (es fließt Strom oder keiner). Nur diese beiden Zustände hat der Computer zu unterscheiden.

Bits, Bytes und Nibbles

Die Darstellung der logischen Zustände mit Einsen und Nullen erfolgt durch sogenannte Binärziffern (oder Bits). Die ersten Computer konnten 8 Bits gleichzeitig verarbeiten. Daher lag es nahe, den Code mit Hilfe von 8-Bit-Zahlen – den sogenannten *Bytes* – aufzusetzen.

Hinweis

Ein Halbbyte (4 Bit) bezeichnet man als *Nibble*.

Mit 8 Binärziffern lassen sich 256 verschiedene Werte darstellen. Sehen Sie sich dazu die Stellen an: Wenn alle 8 Bit gesetzt (1) sind, beträgt der Wert 255. Sind keine Bits gesetzt (alle gelöscht oder Null), ergibt sich der Wert 0. Der Bereich 0 bis 255 umfaßt 256 mögliche Werte.

Was ist ein Kbyte?

Der Wert 2^{10} (1024) liegt in der Nähe von 10^3 (1000). Diese auffallende Übereinstimmung führte dazu, daß die Informatiker den Wert 2^{10} Byte als 1 Kbyte oder 1 Kilobyte bezeichneten und sich damit an den Einheitenvorsatz »Kilo« für den Faktor 1000 anlehnten.

Analog dazu liegt 1024 * 1024 (1.048.576) nahe genug an einer Million, so daß man dafür 1 Mbyte oder 1 Megabyte schreibt und 1024 Megabyte als 1 Gigabyte bezeichnet.

Binärzahlen

Computer codieren alles in Mustern aus Einsen und Nullen. Sämtliche Maschinenanweisungen sind in dieser Form verschlüsselt und werden durch die Logikschaltkreise interpretiert. Prinzipiell lassen sich diese binär codierten Anweisungen als Zahlen ausdrücken. Es wäre aber falsch, diesen Zahlen eine spezielle Bedeutung zuzuschreiben.

Beispielsweise interpretiert der 80x6-Chipsatz von Intel das Bitmuster 1001 0101 als Befehl. Man kann diese Bitfolge zwar in die Dezimalzahl 149 umwandeln, aber diese Zahl hat per se keine Bedeutung. Manchmal sind diese Bitmuster Anweisungen, manchmal stellen sie Werte dar, und ein anderes Mal sind es Zeichencodes. In diesem Zusammenhang ist der standardisierte ASCII-Zeichensatz von Bedeutung. In ASCII (American Standard Code for Information Interchange – amerikanischer Standardcode für den Informationsaustausch) ist jedem Buchstaben und Satzzeichen eine binäre Darstellung aus 7 Bits zugeordnet. Beispielsweise wird der Kleinbuchstabe »a« durch 0110 0001 dargestellt. Das ist keine Zahl, obwohl man diese Bitfolge in die Zahl 97 (64 + 32 + 1) umwandeln kann. In der Praxis sagt man, daß der Buchstabe »a« den ASCII-Wert 97 besitzt. Im engeren Sinne ist die binäre Darstellung von 97 (0110 0001) die Codierung des Buchstabens »a« – bequemer ist es allerdings, den Dezimalwert 97 zu verwenden.

Hexadezimalsystem

Da Binärzahlen recht unübersichtlich sind, wurde eine einfachere Form der Darstellung für die Werte gesucht. Die Umwandlung von Binärzahlen in das Dezimalsystem ist relativ umständlich. Dagegen lassen sich Zahlen zur Basis 2 sehr einfach in ein Zahlensystem zur Basis 16 konvertieren.

Dieses sogenannte Hexadezimalsystem kennt 16 Zahlzeichen: 0, 1, 2, 3, 4, 5, 6, 7, 8, 9, A, B, C, D, E und F. Den dezimalen Werten 10 bis 15 wurden willkürlich die Buchstaben A bis F zugeordnet. Die Stellen im Hexadezimalsystem lauten:

4	3	2	1
16^3	16^2	16^1	16^0
4096	256	16	1

Die Umwandlung vom hexadezimalen in das dezimale System erfolgt durch Multiplikation. Die Zahl F8C stellt damit den folgenden dezimalen Wert dar:

```
F * 256 = 15 * 256 = 3840
8 * 16             =  128
```

```
C * 1    = 12 * 1  =   12
Summe:               3980
```

Die Umwandlung der Zahl FC in eine Binärzahl läßt sich am besten erledigen, indem man sie zuerst in das Dezimalsystem und von dort aus in das Binärsystem konvertiert:

```
F * 16 = 15 * 16 = 240
C * 1  = 12 *  1 =  12
Summe:             252
```

Für die Umwandlung von 252_{10} in das Binärsystem braucht man die folgende Tabelle:

Stelle:	9	8	7	6	5	4	3	2	1
Potenz:	2^8	2^7	2^6	2^5	2^4	2^3	2^2	2^1	2^0
Wert:	256	128	64	32	16	8	4	2	1

Die Zahl 252 läßt sich nicht durch 256 teilen.

252 dividiert durch 128 ergibt 1 Rest 124.

124 dividiert durch 64 ergibt 1 Rest 60.

60 dividiert durch 32 ergibt 1 Rest 28.

28 dividiert durch 16 ergibt 1 Rest 12.

12 dividiert durch 8 ergibt 1 Rest 4.

4 dividiert durch 4 ergibt 1 Rest 0.

0 0 1 1 1 1 1 1 0 0

Die Lösung in der Binärdarstellung lautet also 1111 1100.

Gliedert man die Binärzahl in zwei Gruppen zu je vier Ziffern, läßt sich die Zahl wesentlich einfacher umwandeln.

Die rechte Gruppe lautet 1100. Der Dezimalwert ist 12, als Hexadezimalzahl ausgedrückt C.

Die linke Gruppe lautet 1111. Der Wert als Dezimalzahl ist 15 oder hexadezimal F.

Damit läßt sich schreiben:

```
1111 1100
F    C
```

Schreibt man beide Hexadezimalzahlen zusammen, erhält man FC, was den eigentlichen Wert von 1111 1100 repräsentiert. Dieses Kurzverfahren funktioniert immer.

Eine Binärzahl beliebiger Länge kann man in Gruppen zu je vier Stellen einteilen, jede Gruppe einzeln in eine Hexadezimalzahl umwandeln und die sich ergebenden Ziffern hintereinanderschreiben. Das Ergebnis ist die Hexadezimaldarstellung der Binärzahl. Das folgende Beispiel zeigt die Umwandlung einer längeren Zahl:

```
1011 0001 1101 0111
```

Die dezimale Wertigkeit der Stellen lautet von rechts nach links: 1, 2, 4, 8, 16, 32, 64, 128, 256, 512, 1024, 2048, 4096, 8192, 16384 und 32768.

```
1 *     1 =     1
1 *     2 =     2
1 *     4 =     4
0 *     8 =     0

1 *    16 =    16
0 *    32 =     0
1 *    64 =    64
1 *   128 =   128

1 *   256 =   256
0 *   512 =     0
0 *  1024 =     0
0 *  2048 =     0

1 *  4096 =  4096
1 *  8192 =  8192
0 * 16384 =     0
1 * 32768 = 32768

Summe:      45527
```

Die Umwandlung dieser Zahl in eine Hexadezimalzahl erfordert eine Tabelle mit folgenden hexadezimalen Werten.

Stelle	5	4	3	2	1
Potenz	16^4	16^3	16^2	16^1	16^0
Wert	65535	4096	256	16	1

Die Zahl 45527 läßt sich nicht durch 65536 teilen. Als erste Stelle kommt demnach 4096 in Betracht. Der Wert 4096 paßt elfmal (45056) in 45527, mit einem Rest von 471. Dieser Rest liefert bei Division durch 256 den Wert 1 und einen weiteren Rest von 215. Die Division von 215 durch 16 liefert 13 mit einem Rest von 7. Als Hexadezimalzahl ergibt sich also B1D7.

Die Probe sieht folgendermaßen aus:

```
B * 4096 = 11 * 4096 = 45056
1 * 256               = 256
D * 16   = 13 * 16    = 208
7 * 1                   = 7
Summe: 45527
```

Beim abgekürzten Verfahren nimmt man die Binärzahl, 1011000111010111, und teilt sie in Gruppen zu je vier Stellen auf: 1011 0001 1101 0111. Dann rechnet man jede der vier Gruppen einzeln in eine Hexadezimalzahl um:

```
1011 =
1 * 1 =  1
1 * 2 =  2
0 * 4 =  0
1 * 8 =  8
Summe:  11
Hex:     B

0001 =
1 * 1 =  1
0 * 2 =  0
0 * 4 =  0
0 * 8 =  0
Summe:   1
Hex: 1

1101 =
1 * 1 =  1
0 * 2 =  0
1 * 4 =  4
1 * 8 =  8
Summe:  13
Hex: D

0111 =
1 * 1 =  1
1 * 2 =  2
1 * 4 =  4
0 * 8 =  0
Summe:   7
Hex: 7
```

Ergebnis in Hex-Darstellung: `B1D7`

Anworten und Lösungen

Tag 1

Quiz

1. Was ist der Unterschied zwischen einem Interpreter und einem Compiler?

   Interpreter gehen den Quellcode durch, übersetzen ihn und führen den Code des Programmierers respektive die Programmanweisungen direkt aus. Compiler übersetzen den Quellcode in ein ausführbares Programm, das später ausgeführt werden kann.

2. Wie kompilieren Sie den Quellcode mit Ihrem Compiler?

   Jeder Compiler ist anders. Schlagen Sie im Handbuch Ihres Compilers nach.

3. Welche Aufgabe obliegt dem Linker?

   Die Aufgabe des Linkers besteht darin, Ihren kompilierten Code mit den Bibliotheken Ihres Compiler-Herstellers und anderen Quellen zu verbinden. Der Linker ermöglicht es, Programme in Form einzelner Blöcke zu erstellen und zum Schluß diese Blöcke zu einem großen Programm zu vereinigen.

4. Wie lauten die Schritte in einem normalen Entwicklungszyklus?

   Quellcode aufsetzen, Kompilieren, Linken, Testen, von vorne anfangen.

Übungen

1. Das Programm initialisiert zwei Integer-Variablen und gibt dann deren Summe und Produkt aus.
2. Schauen Sie ins Handbuch Ihres Compilers.
3. Sie müssen vor `include` (erste Zeile des Programms) das Zeichen # stellen.
4. Das Programm gibt die Worte `Hello World` auf den Bildschirm aus, gefolgt von einem Zeilenumbruch.

Tag 2

Quiz

1. Was ist der Unterschied zwischen einem Compiler und einem Präprozessor?

   Jedesmal wenn Sie den Compiler aufrufen, wird zuerst der Präprozessor ausgeführt. Der Präprozessor geht Ihren Quellcode durch, kopiert die von Ihnen gewünschten Dateien in den Quelltext und führt noch einige andere, für den Programmierer lästige Arbeiten aus.

2. Warum nimmt die `main()`-Funktion einen Sonderstatus ein?

   Die `main()`-Funktion wird automatisch bei jedem Programmstart aufgerufen.

3. Wie sehen die zwei Möglichkeiten zur Kommentierung aus, und worin unterscheiden sie sich?

   C++-Kommentare bestehen aus zwei Schrägstrichen und kommentieren den nachfolgenden Text bis zum Zeilenende aus. C-Kommentare bestehen immer aus Paaren öffnender und schließender Symbole, /* */, und alles, was innerhalb eines solchen Paares steht, ist auskommentiert. Bei ihrer Verwendung muß man darauf achten, daß man zu jedem öffnenden Symbol auch ein schließendes Symbol eingibt, und umgekehrt.

4. Können Kommentare verschachtelt sein?

   Ja, C++-Kommentare können innerhalb von C-Kommentaren verwendet werden. Prinzipiell können Sie auch C-Kommentare in C++-Kommentaren verwenden, solange Sie nicht vergessen, daß C++-Kommentare mit dem Zeilenende abschließen.

5. Können Kommentare länger als eine Zeile sein?

   C-Kommentare können problemlos länger als eine Zeile sein. Wenn Sie einen C++-Kommentar in eine zweite Zeile ausdehnen wollen, müssen Sie ein zweites Paar von Schrägstrichen, //, setzen.

Übungen

1. Schreiben Sie ein Programm, daß »Ich liebe C++« auf dem Bildschirm ausgibt.

```
#include <iostream.h>

int main()
{
    cout << "Ich liebe C++\n";
    return 0;
}
```

2. Schreiben Sie das kleinstmögliche Programm, das kompiliert, gelinkt und gestartet werden kann.

```
int main() { return 0; }
```

3. FEHLERSUCHE: Geben Sie das nachfolgende Programm ein und kompilieren Sie es. Warum funktioniert es nicht? Wie können Sie den Fehler beheben?

```
#include <iostream.h>
int main()
{
```

```
4:   cout << Ist hier ein Fehler?";
5:   return 0;
6: }
```

In Zeile 4 fehlen die Anführungszeichen zu Beginn des Strings.

4. Beseitigen Sie den Fehler in Übung 3, kompilieren und linken Sie das Programm neu und starten Sie es noch einmal.

```
1: #include <iostream.h>
2: int main()
3: {
4:   cout << "Ist hier ein Fehler?";
5:   return 0;
6: }
```

Tag 3

Quiz

1. Was ist der Unterschied zwischen einer Integer-Variablen und einer Fließkommavariablen?

   Integer-Variablen sind ganze Zahlen, Fließkommazahlen sind »reelle« Zahlen mit einem »fließenden« Dezimalpunkt. Fließkommazahlen können als Kombination von Mantisse und Exponent dargestellt werden.

2. Welche Unterschiede bestehen zwischen einer Variablen vom Typ `unsigned short int` und einer Variablen vom Typ `long int`?

   Das Schlüsselwort `unsigned` bewirkt, daß der Integer nur positive Werte aufnimmt. Auf den meisten Computern sind `short`-Integer 2 Byte groß und `long`-Integer 4 Byte.

3. Was sind die Vorteile einer symbolischen Konstanten verglichen mit einer literalen Konstanten?

   Symbolische Konstanten sind weitgehend selbsterklärend; der Name der Konstante besagt, wofür die Konstante steht. Darüber hinaus braucht man zur Änderung einer symbolischen Konstanten nur zur Definition im Quellcode zu gehen und muß nicht den gesamten Quellcode durchgehen, um jede Verwendung der Konstanten zu editieren.

4. Was sind die Vorteile des Schlüsselwortes `const` verglichen zu `#define`?

   `const`-Variablen sind »typisiert«, so daß der Compiler Fehler bei ihrer Vewendung erkennen kann. Zudem überleben sie den Präprozessor und sind daher auch beim Debuggen zugänglich.

5. Wodurch zeichnen sich ein guter und ein schlechter Variablenname aus?

   Gute Variablennamen erklären, wofür die Variable gebraucht wird; schlechte Variablennamen enthalten keine Information. `meinAlter` und `LeuteImBus` sind gute Variablennamen, `xjk` und `prndl` sind weniger geeignet.

6. Was ist der Wert von `BLAU` in dem folgenden Aufzählungstyp?

   ```
   enum FARBE { WEISS, SCHWARZ = 100, ROT, BLAU, GRUEN = 300 }
   ```

   ```
   BLAU = 102
   ```

7. Welche der folgenden Variablennamen sind gut, welche sind schlecht und welche sind ungültig?

   ```
   a) Alter               // gut
   b) !ex                 // nicht erlaubt
   c) R79J                // erlaubt, aber schlecht
   d) GesamtEinkommen     // gut
   e) __Invalid           // erlaubt, aber schlechte Wahl
   ```

Übungen

1. Was wäre der korrekte Variablentyp, um die folgenden Informationen abzulegen?

   a) Ihr Alter

   `unsigned short int`

   b) Die Fläche Ihres Hinterhofes

   `unsigned short long` oder `unsigned float`

   c) Die Anzahl der Sterne in der Galaxie

   `unsigned double`

   d) Die durchschnittliche Regenmenge im Monat Januar

   `unsigned short int`

2. Erstellen Sie gute Variablennamen für diese Informationen.

   a) `meinAlter`

   b) `hinterhofFlaeche`

   c) `AnzahlSterne`

   d) `mittlereNiederschlaege`

3. Deklarieren Sie eine Konstante für PI (Wert 3.14159)

   ```
   const float PI = 3.14159;
   ```

4. Deklarieren Sie eine Variable vom Typ `float` und initialisieren Sie sie mit Ihrer PI-Konstanten.

   ```
   float meinPI = PI;
   ```

Tag 4

Quiz

1. Was ist ein Ausdruck?

   Eine beliebige Anweisung, die einen Wert zurückliefert.

2. Ist x = 5 + 7 ein Ausdruck? Was ist sein Wert?

   Ja. 12

3. Was ist der Wert von 201 / 4?

   50

4. Was ist der Wert von 201 % 4?

   1

5. Wenn `meinAlter`, `a` und `b` Integer-Variablen sind, wie lauten Ihre Werte nach

   ```
   meinAlter = 39;
   a = meinAlter++;
   b = ++meinAlter;
   meinAlter: 41, a: 39, b: 41
   ```

6. Was ist der Wert von 8 + 2 * 3?

   14

7. Was ist der Unterschied zwischen `if(x = 3)` und `if(x == 3)`?

   `if(x = 3)` weist der Variablen den Wert 3 zu und liefert `true` zurück. `if(x == 3)` liefert `true`, wenn der Wert von x gleich 3 ist, ansonsten `false`.

8. Ergeben die folgenden Werte `true` oder `false`?

a. 0

   `false`

b. 1

   `true`

c. -1

   `true`

d. x = 0

```
false
```

e. x == 0 // angenommen x hat den Wert 0

```
true
```

Übungen

1. Schreiben Sie eine einzige if-Anweisung, die zwei Integer-Variablen überprüft und die größere in die kleinere umwandelt. Verwenden Sie nur eine else-Klausel.

```
if (x > y)
    x = y;
else            // y > x || y == x
    y = x;
```

2. Überprüfen Sie das folgende Programm. Stellen Sie sich vor, sie geben drei Zahlen ein, und notieren Sie sich, was Sie als Ausgabe erwarten.

```
#include <iostream.h>
int main()
{
    int a, b, c;
    cout << "Bitte drei Zahlen eingeben:\n";
    cout << "a:     ";
    cin >> a;
    cout << "\nb:     ";
    cin >> b;
    cout << "\nc:     ";
    cin >> c;

    if (c = (a-b))
    {cout << "a:     ";
    cout << a;
    cout << "minus b:     ";
    cout << b;
    cout << "gleich c:     ";
    cout << c << endl;}
    else
    cout << "a-b ist nicht gleich c:     " << endl;
    return 0;
}
```

3. Geben Sie das Programm aus Übung 2 ein, kompilieren und linken Sie es und starten Sie es dann. Geben Sie die Zahlen 20, 10 und 50 ein. Hat die Ausgabe Ihren Erwartungen entsprochen? Wenn nein, warum nicht?

Eingabe: 20, 10, 50.

Liefert: a: 20, b: 10, c: 10.

Zeile 13 testet nicht auf Gleichheit, sondern weist einen Wert zu.

4. Überprüfen Sie das folgende Programm und raten Sie, wie die Ausgabe lautet.

```
1: #include <iostream.h>
2: int main()
3: {
4:     int a = 1, b = 1, c;
5:     if (c = (a-b))
6:     cout << "Der Wert von c ist: " << c;
7:     return 0;
8: }
```

5. Erfassen, kompilieren, linken und starten Sie das Programm aus Übung 4. Wie lautete die Ausgabe? Warum?

   Da in Zeile 5 der Wert von `a-b` an `c` zugewiesen wird, ist der Wert der Zuweisung `a`(1) minus `b`(1), sprich `0`. Da `0` zu `false` ausgewertet wird, unterbleibt die Ausgabe.

Tag 5

Quiz

1. Welche Unterschiede bestehen zwischen dem Funktionsprototyp und der Funktionsdefinition?

   Der Funktionsprototyp deklariert die Funktion, die Definition definiert sie. Der Prototyp endet mit einem Semikolon, die Definition nicht. Die Deklaration kann das Schlüsselwort `inline` spezifizieren und Standardwerte für die Parameter angeben, die Definition kann dies nicht. Die Deklaration muß keine Namen für die Parameter angeben, die Definition muß.

2. Müssen die Namen der Parameter in Prototyp, Definition und Aufruf der Funktion übereinstimmen?

   Nein. Die Parameter werden durch ihre Position, nicht den Namen, identifiziert.

3. Wie wird eine Funktion deklariert, die keinen Wert zurückliefert?

   Deklarieren Sie die Funktion mit dem Rückgabewert `void`.

4. Wenn Sie keinen Rückgabewert deklarieren, von welchem Typ des Rückgabewertes wird dann ausgegangen?

   Funktionen, die keinen Rückgabewert deklarieren, geben einen `int`-Wert zurück.

5. Was ist eine lokale Variable?

   Eine lokale Variable ist eine Variable, die in einem Block deklariert wird (üblicherweise der Rumpf einer Funktion). Sie ist nur innerhalb des Blocks sichtbar.

6. Was ist ein Gültigkeitsbereich?

   Gültigkeitsbereiche beziehen sich auf die Sichtbarkeit und Lebensdauer lokaler und globaler Variablen. Gültigkeitsbereiche werden üblicherweise durch geschweifte Klammern eingeführt.

7. Was ist Rekursion?

   Als Rekursion bezeichnet man meist die Fähigkeit einer Funktion, sich selbst aufzurufen.

8. Wann sollte man globale Variablen verwenden?

   Globale Variablen werden meist dann verwendet, wenn mehrere Funktionen auf die gleichen Daten zugreifen müssen. In C++ werden globale Daten selten eingesetzt; wenn Sie erst einmal wissen, wie man statische Klassenvariablen erzeugt, werden Sie in C++ nur noch selten globale Variablen erzeugen.

9. Was versteht man unter dem Überladen von Funktionen?

   Als Funktionenüberladung bezeichnet man die Möglichkeit, mehrere Funktionen mit dem gleichen Namen aufzusetzen, die sich lediglich in der Anzahl oder den Typen der Parameter unterscheiden.

10. Was ist Polymorphie?

    Polymorphie ist ein Konzept, das es erlaubt, mehrere Objekte verschiedener, aber verwandter Typen ohne Rücksicht auf den jeweiligen Typ zu behandeln. In C++ wird die Polymorphie durch Vererbung und virtuelle Funktionen implementiert.

Übungen

1. Setzen Sie den Prototypen für eine Funktion namens `Perimeter()` auf, die einen vorzeichenlosen Integer (`unsigned long int`) zurückgibt und zwei Parameter, beide vom Typ `unsigned short int`, übernimmt.

```
unsigned long int Perimeter(unsigned short int, unsigned short int);
```

2. Definieren Sie die Funktion `Perimeter()`, wie in Übung 1 beschrieben. Die zwei Parameter stellen die Länge und Breite eines Rechtecks dar. Die Funktion soll den Umfang (zweimal die Länge plus zweimal die Breite) zurückliefern.

```
unsigned long int Perimeter(unsigned short int length,
                            unsigned short int width)
{
  return 2*length + 2*width;
}
```

3. FEHLERSUCHE: Was ist falsch an der Funktion im folgenden Quellcode?

```
#include <iostream.h>
void myFunc(unsigned short int x);
int main()
{
unsigned short int x, y;
y = myFunc(int);
cout << "x: " << x << " y: " << y << "\n";
}

void myFunc(unsigned short int x)
{
return (4*x);
}
```

Die Funktion ist als `void` deklariert und kann daher keinen Wert zurückliefern. Statt `int` müßte `x` an `myFunc()` übergeben werden.

4. FEHLERSUCHE: Was ist falsch an der Funktion im folgenden Quellcode?

```
#include <iostream.h>
int myFunc(unsigned short int x);
int main()
{
unsigned short int x, y;
y = myFunc(x);
cout << "x: " << x << " y: " << y << "\n";
}

int myFunc(unsigned short int x);
{
return (4*x);
}
```

Die Funktion an sich ist in Ordnung, nur das Semikolon am Ende des Funktionskopfes nicht.

5. Schreiben Sie eine Funktion, die zwei Integer-Argumente vom Typ `unsigned short` übernimmt und das Ergebnis der Division des ersten Arguments durch das zweite Argument zurückliefert. Führen Sie die Division nicht durch, wenn die zweite Zahl Null ist, sondern geben Sie -1 zurück.

```
short int Divider(unsigned short int valOne, unsigned short int valTwo)
{
    if (valTwo == 0)
          return -1;
    else
          return valOne / valTwo;
}
```

6. Schreiben Sie ein Programm, das den Anwender zur Eingabe von zwei Zahlen auffordert und die Funktion aus Übung 5 aufruft. Geben Sie die Antwort aus oder eine Fehlermeldung, wenn das Ergebnis -1 lautet.

```
#include <iostream.h>
typedef unsigned short int USHORT;
typedef unsigned long int ULONG;
short int Divider(
unsigned short int valone,
unsigned short int valtwo);
int main()
{
    USHORT one, two;
    short int answer;
    cout << "Enter two numbers.\n Number one: ";
    cin >> one;
    cout << "Number two: ";
    cin >> two;
    answer = Divider(one, two);
    if (answer > -1)
       cout << "Answer: " << answer;
    else
       cout << "Error, can't divide by zero!";
return 0;
}
```

7. Schreiben Sie ein Programm, das um die Eingabe einer Zahl und einer Potenz bittet. Schreiben Sie eine rekursive Funktion, um die Zahl zu potenzieren. Lautet beispielsweise die Zahl 2 und die Potenz 4 sollte die Funktion 16 zurückliefern.

```
#include <iostream.h>
typedef unsigned short USHORT;
typedef unsigned long ULONG;
ULONG GetPower(USHORT n, USHORT power);
int main()
{
   USHORT number, power;
   ULONG answer;
   cout << "Geben Sie eine Zahl ein: ";
   cin >> number;
   cout << "Zu welcher Potenz? ";
   cin >> power;
   answer = GetPower(number,power);
   cout << number << " hoch " << power << "ist gleich " <<
           answer << endl;
return 0;
}
```

```
ULONG GetPower(USHORT n, USHORT power)
{
    if(power == 1)
     return n;
    else
       return (n * GetPower(n,power-1));
}
```

Tag 6

Quiz

1. Was ist der Punktoperator und wozu wird er verwendet?

   Der Punktoperator (.) wird für den Zugriff auf die Elemente einer Klasse verwendet.

2. Wann wird Speicher reserviert – bei der Deklaration oder bei der Definition?

   Speicher wird bei der Definition reserviert. Klassendeklarationen reservieren keinen Speicher.

3. Ist die Deklaration einer Klasse deren Schnittstelle oder deren Implementierung?

   Die Deklaration einer Klasse ist ihre Schnittstelle, die den Klienten darüber informiert, wie er mit der Klasse interagieren und arbeiten kann. Die Implementierung der Klasse ist der Satz an vorgesehenen Elementfunktionen, die üblicherweise in einer CPP-Datei aufgesetzt werden.

4. Was ist der Unterschied zwischen öffentlichen (`public`) und privaten (`private`) Datenelementen?

   Öffentliche Datenelemente können von den Klienten der Klasse direkt angesprochen werden. Auf private Datenelemente kann man nur über (`public`) Elementfunktionen der Klasse zugreifen.

5. Können Elementfunktionen privat sein?

   Ja. Sowohl Elementfunktionen als auch Datenenelemente können privat sein.

6. Können Datenelemente öffentlich sein?

   Datenelemente können zwar öffentlich gemacht werden, doch ist es guter Programmierstil, die Daten privat zu halten und öffentliche Zugriffsfunktionen zur Verfügung zu stellen.

7. Wenn Sie zwei `Cat`-Objekte deklarieren, können diese unterschiedliche Werte in ihren `itsAge`-Datenelementen haben?

   Ja. Jedes Objekt der Klasse hat seine eigenen Datenelemente.

8. Enden Klassendeklarationen mit einem Semikolon? Und die Definitionen von Klassenmethoden?

   Deklarationen enden mit einem Semikolon nach der schließenden geschweiften Klammer. Funktionsdefinitionen enden nicht mit Semikolon.

9. Wie würde die Header-Datei für eine `Cat`-Funktion `Meow()` aussehen, die keine Parameter übernimmt und `void` zurückliefert?

   ```
   void Cat::Meow()
   ```

10. Welche Funktion wird aufgerufen, um eine Klasse zu initialisieren?

    Der Konstruktor.

Übungen

1. Schreiben Sie einen Code, der eine Klasse namens `Employee` (Angestellter) mit folgenden Datenelementen deklariert: `age`, `YearsOfService` und `Salary`

   ```
   class Employee
   {
       int Age;
       int YearsOfService;
       int Salary;
   };
   ```

2. Schreiben Sie die Klasse `Employee` neu, mit privaten Datenelementen und zusätzlichen öffentlichen Zugriffsmethoden, um jedes der Datenelemente zu lesen und zu setzen.

   ```
   class Employee
   {
   public:
       int GetAge() const;
       void SetAge(int age);
       int GetYearsOfService()const;
       void SetYearsOfService(int years);
       int GetSalary()const;
       void SetSalary(int salary);

   private:
       int Age;
       int YearsOfService;
       int Salary;
   };
   ```

3. Schreiben Sie mit Hilfe der `Employee`-Klasse ein Programm, das zwei Angestellte erzeugt. Setzen Sie deren Alter (`age`), Beschäftigungszeitraum (`YearsOfService`) und Gehalt (`Salary`), und geben Sie diese Werte aus.

```
int main()
{
    Employee John;
    Employee Sally;
    John.SetAge(30);
    John.SetYearsOfService(5);
    John.SetSalary(50000);

    Sally.SetAge(32);
    Sally.SetYearsOfService(8);
    Sally.SetSalary(40000);

    cout << "John und Sally versehen bei AcmeSexist den gleichen Job\n";
    cout << "John ist " << John.GetAge() << " Jahre alt und seit ";
    cout << John.GetYearsOfService() << " Jahren in der Firma.\n";
    cout << "John verdient $" << John.GetSalary() << " im Jahr.\n\n";
    cout << "Sally ist " << Sally.GetAge() << " Jahre alt und seit ";
    cout << Sally.GetYearsOfService() << " Jahren in der Firma.\n";
    cout << "Sally verdient $" << Sally.GetSalary)= << " im Jahr.\n";
    cout << "Manchmal ist das Leben ungerecht\n";
    return 0;
}
```

4. Als Fortsetzung von Übung 3 nehmen Sie eine Methode in `Employee` auf, die berichtet, wieviel tausend Dollar der Angestellte verdient, aufgerundet auf die nächsten 1000 Dollar.

```
float Employee:GetRoundedThousands()const
{
    return (Salary+500) / 1000;
}
```

5. Ändern Sie die Klasse `Employee` so, daß Sie `age`, `YearsOfService` und `Salary` initialisieren können, wenn Sie einen neuen Angestellten anlegen.

```
class Employee
{
public:

    Employee(int Age, int yearsOfService, int salary);
    int GetAge()const;
    void SetAge(int Age);
    int GetYearsOfService()const;
    void SetYearsOfService(int years);
    int GetSalary()const;
```

```
    void SetSalary(int salary);

private:
    int Age;
    int YearsOfService;
    int Salary;
};
```

6. FEHLERSUCHE: Was ist falsch an der folgenden Deklaration?

```
class Square
{
public:
    int Side;
}
```

Klassendeklarationen müssen mit einem Semikolon enden.

7. FEHLERSUCHE: Warum ist die folgende Klassendeklaration nicht besonders nützlich?

```
class Cat
{
    int GetAge()const;
private:
    int itsAge;
};
```

Die Zugriffsfunktion `GetAge()` ist privat. Standardmäßig sind alle Elemente privat, es sei denn, man sieht explizit einen anderen Zugriffsspezifizierer vor.

8. FEHLERSUCHE: Welche drei Fehler wird der Compiler in folgendem Code finden?

```
class  TV
{
public:
    void SetStation(int Station);
    int GetStation() const;
private:
    int itsStation;
};
int main()
{
    TV myTV;
    myTV.itsStation = 9;
    TV.SetStation(10);
    TV myOtherTv(2);
    return 0;
}
```

Auf das Element `itsStation` kann nicht direkt zugegriffen werden, da es `private` ist.

Die Methode `SetStation()` kann nicht für die Klasse selbst, sondern nur für Objekte der Klasse aufgerufen werden.

Das Element `itsStation` kann nicht initialisiert werden, da es keinen passenden Konstruktor gibt.

Tag 7

Quiz

1. Wie initialisiert man mehr als eine Variable in einer `for`-Schleife?

   Trennen Sie die Initialisierungen durch Kommata:

   ```
   for (x = 0, y = 10; x < 100; x++, y++)
   ```

2. Warum sollte man `goto` vermeiden?

   Mit `goto` kann man in jede Richtung zu jeder beliebigen Stelle im Code springen, was den Quellcode schwierig zu verstehen und zu warten macht.

3. Ist es möglich, eine `for`-Schleife zu schreiben, deren Rumpf niemals ausgeführt wird?

   Ja. Wenn die Bedingung, die auf die Initialisierung folgt, zu `false` ausgewertet wird, wird der Rumpf der `for`-Schleife nicht ausgeführt. Hier ein Beispiel:

   ```
   for (int x = 100; x < 100; x++)
   ```

4. Ist es möglich, `while`-Schleifen in `for`-Schleifen zu verschachteln?

   Ja. Jede Art von Schleife kann in einer anderen Schleife eingebettet werden.

5. Ist es möglich, eine Schleife zu erzeugen, die niemals endet? Geben Sie ein Beispiel.

   Ja. Hier zwei Beispiele für eine `for`- und eine `while`-Schleife:

   ```
   for(;;)
   {
       // Diese for-Schleife endet niemals!
   }
   while(1)
   {
       // Diese while-Schleife endet niemals!
   }
   ```

6. Was passiert, wenn Sie eine Endlosschleife erzeugt haben?

   Ihr Programm hängt sich auf, und Sie müssen den Computer vermutlich neu booten.

Übungen

1. Wie lautet der Wert von x, wenn die folgende for-Schleife durchlaufen ist?

```
for (int x = 0; x < 100; x++)
```

   100

2. Schreiben Sie eine verschachtelte for-Schleife, die ein Muster von 10 x 10 Nullen (0) ausgibt.

```
for (int i = 0; i< 10; i++)
{
    for ( int j = 0; j< 10; j++)
       cout << "0";
    cout << "\n";
}
```

3. Schreiben Sie eine for-Anweisung, die in Zweierschritten von 100 bis 200 zählt.

```
for (int x = 100; x<=200; x+=2)
```

4. Schreiben Sie eine while-Schleife, die in Zweierschritten von 100 bis 200 zählt.

```
int x = 100;
while (x <= 200)
    x+= 2;
```

5. Schreiben Sie eine do...while-Schleife, die in Zweierschritten von 100 bis 200 zählt.

```
int x = 100;
do
{
    x+=2;
} while (x <= 200);
```

6. FEHLERSUCHE: Was ist falsch an folgendem Code?

```
int counter = 0;
while (counter < 10)
{
    cout << "Zaehler: " << counter;
}
```

   counter wird niemals inkrementiert, und die while-Schleife wird niemals beendet.

7. FEHLERSUCHE: Was ist falsch an folgendem Code?

```
for (int counter = 0; counter < 10; counter++);
    cout << counter << " ";
```

Hinter dem Schleifenkopf steht ein Semikolon, das dafür verantwortlich ist, daß die Schleife nichts macht. Der Programmierer könnte dies so beabsichtigt haben, aber wenn er – was wahrscheinlich ist – die einzelnen Werte ausgeben wollte, ist es ein Fehler.

8. FEHLERSUCHE: Was ist falsch an folgendem Code?

```
int counter = 100;
while (counter < 10)
{
    cout << "Zaehler: " << counter;
    counter--;
}
```

Da counter zu 100 initialisiert wird, die Bedingung aber prüft, ob counter kleiner 10 ist, scheitert der Test und der Rumpf wird niemals beendet. Würde man counter in der ersten Zeile mit dem Wert 5 initialisieren, würde die Schleife nicht enden, bis zum kleinstmöglichen int-Wert heruntergezählt wurde. Da int standardmäßig signed ist, wird dies wohl ebensowenig der Intention des Programmierers entsprechen.

9. FEHLERSUCHE: Was ist falsch an folgendem Code?

```
cout << "Geben Sie eine Zahl zwischen 0 und 5 ein: ";
cin >> theNumber;
switch (theNumber)
{
   case 0:
         doZero();
   case 1:              // Weiter mit naechstem case
   case 2:              // Weiter mit naechstem case
   case 3:              // Weiter mit naechstem case
   case 4:              // Weiter mit naechstem case
   case 5:
         doOneToFive();
         break;
   default:
         doDefault();
         break;
}
```

Die Klausel case 0: benötigt eine break-Anweisung. Ist sie absichtlich ohne break-Anweisung, sollte dies durch einen Kommentar angezeigt werden.

Tag 8

Quiz

1. Mit welchem Operator bestimmt man die Adresse einer Variablen?

   Mit Hilfe des Adreßoperators (&).

2. Mit welchem Operator ermittelt man einen Wert, der an einer Adresse gespeichert ist, auf die ein Zeiger weist?

   Mit Hilfe des Dereferenzierungsoperators (*) kann man auf den Wert an einer Adresse zugreifen, die in einem Zeiger abgelegt ist.

3. Was ist ein Zeiger?

   Ein Zeiger ist eine Variable, die die Adresse einer anderen Variablen enthält.

4. Worin besteht der Unterschied zwischen der in einem Zeiger gespeicherten Adresse und dem Wert an dieser Adresse?

   Die im Zeiger gespeicherte Adresse ist die Adresse einer anderen Variablen. Der Wert, der an dieser Adresse gespeichert ist, ist ein beliebiger Wert, wie er in jeder Variablen gespeichert werden kann. Der Indirektionsoperator (*) liefert den Wert, der an dieser Adresse gespeichert ist.

5. Worin besteht der Unterschied zwischen dem Indirektionsoperator und dem Adreßoperator?

   Der Indirektionsoperator liefert den Wert an einer Adresse, die in einem Zeiger abgelegt ist. Der Adreßoperator (&) liefert die Speicheradresse einer Variablen.

6. Worin besteht der Unterschied zwischen `const int * pEins` und `int * const pZwei`?

   `const int * pEins` deklariert `pZwei` als Zeiger auf einen konstanten `int`-Wert. Der `int`-Wert kann über den Zeiger nicht verändert werden.

   `int * const pZwei` deklariert `pZwei` als konstanten Zeiger auf einen `int`-Wert. Einmal initialisiert, kann man dem Zeiger keine andere Adresse mehr zuweisen.

Übungen

1. Was bewirken die folgenden Deklarationen:

   a) `int * pEins;` deklariert einen Zeiger auf einen `int`-Wert.

   b) `int wZwei;` deklariert eine `int`-Variable.

   c) `int * pDrei = &wZwei;` deklariert einen Zeiger auf einen `int`-Wert und initialisiert den Zeiger mit der Adresse einer anderen Variablen.

2. Wie würden Sie einen Zeiger deklarieren, der auf eine Variable namens `ihrAlter` vom Typ `unsigned short` verweist?

```
unsigned short *pAlter = &ihrAlter;
```

3. Weisen Sie der Variable `ihrAlter` den Wert 50 zu. Verwenden Sie dazu den Zeiger, den Sie in Übung 2 deklariert haben.

```
*pAlter = 50;
```

4. Schreiben Sie ein kleines Programm, das einen Integer und einen Zeiger auf diesen Integer deklariert. Weisen Sie dem Zeiger die Adresse des Integers zu. Verwenden Sie den Zeiger, um der Integer-Variable einen Wert zuzuweisen.

```
int derInteger;
int *pInteger = &derInteger;
*pInteger = 5;
```

5. FEHLERSUCHE: Was ist falsch an folgendem Code?

```
#include <iostream.h>
int main()
{
     int *pInt;
     *pInt = 9;
     cout << "Der Wert von pInt: " << *pInt;
     return 0;
}
```

`pInt` wurde nicht initialisiert. Entscheidend ist dabei, daß `pInt` wegen der fehlenden Initialisierung und Zuweisung einer Speicheradresse auf eine zufällige Speicheradresse verweist. An diese Speicheradresse den Wert 9 zu schreiben, ist ein gefährlicher Bug.

6. FEHLERSUCHE: Was ist falsch an folgendem Code?

```
int main()
{
    int SomeVariable = 5;
    cout << "SomeVariable: " << SomeVariable << "\n";
    int *pVar = & SomeVariable;
    pVar = 9;
    cout << "SomeVariable: " << *pVar << "\n";
    return 0;
}
```

Hier wollte der Programmierer wohl der Variablen, auf die `pVar` verweist, den Wert 9 zuweisen. Unglücklicherweise hat er aber den Indirektionsoperator (*) vergessen, und daher den Wert 9 als neuen Wert für `pVar` zugewiesen. Wird `pVar` danach dereferenziert, gibt dies eine Katastrophe.

Tag 9

Quiz

1. Worin besteht der Unterschied zwischen einer Referenz und einem Zeiger?

   Eine Referenz ist ein Alias, ein Zeiger ist eine Variable, die eine Adresse enthält. Referenzen können nicht Null sein und können nicht reinitialisiert werden.

2. Wann sollte man statt einer Referenz lieber einen Zeiger verwenden?

   Wenn Sie im Laufe des Programms auf zwei oder mehrere verschiedene Objekte verweisen wollen, oder wenn Sie den Wert NULL zuweisen wollen.

3. Was für einen Rückgabewert hat `new`, wenn nicht genug Speicher für Ihr `new`-Objekt vorhanden ist?

   Den Nullzeiger (0).

4. Was ist eine konstante Referenz?

   Mit konstanter Referenz meint man »eine Referenz auf ein konstantes Objekt«.

5. Was ist der Unterschied zwischen Übergabe als Referenz und Übergabe einer Referenz?

   Übergabe als Referenz bedeutet, daß keine lokale Kopie angelegt wird. Dies kann durch Übergabe einer Referenz oder durch Übergabe eines Zeigers erreicht werden.

Übungen

1. Schreiben Sie ein Programm, das eine Variable vom Typ `int`, eine Referenz auf `int` und einen Zeiger auf `int` deklariert. Verwenden Sie den Zeiger und die Referenz, um den Wert in `int` zu manipulieren.

```
int main()
{
int varOne;
int& rVar = varOne;
int* pVar = &varOne;
rVar = 5;
*pVar = 7;
return 0;
}
```

2. Schreiben Sie ein Programm, das einen konstanten Zeiger auf einen konstanten Integer deklariert. Initialisieren Sie den Zeiger mit einer Integer-Variablen `varOne`. Weisen Sie `varOne` den Wert `6` zu. Weisen Sie mit Hilfe des Zeigers `varOne` den Wert `7` zu. Erzeugen Sie eine zweite Integer-Variable `varTwo`. Richten Sie den Zeiger auf die Variable `varTwo`. Kompilieren Sie diese Übung noch nicht.

```
int main()
{
   int varOne;
   const int * const pVar = &varOne;
   *pVar = 7;
   int varTwo;
   pVar = &varTwo;
return 0;
}
```

3. Kompilieren Sie jetzt das Programm aus Übung 2. Welche Zeilen produzieren Fehler und welche Warnungen?

   Einem konstanten Objekt kann man keinen Wert zuweisen und einen konstanten Zeiger kann man nicht auf ein anderes Objekt richten.

4. Schreiben Sie ein Programm, das einen vagabundierenden Zeiger erzeugt.

```
int main()
{
int * pVar;
*pVar = 9;
return 0;
}
```

5. Beheben Sie den Fehler im Programm aus Übung 4.

```
int main()
{
int VarOne;
int * pVar = &varOne;
*pVar = 9;
return 0;
}
```

6. Schreiben Sie ein Programm, das eine Speicherlücke erzeugt.

```
#include <iostream.h>

int * FuncOne();
int main()
{
   int * pInt = FuncOne();
   cout << "Wert von pInt nach Rueckkehr in main: " << *pInt << endl;
```

```
   return 0;
}

int * FuncOne()
{
   int * pInt = new int (5);
   cout << "Wert von pInt in FuncOne: " << *pInt << endl;
   return pInt;
}
```

7. Beheben Sie den Fehler im Programm aus Übung 6.

```
#include <iostream.h>

int FuncOne();
int main()
{
   int theInt = FuncOne();
   cout << "Wert von pInt nach Rueckkehr in main: " << theInt << endl;
   return 0;
}

int FuncOne()
{
   int * pInt = new int (5);
   cout << "Wert von pInt in FuncOne: " << *pInt << endl;
   delete pInt;
   return temp;
}
```

8. FEHLERSUCHE: Was ist falsch an diesem Programm?

```
#include <iostream.h>

class CAT
{
   public:
      CAT(int age) { itsAge = age; }
      ~CAT(){}
      int GetAge() const { return itsAge;}
   private:
      int itsAge;
};

CAT & MakeCat(int age);
int main()
{
   int age = 7;
```

```
    CAT Boots = MakeCat(age);
    cout << "Boots ist " << Boots.GetAge() << " Jahre alt\n";
    return 0;
}

CAT & MakeCat(int age)
{
    CAT * pCat = new CAT(age);
    return *pCat;
}
```

MakeCat liefert eine Referenz auf ein Objekt zurück, das auf dem Heap allokiert wurde. Da keine Möglichkeit vorgesehen wurde, diesen Speicher wieder freizugeben, entsteht eine Speicherlücke.

9. Beheben Sie den Fehler im Programm aus Übung 8.

```
#include <iostream.h>

class CAT
{
    public:
        CAT(int age) { itsAge = age; }
        ~CAT(){}
        int GetAge() const { return itsAge;}
    private:
        int itsAge;
};

CAT * MakeCat(int age);
int main()
{
    int age = 7;
    CAT * Boots = MakeCat(age);
    cout << "Boots ist " << Boots->GetAge() << " Jahre alt\n";
    delete Boots;
  return 0;
}

CAT * MakeCat(int age)
{
    return new CAT(age);
}
```

Tag 10

Quiz

1. In welcher Hinsicht müssen sich überladene Elementfunktionen unterscheiden?

   Überladene Elementfunktionen sind Funktionen einer Klasse, die den gleichen Namen haben, aber sich in den Typen oder der Anzahl der Parameter unterscheiden.

2. Was ist der Unterschied zwischen einer Deklaration und einer Definition?

   Eine Definition geht mit der Reservierung von Speicher einher, die Deklaration nicht. Nahezu alle Deklarationen sind Definitionen; die wichtigsten Ausnahmen sind Klassendeklarationen, Funktionsprototypen und `typedef`-Anweisungen.

3. Wann wird der Kopierkonstruktor aufgerufen?

   Wann immer eine temporäre Kopie eines Objekts erzeugt wird. Dies geschieht jedesmal, wenn ein Objekt als Wert übergeben wird.

4. Wann wird der Destruktor aufgerufen?

   Der Destruktor wird jedesmal aufgerufen, wenn ein Objekt aufgelöst wird, sei es, daß der Gültigkeitsbereich des Objekts verlassen wird, sei es, daß der `delete`-Operator auf einen Zeiger auf das Objekt angewendet wird.

5. Wie unterscheidet sich der Kopierkonstruktor vom Zuweisungsoperator (=)?

   Der Zuweisungsoperator arbeitet mit existierenden Objekten, der Kopierkonstruktor erzeugt ein neues Objekt.

6. Was ist der `this`-Zeiger?

   Der `this`-Zeiger ist ein verborgener Parameter, der intern allen Elementfunktionen übergeben wird und auf das aktuelle Objekt verweist.

7. Wie unterscheiden Sie zwischen dem Präfix- und Postfix-Inkrementoperator?

   Der Präfix-Operator übernimmt keine Parameter. Der Postfix-Operator übernimmt einen einzigen `int`-Parameter, der nur als Kennzeichnung für den Compiler dient.

8. Können Sie den +-Operator für Operanden vom Typ `short` überladen?

   Nein, Sie können die C++-Operatoren nicht für die vordefinierten Datentypen überladen.

9. Ist es in C++ erlaubt, den ++-Operator zu überladen, so daß er einen Wert Ihrer Klasse dekrementiert?

Es ist erlaubt, aber keine gute Idee. Operatoren sollten in einer Weise überladen werden, daß jeder, der den Code liest, intuitiv versteht, wie der Operator einzusetzen ist.

10. Mit welchem Rückgabewert müssen Umwandlungsoperatoren deklariert werden?

    Mit keinem. Wie Konstruktoren und Destruktoren haben Sie keinen Rückgabewert.

Übungen

1. Schreiben Sie eine Klassendeklaration `SimpleCircle` mit (nur) einer Elementvariablen: `itsRadius`. Sehen Sie einen Standardkonstruktor, einen Destruktor und Zugriffsmethoden für `radius` vor.

```
class SimpleCircle
{
public:
     SimpleCircle();
     ~SimpleCircle();
     void SetRadius(int);
     int GetRadius();
private:
     int itsRadius;
};
```

2. Aufbauend auf der Klasse aus Übung 1, setzen Sie die Implementierung des Standardkonstruktors auf und initialisieren Sie `itsRadius` mit dem Wert `5`.

```
SimpleCircle::SimpleCircle():
itsRadius(5)
{}
```

3. Fügen Sie der Klasse einen zweiten Konstruktor hinzu, der einen Wert als Parameter übernimmt, und weisen Sie diesen Wert `itsRadius` zu.

```
SimpleCircle::SimpleCircle(int radius):
itsRadius(radius)
{}
```

4. Erzeugen Sie für Ihre `SimpleCircle`-Klasse einen Präfix- und einen Postfix-Inkrementoperator, die `itsRadius` inkrementieren.

```
const SimpleCircle& SimpleCircle::operator++()
{
     ++(itsRadius);
     return *this;
}
```

```
// Postfix-Operator ++(int).
const SimpleCircle SimpleCircle::operator++ (int)
{
// lokales SimpleCircle-Objekt deklarieren und mit *this initialisieren
    SimpleCircle temp(*this);
    ++(itsRadius);
    return temp;
}
```

5. Ändern Sie `SimpleCircle` so, daß `itsRadius` auf dem Heap gespeichert wird, und passen Sie die bestehenden Methoden an.

```
class SimpleCircle
{
public:
     SimpleCircle();
     SimpleCircle(int);
     ~SimpleCircle();
     void SetRadius(int);
     int GetRadius();
     const SimpleCircle& operator++();
     const SimpleCircle operator++(int);
private:
     int *itsRadius;
};


SimpleCircle::SimpleCircle()
{itsRadius = new int(5);}

SimpleCircle::SimpleCircle(int radius)
{itsRadius = new int(radius);}

SimpleCircle::~SimpleCircle()
{
        delete itsRadius;
}

const SimpleCircle& SimpleCircle::operator++()
{
     ++(*itsRadius);
     return *this;
}

// Postfix-Operator ++(int).
const SimpleCircle SimpleCircle::operator++ (int)
{
```

```
// lokales SimpleCircle-Objekt deklarieren und mit *this initialisieren
    SimpleCircle temp(*this);
    ++(*itsRadius);
    return temp;
}
```

6. Fügen Sie einen Kopierkonstruktor für SimpleCircle hinzu.

```
SimpleCircle::SimpleCircle(const SimpleCircle & rhs)
{
     int val = rhs.GetRadius();
     itsRadius = new int(val);
}
```

7. Fügen Sie einen Zuweisungsoperator für SimpleCircle hinzu.

```
SimpleCircle& SimpleCircle::operator=(const SimpleCircle & rhs)
{
     if (this == &rhs)
          return *this;
     delete itsRadius;
    itsRadius = new int;
    *itsRadius = rhs.GetRadius();
    return *this;
}
```

8. Schreiben Sie ein Programm, das zwei SimpleCircle-Objekte erzeugt. Verwenden Sie den Standardkonstruktor zur Erzeugung des einen Objekts, und instantiieren Sie das andere mit dem Wert 9. Wenden Sie den Inkrement-Operator auf beide Objekte an und geben Sie dann die Werte beider Objekte aus. Abschließend weisen Sie dem ersten Objekt das zweite zu und geben Sie nochmals die Werte beider Objekte aus.

```
#include <iostream.h>

class SimpleCircle
{
public:
      // Konstruktoren
     SimpleCircle();
     SimpleCircle(int);
     SimpleCircle(const SimpleCircle &);
     ~SimpleCircle() {}

// Zugriffsfunktionen
     void SetRadius(int);
     int GetRadius()const;

// Operatoren
```

```
     const SimpleCircle& operator++();
     const SimpleCircle operator++(int);
     SimpleCircle& operator=(const SimpleCircle &);

private:
     int *itsRadius;
};


SimpleCircle::SimpleCircle()
{itsRadius = new int(5);}

SimpleCircle::SimpleCircle(int radius)
{itsRadius = new int(radius);}

SimpleCircle::SimpleCircle(const SimpleCircle & rhs)
{
     int val = rhs.GetRadius();
     itsRadius = new int(val);
}
SimpleCircle::~SimpleCircle()
{
        delete itsRadius;
}
SimpleCircle& SimpleCircle::operator=(const SimpleCircle & rhs)
{
     if (this == &rhs)
          return *this;
     *itsRadius = rhs.GetRadius();
     return *this;
}

const SimpleCircle& SimpleCircle::operator++()
{
     ++(*itsRadius);
     return *this;
}

// Postfix-Operator ++(int).
const SimpleCircle SimpleCircle::operator++ (int)
{
// lokales SimpleCircle-Objekt deklarieren und mit *this initialisieren
    SimpleCircle temp(*this);
    ++(*itsRadius);
    return temp;
}
```

```
int SimpleCircle::GetRadius() const
{
    return *itsRadius;
}
int main()
{
    SimpleCircle CircleOne, CircleTwo(9);
    CircleOne++;
    ++CircleTwo;
    cout << "CircleOne: " << CircleOne.GetRadius() << endl;
    cout << "CircleTwo: " << CircleTwo.GetRadius() << endl;
    CircleOne = CircleTwo;
    cout << "CircleOne: " << CircleOne.GetRadius() << endl;
    cout << "CircleTwo: " << CircleTwo.GetRadius() << endl;
return 0;
}
```

9. FEHLERSUCHE: Was ist falsch an der folgenden Implementierung des Zuweisungsoperators?

```
SQUARE SQUARE ::operator=(const SQUARE & rhs)
{
   itsSide = new int;
   *itsSide = rhs.GetSide();
   return *this;
}
```

Sie müssen sicherstellen, daß `rhs` nicht gleich `this` ist, oder eine Zuweisung `a = a` wird Ihr Programm zum Absturz bringen.

10. FEHLERSUCHE: Was ist falsch an der folgenden Implementierung des Additionsoperators?

```
VeryShort  VeryShort::operator+ (const VeryShort& rhs)
{
   itsVal += rhs.GetItsVal();
   return *this;
}
```

Der Operator ändert den Wert eines der Operanden, statt ein neues `VeryShort`-Objekt zu erzeugen und mit der Summe zu initialisieren. Korrekt implementiert sähe der Operator wie folgt aus:

```
{
  return VeryShort(itsVal + rhs.GetItsVal());
}
```

Tag 11

Quiz

1. Was ist eine V-Tabelle?

   Die meisten Compiler verwenden V- oder virtuellen Tabellen, um virtuelle Funktionen zu verwalten. In der Tabelle werden die Adressen sämtlicher virtueller Funktionen abgelegt, so daß für Zeiger auf Objekte zur Laufzeit ermittelt werden kann, welche Version einer Funktion für das Objekt korrekterweise aufzurufen ist.

2. Was ist ein virtueller Destruktor?

   Für jede Klasse kann der Destruktor als virtuell deklariert werden. Wird ein Zeiger auf ein Objekt der Klasse gelöscht, wird der Laufzeittyp des Objekts bestimmt und der passende, abgeleitete Destruktor aufgerufen.

3. Wie deklariert man einen virtuellen Konstruktor?

   Es gibt keine virtuellen Konstruktoren.

4. Wie erzeugt man einen virtuellen Kopierkonstruktor?

   Indem man in der Klasse eine virtuelle Methode definiert, die den Kopierkonstruktor aufruft.

5. Wie rufen Sie eine Elementfunktion einer Basisklasse aus einer abgeleiteten Klasse auf, wenn diese Funktion in der abgeleiteten Klasse überschrieben wurde?

   `Basis::Funktionsname();`

6. Wie rufen Sie eine Elementfunktion einer Basisklasse aus einer abgeleiteten Klasse auf, wenn diese Funktion in der abgeleiteten Klasse nicht überschrieben wurde?

   `Funktionsname();`

7. Wenn eine Basisklasse eine Funktion als virtuell deklariert hat und eine abgeleitete Klasse beim Überschreiben dieser Klasse den Begriff virtuell nicht verwendet, ist die Funktion immer noch virtuell, wenn sie an eine Klasse der dritten Generation vererbt wird?

   Ja, die `virtual`-Deklaration wird vererbt und *kann nicht* ausgeschaltet werden.

8. Wofür wird das Schlüsselwort `protected` verwendet?

   `protected`-Elemente sind für die Elementfunktionen der abgeleiteten Objekte zugänglich.

Übungen

1. Setzen Sie die Deklaration einer virtuellen Funktion auf, die einen Integer als Parameter übernimmt und `void` zurückliefert.

```
virtual void EineFunktion(int);
```

2. Geben Sie die Deklaration einer Klasse `Square` an, die sich von `Rectangle` ableitet, die wiederum eine Ableitung von `Shape` ist.

```
class Square : public Rectangle
{};
```

3. Angenommen in Übung 2 übernimmt `Shape` keine Parameter, `Rectangle` übernimmt zwei (`length` und `width`), aber `Square` übernimmt nur einen (`length`). Wie sieht die Konstruktorinitialisierung für `Square` aus?

```
Square::Square(int length):
     Rectangle(length, length){}
```

4. Schreiben Sie einen virtuellen Kopierkonstruktor für die Klasse `Square` (aus Übung 3).

```
class Square
      {
         public:
         // ...
         virtual Square * clone() const { return new Square(*this); }
       // ...
      };
```

5. FEHLERSUCHE: Was ist falsch in diesem Codefragment?

```
void EineFunktion (Shape);
Shape * pRect = new Rectangle;
EineFunktion(*pRect);
```

Unter Umständen gar nichts. `EineFunktion()` erwartet ein `Shape`-Objekt. Es wurde aber ein `Rectangle` übergeben, daß zu einem `Shape` reduziert wurde. Solange keine speziellen Elemente von `Rectangle` benötigt werden, ist alles in Ordnung. Andernfalls muß man die Funktion `EineFunktion()` so umschreiben, daß sie einen Zeiger oder eine Referenz auf `Shape` übernimmt.

6. FEHLERSUCHE: Was ist falsch in diesem Codefragment?

```
class Shape()
{
public:
     Shape();
     virtual ~Shape();
     virtual Shape(const Shape&);
};
```

Ein Kopierkonstruktor kann nicht als virtuell deklariert werden.

Tag 12

Quiz

1. Wie lauten die ersten und letzten Elemente von `EinArray[25]`?

   `EinArray[0], EinArray[24]`

2. Wie deklariert man ein mehrdimensionales Array?

   Indem man für jede Dimension einen eigenen Index vorsieht. So wäre beispielsweise `EinArray[2][3][2]` ein dreidimensionales Array. Die erste Dimension enthält 2 Elemente, die zweite 3, die dritte wieder 2.

3. Initialisieren Sie die Elemente des Array aus Frage 2.

   ```
   EinArray[2][3][2] = { { {1,2},{3,4},{5,6} }, { {7,8},{9,10},{11,12} } };
   ```

4. Wie viele Elemente enthält das Array `EinArray[10][5][20]`?

   10 x 5 x 20 = 1000

5. Wie lautet die maximale Anzahl von Elementen, die Sie einer verketteten Liste hinzufügen können?

   Es gibt keine feste maximale Anzahl. Die Anzahl der möglichen Elemente hängt von der zur Verfügung stehenden Speicherkapazität ab.

6. Können Sie die Index-Notation für eine verkettete Liste verwenden?

   Um die Index-Notation für eine verkettete Liste verwenden zu können, müssen Sie Ihre eigene Klasse für die Liste aufsetzen und den Index-Operator überladen.

7. Wie lautet das letzte Zeichen in dem String »Barbie ist eine nette Lady«?

   Es ist das Null-Zeichen.

Übungen

1. Deklarieren Sie ein zweidimensionales Array, das ein Tic-Tac-Toe-Brett darstellt.

   ```
   int Spielbrett[3][3];
   ```

2. Schreiben Sie einen Code, der alle Elemente in dem Array aus Übung 1 mit `0` initialisiert.

   ```
   int Spielbrett[3][3] = { {0,0,0},{0,0,0},{0,0,0} }
   ```

3. Schreiben Sie die Deklaration für eine `Node`-Klasse, die Integer-Werte aufnimmt.

   ```
   class Node
    {
    public:
   ```

```
    Node ();
    Node (int);
    ~Node();
    void SetNext(Node * node) { itsNext = node; }
    Node * GetNext() const { return itsNext; }
    int GetVal() const { return itsVal; }
    void Insert(Node *);
    void Display();
 private:
    int itsVal;
    Node * itsNext;
 };
```

4. FEHLERSUCHE: Was ist falsch an folgendem Codefragment?

```
unsigned short EinArray[5][4];
for (int i = 0; i<4; i++)
     for (int j = 0; j<5; j++)
          EinArray[i][j] = i+j;
```

   Das Array enthält 5 x 4 Elemente, aber der Code initialisiert 4 x 5 Werte.

5. FEHLERSUCHE: Was ist falsch an folgendem Codefragment?

```
unsigned short EinArray[5][4];
for (int i = 0; i<=5; i++)
     for (int j = 0; j<=4; j++)
          EinArray[i][j] = 0;
```

   Sie wollten `i < 5` schreiben, haben aber `i <= 5` eingetippt. Der Code wird auch für `i == 5` und `j == 4` ausgeführt, aber es gibt kein Element `EinArray[5][4]`.

Tag 13

Quiz

1. Was ist eine abwärts gerichtete Typenumwandlung?

   Abwärts gerichtete Typenumwandlungen betreffen Zeiger, die als Zeiger auf Basisklassen deklariert sind und als Zeiger auf abgeleitete Objekte behandelt werden sollen.

2. Was ist der »vptr«?

   vptr ist der Virtuelle-Funktionen-Zeiger, der zur internen Implementierung virtueller Funktionen gehört. Jedes Objekt einer Klasse mit virtuellen Funktionen, verfügt über einen vptr, der auf die Tabelle der virtuellen Funktionen der Klasse verweist.

3. Stellen Sie sich vor, Sie haben eine Klasse RoundRect für Rechtecke mit abgerundeten Ecken, die sowohl von Rectangle als auch von Circle abgeleitet ist. Rectangle und Circle sind ihrerseits von Shape abgeleitet. Wie viele Shapes werden dann bei der Instanziierung eines RoundRects erzeugt?

   Wenn keine der Klassen bei der Vererbung das Schlüsselwort virtual verwendet, werden zwei Shape-Objekte erzeugt: eines für Rectangle und eines für Circle. Wird das Schlüsselwort virtual für beide Klassen verwendet, wird nur ein gemeinsames Shape-Objekte erzeugt.

4. Wenn Horse und Bird von der Klasse Animal als publc virtual Basisklasse abgeleitet sind, rufen dann ihre Konstruktoren den Animal-Konstruktor auf? Wenn Pegasus sowohl von Horse als auch von Bird abgeleitet ist, wie kann Pegasus den Animal-Konstruktor aufrufen?

   Sowohl Horse als auch Bird initialisieren ihre Basisklasse Animal in ihren Konstruktoren. Ebenso Pegasus, wobei bei der Erzeugung eines Pegasus-Objekts die Initialisierungen der Klassen Horse und Bird ignoriert werden.

5. Deklarieren Sie eine Klasse Vehicle und machen Sie die Klasse zu einem abstrakten Datentyp.

```
class Vehicle
{
     virtual void Move() = 0;
}
```

6. Wenn eine Basisklasse einen ADT darstellt und drei abstrakte Funktionen beinhaltet, wie viele dieser Funktionen müssen dann in den abgeleiteten Klassen überschrieben werden?

   Grundsätzlich müssen Sie keine der Funktionen überschreiben. Nur wenn die abgeleitete Klasse nicht auch abstrakt sein soll, müssen Sie die Funktionen überschreiben – dann allerdings alle drei geerbten abstrakten Funktionen.

Übungen

1. Setzen Sie die Deklaration für eine Klasse JetPlane auf, die von Rocket und Airplane abgeleitet ist.

```
class JetPlane : public Rocket, public Airplane
```

2. Setzen Sie die Deklaration für eine Klasse 747 auf, die von der Klasse JetPlane aus Übung 1 abgeleitet ist.

```
class 747 : public JetPlane
```

3. Schreiben Sie ein Programm, das die Klassen `Car` und `Bus` von der Klasse `Vehicle` ableitet. Deklarieren Sie `Vehicle` als ADT mit zwei abstrakten Funktionen. `Car` und `Bus` sollen keine abstrakten Datentypen sein.

```
class Vehicle
{
      virtual void Move() = 0;
      virtual void Haul() = 0;
};

class Car : public Vehicle
{
      virtual void Move();
      virtual void Haul();
};

class Bus : public Vehicle
{
      virtual void Move();
      virtual void Haul();
};
```

4. Ändern Sie das Programm aus Übung 3 dahingehend, daß die Klasse `Car` ein abstrakter Datentyp ist, von dem die Klassen `SportsCar` und `Coupe` abgeleitet werden. Die Klasse `Car` soll für eine der abstrakten Funktionen von `Vehicle` einen Anweisungsteil vorsehen, so daß die Funktion nicht mehr abstrakt ist.

```
class Vehicle
{
      virtual void Move() = 0;
      virtual void Haul() = 0;
};

class Car : public Vehicle
{
      virtual void Move();
};

class Bus : public Vehicle
{
      virtual void Move();
      virtual void Haul();
};

class SportsCar : public Car
{
      virtual void Haul();
```

```
};

class Coupe : public Car
{
     virtual void Haul();
};
```

Tag 14

Quiz

1. Können statische Elementvariablen privat sein?

   Ja. Hinsichtlich der Vergabe von Zugriffsrechten sind statische Elementvariablen ganz normale Elementvariablen. Werden Sie als `private` deklariert, kann man nur über Elementfunktionen oder statische Elementfunktionen (die man ohne Objekt der Klasse aufrufen kann) auf sie zugreifen.

2. Geben Sie die Deklaration für eine statische Elementvariable an.

   ```
   static int staticElement;
   ```

3. Geben Sie die Deklaration für eine statische Funktion an.

   ```
   static int EineFunktion();
   ```

4. Geben Sie die Deklaration für einen Zeiger auf eine Funktion an, die `long` zurückgibt und zwei `int`-Parameter übernimmt.

   ```
   long (* funktion)(int);
   ```

5. Modifizieren Sie den Zeiger in Frage 4 so, daß er ein Zeiger auf eine Elementfunktion der Klasse `Car` ist.

   ```
   long ( Car::*funktion)(int);
   ```

6. Geben Sie die Deklaration für ein Array von zehn Zeigern an, die wie in Frage 5 definiert sind.

   ```
   long ( Car::*funktion)(int) dasArray[10];
   ```

Übungen

1. Schreiben Sie ein kurzes Programm, das eine Klasse mit einer Elementvariablen und einer statischen Elementvariablen deklariert. Der Konstruktor soll die Elementvariable initialisieren und die statische Elementvariable inkrementieren. Der Destruktor soll die Elementvariable dekrementieren.

   ```
   class myClass
   ```

```
{
public:
   myClass();
   ~myClass();
private:
   int itsMember;
   static int itsStatic;
};

myClass::myClass():
 itsMember(1)
{
   itsStatic++;
}

myClass::~myClass()
{
   itsStatic--;
}

int myClass::itsStatic = 0;

int main()
{}
```

2. Verwenden Sie das Programm aus Übung 1, schreiben Sie ein kleines Rahmenprogramm, das drei Objekte erzeugt und dann den Inhalt der Elementvariablen und der statischen Elementvariable anzeigt. Zerstören Sie danach jedes Objekt, und zeigen Sie die Auswirkung auf die statische Elementvariable.

```
#include <iostream.h>

class myClass
{
public:
   myClass();
   ~myClass();
   void ShowMember();
   void ShowStatic();
private:
   int itsMember;
   static int itsStatic;
};

myClass::myClass():
 itsMember(1)
{
```

```
      itsStatic++;
   }

   myClass::~myClass()
   {
      itsStatic--;
      cout << "In Destruktor. ItsStatic: " << itsStatic << endl;
   }

   void myClass::ShowMember()
   {
      cout << "itsMember: " << itsMember << endl;
   }

   void myClass::ShowStatic()
   {
      cout << "itsStatic: " << itsStatic << endl;
   }
   int myClass::itsStatic = 0;

   int main()
   {
      myClass obj1;
      obj1.ShowMember();
      obj1.ShowStatic();

      myClass obj2;
      obj2.ShowMember();
      obj2.ShowStatic();

      myClass obj3;
      obj3.ShowMember();
      obj3.ShowStatic();
    return 0;
   }
```

3. Modifizieren Sie das Programm aus Übung 2, indem Sie eine statische Elementfunktion für den Zugriff auf die statische Elementvariable verwenden. Machen Sie die statische Elementvariable privat.

```
#include <iostream.h>

class myClass
{
public:
   myClass();
   ~myClass();
```

```
      void ShowMember();
      static int GetStatic();
   private:
      int itsMember;
      static int itsStatic;
   };

   myClass::myClass():
    itsMember(1)
   {
      itsStatic++;
   }

   myClass::~myClass()
   {
      itsStatic--;
      cout << "In Destruktor. ItsStatic: " << itsStatic << endl;
   }

   void myClass::ShowMember()
   {
      cout << "itsMember: " << itsMember << endl;
   }

   int myClass::itsStatic = 0;

   void myClass::GetStatic()
   {
      return itsStatic;
   }

   int main()
   {
      myClass obj1;
      obj1.ShowMember();
      cout << "itsStatic: " << myClass::GetStatic() << endl;

      myClass obj2;
      obj2.ShowMember();
      cout << "itsStatic: " << myClass::GetStatic() << endl;

      myClass obj3;
      obj3.ShowMember();
      cout << "itsStatic: " << myClass::GetStatic() << endl;
    return 0;
   }
```

4. Schreiben Sie einen Zeiger auf Elementfunktionen, der auf die nicht statischen Datenelemente des Programm aus Übung 3 zugreift, und verwenden Sie den Zeiger, um den Wert der Elemente auszugeben.

```
#include <iostream.h>

class myClass
{
public:
   myClass();
   ~myClass();
   void ShowMember();
   static int GetStatic();
private:
   int itsMember;
   static int itsStatic;
};

myClass::myClass():
 itsMember(1)
{
   itsStatic++;
}

myClass::~myClass()
{
   itsStatic--;
   cout << "In Destruktor. ItsStatic: " << itsStatic << endl;
}

void myClass::ShowMember()
{
   cout << "itsMember: " << itsMember << endl;
}

int myClass::itsStatic = 0;

int myClass::GetStatic()
{
   return itsStatic;
}

int main()
{
   void (myClass::*PMF) ();

```

```
        PMF=myClass::ShowMember;

        myClass obj1;
        (obj1.*PMF)();
        cout << "itsStatic: " << myClass::GetStatic() << endl;

        myClass obj2;
        (obj2.*PMF)();
        cout << "itsStatic: " << myClass::GetStatic() << endl;

        myClass obj3;
        (obj3.*PMF)();
        cout << "itsStatic: " << myClass::GetStatic() << endl;
      return 0;
    }
```

5. Ergänzen Sie die Klasse aus der vorigen Frage um zwei Elementvariablen. Fügen Sie Zugriffsfunktionen hinzu, die den gleichen Rückgabewert und die gleiche Signatur aufweisen und die die Werte dieser Elementvariablen auslesen. Greifen Sie auf diese Funktionen über einen Zeiger auf Elementfunktionen zu.

```
#include <iostream.h>

class myClass
{
public:
   myClass();
   ~myClass();
   void ShowMember();
   void ShowSecond();
   void ShowThird();
   static int GetStatic();
private:
   int itsMember;
   int itsSecond;
   int itsThird;
   static int itsStatic;
};

myClass::myClass():
 itsMember(1),
 itsSecond(2),
 itsThird(3)
{
   itsStatic++;
}

```

```
myClass::~myClass()
{
   itsStatic--;
   cout << "In Destruktor. ItsStatic: " << itsStatic << endl;
}

void myClass::ShowMember()
{
   cout << "itsMember: " << itsMember << endl;
}

void myClass::ShowSecond()
{
   cout << "itsSecond: " << itsSecond << endl;
}

void myClass::ShowThird()
{
   cout << "itsThird: " << itsThird << endl;
}
int myClass::itsStatic = 0;

int myClass::GetStatic()
{
   return itsStatic;
}

int main()
{
   void (myClass::*PMF) ();

   myClass obj1;
   PMF=myClass::ShowMember;
   (obj1.*PMF)();
   PMF=myClass::ShowSecond;
   (obj1.*PMF)();
   PMF=myClass::ShowThird;
   (obj1.*PMF)();
   cout << "itsStatic: " << myClass::GetStatic() << endl;

   myClass obj2;
   PMF=myClass::ShowMember;
   (obj2.*PMF)();
   PMF=myClass::ShowSecond;
   (obj2.*PMF)();
   PMF=myClass::ShowThird;
```

```
      (obj2.*PMF)();
      cout << "itsStatic: " << myClass::GetStatic() << endl;

      myClass obj3;
      PMF=myClass::ShowMember;
      (obj3.*PMF)();
      PMF=myClass::ShowSecond;
      (obj3.*PMF)();
      PMF=myClass::ShowThird;
      (obj3.*PMF)();
      cout << "itsStatic: " << myClass::GetStatic() << endl;
    return 0;
  }
```

Tag 15

Quiz

1. Wie erzeugt man eine *ist-ein*-Beziehung?

   Durch öffentliche (`public`) Vererbung.

2. Wie erzeugt man eine *hat-ein*-Beziehung?

   Durch Einbettung, das heißt, man richtet in einer Klasse ein Datenelement vom Typ einer anderen Klasse ein.

3. Was ist der Unterschied zwischen Einbettung und Delegierung?

   Einbettung bedeutet, daß eine Klasse ein Datenelement vom Typ einer anderen Klasse enthält. Delegierung bedeutet, daß eine Klasse eine andere Klasse zur Erledigung einer Aufgabe beziehungsweise zum Erreichen eines bestimmten Ziels verwendet. Delgierung wird häufig durch Einbettung implementiert.

4. Was ist der Unterschied zwischen Delegierung und *implementiert mit Hilfe von*?

   Delegierung bedeutet, daß eine Klasse eine andere Klasse zur Erledigung einer Aufgabe beziehungsweise zum Erreichen eines bestimmten Ziels verwendet. »Implementiert mit Hilfe von« bedeutet, daß ein Code von einer anderen Klasse geerbt wird.

5. Was ist eine `friend`-Funktion?

   Eine Friend-Funktion ist eine Funktion, der Zugriff auf die geschützten und privaten Elemente einer Klasse eingeräumt wurde.

6. Was ist eine `friend`-Klasse?

   Eine Friend-Klasse ist eine Klasse, deren Elementfunktionen Friend-Funktionen einer anderen Klasse sind.

7. Wenn `Dog` ein Freund (`friend`) von `Boy` ist, ist `Boy` dann auch ein Freund von `Dog`?

   Nein, Friend-Deklarationen sind nicht kommutativ.

8. Wenn `Dog` ein Freund von `Boy` ist und `Terrier` sich von `Dog` ableitet, ist `Terrier` dann auch ein Freund von `Boy`?

   Nein, Friend-Deklarationen werden nicht vererbt.

9. Wenn `Dog` ein Freund von `Boy` ist und `Boy` ein Freund von `House` ist, ist `Dog` dann auch ein Freund von `House`?

   Nein, Friend-Deklarationen sind nicht assoziativ.

10. Wo innerhalb einer Klassendeklaration sollte man `friend`-Funktion deklarieren?

    Irgendwo. Es macht keinen Unterschied, ob Sie die Deklaration in einen `public`-, `protected`- oder `private`-Abschnitt stellen.

Übungen

1. Setzen Sie die Deklaration einer Klasse `Animal` auf, die ein String-Objekt als Datenelement enthält.

```
class Animal:
{
private:
   String itsName;
};
```

2. Deklarieren Sie eine Klasse `BoundedArray`, die ein `Array` darstellt.

```
class BoundedArray : public Array
{
//...
}
```

3. Wie deklariert man eine Klasse `Menge` auf der Grundlage der Klasse `Array`.

```
class Menge : private Array
{
// ...
}
```

4. Erweitern Sie Listing 15.1 um einen Einlese-Operator (>>) für die `String`-Klasse.

```
#include <iostream.h>
#include <string.h>
```

```
class String
{
   public:
      // Konstruktoren
      String();
       String(const char *const);
       String(const String &);
      ~String();

      // Überladene Operatoren
      char & operator[](int offset);
      char operator[](int offset) const;
      String operator+(const String&);
      void operator+=(const String&);
      String & operator= (const String &);
      friend ostream& operator<<
          ( ostream&   _theStream,String& theString);
      friend istream& operator>>
         ( istream& _theStream,String& theString);
      // Allgemeine Zugriffsfunktionen
      int GetLen()const { return itsLen; }
      const char * GetString() const { return itsString; }
      // static int ConstructorCount;

   private:
      String (int);         // privater Konstruktor
      char * itsString;
      unsigned short itsLen;

};

ostream& operator<<( ostream& theStream,String& theString)
{
    theStream << theString.GetString();
    return theStream;
}

istream& operator>>( istream& theStream,String& theString)
{
    theStream >> theString.GetString();
    return theStream;
}

int main()
{
```

```
        String theString("Hello world.");
        cout << theString;
    return 0;
      }
```

5. FEHLERSUCHE: Was ist falsch an folgendem Programm?

```
#include <iostream.h>

class Animal;

void setValue(Animal& , int);


class Animal
{
public:
   int GetWeight()const { return itsWeight; }
   int GetAge() const { return itsAge; }
private:
   int itsWeight;
   int itsAge;
};

void setValue(Animal& theAnimal, int theWeight)
{
   friend class Animal;
   theAnimal.itsWeight = theWeight;
}

int main()
{
   Animal peppy;
   setValue(peppy,5);
}
```

Die Friend-Deklaration gehört nicht in die Funktion, sondern in die Klasse, zu der die Funktion ein Friend sein soll.

6. Beheben Sie den Fehler in Übung 5, so daß sich der Code kompilieren läßt.

```
#include <iostream.h>

class Animal;

void setValue(Animal& , int);


```

```
class Animal
{
public:
   friend void setValue(Animal&, int);
   int GetWeight()const { return itsWeight; }
   int GetAge() const { return itsAge; }
private:
   int itsWeight;
   int itsAge;
};

void setValue(Animal& theAnimal, int theWeight)
{
   theAnimal.itsWeight = theWeight;
}

int main()
{
   Animal peppy;
   setValue(peppy,5);
 return 0;
}
```

7. FEHLERSUCHE: Was ist falsch an diesem Code?

```
#include <iostream.h>

class Animal;

void setValue(Animal& , int);
void setValue(Animal& ,int,int);

class Animal
{
friend void setValue(Animal& ,int);
private:
   int itsWeight;
   int itsAge;
};

void setValue(Animal& theAnimal, int theWeight)
{
    theAnimal.itsWeight = theWeight;
}


void setValue(Animal& theAnimal, int theWeight, int theAge)
```

```
{
   theAnimal.itsWeight = theWeight;
   theAnimal.itsAge = theAge;
}

int main()
{
   Animal peppy;
   setValue(peppy,5);
   setValue(peppy,7,9);
}
```

Die Funktion `setValue(Animal&, int)` wurde als Freund deklariert, nicht aber die überladene Funktion `setValue(Animal&, int, int)`.

8. Beheben Sie den Fehler in Übung 7, so daß sich der Code kompilieren läßt.

```
#include <iostream.h>

class Animal;

void setValue(Animal& , int);
void setValue(Animal& ,int,int);

class Animal
{
friend void setValue(Animal& ,int);
friend void setValue(Animal& ,int,int);
private:
   int itsWeight;
   int itsAge;
};

void setValue(Animal& theAnimal, int theWeight)
{
    theAnimal.itsWeight = theWeight;
}


void setValue(Animal& theAnimal, int theWeight, int theAge)
{
   theAnimal.itsWeight = theWeight;
   theAnimal.itsAge = theAge;
}

int main()
{
```

```
        Animal peppy;
        setValue(peppy,5);
        setValue(peppy,7,9);
    return 0;
 }
```

Tag 16

Quiz

1. Was ist der Ausgabe-Operator, und wozu dient er?

   Der Ausgabe-Operator (<<) ist ein Element eines `ostream`-Objekts und wird zum Schreiben in das Ausgabegerät verwendet.

2. Was ist der Eingabe-Operator und wozu dient er?

   Der Eingabe-Operator (>>) ist ein Element eines `istream`-Objekts und wird zum Schreiben in die Variablen Ihrer Programme verwendet.

3. Wie lauten die drei Formen von `cin.get()`, und wo liegen die Unterschiede?

   Die erste Form von `get()` ist ohne Parameter. Diese Version liefert einen Wert des vorgefundenen Zeichens zurück (EOF, wenn das Dateiende erreicht wurde).

   Die zweite Form von `cin.get()` übernimmt eine Zeichenreferenz als Parameter. In diesem Zeichen wird das nächste Zeichen im Eingabestream abgelegt. Der Rückgabewert ist ein `iostream`-Objekt.

   Die dritte Form von `get()` übernimmt drei Parameter. Der erste Parameter ist ein Zeiger auf einen Zeichen-Array, der zweite Parameter die maximale Anzahl der einzulesenden Zeichen plus eins und der dritte Parameter das Terminierungszeichen.

4. Was ist der Unterschied zwischen `cin.read()` und `cin.getline()`?

   `cin.read()` wird zum Einlesen binärer Datenstrukturen verwendet.

   `cin.getline()` wird zum Einlesen aus dem `istream`-Puffer verwendet.

5. Wie groß ist die Standardbreite für die Ausgabe eines Integers vom Typ `long` mit Hilfe des Ausgabe-Operators?

   Groß genug, um den Zahlenwert vollständig anzuzeigen.

6. Wie lautet der Rückgabewert des Ausgabe-Operators?

   Der Rückgabewert ist eine Referenz auf ein `istream`-Objekt.

7. Welche Parameter übernimmt der Konstruktor eines `ofstream`-Objekts?

   Den Namen der Datei, die geöffnet werden soll.

8. Was bewirkt das Argument `ios::ate`?

   `ios::ate` springt nach dem Öffnen an das Ende der Datei; es ist aber auch möglich an jede beliebige Position in der Datei zu schreiben.

Übungen

1. Schreiben Sie ein Programm, das die vier Standardstreamobjekte `cin`, `cout`, `cerr` und `clog` verwendet.

```
#include <iostream.h>
int main()
{
   int x;
   cout << "Geben Sie eine Zahl ein: ";
   cin >> x;
   cout << "You entered: " << x << endl;
   cerr << "Uh oh, this to cerr!" << endl;
   clog << "Uh oh, this to clog!" << endl;
 return 0;
}
```

2. Schreiben Sie ein Programm, das den Anwender auffordert, seinen vollständigen Namen einzugeben, und diesen dann auf dem Bildschirm ausgibt.

```
#include <iostream.h>
int main()
{
   char name[80];
   cout << "Geben Sie Ihren vollstaendigen Namen ein: ";
   cin.getline(name,80);
   cout << "\nSie heissen: " << name << endl;
return 0;
}
```

3. Schreiben Sie ein Neufassung von Listing 16.9, das zwar das gleiche bewirkt, jedoch ohne `putback()` und `ignore()` auskommt.

```
// Listing
#include <iostream.h>

int main()
{
   char ch;
   cout << "Geben Sie einen Satz ein: ";
```

```
      while ( cin.get(ch) )
      {
         switch (ch)
         {
           case '!':
              cout << '$';
              break;
           case '#':
              break;
           default:
              cout << ch;
              break;
         }
      }
   return 0;
   }
```

4. Schreiben Sie ein Programm, das einen Dateinamen als Parameter übernimmt und die Datei zum Lesen öffnet. Lesen Sie jedes Zeichen der Datei und lassen Sie nur die Buchstaben und Zeichensetzungssymbole auf dem Bildschirm ausgeben. (Ignorieren Sie alle nichtdruckbaren Zeichen.) Schließen Sie dann die Datei, und beenden Sie das Programm.

```
#include <fstream.h>
enum BOOL { FALSE, TRUE };

int main(int argc, char**argv)   // liefert 1 bei Fehler
{

   if (argc != 2)
   {
      cout << "Aufruf: argv[0] <eingabedatei>\n";
      return(1);
   }

// Eingabestream oeffnen
   ifstream fin (argv[1],ios::binary);
   if (!fin)
   {
      cout << argv[1] <<
              " kann nicht zum Lesen geoeffnet werden.\n";
      return(1);
   }

   char ch;
   while ( fin.get(ch))
      if ((ch > 32 && ch < 127) || ch == '\n' || ch == '\t')
```

```
            cout << ch;
        fin.close();
    }
```

5. Schreiben Sie ein Programm, das seine Befehlszeilenargumente in umgekehrter Reihenfolge und den Programmnamen überhaupt nicht anzeigt.

```
#include <fstream.h>

int main(int argc, char**argv)   // liefert 1 bei Fehler
{
   for (int ctr = argcÐ1; ctr ; ctr--)
     cout << argv[ctr] << " ";
 return 0;
}
```

Tag 17

Quiz

1. Kann ich Namen, die in einem Namensbereich definiert sind, ohne vorangehende `using`-Anweisung verwenden?

   Ja, stellen Sie dem Namen dazu den Namensbereichqualifzierer voran.

2. Was sind die Hauptunterschiede zwischen normalen und unbenannten Namensbereichen?

   Für unbenannte Namensbereiche fügt der Compiler intern eine implizite `using`-Direktive ein, die es dem Programmierer ermöglicht, auf die Namen in dem Namensbereich ohne Namensbereichqualifizierer zuzugreifen. Für normale Namensbereiche gibt es keine implizite `using`-Direktive. Um Namen aus normalen Namensbereichen verwenden zu können, müssen Sie entweder eine `using`-Direktive oder eine `using`-Deklaration aufsetzen oder die Namen über einen Namensbereichqualifizierer ansprechen.

   Namen aus normalen Namensbereichen können nicht nur in der Übersetzungeinheit, in der der Namensbereich deklariert ist, verwendet werden, sondern auch in anderen Übersetzungeinheiten. Namen aus einem unbenannten Namensbereich können nur in der Übersetzungeinheit verwendet werden, in der der Namensbereich deklariert ist.

3. Was versteht man unter dem Standardnamensbereich?

   Der Standardnamensbereich `std` ist von der C++-Standardbibliothek definiert. In ihm stehen die Deklarationen aller Elemente der Standardbibliothek.

Übungen

1. FEHLERSUCHE: Was ist falsch an diesem Programm?

   ```
   #include <iostream>

   int main()
   {
       cout << "Hello world!" << end;
       return 0;
   }
   ```

   In der C++-Header-Datei `iostream` sind die Elemente `cout` und `endl` im Namensbereich `std` deklariert.

2. Geben Sie drei Möglichkeiten an, das Problem in Übung 1 zu beheben.

   ```
   1.    using namespace std;
   2.    using std::cout;
         using std::endl;
   3.    std::cout << "Hello world!" << std::endl;
   ```

Tag 18

Quiz

1. Worin besteht der Unterschied zwischen objektorientierter und prozeduraler Programmierung?

   Die prozedurale Programmierung beruht auf der Trennung zwischen Daten und Funktionen. Die objektorientierte Programmierung vereint Daten und Funktionalität in Objekten und konzentriert sich auf die Interaktionen zwischen den Objekten.

2. Welche Phasen umfassen objektorientierte Analyse und Design?

   Zu einem typischen Entwicklungszyklus gehören: Analyse, Design, Implementierung, Test und Programmierung sowie Rückmeldungen und Interaktionen zwischen diesen Phasen.

3. In welcher Beziehung stehen Sequenz- und Kollaborationsdiagramme zueinander?

   Sie bieten unterschiedliche Darstellungen ein und derselben Information und können ineinander überführt werden.

Übungen

1. Nehmen Sie an, Sie sollen die Kreuzung zweier großer Straßen (inklusive Ampeln und Fußgängerübergänge) simulieren. Ziel der Simulation ist es herauszufinden, ob die Ampeln so geschaltet werden können, daß ein fließender Verkehr möglich ist.

   Welche Objekte sollten in der Simulation modelliert werden? Welche Klassen benötigt man für die Simulation?

   Die Kreuzung wird von Autos, Lastwagen, Fahrrädern, Fußgängern und Notfallwagen (Polizei, Krankenwagen, Feuerwehr) überquert. Des weiteren gibt es eine Fußgängerampel.

   Sollte man die Beschaffenheit der Straßendecke in die Simulation einbeziehen? Auf jeden Fall, schließlich kann sich die Qualität der Straßendecke auf den Verkehr auswirken. Für einen ersten Entwurf ist es aber einfacher die Straßendecke noch unberücksichtigt zu lassen.

   Das erste Objekt ist natürlich die Kreuzung selbst. Vielleicht stattet man das Kreuzung-Objekt mit Listen der Autos und Fußgänger aus, die vor den Ampeln warten, bis sie die Kreuzung überqueren können. Methoden werden benötigt, die festlegen, wieviel Autos und Leute die Kreuzung passieren dürfen.

   Da es nur eine Kreuzung gibt, müssen Sie sich Gedanken darüber machen, wie Sie verhindern, daß nur ein Objekt erzeugt wird (Tip: denken Sie an statischen Zugriff und geschützten Zugriff).

   Zu den Nutzern der Kreuzung gehören Autos und Passanten. Beide haben eine Reihe gemeinsamer Eigenschaften: Sie können zu beliebigen Zeiten auftauchen, sie können in beliebiger Zahl auftauchen und sie müssen die Rotphasen abwarten (wenn auch vor unterschiedlichen Ampeln). Es liegt daher nahe, eine gemeinsame Basisklasse für Passanten und Autos zu erstellen.

   Damit hätten wir folgende Klassen zusammengetragen:

```
class Nutzer;   // ein Nutzer der Kreuzung

// Basisklasse fuer alle Fahrzeuge.
class Fahrzeug : Nutzer ...;

// Basisklasse fuer alle Fußgaenger
class Fussgaenger : Nutzer...;

class Auto : public Fahrzeug...;
class Lastwagen : public Fahrzeug...;
class Motorrad : public Fahrzeug...;
class Fahrrad : public Fahrzeug...;
```

```
class Notfallwagen : public Fahrzeug...;

// enthaelt Liste der wartenden Autos und Passanten
class Kreuzung;
```

2. Nehmen Sie an, die Kreuzung aus Übung 1 läge in einem Vorort von Boston, einer Stadt, die nach Ansicht mancher Leute die unfreundlichsten Straßen in ganz Amerika enthält. Es gibt drei Typen von Bostonern Autofahrern:

   Ortsansässige, die auch über Ampeln fahren, wenn diese schon auf Rot geschaltet haben, Touristen, die langsam und vorsichtig fahren (meist in angemieteten Wagen), und Taxen, deren Fahrverhalten sich im wesentlichen danach richtet, welche Art von Kunde im Taxi sitzt.

   Daneben gibt es zwei Arten von Fußgängern: Ortsansässige, die nach Lust und Laune die Straße überqueren und selten Fußgängerübergänge benutzen, und Touristen, die immer die Fußgängerampeln benutzen.

   Schließlich gibt es noch die Fahrradfahrer, die auf keine Ampeln achten.

   Wie kann man diese Gegebenheiten in dem Modell berücksichtigen?

   Ein vernünftiger Ansatz wäre die Einrichtung abgeleiteter Objekte, die die spezifischen Verhaltensweisen modellieren:

```
class Ortskundiges_Auto : public Auto...;
class Touristen_Auto : public Auto...;
class Taxi : public Auto...;
class Ortskundiger_Fussgaenger : public Fussgaenger...;
class Touristen_Fussgaenger : public Fussgaenger...;
class Bostoner_Fahrrad : public Fahrrad...;
```

   Mit Hilfe virtueller Methoden können die einzelnen Klassen das allgemeine Verhalten anpassen. So würde beispielsweise der Bostoner Autofahrer auf eine rote Ampel anders reagieren als ein Tourist.

3. Sie werden gebeten, einen Konferenzplaner zu entwerfen. Die Software soll dabei helfen, Treffen einzelner Personen oder Gruppen zu arrangieren und Konferenzräume zu belegen. Identifizieren Sie die wichtigsten Untersysteme.

   Für dieses Projekt müssen zwei Programme aufgesetzt werden: ein Client-Programm, das der Anwender ausführt, und ein Server-Programm, das auf einer separaten Maschine läuft. Zusätzlich muß die Client-Maschine über eine Verwaltungskomponente verfügen, die es dem Systemverwalter ermöglicht, neue Mitarbeiter und Räume aufzunehmen.

   In diesem Client/Server-Modell akzeptiert der Client Eingaben seitens des Anwenders und schickt eine entsprechende Anforderung an den Server. Der Server verarbeitet die Anforderung und sendet das Ergebnis zurück an den Client. Nach diesem Model können mehrere Anwender gleichzeitig Treffen planen.

Auf der Client-Seite gibt es neben der Verwaltungskomponenten zwei wichtige Untersysteme: die Benutzerschnittstelle und das Kommunikationssystem. Die Server-Seite besteht aus drei Untersystemen: Kommunikation, Belegungsplan und E-Mail-Interface, das die Anwender informiert, wenn es Änderungen im Belegungsplan gibt.

4. Entwerfen Sie die Schnittstellen für die Klassen zur Reservierung der Konferenzräume aus Übung 3.

   Ein Treffen ist definiert als eine Gruppe von Mitarbeitern, die einen Raum für eine bestimmte Zeit reservieren. Die Person, die das Treffen plant, ist vielleicht an einem speziellen Raum oder einer bestimmten Zeit interessiert. Für den Planer ist wichtig, wie lange das Treffen dauert und welche Personen teilnehmen.

   Zu den benötigten Objekten dürften die Anwender des Systems und die Konferenzräume gehören. Nicht zu vergessen die Klassen für den Kalender und vielleicht eine Meeting-Klasse, in der die Informationen über die einzelnen Ereignisse gekapselt sind.

   Folgende Prototypen könnte die Schnittstelle enthalten:

```
class Calendar_Class;          // Vorwaertsreferenz
class Meeting;                 // Vorwaertsreferenz
class Configuration
{
public:
     Configuration();
     ~Configuration();
     Meeting Schedule( ListOfPerson&, Delta Time duration );
     Meeting Schedule( ListOfPerson&, Delta Time duration, Time );
     Meeting Schedule( ListOfPerson&, Delta Time duration, Room );
     ListOfPerson&     People();     // public Zugriffsmethode
     ListOfRoom&       Rooms();      // public Zugriffsmethode
protected:
     ListOfRoom     rooms;
     ListOfPerson     people;
};
typedef long      Room_ID;
class Room
{
public:
     Room( String name, Room_ID id, int capacity,
           String directions = "", String description = "" );
     ~Room();
     Calendar_Class Calendar();

protected:
```

```
    Calendar_Class     calendar;
    int          capacity;
    Room_ID     id;
    String          name;
    String          directions;          // Wo ist dieser Raum?
String          description;
};
typedef long Person_ID;
class Person
{
public:
    Person( String name, Person_ID id );
    ~Person();
    Calendar_Class Calendar();       // Schnittstelle zum Hinzufuegen von
                                     // Treffen
protected:
    Calendar_Class     calendar;
    Person_ID     id;
    String          name;
};
class Calendar_Class
{
public:
    Calendar_Class();
    ~Calendar_Class();

    void Add( const Meeting& );          // Treffen in Kalender aufnehmen
    void Delete( const Meeting& );
    Meeting* Lookup( Time );            // Ist fuer einen bestimmten
                                        // Zeitraum ein Treffen angesetzt

    Block( Time, Duration, String reason = "" );   // Zeit reservieren..

protected:
    OrderedListOfMeeting meetings;
};
class Meeting
{
public:
    Meeting( ListOfPerson&, Room room,
         Time when, Duration duration, String purpose= "" );
    ~Meeting();
protected:
    ListOfPerson     people;
    Room           room;
    Time           when;
```

```
        Duration     duration;
        String          purpose;
};
```

Tag 19

Quiz

1. Worin besteht der Unterschied zwischen einem Template und einem Makro?

   Templates sind typensicher und Teil der Sprache C++. Makros werden vom Präprozessor verarbeitet und sind typenunsicher.

2. Worin besteht der Unterschied zwischen dem Parameter eines Templates und einer Funktion?

   Der Parameter zu einem Template erzeugt für die einzelnen Datentypen Instanzen des Templates. Wenn Sie sechs Template-Instanzen erzeugen, werden sechs eigenständige Klassen oder Funktionen erzeugt. Die Parameter zu einer Funktion modifizieren das Verhalten oder die Daten der Funktion, aber es wird nur eine Funktion erzeugt.

3. Worin besteht der Unterschied zwischen der Verwendung einer typspezifischen und einer allgemeinen Template-Klasse als Friend?

   Bei Verwendung einer allgemeinen Template-Funktion als Friend wird für jeden Typ der parametrisierten Klasse eine eigene Funktion erzeugt. Die typspezifische Funktion erzeugt für alle Instanzen der parametrisierten Klasse eine typspezifische Instanz.

4. Ist es möglich, für eine bestimmte Instanz eines Templates ein spezielles Verhalten vorzusehen, daß sich von dem Verhalten für andere Instanzen unterscheidet?

   Ja, erzeugen Sie eine spezialisierte Funktion für die betreffende Instanz. Beispielsweise können Sie zusätzlich zu `Array<T>::EineFunktion()` noch die Funktion `Array<int>::EineFunktion()` aufsetzen, um ein eigenes Verhalten für Integer-`Arrays` vorzusehen.

5. Wie viele statische Variablen werden erzeugt, wenn Sie ein statisches Element in einer Template-Klasse definieren?

   Eine Variable für jede Instanz der Klasse.

6. Was muß man sich unter den Iteratoren vorstellen, die in der C++-Standard-Bibliothek verwendet werden?

   Iteratoren sind Verallgemeinerungen von Zeigern. Iteratoren können inkrementiert werden, um auf den nächsten Knoten in einer Folge von Elementen zu verweisen. Iteratoren können zudem dereferenziert werden und so den Knoten, auf den sie verweisen, zurückliefern.

7. Was ist ein Funktionsobjekt?

   Ein Funktionsobjekt ist die Instanz einer Klasse, in der der Operator `()` überladen ist. Funktionsobjekte können auf diese Weise wie normale Funktionen aufgerufen werden.

Übungen

1. Setzen Sie ein Template auf, das auf der folgenden `List`-Klasse basiert:

```
class List
{
private:

public:
     List():head(0),tail(0),theCount(0) {}
     virtual ~List();

     void insert( int value );
     void append( int value );
     int is_present( int value ) const;
     int is_empty() const { return head == 0; }
     int count() const { return theCount; }
private:
     class ListCell
     {
     public:
          ListCell(int value, ListCell *cell = 0):val(value),next(cell){}
          int val;
          ListCell *next;
     };
     ListCell *head;
     ListCell *tail;
     int theCount;
};
```

Und so könnte die Implementierung des Templates aussehen:

```
template <class Type>
class List
```

```
{

public:
     List():head(0),tail(0),theCount(0) { }
     virtual ~List();

     void insert( Type value );
     void append( Type value );
     int is_present( Type value ) const;
     int is_empty() const { return head == 0; }
     int count() const { return theCount; }

private:
     class ListCell
     {
     public:
          ListCell(Type value, ListCell *cell = 0):val(value),next(cell){}
          Type val;
          ListCell *next;
     };

     ListCell *head;
     ListCell *tail;
     int theCount;
};
```

2. Setzen Sie eine Implementierung für die (Nicht-Template-Version der) Klasse `List` auf.

```
void List::insert(int value)
{
     ListCell *pt = new ListCell( value, head );
     assert (pt != 0);

     // leere Liste
     if ( head == 0 ) tail = pt;

     head = pt;
     theCount++;
}

void List::append( int value )
{
     ListCell *pt = new ListCell( value );
     if ( head == 0 )
          head = pt;
     else
```

```
        tail->next = pt;

    tail = pt;
    theCount++;
}

int List::is_present( int value ) const
{
    if ( head == 0 ) return 0;
    if ( head->val == value || tail->val == value )
        return 1;

    ListCell *pt = head->next;
    for (; pt != tail; pt = pt->next)
        if ( pt->val == value )
            return 1;

    return 0;
}
```

3. Setzen Sie eine Implementierung für die Template-Version auf.

```
template <class Type>
List<Type>::~List()
{
    ListCell *pt = head;

    while ( pt )
    {
        ListCell *tmp = pt;
        pt = pt->next;
        delete tmp;
    }
    head = tail = 0;
}

template <class Type>
void List<Type>::insert(Type value)
{
    ListCell *pt = new ListCell( value, head );
    assert (pt != 0);

    // leere Liste
    if ( head == 0 ) tail = pt;

    head = pt;
    theCount++;
```

```
}

template <class Type>
void List<Type>::append( Type value )
{
     ListCell *pt = new ListCell( value );
     if ( head == 0 )
          head = pt;
     else
          tail->next = pt;

     tail = pt;
     theCount++;
}

template <class Type>
int List<Type>::is_present( Type value ) const
{
     if ( head == 0 ) return 0;
     if ( head->val == value || tail->val == value )
          return 1;

     ListCell *pt = head->next;
     for (; pt != tail; pt = pt->next)
          if ( pt->val == value )
               return 1;

     return 0;
}
```

4. Deklarieren Sie drei `List`-Objekte: eine Liste von Strings, eine Liste von `Cats` und eine Liste von Integern.

```
List<String> string_list;
List<Cat> Cat_List;
List<int> int_List;
```

5. FEHLERSUCHE: Was stimmt nicht an dem nachfolgenden Code? (Gehen Sie davon aus, daß das `List`-Template definiert ist und mit `Cat` die Klasse aus den vorangehenden Kapiteln des Buches gemeint ist.)

```
List<Cat> Cat_List;
Cat Felix;
CatList.append( Felix );
cout << "Felix ist " <<
     ( Cat_List.is_present( Felix ) ) ? "" : "nicht " << "da\n";
```

Tip (denn dies ist eine schwierige Aufgabe): Was unterscheidet `Cat` von `int`?

Für `Cat` ist kein ==-Operator definiert. Alle Operationen, die Werte in `List`-Zellen vergleichen (wie zum Beispiel `is_present()`), erzeugen einen Compiler-Fehler. Um dem vorzubeugen, sollten Sie der Template-Definition einen ausführlichen Kommentar voranstellen, der Auskunft darüber gibt, welche Operationen für die Datentypen definiert sein müssen, damit die Instanzen des Templates kompiliert werden.

6. Deklarieren Sie eine `friend`-Operator == für `List`.

```
friend int operator==( const Type& lhs, const Type& rhs );
```

7. Implementieren Sie den `friend`-Operator == für `List`.

```
template <class Type>
int List<Type>::operator==( const Type& lhs, const Type& rhs )
{
     // zuerst die Laengen vergleichen
     if ( lhs.theCount != rhs.theCount )
          return 0;     // unterschiedliche Laengen

     ListCell *lh = lhs.head;
     ListCell *rh = rhs.head;

     for(; lh != 0; lh = lh.next, rh = rh.next )
          if ( lh.value != rh.value )
               return 0;

     return 1;          // Laengen gleich
}
```

8. Gibt es mit dem Operator == die gleichen Probleme wie in Übung 5?

Ja, denn zum Vergleichen der Listen müssen die Elemente in den Listen verglichen werden. Dazu muß der `!=`-Operator für die Elemente definiert sein.

9. Implementieren Sie eine Template-Funktion `swap()`, die zwei Variablen austauscht.

```
// Template swap:
// fuer Type muessen Zuweisung und Kopierkonstruktor definiert sein
template <class Type>
void swap( Type& lhs, Type& rhs)
{
     Type temp( lhs );
     lhs = rhs;
     rhs = temp;
}
```

10. Implementieren Sie die Klasse SchoolClass aus Listing 19.8 als list-Container. Verwenden Sie die push_back()-Funktion, um vier Studenten in den list-Container aufzunehmen. Gehen Sie dann den Container durch, und setzen Sie das Alter der Schüler um jeweils ein Jahr herauf.

```
#include <list>

template<class T, class A>
void ShowList(const list<T, A>& aList);     // list-Eigenschaften ausgeben

typedef list<Student>SchoolClass;

int main()
{
        Student Harry("Harry", 18);
        Student Sally("Sally", 15);
        Student Bill("Bill", 17);
        Student Peter("Peter", 16);

        SchoolClass GrowingClass;
        GrowingClass.push_back(Harry);
        GrowingClass.push_back(Sally);
        GrowingClass.push_back(Bill);
        GrowingClass.push_back(Peter);
        ShowList(GrowingClass);

        cout << "Ein Jahr spaeter;\n";

        for (SchoolClass::iterator i = GrowingClass.begin();
                                i != GrowingClass.end(); ++i)
               i->SetAge(i->GetAge() + 1);

        ShowList(GrowingClass);

    return 0;
}

//
// list-Eigenschaften ausgeben
//
template<class T, class A>
void ShowList(const list<T, A>& aList)
{
        for (list<T, A>::const_iterator ci = aList.begin();
                                ci != aList.end(); ++ci)
```

```
                cout << *ci << "\n";

        cout << endl;
}
```

11. Erweitern Sie Übung 10 und verwenden Sie ein Funktionsobjekt, um die Daten der einzelnen Schüler auszugeben.

```
#include <algorithm>

template<class T>
class Print
{
public:
void operator()(const T& t)
{
cout << t << "\n";
}
};

template<class T, class A>
void ShowList(const list<T, A>& aList)
{
        Print<Student>      PrintStudent;

        for_each(aList.begin(), aList.end(), PrintStudent);

        cout << endl;
}
```

Tag 20

Quiz

1. Was ist eine Exception?

   Eine Exception ist ein Objekt, das bei Aufruf des Schlüsselwortes `throw` erzeugt wird. Es signalisiert das Eintreten eines außergewöhnlichen Umstands und wird an die Funktionen im Aufrufstack hochgereicht, bis sich eine `catch`-Anweisung findet, die das Objekt abfängt und darauf reagiert.

2. Was ist ein `try`-Block?

   Ein `try`-Block ist eine Folge von Anweisungen, in denen Exceptions auftreten können.

3. Was ist eine catch-Anweisung?

   Eine catch-Anweisung spezifiziert in ihrer Signatur den Typ von Exceptions, die sie abfängt und behandelt. Die catch-Anweisung folgt auf einen try-Block und empfängt die Exceptions, die in diesem try-Block ausgelöst wurden.

4. Welche Informationen kann eine Exception enthalten?

   Eine Exception ist ein Objekt und kann als solches jede beliebige Information enthalten, die man in einer benutzerdefinierten Klasse festhalten kann.

5. Wann werden Exception-Objekte erzeugt?

   Exception-Objekte werden bei Aufruf des Schlüsselworts throw erzeugt.

6. Sollte man Exceptions als Wert oder als Referenz übergeben?

   Generell sollten Exceptions als Referenzen übergeben werden. Wenn der Inhalt der Exception-Objekte nicht geändert werden soll, übergeben Sie die Exception-Objekte als const-Referenzen.

7. Fängt eine catch-Anweisung eine abgeleitete Exception ab, wenn sie nach der Basisklasse sucht?

   Ja, vorausgesetzt die Exception wird als Referenz übergeben.

8. In welcher Reihenfolge sind zwei catch-Anweisungen einzurichten, wenn die eine Objekte der Basisklasse und die andere Objekte der abgeleiteten Klasse abfängt?

   Die catch-Anweisungen werden in der Reihenfolge durchgegangen, in der sie im Code aufeinanderfolgen. Die erste catch-Anweisungen deren Signatur zu der Exception paßt, wird ausgeführt.

9. Was bedeutet die Anweisung catch(...)?

   Die Anweisung catch(...) fängt alle Exceptions ab – unabhängig von deren Typ.

10. Was ist ein Haltepunkt?

    Ein Haltepunkt ist eine Stelle im Code, an der der Debugger die Ausführung des Programms anhält.

Übungen

1. Erstellen Sie einen try-Block, eine catch-Anweisung und eine einfache Exception.

```
#include <iostream.h>
class OutOfMemory {};
int main()
{

    try
```

```
    {
        int *myInt = new int;
        if (myInt == 0)
            throw OutOfMemory();
    }
    catch (OutOfMemory)
    {
        cout << "Speicher konnte nicht reserviert werden!\n";
    }
return 0;
 }
```

2. Modifizieren Sie das Ergebnis aus Übung 1: Nehmen Sie in die Exception-Klasse Daten und eine passende Zugriffsfunktion auf. Verwenden Sie diese Elemente im `catch`-Block.

```
#include <iostream.h>
#include <stdio.h>
#include <string.h>
class OutOfMemory
{
public:
    OutOfMemory(char *);
    char* GetString() { return itsString; }
private:
    char* itsString;
};

OutOfMemory::OutOfMemory(char * theType)
{
    itsString = new char[80];
    char warning[] = "Nicht genuegend Speicher fuer: ";
    strncpy(itsString,warning,60);
    strncat(itsString,theType,19);
}

int main()
{

    try
    {
        int *myInt = new int;
        if (myInt == 0)
            throw OutOfMemory("int");
    }
    catch (OutOfMemory& theException)
    {
```

```
            cout << theException.GetString();
        }
    return 0;
    }
```

3. Wandeln Sie die Klasse aus Übung 2 in eine Hierarchie von Exception-Klassen um. Modifizieren Sie den `catch`-Block, um die abgeleiteten Objekte und die Basisobjekte zu benutzen.

```
#include <iostream.h>

// Abstrakter Datentyp fuer Exceptions
class Exception
{
public:
   Exception(){}
   virtual ~Exception(){}
   virtual void PrintError() = 0;
};

// Abgleitete Klasse fuer Speicherprobleme.
// Achtung: Keine Speicherallokation in dieser Klasse!
class OutOfMemory : public Exception
{
public:
   OutOfMemory(){}
   ~OutOfMemory(){}
   virtual void PrintError();
private:
};

void OutOfMemory::PrintError()
{
   cout << "Nicht genuegend Speicher!!\n";
}

// Abgeleitete Klasse fuer ungueltige Zahlenwerte
class RangeError : public Exception
{
public:
   RangeError(unsigned long number){badNumber = number;}
   ~RangeError(){}
   virtual void PrintError();
   virtual unsigned long GetNumber() { return badNumber; }
   virtual void SetNumber(unsigned long number) {
                                          badNumber = number;}
private:
```

```
        unsigned long badNumber;
    };

    void RangeError::PrintError()
    {
        cout << "Wert " << GetNumber() <<
                        " ausserhalb des gueltigen Bereichs!!\n";
    }

    void MyFunction();  // Prototyp

    int main()
    {
        try
        {
            MyFunction();
        }
        // Nur ein catch-Block erforderlich, nutzt virtuelle
        // Funktionen.
        catch (Exception& theException)
        {
            theException.PrintError();
        }
        return 0;
     }

     void MyFunction()
     {
            unsigned int *myInt = new unsigned int;
            long testNumber;
            if (myInt == 0)
               throw OutOfMemory();
            cout << "Geben Sie einen int-Wert ein: ";
            cin >> testNumber;
            // dieser etwas seltsame Test sollte durch
            // mehrere Tests ersetzt werden
            if (testNumber > 3768 || testNumber < 0)
               throw RangeError(testNumber);

            *myInt = testNumber;
            cout << "OK. myInt: " << *myInt;
            delete myInt;
    }
```

4. Modifizieren Sie das Programm aus Übung 3, so daß es drei Ebenen für Funktionsaufrufe enthält.

```
#include <iostream.h>

// Abstrakter Datentyp fuer Exceptions
class Exception
{
public:
   Exception(){}
   virtual ~Exception(){}
   virtual void PrintError() = 0;
};

// Abgleitete Klasse fuer Speicherprobleme.
// Achtung: Keine Speicherallokation in dieser Klasse!
class OutOfMemory : public Exception
{
public:
   OutOfMemory(){}
   ~OutOfMemory(){}
   virtual void PrintError();
private:
};

void OutOfMemory::PrintError()
{
   cout << "Nicht genuegend Speicher!!\n";
}

// Abgeleitete Klasse fuer ungueltige Zahlenwerte
class RangeError : public Exception
{
public:
   RangeError(unsigned long number){badNumber = number;}
   ~RangeError(){}
   virtual void PrintError();
   virtual unsigned long GetNumber() { return badNumber; }
   virtual void SetNumber(unsigned long number) {
                                       badNumber = number;}
private:
   unsigned long badNumber;
};

void RangeError::PrintError()
{
```

```
   cout << "Wert " << GetNumber() <<
                   " ausserhalb des gueltigen Bereichs!!\n";
}

// Prototypen
void MyFunction();
unsigned int * FunctionTwo();
void FunctionThree(unsigned int *);

int main()
{
   try
   {
      MyFunction();
   }
   // Nur ein catch-Block erforderlich, nutzt virtuelle
   // Funktionen.
   catch (Exception& theException)
   {
      theException.PrintError();
   }
   return 0;
 }

unsigned int * FunctionTwo()
{
   unsigned int *myInt = new unsigned int;
  if (myInt == 0)
    throw OutOfMemory();
  return myInt;
}

 void MyFunction()
 {
      unsigned int *myInt = FunctionTwo();

      FunctionThree(myInt);
      cout << "OK. myInt: " << *myInt;
      delete myInt;
}

void FunctionThree(unsigned int *ptr)
{
      long testNumber;
      cout << "Geben Sie einen int-Wert ein: ";
      cin >> testNumber;
```

```
            // dieser etwas seltsame Test sollte durch
            // mehrere Tests ersetzt werden
            if (testNumber > 3768 || testNumber < 0)
               throw RangeError(testNumber);
            *ptr = testNumber;
    }
```

5. FEHLERSUCHE: Wo verbirgt sich der Fehler in folgendem Code?

```
class xOutOfMemory
{
public:
        xOutOfMemory(){ theMsg = new char[20];
             strcpy(theMsg,"Kein Speicher mehr");}
        ~xOutOfMemory(){ delete [] theMsg; cout
           << "Speicher wiederhergestellt." << endl; }
    char * Message()  { return theMsg; }
private:
        char * theMsg;
};

main()
{
     try
     {
          char * var = new char;
          if ( var == 0 )
          {
             xOutOfMemory * px =
             new xOutOfMemory;
             throw px;
          }
     }

     catch( xOutOfMemory * theException )
     {
         cout << theException->Message() <<endl;
         delete theException;
     }
        return 0;
}
```

Hier wird im Zuge der Behandlung einer »Kein Speicher«-Exception im Konstruktor ein String-Objekt erzeugt. Da diese Exception nur dann ausgelöst wird, wenn dem Programm kein Speicher mehr zur Verfügung steht, muß diese Speicherallokation scheitern.

Es ist möglich, daß durch den Versuch, das String-Objekt zu erzeugen, nochmals die gleiche Exception ausgelöst wird, was einen Teufelskreis in Gang setzt, der erst mit dem Absturz des Programms endet. Wenn Sie nicht ohne den String auskommen können, reservieren Sie den benötigten Speicher zu Beginn des Programms in Form eines statischen Puffers, und verwenden Sie diesen Speicher, wenn die Exception ausgelöst wird.

Tag 21

Quiz

1. Was versteht man unter dem Schutz vor Mehrfachdeklarationen?

   Einen Weg zu verhindern, daß der Inhalt einer Header-Datei mehrfach in ein Programm eingebunden wird.

2. Wie weisen Sie den Compiler an, den Inhalt der Zwischendatei auszugeben, um die Arbeit des Präprozessors zu kontrollieren?

   Diese Frage können nur Sie beantworten. Schauen Sie in der Beschreibung Ihres Compilers nach.

3. Worin liegt der Unterschied zwischen `#define debug 0` und `#undef debug`?

   `#define debug 0` setzt `debug` mit `0` (Null) gleich. Alle Vorkommen von `debug` werden durch das Zeichen `0` ersetzt. `#undef debug` löscht die Definition von `debug`. Der Präprozessor läßt alle Vorkommen von `debug` in der Datei unverändert stehen.

4. Was bewirkt der Komplementoperator?

   Er schaltet alle Bits einer Zahl um.

5. Wie unterscheiden sich die Verknüpfungen `OR` und `XOR`?

   `OR` liefert `true`, wenn eines oder beide Bits gesetzt sind, `XOR` liefert nur dann `true`, wenn ein Bit, und nicht beide Bits, gesetzt ist.

6. Worin unterscheiden sich die Operatoren `&` und `&&`?

   `&` ist der bitweise UND-Operator, `&&` ist der logische UND-Operator.

7. Worin unterscheiden sich die Operatoren `|` und `||`?

   `|` ist der bitweise ODER-Operator, `||` ist der logische ODER-Operator.

Übungen

1. Schreiben Sie Anweisungen, um einen Schutz vor Mehrfachdeklarationen für die Header-Datei `STRING.H` zu realisieren.

```
#ifndef STRING_H
#define STRING_H
...
#endif
```

2. Schreiben Sie ein `assert`-Makro, das eine Fehlermeldung zusammen mit dem Dateinamen und der Zeilennummer ausgibt, wenn für die Fehlersuche die Ebene 2 definiert ist, und das ausschließlich eine Fehlermeldung (ohne Dateinamen und Zeilennummer) ausgibt, wenn für die Fehlersuche die Ebene 1 festgelegt ist, und das bei Ebene 0 überhaupt nichts macht.

```
#include <iostream.h>

#ifndef DEBUG
#define ASSERT(x)
#elif DEBUG == 1
#define ASSERT(x) \
  if (! (x))\
  { \
     cout << "Fehler!! Assert " << #x << " gescheitert\n"; \
                                           }
 #elif DEBUG == 2
 #define ASSERT(x) \
   if (! (x) ) \
   { \
    cout << "Fehler!! Assert " << #x << " gescheitert\n"; \
   cout << " in Zeile " << __LINE __ << "\n; \
    cout << " in Datei " << __LINE __ << "\n; \
   }
 #endif
```

3. Schreiben Sie ein Makro `DPrint`, das auf die Definition von `DEBUG` testet. Wenn `DEBUG` definiert ist, soll das Makro den als Parameter übergebenen Wert anzeigen.

```
#ifndef DEBUG
#define DPRINT(string)
#else
#define DPRINT(STRING) cout << #STRING ;
#endif
```

4. Schreiben Sie ein Programm, das zwei Zahlen addiert, ohne den Additionsoperator (+) zu verwenden. Hinweis: Arbeiten Sie mit Bit-Operatoren.

Wenn man sich die Addition zweier Bits anschaut, erkennt man, daß die Antwort aus zwei Bits besteht: dem Ergebnisbit und dem Übertragsbit (Carry-Bit). Wenn man also 1 und 1 binär addiert, ergibt dies 0 und einen Übertrag von 1. Addiert man 101 und 001 sieht das beispielsweise wie folgt aus:

```
101  // 5
001  //1
110  //6
```

Wenn man zwei »gesetzte« Bits binär addiert, ist das Ergebnis 0 und der Übertrag ist 1. Wenn man zwei »nicht-gesetzte« Bits binär addiert, ist sowohl das Ergebnis als auch der Übertrag gleich 0. Wenn man ein gsetztes und ein nicht-gesetztes Bit binär addiert, ist das Ergebnis 1 und der Übertrag ist 0:

```
lhs    rhs    |  Carry   Ergebnis
------------+-----------------
0      0      |  0       0
0      1      |  0       1
1      0      |  0       1
1      1      |  1       0
```

Schauen wir uns die Logik des Carry-Bits genauer an. Wenn beide oder eines der zu addierenden Bits (lhs und rhs) gleich 0 ist, ist auch das Carry-Bit gleich 0. Nur wenn beide Bits auf 1 gesetzt sind, wird auch das Carry-Bit 1. Dies entspricht genau der Arbeitsweise des UND-Operators (&).

In gleicher Weise wird das Ergebnisbit durch eine XOR-Operation berechnet: Wenn ein Bit (aber nicht beide) auf 1 gesetzt ist, ist das Ergebnis 1, ansonsten 0.

Ergibt sich ein Übertrag, wird dieser zum nächsten signifikanten (links gelegenen) Bit hinzuaddiert. Wir müssen also entweder über die einzelnen Bits iterieren oder die Berechnung rekursiv vornehmen.

```
#include <iostream.h>

unsigned int add( unsigned int lhs, unsigned int rhs )
{
    unsigned int result, carry;

    while ( 1 )
    {
        result = lhs ^ rhs;
        carry = lhs & rhs;

        if ( carry == 0 )
            break;

        lhs = carry << 1;
        rhs = result;
```

```
    };

    return result;
}

int main()
{
    unsigned long a, b;
    for (;;)
    {
        cout << "Geben Sie zwei Zahlen ein. (0 zum Beenden): ";
        cin >> a >> b;
        if (!a && !b)
            break;
        cout <<a << " + " << b << " =  " << add(a,b) << endl;
    }
   return 0;
}
```

Alternativ könnte man die Addition auch durch Rekursion implementieren.

```
#include <iostream.h>

unsigned int add( unsigned int lhs, unsigned int rhs )
{
    unsigned int carry = lhs & rhs;
    unsigned int result = lhs ^ rhs;

    if ( carry )
        return add( result, carry << 1 );
    else
        return result;
}

int main()
{
    unsigned long a, b;
    for (;;)
    {
        cout << " Geben Sie zwei Zahlen ein. (0 zum Beenden): ";
        cin >> a >> b;
        if (!a && !b)
            break;
        cout <<a << " + " << b << " =  " << add(a,b) << endl;
    }
   return 0;
}
```

Die CD zum Buch

Die Service-CD-ROM, die diesem Buch beiliegt, hat vier Unterverzeichnisse:

Unter EBBOOKS finden Sie dieses Ihnen vorliegende Buch komplett im HTML-Format. So können Sie z.B. eine Lektion auch mal am Laptop durcharbeiten oder auf die Schnelle bereits auf Papier durchgearbeitete Lernschritte noch mal wiederholen. Als Bonusbuch, ebenfalls im HTML-Format, steht dort auch der Bestseller-Titel *Visual C++ 6 in 21 Tagen* (ISBN 3-8272-2035-1), der ebenfalls im Markt&Technik-Verlag erschienen ist.

VC6 heißt das Verzeichnis, das Ihnen eine Testversion von MS Visual C++6 zur Verfügung stellt. Dabei handelt es sich um eine sogenannte Introductory-Version, quasi eine deutschsprachige Standardversion, die lediglich in fertigen Programmen eine Dialogbox einblendet und über keinen optimierenden Compiler verfügt.

Die Listings im Unterverzeichnis SOURCE sind getrennt nach Tagen bzw. Anhängen untergebracht.

Wenn Sie die Beispiele des Buches nachvollziehen wollen, öffnen Sie am besten parallel zu Visual Studio die Datei mit den Listings des jeweiligen Tages in einem Editor, markieren die betreffenden Codezeilen, kopieren sie mit [Strg]+[C] in die Zwischenablage und fügen sie mit [Strg]+[V] an die richtige Stelle im Visual Studio ein. Die Zeilennummern wurden zur besseren Orientierung auch in den Dateien mit den Listings beibehalten und müssen im Visual Studio noch manuell entfernt werden.

Das Verzeichnis DIENSTE schließlich bietet Ihnen u.a. aktuelle Browser-Software.

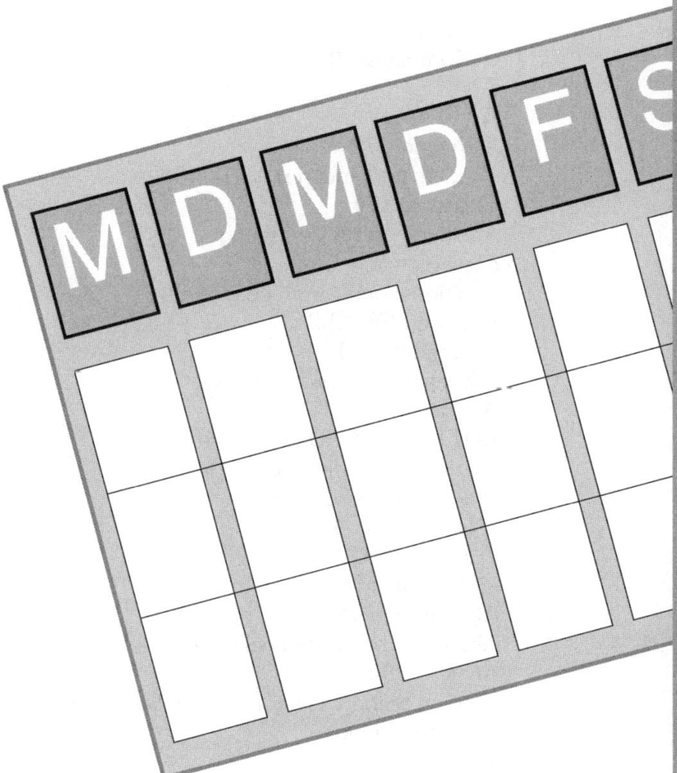

Stichwortverzeichnis

C

E

P

Q

R

S

T